COMENTÁRIOS À LEI ORGÂNICA DO MUNICÍPIO DE SÃO PAULO

Atualizada até a Emenda nº 42/2022

MARCOS BATISTELA
MARIA NAZARÉ LINS BARBOSA
RICARDO MARCONDES MARTINS

Coordenadores

COMENTÁRIOS À LEI ORGÂNICA DO MUNICÍPIO DE SÃO PAULO

Atualizada até a Emenda nº 42/2022

Belo Horizonte

2023

© 2023 Editora Fórum Ltda.

É proibida a reprodução total ou parcial desta obra, por qualquer meio eletrônico, inclusive por processos xerográficos, sem autorização expressa do Editor.

Conselho Editorial

Adilson Abreu Dallari
Alécia Paolucci Nogueira Bicalho
Alexandre Coutinho Pagliarini
André Ramos Tavares
Carlos Ayres Britto
Carlos Mário da Silva Velloso
Cármen Lúcia Antunes Rocha
Cesar Augusto Guimarães Pereira
Clovis Beznos
Cristiana Fortini
Dinorá Adelaide Musetti Grotti
Diogo de Figueiredo Moreira Neto (*in memoriam*)
Egon Bockmann Moreira
Emerson Gabardo
Fabrício Motta
Fernando Rossi
Flávio Henrique Unes Pereira
Floriano de Azevedo Marques Neto
Gustavo Justino de Oliveira
Inês Virgínia Prado Soares
Jorge Ulisses Jacoby Fernandes
Juarez Freitas
Luciano Ferraz
Lúcio Delfino
Marcia Carla Pereira Ribeiro
Márcio Cammarosano
Marcos Ehrhardt Jr.
Maria Sylvia Zanella Di Pietro
Ney José de Freitas
Oswaldo Othon de Pontes Saraiva Filho
Paulo Modesto
Romeu Felipe Bacellar Filho
Sérgio Guerra
Walber de Moura Agra

Luís Cláudio Rodrigues Ferreira
Presidente e Editor

Coordenação editorial: Leonardo Eustáquio Siqueira Araújo
Aline Sobreira de Oliveira

Rua Paulo Ribeiro Bastos, 211 – Jardim Atlântico – CEP 31710-430
Belo Horizonte – Minas Gerais – Tel.: (31) 99412.0131
www.editoraforum.com.br – editoraforum@editoraforum.com.br

Técnica. Empenho. Zelo. Esses foram alguns dos cuidados aplicados na edição desta obra. No entanto, podem ocorrer erros de impressão, digitação ou mesmo restar alguma dúvida conceitual. Caso se constate algo assim, solicitamos a gentileza de nos comunicar através do *e-mail* editorial@editoraforum.com.br para que possamos esclarecer, no que couber. A sua contribuição é muito importante para mantermos a excelência editorial. A Editora Fórum agradece a sua contribuição.

Dados Internacionais de Catalogação na Publicação (CIP) de acordo com ISBD

C732	Comentários à Lei Orgânica do Município de São Paulo: atualizada até a Emenda nº 42/2022 / coordenado por Marcos Batistela, Maria Nazaré Lins Barbosa, Ricardo Marcondes Martins. - Belo Horizonte : Fórum, 2023. 664 p. ; 17cm x 24cm. ISBN: 978-65-5518-497-6 1. Direito. 2. Lei Orgânica do Município. 3. Município. 4. Constituição Municipal. 5. Direito Municipal. I. Batistela, Marcos. II. Barbosa, Maria Nazaré Lins. III. Martins, Ricardo Marcondes. IV. Título.
2022-4055	CDD 341.316 CDU 352

Elaborado por Vagner Rodolfo da Silva - CRB-8/9410

Informação bibliográfica deste livro, conforme a NBR 6023:2018 da Associação Brasileira de Normas Técnicas (ABNT):

BATISTELA, Marcos; BARBOSA, Maria Nazaré Lins; MARTINS, Ricardo Marcondes (coord.). *Comentários à Lei Orgânica do Município de São Paulo*: atualizada até a Emenda nº 42/2022. Belo Horizonte: Fórum, 2023. 664 p. ISBN 978-65-5518-497-6.

SUMÁRIO

NOTA DOS COORDENADORES 11

NATUREZA E REGIME JURÍDICO DA LEI ORGÂNICA DO MUNICÍPIO
RICARDO MARCONDES MARTINS 13

PREÂMBULO
RICARDO MARCONDES MARTINS 19

Título I – Disposições Preliminares
Art. 1º
CARLOS FIGUEIREDO MOURÃO 23
Art. 2º
RENATO PINHEIRO FERREIRA 26
Art. 3º
LUCAS REIS VERDEROSI 29
Art. 4º
LUIZ AUGUSTO MÓDOLO DE PAULA 32

Título II – Do Poder Municipal
Art. 5º ao 7º
SIMONE FERNANDES MATTAR 35
Art. 8º e 9º
LAURA MENDES AMANDO DE BARROS 42
Art. 10 e 11
CAMILO SOUSA FONSECA 48

Título III – Da Organização dos Poderes
Capítulo I – Do Poder Legislativo
Seção – Da Câmara Municipal
Art. 12
CAMILA MORAIS CAJAIBA GARCEZ MARINS 52
Art. 13 e 14
LUCIANA DE FÁTIMA DA SILVA 55

Seção II – Dos Vereadores
Art. 15 a 23
ANNA CAROLINA TORRES AGUILAR CORTEZ 65

Seção III – Da Mesa da Câmara
Art. 24 a 28
KAREN LIMA VIEIRA 86

Seção IV – Das Sessões
Art. 29 a 31
RICARDO TEIXEIRA DA SILVA 91

Seção V – Das Comissões
Art. 32
ANA HELENA PACHECO SAVOIA 98
Art. 33
JULIANA DE MELO TRINDADE SILVA 102

Seção VI – Do Processo Legislativo
Art. 34
RAIMUNDO BATISTA 105
Art. 35
BRENO GANDELMAN 108
Art. 36
RAIMUNDO BATISTA 110
Art. 37
LILIAN VARGAS PEREIRA POÇAS 112
Art. 38 a 40
CARLOS EDUARDO DE ARAUJO, ÉRICA CORREA BARTALINI DE ARAUJO 115
Art. 41
ANA PAULA SABADIN DOS SANTOS TALAVEIRA MEDINA 125
Art. 42 a 44
LILIAN VARGAS PEREIRA POÇAS 127
Art. 45
RAIMUNDO BATISTA 132
Art. 46
ANA PAULA SABADIN DOS SANTOS TALAVEIRA MEDINA 134

Seção VII – Da Fiscalização Contábil, Financeira e Orçamentária
Art. 47
CINTIA TALARICO DA CRUZ CARRER, DANIELLE PIACENTINI STIVANIN 135
Art. 48
RENATO TAKASHI IGARASHI 138
Art. 49 a 53
CÍNTIA LAÍS CORRÊA BROSSO 142

Seção VIII – Dos Conselhos de Representantes
Art. 54 e 55
JULIANA TONGU REINHOLD 153

Capítulo II – Do Poder Executivo
Seção I – Do Prefeito e do Vice-Prefeito
Art. 56 a 68
LEO VINICIUS PIRES DE LIMA 158

Seção II – Das Atribuições do Prefeito
Art. 69
ALEXANDRE BESSER 179

Art. 69-A
LAURA MENDES AMANDO DE BARROS 184

Art. 70 e 71
JOSIAS BARCELOS JÚNIOR 190

Seção III – Da Responsabilidade do Prefeito
Art. 72 a 74
MAURICIO MORAIS TONIN 195

Seção IV – Dos Auxiliares do Prefeito
Art. 75 e 76
JOSIAS BARCELOS JÚNIOR 202

Art. 77 a 79
CLARISSA DERTONIO DE SOUSA PACHECO 205

Título IV – Da Organização Municipal
Capítulo I – Da Administração Municipal
Art. 80 a 86
RODRIGO BORDALO 212

Art. 87
MARCOS BATISTELA 230

Art. 88
OTAVIO HENRIQUE SIMÃO E CUCINELLI 235

Capítulo II – Dos Servidores Municipais
Art. 89 a 96
CRISTIANO DE ARRUDA BARBIRATO 239

Art. 97
FLAVIA GIL NISENBAUM BECKER 259

Art. 98
PEDRO DE MORAES PERRI ALVAREZ 262

Art. 99
LUCIANA RUSSO 265

Art. 100
RAFAEL AUGUSTO GALVANI FRAGA MOREIRA 267

Art. 101
PEDRO PINHEIRO ORDUÑA, ROGÉRIO AUGUSTO BOGER FEITOSA 269

Art. 101-A a 103
ANTONIO RICARDO SURITA DOS SANTOS 272

Art. 104 e 105
NICOLLE CHISTIEN MESQUITA MARQUES MEGDA 278

Art. 106
LUCIANA RUSSO 281

Art. 107
RICARDO BUCKER SILVA 283

Art. 108 e 109
RAFAEL ALVES DE MENEZES 286

Capítulo III – Dos Bens Municipais
Art. 110 a 114
JOSÉ FERNANDO FERREIRA BREGA 290

Capítulo IV – Das normas administrativas
Art. 115
MAX BANDEIRA 306
Art. 116 a 118
BRUNO DAMASCENO FERREIRA SANTOS 308
Art. 119
RAFAEL MEDEIROS MARTINS 314
Art. 120 a 122
ARTUR DE ALBUQUERQUE TORRES 317

Capítulo V – Das Obras, Serviços e Licitações
Art. 123 a 129
MARCOS ROBERTO FRANCO 324

Capítulo VI – Da Administração Tributária e Financeira
Seção I – Da Tributação
Art. 130 a 133
NATHALY CAMPITELLI ROQUE 338
Art. 134
GUILHERME BUENO DE CAMARGO 347
Art. 135 e 136
NATHALY CAMPITELLI ROQUE 350

Seção II – Dos orçamentos
Art. 137 e 138
RICARDO MARCONDES MARTINS 353
Art. 139 e 140
OTAVIO HENRIQUE SIMÃO E CUCINELLI 366
Art. 141 e 142
NELSON SEIJI MATSUZAWA 370

Capítulo VII – Do Planejamento Municipal
Seção I – Do Processo de Planejamento
Art. 143
ALEXANDRE LEVIN 374

Seção II – Dos Instrumentos do Planejamento Municipal
Art. 144 a 146
ALEXANDRE LEVIN 377

Seção III – Da Participação Nas Entidades Regionais
Art. 147
IZAIAS JOSÉ DE SANTANA 384

Título V – Do Desenvolvimento do Município
Capítulo I – Da Política Urbana
Art. 148 a 159
JOSE ANTONIO APPARECIDO JUNIOR 386

Capítulo II – Do Exercício da Atividade Econômica
Art. 160 a 166
RODRIGO BRACET MIRAGAYA 407

Capítulo III – Da Habitação
Art. 167 a 171
DEBORA SOTTO 417

Capítulo IV – Do Transporte Urbano
Art. 172 a 179
GILMAR PEREIRA MIRANDA 429

Capítulo V – Do Meio Ambiente
Art. 180 a 190
ALEXANDRE LEVIN 453

Capítulo VI – Da Cultura e do patrimônio histórico e cultural
Art. 191 a 199
MAX BANDEIRA 476

Título VI – Da Atividade Social do Município
Capítulo I – Da Educação
Art. 200 a 211
TATIANA BATISTA 491

Capítulo II – Da Saúde
Art. 212 a 218
FABIO PAULO REIS DE SANTANA 517

Capítulo III – Da Segurança do Trabalho e Saúde do Trabalhador
Art. 219 e 220
DEBORA SOTTO 533

Capítulo IV – Da Promoção e Assistência Social
Art. 221
NICOLLE CHISTIEN MESQUITA MARQUES MEGDA 537
Art. 222
MARCOS BATISTELA 540
Art. 223
NICOLLE CHISTIEN MESQUITA MARQUES MEGDA 542
Art. 224 e 225
SIMONE ANDRÉA BARCELOS COUTINHO 543
Art. 226 e 227
HELOISA TOOP SENA REBOUÇAS 548
Art. 228
ISABELA TEIXEIRA BESSA DA ROCHA 555
Art. 229 a 229-B
NICOLLE CHISTIEN MESQUITA MARQUES MEGDA 557

Capítulo V – Do Esporte, Lazer e Recreação
Art. 230 a 236
ROBERTO ANGOTTI JÚNIOR 563

Capítulo VI – Da Defesa Dos Direitos Humanos
Art. 237 e 238
IZAIAS JOSÉ DE SANTANA 572

Disposições Gerais e Transitórias
Art. 1º ao 4º
CLAUDIO MENDONÇA BRAGA 577

Art. 5º
GIANFRANCESCO GENOSO 582

Art. 6º ao 8º
VICTOR TEIXEIRA DE ALBUQUERQUE 585

Art. 9º
LUIZ PAULO DOS SANTOS DINIZ 589

Art. 10
SIMONE ANDRÉA BARCELOS COUTINHO 592

Art. 11 e 12
RICARDO MARCONDES MARTINS 594

Art. 13 a 16
BIANKA ZLOCCOWICK BORNER DE OLIVEIRA 600

Art. 17
LUIZ PAULO DOS SANTOS DINIZ 612

Art. 18
SIMONE ANDRÉA BARCELOS COUTINHO 615

Art. 19
MARCOS BATISTELA 617

Art. 20 a 26
VICTOR TEIXEIRA DE ALBUQUERQUE 618

Art. 27 e 28
RAFAEL ALVES DE MENEZES 629

Art. 29 a 35
ARTHUR PINEL BERBERT DA SILVA 634

Art. 36 a 38
LUIS FELIPE VIDAL ARELLANO 648

SOBRE OS AUTORES 657

NOTA DOS COORDENADORES

O direito aplicável aos Municípios é um ramo do conhecimento jurídico pouco desenvolvido no Brasil; muitas vezes, esse fato constitui um embaraço ao exercício da autonomia, do autogoverno e da auto-organização dos entes públicos encarregados, pela Constituição, de prestar a maior parte dos serviços públicos no país.

É forçoso reconhecer, contados mais de trinta anos de vigência da Constituição de 1988, que a autonomia municipal reconhecida por ela é um projeto constitucional ainda a ser realizado e que sofre constante ameaça de uma mentalidade concentradora de competências, poderes e recursos que parece ter sobrevivido do regime constitucional anterior.

A progressiva concentração de recursos financeiros no âmbito da União, igualmente, contribui para dificultar o pleno exercício da autonomia municipal constitucionalmente prevista.

Um elemento importante da autonomia municipal é a competência para elaborar sua Lei Orgânica, que, segundo uma expressão corrente, é a Constituição municipal. As leis orgânicas municipais, não obstante sua relevância para a vida político-administrativa do país, têm ensejado poucos estudos e elaboração da doutrina jurídica.

A edição da *Lei Orgânica do Município de São Paulo* comentada tem o objetivo de contribuir, partindo da experiência acadêmica e profissional de Procuradores dos seus Poderes Executivo e Legislativo, com o estudo teórico e a aplicação prática dos temas próprios do Direito Municipal. É uma obra coletiva, incompleta, que espera suscitar debates, outros estudos e, especialmente, mais atenção para o caráter original que o nosso regime constitucional atribuiu às leis orgânicas municipais.

As opiniões emitidas nos comentários são de responsabilidade exclusiva de seus autores, não refletindo necessariamente a opinião dos organizadores, dos outros coautores ou da Associação dos Procuradores do Município de São Paulo, a qual, ao propiciar a impressão desta nova edição da Lei Orgânica do Município de São Paulo, retoma a tradição das edições de 1990, 2000 e 2006 (anotada por José Fernando Ferreira Brega) e reitera seu compromisso com o fortalecimento da autonomia e da Administração do Município.

daria margem à compreensão de que o Estado poderia, ao editar a Constituição Estadual, amesquinhar a autonomia municipal de algum modo. Não foi esse o entendimento adotado pelo STF. A Corte restringiu a literalidade dos dispositivos: "a Constituição da República fixou ela mesma os parâmetros limitadores do poder de auto-organização dos Municípios e – excetuados apenas aqueles que contêm remissão expressa ao direito estadual (art. 29, VI, IX e X) – a Constituição do Estado não os poderá abrandar nem agravar".[16] Logo, o conteúdo da Lei Orgânica é, na verdade, delimitado apenas e tão somente pela Constituição da República. Só é admissível a interferência de norma da Constituição Estadual nos casos expressamente previstos na Constituição Federal de 1988.

A limitação pela Constituição da República dá-se, nos termos do *caput* do art. 29, por força tanto de preceitos expressos (art. 29, 29-A e 30 da Constituição Federal de 1988) como dos princípios estabelecidos na Constituição. No último caso, há de se destacar o princípio, implícito, da simetria. Salvo indicação textual em contrário, o que a Constituição Federal de 1988 estabelece para a União, por simetria, aplica-se a Estados e Municípios. Observa-se que, segundo jurisprudência pacificada do STF, esse princípio restringe não apenas a competência do Legislador Municipal, mas também a competência do Poder Constituinte Decorrente Municipal, vale dizer, do editor da Lei Orgânica.[17]

Nos termos aqui assinalados, a natureza jurídica dita a compreensão da Lei Orgânica e de seu editor. Ela deve ser entendida como verdadeira Constituição Municipal, respeitando-se todos os desdobramentos desse entendimento. Trata-se de um diploma normativo que está no ápice do ordenamento jurídico municipal. Vale lembrar que, no modelo do constitucionalismo adotado, as normas constitucionais são rígidas e supremas.[18] Diante da rigidez, o processo de edição da Lei Orgânica é mais complexo que o processo de edição de uma lei (conforme antecipado, exige-se aprovação, em dois turnos, com interstício mínimo de dez dias, por dois terços dos membros da Câmara dos Vereadores). Sua reforma deve, necessariamente, seguir ao menos as exigências estabelecidas pela Constituição Federal de 1988 para sua edição,[19] podendo a disciplina do processo de reforma ser suplementada pela própria Lei Orgânica, como faz a de São Paulo em seu art. 36. Observa-se que a Câmara dos Vereadores, ao reformar a Lei Orgânica, não atua como Poder Legislativo, mas como

---

[16] STF, ADI nº 2112 MC, Rel. Sepúlveda Pertence, Tribunal Pleno, j. 11.05.2000, DJ 18.05.2001, p. 00431, Ement. vol. 02031-04, p. 00660, RTJ v. 00178-02, p. 00686.

[17] Sobre o princípio da simetria, ver: MARTINS, Ricardo Marcondes. *Estudos de direito administrativo neoconstitucional*. São Paulo: Malheiros, 2015. p. 82-106. Assim, por exemplo, a iniciativa legislativa privativa prevista para o Presidente da República estende-se aos governadores e prefeitos (idem, p. 94-98); o estatuto jurídico do Presidente da República aplica-se, afora previsão expressa do texto da Constituição de 1988 em sentido contrário, aos governadores e prefeitos (idem, p. 98-102); o regime jurídico das Comissões Parlamentares de Inquérito federais aplica-se às CPIs estaduais e municipais (idem, p. 102-105). Em relação ao último caso, discorda-se da incidência da simetria para as CPIs municipais em relação à quebra do sigilo de dados telefônicos e bancários (idem, p. 103-105). Justamente por força da simetria e, pois, da previsão de iniciativa privativa ao Chefe do Executivo, afirma José Nilo de Castro a inconstitucionalidade de toda norma da Lei Orgânica que, direta ou indiretamente, gere aumento de despesa pública (*Direito municipal positivo*. Belo Horizonte: Del Rey, 2006. p. 53).

[18] Cf. MARTINS, Ricardo Marcondes. *Regulação administrativa à luz da Constituição Federal*. São Paulo: Malheiros, 2011. p. 28.

[19] Cf. FERRARI, Regina Maria Macedo Nery. *Direito municipal*. 2. ed. São Paulo: Revista dos Tribunais, 2005. p. 109.

estatais".[10] A Lei Orgânica do Município, porém, sobretudo tendo em vista a disciplina estabelecida no art. 29 da Constituição Federal de 1988, tem natureza de verdadeira "Constituição Municipal". É o que reconhece a doutrina majoritária[11] e a jurisprudência. Com efeito: já afirmou o Supremo Tribunal Federal (STF) que se trata de "verdadeiro estatuto constitucional do Município";[12] seu editor tem a natureza de verdadeiro "Poder Constituinte Decorrente".[13] Essa "natureza jurídica" dita a compreensão de seu regime jurídico.

Tanto o Poder Reformador como o Decorrente não são, propriamente, "poderes constituintes", mas "constituídos": o primeiro deve observar as cláusulas pétreas e demais limites ao poder de reforma;[14] já o segundo, todos os princípios e regras da Constituição Federal.[15] Nos termos do *caput* do art. 29 da Constituição Federal de 1988, deve ser aprovada em "dois turnos de votação, com interstício mínimo de dez dias entre um turno e outro, e aprovada por dois terços da Câmara Municipal". Por força do art. 11 do Ato das Disposições Constitucionais Transitórias (ADCT) da Constituição Federal de 1988, a Lei Orgânica deve ser aprovada após a promulgação da Constituição Estadual, no prazo de seis meses. A Constituição do Estado de São Paulo foi promulgada em 5 de outubro de 1989 e a Lei Orgânica do Município de São Paulo (LOMSP), em 4 de abril de 1990, respeitando-se, portanto, o prazo imposto pela Constituição Federal.

Além da observância dos princípios e preceitos da Constituição Federal de 1988, tanto o *caput* do art. 29 como o art. 11 do ADCT referem-se à observância dos princípios estabelecidos na Constituição do respectivo Estado. O Texto literal, assim,

---

[10] SILVA, José Afonso da. *Aplicabilidade das normas constitucionais*. 4. ed. São Paulo: Malheiros, 2000. p. 228-229.

[11] O próprio José Afonso da Silva reconhece: "Ela é espécie de constituição municipal" (*O Município na Constituição de 1988*. São Paulo: Revista dos Tribunais, 1989. p. 9). Afirma Hely Lopes Meirelles: "Essa Lei Orgânica, também denominada Carta Própria, equivale à Constituição municipal" (*Direito municipal brasileiro*. 11. ed. São Paulo: Malheiros, 2000. p. 82). No mesmo sentido: FERRARI, Regina Maria Macedo Nery. *Direito municipal*. 2. ed. São Paulo: Revista dos Tribunais, 2005. p. 112. Não obstante, essa orientação, como bem assinala Adriana Maurano, não é pacífica (*O poder legislativo municipal*. 2. ed. Belo Horizonte: Fórum, 2010. p. 91). A posição minoritária apega-se equivocadamente à literalidade: nega a natureza constitucional em decorrência do rótulo – "Lei orgânica" – utilizado pelo Constituinte de 1988.

[12] STF, ADI nº 1.374, Rel. Min. Celso de Mello, Tribunal Pleno, j. em 17.10.2018, Processo eletrônico DJe-051, Divulg. 14.03.2019, Public. 15.03.2019.

[13] Sobre o Poder Constituinte Decorrente, ver, por todos: FERRAZ, Anna Cândida da Cunha. *Poder constituinte do Estado-membro*. São Paulo: Revista dos Tribunais, 1979; IVO, Gabriel. *Constituição estadual*: competência para elaboração da Constituição do Estado-membro. São Paulo: Max Limonad, 1997. p. 99 e seguintes.

[14] Sobre os limites à reforma constitucional, ver: MARTINS, Ricardo Marcondes. *Regulação administrativa à luz da Constituição Federal*. São Paulo: Malheiros, 2011. p. 71-81.

[15] Celso Antônio Bandeira de Mello, ao discorrer sobre o tema, inicialmente entendeu que o chamado Poder Constituinte Derivado merecia o nome de constituinte na medida em que as normas jurídicas por ele editadas têm eficácia de normas constitucionais, dotadas também de rigidez e supremacia (Poder constituinte. *Revista de direito constitucional e ciência política*, São Paulo, ano III, n. 4, p. 73, jan./jun. 1985). Em sentido contrário, Michel Temer prefere chamá-lo de "competência reformadora", justamente porque é um poder constituído, e não constituinte (*Elementos de direito constitucional*. 19. ed. São Paulo: Malheiros, 2003. p. 35). Temer, nos debates que se seguiram à conferência de Celso Antônio, proferida em 29 de setembro de 1983, defendeu sua posição, que não foi acolhida, na época, pelo digníssimo conferencista (Poder constituinte. *Revista de direito constitucional e ciência política*, p. 94-95, 1985). Hoje, Bandeira de Mello defende com vigor a posição que fora defendida por Temer: "Disto decorre ser infeliz a terminologia 'poder constituinte originário' e 'poder constituinte derivado', por induzir a equívocos, provocando a suposição de que são poderes da mesma natureza, isto é, espécies de um mesmo gênero o que, já se viu, não é verdade. Deveras, todo poder constituinte é, *por definição, originário*. Assim, não há poder constituinte derivado, pois o que se rotula por tal nome é o poder de produzir emendas, com base em autorização constitucional e nos limites dela" (*Curso de direito administrativo*. 35. ed. São Paulo: Malheiros, 2021. p. 272).

uniram, nossa federação surgiu de um Estado unitário, sendo, por isso, chamada de federação por desagregação ou de formação centrífuga. Como os Estados-membros foram constituídos por uma decisão política, a federação brasileira sempre foi bastante centralizada na União. Apesar disso, uma particularidade de nossa história contrapôs-se a essa centralização: a valorização municipal.

De fato, é de nossa tradição a valorização da autonomia municipal.[7] Todas as Constituição brasileiras, sem exceção, a consagraram. A título de exemplo, constava dos art. 167 a 169 de nossa primeira Constituição, imperial, de 1824; constou do art. 6º, f", e 68 de nossa primeira Constituição republicana, de 1891. A Constituição de 1969 (formalmente, Emenda nº 1 à de 1967), apesar de consagrá-la expressamente nos arts. 10, VII, "e" – prevendo a intervenção federal nos Estados que a desrespeitassem –, e 15, não atribuiu aos Municípios, no art. 1º, da mesma forma que as Constituições anteriores, a natureza de entidades federativas. Aliás, o §1º do referido art. 15 restringia acentuadamente a autonomia de Municípios de capitais, dos considerados estâncias hidrominerais em lei estadual e dos declarados de segurança nacional, determinando que a nomeação dos respectivos prefeitos fosse realizada pelo Governador. Por não serem entidades federativas, não gozavam do direito à auto-organização: a Lei Orgânica dos Municípios, até a Constituição de 1988, era editada pelos Estados.

A Constituição de 1988 atribuiu à autonomia municipal um novo patamar. De modo similar às Constituições anteriores, manteve a atribuição aos Municípios da capacidade de autolegislação, com competências legislativas próprias (art. 30, I, II); autogoverno, com eleição municipal do Prefeito e vereadores (art. 29, I); e autoadministração, com competências exclusivas (art. 30), garantindo-lhes várias receitas tributárias próprias (art. 156).[8] Foi muito além, ao estabelecer, no art. 18, que os Municípios integram, junto com a União, os Estados e o Distrito Federal, a República Federativa. Em outras palavras, elevou os Municípios a verdadeiras entidades federativas.[9] Essa alteração importou em um acréscimo à autonomia: a capacidade de auto-organização. Destarte, se antes a Lei Orgânica do Município era elaborada pelo Estado, agora é editada pelo próprio Município, nos termos do *caput* do art. 29 da Constituição Federal de 1988.

Apesar de o Constituinte tê-la chamado de "Lei Orgânica", sua natureza não é equivalente às leis orgânicas propriamente ditas. Estas – como a Lei Orgânica da Magistratura Nacional (Lei Complementar nº 35/1979) – são leis "que dão forma e regulamentação aos órgãos do Estado e aos entes menores, instituições e serviços

---

[7] Por todos: SILVA, José Afonso da. *O constitucionalismo brasileiro*: evolução institucional. São Paulo: Malheiros, 2011. p. 312 e seguintes.

[8] Sobre as capacidades inerentes à autonomia municipal, por todos; SILVA, José Afonso. *Curso de direito constitucional positivo*. 42. ed. São Paulo: Malheiros, 2019. p. 659-660.

[9] Segundo Lúcia Valle Figueiredo, a Federação brasileira tem uma "particularidade" e uma "anomalia" que a diferem do conceito técnico de federação: a particularidade está na inclusão do Município na Federação e a anomalia, no fato de que o Município não tem representatividade no Poder Legislativo Central (Competências administrativas dos Estados e Municípios – licitações. *Revista Trimestral de Direito Público*, São Paulo, n. 8, p. 25, 1994). Para boa parte da doutrina, os Municípios, de fato, tornaram-se "entidades federativas" com a Constituição de 1988. Por todos: BONAVIDES, Paulo. *Curso de direito constitucional*. 9. ed. São Paulo: Malheiros, 2000. p. 312. O reconhecimento, porém, não é pacífico. José Afonso da Silva rejeita a possibilidade de uma Federação de Municípios. Cf. SILVA, José Afonso da. *O constitucionalismo brasileiro*: evolução institucional. São Paulo: Malheiros, 2011. p. 478-480.

NATUREZA E REGIME JURÍDICO DA LEI ORGÂNICA DO MUNICÍPIO

RICARDO MARCONDES MARTINS

Tratar da *Lei Orgânica do Município* exige tratar, ainda que rapidamente, da Federação, mais precisamente da Federação brasileira. Como todos sabem, a Federação é uma forma de Estado inicialmente adotada pelos Estados Unidos da América. Os Estados norte-americanos abdicaram de sua soberania, transferindo-a ao Estado originado de sua união. O modelo pressupôs a adoção de uma Constituição rígida, na qual se discriminam as competências dos Estados-membros e da União.[1] Tratou-se, portanto, de um típico federalismo por agregação ou de formação centrípeta.[2] Todos os Estados que posteriormente adotaram a forma federativa afastaram-se, em maior ou menor medida, desse modo inicialmente fixado pelos norte-americanos.[3] No Brasil, a forma federativa foi adotada pelo Decreto nº 01/1989, e por todas as Constituições posteriores.[4] Em atitude inerente à cultura colonial,[5] copiou-se o modelo norte-americano[6] para uma realidade bastante diferente: ao invés de Estados que se

---

[1] Sobre as características básicas da forma federativa, por todos, ver: ARAÚJO, Luiz Alberto David. Características comuns do federalismo. *In*: BASTOS, Celso (coord.). *Por uma nova federação*. São Paulo: Revista dos Tribunais, 1995. p. 50.

[2] Por todos: HORTA, Raul Machado. *Direito constitucional*. 2. ed. Belo Horizonte: Del Rey, 1999. p. 304; ZIMMERMANN, Augusto. *Teoria geral do federalismo democrático*. Rio de Janeiro: Lumen Juris, 1999. p. 54-56.

[3] Cai a lume a advertência de Halina Zasztowt Sukiennicka, citada por Oswaldo Aranha Bandeira de Mello: "Nenhum Estado se assemelha a outro de tal forma que se possa dizer que os seus respectivos regimes sejam idênticos. Eles, quando muito, podem ser análogos. Para classificar um organismo estático nos quadros da noção *Estado federal*, subsiste a mesma dificuldade. Os Estados que iniciaram o regime federativo, e que serviram, portanto, de base para a elaboração das diversas teorias sobre a natureza jurídica do Estado federal são os únicos que nunca têm contestada a sua estrutura federal. O mesmo se não dá com os outros países, pois os seus regimes, embora modelados sobre os dos primeiros, deles sempre se afastam e, muitas vezes, de maneira importante" (*Fédéralisme en Europe Orientale*, 1926, p. 247, apud BANDEIRA DE MELLO, Oswaldo Aranha. *Natureza jurídica do Estado federal*. São Paulo: Prefeitura do Município de São Paulo, 1948. p. 16-17).

[4] Sobre a adoção do federalismo no Brasil, por todos, ver SILVA, José Afonso da. *O constitucionalismo brasileiro*: evolução institucional. São Paulo: Malheiros, 2011. p. 276 e seguintes.

[5] Sobre a cultura colonial, *vide* por todos: MEMMI, Albert. *Retrato do colonizado precedido de retrato do colonizador*. Trad. de Marcelo Jacques de Moraes. Rio de Janeiro: Civilização Brasileira, 2007.

[6] Apesar da defesa realizada por Paulo Bonavides e Paes de Andrade (*História constitucional do Brasil*. 3. ed. Rio de Janeiro: Paz e Terra, 1991. p. 252), é inegável a responsabilidade de Rui Barbosa pela cópia. Vale lembrar que o Estado brasileiro se chamou Estados Unidos do Brasil até a Constituição de 1967.

autêntico Poder Reformador.[20] Por força dessa natureza, a Lei Orgânica independe de sanção do Prefeito, sendo promulgada pela própria Câmara dos Vereadores.[21]

Da natureza constitucional da Lei Orgânica extrai-se sua "supremacia": está hierarquicamente acima de todas as leis municipais, de modo que a lei municipal que a contrarie é inválida.[22] Consequentemente, disso se extrai a possibilidade de, em controle difuso, havendo provocação, o Poder Judiciário reconhecer a invalidade da lei municipal por contrariedade à Lei Orgânica.[23] Como a Constituição Federal de 1988 só previu a interposição de Ação Direta de Inconstitucionalidade (ADI) e Ação Direta de Constitucionalidade (ADC) no STF para atos normativos federais e estaduais, a *contrario sensu*, não a previu para os atos normativos municipais.[24] Assim, por evidente, não cabe ADI contra lei municipal que viole a Constituição Federal. Poder-se-ia questionar, porém, a possibilidade de previsão na própria Lei Orgânica ou na Constituição Estadual do ajuizamento de ação direta no Tribunal de Justiça para o reconhecimento, em abstrato, de sua invalidade, vale dizer, a possibilidade de controle concentrado no Tribunal de Justiça do Estado de São Paulo (TJSP), objetivo e principal, da lei municipal ofensiva à Lei Orgânica. Não foi esse o entendimento do STF: na ADI nº 5548, a Corte entendeu incabível o "controle concentrado de constitucional de leis ou atos normativos municipais contra a Lei Orgânica respectiva".[25] Trata-se de aplicação do argumento *a contrario*[26] ao §2º do art. 126 da Constituição Federal de 1988, no qual se prevê a possibilidade de ajuizamento no TJ de ação direta contra atos normativos estaduais e municipais violadores da Constituição Estadual. Logo, *a contrario sensu*, não se admite o ajuizamento de ação direta no TJ contra leis municipais violadoras da Lei Orgânica. Em suma, o controle jurisdicional, em face dessa violação, restringe-se ao difuso.[27]

---

[20] Sobre o tema, por todos: SUNDFELD, Carlos Ari. Regime Constitucional do Município. *Revista da Procuradoria Geral do Estado de São Paulo*, São Paulo, n. 34, p. 56-57, dez. 1990.

[21] Por todos: FERRARI, Regina Maria Macedo Nery. *Direito municipal*. 2. ed. São Paulo: Revista dos Tribunais, 2005. p. 110.

[22] Essa supremacia é reconhecida pela boa doutrina: MAURANO, Adriana. *O poder legislativo municipal*, p. 90-91; SILVA, Sandra Krieger Gonçalves. *O Município na Constituição Federal de 1988*. São Paulo: Juarez de Oliveira, 2003. p. 99-100; SUNDFELD, Carlos Ari. Regime Constitucional do Município. *Revista da Procuradoria Geral do Estado de São Paulo*, São Paulo, n. 34, p. 65, dez. 1990.

[23] Por todos: SILVA, Sandra Krieger Gonçalves. *O Município na Constituição Federal de 1988*. São Paulo: Juarez de Oliveira, 2003. p. 100.

[24] Por todos: BARROS, Luís Roberto. *O controle de constitucionalidade no direito brasileiro*. 8. ed. São Paulo: Saraiva, 2019. p. 252-253, 313. É possível, porém, a propositura de ADPF (idem, p. 380-381). Para aprofundamento: FERRARI, Regina Maria Macedo Nery. *Controle de constitucionalidade das leis municipais*. 3. ed. São Paulo: Revista dos Tribunais, 2003. p. 159 e seguintes.

[25] STF, ADI nº 5548, Rel. Ricardo Lewandowski, Tribunal Pleno, j. 17.08.21, Processo Eletrônico DJe-168, divulg. 23.08.21, public. 24.08.21.

[26] Sobre esse argumento e o silêncio constitucional dele decorrente, ver MARTINS, Ricardo Marcondes. *Regulação administrativa à luz da Constituição Federal*. São Paulo: Malheiros, 2011. p. 66-71.

[27] Por todos, afirma André Ramos Tavares: "No silêncio legislativo a respeito do controle da incompatibilidade entre leis orgânicas municipais e normas inferiores, não pode subsistir outra conclusão senão a de que, devido à imperatividade de eliminar do ordenamento jurídico positivo antinomias e outros vícios que venham lhe tolher a coerência, é necessário que seja permitido aos órgãos do Judiciário conhecer tais normas incompatíveis e impedir que produzam efeitos sobre relações jurídicas legalmente constituídas. Não há no sistema jurídico pátrio, no entanto, forma de proceder a esse efeito senão por meio do controle difuso, caso a caso" (*Curso de direito constitucional*. São Paulo: Saraiva, 2002. p. 345).

Informação bibliográfica deste texto, conforme a NBR 6023:2018 da Associação Brasileira de Normas Técnicas (ABNT):

MARTINS, Ricardo Marcondes. Natureza e regime jurídico da Lei Orgânica do Município. *In*: BATISTELA, Marcos; BARBOSA, Maria Nazaré Lins; MARTINS, Ricardo Marcondes (coord.). *Comentários à Lei Orgânica do Município de São Paulo*: atualizada até a Emenda nº 42/2022. Belo Horizonte: Fórum, 2023. p. 13-18. ISBN 978-65-5518-497-6.

PREÂMBULO

Nós, representantes do povo do Município de São Paulo, reunidos em Assembleia Constituinte, respeitando os preceitos da Constituição da República Federativa do Brasil, promulgamos, sob a proteção de Deus, a presente Lei Orgânica, que constitui a Lei Fundamental do Município de São Paulo, com o objetivo de organizar o exercício do poder e fortalecer as instituições democráticas e os direitos da pessoa humana.

RICARDO MARCONDES MARTINS

O *Preâmbulo* é a parte que antecede o texto articulado de uma Constituição.[28] Como a Lei Orgânica é a Constituição dos Municípios, seu texto articulado também é antecedido de um Preâmbulo. Nas palavras de José Joaquim Gomes Canotilho e Vital Moreira, ele é, a um só tempo, uma "certidão de origem" e uma "proclamação de princípio".[29] José Afonso da Silva discrimina sete aspectos do conteúdo do Preâmbulo da Constituição Federal de 1988: (i) refere-se a quem estabeleceu a Constituição; (ii) em virtude de que autoridade; (iii) para quais fins; (iv) com que objetivos; (v) fundado em que valores; (vi) estabelece a cláusula de promulgação; (vii) e sob que invocação.[30] O Preâmbulo da LOMSP, ora comentado, apresenta cinco desses sete aspectos mencionados por José Afonso, além de dois aspectos não referidos por ele.

O primeiro deles apresenta "quem" elaborou o texto articulado. Como se sabe, a Constituição é elaborada pelo Poder Constituinte; de modo conceitualmente correto, o Preâmbulo da LOMSP refere-se à Assembleia Constituinte. Nos termos do parágrafo único do art. 11 da Constituição Federal, coube à Câmara dos Vereadores, no prazo de seis meses contados da promulgação da Constituição Estadual, votar a Lei Orgânica. A Assembleia Constituinte, portanto, foi composta pelos vereadores que integravam a Câmara em 1990, ou seja, pelos 53 vereadores eleitos em 1989.[31]

O segundo aspecto refere-se à "legitimidade" do Poder Constituinte Municipal, ou seja, à autoridade em virtude da qual a Lei Orgânica foi estabelecida. Há nele

---

[28] Cf. SILVA, José Afonso da. *Aplicabilidade das normas constitucionais*. 4. ed. São Paulo: Malheiros, 2000. p. 202; SILVA, José Afonso da. *Comentário contextual à Constituição*. São Paulo: Malheiros, 2005. p. 21.
[29] CANOTILHO, José Joaquim Gomes; MOREIRA, Vital. *Constituição da República Portuguesa*. 1. ed. São Paulo: Revista dos Tribunais, 2007. p. 180. v. I, arts. 1º a 107.
[30] SILVA, José Afonso da. *Comentário contextual à Constituição*. São Paulo: Malheiros, 2005. p. 22.
[31] O Preâmbulo é uma enunciação-enunciada do Texto Constitucional. Sobre a diferença entre enunciação-enunciada e enunciado-enunciado e sua função nos textos normativos, ver: MOUSSALLEM, Tárek Moysés. *Fontes do direito tributário*. São Paulo: Max Limonad, 2001. p. 133 e seguintes.

expressa referência à representatividade popular: a LOMSP foi "promulgada", e não "outorgada", vale dizer, foi fruto de Assembleia eleita pelo povo. O Poder constituinte propriamente é o Povo; mas quem produz o Texto, no caso das Constituições promulgadas, populares ou democráticas,[32] são seus representantes. Nesse ponto, adota-se uma posição isolada na doutrina: o Constituinte originário, que elabora o Texto Constitucional, refere-se aos representantes do povo, e não propriamente ao povo; sendo representantes, atuam no exercício de função pública e, por isso, possuem discricionariedade, e não liberdade em sua atuação.[33] O fenômeno é mais evidente quando se trata do Constituinte decorrente – elaborador da Constituição Estadual e da Lei Orgânica Municipal, pois não são Constituintes originários, mas derivados; como tais, devem respeitar os preceitos da Constituição da República. Em suma, os vereadores constituintes não gozavam, propriamente, de liberdade para editar a Lei Orgânica, e sim de discricionariedade: estavam no exercício de função pública e, pois, imbuídos da missão de tutelar o interesse público.

O terceiro aspecto do Preâmbulo refere-se aos *objetivos* da promulgação da Lei Orgânica: (i) organizar o exercício do poder; (ii) fortalecer as instituições democráticas; e (iii) fortalecer os direitos da pessoa humana. Três objetivos fundamentais, que servem de diretriz para a compreensão de todas as normas da Lei Orgânica: a missão de organizar o exercício do poder político; fortalecer as instituições democráticas; e assegurar o respeito aos direitos humanos. Observa-se que o Preâmbulo da LOMSP, ao contrário do que faz o Preâmbulo da Constituição Federal, não estabelece nem os fins para os quais a Lei Orgânica foi promulgada nem os valores nos quais se fundamenta,[34] terceiro e quinto aspectos mencionados por José Afonso da Silva, mas se restringe a estabelecer os objetivos da promulgação.

O quarto aspecto refere-se à fórmula de aprovação da Lei Orgânica,[35] vale dizer, à cláusula de promulgação. Conforme ensina José Afonso da Silva, a promulgação e posterior publicação têm por objetivo dar conhecimento a todos que a Lei Orgânica foi votada e aprovada pela Assembleia Municipal Constituinte.[36] Ambas são condições formais de eficácia da Lei Orgânica, sendo a publicação, face externa da promulgação, condição de sua vigência.[37]

Quinto aspecto: sob qual invocação a Lei Orgânica é promulgada. É da tradição do constitucionalismo brasileiro a referência a Deus.[38] o Preâmbulo da LOMSP

---

[32] As Constituições promulgadas, populares ou democráticas, são elaboradas por Assembleia Constituinte eleita pelo povo; já as Constituições outorgadas ou Cartas são elaboradas pelo Chefe de Estado ou órgão por ele designado. Cf. MARTINS, Ricardo Marcondes. *Regulação administrativa à luz da Constituição Federal*. São Paulo: Malheiros, 2011. p. 29.

[33] Cf. MARTINS, Ricardo Marcondes. *Teoria jurídica da liberdade*. São Paulo: Contracorrente, 2015. p. 115.

[34] Em relação à falta desse aspecto, há de se lamentar. Destarte, a Assembleia Constituinte Paulistana deixou de prever no Preâmbulo da LOMSP os "valores supremos" da Lei Orgânica. Sobre o conceito de "valores supremos", ver SILVA, José Afonso da. *Comentário contextual à Constituição*. São Paulo: Malheiros, 2005. p. 23-24. O conceito é equivalente ao de "valores superiores" do direito espanhol. Sobre estes, por todos: ALFONSO, Luciano Parejo. *Constitución y valores del ordenamento*. Madrid: Centro de Estudios Ramón Areces, 1990.

[35] A fórmula de aprovação é constante nos Preâmbulos da Constituições. Cf. MIRANDA, Jorge. *Manual de Direito Constitucional*. 4. ed. Coimbra: Coimbra Editora, 2000. p. 238. Tomo II.

[36] SILVA, José Afonso da. *Comentário contextual à Constituição*. São Paulo: Malheiros, 2005. p. 26.

[37] SILVA. *Comentário contextual à Constituição*, p. 26.

[38] Cf. DANTAS, Ivo. *Instituições de direito constitucional brasileiro*. Curitiba: Juruá, 2001. p. 339-344.

repete a cláusula do Preâmbulo da Constituição Federal: "sob a proteção de Deus". A questão, no âmbito federal, foi discutida pela Assembleia Nacional Constituinte, em decorrência da proposta de supressão, que restou vencida, apresentada pelo Deputado constituinte José Genoino.[39] A Constituição da República instituiu um Estado Laico (art. 19) – de neutralidade em relação às questões religiosas –, e não um Estado Teocrático – em que não só há uma religião oficial, mas há prevalência do aspecto religioso sobre o político – ou um Estaco Confessional – em que há uma religião oficial, mas há prevalência do aspecto político sobre o religioso. Contudo, pelo que se extrai do Preâmbulo, não instituiu um Estado agnóstico – que ignora a existência de Deus. Erigiu, portanto, um Estado laico, mas não agnóstico: reconheceu, sem vinculação a uma religião específica, a existência de Deus.

Indaga-se se esse reconhecimento, estabelecido no Preâmbulo da Constituição Federal, seria de repetição obrigatória nos Preâmbulos das Constituições Estaduais e nas Leis Orgânicas dos Municípios. Entendeu o STF pela inexistência dessa obrigatoriedade.[40] Discorda-se: se o Constituinte originário repudiou o Estado agnóstico, não poderia o Constituinte decorrente instituí-lo no âmbito local. Logo, agiu bem a Assembleia Constituinte Paulistana em repetir no Preâmbulo da LOMSP a previsão.

O sexto aspecto do Preâmbulo da LOMSP é a referência à natureza da Lei Orgânica do Município: trata-se de verdadeira "Lei Fundamental do Município de São Paulo". O Preâmbulo, ao qualificá-la como "Lei Fundamental", enuncia de modo expresso sua verdadeira natureza jurídica: Constituição do Município.

O sétimo e último aspecto refere-se ao respeito aos preceitos da Constituição Federal, em cumprimento ao estabelecido no *caput* do art. 29 da Constituição da República. Apesar da literalidade do referido art. 29, agiu bem a Assembleia Paulistana ao optar, em prol da autonomia municipal, em não fazer referência aos preceitos da Constituição do Estado de São Paulo. Nos termos corretamente decididos pelo STF, a Constituição Estadual só vincula a Lei Orgânica nos termos expressamente estabelecidos pela própria Constituição da República.[41]

Examinado o conteúdo do Preâmbulo, resta examinar sua natureza jurídica. Segundo Jorge Miranda, há três posições: (i) tese da irrelevância jurídica; (ii) tese da eficácia idêntica aos preceitos constitucionais; (iii) tese da relevância jurídica específica ou indireta.[42] Entre os que sustentam a primeira posição – irrelevância jurídica –, destaca-se o Min. Celso de Mello.[43] Entre os que sustentam a segunda posição – de identidade com a parte dispositiva –, destaca-se Georges Vedel.[44] Prevalece

---

[39] Cf. SILVA, José Afonso da. *Comentário contextual à Constituição*. São Paulo: Malheiros, 2005. p. 25. Sobre o tema, ver também: BOAS, Jeronymo Pedro Villas. A invocação do nome de Deus no preâmbulo como norma da Constituição. *Revista jurídica luso-brasileira* (RJLB), ano 7, n. 1, p. 673-674, 2021.

[40] STF, ADI nº 2076, Rel. Min. Carlos Velloso, Pleno, j. 15.08.2002, DJ 08.08.2003, p. 86, Ement. V. 2118-01, p. 218. Constou da Ementa: "Preâmbulo da Constituição: não constitui norma central. Invocação da proteção de Deus: não se trata de norma de reprodução obrigatória na Constituição estadual, não tendo força normativa".

[41] STF, ADI nº 2112 MC, Rel. Sepúlveda Pertence, Tribunal Pleno, j. 11.05.2000, DJ 18.05.2001, p. 00431, Ement. vol. 02031-04, p. 00660, RTJ v. 00178-02, p. 00686.

[42] Cf. MIRANDA, Jorge. *Manual de Direito Constitucional*, p. 239.

[43] "O preâmbulo não tem valor normativo, já que nele não se contém qualquer regra de direito positivo" (MELLO FILHO, José Celso de. *Constituição Federal anotada*. São Paulo: Saraiva, 1984. p. 7).

[44] "*Le Préambule, texte voté par la Constituante sous le titre général recouvrant l'ensemble du texte constitutionnel, soumis comme tel au referendum, fait partie intégrante de la Constitution et a, au minimum, une valeur juridique égale à celle-ci*" (VEDEL, Georges. *Manuel élémentaire de droit constitutionnel*. Paris: Dalloz, 2002. p. 326).

esmagadoramente a terceira posição, segundo a qual ele não faz parte da Constituição, de modo que dele não se extraem normas constitucionais, dotadas de rigidez e supremacia, e, por isso, não pode ser parâmetro para o controle de constitucionalidade das normas jurídicas.[45] Como faz parte do "documento constitucional", tendo sido aprovado juntamente com o Texto, funciona como elemento de interpretação e integração das normas constitucionais.[46] Foi a posição adotada pelo STF na ADI nº 2076.[47] Não obstante, discorda-se da posição majoritária: tendo sido votado do mesmo modo que o Texto articulado e aprovado pela Assembleia Constituinte, não há razão para negar-lhe a mesma eficácia. Por conseguinte, extraem-se do Preâmbulo, sim, normas jurídicas com a mesma eficácia das extraídas do Texto articulado, portanto, normas que servem de parâmetro de controle das demais normas do sistema jurídico.[48]

Por fim, concorda-se com a tese de Ivo Dantas, segundo a qual o texto do Preâmbulo da Constituição Federal não pode ser alterado pelo Poder Reformador: trata-se de limite implícito ao Poder de reforma.[49] *Mutatis mutandis*, o Preâmbulo da Lei Orgânica consiste em limite implícito ao Poder de Reforma da Lei Orgânica.

Informação bibliográfica deste texto, conforme a NBR 6023:2018 da Associação Brasileira de Normas Técnicas (ABNT):

MARTINS, Ricardo Marcondes. Preâmbulo. *In*: BATISTELA, Marcos; BARBOSA, Maria Nazaré Lins; MARTINS, Ricardo Marcondes (coord.). *Comentários à Lei Orgânica do Município de São Paulo*: atualizada até a Emenda nº 42/2022. Belo Horizonte: Fórum, 2023. p. 19-22. ISBN 978-65-5518-497-6.

---

[45] "Não fazendo parte do texto constitucional propriamente dito, o preâmbulo não contém, portanto, normas constitucionais, nem possui valor jurídico autônomo nem idêntico ao das normas constitucionais. Não pode haver, por isso, inconstitucionalidade por violação do preâmbulo ou dos princípios preambulares enquanto tais" (CANOTILHO, José Joaquim Gomes; MOREIRA, Vital. *Constituição da República Portuguesa*. 1. ed. São Paulo: Revista dos Tribunais, 2007. p. 181).

[46] CANOTILHO; MOREIRA. *Constituição da República Portuguesa*, p. 181. No mesmo sentido: MORAES, Alexandre de. *Direito constitucional*. 24. ed. São Paulo: Atlas, 2009. p. 21. Apesar de considerá-lo integrante da Constituição, Jorge Miranda chega à mesma conclusão: nega-lhe a eficácia dos artigos constitucionais e a possibilidade de inconstitucionalidade por sua violação (MIRANDA, Jorge. *Manual de Direito Constitucional*, p. 240-241).

[47] STF, ADI nº 2076, Rel. Min. Carlos Velloso, Pleno, j. 15.08.2002, DJ 08.08.2003, p. 86, Ement. V. 2118-01, p. 218.

[48] Para um estudo aprofundado: BRAVO DE MANSILLA, Guillermo Cerdeira. *Principio, realidad y norma*: el valor de las exposiciones de motivos (y de los preámbulos). México; Madrid: Ubijus; Reus, 2015.

[49] DANTAS. *Instituições de direito constitucional brasileiro*, p. 325.

Título I
Disposições Preliminares

Art. 1º O Município de São Paulo, parte integrante da República Federativa do Brasil e do Estado de São Paulo, exercendo a competência e a autonomia política, legislativa, administrativa e financeira, asseguradas pela Constituição da República, organiza-se nos termos desta Lei.

Parágrafo único – São símbolos do Município a bandeira, o brasão e o hino. (Redação dada pela Emenda à Lei Orgânica nº 06/1991.)

CARLOS FIGUEIREDO MOURÃO

Na interpretação do campo de atuação do artigo primeiro, há de se buscar as origens de sua existência.

Aureliano Leite apresenta a teoria de que "os primeiros Municípios brasileiros não foram criados consoante as normas das Ordenações do Reino, nem por elas regidos durante longo tempo". Afirma em sua obra que os Municípios aqui naturalmente formados não eram romanos nem portugueses, pois principalmente "em nossa Capitania, onde não havia sequer um volume das Ordenações".[50]

Contudo, diversamente dessa abalizada opinião, mesmo que não trazendo na algibeira qualquer exemplar das Ordenações do Reino e já existindo comunidades indígenas com populações consideráveis, o Brasil forma Municípios que "além de papel público tinham também função judiciária"[51] e que, da mesma maneira, que Portugal, criam concelhos municipais com poder de gestão administrativa. Como aponta Raquel Rolnik:

> A gestão urbana local através da eleição direta de vereadores foi definida pelo Código Afonsino, que tomou como modelo a forma de administração das cidades de Santarém, Ávila e Salamanca, generalizando os procedimentos dos Municípios portugueses. Em São Paulo, a Câmara Municipal se instala em 1560 e passa imediatamente a ser o órgão mais importante do poder municipal, já que a representação da Coroa, através do donatário da capitania, se encontrava bastante ausente do cotidiano da cidade.[52]

---

[50] LEITE, Aureliano. *História da Municipalidade de São Paulo*. São Paulo: Câmara Municipal de São Paulo, 1977. p. 220.
[51] ALVES, Odair Rodrigues. *O Município dos romanos à nova república*. São Paulo: Companhia Editora Nacional, 1986. p. 59.
[52] ROLNIK, Raquel. *A Cidade e a Lei*. 3. ed. São Paulo: FAPESP, 2003. p. 17-18.

A câmara municipal de São Paulo foi uma das primeiras a promover eleição na história das Américas, assegurando aos habitantes o direito político de "fazerem oficiais, com assento em suas respectivas Câmaras (com funções legislativas, executivas e judiciárias), para, sob o mandato dos vilões, gerirem a coisa pública no âmbito do Município".[53]

Continua o autor:

> Com a adoção das Ordenações Filipinas, houve uma evolução das antigas Vereações ou Concelho de Vereadores, organizando-se as Câmaras Municipais, intituladas Senados das Câmaras. Compunham-se de dois juízes ordinários, servindo cada vez, eletivos, como os três vereadores. Eram eleitos também os oficiais da Câmara, inclusive o procurador – que ficava encarregado de representá-la nas obras públicas e nas multas –, o tesoureiro e o escrivão.[54]

Aponta Brasílio Machado:

> O Município representou nossa primeira realidade política e social. Sob o aspecto jurídico, a instituição se originou do Direito costumeiro português; mas, aqui, amoldou-se ao meio inteiramente diverso, ganhando novas características.
>
> Procede, pois, a observação de Oliveira Viana de que, na Colônia, constituiu-se o Brasil em "coleção desconexa e desordenada de municipalidade (ou pequenos Estados-cidades), administradas pelos seus senados de vereadores e demais funcionários.
>
> Sobretudo nos dois primeiros séculos, sua autoridade foi enorme. Se o poder político pertencia à Coroa, o poder de fato era exercido pelas autoridades municipais.
>
> As funções das Câmaras do período colonial eram mais amplas e importantes que as conferidas às Municipalidades modernas. Além de atribuições administrativas de peculiar interesse local, exerciam encargos policiais e judiciários, muitos decorrendo, menos dos textos, do que das exigências da vida e do meio.[55]

A Constituição Federal de 1988, em seu Título I, delimita sua base conceitual, e, em seu artigo primeiro, enuncia a integração do Município como ente federativo:

> Art. 1º A República Federativa do Brasil, formada pela união indissolúvel dos Estados e Municípios e do Distrito Federal, constitui-se em Estado Democrático de Direito e tem como fundamentos:
>
> (...)

Do desdobramento do artigo preambular, extraímos que a República brasileira é formada pela Federação dos Estados e Municípios; portanto, a Federação brasileira decorre da união "indissolúvel" dos Estados e Municípios.

---

[53] MARINS, Carlos Eduardo Garcez. Breves considerações sobre o transitório resguardo da autonomia política local em face da geral no Brasil. *Revista de Direito Público*, São Paulo, n. 96, p. 279, out./dez. 1990.
[54] ALVES. *O Município dos romanos à nova república*, p. 59-60.
[55] MACHADO NETO, Brasílio. O Município no Brasil. *Revista Forense*, Rio de Janeiro, v. 181, p. 442-450, jan./fev. 1959.

Assim, como ente federativo, trazendo a tradição da formação de nossos municípios, fixou-se uma autonomia fundamentada na proposição de que é competência do Município, no seu âmbito territorial, regular todas as relações que têm como interessados a sua comunidade, relações que dependam da execução pelo próprio Município e que não alteram a relação existente entre os munícipes e a União ou Estados.

A Constituição, ao estabelecer a inserção do Município como parte integrante da Federação, fez mais, criando uma autonomia especial e inovadora.

Assim, é concedido ao Município de São Paulo o exercício pleno de sua autonomia política, legislativa, administrativa e financeira, sem qualquer ingerência do Estado ou da União na gestão dos interesses da comunidade paulistana.

Como há muito proclamava Aléxis de Tocqueville, no Município "reside a força dos povos livres" e sem "instituições comunais, uma nação pode dar-se um governo livre, mas não tem o espírito da liberdade".[56]

Qualquer limitação ao exercício dessa autonomia ataca diretamente os fundamentos da nossa República.

Informação bibliográfica deste texto, conforme a NBR 6023:2018 da Associação Brasileira de Normas Técnicas (ABNT):

MOURÃO, Carlos Figueiredo. Comentários ao art. 1º. *In*: BATISTELA, Marcos; BARBOSA, Maria Nazaré Lins; MARTINS, Ricardo Marcondes (coord.). *Comentários à Lei Orgânica do Município de São Paulo*: atualizada até a Emenda nº 42/2022. Belo Horizonte: Fórum, 2023. p. 23-25. ISBN 978-65-5518-497-6.

---

[56] TOCQUEVILLE, Alexis de. *A Democracia na América*. 1. ed. São Paulo: Abril, 1973. p. 202. Coleção Os Pensadores.

Art. 2º A organização do Município observará os seguintes princípios e diretrizes:

I – a prática democrática;

II – a soberania e a participação popular;

III – a transparência e o controle popular na ação do governo;

IV – o respeito à autonomia e à independência de atuação das associações e movimentos sociais;

V – a programação e o planejamento sistemáticos;

VI – o exercício pleno da autonomia municipal;

VII – a articulação e cooperação com os demais entes federados;

VIII – a garantia de acesso, a todos, de modo justo e igual, sem distinção de origem, raça, sexo, orientação sexual, cor, idade, condição econômica, religião, ou qualquer outra discriminação, aos bens, serviços, e condições de vida indispensáveis a uma existência digna;

IX – a acolhida e o tratamento igual a todos os que, no respeito da lei, afluam para o Município;

X – a defesa e a preservação do território, dos recursos naturais e do meio ambiente do Município;

XI – a preservação dos valores históricos e culturais da população; (Acrescentados pela Emenda nº 35/2012.)

XII – a moralidade administrativa;

XIII – a idoneidade dos agentes e dos servidores públicos. (Acrescentado pela Emenda nº 35/2012.)

RENATO PINHEIRO FERREIRA

O art. 2º da LOMSP traz os princípios e as diretrizes da organização desse ente político. Princípios são, na famosa lição de Alexy, *"mandados de otimização, que são caracterizados por serem satisfeitos em graus variados e pelo fato de que a medida devida de sua satisfação não depende somente das possibilidades fáticas, mas também das possibilidades jurídicas".*[57] Assim, os princípios são as normas jurídicas às quais não se aplica a lógica do "tudo ou nada" típica das regras. Estas, sendo válidas e incidindo em um caso concreto, devem ser aplicadas em sua inteireza. Portanto, para que a regra jurídica não seja aplicada, ela deve ser inválida ou não ser aplicável ao caso concreto. Todavia, a estruturação e a incidência dos princípios são diversas. Devem eles serem aplicados tanto quanto possível, de maneira que a limitação de sua incidência só se dê em caso de

---

[57] ALEXY, Robert. *Teoria dos Direitos Fundamentais*. São Paulo: Malheiros, 2008. p. 90.

restrição derivada de outro princípio ou valor colidente no caso concreto. A diretriz, por sua vez, traz a ideia de direção, programa, rumo. No caso do rol do art. 2º, as diretrizes podem ser interpretadas como os valores que devem ser observados na condução do Município, como se extrairá da análise dos princípios e das diretrizes em espécie. O rol da LOMSP apresenta treze princípios ou diretrizes, onze dos quais presentes desde a promulgação do documento e dois trazidos pela Emenda à Lei Orgânica nº 35/2012. Tecem-se os comentários dos principais incisos a seguir, com reunião daqueles afins, que podem ser comentados em conjunto:

> Art. 2º A organização do Município observará os seguintes princípios e diretrizes:
> I – a prática democrática;

O próprio art. 1º da Constituição Federal determina que a República Federativa do Brasil se constitui em Estado Democrático de Direito. Assim, os Estados e Municípios também devem se guiar pela prática democrática. Embora a democracia não se esgote na capacidade eleitoral ativa (direito de votar), o direito ao voto é uma das suas maiores expressões, encontrando arrimo, inclusive, nas cláusulas pétreas constitucionais (art. 60, §4º, inciso II da Constituição Federal). O eventual desrespeito de qualquer Município aos postulados democráticos (por exemplo, abolindo a eleição para Prefeito ou Vereador) pode dar causa à intervenção do Estado no Município (art. 35, inciso IV, da Constituição Federal), uma vez que a democracia, se não constante expressamente na Constituição do Estado, é cláusula de reprodução obrigatória, uma vez que é princípio constitucional sensível.[58]

> II – a soberania e a participação popular;
> III – a transparência e o controle popular na ação do governo;
> VI – o exercício pleno da autonomia municipal;
> (...)

É sempre desejável a participação popular direta no Poder, estando a previsão em harmonia com o §1º do art. 1º da Constituição Federal, que autoriza a gestão do público diretamente ou por meio de representantes. Tipicamente, utilizam-se os instrumentos do plebiscito, referendo ou iniciativa popular de lei (art. 1º da Lei Federal nº 9.709/1998). Nessa linha, o art. 37 da Lei Orgânica do Município prevê a deflagração do processo legislativo municipal pela iniciativa popular. Além dessas clássicas formas de participação popular direta no Poder, tem-se a participação popular em Conselhos temáticos (art. 8º da LOMSP), solicitação direta de informações de interesse particular ou geral (Lei Federal nº 12.527/2011 e Decreto Municipal nº 54.779/2014), sem prejuízo de todos os demais instrumentos de fiscalização, realização de denúncias e acompanhamento da máquina pública. Por sua vez, a citação à soberania deve ser interpretada como alusiva à própria República Federativa do Brasil, única soberana.

---

[58] NOVELINO, Marcelo. *Manual de Direito Constitucional*. São Paulo: Método, 2014.

O Município de São Paulo é autônomo, exercendo seus poderes em conformidade e nos limites delineados pela Carta Magna.[59]

O controle popular na ação do governo se relaciona à própria participação popular. Por sua vez, a transparência tem íntima relação com o princípio da publicidade (art. 37, *caput*, da Constituição Federal, e art. 81 da LOMSP), denotando que a atividade administrativa e legislativa no âmbito da Municipalidade deve ser totalmente acessível aos interessados.

> IV – o respeito à autonomia e à independência de atuação das associações e movimentos sociais;

Uma vez que associações e movimentos civis podem ter destacada atuação em diversas áreas sociais, inclusive naquelas em que atua a Municipalidade (educação infantil e saúde, por exemplo), ainda que se possam implementar alianças de interesse público nos termos legais (Lei Federal nº 13.019/2014 e Lei Federal nº 9.790/1999), não se lhes pode tolher a autonomia e a independência, considerando que a colaboração de interesse público não desnatura o caráter privado dessas organizações. A própria Constituição Federal veda a interferência estatal no seio das associações (art. 5º, inciso XVIII).

> VII – a articulação e cooperação com os demais entes federados;
> (…)
> X – a defesa e a preservação do território, dos recursos naturais e do meio ambiente do Município;
> XI – a preservação dos valores históricos e culturais da população.

Costuma-se classificar o federalismo brasileiro como cooperativo.[60] Assim, a divisão de competências constitucionais entre as esferas federadas não se dá de forma rígida e exclusiva, mas, ao contrário, deferem-se várias delas a todos os entes políticos, como a proteção do meio ambiente natural e cultural (art. 23, incisos III, VI e VII, da Constituição Federal).

Informação bibliográfica deste texto, conforme a NBR 6023:2018 da Associação Brasileira de Normas Técnicas (ABNT):

MOURÃO, Carlos Figueiredo. Comentários ao art. 2º. In: BATISTELA, Marcos; BARBOSA, Maria Nazaré Lins; MARTINS, Ricardo Marcondes (coord.). *Comentários à Lei Orgânica do Município de São Paulo*: atualizada até a Emenda nº 42/2022. Belo Horizonte: Fórum, 2023. p. 26-28. ISBN 978-65-5518-497-6.

---

[59] BARROSO, Luís Roberto. *Curso de Direito Constitucional Contemporâneo*. São Paulo: Saraiva, 2009. p. 172.
[60] TAVARES, Alessandra Schettino. *O federalismo cooperativo no Brasil*: o perfil do Estado brasileiro segundo a Constituição Federal de 1988. Monografia (Especialização) – Centro de Formação, Treinamento e Aperfeiçoamento (Cefor) da Câmara dos Deputados, Brasília, 2009, p. 20.

Art. 3º Esta lei estabelece normas autoaplicáveis, excetuadas aquelas que expressamente dependam de outros diplomas legais ou regulamentares.

LUCAS REIS VERDEROSI

O art. 3º da LOMSP, de maneira clara e sucinta, discorre sobre a aplicabilidade das demais normas contidas nesse diploma legal. Nos seus termos literais, dispõe que: "Esta lei estabelece normas autoaplicáveis, excetuadas aquelas que expressamente dependam de outros diplomas legais ou regulamentares".

A leitura inicial do artigo ora estudado revela ao menos duas importantes características: (i) trata-se de uma *metanorma*, ou seja, uma norma sobre normas;[61] e (ii) na Lei Orgânica paulistana, a autoaplicabilidade é a regra, sendo exceção a existência de normas não autoaplicáveis, cuja necessidade de regulamentação deverá constar expressamente. Quanto a este último aspecto, com o intuito de aprofundar a investigação sobre seu alcance e extensão, parece-nos valioso retomar algumas lições clássicas de Direito Constitucional a respeito da aplicabilidade e eficácia das normas.

A aplicabilidade das normas, há muito, é objeto de estudo dos constitucionalistas, tento surgido na doutrina e na jurisprudência estadunidenses no século XIX.[62] Embora hoje se reconheça que as condições de aplicabilidade das normas referem-se a normas tanto constitucionais quanto infraconstitucionais,[63] como é o caso da Lei Orgânica Municipal, persiste a tradição da disciplina no Direito Constitucional.

Em apertada síntese, a classificação de Thomas Cooley, de 1890, dividia as normas constitucionais entre "*self-executing provisions*" e "*not self-execution provisions*", sendo aquelas, desde logo, aplicáveis e estas últimas dependentes de regulamentação pelo legislador ordinário.[64] Na doutrina pátria, nas primeiras décadas do século XX, sob clara influência norte-americana, Ruy Barbosa classificou as normas como "autoaplicáveis" e "não autoaplicáveis",[65] enquanto Pontes de Miranda, por sua vez, utilizou a terminologia de normas "bastantes em si" e "não bastantes sem si".[66]

Contudo, a evolução dos direitos positivados, sobretudo no período pós-guerra, tornou mais claras as insuficiências e lacunas dessas primeiras classificações. Afinal,

---

[61] Nas palavras do Min. Ricardo Lewandowski, em voto proferido na ADI nº 3.510/DF, as *metanormas* podem ser entendidas como "normas que estabelecem a maneira pela qual outras normas devem ser aplicadas".
[62] Nesse contexto, merece destaque a obra *Treatise on Constitutional Limitations*, de Thomas Cooley, publicada em 1890, por sua relevância e influência sobre os juristas brasileiros.
[63] SILVA, José Afonso da. *Aplicabilidade das Normas Constitucionais*. 3. ed. São Paulo: Malheiros, 2004. p. 52.
[64] SILVA. *Aplicabilidade das Normas Constitucionais*, p. 73-77.
[65] BARBOSA, Ruy. *Comentários à Constituição Federal brasileira*. São Paulo: Saraiva, 1933.
[66] PONTES DE MIRANDA, F. C. *Comentários à Constituição de 1967 com a Emenda n. 1 de 1969*. São Paulo: Revista dos Tribunais, 1970. Tomo I.

toda norma – seja ela dependente ou não de complementação por meio de outro ato normativo – tem em si um núcleo semântico, do qual emana seu valor normativo. Em outras palavras, o texto normativo nunca será desprovido de sentido, ainda que aborde conceitos indeterminados ou preveja sua regulação por outro dispositivo. No caso das normas constitucionais, tal constatação é ainda mais evidente e está traduzida no princípio da força normativa da Constituição.

Assim, a classificação das normas quanto à aplicabilidade não deve ser entendida como forma de estabelecer hierarquia entre os comandos normativos de uma Constituição ou mesmo de um diploma legal,[67] tal como a LOMSP. Em verdade, eventuais diferenças relacionadas à aplicabilidade das normas servem para orientar a atuação legislativa[68] e ajudar os operadores do Direito a solucionar os problemas de concretização dos respectivos dispositivos.

Entre nós, J. H. Meirelles Teixeira encarnou pioneiramente as novas tendências, com forte inspiração na doutrina italiana das décadas de 1950 e 1960. Em seu estudo sobre a aplicabilidade das normas, previu a divisão entre normas de eficácia plena e normas de eficácia limitada ou reduzida.[69] Porém, a partir da década de 1960, quem melhor estudou a matéria, em nível constitucional, foi José Afonso da Silva, que, valendo-se dos ensinamentos do doutrinador italiano Vezio Crisafulli,[70] classificou as nomas constitucionais entre normas de eficácia plena, contida e limitada, associando-as, respectivamente, à aplicabilidade direta, imediata e integral (*plena*), direta, imediata e não integral (*contida*) e aplicabilidade indireta, mediata e reduzida (*limitada*).[71]

Especificamente no caso da Lei Orgânica, esse diploma normativo elabora o esquema organizacional da Município de São Paulo, observando tanto as prescrições da Constituição Federal de 1988 quanto da Constituição Estadual de São Paulo. A lei orgânica é elaborada em "processo legislativo excepcional destinado a dar estrutura e organização ao município", conforme as regras ditadas pelo art. 29 da Constituição Federal de 1988.[72]

A dignidade constitucional da lei orgânica é referendada por Hely Lopes Meirelles, que assinalava que "essa lei orgânica, também denominada carta própria, equivale à constituição municipal".[73]

Muito se discute sobre a natureza jurídica da Lei Orgânica, isto é, se ela corresponde a uma *Constituição Municipal*, uma *quase-Constituição*, uma *mini-Constituição* ou uma *lei especial da comuna*. Reservados tais debates para outro momento, o fato é que se trata do principal ato legislativo editado pela comunidade local.

---

[67] Da mesma forma, seria equivocado estabelecer a hierarquia dos dispositivos baseada em sua classificação quanto à eficácia.
[68] Muitas vezes, inclusive, a necessidade de posterior regulamentação assegura maior participação democrática e confere maior legitimidade aos direitos ali tratados.
[69] MEIRELLES TEIXEIRA, J. H. *Curso de Direito Constitucional*. Rio de Janeiro: Forense Universitária, 1991.
[70] CRISAFULLI, Vezio. *La Constituizione e sue disposizioni di principio*. Milano: Guiffrè, 1952.
[71] SILVA. *Aplicabilidade das Normas Constitucionais*, p. 83.
[72] Na Federação brasileira, o Município brasileiro tem sua autonomia ampliada e seu papel federativo destacado a partir da Constituição Federal de 1988, que lhe garantiu o poder de editar sua própria lei orgânica. Anteriormente, com exceção do Rio Grande do Sul, predominava o "sistema de leis orgânicas estaduais para reger a organização e a administração de todos os municípios" (MEIRELLES, Hely Lopes. *Direito Municipal Brasileiro*. 17. ed. São Paulo: Malheiros, 2013. p. 84-88).
[73] MEIRELLES, Hely Lopes. *Direito Municipal Brasileiro*. 17. ed. São Paulo: Malheiros, 2013. p. 85.

Essa primazia em relação aos demais diplomas (*i. e.*, leis ordinárias, complementares ou delegadas) pode ser intuída a partir (i) de seus *status* constitucional, uma vez que sua edição é prevista no art. 29 da Constituição Federal de 1988, e (ii) da forma como é promulgada pela Câmara Municipal, sem participação do Poder Executivo local.

Destarte, traduzindo essa superioridade legal, a Lei Orgânica Municipal traz em seu corpo normativo matérias de natureza tipicamente constitucional, entre os quais, além de regras sobre organização e funcionamento dos Poderes locais (atribuições do edil, processo legislativo etc.), também figuram princípios e diretrizes, com elevando grau prospectivo, de generalidade e abstração.[74] Assim, os ensinamentos a respeito do estudo das normas constitucionais podem e devem ser tomados de empréstimo para compreensão do tema em sede de Lei Orgânica.

O substrato teórico de José Afonso da Silva permanece de extrema utilidade aos estudiosos da LOMSP, já que, como é possível depreender da leitura do art. 3º dessa lei, foi encampado pelo legislador local, que, ao fazê-lo, garantiu adequada densidade normativa aos dispositivos da Lei Orgânica.

Não por outra razão, tal como ocorre no Direito Constitucional, o problema da efetivação de tais normas é tema central e mereceu, na Lei Orgânica paulistana, dispositivo expresso e específico sobre aplicabilidade dos tipos normativos nela insertos.

Informação bibliográfica deste texto, conforme a NBR 6023:2018 da Associação Brasileira de Normas Técnicas (ABNT):

VERDEROSI, Lucas Reis. Comentários ao art. 3º. *In*: BATISTELA, Marcos; BARBOSA, Maria Nazaré Lins; MARTINS, Ricardo Marcondes (coord.). *Comentários à Lei Orgânica do Município de São Paulo*: atualizada até a Emenda nº 42/2022. Belo Horizonte: Fórum, 2023. p. 29-31. ISBN 978-65-5518-497-6.

---

[74] A título ilustrativo, o termo "diretrizes" pode ser encontrado na LOMSP em 36 diferentes momentos. Já os termos "plano" ou "planos" têm 66 ocorrências. Isso significa que, além de regras de aplicação e efetividade instantâneas, há, no corpo dessa lei municipal, muitas normas de caráter prospectivo.

Art. 4º O Município, respeitados os princípios fixados no art. 4º da Constituição da República, manterá relações internacionais, através de convênios e outras formas de cooperação.

LUIZ AUGUSTO MÓDOLO DE PAULA

O Município de São Paulo, desde a Constituição Federal de 1988, de perfil descentralizador, e sobretudo por força do artigo ora comentado, ganhou certo espaço autônomo de atuação internacional.

A primeira exigência é o respeito aos princípios de relações internacionais da República Federativa do Brasil (por sua vez, definida como a "união indissolúvel dos Estados e Municípios e do Distrito Federal" – art. 1º da Constituição Federal de 1988) previstos no art. 4º da Constituição Federal de 1988 – como independência nacional, prevalência dos direitos humanos e repúdio ao terrorismo e ao racismo, entre outros. Logo, o Município, em seu atuar internacional (e em sua atuação interna cotidiana), deve primeiramente seguir os referidos princípios.

E o que seria a manutenção de relações internacionais para o Município de São Paulo? Antes de 1988, o Município se limitava, na esfera internacional, a celebrar os chamados "acordos de irmanamento", isto é, de "cidades-irmãs", mais de caráter simbólico.[75]

Segundo o procurador do Município de São Paulo José Rubens Andrade Fonseca Rodrigues: "Cidades-irmãs são convênios internacionais firmados entre duas cidades, geralmente com uma certa representatividade econômica, que tenham alguma afinidade, em geral por imigração ou comércio".[76]

Entretanto, os Municípios foram aos poucos superando as barreiras constitucionais para encontrar um modo de atuar internacional. A grande limitação à atuação internacional do Município continua sendo o art. 21, I, da Constituição Federal de 1988, que prevê que compete à União manter relações com Estados estrangeiros e participar de organizações internacionais. Contudo, novas necessidades e oportunidades de integração e novos conceitos ampliaram as possibilidades municipais, no que vem a ser chamado de "paradiplomacia", que, no conceito de Noé Cornago Prieto, é:

---

[75] Esses acordos ainda são celebrados, mais por iniciativa de vereadores, e não do Executivo, muito em virtude do fato de os edis terem limitações em seu poder de iniciativa legislativa, o que faz com que tenham de encontrar campos para legislar. *Vide* art. 61, §1º, da Constituição de 1988, que, ao mencionar as hipóteses de iniciativa legislativa privativa do Presidente da República, por sua vez limita as competências dos legisladores de todas as outras esferas.

[76] RODRIGUES, José Rubens Andrade Fonseca. O município e o direito internacional no mundo globalizado. *Revista Jurídica da Procuradoria Geral do Município de São Paulo*, São Paulo, Centro de Estudos Jurídicos, v. 9, p. 49-63, 2012. No mesmo artigo, o autor enumera alguns dos acordos nesse sentido celebrados por São Paulo, como Buenos Aires (Lei Municipal nº 12.888/1999), Lisboa (Lei Municipal nº 11.912/1995) e Tel Aviv (Lei Municipal nº 13.873/2004).

(...) o envolvimento de governo subnacional nas relações internacionais, por meio do estabelecimento de contatos, formais ou informais, permanentes ou provisórios (*ad hoc*), com entidades estrangeiras públicas ou privadas, objetivando promover resultados socioeconômicos ou políticos, bem como qualquer outra dimensão externa de sua própria competência constitucional.[77]

Para Reinaldo Dias, alguns dos motivos que levaram à inserção internacional dos Municípios são: (i) aumento do processo de globalização e interdependência econômica; (ii) necessidade de defesa dos interesses locais no exterior; (iii) aumento da concorrência no mercado internacional; (iv) abertura do sistema político brasileiro ao exterior (começo dos anos 1990 – *vide* a criação do Mercosul); e (v) descentralização do Governo Federal.[78]

A isso acrescentaríamos a necessidade do Município de obter recursos externos para a implementação de suas políticas públicas, além de suas próprias receitas tributárias e não tributárias e dos recursos obtidos do Estado ao qual se vinculam e da União.[79]

Esse campo de atuação internacional do Município (obtenção de recursos externos) é justamente a previsão do art. 52, V, da Constituição Federal de 1988, que, ao tratar das competências privativas do Senado Federal, termina por estipular que cabe à Casa Alta do Congresso Nacional "autorizar operações externas de natureza financeira, de interesse da União, dos Estados, do Distrito Federal, dos Territórios e dos Municípios". Ou seja, o Município pode celebrar contratos ou convênios tendo por objeto operações externas de natureza financeira de interesse, desde que o Senado Federal autorize a operação.

O próprio Reinaldo Dias elenca algumas das formas pelas quais o Município atuará, como nos já mencionados acordos de irmanamento, estabelecimento de escritórios permanentes em cidades no exterior, criação de associações inter-regionais, participação em feiras e eventos internacionais, participação nas delegações nacionais enviadas ao exterior, atuação como sede de eventos internacionais e participação em redes mundiais de governos locais, entre outras.[80]

Quais são os acordos e convênios que o Município pode celebrar? Observada a já mencionada limitação do art. 21, I, da Constituição Federal de 1988, fica claro que o Município jamais celebrará tratados com outros Estados, até por não ser, ele próprio, um Estado, e sim um ente subnacional.[81] Tampouco celebrará avenças que

---

[77] CORNAGO PRIETO, Noé. O outro lado do novo regionalismo pós-soviético e da Ásia-Pacífico: a diplomacia federativa além das fronteiras do mundo ocidental. *In*: VIGEVANI, T. *et al*. (coord.). *A dimensão subnacional e as relações internacionais*. São Paulo: Educ, 2004. p. 251.

[78] DIAS, Reinaldo. Paradiplomacia: ferramenta de inclusão internacional dos municípios. *Revista de Administração Municipal*, v. 57, n. 274, p. 56, abr./set. 2010.

[79] Como exemplo disso temos a utilização de recursos do Banco Interamericano de Desenvolvimento (BID) em projetos do Avança Saúde São Paulo, da Secretaria Municipal de Saúde.

[80] DIAS, Reinaldo. Paradiplomacia: ferramenta de inclusão internacional dos municípios. *Revista de Administração Municipal*, v. 57, n. 274, p. 57-58, abr./set. 2010.

[81] Denis Borges Barbosa menciona que a definição de "tratado" consta da Convenção de Viena sobre Direito dos Tratados (em vigor desde 27 de janeiro de 1980). É "um acordo internacional celebrado por escrito entre Estados e regido pelo Direito Internacional, quer conste de um instrumento único, quer de dois ou mais instrumentos conexos, qualquer que seja sua denominação particular" (art. 2º, §1º) (BARBOSA, Denis Borges. Capacidade

gerem efeitos além de seu próprio território.[82] Resta então ao Município celebrar especialmente convênios ou outros pactos que não tratados, como empréstimos, protocolos de intenções e acordos ou convênios de cooperação com outros Estados, entidades subnacionais e organizações internacionais.

É necessário também mencionar, em termos de organização interna, como se dá a atuação internacional do Município. A Secretaria Municipal de Relações Internacionais do Município de São Paulo foi criada pela Lei Municipal nº 13.165, de 5 de julho de 2001, e teve como principal objetivo, segundo seu art. 1º, "(...) coordenar convênios e projetos de cooperação internacional que envolvam a Cidade de São Paulo, inserindo-a de forma ativa no cenário mundial, em razão de sua dimensão econômica, social e cultural". Inúmeras normas editadas ao longo dos anos foram alterando as competências da Secretaria, mas sem jamais deixar de centralizar nesse órgão a missão de inserção internacional de São Paulo, uma cidade global.

Em suma, o Município de São Paulo não apenas pode como deve atuar na esfera internacional, seja das formas anteriormente mencionadas ou de outras a serem criadas, respeitado o espaço constitucional da União e demais entes federativos e sempre respeitados os princípios de relações internacionais da República Federativa do Brasil, que antes de tudo são também balizas da atuação interna do Município e parâmetro das suas políticas públicas.

Informação bibliográfica deste texto, conforme a NBR 6023:2018 da Associação Brasileira de Normas Técnicas (ABNT):

PAULA, Luiz Augusto Módolo de. Comentários ao art. 4º. In: BATISTELA, Marcos; BARBOSA, Maria Nazaré Lins; MARTINS, Ricardo Marcondes (coord.). *Comentários à Lei Orgânica do Município de São Paulo*: atualizada até a Emenda nº 42/2022. Belo Horizonte: Fórum, 2023. p. 32-34. ISBN 978-65-5518-497-6.

---

do município de participar de atos internacionais de caráter não vinculante com entidades infraestatais [1992]. *Revista de Direito da Procuradoria-Geral do Município do Rio de Janeiro*, Rio de Janeiro, 1997. Disponível em: www.dbba.com.br/wp-content/uploads/a-capacidade-do-municpio-de-participar-de-atos-internacionais-1994.pdf. Acesso em: 26 abr. 2022.

[82] Foge do escopo deste comentário debater os efeitos de eventual "inadimplência" de um Município que contraia empréstimo externo, o que geraria efeitos para outros entes da República Federativa do Brasil. Porém, registre-se a possibilidade.

Título II
Do Poder Municipal

Art. 5º O Poder Municipal pertence ao povo, que o exerce através de representantes eleitos para o Legislativo e o Executivo, ou diretamente, segundo o estabelecido nesta Lei.
§1º – O povo exerce o poder:
I – pelo sufrágio universal e pelo voto direto e secreto;
II – pela iniciativa popular em projetos de emenda à Lei Orgânica e de lei de interesse específico do Município, da cidade ou de bairros;
III – pelo plebiscito e pelo referendo.
§2º – Os representantes do povo serão eleitos através dos partidos políticos, na forma prevista no inciso I do parágrafo anterior.

SIMONE FERNANDES MATTAR

1 Referências da norma

Tema de indiscutível importância para o exercício da soberania popular e para o fortalecimento da democracia participativa, a máxima de que "todo poder emana do povo" está presente no art. 21 da Declaração Universal dos Diretos Humanos, adotada e proclamada pela Assembleia Geral das Nações Unidas em 10 de dezembro de 1948.

De igual sorte, o preceito inserido no *caput* do art. 5º da LOMSP reproduz, na seara municipal, o texto veiculado no parágrafo único do art. 1º da Constituição Federal.

Por sua vez, pode-se traçar um paralelo entre o *caput* do art. 14 e as disposições de seus incisos, bem como do art. 29, incisos I e XIII, ambos da Carta Magna, com a redação do parágrafo 1º do artigo ora em comento. Já o §2º do citado art. 5º relaciona-se com o inciso V do §3º do art. 14 e o art. 17 da nossa Constituição Federal.

2 A democracia constitucional: art. 5º, *caput*, §1º, I e §2º

Ao definir poder público ou estatal, Agustin Gordillo pontua que se trata da faculdade de mandar concedida pelo povo soberano por meio da Constituição à pessoa jurídica estatal.[83] Nessa toada, o Título II da Lei Orgânica versa sobre o "Poder Municipal".

O advento da Constituição de 1988 pôs fim ao então já quase secular dilema dicotômico federativo, positivando o princípio constitucional da autonomia política

---
[83] GORDILHO, Agustin. *Princípios gerais de direito público*. São Paulo: Revista dos Tribunais, 1977. p. 90.

municipal. Assim, podem os Municípios eleger seus prefeitos e ainda contam com um Legislativo próprio, tal como disposto no *caput* do art. 5º ora em análise.[84]

O artigo em comento reforça o fortalecimento ao princípio da autonomia municipal, como forma de facilitação do acesso das populações à administração local, no intuito de representar um mecanismo de aperfeiçoamento das instituições democráticas.[85]

O exercício do direito ao sufrágio nas eleições municipais relaciona-se tanto à proteção do eleitor (direito político ativo) como ao cidadão que se propõe a competir no processo eleitoral (direito político passivo).

Por fim, o instituto da representação por meio de partidos políticos, versado no §2º desse artigo, recurso da vontade política do povo, repisa a conciliação da soberania popular e do pluralismo político também no âmbito municipal.

Em consonância com a Carta Magna Federal, a democracia constitucional encontra-se pontuada na LOMSP.

3 Iniciativa popular, plebiscito e referendo

À luz do exposto no art. 44, combinado com os arts. 36, III, e 37, todos da LOMSP, poderão ser apresentados projetos de emenda à Lei Orgânica mediante iniciativa popular assinada por, no mínimo 5% (cinco por cento) dos eleitores do Município de São Paulo, assim como, respeitado o mesmo percentual, poderão ser apresentados projetos de lei de interesse específico desse Município por iniciativa dos seus cidadãos.

A realização de plebiscito sobre questões de relevante interesse do Município ou a realização de referendo sobre lei pode ser requerida à Câmara Municipal de São Paulo mediante a manifestação de pelo menos 1% (um por cento) do eleitorado (art. 44, II, da LOMSP). As propostas de plebiscito ou referendo, sobre questões relevantes aos destinos do Município, apresentadas por pelo menos 2% (dois por cento) do eleitorado, serão levadas à decisão pelo Plenário da Câmara Municipal (art. 45 da LOMSP).

Com base em tais premissas, a Lei nº 14.004/2015 do Município de São Paulo regulamenta os institutos da iniciativa popular, do plebiscito e do referendo, dispondo que as propostas de emenda à Lei Orgânica do Município, bem como os projetos de lei que sejam de iniciativa popular, têm prioridade em sua tramitação sobre todas as demais propostas de emenda à Lei Orgânica ou projetos de lei.

Ademais, nos termos do art. 14 da mencionada lei do Município de São Paulo, a alteração ou a revogação de um dispositivo da LOMSP ou de uma lei, cuja proposta ou projeto originou-se de iniciativa popular, quando feitas por emenda ou projeto que não teve iniciativa do povo, devem ser obrigatoriamente submetidas a referendo popular.

Informação bibliográfica deste texto, conforme a NBR 6023:2018 da Associação Brasileira de Normas Técnicas (ABNT):

MATTAR, Simone Fernandes. Comentários ao art. 5º. *In*: BATISTELA, Marcos; BARBOSA, Maria Nazaré Lins; MARTINS, Ricardo Marcondes (coord.). *Comentários à Lei Orgânica do Município de São Paulo*: atualizada até a Emenda nº 42/2022. Belo Horizonte: Fórum, 2023. p. 35-36. ISBN 978-65-5518-497-6.

---

[84] Regramento conferido ao tema nos arts. 12, 57 e 64, §1º, da LOMSP.
[85] CHASE PLATE, Luiz Enrique. Derecho Administrativo Municipal. *Revista de Direito Público*, São Paulo, v. 23, n. 93, p. 13, jan./mar. 1990.

Art. 6º Os poderes Executivo e Legislativo são independentes e harmônicos, vedada a delegação, de poderes entre si.

Parágrafo único – O cidadão investido na função de um dos poderes não poderá exercer a de outro, salvo as exceções previstas nesta Lei.

SIMONE FERNANDES MATTAR

1 Referências da norma

O princípio da separação de Poderes foi estampado pelos revolucionários franceses no preceito XVI da Declaração dos Direitos do Homem e do Cidadão, de 1789.[86]

No Brasil, desde a primeira Carta Constitucional brasileira, o princípio da separação de Poderes foi consagrado, somente deixando de estar explicitamente previsto na Constituição de 1937.

O indigitado princípio está igualmente positivado no art. 5º da Constituição do Estado de São Paulo.

2 Aplicações do dispositivo

A aplicação do princípio em comento configura fundamento para aposição de vetos totais ou parciais a projetos de lei aprovados pela Câmara Municipal e que implicam ingerência indevida às competências do Poder Executivo.

Aliás, conforme entendimento consolidado pelo STF, o fato de a lei ser autorizativa não modifica o juízo de sua validade por vício de iniciativa e, assim, o Executivo

---

[86] A par de aclamada na Revolução Francesa, esse princípio possui origens anteriores. Nas palavras de Lenio Luiz Streck e Fábio de Oliveira: "Em que pesem as referências corriqueiras a John Locke e a Montesquieu, o segundo ainda mais citado do que o primeiro, como elaboradores da doutrina da separação de poderes, órgãos e funções, e sem embargo da primazia destes pensadores, paradigmas na formulação da ideia, a noção da divisão orgânico-funcional da estrutura e das atividades do Estado remonta, em especial, à Grã-Bretanha do século XVII, associada, umbilicalmente, à compreensão do *rule of law* (...) A concepção de que o poder real encontra fronteira na lei e deve respeitar direitos não é, todavia, novidade do século XVII. Fonte basilar, mais remota, firmada em outro ambiente social, é a *Magna Charta Libertatum*, de 1215, já uma limitação do poder do rei à legislação, garantia de liberdades, da propriedade (...) A *Magna Charta*, capítulo nuclear no processo de construção da concepção da separação de poderes e, assim, do constitucionalismo, teve papel destacado nos embates que se seguiram. Como antecedente, a Carta de Liberdades do ano de 1100, firmada, ao começo do seu reinado, por Henrique I (1100 a 1135), a qual serviu, em larga medida, de matriz para a *Magna Charta*" (STRECK, Lenio Luiz; OLIVEIRA, Fábio de. Comentários ao artigo 2º da Constituição Federal de 1988. In: CANOTILHO, J. J. Gomes; MENDES, Gilmar F.; SARLET, Ingo W.; STRECK, Lenio (coords.). *Comentários à Constituição do Brasil*. 2. ed. São Paulo: Saraiva/Almedina, 2018. p. 145-146).

não precisa da vênia legislativa para exercer competência própria, sob pena de ofensa ao princípio da separação de Poderes.[87]

Outro tema objeto de discussão jurisprudencial é relativo à possibilidade de vereadores serem membros dos conselhos municipais. Considerando que os conselhos municipais são organismos que compõem a estrutura do Poder Executivo, tal participação afronta a separação e a harmonia dos Poderes, razão pela qual não seria possível a participação de qualquer representante da câmara, ainda que não seja parlamentar.

Ademais, fulcrado nos princípios do interesse público, eficiência e moralidade administrativa, o parágrafo único do art. 6º positiva a regra de que, salvo exceções expressamente previstas, o cidadão investido na função de um dos Poderes não poderá exercer o de outro. Sem embargo, releva notar que os vereadores não só podem como devem acompanhar os trabalhos dos conselhos municipais, tendo em vista que a Câmara Municipal é órgão de controle externo da Administração Pública Municipal.[88]

Ao revés, a competência para disciplina de alguns temas é comum ao Legislativo e ao Executivo Municipais, não acarretando violação às disposições desse artigo da LOMSP e ao princípio da separação de poderes, tal como fixado pelo STF, em sede de Repercussão Geral, quanto à competência para denominação de ruas, próprios, vias e logradouros públicos.[89]

Informação bibliográfica deste texto, conforme a NBR 6023:2018 da Associação Brasileira de Normas Técnicas (ABNT):

MATTAR, Simone Fernandes. Comentários ao art. 6º. *In*: BATISTELA, Marcos; BARBOSA, Maria Nazaré Lins; MARTINS, Ricardo Marcondes (coord.). *Comentários à Lei Orgânica do Município de São Paulo*: atualizada até a Emenda nº 42/2022. Belo Horizonte: Fórum, 2023. p. 37-38. ISBN 978-65-5518-497-6.

---

[87] Nesse sentido, confira-se o acórdão proferido pelo Órgão Especial do Tribunal de Justiça de São Paulo na Ação Direta de Inconstitucionalidade nº 2088003-09.2014.8.26.0000, julgada em 24.09.2013.

[88] O TJSP manifestou-se no sentido da inconstitucionalidade de lei municipal que determinava a participação de dois representantes do Legislativo em conselho municipal de desenvolvimento urbano: Ação Direta de Inconstitucionalidade nº 103669-89.2011.8.26.0000, julgada em 29.02.2012.

[89] Tese nº 1070 de Repercussão Geral do STF: É comum aos Poderes Executivo (decreto) e Legislativo (lei formal) a competência destinada a denominação de próprios, vias e logradouros públicos e suas alterações, cada qual no âmbito de suas atribuições.

Art. 7º É dever do Poder Municipal, em cooperação com a União, o Estado e com outros Municípios, assegurar a todos o exercício dos direitos individuais, coletivos, difusos e sociais estabelecidos pela Constituição da República e pela Constituição Estadual, e daqueles inerentes às condições de vida na cidade, inseridos nas competências municipais específicas, em especial no que respeita a:

I – meio ambiente humanizado, sadio e ecologicamente equilibrado, bem de uso comum do povo, para as presentes e futuras gerações;

II – dignas condições de moradia;

III – locomoção através de transporte coletivo adequado, mediante tarifa acessível ao usuário;

IV – proteção e acesso ao patrimônio histórico, cultural, turístico, artístico, arquitetônico e paisagístico;

V – abastecimento de gêneros de primeira necessidade;

VI – ensino fundamental e educação infantil;

VII – acesso universal e igual à saúde;

VIII – acesso a equipamentos culturais, de recreação e lazer.

Parágrafo único – A criança e o adolescente são considerados prioridade absoluta do Município.

SIMONE FERNANDES MATTAR

1 Referências da norma

Em que pese não tenha utilizado a exata terminologia do Título II da Constituição Federal, qual seja, "direitos e garantias fundamentais", o *caput* desse artigo dispõe sobre o dever do Município de assegurar tais direitos e garantias, em cooperação com a União, Estados e demais Municípios.

O art. 7º da Lei Orgânica de São Paulo preceitua, portanto, que tanto o Legislativo como o Executivo Municipal acham-se na obrigação de serem norteados pela proteção aos direitos fundamentais.[90]

---

[90] Ingo Wolfgang Sarlet assim discorre acerca dessa questão: "Além disso, importa destacar que de tal vinculação decorre, num sentido negativo, que os direitos fundamentais não se encontram na esfera de disponibilidade dos poderes públicos, ressaltando-se, contudo, que, numa acepção positiva, os órgãos estatais acham-se na obrigação de tudo fazer no sentido de realizar os direitos fundamentais" (SARLET, Ingo W. Notas Introdutórias ao Sistema Constitucional de Direitos e Deveres Fundamentais. *In:* CANOTILHO, J. J. Gomes; MENDES, Gilmar F.; SARLET, Ingo W.; STRECK, Lenio (coords.). *Comentários à Constituição do Brasil*. 2. ed. São Paulo: Saraiva/Almedina, 2018. p. 196).

Trata-se de um princípio[91] cuja aplicação deve ser cotejada com as competências municipais estabelecidas ao longo da Constituição Federal.

2 A proteção urbanística municipal e a função social da cidade: art. 7º, incisos I, II, III e IV da LOMSP

Em seu art. 24, I, a Constituição Federal atribui competência concorrente à União e aos Estados para legislar sobre direito urbanístico, bem como o inciso VI do mesmo artigo o faz, no que diz respeito à legislação da preservação do meio ambiente, referindo-se às florestas, à caça e à pesca. Por força do art. 30, inciso II, da Constituição Federal, foi conferida aos Municípios também a produção normativa concorrente para tais temas, dada a competência para suplementar a legislação federal e a estadual no que couber. Ademais, nos termos do inciso I do citado art. 30, compete aos Municípios legislar sobre assuntos de interesse local.

O art. 4º do Estatuto da Cidade (Lei Federal nº 10.257/2001) dispõe que a disciplina do uso e da ocupação do solo integra o planejamento municipal e é um dos instrumentos de política urbana, isto é, uma das ferramentas necessárias para o desenvolvimento das funções sociais da cidade e, consequentemente, do bem-estar dos cidadãos.

A "função social da cidade", expressão contida também no art. 182 da Constituição Federal, guarda intrínseca relação com as disposições do *caput* e dos incisos do art. 7º em comento e é considerada por Daniela Libório di Sarno um princípio próprio do direito urbanístico.[92]

Dessa forma, os preceitos em comento da LOMSP estão alinhados não só com a Constituição Federal, mas também com a superveniente edição do Estatuto da Cidade. Para conceder densidade normativa a tais regramentos, o Plano Diretor em vigor no Município de São Paulo,[93] instrumento máximo de planejamento municipal, elenca entre suas diretrizes a defesa do patrimônio ambiental[94] e do patrimônio cultural,[95] priorização do transporte coletivo e, ainda, a garantia da política habitacional, sobretudo mediante o incentivo à produção da habitação de interesse social.[96]

Ao longo do texto da LOMSP, a matéria ainda é tratada no Título V, que dispõe sobre o Desenvolvimento do Município, nos Capítulos III (Habitação), IV (Transporte Urbano), V (Meio Ambiente) e VI (Patrimônio Histórico e Cultural).

---

[91] Conforme leciona Ricardo Martins Marcondes: "Os princípios jurídicos têm a estrutura qualitativa de normas jurídicas e podem, independentemente da edição de uma regra jurídica, regular as relações intersubjetivas" (MARTINS, Ricardo Marcondes. *Estudos de Direito Administrativo Neoconstitucional*. São Paulo: Malheiros, 2015. p. 113).

[92] DI SARNO, Daniela Libório. *Elementos de direito urbanístico*. São Paulo: Manole, 2004. p. 47 e seguintes.

[93] Lei nº 16.050/2014 do Município de São Paulo.

[94] A proteção urbanística está imbricada com a proteção ambiental; eis que, consoante reza o art. 225 da Constituição Federal, esta também almeja à sadia qualidade de vida.

[95] Cf. André Ramos Tavares, a proteção do patrimônio cultural brasileiro viabiliza-se por meio de inventários, registros, vigilância, tombamentos e desapropriação (TAVARES, André Ramos. *Curso de Direito Constitucional*. 2. ed. São Paulo: Saraiva, 2003. p. 626).

[96] A Lei nº 17.638/2021 disciplina o "Programa Pode Entrar" no Município de São Paulo e tem por objetivo criar mecanismos de incentivo à produção de empreendimentos habitacionais de interesse social, a requalificação de imóveis urbanos ou a aquisição de unidades habitacionais, destinadas às famílias de baixa renda, estabelecendo uma política habitacional de financiamento e locação subsidiados.

3 Do acesso à educação, à saúde, à cultura e ao abastecimento de gêneros de primeira necessidade: art. 7º, V, VI, VII e VIII, da LOMSP

As considerações traçadas no tópico anterior a respeito da competência concorrente prevista no art. 24, aliada à competência suplementar conferida aos Municípios no inciso VI do art. 30, ambas da Carta Magna Federal, subsidiam os dispositivos da LOMSP em destaque, que se referem às competências municipais relacionadas à educação (art. 24, IX) e à saúde (art. 24, XII).[97]

A garantia do acesso à educação no Município de São Paulo estabelecida no inciso VI do art. 7º da LOMSP baseia-se no art. 211, §2º, da Constituição Federal, segundo o qual os Municípios devem atuar, prioritariamente, no Ensino Fundamental e na Educação Infantil, bem como no princípio da gratuidade do ensino público adotado no inciso IV do art. 206 da Carta Magna.

Por sua vez, o acesso universal e igualitário à saúde, versado pelo legislador constituinte no art. 196, para além da condição de um direito fundamental, deve ser efetivado no âmbito municipal por meio de normas e medidas diversas, como na área da vigilância sanitária de estabelecimentos, controle de zoonoses e prestações materiais variadas (medicamentos, internações, realização de exames, consultas e tratamentos).

Quanto ao abastecimento de gêneros de primeira necessidade, além da menção contida no inciso V do art. 7º, o art. 166 da LOMSP preconiza que o Poder Executivo ficará incumbido da organização, de forma coordenada com a ação do Estado e da União, de sistema de abastecimento de produtos no território do Município.[98]

De outra parte, verifica-se na LOMSP a preocupação com acesso à cultura, por meio de equipamentos culturais, de recreação e de lazer, bem como merecendo um capítulo próprio, destinado ao esporte, ao lazer e à recreação (Capítulo V do Título VI).

Por fim, a LOMSP, publicada no Diário Oficial do Município em 6 de abril de 1990, estipula, no §2º do seu art. 7º, que a criança e o adolescente serão considerados prioridade absoluta no Município, positivando a proteção àqueles que, no âmbito federal, somente no mês de julho daquele mesmo ano passaram a ser os beneficiários da tutela conhecida como Estatuto da Criança e do Adolescente (Lei Federal nº 8.069/1990).

Informação bibliográfica deste texto, conforme a NBR 6023:2018 da Associação Brasileira de Normas Técnicas (ABNT):

MATTAR, Simone Fernandes. Comentários ao art. 7º. *In*: BATISTELA, Marcos; BARBOSA, Maria Nazaré Lins; MARTINS, Ricardo Marcondes (coord.). *Comentários à Lei Orgânica do Município de São Paulo*: atualizada até a Emenda nº 42/2022. Belo Horizonte: Fórum, 2023. p. 39-41. ISBN 978-65-5518-497-6.

---

[97] A matéria é tratada na LOM, nos arts. 200 a 2011 (educação) e 212 a 220 (saúde universal).
[98] O art. 23, VIII, da Constituição Federal dispõe sobre a competência comum da União, dos Estados, do Distrito Federal e dos Municípios para fomentar a produção agropecuária e organizar o abastecimento alimentar.

Art. 8º O Poder Municipal criará, por lei, Conselhos compostos de representantes eleitos ou designados, a fim de assegurar a adequada participação de todos os cidadãos em suas decisões.

Parágrafo único. É vedado o exercício da função de representante ou conselheiro por pessoas que incidam nos casos de inelegibilidade, nos termos da legislação federal, inclusive nos Conselhos Tutelares e Municipais. (Incluído pela Emenda nº 35/2012.)

LAURA MENDES AMANDO DE BARROS

O art. 8º da LOMSP trata dos conselhos, importantes ferramentas de participação e controle social.

São, *grosso modo*, arenas públicas – ora deliberativas, ora consultivas – compostas por representantes governamentais, da sociedade civil e, eventualmente, de outras instituições públicas ou de relevância pública.

Traduzem interessante arranjo capaz de mesclar as lógicas democráticas participativa e representativa,[99] em que ao cidadão é dado se fazer presente – bem como ter voz e influenciar efetivamente os processos decisórios – tanto por seus representantes eleitos quanto diretamente, via ocupação dos assentos destinados justamente à sociedade civil.

Os conselhos são marcadamente diversos, podendo assumir as mais variadas configurações, contornos e dinâmicas. Trazem sempre, porém, o traço comum da participação democrática, do prestígio à legitimidade da ação pública fundamentada justamente no apoio e no envolvimento populares, de modo a outorgar efetividade, em última análise, ao princípio da soberania popular:

> Nesse modelo se define que o eixo central da democracia não deve ser somente a legitimidade das decisões do Governo, senão a soberania popular (intransferível) e o direito à autodeterminação (inalienável). Busca-se que a implicação dos cidadãos seja mais frequente e direta, evitando substituir suas capacidades de decisão pelas de seus representantes. Entende-se que os cidadãos são os melhores conhecedores de seus problemas

---

[99] "A ideia não é a substituição do sistema indireto pelo direto, mas a criação de novos espaços de discussão e deliberação política que eliminem, ou ao menos diminuam, os problemas de legitimidade abertos pelo mecanismo representativo, como a distância entre representantes e representados, a falta de transparência, publicidade e *accountability*. (...) Trata-se de um sistema de democracia integral, que combina espaços de participação e deliberação direta com os mecanismos da democracia representativa (sistema de partidos políticos, Parlamento e Poder Executivo), entendendo-os não como sistemas antagônicos, mas compatíveis e complementares" (MENDES, Denise Cristina Vitale Ramos. *Democracia semidireta no Brasil pós-1988*: a experiência do orçamento participativo. 2004. Tese (Doutorado) – Faculdade de Direito da Universidade de São Paulo, São Paulo, 2004, p. 80-82).

e, portanto, quando podem tomar parte nas decisões públicas que lhes afeta, o farão com mais eficácia que os técnicos do Governo. (...) O modelo participativo (...) surge como uma resposta ao que se considera ineficácia da democracia representativa em atender às aspirações da sociedade e representar os interesses de setores minoritários ou de menor influência no poder institucional. (...) Assim, nos modelos categorizados como 'democracias participativas', os cidadãos são chamados a participar de forma constante na formulação, planificação e/ou gestão de determinadas políticas públicas.[100]

Trata-se de ambientes públicos, e não estatais.[101]

Tal diferenciação mostra-se de fundamental importância, na medida em que implica a incidência de um regime próprio e *sui generis*, em que convivem preceitos basilares de funcionamento da Administração Pública e aspectos específicos e decorrentes da legitimidade democrática de que gozam os conselhos.

No caso dos conselhos deliberativos[102] (como são, por exemplo, o Estatuto da Criança e Adolescente,[103] o Conselho da Saúde,[104] da Assistência Social,[105] da Educação,[106] do Idoso,[107] entre outros), as decisões colegiadas atuam como fator limitante

---

[100] VIEJO, Raimundo; MARTÍ-COSTA, Marc; PARÉS, Marc; RESENTE, Paulo E. R.; VILAREGUT, Ricard. La participación ciudadana en la esfera pública: enfoques teóricos-normativos y modelos de democracia. In: PARÉS, Marc (coord.). *Participación y calidad democrática. Evaluando las nuevas formas de democracia participativa*. Barcelona: Ariel Ciência Política, 2009. p. 43-44.

[101] Nossa preferência pela noção de órgão público em detrimento a órgão estatal decorre do fato de que esta última expressão automaticamente arrasta para o contexto em que se insere a compreensão tradicional – e, a nosso ver, já ultrapassada – do Estado piramidal, hierarquicamente organizado e marcado pelo controle subordinante em cascatas. Referido modelo foi sucedido por uma concepção pulverizada, marcada pela forte aproximação entre as esferas pública e privada e a horizontalização de suas relações. Referimo-nos, assim, à Administração em Rede, cujos órgãos não se inserem no padrão subordinante, burocrático e restrito, sendo mais permeáveis e abertos à comunidade. Nas palavras de Junqueira: "A concepção mecânica, com interações rígidas próprias da metáfora piramidal da organização característica do taylorismo, cede lugar a outras formas de conceber a gestão. Valorizam-se as interações entre pessoas, organizações numa perspectiva dinâmica, enfatizando as dimensões horizontal e participativa. Esses atores articulam-se na concepção de objetivos comuns, tendo em vista o bem coletivo, mas preservando sua identidade. Nessa perspectiva é que a noção de rede assume importância, significando a conexão das pessoas e instituições. Ela não é uma realidade em si, mas a possibilidade de estabelecer relações entre diversos atores, preservando as diferenças. Isso remete à ideia de autonomia, de sistema e de complexidade. A rede constitui uma proposta de ação, um modo espontâneo de organização, em oposição a uma dimensão formal e instituída. Ao invés de ser um processo rígido e estereotipado, é criativo e inventivo para buscar saídas novas. A rede surge na percepção conjunta dos problemas comuns e da possibilidade de resolvê-los de maneira integrada. Por isso que a linguagem da rede é uma linguagem de vínculos. Das relações que se estabelecem entre os diversos atores sociais que a constituem, mediados por objetivos construídos coletivamente. Na mesma linha que se pode situar a gestão intersetorial como a integração das diversas políticas setoriais para solucionar os problemas sociais que afetam a população que ocupa o mesmo espaço. Nessa perspectiva que se pode situar também os conselhos. Formas de gestão participativa, que articulam e integram pessoas e instituições na gestão das políticas sociais. Nesse particular, os conselhos assumem um papel relevante. Constituídos por indivíduos que representam diversos segmentos sociais e organizacionais, articulam-se para definir missão, objetivos, avaliar e monitorar desempenho" (JUNQUEIRA, Luciano A. Prates. Conselhos municipais e a gestão em rede das políticas sociais. In: *Conselhos municipais nas áreas sociais*. 2. ed. São Paulo: Fundação Prefeito Faria Lima – Cepam. Unidade de Políticas Públicas, 2001. p. 27. v. 1, n. 3).

[102] A teoria deliberativa, ao reconhecer o espaço informal de opinião pública como essencial para a formação do discurso político, defende a ampliação dos espaços em que a formação da vontade se constitui (MENDES. *Democracia semidireta no Brasil pós-1988*, p. 101).

[103] Lei Federal nº 8369/1990.
[104] Lei Federal nº 8.142/1990.
[105] Lei Federal nº 8.742/1993.
[106] Lei Federal nº 9.131/1995.
[107] Lei Federal nº 8.842/1994.

da discricionariedade do chefe do Executivo: na medida em que as diretrizes sobre as políticas públicas atinentes às respectivas áreas temáticas devem ser traçadas pelo Conselho, ente congregador de representantes do governo e da sociedade, suas orientações devem ser necessariamente observadas e incorporadas, sendo defeso ao gestor afastar tais conclusões em prestígio de suas próprias opiniões:

> Administrativo e processo civil. Ação civil pública. Ato administrativo discricionário: nova visão. 1. Na atualidade, o império da lei e o seu controle, a cargo do Judiciário, autoriza que se examinem, inclusive, as razões de conveniência e oportunidade do administrador. 2. Legitimidade do Ministério Público para exigir do Município a execução de política específica, a qual se tornou obrigatória por meio de resolução do Conselho Municipal dos Direitos da Criança e do Adolescente. 3. Tutela específica para que seja incluída verba no próximo orçamento, a fim de atender a propostas políticas certas e determinadas. 4. Recurso especial provido. (STJ, REsp nº 493.811/SP, rel. Min. Eliana Calmon)

O processo de elaboração de políticas fundamenta-se em outra forma de legitimidade, em que a ação pública, seus contornos e objetivos são construídos coletivamente, em um lócus participativo que prestigia a democracia, a responsividade e a efetividade.

> (...) estamos diante de um processo de mudanças nas relações entre Estado e sociedade em que vários espaços de interlocução e de negociação começam a surgir. Estes passam a ser uma legitimidade que denominamos de substantiva, embora não se pautem pelas regras de uma legitimidade "procedimental" provinda de eleições ou decisão de maiorias. Embora não sejam eleitos como representantes da maioria da população, a legitimidade dos membros do Conselho decorre da sua estreita vinculação à sociedade através das entidades representadas e do processo de interlocução que estes desenvolvem ou podem desenvolver com a população. Ademais, a simples manifestação periódica da vontade em torno de candidatos construídos pela mídia não torna os cidadãos influentes nas políticas ou nas decisões específicas que não são publicamente explicitadas. Percebe-se, portanto, que a democracia participativa estrutura um novo modelo institucional em que a legitimidade das urnas não é mais o único instrumento para garantir que os anseios populares ecoem para dentro do aparelho estatal.[108]

Da natureza *sui generis* dos conselhos, exsurge seu outro traço fundamental: na medida em que não integram a estrutura estatal, não se inserem na linha de subordinação/hierarquia típica de tal seara.

Seus integrantes não se submetem, portanto – pelo menos não em decorrência do exercício da função de conselheiro, ressalvada eventual ação junto ao Executivo –, ao poder disciplinar, não estando sujeitos ao controle pela linha hierárquica da Administração.

O mérito de suas decisões não se submete, da mesma forma, às demais instâncias de controle, tanto externo (Ministério Público, Tribunal de Contas, Judiciário) quanto

---

[108] AUAD, Denise. *Conselhos e fundos dos direitos da criança e do adolescente*: uma opção pela democracia participativa. 2007. Tese (Doutorado) – Faculdade de Direito da Universidade de São Paulo, São Paulo, 2007, p. 62-63.

social, sendo reservado, como em qualquer outro ato administrativo, ao tomador de decisão (no caso, o próprio conselho deliberativo).

O parágrafo único do art. 8º traz restrição à possibilidade de eleição para a função de conselheiro paulistano, limitando, assim, direito político fundamental.

Tal dispositivo deve ser interpretado em conjunto com a Lei Complementar nº 64/1990, que traz as hipóteses de inelegibilidade (para além das constitucionalmente previstas)[109] e sofre diversas (e fundadas) críticas quanto à sua incompatibilidade com o sistema constitucional vigente.

Isso porque o Brasil é signatário da Convenção Americana de Direitos Humanos,[110] cujo art. 23, item 2, estabelece que os direitos políticos podem ser restringidos *"exclusivamente por motivos de idade, nacionalidade, residência, idioma, instrução, capacidade civil ou mental, ou condenação, por juiz competente, em processo penal"*.

Diante do teor do art. 5º, §3º da Constituição Federal, tal dispositivo tem força constitucional – e, tendo em vista tratar de direito fundamental, de cláusula pétrea, não pode, portanto, sofrer qualquer limitação, ainda que por emenda constitucional, quanto menos por lei complementar.

O dispositivo da lei municipal em comento deve, portanto, ser interpretado sistematicamente, à luz dos dispositivos citados, de modo a garantir a maior eficácia possível ao direito político fundamental de ser eleito.

Informação bibliográfica deste texto, conforme a NBR 6023:2018 da Associação Brasileira de Normas Técnicas (ABNT):

BARROS, Laura Mendes Amando de. Comentários ao art. 8º. In: BATISTELA, Marcos; BARBOSA, Maria Nazaré Lins; MARTINS, Ricardo Marcondes (coord.). *Comentários à Lei Orgânica do Município de São Paulo*: atualizada até a Emenda nº 42/2022. Belo Horizonte: Fórum, 2023. p. 42-45. ISBN 978-65-5518-497-6.

---

[109] Entre as quais merece destaque a prevista no art. 14, §4º, que trata dos analfabetos e inalistáveis.
[110] Pacto de San Jose da Costa Rica, promulgado pelo Decreto da Presidência da República nº 678/1992.

Art. 9º A lei disporá sobre:

I – o modo de participação dos Conselhos, bem como das associações representativas, no processo de planejamento municipal e, em especial, na elaboração do Plano Diretor, do Plano Plurianual, das diretrizes orçamentárias e do orçamento anual;

II – a fiscalização popular dos atos e decisões do Poder Municipal e das obras e serviços públicos;

III – a participação popular nas audiências públicas promovidas pelo Legislativo ou pelo Executivo.

LAURA MENDES AMANDO DE BARROS

O art. 9º em comento disciplina formas de participação popular e, particularmente, controle social – as quais devem ser necessariamente abordadas à luz dos princípios democrático, republicano e da soberania popular.

Dessa forma, e não obstante a "liberdade" outorgada ao Legislador local, não é dado ao regramento municipal qualquer dispositivo tendente a limitar, a restringir ditos desideratos, dificultando ou desestimulando as formas de envolvimento da população no diagnóstico, planejamento, desenho, implementação e controle das políticas públicas voltadas, em última análise, ao incremento de sua própria qualidade de vida.

Tais limites – tradutores, inclusive, de cláusulas pétreas da nossa constituição – devem ser assim fielmente observados, não sendo possível sua restrição, ainda que por via reflexa ou formalmente legítima.

Inviáveis, portanto, exemplificativamente, a restrição de orçamento, o comprometimento da estrutura física e organizacional, a quebra de paridade na composição dos conselhos – e, claramente, a limitação das possibilidades de engajamento, com efetiva escuta e tomada em consideração das opiniões e sugestões da sociedade civil, organizada ou não.[111]

A participação democrática – da qual o controle social é espécie – é direito fundamental constitucionalmente consagrado e estruturante do Estado brasileiro.

O legislador local deve ter clara a noção de que a definição e persecução dos interesses públicos não constitui seu monopólio, devendo contrariamente ser alcançadas por meio de um processo conjunto, coordenado, em que se envolvam os mais diversos atores, sob a lógica da coprodução.

---

[111] Digno de registro, nesse sentido, o precedente do STF proferido no âmbito da ADPF nº 622/DF, em que o Decreto federal nº 10.003/2019, por meio do qual pretendia o Executivo federal implementar medidas limitadoras da participação democrática no Conselho Nacional dos Direitos da Criança e Adolescente (CONANDA), teve diversos dispositivos extirpados do ordenamento pátrio.

A busca pela consolidação da democracia – no caso, local – é, portanto, bússola obrigatória na implementação do comando em comento, assim como a assimilação da noção de *accountability* como o processo de controle – prévio, concomitante e *a posteriori* –, pelos mais diversos atores, da ação pública.

Conforme bem sumarizam Shommer *et al.*:

(...) uma interação contínua e dinâmica entre formas de controle mais institucionalizadas e formas de controle menos institucionalizadas é potencialmente mais efetiva na promoção da *accountability* do que os mecanismos estatais e os de controle social atuando isoladamente, na medida em que tal interação forja a coprodução de bens e serviços públicos na atuação conjunta de governantes e cidadãos, aproximando-os e gerando melhores resultados.[112]

Informação bibliográfica deste texto, conforme a NBR 6023:2018 da Associação Brasileira de Normas Técnicas (ABNT):

BARROS, Laura Mendes Amando de. Comentários ao art. 9º. *In*: BATISTELA, Marcos; BARBOSA, Maria Nazaré Lins; MARTINS, Ricardo Marcondes (coord.). *Comentários à Lei Orgânica do Município de São Paulo*: atualizada até a Emenda nº 42/2022. Belo Horizonte: Fórum, 2023. p. 46-47. ISBN 978-65-5518-497-6.

---

[112] SCHOMMER, Paula Chies *et al*. A coprodução do controle como bem público essencial à *accountability*. *Revista de Administração Pública*, Rio de Janeiro, FGV-Rio, v. 49, n. 6, p. 2, 2015.

Art. 10 O Legislativo e o Executivo tomarão a iniciativa de propor a convocação de plebiscitos antes de proceder à discussão e aprovação de obras de valor elevado ou que tenham significativo impacto ambiental, segundo estabelecido em lei.

CAMILO SOUSA FONSECA

O plebiscito é uma consulta formulada ao povo para que delibere sobre matéria de acentuada relevância, de natureza constitucional, legislativa ou administrativa. Ele é convocado com anterioridade a ato legislativo ou administrativo, cabendo ao povo, pelo voto, aprovar ou denegar o que lhe tenha sido submetido. A definição é da Lei Federal nº 9.709/1998, que trata do instituto juntamente com o referendo e a iniciativa popular; trata-se de um instrumento da democracia direta. Conforme o art. 14 da Constituição Federal, decorre da soberania popular e deve ser exercido por meio do sufrágio universal e pelo voto direto e secreto, com valor igual para todos. A Lei Federal nº 9.709/1998 estabelece, em seu art. 5º, que cabe aos Municípios, por meio da Lei Orgânica, regular a forma pela qual serão convocados os plebiscitos que tratem de matéria de sua competência. No âmbito da LOMSP, está regulado na Seção que trata do Processo Legislativo, sobretudo por meio do art. 45. Como vemos, porém, pela leitura do art. 10 em comento, o legislador entendeu cabível criar uma hipótese especial para a utilização do instrumento: previamente à execução de determinadas obras, quais sejam, aquelas de valor elevado ou que tenham significativo impacto ambiental.

Por questões técnicas e práticas, o art. 10 é um dispositivo de difícil aplicabilidade. Uma delas se refere à amplitude da expressão *discussão da obra*. Todo projeto de empreendimento a ser realizado pela Administração é precedido por discussões em esferas diversas e de diferentes naturezas (técnicas, financeiras, entre outras). Todavia, se o termo "discussão" for entendido como deliberação e votação pelos órgãos parlamentares competentes de ato legislativo relacionado à consecução da obra, além do risco de invasão de competência (pois cabe ao Executivo decidir quanto à conveniência e à oportunidade de alguma intervenção dessa natureza), uma restrição tão ampla à mera discussão pode ser contrária à típica liberdade dos vereadores para discutir quaisquer temas afetos aos interesses da Municipalidade. Além disso, não está definido qual tipo de *aprovação* requereria a consulta popular. A realização de uma obra, normalmente, não requer a aprovação do Legislativo, salvo se a LOMSP se referir ao momento de votação das leis orçamentárias.

De todo modo, vê-se que o art. 10 tem eficácia condicionada à edição de lei posterior. Nos termos da consagrada classificação de normas constitucionais, seria uma espécie de norma de eficácia limitada, cujos efeitos só estariam aptos a serem produzidos a partir de uma regulamentação por norma legal inferior. No tocante ao conteúdo da lei regulamentadora, são possíveis duas interpretações: a lei vai apontar as hipóteses em que a propositura de convocação de plebiscito é obrigatória, definindo o que seriam obras de valor elevado ou que tenham significativo impacto ambiental; ou, alternativamente, a lei vai definir um rito especial de propositura e deliberação da convocação do plebiscito nos casos em que algum dos Poderes entender que determinada obra se enquadra nos tipos genericamente previstos no art. 10.

Houve ao menos uma tentativa do Legislativo Municipal de regulamentar o art. 10 da LOMSP. Trata-se do Projeto de Lei nº 476/2015, que buscou definir o que seriam obras de valor elevado e de significativo impacto social e ambiental para fins de aplicação do dispositivo. Tendo recebido parecer jurídico elaborado pela Procuradoria-Geral do Município (PGM) desfavorável à sanção, o Projeto de Lei foi vetado integralmente, sob o argumento de que *"a conversão da medida em lei resultará na obrigatoriedade de instauração do citado mecanismo para viabilizar, em caráter permanente, a gestão corriqueira da Cidade, tarefa afeta ao Executivo"*.[113] É evidente a dificuldade para se definir de forma precisa quais obras se encaixariam nas amplas categorias indicadas na LOMSP.

A outra interpretação, porém, poderia dotar o dispositivo de maior viabilidade prática, ao atribuir à lei regulamentadora uma função normativa exclusivamente procedimental. Sob esse enfoque, dá-se aos Poderes a liberdade para, discricionariamente, identificar em uma obra as características genéricas do texto do art. 10, tornando o empreendimento merecedor da consulta plebiscitária. Talvez o único sentido dessa interpretação seja atribuir ao legislador o objetivo de instituir um regime diferenciado de tramitação da convocação do plebiscito para o caso do art. 10, isto é, uma tramitação distinta daquela descrita na Seção do Processo Legislativo.

Não há novidade na instituição de alguma forma de consulta popular previamente à realização de obras de grande impacto (*v. g.*: art. 39, Lei Federal nº 8.666/1993; art. 21, Lei Federal nº 14.133/2021; e Decreto Municipal nº 48.042/2006). O diferencial do caso sob análise, porém, é que o plebiscito é um procedimento de enorme impacto, custoso sob vários aspectos e que requer a mobilização da Justiça Eleitoral.

Informação bibliográfica deste texto, conforme a NBR 6023:2018 da Associação Brasileira de Normas Técnicas (ABNT):

FONSECA, Camilo Sousa. Comentários ao art. 10. In: BATISTELA, Marcos; BARBOSA, Maria Nazaré Lins; MARTINS, Ricardo Marcondes (coord.). *Comentários à Lei Orgânica do Município de São Paulo*: atualizada até a Emenda nº 42/2022. Belo Horizonte: Fórum, 2023. p. 48-49. ISBN 978-65-5518-497-6.

---

[113] *Diário Oficial da Cidade de São Paulo*, São Paulo, ano 61, n. 135, p. 5, jul. 2016.

Art. 11 Qualquer munícipe, partido político, associação ou entidade é parte legítima para denunciar irregularidades à Câmara Municipal ou ao Tribunal de Contas, bem como aos órgãos do Poder Executivo.

CAMILO SOUSA FONSECA

O dispositivo em comento apresenta relação com o artigo antecedente, pois ambos tratam de mecanismos de controle da Administração, aqui entendido como o conjunto de *"mecanismos jurídicos e administrativos por meio dos quais se exerce o poder de fiscalização e de revisão da atividade administrativa em qualquer das esferas de Poder"*.[114] Enquanto o art. 10 se refere a instrumento excepcional de controle social por meio da participação popular na tomada de decisão quanto a objetos específicos, o art. 11 garante a uma ampla gama de legitimados o exercício da atividade de controle de forma mais ampla e corriqueira: a comunicação ao Executivo ou ao Legislativo acerca da ciência de algum ato tido como irregular ocorrido no âmbito da Administração, eventualmente cumulada com a postulação de providências a respeito. O fundamento constitucional está no direito de petição, previsto no art. 5º, XXXIV, "b", da Constituição Federal.

O artigo sob análise é quase uma repetição do texto do §2º do art. 74 da Constituição Federal. No entanto, além da adequação ao Ente local, a LOMSP acrescenta a possibilidade de a denúncia ser feita diretamente à Câmara Municipal ou aos próprios órgãos do Poder Executivo. Naturalmente, o Tribunal de Contas a que se refere o dispositivo é a Corte de Contas do Município de São Paulo. Quanto ao recebimento da denúncia pelo Poder Executivo, o Município de São Paulo possui órgão especializado, qual seja, a Controladoria-Geral do Município, órgão da Administração Municipal Direta com a finalidade de promover o controle interno dos órgãos municipais e das entidades da administração indireta, que tem entre suas competências exercer as atividades de ouvidoria, conforme art. 119 da Lei Municipal nº 15.764/2013, e no âmbito do qual funciona a Ouvidoria Geral do Município. De todo modo, uma vez apresentada a denúncia a outro órgão que não o especializado, não deve ser negado seu recebimento, face à amplitude do direito de petição. A esse respeito, a doutrina afirma que *"petições dirigidas a órgão incompetente devem ser redirecionadas ou, pelo menos, deve-se dar ao competente órgão a ciência da existência do pleito"*.[115]

Por se tratar de norma que concretiza direito fundamental, o conceito de munícipe deve ser aqui considerado o mais amplo possível, admitindo-se inclusive sua

---

[114] CARVALHO FILHO, José dos Santos. *Manual de direito administrativo*. 32. ed. São Paulo: Atlas, 2018. p. 1.001.
[115] MENDES, Gilmar Ferreira; BRANCO, Paulo Gustavo Gonet. *Curso de direito constitucional*. 13. ed. São Paulo: Saraiva, 2018. p. 502.

aplicabilidade a cidadãos não residentes no território municipal ou mesmo estrangeiros. Se o indivíduo ou pessoa jurídica tem informação de irregularidade ocorrida no âmbito da atuação do Poder Público, não é razoável impedir o processamento da denúncia em virtude da situação geográfica de origem ou domicílio do denunciante. Além disso, a legitimidade para promover a denúncia ou reclamação não está condicionada à posição de juridicamente interessado, isto é, não é requisito que a pessoa ou entidade tenha sua esfera jurídica diretamente afetada pelo ato supostamente irregular para que possa usufruir do direito garantido pelo art. 11. Assim, um cidadão que não participe ou tenha qualquer interesse comercial ou financeiro em um processo licitatório específico, por exemplo, mas que venha a ter conhecimento de uma irregularidade no procedimento, poderá fazer a denúncia, e o órgão que dela tomar conhecimento deverá dar o tratamento adequado, apurando os fatos denunciados ou encaminhando ao setor competente. Isso porque não se trata aqui de um instrumento de defesa de direito individual, e sim, sendo um corolário do direito de petição, de um instrumento *"de defesa não jurisdicional de direitos e interesses gerais ou coletivos"*.[116] Também o termo "irregularidades" pode ser compreendido de maneira ampla, abarcando não apenas a ilegalidade em sentido estrito, mas, do mesmo modo, qualquer dissonância em face de valores cujo dever de proteção a Constituição atribua à função de controle externo, como a economicidade (art. 70, *caput*, da Constituição Federal).

Não é próprio formular ao Tribunal de Contas ou à Câmara denúncia que pretenda a reforma de ato sob o mero questionamento de aspectos do mérito administrativo. Ademais, a atuação desses órgãos no campo do controle externo da Administração deve se restringir às áreas definidas pela Constituição como passíveis de exercício de controle legislativo (áreas contábil, financeira, orçamentária, operacional e patrimonial). No entanto, o exercício da garantia não requer qualificação técnica, sendo a informalidade um dos atributos da denúncia. Não é cabível impor ao denunciante o dever de avaliar a natureza do ato questionado para fins de admissibilidade da reclamação, que deverá sempre receber o tratamento processual adequado. Além disso, ressalva-se sempre a possiblidade de revisão da conduta denunciada por meio da autotutela, que permite, por exemplo, que autoridade ou órgão de grau superior, ao tomar conhecimento do teor da denúncia, se convença da sua pertinência e proceda à correção, alteração ou revogação do ato questionado.

Informação bibliográfica deste texto, conforme a NBR 6023:2018 da Associação Brasileira de Normas Técnicas (ABNT):

FONSECA, Camilo Sousa. Comentários ao art. 11. *In*: BATISTELA, Marcos; BARBOSA, Maria Nazaré Lins; MARTINS, Ricardo Marcondes (coord.). *Comentários à Lei Orgânica do Município de São Paulo*: atualizada até a Emenda nº 42/2022. Belo Horizonte: Fórum, 2023. p. 50-51. ISBN 978-65-5518-497-6.

---

[116] MENDES; BRANCO. *Curso de direito constitucional*, 2018, p. 501.

Título III
Da Organização dos Poderes

Capítulo I
Do Poder Legislativo

Seção I
Da Câmara Municipal

Art. 12 O Poder Legislativo é exercido pela Câmara Municipal, composta de 55 (cinquenta e cinco) Vereadores eleitos dentre os cidadãos maiores de 18 (dezoito) anos e no exercício dos direitos políticos.

CAMILA MORAIS CAJAIBA GARCEZ MARINS

Desde a primeira metade do século XVI, as Câmaras Municipais no Brasil foram os centros locais de expressão e exercício do Poder central português, submetendo-se integralmente, mesmo a uma grande distância de Portugal, às mesmas prescrições que regiam as Câmaras Municipais portuguesas, contidas nas Ordenações do Reino de Portugal. Exerciam as Câmaras Municipais naquela época poderes semelhantes aos atualmente nominados Poderes Executivo e Judiciário, além de deterem certa parcela do que hoje chamamos de Poder Legislativo. Nas palavras de Marcello Caetano, nas Câmaras Municipais de então "se produziam as *posturas* ou leis municipais e as mais importantes *vereações* ou deliberações sobre casos concretos".[117]

Embora as atribuições das Câmaras Municipais brasileiras e portuguesas tenham sido múltiplas e idênticas no início, sofreram evoluções diferentes ao longo dos séculos, derivando em um atual distanciamento de funções: enquanto as Câmaras Municipais portuguesas atualmente se limitam a ser o "órgão executivo colegial do município" (Constituição da República Portuguesa, art. 252º); no Brasil, desde a elevação dos municípios a membros da Federação (Constituição Federal, art. 1º, *caput*), ocorrida no bojo da Constituição da República Federativa do Brasil em 1988, foi-lhes atribuído o exercício da função legislativa por meio de suas Câmaras Municipais, especificamente competindo-lhes "legislar sobre assuntos de interesse local" (Constituição Federal, art. 30, I), além de suplementar a legislação federal e estadual, no que couber, instituir tributos, criar, organizar e suprimir distritos, entre outras atribuições descritas no art. 30

---

[117] CAETANO, Marcello. *História do Direito Português*. 4. ed. Lisboa: Verbo, 2000. p. 496.

da Constituição Federal brasileira. As Câmaras Municipais representam então a parcela municipal do Poder Legislativo. Em evidente afirmação da autonomia municipal, a Constituição Federal de 1988 concedeu aos municípios o poder de auto-organização, conferindo às Câmaras Municipais o poder de aprovar e também promulgar a lei orgânica própria de cada município, desde que obedecidos os ditames do art. 29 da Constituição Federal. O poder de promulgarem as leis orgânicas que aprovaram atribui às Câmaras Municipais excepcional independência sobre essa modalidade específica de processo legislativo, pois fica afastada a possibilidade de veto, sanção e promulgação ao projeto de lei orgânica pelo Poder Executivo municipal, em simetria com o que dispõe o art. 60, §3º, da Constituição Federal.

Estão, portanto, constitucionalmente delimitadas a função e a competência das Câmaras Municipais brasileiras na atualidade, de onde se pode extrair que a primeira parte do art. 12 da LOMSP, que determina caber o exercício do Poder Legislativo Municipal à Câmara Municipal, deve ser compreendida nos balizamentos contidos na Carta Maior.

A Câmara Municipal de São Paulo é composta por vereadores, agentes políticos eleitos na forma do art. 14 da Constituição Federal, que elenca, em seu §3º, seis condições de elegibilidade (nacionalidade brasileira, pleno exercício dos direitos políticos, alistamento eleitoral, domicílio eleitoral na circunscrição, filiação partidária e idade mínima de dezoito anos), das quais a LOMSP, em seu art. 12, reproduziu apenas duas: a idade mínima de dezoito anos e o exercício dos direitos políticos. A omissão das demais condições de elegibilidade do texto do art. 12 da LOMSP não as torna dispensáveis, muito pelo contrário, pois o cumprimento de referidas condições deve ser aferido em cotejo direto do caso concreto com o texto Constitucional.

Cabe aqui traçar mais um paralelo entre a atual LOMSP e a lei de regência da Câmara Municipal de São Paulo primitiva, que, na época da fundação da cidade, na segunda metade do século XVI, eram as Ordenações Manuelinas, ou Código Manuelino, segundo o qual as Câmaras Municipais eram compostas por oficiais com os cargos de juízes, vereadores, procuradores e almotacéis, escolhidos por meio de um processo eleitoral misto, de votação e sorteio, dentre os "homens bons" da terra para mandatos de um ano, sendo vedada recondução ao cargo "até três anos contados do dia que saiu de cada um dos Ofícios" (Ordenações do Reino de Dom Manuel, Livro I, Título XLV, 8). Conforme ditava a norma então vigente, as condições de elegibilidade eram bastante diferentes das atuais, estando todos os "homens bons" do local sujeitos a ocupar os cargos públicos da Câmara Municipal, como verdadeiro *munus* a ser tributado à sociedade justamente em decorrência da condição proeminente ocupada pelos ditos homens, ou seja, "que dos Ofícios de Juízes, Vereadores, Procuradores, e Almotacéis dos Concelhos não sejam escusas nenhumas pessoas (...) porque os tais Ofícios os melhores dos lugares os devem ter" (Ordenações do Reino de Dom Manuel, Livro I, Título XLV, 10).

Também determina o art. 12 da LOMSP serem os vereadores paulistanos em número de 55, em conformidade com o limite máximo correspondente à faixa populacional em que se enquadra o município de São Paulo, fixado na alínea x do inciso IV do art. 29 da Constituição Federal, com a redação que lhe foi dada pela Emenda Constitucional nº 58/2009, devendo permanecer inalterado o referido número enquanto não houver variação populacional que transporte o Município de São Paulo à faixa inferior da alínea w, de menos de oito milhões de habitantes.

É interessante traçar, mais uma vez, um paralelo entre a Câmara Municipal de São Paulo de agora, que conta com 55 vereadores e da época de sua instituição, quando, mesmo reunindo em si o encargo de todas as competências judiciárias, administrativas e legislativas do município, "compunha-se a corporação do Presidente (o mesmo Juiz), de três Vereadores, um Procurador, dous Amotacés e um Escrivão".[118]

Informação bibliográfica deste texto, conforme a NBR 6023:2018 da Associação Brasileira de Normas Técnicas (ABNT):

MARINS, Camila Morais Cajaiba Garcez. Comentários ao art. 12. *In*: BATISTELA, Marcos; BARBOSA, Maria Nazaré Lins; MARTINS, Ricardo Marcondes (coord.). *Comentários à Lei Orgânica do Município de São Paulo*: atualizada até a Emenda nº 42/2022. Belo Horizonte: Fórum, 2023. p. 52-54. ISBN 978-65-5518-497-6.

---

[118] ALMEIDA, Cândido Mendes de. *Código Philippino ou Ordenações e Leis do Reino de Portugal Recopiladas por Mandado D'El-ReyD. Phillipe I*. Rio de Janeiro: Typographia do Instituto Philomático, 1870. p. 144-145.

Art. 13 Cabe à Câmara, com sanção do Prefeito, não exigida esta para o especificado no artigo 14, dispor sobre as matérias de competência do Município, especialmente: (Alterado pela Emenda n° 05/1991.)

I – legislar sobre assuntos de interesse local;

II – suplementar a legislação federal e estadual, no que couber;

III – legislar sobre tributos municipais, bem como autorizar isenções, anistias fiscais e remissão de dívidas;

IV – votar o plano plurianual, as diretrizes orçamentárias e o orçamento anual, bem como autorizar a abertura de créditos suplementares e especiais;

V – deliberar sobre obtenção e concessão de empréstimos e operações de crédito, bem como sobre a forma e os meios de pagamento;

VI – autorizar a concessão de auxílios e subvenções;

VII – autorizar a concessão de serviços públicos;

VIII – autorizar a concessão do direito real de uso de bens municipais;

IX – autorizar a concessão administrativa de uso de bens municipais;

X – autorizar a alienação de bens imóveis municipais, exceptuando-se as hipóteses previstas nesta Lei Orgânica; (Alterado pela Emenda n° 26/2005.)

XI – autorizar a aquisição de bens imóveis, salvo quando se tratar de doação sem encargos;

XII – criar, organizar e suprimir distritos e subdistritos, observadas as legislações estadual e municipal;

XIII – criar, alterar, e extinguir cargos, funções e empregos públicos e fixar a remuneração da administração direta, autárquica e fundacional;

XIV – aprovar as diretrizes gerais de desenvolvimento urbano, o Plano Diretor, a legislação de controle de uso, de parcelamento e de ocupação do solo urbano;

XV – dispor sobre convênios com entidades públicas, particulares e autorizar consórcios com outros municípios;

XVI – criar, estruturar e atribuir funções às Secretarias e aos órgãos da administração pública;

XVII – autorizar, nos termos da lei, a alteração de denominação de próprios, vias e logradouros públicos; (Alterado pela Emenda n° 10/1991.)

XVIII – legislar sobre a criação, organização e funcionamento de Conselhos e Comissões;

XIX – delimitar o perímetro urbano e o de expansão urbana;

XX – aprovar o Código de Obras e Edificações;

XXI – denominar as vias e logradouros públicos obedecidas as normas urbanísticas aplicáveis. (Acrescentado pela Emenda n° 03/1990.)

LUCIANA DE FÁTIMA DA SILVA

A competência para legislar prevista na Constituição Federal e detalhada na Lei Orgânica pertence à Câmara Municipal, que disporá sobre as matérias que demandem a edição de lei para sua disciplina. Cabe à Câmara, portanto, a tarefa de inovar o ordenamento jurídico, propondo, discutindo e deliberando os projetos de lei. Note-se que, mesmo nas hipóteses de iniciativa reservada, nas quais a prerrogativa de apresentar o projeto de lei pertence ao Prefeito, uma vez apresentado o projeto, a Câmara tem a prerrogativa de alterar seu texto[119] conforme o convencimento parlamentar que se formar acerca do assunto, por meio de emendas ou substitutivos, pois, do contrário, a Câmara seria mero órgão chancelador das decisões do Poder Executivo, o que não se alinharia à sua envergadura institucional.

Na repartição constitucional de competências, coube aos Municípios a tarefa de legislar sobre os assuntos de interesse local (art. 30, I, Constituição Federal), sendo corrente a ideia de que devem ser assim compreendidos os assuntos que afetem de modo preponderante a realidade municipal.

Ao lado da competência legislativa para disciplina dos assuntos de interesse local, aos Municípios também foi assegurada a competência legislativa suplementar, consoante determina o art. 30, II, da Constituição Federal. O exercício dessa modalidade de competência está atrelado ao preenchimento do requisito do interesse local. Assim, para que o Município possa validamente legislar acerca dos temas previstos no art. 24 da Constituição Federal, é imprescindível a presença do interesse local, e, nesse tema, muitas são as possibilidades de controvérsias sob a alegação de invasão da competência legislativa da União. Evidentemente, o ato de legislar nem sempre tem um recorte preciso e, por vezes, produz efeitos reflexos, que não eram o foco da norma editada. Nesse contexto, surgem os questionamentos sobre a constitucionalidade das leis por meio da propositura de ações diretas de inconstitucionalidade, nas quais se discute a usurpação de competência legislativa por parte dos Municípios. Embora muitas vezes não seja uma questão singela decidir se estamos diante de competência da União ou dos demais entes federados, até mesmo em razão da dificuldade de estabelecer critérios objetivos para o enquadramento da situação, tem se repetido na jurisprudência do STF o entendimento de que é preciso, sempre que possível, prestigiar a atividade legislativa exercida pelos entes federados.[120]

Um exemplo clássico de controvérsia envolvendo a competência legislativa dos Municípios diz respeito à matéria ambiental. As leis municipais sobre o tema eram frequentemente questionadas, mas restou pacificado pelo STF que pode o Município

---

[119] Observadas, é certo, as limitações existentes, como não incorrer em aumento de despesas, nos termos do art. 63 da Constituição Federal.

[120] Como espelha a ponderação do Ministro Barroso no julgamento da ADI nº 2862-PR: "E, nas disputas federativas, dificilmente nós conseguiremos ter um critério abstrato que resolva as situações de multidisciplinaridade. Portanto, vamos ter que ver, caso a caso, qual o interesse que deve prevalecer, *sempre levando em conta que, se queremos ampliar as competências estaduais e se entendemos que a presunção é de constitucionalidade, devemos ter um pouco mais de boa vontade com a legislação estadual*, salvo se ela for materialmente inválida" (STF, Pleno, Acórdão, ADI nº 2862-PR, Relator Gilmar Mendes, j. 18.08.2016, DJe-023 divulg. 06.02.2017 public. 07.02.2017. Grifos nossos).

legislar sobre meio ambiente com a fixação de tese de repercussão geral – Tema 145.[121] Também cabe registrar que o STF tem entendido que a legislação municipal nessa matéria pode, inclusive, ser mais protetiva do que a legislação estadual e federal diante de peculiaridades regionais e locais, sem que isso caracterize ofensa à competência dos Estados e da União.[122]

Outra competência legislativa municipal essencial e com aspectos importantes a serem ressaltados é a competência tributária. Inicialmente, havia questionamento sobre a existência de iniciativa reservada ao Executivo para apresentação de projetos de lei sobre o assunto; porém, a questão foi pacificada com a fixação de tese de repercussão geral – Tema 682,[123] no sentido de que inexiste reserva de iniciativa. Outro ponto frequentemente levantado em relação a projetos de lei versando sobre o tema é a incidência da Lei de Responsabilidade Fiscal – Lei Complementar nº 101/2000, que estabelece, no art. 14, os requisitos para que possa ocorrer a renúncia de receita por parte dos entes federados, por meio da concessão de benefícios fiscais, entre os quais está a estimativa de impacto orçamentário-financeiro. Acerca do assunto, tanto o TJSP quanto o STF têm entendimento de que eventual vício relacionado à não observância de tais previsões da Lei de Responsabilidade Fiscal (LRF) não poderia ser apreciado em sede de controle de constitucionalidade, eis que pertinente à legislação infraconstitucional.[124] Entretanto, em 15 de dezembro de 2016, foi promulgada a Emenda Constitucional nº 96/2016, que introduziu o art. 113 ao ADCT prevendo que *"a proposição legislativa que crie ou altere despesa obrigatória ou renúncia de receita deverá ser acompanhada da estimativa do seu impacto orçamentário e financeiro"*. Embora se pudesse sustentar que tal dispositivo fosse aplicável apenas à União, uma vez que a Emenda instituiu novo regime fiscal no âmbito da União,[125] o STF fixou a seguinte tese no julgamento da ADI nº 6.303-RR:[126] "É inconstitucional lei estadual que concede benefício fiscal sem a prévia estimativa de impacto orçamentário e financeiro exigida pelo art. 113 do ADCT".

Há ainda outra competência legislativa do Município sobre a qual é importante trazer dois apontamentos atuais. Trata-se da competência para aprovar legislação urbanística, prevista no inciso XIV.

Por meio do exercício dessa competência, ao instituir o Plano Diretor – que é a lei de maior relevância em matéria urbanística –, o Município equaciona, em termos de planejamento, demandas de diversas ordens, como ambientais, econômicas e sociais, fixando um norte que deve guiar a resolução de problemas concretos, como a disponibilização de moradias para a população de baixa renda. Embora, em razão de sua natureza, o Plano Diretor seja uma lei da qual se espera maior perenidade,

---

[121] Tema nº 145: "O município é competente para legislar sobre o meio ambiente com a União e o Estado, no limite do seu interesse local e desde que tal regramento seja harmônico com a disciplina estabelecida pelos demais entes federados (art. 24, VI, c/c 30, I e II, da Constituição Federal)".

[122] Nesse sentido: ADPF nº 567 (STF, Pleno, Acórdão, ADI 567-MC, Relator Alexandre de Moraes, j. 21.03.2021, publ. 29.03.2021).

[123] Tema nº 682: "Inexiste, na Constituição Federal de 1988, reserva de iniciativa para leis de natureza tributária, inclusive para as que concedem renúncia fiscal".

[124] ADI nº 2154185062016826000 (TJSP, Órgão Especial, Acórdão, ADI nº 2154185062016826000, Relator Álvaro Passos, j. 22.02.2017).

[125] Nesse sentido: ADI nº 2141404-10.2020.8.26.000 (TJSP, Órgão Especial, Acórdão, ADI nº 2141404-10.2020.8.26.000, Relator João Carlos Saletti, j. 27.01.2021).

[126] STF, Pleno, Acórdão, ADI nº 6303-RR, Relator Luís Roberto Barroso j. 14.03.2022.

não devendo ser alterada a todo momento, o STF fixou tese no sentido de que podem ser editadas leis alterando o Plano de forma pontual, guardando a alteração em compatibilidade com as diretrizes por ele fixadas, sem que ocorra, assim, seu desnaturamento.[127]

O outro apontamento a ser feito em relação ao exercício de tal competência legislativa diz respeito ao regime da democracia participativa. É cediço que, para dispor sobre matéria urbanística, o Poder Público necessita interagir com a população, tanto na fase de construção do texto do projeto que será enviado à Câmara quanto na fase de discussão do projeto que ocorrerá no Parlamento. Nesse sentido dispõem a Constituição Federal (art. 29, XII), a Constituição Estadual (arts. 180, II, e 191), esta Lei Orgânica (arts. 2º, I, II e III, e 143) e o Estatuto da Cidade (arts. 2º, II, 40, §4º, I, e 43, II). Ocorre que com certa frequência o TJSP tem adotado posicionamento bastante restritivo em relação ao tema, seja ao praticamente desconsiderar outros mecanismos de participação popular que não sejam as audiências públicas, seja ao interferir no momento em que devem ser realizadas tais audiências, sem que haja previsão legal específica sobre a matéria.[128] Na prática, não havendo no ordenamento jurídico legislação que atribua ao instituto da audiência pública o contorno contido nessas decisões judiciais, o que ocorre é a substituição da decisão tomada pelos Poderes Legislativo e Executivo por uma decisão tomada pelo Poder Judiciário, em afronta ao princípio da harmonia e independência entre os Poderes. Com efeito, a audiência pública é um dos canais para participação popular no governo, mas não é o único.[129] Além disso, nas audiências deve ser abordado o tema que está em debate no Legislativo, as propostas que existem para sua disciplina, e não necessariamente o exato texto legal que irá disciplina-lo, até porque este está em construção e é da dinâmica do Parlamento a possibilidade de sua alteração. Assim, pretender que se realize uma audiência pública a cada possibilidade de alteração do texto do projeto que está em discussão não é medida razoável, sobretudo considerando-se que os textos em debate são publicados e atualmente há possibilidade de acompanhamento dos trabalhos legislativos em tempo real e – talvez seja esse o fundamento mais relevante – porque as manifestações externadas nas audiências públicas não têm caráter vinculante, sob pena de anular-se a democracia representativa.

Por fim, é oportuno um breve comentário sobre a competência para denominar e alterar a denominação de próprios, vias e logradouros públicos.[130] Trata-se de competência partilhada pelos Poderes Executivo e Legislativo, conforme estabelecem os arts. 13, XVII e XXI, e 70, XI, parágrafo único, desta Lei Orgânica e conforme também

---

[127] Tema nº 348 STF: "Os municípios com mais de vinte mil habitantes e o Distrito Federal podem legislar sobre programas e projetos específicos de ordenamento do espaço urbano por meio de leis que sejam compatíveis com as diretrizes fixadas no plano diretor".

[128] Nesse sentido, ver ADI nº 2304556-40.2020.8.26.0000 (TJSP, Pleno, Acórdão, ADI nº 2304556-40.2020.8.26.0000, Relator Evaristo dos Santos, j. 09.03.2022).

[129] Nesse sentido, ver art. 43 do Estatuto da Cidade – Lei nº 10.257/2001: "Art. 43. Para garantir a gestão democrática da cidade, deverão ser utilizados, entre outros, os seguintes instrumentos: I – órgãos colegiados de política urbana, nos níveis nacional, estadual e municipal; II – debates, audiências e consultas públicas; III – conferências sobre assuntos de interesse urbano, nos níveis nacional, estadual e municipal; IV – iniciativa popular de projeto de lei e de planos, programas e projetos de desenvolvimento urbano; V – (VETADO)".

[130] O Decreto nº 49.346/2008 traz as definições dos logradouros no Município de São Paulo.

já decidiu o STF em repercussão geral.[131] Sob o ponto de vista prático, a matéria tem sua importância pela simples possibilidade de os moradores do local passarem a ter um endereço adequado para fornecer em suas relações sociais cotidianas, viabilizando, por exemplo, o recebimento de correspondências e mercadorias. Todavia, há os aspectos cultural e histórico que marcam essas leis quando homenageiam certas personalidades ou remetem a acontecimentos sociais.[132] Registre-se que a Lei nº 14.454/2007 disciplina a denominação e a alteração de denominação de vias, logradouros e próprios municipais.

Informação bibliográfica deste texto, conforme a NBR 6023:2018 da Associação Brasileira de Normas Técnicas (ABNT):

SILVA, Luciana de Fátima da. Comentários ao art. 13. In: BATISTELA, Marcos; BARBOSA, Maria Nazaré Lins; MARTINS, Ricardo Marcondes (coord.). *Comentários à Lei Orgânica do Município de São Paulo*: atualizada até a Emenda nº 42/2022. Belo Horizonte: Fórum, 2023. p. 55-59. ISBN 978-65-5518-497-6.

---

[131] Conforme tese de repercussão geral do STF – Tema nº 1070: "É comum aos poderes Executivo (decreto) e Legislativo (lei formal) a competência destinada a denominação de próprios, vias e logradouros públicos e suas alterações, cada qual no âmbito de suas atribuições".

[132] Despertou bastante discussão, por exemplo, a aprovação da Lei nº 15.717/2013, ocorrida no auge da atuação das "Comissões da Verdade", voltadas à investigação dos acontecimentos da época da ditadura no Brasil. A referida lei incluiu entre as hipóteses permissivas de alteração de denominação de vias e logradouros públicos constantes da Lei nº 14.454/2007 a "denominação referente à autoridade que tenha cometido crime de lesa-humanidade ou graves violações de direitos humanos".

Art. 14 Compete privativamente à Câmara Municipal:

I – eleger sua Mesa, bem como destituí-la, na forma regimental;

II – elaborar o seu Regimento Interno;

III – dispor sobre sua organização, funcionamento, polícia, criação, transformação ou extinção dos cargos, empregos e funções de seus serviços e fixação da respectiva remuneração, observados os parâmetros estabelecidos na lei de diretrizes orçamentárias;

IV – dar posse ao Prefeito e ao Vice-Prefeito, conhecer de sua renúncia e afastá-los, definitivamente, do exercício do cargo, nos termos desta Lei;

V – conceder licença, para afastamento, ao Prefeito, ao Vice-Prefeito e aos Vereadores;

VI – fixar, por lei de sua iniciativa, para cada exercício financeiro, os subsídios do Prefeito, Vice-Prefeito e Secretários Municipais, limitados a 90,25% (noventa inteiros e vinte e cinco centésimos por cento) do subsídio mensal dos Ministros do STF, bem como, para viger na legislatura subsequente, o subsídio dos Vereadores, observada para estes a razão de no máximo 75% (setenta e cinco por cento) daquele estabelecido, em espécie, para os Deputados Estaduais, respeitadas as disposições dos arts. 37, incisos X e XI e §12, 39, §4º e 57, §7º, da Constituição Federal, assegurados, independentemente de lei específica, os direitos previstos nos incisos VIII e XVII do art. 7º da Constituição Federal, considerando-se mantido o subsídio vigente, na hipótese de não se proceder à respectiva fixação na época própria, atualizado o valor monetário conforme estabelecido em lei municipal específica; (Alterado pelas Emendas nº 24/2001, 32/2009 e 40/2017)

VII – autorizar o Prefeito a ausentar-se do Município por mais de 15 (quinze) dias consecutivos;

VIII – criar Comissões Parlamentares de Inquérito, nos termos do art. 33;

IX – convocar os Secretários Municipais ou responsáveis pela administração direta e indireta para prestar informações sobre matéria de sua competência, sem prejuízo do disposto no art. 32, §2º, inciso IV, sob pena de censura pública e outras penalidades vigentes no ordenamento em caso de ausência sem justificação adequada; (Alterado pela Emenda nº 42/2022.)

X – autorizar a convocação de referendo e plebiscito, exceto os casos previstos nesta Lei;

XI – decidir sobre a perda do mandato de Vereador, ressalvado o disposto no art.18, §3º;

XII – tomar e julgar as contas do Prefeito, da Mesa da Câmara Municipal e do Tribunal de Contas do Município;

XIII – zelar pela preservação de sua competência legislativa, sustando os atos normativos do Executivo que exorbitem do poder regulamentar;

XIV – julgar o Prefeito, o Vice-Prefeito e os Vereadores, nos casos previstos nesta Lei;

XV – fiscalizar e controlar diretamente os atos do Poder Executivo, incluídos os da administração indireta, acompanhando sua gestão e avaliando seu resultado operacional, com o auxílio do Tribunal de Contas do Município, sempre que solicitado;

XVI – escolher 3 (três) dos membros do Tribunal de Contas do Município, após arguição em sessão pública;

XVII – aprovar previamente, após arguição em sessão pública, a escolha dos titulares dos cargos de Conselheiros do Tribunal de Contas, indicados pelo Prefeito;

XVIII – exercer a fiscalização financeira, orçamentária, operacional e patrimonial do Município, auxiliada, quando solicitado, pelo Tribunal de Contas do Município;

XIX – conceder título de cidadão honorário ou qualquer outra honraria ou homenagem à pessoa que reconhecidamente tenha prestado serviço ao Município, mediante decreto legislativo aprovado pelo voto de, no mínimo 2/3 (dois terços) de seus membros;

XX – proceder à tomada de contas do Prefeito por meio de Comissão Especial quando não apresentadas à Câmara no prazo e forma estabelecidas na Lei;

XXI – criar, organizar e disciplinar o funcionamento dos Conselhos e Comissões da Câmara Municipal;

XXII – votar moção de censura pública aos secretários municipais e aos subprefeitos em relação ao desempenho de suas funções. (Acrescentado pela Emenda nº 08/1991.)

LUCIANA DE FÁTIMA DA SILVA

As competências estabelecidas neste artigo são atribuídas privativamente à Câmara em simetria ao disposto na Constituição Federal e na Constituição Estadual (arts. 20 da CESP e 49 da Constituição Federal), com fundamento no princípio da independência entre os Poderes.

De fato, somente é possível a independência de cada Poder se for assegurada a possibilidade de se organizarem sem interferência de um sobre o outro no que respeita aos seus assuntos internos. Nesse sentido, em relação ao Legislativo, são normas que bem retratam essa autonomia a possibilidade de eleger e destituir seu órgão diretivo; elaborar seu Regimento Interno; dispor sobre a organização de cargos, empregos e funções de seus serviços; e decidir sobre a perda de mandato de vereador. Há duas observações importantes relacionadas a esses dispositivos: uma sobre o conceito de *interna corporis* e outra relativa ao instrumento normativo cabível para a disciplina da matéria. Pois bem, considerando esse interesse voltado à esfera interna do Poder, foi cunhado o conceito de *interna corporis* para identificar as questões sujeitas à exclusiva apreciação dos respectivos membros daquele Poder. Exemplo típico de tais normas são as contidas no Regimento Interno da Câmara. Eis que esse diploma normativo estabelece, por exemplo, a periodicidade das sessões, as formalidades para apresentação dos projetos, os processos de votação, entre outros. Vale ressaltar, ainda, que a aplicação do Regimento Interno e a discussão envolvendo sua interpretação também configuram assunto que deve se resolver no âmbito interno da Câmara, conforme assentado pelo STF no Tema 1120 de repercussão geral.[133] A segunda observação importante diz respeito à disciplina dos cargos públicos no âmbito do Legislativo. Como é cediço, a Constituição submete tal matéria a regramento por meio da lei (arts. 37, I e II, e 61, §1º, II, a); porém, a criação dos cargos no âmbito do Poder Legislativo deve ser feita por meio de Resolução, que é o veículo normativo próprio a ser utilizado, já que a discussão e a aprovação da Resolução ocorrem exclusivamente no seio do Parlamento, enquanto a lei necessita ser submetida à sanção do chefe do Poder Executivo, o que, para a situação em apreço, implicaria afronta ao princípio da independência entre os Poderes. Assim, no âmbito do Legislativo criam-se os cargos e suas atribuições por meio de Resolução,[134] devendo apenas a respectiva remuneração ser estabelecida por meio de lei, atendendo à expressa previsão do art. 37, X, da Constituição Federal.[135]

Outro importante grupo de dispositivos elencados no artigo ora em comento é aquele relacionado ao exercício da função fiscalizadora pelo Poder Legislativo, a qual se reveste da maior relevância, considerando a complexidade que cerca a implementação das políticas públicas, em razão seja das crescentes demandas sociais, seja do intrincado conjunto de normas jurídicas a serem atendidas para a elaboração regular de tais políticas.

É assente na doutrina que o controle externo conferido ao Poder Legislativo deve ser exercido de acordo com os parâmetros traçados na Constituição Federal, de modo que não podem os entes federados quando disciplinam tal matéria se apartar nem contrariar as disposições constitucionais[136] para que reste observado o princípio da harmonia e independência entre os Poderes. Nesse sentido, por exemplo, a lição de Maria Sylvia Zanella Di Pietro.[137]

---

[133] "Em respeito ao princípio da separação dos poderes, previsto no art. 2º da Constituição Federal, quando não caracterizado o desrespeito às normas constitucionais pertinentes ao processo legislativo, é defeso ao Poder Judiciário exercer o controle jurisdicional em relação à interpretação do sentido e do alcance de normas meramente regimentais das Casas Legislativas, por se tratar de matéria *interna corporis*."

[134] Conforme ilustrado na ADI nº 2156559-19.2021.8.26.0000 (TJSP, Órgão Especial, Acórdão, ADI nº 2156559-19.2021.8.26.0000, Relator Vianna Cotrim, j. 23.02.2022).

[135] Até a edição da EC nº 19/1998, a redação dos arts. 51, IV, e 52, XIII, mencionava que as Casas Legislativas tinham competência privativa para a fixação da remuneração de seus servidores, mas a partir da referida emenda a redação foi alterada para constar que caberia privativamente ao Parlamento a iniciativa de lei para a fixação da remuneração. A Constituição do Estado de São Paulo também teve a redação de seu art. 20, III, alterada para acompanhar o disposto na Constituição Federal e a matéria é pacificada no âmbito do STF, como ilustra o seguinte julgado: "Em tema de remuneração dos servidores públicos, estabelece a Constituição o princípio da reserva de lei. É dizer, em tema de remuneração dos servidores públicos, nada será feito senão mediante lei, lei específica. CF, art. 37, X; art. 51, IV; art. 52, XIII" (ADI nº 3.369 MC).

[136] Observe-se, contudo, que os Estados e Municípios não ficam restritos apenas a transpor em suas Constituições e Leis Orgânicas os dispositivos previstos na Constituição Federal acerca do tema. Podem esses entes inovar, criar regras adicionais no plano estadual ou municipal, sempre visando à efetividade da função fiscalizadora, desde que estejam de acordo com as diretrizes postas na Constituição Federal. Nessa linha, o decidido pelo STF na ADI nº 1.001-8: "*Constitucional. Câmaras municipais: prestação de informações por órgãos da administração estadual.* Constituição do Estado do Rio Grande do Sul, art. 12. I. – Constitucionalidade do art. 12 da Constituição gaúcha, que assegura às Câmaras Municipais, no exercício de suas funções legislativas e fiscalizadoras, a prerrogativa de solicitarem informações aos órgãos da administração direta e indireta, situados no respectivo município. II. – Ação direta de inconstitucionalidade julgada improcedente" (STF, Pleno, Acórdão, ADI nº 1.001-8, Relator Carlos Velloso, j. 08.08.2002, publ. 21.02.2003)

[137] "O controle que o Poder Legislativo exerce sobre a Administração Pública tem que se limitar às hipóteses previstas na Constituição Federal, uma vez que implica interferência de um Poder nas atribuições dos outros dois; alcança

O exercício dessa função de fiscalização é viabilizado sobretudo pelos mecanismos previstos nos incisos VIII e IX. No que tange às Comissões Parlamentares de Inquérito (CPI), já é notório seu papel de destaque, sendo seus trabalhos, inclusive, bastante divulgados pela imprensa. As CPIs constituem, sem dúvida, um importante mecanismo de fiscalização, pois contam com maior efetividade, já que lhes foram assegurados *"poderes de investigação próprios das autoridades judiciais"* (art. 58, §3º, Constituição Federal) e, assim, podem mais facilmente constatar irregularidades ocorridas na administração a serem apuradas nas vias próprias. Porém, não é só no âmbito das CPIs que a Câmara desempenha sua função fiscalizadora, exercida rotineiramente mediante os requerimentos de informação enviados ao Executivo e pelas convocações para comparecimento a fim de prestar esclarecimentos sobre assuntos de interesse municipal. Registre-se que o não atendimento às convocações regulares efetuadas pela Câmara pode trazer consequências gravosas, visando assegurar a efetividade da prerrogativa institucional do Parlamento. Assim, deixar de atender de forma injustificada à convocação para comparecimento perante a Câmara pode ensejar a instauração de processo para apuração de infração político-administrativa do Prefeito, com base no art. 4º, III, do Decreto-Lei nº 201/1967,[138] e a apuração de eventual prática de ato de improbidade administrativa, nos termos do art. 11, VI, da Lei nº 8.429/1992.[139] Note-se, inclusive, que recente alteração na redação do inciso IX do art. 14, promovida pela Emenda nº 42 à Lei Orgânica, passou a referir expressamente a possibilidade da aplicação de censura pública e das penalidades previstas no ordenamento jurídico ao agente desidioso, reforçando a relevância do atendimento às requisições parlamentares.

Por fim, cabe uma última nota sobre o inciso XIII, que prevê a competência da Câmara para sustar atos normativos do Executivo que exorbitem do poder regulamentar, tal como também previsto na Constituição Federal e na Estadual. Trata-se de competência da maior relevância voltada à preservação não só do princípio da independência entre os Poderes como também do princípio da legalidade, pois, ao editar um Decreto Legislativo retirando do ordenamento jurídico um ato normativo que estabelece comandos que deveriam ser veiculados por meio de lei, o Poder Legislativo não só preserva sua competência como também assegura aos cidadãos a garantia de que a criação, a alteração ou a supressão de direitos somente se dará por meio de lei,

---

os órgãos do Poder Executivo, as entidades da Administração Indireta e o próprio Judiciário, quando executa a função administrativa. Não podem as legislações complementar ou ordinária e as constituições estaduais prever outras modalidades de controle que não as constantes da Constituição Federal, sob pena de ofensa ao princípio da separação de Poderes; o controle constitui exceção a esse princípio, não podendo ser ampliado fora do âmbito constitucional" (DI PIETRO, Maria Sylvia Zanella. *Direito Administrativo.* 15. ed. São Paulo: Atlas, 2003. p. 611).

[138] Art. 4º São infrações político-administrativas dos Prefeitos Municipais sujeitas ao julgamento pela Câmara dos Vereadores e sancionadas com a cassação do mandato: (...) II – impedir o exame de livros, folhas de pagamento e demais documentos que devam constar dos arquivos da Prefeitura, bem como a verificação de obras e serviços municipais, por comissão de investigação da Câmara ou auditoria, regularmente instituída; III – desatender, sem motivo justo, as convocações ou os pedidos de informações da Câmara, quando feitos a tempo e em forma regular;

[139] Art. 11 Constitui ato de improbidade administrativa que atenta contra os princípios da administração pública a ação ou omissão dolosa que viole os deveres de honestidade, de imparcialidade e de legalidade, caracterizada por uma das seguintes condutas: (...) VI – deixar de prestar contas quando esteja obrigado a fazê-lo, desde que disponha das condições para isso, com vistas a ocultar irregularidades.

como previsto pela Constituição Federal. Por outras palavras, o mecanismo que permite ao Poder Legislativo sustar, nas condições citadas, um ato do Poder Executivo combate o autoritarismo, protegendo a democracia.

Informação bibliográfica deste texto, conforme a NBR 6023:2018 da Associação Brasileira de Normas Técnicas (ABNT):

SILVA, Luciana de Fátima da. Comentários ao art. 14. *In*: BATISTELA, Marcos; BARBOSA, Maria Nazaré Lins; MARTINS, Ricardo Marcondes (coord.). *Comentários à Lei Orgânica do Município de São Paulo*: atualizada até a Emenda nº 42/2022. Belo Horizonte: Fórum, 2023. p. 60-64. ISBN 978-65-5518-497-6.

Seção II
Dos Vereadores

Art. 15 No primeiro ano de cada legislatura, no dia 1º de janeiro, às 15 (quinze) horas, em sessão de instalação, independente de número, sob a presidência do Vereador mais idoso dentre os presentes, os Vereadores prestarão compromisso e tomarão posse.

§1º – No ato da posse os Vereadores deverão desincompatibilizar-se e, na mesma ocasião, bem como ao término do mandato, deverão fazer a declaração pública de seus bens, a ser transcrita em livro próprio, constando de ata o seu resumo, e publicada no Diário Oficial do Município, no prazo máximo de 30 (trinta) dias.

§2º – O Vereador que não tomar posse, na sessão prevista neste artigo, deverá fazê-lo no prazo de 15 dias, ressalvados os casos de motivo justo e aceito pela Câmara.

ANNA CAROLINA TORRES AGUILAR CORTEZ

O art. 15 da Lei Orgânica do Município estabelece as regras para a posse dos vereadores. Cada Vereador é eleito para um mandato de quatro anos (art. 29, I, Constituição Federal). O período de quatro anos em que exercem as atividades legislativas é chamado de legislatura (art. 44, parágrafo único, da Constituição Federal).

O *caput* do art. 15 determina que os vereadores tomem posse de seus mandatos no dia 1º de janeiro, às 15 horas, quando se inicia o primeiro ano da legislatura. Os vereadores devem se reunir nessa primeira sessão solene de instalação, sob a presidência do mais idoso deles, independentemente do número de vereadores presentes, e prestarão compromisso. O termo de compromisso está previsto no art. 3º, §1º, do Regimento Interno da Câmara Municipal, nos seguintes termos: "Prometo exercer com dedicação e lealdade o meu mandato, cumprindo e fazendo cumprir a Constituição da República, a Constituição Estadual, a Lei Orgânica do Município e a legislação em vigor, defendendo a justiça social, a paz e a igualdade de tratamento a todos os cidadãos".

O art. 54, II, da Constituição Federal, aplicável aos vereadores por força do art. 29, IX, prevê que a partir da posse os vereadores não poderão ser proprietários, controladores ou diretores de empresa que goze de favor decorrente de contrato com pessoa jurídica de direito público ou nela exercer função remunerada, bem como ocupar cargo ou função de que sejam demissíveis *ad nutum*, em qualquer pessoa jurídica de direito público, autarquia, empresa pública, sociedade de economia mista ou empresa concessionária de serviço público (exceção prevista no art. 56, I, da Constituição Federal).[140]

O art. 38, III, da Carta Maior também prevê que o servidor público da administração direta, autárquica e fundacional, investido no mandato de Vereador, somente poderá se manter no cargo, percebendo as vantagens de seu cargo, emprego ou função e sem prejuízo da remuneração do cargo eletivo, se houver compatibilidade de horários. Caso contrário, deverá será afastado do cargo, emprego ou função, sendo-lhe facultado optar pela sua remuneração.

Assim, em atenção a esses artigos da Carta Constitucional, o §1º do art. 15 da Lei Orgânica do Município determina que no ato de posse os vereadores se desencompatibilizem de eventual cargo, função ou atividade cujo exercício seja incompatível com a vereança.

Além disso, os vereadores deverão apresentar a declaração pública de seus bens, a ser transcrita em livro próprio, constando de ata seu resumo e publicada no Diário Oficial do Município no prazo máximo de 30 dias, repetindo-se tal declaração ao final do mandato.

Na impossibilidade de o Vereador estar presente para a posse na sessão de instalação, poderá fazê-lo no prazo de 15 dias. Caso ainda não seja possível a posse se realizar dentro desse prazo, será necessário apresentar justo motivo, que será submetido à aceitação do Plenário da Câmara.

O termo *a quo* do prazo de 15 dias é a sessão de instalação do primeiro ano da legislatura da Câmara Municipal, como decorre da interpretação do §2º do art. 15. Existe julgado do TJSP, referente ao Município de Conchas, que prevê como termo inicial do referido prazo a primeira sessão ordinária da legislatura.[141] O entendimento do Tribunal de Justiça naquele caso, no entanto, decorre de previsão expressa contida na Lei Orgânica daquele Município. No caso da LOMSP, não há essa previsão de que o prazo deveria ser contado da primeira sessão ordinária, de modo que a interpretação que se pode extrair é a de que o termo inicial é a sessão de instalação, única mencionada na norma.

Informação bibliográfica deste texto, conforme a NBR 6023:2018 da Associação Brasileira de Normas Técnicas (ABNT):

CORTEZ, Anna Carolina Torres Aguilar. Comentários ao art. 15. *In*: BATISTELA, Marcos; BARBOSA, Maria Nazaré Lins; MARTINS, Ricardo Marcondes (coord.). *Comentários à Lei Orgânica do Município de São Paulo*: atualizada até a Emenda nº 42/2022. Belo Horizonte: Fórum, 2023. p. 65-66. ISBN 978-65-5518-497-6.

---

[140] Art. 56. Não perderá o mandato o Deputado ou Senador:
I – investido no cargo de Ministro de Estado, Governador de Território, Secretário de Estado, do Distrito Federal, de Território, de Prefeitura de Capital ou chefe de missão diplomática temporária; (...)

[141] "Apelação – Mandado de Segurança – Pretensão de revogar o ato que extinguiu o mandato eletivo de vereador, sob o fundamento de não comparecimento na sessão solene de posse – Possibilidade de dilação do prazo da posse, a se realizar dentro de 15 (quinze) dias a contar da data da sessão de instalação, quando se tratar de vereador, salvo "motivo justo" que seja "aceito pela Câmara" (artigos 7º, *caput* e inciso I, e 318, §2º, do Regimento Interno da Câmara Municipal de Conchas) – Análise do justo motivo que deveria ter sido levada ao Plenário da Câmara – Contagem diferenciada do prazo, utilizando como marco a primeira Sessão Ordinária da Legislatura (artigo 22 da Lei Orgânica Municipal de Conchas) – Sentença de procedência mantida por seus próprios fundamentos – Art. 252 do RITJSP – Apelação desprovida" (TJSP; Apelação Cível nº 1000056-76.2017.8.26.0145; Relator(a): Ana Liarte; Órgão Julgador: 4ª Câmara de Direito Público; Foro de Conchas – 2ª Vara; Data do Julgamento: 04.02.2019; Data de Registro: 08.02.2019).

Art. 16 Os Vereadores gozam de inviolabilidade por suas opiniões, palavras e votos no exercício do mandato, na circunscrição do Município.

Parágrafo único – Os Vereadores não serão obrigados a testemunhar sobre informações recebidas ou prestadas em razão do exercício do mandato, nem sobre as pessoas que lhes confiaram ou deles receberam informações.

ANNA CAROLINA TORRES AGUILAR CORTEZ

O art. 16 de LOMSP decorre do art. 29, VIII, da Constituição Federal.[142] A matéria de imunidade parlamentar é bastante extensa e seu aprofundamento não é possível dentro de uma obra de comentários à Lei Orgânica.

É preciso, no entanto, lembrar alguns parâmetros já fixados a partir do texto constitucional. O STF, no julgamento do RE nº 600.063, em 2015, asseverou que se trata de proteção adicional à liberdade de expressão, visando assegurar a fluência do debate público e, em última análise, a própria democracia. Naquela ocasião, foi fixado o Tema 469 de repercussão geral: "nos limites da circunscrição do Município e havendo pertinência com o exercício do mandato, os vereadores são imunes judicialmente por suas palavras, opiniões e votos".

É importante mencionar que a redação do art. 53, *caput*, da Carta Maior,[143] que trata da imunidade no âmbito federal e estadual (art. 27, §1º), é diversa daquela contida no inciso VIII do art. 29. No entanto, a exemplo do que ocorre com os parlamentares no âmbito federal, discute-se a respeito da existência de limites à imunidade sobre opiniões, palavras e votos.

No caso do art. 29, VIII, a Constituição Federal expressamente menciona alguns limites. O primeiro limite mencionado é a existência de pertinência temática entre as opiniões, palavras e votos e o exercício do mandato. A imunidade parlamentar preserva a liberdade de expressão do parlamentar, garantindo que suas opiniões, palavras e votos, no exercício de seu mandato, não gerem responsabilidade civil ou criminal, ainda que venham a atingir a honra de terceiros.

---

[142] Art. 29. O Município reger-se-á por lei orgânica, votada em dois turnos, com o interstício mínimo de dez dias, e aprovada por dois terços dos membros da Câmara Municipal, que a promulgará, atendidos os princípios estabelecidos nesta Constituição, na Constituição do respectivo Estado e os seguintes preceitos:
(...)
VIII – inviolabilidade dos Vereadores por suas opiniões, palavras e votos no exercício do mandato e na circunscrição do Município;

[143] Art. 53. Os Deputados e Senadores são invioláveis, civil e penalmente, por quaisquer de suas opiniões, palavras e votos.

Inicialmente, o STF entendia que a imunidade dos vereadores era relativa,[144] já que restrita aos casos de existência de pertinência temática e interesse municipal. Posteriormente, o STF passou a entender que a manifestação proferida no exercício do mandato *e* na circunscrição do município estaria respaldada por imunidade absoluta.[145]

Mais recentemente, no entanto, o Tribunal de Justiça de São Paulo tem decidido que a manifestação parlamentar precisa estar conectada ao exercício do mandato, ainda que proferida dentro da Casa Legislativa.[146]

O segundo limite está relacionado à circunscrição do Município. A imunidade somente é assegurada ao Vereador na circunscrição do Município. Hodiernamente, a dificuldade está em se estabelecer o que configura a "circunscrição do Município". No julgamento do RE nº 600.063, o Relator para acórdão, Ministro Luís Fux, reconheceu que:

> (...) a garantia constitucional da imunidade parlamentar material também estende o seu manto protetor (1) às entrevistas jornalísticas, (2) à transmissão, para a imprensa, do conteúdo de pronunciamentos ou de relatórios produzidos nas Casas Legislativas (RTJ 172/400-401, Rel. Min. ILMAR GALVÃO) e (3) às declarações feitas aos meios de comunicação social (RTJ 187/985, Rel. Min. NELSON JOBIM), eis que – tal como bem realçado por ALBERTO ZACHARIAS TORON ("Inviolabilidade Penal dos Vereadores", p. 247, 2004, Saraiva) – esta Suprema Corte tem reafirmado "(...) a importância do debate, pela mídia, das questões políticas protagonizadas pelos mandatários", além de haver enfatizado a ideia de que as declarações à imprensa constituem o prolongamento natural do exercício das funções parlamentares, desde que se relacionem com estas.

---

[144] "Ementa: agravo regimental no recurso extraordinário. Danos morais. Vereador. Imunidade material. Artigo 29, inciso VIII, da Constituição do Brasil. Limites na pertinência com o mandato e interesse municipal. Súmula nº 279 do STF. Precedentes. 1. O STF fixou entendimento de que a imunidade material concedida aos vereadores sobre suas opiniões, palavras e votos não é absoluta, e é limitada ao exercício do mandato parlamentar sendo respeitada a pertinência com o cargo e o interesse municipal. 2. Reexame de fatos e provas. Inviabilidade do recurso extraordinário. Súmula 279 do STF. Agravo regimental a que se nega provimento" (RE 583559 AgR, Relator(a): Eros Grau, 2ª Turma, julgado em 10.06.2008, DJe-117 Divulg. 26.06.2008, public. 27.06.2008 ement. Vol0-02325-10 PP-01923). No mesmo sentido: AI nº 698921 AgR, Relator(a): Ricardo Lewandowski, 1ª Turma, julgado em 23.06.2009, DJe-152 divulg. 13.08.2009 public. 14.08.2009.

[145] "Agravo regimental em recurso extraordinário com agravo. 2. Direito Penal. 3. Crimes contra a honra. Imunidade parlamentar. 4. A agravante sustenta a tese de que o agravado ter-se-ia utilizado da tribuna parlamentar com o objetivo de praticar crimes. Inocorrência. 5. O STF, pela sistemática de repercussão geral, no julgamento do Tema 469, fixou tese de que o conteúdo das manifestações proferidas por vereador, nos limites previstos no art. 29, VIII, da Constituição Federal (manifestação proferida no exercício do mandato e na circunscrição do município) gozam de imunidade absoluta (imunidade parlamentar material), não sendo passíveis de reprimenda judicial, incidindo o abuso dessa prerrogativa ao controle da própria casa legislativa a que pertence o parlamentar. 6. Agravo regimental a que se nega provimento" (ARE nº 964815 AgR, Relator(a): Gilmar Mendes, Segunda Turma, julgado em 07.06.2016, Processo Eletrônico DJe-134 divulg. 27.06.2016 public. 28.06.2016).

[146] "RESPONSABILIDADE CIVIL – Sentença que condenou a apelante ao pagamento de indenização ao apelado por danos morais em razão de ofensas proferidas na Câmara Municipal de Itajobi/SP – Irresignação da apelante, sob o fundamento de que goza de imunidade parlamentar – Não acolhimento – Hipótese em que as ofensas não decorreram do exercício do mandato de vereadora, possuindo caráter pessoal e dissociado de atividade política – Indenização fixada no valor razoável de R$5.000,00 – Recurso desprovido" (TJSP, Apelação Cível nº 0001041-35.2013.8.26.0264; Relator(a): Marcus Vinicius Rios Gonçalves; Órgão Julgador: 6ª Câmara de Direito Privado; Foro de Itajobi – Vara Única; Data do Julgamento: 29.04.2022; Data de Registro: 29.04.2022). No mesmo sentido: TJSP, Agravo Regimental Cível 0003400-69.2008.8.26.0219; Relator(a): Campos Mello (Pres. da Seção de Direito Privado); j. 19.02.2019; TJSP, Apelação Cível nº 0001789-63.2015.8.26.0081, Rel. Des. Maria Salete Corrêa Dias, j. 23.07.2018.

No entanto, as declarações aos meios de comunicação social não incluem as redes sociais pessoais. Há entendimento do TJSP no sentido de que manifestações publicadas pelo parlamentar em rede social pessoal extrapola os limites territoriais impostos pela Constituição Federal.[147]

É importante mencionar, por fim, que o STF estabeleceu que as manifestações dos parlamentares não estão *totalmente* imunes, podendo ser repreendidas pelo próprio Poder Legislativo.[148] Tal entendimento também é adotado no TJSP.[149]

Informação bibliográfica deste texto, conforme a NBR 6023:2018 da Associação Brasileira de Normas Técnicas (ABNT):

CORTEZ, Anna Carolina Torres Aguilar. Comentários ao art. 16. *In*: BATISTELA, Marcos; BARBOSA, Maria Nazaré Lins; MARTINS, Ricardo Marcondes (coord.). *Comentários à Lei Orgânica do Município de São Paulo*: atualizada até a Emenda nº 42/2022. Belo Horizonte: Fórum, 2023. p. 67-69. ISBN 978-65-5518-497-6.

---

[147] "Ação de indenização cumulada com obrigação de fazer – Réu vereador – Imunidade material mitigada; opiniões, palavras e votos que devem guardar pertinência com o exercício do mandato e respeitar os limites da circunscrição do Município onde fora eleito – Impossibilidade de aplicação da imunidade material a discursos publicados pelo próprio réu em rede social pessoal por extrapolar os limites territoriais impostos pela Constituição Federal – Recurso Extraordinário nº 600.063 com repercussão geral observado – Responsabilidade civil admitida – Recurso provido" (TJSP; Apelação Cível nº 1011320-88.2017.8.26.0566; Relator(a): Luis Mario Galbetti; Órgão Julgador: 7ª Câmara de Direito Privado; Foro de São Carlos – 2ª Vara Cível; Data do Julgamento: 19.05.2019; Data de Registro: 19.05.2019). Na mesma linha: (TJSP, Apelação Cível nº 1001739-33.2018.8.26.0366, Rel. Des. Ademir Modesto de Souza, j. 13.09.2021; TJSP, Apelação Cível nº 1001968-64.2018.8.26.0407, Relator(a): Marco Fábio Morsello, j. 14.05.2020; TJSP; Apelação Cível nº 1004323-16.2015.8.26.0322; Relator(a): Mariella Ferraz de Arruda Pollice Nogueira; j.: 26.02.2019.

[148] "Ementa: constitucional. Recurso extraordinário. Inviolabilidade civil das opiniões, palavras e votos de vereadores. Proteção adicional à liberdade de expressão. Afastamento da repreenda judicial por ofensas manifestadas no exercício do mandato e na circunscrição do município. Provimento do recurso. 1. Vereador que, em sessão da Câmara, teria se manifestado de forma a ofender ex-vereador, afirmando que este "apoiou a corrupção (...), a ladroeira, (...) a sem-vergonhice", sendo pessoa sem dignidade e sem moral. 2. Observância, no caso, dos limites previstos no art. 29, VIII, da Constituição: manifestação proferida no exercício do mandato e na circunscrição do Município. 3. A interpretação da locução "no exercício do mandato" deve prestigiar as diferentes vertentes da atuação parlamentar, dentre as quais se destaca a fiscalização dos outros Poderes e o debate político. 4. Embora indesejáveis, as ofensas pessoais proferidas no âmbito da discussão política, respeitados os limites trazidos pela própria Constituição, não são passíveis de repreenda judicial. Imunidade que se caracteriza como proteção adicional à liberdade de expressão, visando a assegurar a fluência do debate público e, em última análise, a própria democracia. 5. A ausência de controle judicial não imuniza completamente as manifestações dos parlamentares, que podem ser repreendidas pelo Legislativo. 6. Provimento do recurso, com fixação, em repercussão geral, da seguinte tese: nos limites da circunscrição do Município e havendo pertinência com o exercício do mandato, os vereadores são imunes judicialmente por suas palavras, opiniões e votos" (RE nº 600063, Relator(a): Marco Aurélio, Relator(a) p/ Acórdão: Roberto Barroso, Tribunal Pleno, julgado em 25.02.2015, Acórdão Eletrônico Repercussão Geral – Mérito DJe-090 divulg. 14.05.2015 public. 15.05.2015).

[149] "Mandado de segurança – Município de Nova Guataporanga – Mandato de vereador – Imunidade parlamentar – Âmbito municipal – Relação com desempenho do mandato – Cassação – Possibilidade: – Há imunidade do vereador nos limites da circunscrição do município e desde que haja pertinência do ato com o exercício do mandato, ressalvada, contudo, a possibilidade de repreenda dos excessos pelo próprio Legislativo" (TJSP; Apelação Cível nº 1002359-05.2018.8.26.0638; Relator(a): Teresa Ramos Marques; Órgão Julgador: 10ª Câmara de Direito Público; Foro de Tupi Paulista – 2ª Vara; Data do Julgamento: 08.07.2020; Data de Registro: 08.07.2020). Adotando o mesmo entendimento: TJSP, Apelação Cível nº 1010548-58.2015.8.26.0320; Relator(a): José Maria Câmara Junior; j.: 05.05.2016.

Art. 17 O Vereador não poderá:

I – desde a expedição do diploma:

a) firmar ou manter contrato com órgãos da administração direta, autarquia, empresa pública, sociedade de economia mista, fundação instituída ou mantida pelo Poder Público, ou empresa concessionária de serviço público, salvo quando o contrato obedecer a cláusulas uniformes;

b) aceitar ou exercer cargo, função ou emprego remunerado, inclusive os de que seja demissível "*ad nutum*", nas entidades constantes da alínea anterior, ressalvado o disposto na Constituição da República e nesta Lei;

II – desde a posse:

a) ser proprietário, controlador ou diretor de empresa que goze de favor decorrente de contrato com pessoa jurídica de direito público, ou nela exercer função remunerada;

b) ocupar cargo ou função de que seja demissível "ad nutum", nas entidades referidas no inciso I, alínea "a", deste artigo, ressalvado o disposto na Constituição da República e nesta Lei;

c) patrocinar causa em que seja interessada qualquer das entidades a que se refere o inciso I, alínea "a", deste artigo;

d) ser titular de mais de um cargo ou mandato público eletivo em qualquer nível.

ANNA CAROLINA TORRES AGUILAR CORTEZ

O Município é regido por Lei Orgânica, na forma estabelecida pelo art. 29 da Constituição Federal, que deve prever, entre outros preceitos, as: "IX – proibições e incompatibilidades, no exercício da vereança, similares, no que couber, ao disposto nesta Constituição para os membros do Congresso Nacional e na Constituição do respectivo Estado para os membros da Assembleia Legislativa". Por essa razão, as incompatibilidades para o exercício do mandato de Vereador são similares às incompatibilidades dos Deputados Federais e Senadores, estabelecidas no art. 54 da Constituição Federal, e às dos Deputados Estaduais.

De acordo com tal competência fixada pelo art. 29, IX, da Constituição Federal, a LOMSP estabeleceu, em seu art. 17, as incompatibilidades no exercício da vereança. Os processos disciplinares contra os vereadores podem acarretar, inclusive, a sanção de perda de seu mandato, conforme o art. 18, I, da Lei Orgânica e a disciplina estabelecida na Resolução da Câmara Municipal de São Paulo nº 07/2003.

No que tange a essas incompatibilidades, o Professor José Afonso da Silva elaborou importante distinção, classificando-as em funcionais, negociais, políticas e profissionais.[150] As incompatibilidades *funcionais*, segundo o autor, são aquelas que

---

[150] SILVA, José Afonso da. *Curso de Direito Constitucional Positivo*. 33. ed. São Paulo: Malheiros, 2009. p. 539.

interditam o Vereador, desde sua diplomação, de aceitar ou exercer cargo, função ou emprego remunerado, inclusive os de que sejam demissíveis *ad nutum*, em pessoas jurídicas de direito público, da Administração direta e indireta, e em empresa concessionária de serviço público (art. 54, I, "b", da Constituição Federal e art. 17, I, "b", da LOM); e, desde sua posse, ocupar cargo ou função de que sejam demissíveis *ad nutum*, nas mesmas entidades, ressalvados os de Ministro, de Governador de Território, de Secretário de Estado, do Distrito Federal, de Território, de Prefeitura de Capital ou chefe de missão diplomática temporária (art. 54, II, "b", da Constituição Federal e art. 17, II, "b", da LOM).

As incompatibilidades *negociais* dizem respeito ao impedimento do Vereador, desde sua diplomação, de "firmar ou manter contrato com pessoa jurídica de Direito Público, autarquia, empresa pública, sociedade de economia mista ou empresa concessionária de serviço público, salvo quando o contrato obedecer a cláusulas uniformes" (art. 54, I, a, da Constituição Federal e art. 17, I, "a", da LOM). A incompatibilidade *política* refere-se à impossibilidade de acúmulo de cargos ou mandatos públicos eletivos pelo parlamentar, a partir de sua posse (art. 54, II, "d", da Constituição Federal e art. 17, II, "d", da LOM). Por fim, as incompatibilidades *profissionais* dizem respeito à impossibilidade do Vereador, desde a sua posse, de: (i) patrocinar causa em que seja interessada pessoa jurídica de direito público, autarquia, sociedade de economia mista ou empresa concessionária de serviço público, salvo quando o contrato obedecer a cláusulas uniformes (art. 54, II, c, da Constituição Federal e art. 17, II, "c", da LOM); e (ii) ser proprietário, controlador ou diretor de empresa que goze de favor decorrente de contrato com pessoa jurídica de direito público ou nela exercer função remunerada (art. 54, II, a, da Constituição Federal e art. 17, II, alínea "a", da LOM)".[151]

De acordo com o STF, essas incompatibilidades não se estendem aos suplentes (MS nº 21.266, rel. Min. Célio Borja, j. 22.05.1991, 1ª Turma, DJ de 22.10.1993).

Informação bibliográfica deste texto, conforme a NBR 6023:2018 da Associação Brasileira de Normas Técnicas (ABNT):

CORTEZ, Anna Carolina Torres Aguilar. Art. 17. *In*: BATISTELA, Marcos; BARBOSA, Maria Nazaré Lins; MARTINS, Ricardo Marcondes (coord.). *Comentários à Lei Orgânica do Município de São Paulo*: atualizada até a Emenda nº 42/2022. Belo Horizonte: Fórum, 2023. p. 70-71. ISBN 978-65-5518-497-6.

---

[151] SILVA. *Curso de Direito Constitucional Positivo*, p. 71.

Art. 18 Perderá o mandato o Vereador:

I – que infringir qualquer das proibições estabelecidas no artigo anterior;

II – cujo procedimento for declarado incompatível com o decoro parlamentar;

III – que deixar de comparecer, em cada sessão legislativa, à terça parte das sessões ordinárias, salvo licenças ou missão autorizada pela Câmara;

IV – que perder ou tiver suspensos os direitos políticos;

V – quando o decretar a Justiça Eleitoral;

VI – que sofrer condenação criminal em sentença transitada em julgado, que implique em restrição à liberdade de locomoção.

§1º – É incompatível com o decoro parlamentar, além dos casos definidos no Regimento Interno, o abuso das prerrogativas asseguradas a membros da Câmara Municipal ou a percepção de vantagens indevidas.

§2º – Nos casos dos incisos I, II e VI deste artigo, acolhida a acusação pela maioria absoluta dos Vereadores, a perda do mandato será decidida pela Câmara, por quórum de 2/3 (dois terços), assegurado o direito de defesa.

§3º – Nos casos dos incisos III a V, a perda será declarada pela Mesa, de ofício ou mediante provocação de qualquer dos membros da Câmara ou de partido político nela representado, assegurado o direito de defesa.

§4º – A Câmara Municipal disporá sobre o procedimento a ser obedecido nos processos de perda de mandato decididos pela Câmara, e sobre aplicação de outras penalidades, assegurado o contraditório. (Alterado pela Emenda nº 15/1993.)

ANNA CAROLINA TORRES AGUILAR CORTEZ

As hipóteses de perda do mandato também são bastante similares àquelas previstas na Constituição Federal. Na lição do Professor José Afonso da Silva, a perda do mandato pode se dar por cassação ou por simples extinção: "Cassação 'é a decretação da perda do mandato, por ter o seu titular incorrido em falta funcional, definida em lei e punida com esta sanção'. Extinção do mandato é o perecimento do mandato pela ocorrência de fato ou ato que torna automaticamente inexistente a investidura eletiva, tais como a morte, a renúncia, o não comparecimento a determinado número de sessões expressamente fixado (o que a Constituição equipara à renúncia), perda ou suspensão dos direitos políticos".[152]

---

[152] SILVA. *Curso de Direito Constitucional Positivo*, p. 540.

Com base nesses conceitos, verifica-se que a cassação se dá nas hipóteses dos incisos I, II e VI do art. 18 da LOM. Já as hipóteses de extinção do mandato estão relacionadas nos incisos III, IV e V desse artigo.

Nos termos do §1º do art. 18, considera-se incompatível com o decoro parlamentar o abuso das prerrogativas asseguradas a membros da Câmara Municipal (como a imunidade parlamentar) ou a percepção de vantagens indevidas, além dos casos definidos no Regimento Interno; no caso, as hipóteses estão previstas no art. 12 da Resolução nº 07/2003.

As hipóteses de cassação do mandato configuram julgamento político, após análise da conveniência, razoabilidade e proporcionalidade da medida, assegurada a ampla defesa do Vereador. A decisão da Câmara terá natureza constitutiva, positiva (se mantiver o Vereador no cargo) e negativa (se cassar seu mandato). Não se trata, portanto, de perda automática do mandato.

É preciso ressalvar, no entanto, que a cassação do mandato, embora jungido de parâmetros éticos e político-disciplinares da Câmara Municipal, não é um procedimento exclusivamente político, podendo sofrer controle de legitimidade do Poder Judiciário. A inexistência de controle de legitimidade implicaria aceitar a tese de que uma maioria parlamentar, com absoluta discricionariedade, pudesse anular a vontade dos eleitores, manifestada por meio do voto.[153]

Já nos casos de extinção do mandato, resguardada a ampla defesa, a perda será declarada pela Mesa da Câmara Municipal, de ofício ou mediante provocação de qualquer de seus membros ou de partido político nela representado. A natureza declaratória, nesse caso, decorre do mero reconhecimento da existência de fato ou ato de perecimento do mandato.

No caso do inciso VI do art. 18 da LOM, muito embora relacionado como hipótese de cassação do mandato, o STF, por ocasião do julgamento da Ação Penal (AP) nº 694, de relatoria da Min. Rosa Weber, a qual, aderindo à proposta do Min. Roberto Barroso, decidiu:

> Perda do mandato parlamentar. É da competência das Casas Legislativas decidir sobre a perda do mandato do congressista condenado criminalmente (art. 55, VI e §2º, da CF). Regra excepcionada – adoção, no ponto, da tese proposta pelo eminente revisor, ministro Luís Roberto Barroso – quando a condenação impõe o cumprimento de pena em regime fechado, e não viável o trabalho externo diante da impossibilidade de cumprimento da fração mínima de 1/6 da pena para a obtenção do benefício durante o mandato e antes de consumada a ausência do congressista a 1/3 das sessões ordinárias da Casa Legislativa da qual faça parte. Hipótese de perda automática do mandato, cumprindo à Mesa da Câmara dos Deputados declará-la, em conformidade com o art. 55, III, §3º, da CF. Precedente: MS 32.326 MC/DF, rel. min. Roberto Barroso, 2-9-2013". (AP nº 694, rel. Min. Rosa Weber, j. 02.05.2017, 1ª T, DJe de 31.08.2017.)

---

[153] Posicionamento exarado pelo Min. Gilmar Mendes no MS nº 25.579 MC, rel. p/ o ac. Min. Joaquim Barbosa, j. 19.10.2005, P, DJ de 24.08.2007, p. 497.

No mesmo sentido: AP nº 565, rel. Min. Cármen Lúcia, j. 08.08.2013, P, DJe de 23.05.2014; AP nº 996, rel. Min. Edson Fachin, j. 29.05.2018, 2ª Turma, DJE de 08.02.2019.

Como o art. 18 da LOM está relacionado ao art. 55 da Constituição Federal, aplica-se o entendimento do Tribunal Superior Eleitoral (TSE), proferido na consulta nº 1398, segundo o qual o parlamentar que se desfiliar do seu partido de eleição, salvo a existência de justa causa, perde seu mandato, por violar o princípio constitucional da fidelidade partidária.[154]

Informação bibliográfica deste texto, conforme a NBR 6023:2018 da Associação Brasileira de Normas Técnicas (ABNT):

CORTEZ, Anna Carolina Torres Aguilar. Comentários ao art. 18. In: BATISTELA, Marcos; BARBOSA, Maria Nazaré Lins; MARTINS, Ricardo Marcondes (coord.). *Comentários à Lei Orgânica do Município de São Paulo*: atualizada até a Emenda nº 42/2022. Belo Horizonte: Fórum, 2023. p. 72-74. ISBN 978-65-5518-497-6.

---

[154] Sobre a fidelidade partidária o STF assim se manifestou: "Inaplicabilidade da regra de perda do mandato por infidelidade partidária ao sistema eleitoral majoritário. (...) As características do sistema proporcional, com sua ênfase nos votos obtidos pelos partidos, tornam a fidelidade partidária importante para garantir que as opções políticas feitas pelo eleitor no momento da eleição sejam minimamente preservadas. Daí a legitimidade de se decretar a perda do mandato do candidato que abandona a legenda pela qual se elegeu. O sistema majoritário, adotado para a eleição de presidente, governador, prefeito e senador, tem lógica e dinâmica diversas da do sistema proporcional. As características do sistema majoritário, com sua ênfase na figura do candidato, fazem com que a perda do mandato, no caso de mudança de partido, frustre a vontade do eleitor e vulnere a soberania popular (CF, art. 1º, parágrafo único; e art. 14, *caput*)". (ADI nº 5.081, rel. min. Roberto Barroso, j. 27.05.2015, P, DJe de 19.08.2015.) Ver também MS nº 26.604, rel. min. Cármen Lúcia, j. 04.10.2007, P, DJe de 03.10.2008.

Art. 19 A Câmara Municipal instituirá o Código de Ética dos Vereadores.

ANNA CAROLINA TORRES AGUILAR CORTEZ

No âmbito da autonomia municipal sobre a matéria e em atendimento à Lei Orgânica do Município (arts. 18, §4º, e 19), o Plenário da Câmara Municipal aprovou a Resolução nº 07/2003, que institui a Corregedoria da Câmara Municipal de São Paulo e estabelece regras relativas a deveres, ética e decoro parlamentar.

A Corregedoria é a instância colegiada da Câmara Municipal encarregada de zelar pela observância aos preceitos de ética e decoro parlamentar, receber denúncias contra vereadores por prática de ato atentatório ao decoro e à ética parlamentar e instruir os respectivos processos (arts. 1º e 2º, I, da Resolução nº 07/2003).

Os primeiros artigos da Resolução cuidam da estrutura da Corregedoria e da competência do órgão e do Corregedor (arts. 1º a 9º). O art. 10 traz os deveres dos vereadores, como fiscalizar o Poder Executivo Municipal em nome dos princípios da Administração Pública (inciso III), abster-se do uso dos recursos públicos para fins pessoais e privados (inciso VII) e expressar-se nas sessões da Câmara, de forma condizente com as regras de urbanidade, colocando-se sempre à disposição dos seus pares, de modo a contribuir para manter o espírito de solidariedade geral (inciso XI). Em seguida, o art. 11 arrola as infrações à ética parlamentar e o art. 12 enumera, de forma exemplificativa, as hipóteses de infração ao decoro parlamentar.

O art. 13 da Resolução nº 07/2003 trata das medidas disciplinares cabíveis e aplicáveis, em ordem crescente de gravidade: (i) advertência, verbal ou escrita; (ii) suspensão de prerrogativas regimentais; (iii) suspensão temporária do mandato por no mínimo 30 até o máximo de 90 dias, com a destituição dos cargos parlamentares e administrativos que o Vereador ocupe na Mesa Diretora ou nas Comissões da Câmara; (iv) perda do mandato.

O art. 14, por sua vez, assinala que as sanções de advertência verbal ou escrita (inciso I do art. 13) e a suspensão das prerrogativas regimentais (inciso II do art. 13) serão aplicadas por deliberação da maioria dos membros da Corregedoria da Câmara e as demais (incisos III e IV do art. 13), pelo Plenário, por maioria de três quintos ou de dois terços, conforme o caso. Os arts. 15 e 19 explicitam as hipóteses de cabimento de cada uma das sanções.

O procedimento disciplinar tem as regras previstas nos arts. 20 e seguintes. O fato de uma representação requerer a cassação de Vereador não implica que automaticamente o Corregedor deverá remeter a representação ao Plenário, pois os fatos narrados e os elementos constantes da representação precisam ser técnica e juridicamente qualificados pela Corregedoria. O rito processual não decorre do requerimento formulado na representação, mas das normas regimentais e legais.

Compete à Corregedoria, inicialmente, realizar o juízo de admissibilidade em todos os feitos. No entanto, caso a Corregedoria entenda que o processo deva prosseguir e os fatos narrados tenham a possibilidade de ensejar a suspensão temporária do mandato por no mínimo 30 até o máximo de 90 dias, com a destituição dos cargos parlamentares e administrativos que o Vereador ocupe na Mesa Diretora ou nas Comissões da Câmara ou a perda do mandato – penalidades cuja aplicação competirá ao Plenário, nos termos dos arts. 14, II e III, e 23 da Resolução nº 07/2003 –, será o Plenário a instância competente para realizar um segundo juízo de admissibilidade nos termos do art. 24 da Resolução nº 07/2003.[155]

A cassação do mandato somente se dará pela maioria qualificada de dois terços do Plenário, em votação nominal e aberta (art. 33, *caput*). A Justiça Eleitoral deve ser comunicada do resultado do julgamento (art. 33, parágrafo único).

A Resolução ainda prevê o procedimento para sindicância, para apurar denúncias que envolvam vereadores, mas por fatos não exatamente definidos ou ausentes elementos indicativos de autoria (art. 34 e seguintes).

Por fim, o art. 38 traz as declarações públicas obrigatórias a serem apresentadas pelos vereadores.

Informação bibliográfica deste texto, conforme a NBR 6023:2018 da Associação Brasileira de Normas Técnicas (ABNT):

CORTEZ, Anna Carolina Torres Aguilar. Comentários ao art. 19. In: BATISTELA, Marcos; BARBOSA, Maria Nazaré Lins; MARTINS, Ricardo Marcondes (coord.). *Comentários à Lei Orgânica do Município de São Paulo*: atualizada até a Emenda nº 42/2022. Belo Horizonte: Fórum, 2023. p. 75-76. ISBN 978-65-5518-497-6.

---

[155] BARBOSA, Maria Nazaré Lins; LEVY, José Luiz. *Parecer nº 010-Chefia/2021*. Disponível em: www.saopaulo.sp.leg.br/assessoria_juridica/parecer-chefia-n-010-2021. Acesso em: 23 maio 2022.

Art. 20 O Vereador poderá licenciar-se:

I – por motivo de doença devidamente comprovada;

II – em face de licença-gestante ou paternidade;

III – para desempenhar missões temporárias de interesse do Município;

IV – para tratar, com prejuízo dos seus vencimentos, de interesses particulares, por prazo determinado, não superior a 120 (cento e vinte) dias por sessão legislativa, não podendo reassumir o exercício do mandato antes do término da licença. (Alterado pela Emenda nº 33/2009.)

§1º – Para fins de remuneração considerar-se-á como em exercício o Vereador:

I – licenciado nos termos dos incisos I e II do *caput* deste artigo;

II – licenciado na forma do inciso III, se a missão decorrer de expressa designação da Câmara ou tiver sido previamente aprovada pelo Plenário.

§2º – A licença-gestante e paternidade será concedida segundo os mesmos critérios e condições estabelecidos para os funcionários públicos municipais.

ANNA CAROLINA TORRES AGUILAR CORTEZ

A LOMSP elenca, em seu art. 20, as hipóteses que permitem ao Vereador licenciar-se de forma temporária, na linha do previsto no inciso II do art. 56 da Constituição Federal.[156]

Na hipótese de licença por doença devidamente comprovada e nos casos de licença-gestante e licença-paternidade, o Vereador faz jus ao recebimento de sua remuneração (art. 20, §1º, I, da LOM). No entanto, como o exercente de mandato eletivo municipal é segurado obrigatório da Previdência Social, desde que não vinculado a regime próprio de previdência social,[157] a Câmara Municipal tem o dever de pagar ao licenciado, no período de auxílio-doença, apenas a eventual diferença entre o valor do

---

[156] Art. 56. Não perderá o mandato o Deputado ou Senador:
I – investido no cargo de Ministro de Estado, Governador de Território, Secretário de Estado, do Distrito Federal, de Território, de Prefeitura de Capital ou chefe de missão diplomática temporária;
II – licenciado pela respectiva Casa por motivo de doença, ou para tratar, sem remuneração, de interesse particular, desde que, neste caso, o afastamento não ultrapasse cento e vinte dias por sessão legislativa.
§1º O suplente será convocado nos casos de vaga, de investidura em funções previstas neste artigo ou de licença superior a cento e vinte dias.
§2º Ocorrendo vaga e não havendo suplente, far-se-á eleição para preenchê-la se faltarem mais de quinze meses para o término do mandato.
§3º Na hipótese do inciso I, o Deputado ou Senador poderá optar pela remuneração do mandato.

[157] Lei Federal nº 8.212/1991: "Art. 12. São segurados obrigatórios da Previdência Social as seguintes pessoas físicas: I – como empregado: (...) j) o exercente de mandato eletivo federal, estadual ou municipal, desde que não vinculado a regime próprio de previdência social; (Incluído pela Lei nº 10.887/2004)".

benefício previdenciário e a remuneração integral do cargo de Vereador, a fim de que não haja o recebimento simultâneo do benefício previdenciário e da remuneração do cargo de Vereador.[158]

A licença-gestante e a licença-paternidade são concedidas segundo os mesmos critérios e condições estabelecidos para os funcionários públicos municipais (art. 148 da Lei Municipal nº 8.989/1979 e Lei Municipal nº 10.726/1989, com redação dada pela Lei Municipal nº 17.200/2019 – §2º do art. 20).

O inciso III do art. 20 permite ao Vereador que se licencie para desempenhar missões temporárias de interesse do Município. No caso de a referida missão decorrer de expressa designação da Câmara ou se tiver sido previamente aprovada pelo Plenário, o Vereador será considerado em exercício, para fins de remuneração.

Por fim, há ainda a possibilidade de licença para tratar de interesses particulares, por prazo determinado, não superior a 120 dias por sessão legislativa, com prejuízo dos seus vencimentos, não podendo reassumir o exercício do mandato antes do término da licença.

Informação bibliográfica deste texto, conforme a NBR 6023:2018 da Associação Brasileira de Normas Técnicas (ABNT):

CORTEZ, Anna Carolina Torres Aguilar. Comentários ao art. 20. *In*: BATISTELA, Marcos; BARBOSA, Maria Nazaré Lins; MARTINS, Ricardo Marcondes (coord.). *Comentários à Lei Orgânica do Município de São Paulo*: atualizada até a Emenda nº 42/2022. Belo Horizonte: Fórum, 2023. p. 77-78. ISBN 978-65-5518-497-6.

---

[158] "Apelação Cível – Mandado de Segurança – Município de Amparo – Vereador – Tratamento de Saúde – Licença remunerada prevista no artigo 10 da Lei Orgânica Municipal – Dispositivo que deve ser interpretado à luz do art. 12, I, "j", da Lei Federal nº 8.212/1991 e dos arts. 14, I, e 63, parágrafo único, da Lei Federal nº 8.213/1991 – Dever da autoridade coatora de pagar ao impetrante, durante o período de auxílio-doença, eventual diferença entre o valor do benefício previdenciário e a remuneração integral do cargo de Vereador, mas não de suportar integralmente o pagamento da remuneração – Direito líquido e certo não demonstrado – Precedente – Sentença mantida – Recurso desprovido" (TJSP; Apelação Cível nº 0003216-78.2015.8.26.0022; Relator(a): Cristina Cotrofe; Órgão Julgador: 8ª Câmara de Direito Público; Foro de Amparo – 2ª Vara; Data do Julgamento: 25.10.2016; Data de Registro: 25.10.2016).

Art. 21 Não perderá o mandato, considerando-se automaticamente licenciado, o Vereador investido na função de Ministro de Estado, Secretário de Estado, Secretário Municipal ou chefe de missão diplomática temporária, devendo optar pelos vencimentos do cargo ou pela remuneração.

ANNA CAROLINA TORRES AGUILAR CORTEZ

À semelhança do art. 56, inciso I, da Constituição Federal, a Lei Orgânica do Município admite que o exercente do mandato eletivo exerça outras funções específicas sem perder o mandato para o qual foi eleito. As funções que permitem o afastamento do mandato são as de Ministro de Estado, Secretário de Estado, Secretário Municipal ou chefe de missão diplomática temporária. Nesses casos, o Vereador deve optar entre os vencimentos do cargo e a remuneração do mandato.

O afastamento para o desempenho dos cargos previstos no art. 21 não importa em perda de mandato. Por essa razão, seu titular, como continua ostentando a condição de Vereador, inclusive podendo optar quanto à remuneração e retornar ao Parlamento para votar em projetos de interesse do Governo, mantém o dever de guardar estrita observância às vedações e incompatibilidades inerentes à sua condição de parlamentar, assim como às exigências ético-jurídicas que a Constituição (art. 55, §1º) e o Regimento Interno da Câmara Municipal estabelecem como elementos caracterizadores do decoro parlamentar.[159] Ademais, subsistem os impedimentos funcionais, negociais e profissionais, que visam proteger a independência e a reputação da Casa Legislativa.

No caso de atos praticados que tenham estrita vinculação com a função exercida no Poder Executivo (Constituição Federal, art. 87, parágrafo único, I, II, III e IV), a Constituição prevê modalidade específica de responsabilização política para os membros do Poder Executivo (arts. 85, 86 e 102, I, c), não podendo a Câmara Municipal submeter o parlamentar licenciado nas condições supramencionadas a processo de perda do mandato, sob pena de violação ao princípio da separação dos Poderes. Não obstante, se os atos praticados não se inserem como próprios da função exercida, é possível que a Câmara Municipal adote medidas destinadas a reprimir, com a cassação do mandato, fatos atentatórios à dignidade do exercício da vereança e lesivos ao decoro parlamentar, mesmo que ocorridos durante o exercício das funções mencionadas no *caput* do art. 21 da LOM (Mandado de Segurança [MS] nº 25.579 do STF).

A licença para desempenho das funções relacionadas nesse artigo afasta, porém, as imunidades formal e material, porque estas estão relacionadas diretamente ao exercício do mandato e à independência do Poder Legislativo, conforme há muito

---

[159] MS nº 25.579 MC, rel. p/ o ac. Min. Joaquim Barbosa, j. 19.10.2005, P, *DJ* de 24.08.2007.

decidiu o STF (Inq. 104, Relator(a): Djaci Falcão, Tribunal Pleno, julgado em 26.08.1981, DJ 02.10.1981 PP-09773 ement vol-01228-01 PP-00001 RTJ vol-00099-02 PP-00477).

Informação bibliográfica deste texto, conforme a NBR 6023:2018 da Associação Brasileira de Normas Técnicas (ABNT):

CORTEZ, Anna Carolina Torres Aguilar. Comentários ao art. 21. In: BATISTELA, Marcos; BARBOSA, Maria Nazaré Lins; MARTINS, Ricardo Marcondes (coord.). *Comentários à Lei Orgânica do Município de São Paulo*: atualizada até a Emenda nº 42/2022. Belo Horizonte: Fórum, 2023. p. 79-80. ISBN 978-65-5518-497-6.

Art. 22 No caso de vaga, de investidura prevista no artigo anterior ou de licença de Vereador superior a 30 (trinta) dias, o Presidente convocará imediatamente o suplente.

§1º – O suplente convocado deverá tomar posse dentro de 15 (quinze) dias, salvo motivo justo aceito pela Câmara.

§2º – Em caso de vaga, não havendo suplente, o Presidente comunicará o fato, dentro de 48 (quarenta e oito) horas, diretamente ao Tribunal Regional Eleitoral.

ANNA CAROLINA TORRES AGUILAR CORTEZ

O art. 22 prevê as hipóteses de convocação de suplentes. É a Justiça Eleitoral que define o quadro da titularidade e da suplência dos cargos eletivos para uma determinada legislatura, nos termos do art. 215 do Código Eleitoral. A linha sucessória de mandatos eletivos, portanto, é determinada pela diplomação dos vencedores no pleito, realizada pela Justiça Eleitoral. Assim, o suplente a ser empossado no cargo eletivo será o candidato mais votado na lista da coligação, e não do partido a que pertence o parlamentar eleito.[160]

---

[160] "Ementa: Agravo interno em mandado de segurança. Direito constitucional e eleitoral. Ato do presidente da Câmara dos Deputados. Renúncia e afastamento do mandato de Deputado Federal. Assunção de cargos no Poder Executivo. Convocação de suplentes. Linha sucessória. Ordem de suplência definida no ato de diplomação pela Justiça Eleitoral. Necessidade de declaração judicial de infidelidade partidária. *Due process of law*. Incompetência do Presidente da Câmara para alterar a ordem de suplência. alteração do quadro de suplência de cargos por infidelidade partidária. Competência. Justiça Eleitoral. Poder Judiciário. Resolução TSE nº 22.610/2007. Agravo interno desprovido. 1. A linha sucessória de mandatos eletivos é determinada pela diplomação dos vencedores no pleito, realizada pela Justiça Eleitoral, define o quadro da titularidade e da suplência dos cargos eletivos para uma determinada legislatura, nos termos do art. 215 do Código Eleitoral. 2. A regra do sistema político-eleitoral brasileiro é de que o quociente partidário para o preenchimento de cargos vagos é definido em função da coligação partidária, independentemente dos partidos aos quais são filiados (Precedente do Plenário: MS 30.260, Relatora Min. Cármen Lúcia, Tribunal Pleno, DJe 30.08.2011). 3. Nas hipóteses de renúncia e afastamento de parlamentar, deve ser empossado no cargo eletivo, como suplente, o candidato mais votado na lista da coligação, e não do partido a que pertence o parlamentar eleito, exegese que milita em prol dos direitos políticos de participação das correntes minoritárias. 4. O Presidente da Câmara dos Deputados está vinculado à ordem de sucessão declarada pela Justiça Especializada quando da nomeação de suplentes. 5. A perda da expectativa de direito de suplência por alteração de filiação a partidos políticos somente pode ocorrer nas hipóteses de infidelidade partidária, e desde que devidamente assentada pela Justiça Eleitoral, após procedimento judicial que respeite o *due process of law* (Resolução TSE nº 22.610/2007). Precedentes: MS nº 26.602, Rel. Min. Eros Grau, DJe 17.10.2008; MS nº 26.603, Rel. Min. Celso de Mello, DJe 19.12.2008; e MS nº 26.604, Relatora Min. Cármen Lúcia, Tribunal Pleno, DJe 03.10.2008. 6. Consectariamente, a perda do direito de precedência na hipótese de vagas de suplência reclama a conclusão de processo judicial específico para afastar eventual justa causa e a consequente ilegitimidade do ato, sendo competência exclusiva da Justiça Eleitoral, e não do Presidente da Câmara dos Deputados. 7. *In casu*, não houve a conclusão de processo judicial específico na Justiça Eleitoral que imponha a perda da expectativa do direito de suplência, de sorte que o alegado direito líquido e certo do impetrante não prescinde da desconstituição do diploma de outro suplente. 8. Agravo interno a que se nega provimento"

A primeira hipótese de suplência ocorre quando o mandato fica vago, por razões de renúncia, incapacidade ou morte de Edis. No entanto, pode haver suplência mesmo sem a vacância do cargo, o que se dá nos casos de licença de Vereador por período superior a 30 dias, segundo a LOMSP.

Esse prazo de 30 dias, no entanto, já foi objeto de questionamentos judiciais em relação à Lei Orgânica de outros Municípios. Isso porque o art. 17, §1º, da Constituição Estadual e o art. 56, §1º, da Constituição Federal preveem que o suplente de Deputado e Senador será convocado nos casos de vaga, de investidura em determinadas funções ou de licença superior a *120 dias*.

Em recente decisão relacionada à Lei Orgânica e ao Regimento Interno da Câmara Municipal de *outro* Município, o Tribunal de Justiça bandeirante entendeu que "(...) apesar da autonomia que respalda a capacidade de auto-organização do Município, notadamente por meio de promulgação de Lei Orgânica, a Edilidade deve se espelhar tanto quanto possível nos dispositivos constitucionais que regulam o funcionamento do parlamento no âmbito Federal e Estadual, especialmente, quando guardam relação de plena semelhança, ou seja, de verdadeiro paralelismo, como se observa em relação à licença e ao período fixado para chamamento do suplente".[161] Em relação à LOMSP, não houve ação direta de inconstitucionalidade até o momento.

A previsão do §1º do art. 22, por sua vez, é semelhante àquela prevista no §2º do art. 15, no que tange ao prazo para a posse e à possibilidade de se justificar o eventual

---

(MS 34777 AgR, Relator(a): Luiz Fux, Tribunal Pleno, julgado em 20.02.2018, Processo eletrônico DJe-042 divulg. 05.03.2018 public 06.03.2018).

[161] "Ação Direta de Inconstitucionalidade. Pretensão de que seja reconhecida a nulidade, sem redução de texto, da expressão 'ou de licença' do *caput* do art. 25, da Lei Orgânica do Município de Vinhedo, de 2 de abril de 1990, para o fim de estabelecer que a convocação do suplente de vereador apenas se dará no caso de licença do titular superior a 120 dias, e para que seja declarado inconstitucional o §4º do art. 72, da Resolução n. 04, de 02 de outubro de 2006, da Câmara Municipal de Vinhedo, que 'dispõe sobre o Regimento Interno da Câmara de Vereadores de Vinhedo'. Normas impugnadas permitem a convocação de suplente em licença superior a 30 dias. Alegação de ofensa aos princípios da simetria, da razoabilidade e do interesse público, porque no caso de deputado federal ou estadual apenas há a convocação do suplente em licença do titular superior a 120 dias. Invocação de vulneração dos artigos 17, §1º, 111 e 144 da Constituição Estadual. Artigo 17, §1º, da Constituição Estadual e artigo 56, §1º, da Constituição Federal autorizam a convocação de suplente para o cargo parlamentar após superado o interstício de 120 dias de vacância, por investidura do titular em determinadas funções previstas, ou na hipótese de concessão de licença. Apesar da autonomia municipal, a Edilidade deve se espelhar tanto quanto possível nos dispositivos constitucionais que regulam o funcionamento do parlamento no âmbito Federal e Estadual, especialmente, quando guardam relação de plena semelhança, ou seja, de verdadeiro paralelismo com a estrutura da Câmara Municipal, como se observa em relação à licença do vereador e ao período fixado para chamamento do suplente. Inexiste razoabilidade na aplicação de prazo reduzido de afastamento, contado após 30 dias, para convocação de suplente no âmbito do Legislativo local. Preservação do interesse público na observância do prazo constitucionalmente estabelecido. Normas contestadas colidem frontalmente com os artigos 17, §1º, 111 e 144, da Constituição Estadual. Precedentes deste Órgão Especial. Modulação dos efeitos para fixar que a eficácia deste julgamento seja a partir da ciência da Edilidade da decisão do Relator concessiva da liminar. Ação procedente para declarar a nulidade, sem redução de texto, da expressão 'ou de licença' do caput do art. 25 da Lei Orgânica do Município de Vinhedo, de 02 de abril de 1990, estabelecendo assim a título de interpretação que a convocação de suplente de vereador apenas se dará no caso de licença superior a 120 dias; e para declarar inconstitucional o §4º do art. 72, da Resolução n. 04, de 02 de outubro de 2006, da Câmara Municipal de Vinhedo" (TJSP; Direta de Inconstitucionalidade 2245928-24.2021.8.26.0000; Relator(a): James Siano; Órgão Julgador: Órgão Especial; Tribunal de Justiça de São Paulo – N/A; Data do Julgamento: 16.03.2022; Data de Registro: 18.03.2022). No mesmo sentido: TJSP; Direta de Inconstitucionalidade nº 2009208-76.2020.8.26.0000; Relator(a): Renato Sartorelli; Órgão Julgador: Órgão Especial; Tribunal de Justiça de São Paulo – N/A; Data do Julgamento: 02.09.2020; Data de Registro: 04.09.2020; ADI nº 2132446- 98.2021.8.26.0000, Rel. Des. Renato Sartorelli, j. 02.02.22.

impedimento para o cumprimento desse prazo.

    A eventual ausência de suplentes deve ser comunicada dentro de 48 horas diretamente ao Tribunal Regional Eleitoral (TRE), nos termos do §2º do art. 22.

Informação bibliográfica deste texto, conforme a NBR 6023:2018 da Associação Brasileira de Normas Técnicas (ABNT):

CORTEZ, Anna Carolina Torres Aguilar. Comentários ao art. 22. *In*: BATISTELA, Marcos; BARBOSA, Maria Nazaré Lins; MARTINS, Ricardo Marcondes (coord.). *Comentários à Lei Orgânica do Município de São Paulo*: atualizada até a Emenda nº 42/2022. Belo Horizonte: Fórum, 2023. p. 81-83. ISBN 978-65-5518-497-6.

Art. 23 No exercício de seu mandato, o Vereador terá livre acesso às repartições públicas municipais, podendo diligenciar pessoalmente junto aos órgãos da administração direta e indireta, inclusive junto ao Tribunal de Contas do Município, devendo ser atendido pelos respectivos responsáveis, na forma da Lei.

ANNA CAROLINA TORRES AGUILAR CORTEZ

O artigo dispõe sobre a possibilidade de o Vereador, no exercício de seu mandato, ter livre acesso às repartições públicas municipais, permitindo que diligencie pessoalmente junto aos órgãos da administração direta e indireta, inclusive junto ao Tribunal de Contas do Município (TCM), devendo ser atendido pelos respectivos responsáveis, na forma da lei.

A permissão contida nessa norma, no entanto, já foi objeto de questionamentos em outros Municípios e até mesmo outros Estados. A regra encontra fundamento constitucional na competência fiscalizatória Poder Legislativo. Ocorre que a Constituição Federal, em seu art. 49, X, atribuiu exclusivamente às Casas do Poder Legislativo a competência para fiscalizar a administração pública direta e indireta. Por isso, o STF não reconhece ao parlamentar, de forma individual, a mesma competência, salvo, é claro, quando atuem em representação (ou apresentação) de sua Casa ou comissão.[162]

Outro aspecto polêmico se refere à previsão de livre acesso dos Edis às repartições públicas. Prevê a Constituição Federal a possibilidade de a Casa Legislativa ou qualquer de suas Comissões convocar os auxiliares diretos do Prefeito ou quaisquer titulares de órgãos diretamente subordinados ao Prefeito (art. 50, *caput*). No exercício da fiscalização, ainda é possível o encaminhamento de pedidos escritos de informações a qualquer dessas pessoas (art. 50, §2º), a investigação por comissão especial de inquérito (art. 58, §3º) e a tomada e o julgamento de contas da Administração (arts. 49, X, e 70 a 72). Nesse passo, advertia José Nilo de Castro, *verbis*:

> Não é, por outro lado, permitido à Câmara Municipal, poder detentor da função fundamental de fiscalização orçamentária, financeira, operacional e patrimonial do Município, ficar instituindo, aqui e alhures, mecanismos de controle outros que os previstos na Constituição Federal, reproduzidos na Estadual e inseridos na Lei Orgânica.

---

[162] "Ação direta de inconstitucionalidade. 2. Poder conferido 'a qualquer Deputado' estadual para, individualmente, requisitar informações sobre atos do Poder Executivo. Impossibilidade. 3. Faculdade conferida pela Constituição ao Poder Legislativo colegiadamente. 4. Precedentes: ADI nº 3046 e RE-RG nº 865.401. 5. Ação direta de inconstitucionalidade julgada procedente para declarar a inconstitucionalidade da expressão "A qualquer Deputado" constante do caput do art. 101 da Constituição do Estado do Rio de Janeiro" (ADI nº 4700, Relator(a): Gilmar Mendes, Tribunal Pleno, j. 14.12.2021). No mesmo sentido: ADI nº 3046, Relator(a): Sepúlveda Pertence, Tribunal Pleno, j. 15.04.2004; RMS 28.251 AgR, rel. min. Ricardo Lewandowski, j. 18.10.2011, 2ª Turma, DJe de 22.11.2011.

Quer dizer: não se admite, e se repele, enfaticamente, porque o regime constitucional não elenca a hipótese, são os gestos e iniciativas da Câmara Municipal, com feição e perfil de permanente devassa, no Executivo, operada pelo Legislativo. Tanto o princípio da independência dos Poderes, quanto a sistemática do controle externo com a participação obrigatória do Tribunal de Contas ou Conselho de Contas Municipais.

(...)

Com efeito, nem os Estados-membros têm o poder de instituir outros mecanismos de controle da ação dos poderes no âmbito regional, e, com maior razão ainda os Municípios. Porquanto, não é despiciendo repetir a Constituição Federal é a sede própria em que se definem as atribuições fundamentais de cada poder e onde são delineados os instrumentos que se integram no sistema de freios e contrapesos, mediante o qual um poder limita a ação do outro (RDA nº 161/171).

Porque não há regra paradigmária alguma a respeito, na Constituição da República, é que se revela à Câmara Municipal impossível juridicamente estabelecer outros mecanismos de fiscalização senão os já previstos na vigente ordem constitucional.[163]

Assim, o Tribunal de Justiça bandeirante tem entendido que o acesso irrestrito a locais e documentos viola o princípio da separação dos Poderes, devendo o trabalho parlamentar estar respaldo em critérios e justificativas.[164]

Informação bibliográfica deste texto, conforme a NBR 6023:2018 da Associação Brasileira de Normas Técnicas (ABNT):

CORTEZ, Anna Carolina Torres Aguilar. Comentários ao art. 23. *In*: BATISTELA, Marcos; BARBOSA, Maria Nazaré Lins; MARTINS, Ricardo Marcondes (coord.). *Comentários à Lei Orgânica do Município de São Paulo*: atualizada até a Emenda nº 42/2022. Belo Horizonte: Fórum, 2023. p. 84-85. ISBN 978-65-5518-497-6.

---

[163] CASTRO, José Nilo de. *Direito Municipal Positivo*. Belo Horizonte: Del Rey, 1991. p. 97-98.

[164] "Lei municipal que 'dispõe sobre o livre acesso dos vereadores aos órgãos e repartições públicas'. Previsão de acesso irrestrito de vereadores a locais e documentos do Poder Público. Afronta à separação dos poderes. Previsão ampla, genérica e ilimitada. Ausência de fixação de quaisquer critérios, como justificativa da diligência ou pertinência temática com o trabalho parlamentar. Excesso verificado. Fiscalização pelo Poder Legislativo. Função constitucional típica. Controle externo do Executivo pelo Legislativo deve ser dar em consonância com as demais regras e princípios constitucionais. Previsão na Constituição Estadual de ferramentas para exercício do controle externo pelo Legislativo. Ação julgada procedente" (TJSP; Direta de Inconstitucionalidade nº 2120320-50.2020.8.26.0000; Relator(a): Márcio Bartoli; Órgão Julgador: Órgão Especial; Tribunal de Justiça de São Paulo – N/A; Data do Julgamento: 03.02.2021; Data de Registro: 04.02.2021). No mesmo sentido: TJSP; Direta de Inconstitucionalidade nº 2006555-09.2017.8.26.0000; Relator(a): Evaristo dos Santos; Órgão Julgador: Órgão Especial; Tribunal de Justiça de São Paulo – N/A; Data do Julgamento: 26.04.2017; TJSP; Apelação Cível nº 1000762-33.2017.8.26.0283; Relator (a): Ferraz de Arruda; Órgão Julgador: 13ª Câmara de Direito Público; Foro de Itirapina – Vara Única; Data do Julgamento: 28.03.2018; TJSP; Direta de Inconstitucionalidade nº 2196074-32.2019.8.26.0000; Relator(a): Ricardo Anafe; Órgão Julgador: Órgão Especial; Tribunal de Justiça de São Paulo – N/A; Data do Julgamento: 12.02.2020; TJSP; Direta de Inconstitucionalidade nº 2014410-68.2019.8.26.0000; Relator(a): Francisco Casconi; Órgão Julgador: Órgão Especial; Tribunal de Justiça de São Paulo – N/A; Data do Julgamento: 07.08.2019.

Seção III
Da Mesa da Câmara

Art. 24 Imediatamente após a posse, os Vereadores reunir-se-ão sob a presidência do mais idoso dos presentes e, havendo maioria absoluta dos membros da Câmara, elegerão os componentes da Mesa, que ficarão automaticamente empossados.

Parágrafo único – Não havendo número legal, o Vereador mais idoso dentre os presentes permanecerá na Presidência e convocará sessões diárias, até que seja eleita a Mesa.

KAREN LIMA VIEIRA

A eleição da Mesa Diretora é feita anualmente entre os vereadores, sob a presidência do mais idoso entre eles. Na prática, o Vereador mais idoso inicia presidindo os trabalhos, e os nomes dos candidatos aos cargos são apresentados e votados. Elege-se para o cargo os que têm maioria de votos, sendo no mínimo a maioria absoluta dos membros. Como em São Paulo há 55 vereadores, para ser eleito membro da Mesa Diretora o Vereador precisa ter 28 votos.

Informação bibliográfica deste texto, conforme a NBR 6023:2018 da Associação Brasileira de Normas Técnicas (ABNT):

VIEIRA, Karen Lima. Comentários ao art. 24. In: BATISTELA, Marcos; BARBOSA, Maria Nazaré Lins; MARTINS, Ricardo Marcondes (coord.). *Comentários à Lei Orgânica do Município de São Paulo*: atualizada até a Emenda nº 42/2022. Belo Horizonte: Fórum, 2023. p. 86. ISBN 978-65-5518-497-6.

Art. 25 A eleição para renovação da Mesa realizar-se-á no dia 15 de dezembro e a posse dos eleitos dar-se-á no dia 1º de janeiro do ano subsequente.

Parágrafo único – O Regimento Interno disporá sobre a eleição e as atribuições dos membros da Mesa, que será composta por 5 (cinco) membros titulares e 2 (dois) suplentes.

KAREN LIMA VIEIRA

O art. 25 estabelece o dia 15 de dezembro como a data da eleição de renovação das mesas diretoras durante o mandato de quatro anos, lembrando que, no primeiro ano de mandato, a eleição é feita no dia 1º de janeiro, juntamente à posse dos prefeitos eleitos, por se tratar de mandato novo. No entanto, as posses somente se concretizam no primeiro dia de janeiro.

De modo geral, cada casa legislativa, federal, estadual ou municipal, determina em suas Constituições ou Leis Orgânicas as datas de eleição e posse. Tanto é assim que a Câmara Federal e as Assembleias Legislativas têm datas diversas.

No caso da Câmara Municipal de São Paulo, a Mesa Diretora é composta por cinco cargos: Presidente, Primeiro Vice-Presidente, Segundo Vice-Presidente, Primeiro Secretário e Segundo Secretário, além de dois suplentes que os substituem em faltas e ausências.

Informação bibliográfica deste texto, conforme a NBR 6023:2018 da Associação Brasileira de Normas Técnicas (ABNT):

VIEIRA, Karen Lima. Comentários ao art. 25. *In*: BATISTELA, Marcos; BARBOSA, Maria Nazaré Lins; MARTINS, Ricardo Marcondes (coord.). *Comentários à Lei Orgânica do Município de São Paulo*: atualizada até a Emenda nº 42/2022. Belo Horizonte: Fórum, 2023. p. 87. ISBN 978-65-5518-497-6.

Art. 26 O mandato da Mesa será de 1 (um) ano, permitidas duas reeleições para o mesmo cargo. (Alterado pela Emenda nº 42/2022.)

Parágrafo único – Pelo voto de 2/3 (dois terços) dos membros da Câmara, qualquer componente da Mesa poderá ser destituído, quando negligente ou omisso no desempenho de suas atribuições regimentais, elegendo-se outro Vereador para completar o mandato.

KAREN LIMA VIEIRA

Os mandatos são de 1 ano, permitida uma reeleição. Pelo menos nos últimos 25 anos, entretanto, os Presidentes da Câmara Municipal de São Paulo foram reeleitos por uma vez, com exceção de Antônio Carlos Rodrigues, que o foi por quatro vezes consecutivas, pois, no caso dele, tratava-se dos dois últimos anos de um mandato e os dois primeiros do mandato subsequente. Outro caso de quatro anos de mandato foi o do Vereador Milton Leite, mas sem a subsequência de mandatos. A reeleição era permitida por uma vez para o mesmo cargo. Recentemente, houve alteração nesse artigo para que pudesse haver duas reeleições para o mesmo cargo. Para outro cargo, no entanto, a reeleição é possível.

O parágrafo único elencava hipóteses de destituição dos membros da mesa, referindo-se às hipóteses de negligência ou omissão no exercício das funções. Para outras situações, há que se fazer um estudo quando a situação aparecer. Ressalta-se que, nesse caso, a participação na Mesa é apenas para complementar o mandato.

Informação bibliográfica deste texto, conforme a NBR 6023:2018 da Associação Brasileira de Normas Técnicas (ABNT):

VIEIRA, Karen Lima. Comentários ao art. 26. *In*: BATISTELA, Marcos; BARBOSA, Maria Nazaré Lins; MARTINS, Ricardo Marcondes (coord.). *Comentários à Lei Orgânica do Município de São Paulo*: atualizada até a Emenda nº 42/2022. Belo Horizonte: Fórum, 2023. p. 88. ISBN 978-65-5518-497-6.

Art. 27 À Mesa, entre outras atribuições, compete:

I – tomar a iniciativa nas matérias a que se refere o inciso III do art. 14, nos termos do Regimento Interno;

II – suplementar, mediante ato, as dotações do orçamento da Câmara, observado o limite da autorização constante da Lei Orçamentária, desde que sejam provenientes de anulação total ou parcial de suas dotações orçamentárias;

II – apresentar projetos de lei dispondo sobre abertura de créditos suplementares ou especiais, através de anulação parcial ou total da dotação da Câmara;

IV – devolver à Tesouraria da Prefeitura o saldo de caixa existente na Câmara no final do exercício;

V – enviar ao Tribunal de Contas do Município, até o dia 31 de março, as contas do exercício anterior; (Redação dada pela Emenda nº 41/2021.)

VI – nomear, promover, comissionar, conceder gratificação e licenças, pôr em disponibilidade, exonerar, demitir, aposentar e punir servidores da Câmara Municipal, nos termos da Lei; (Redação dada pela Emenda nº 42/2022.)

VII – declarar a perda do mandato de Vereador na forma do §3º do art. 18 desta Lei;

VIII – instalar na forma do Regimento Interno, Tribuna Popular, onde representantes de entidades e movimentos da sociedade civil, inscritos previamente, debaterão com os Vereadores questões de interesse do Município.

KAREN LIMA VIEIRA

O art. 27 trata de todas as atribuições da Mesa Diretora, partindo do princípio da legalidade, da publicidade e da impessoalidade. Entre as atividades da Mesa Diretora estão a de iniciar projetos que tratem de sua estrutura administrativa, gerenciar as dotações orçamentárias já estabelecidas para a Câmara, bem como apresentar projetos de lei para abertura de créditos suplementares quando for necessário e devolver o dinheiro remanescente do ano à Prefeitura. Também se encontram, entre suas obrigações, a gestão de funcionários, compreendendo nomear e exonerar, promover, conceder gratificações, entre outros, nos termos da lei. Compete também à Mesa Diretora declarar a perda de mandato de vereadores após procedimentos especiais para isso e instalar Tribunas Populares, em que há a participação da sociedade para debater assuntos de interesse da cidade.

Informação bibliográfica deste texto, conforme a NBR 6023:2018 da Associação Brasileira de Normas Técnicas (ABNT):

VIEIRA, Karen Lima. Comentários ao art. 27. *In*: BATISTELA, Marcos; BARBOSA, Maria Nazaré Lins; MARTINS, Ricardo Marcondes (coord.). *Comentários à Lei Orgânica do Município de São Paulo*: atualizada até a Emenda nº 42/2022. Belo Horizonte: Fórum, 2023. p. 89. ISBN 978-65-5518-497-6.

Art. 28 Ressalvados os projetos de lei de iniciativa privativa, a matéria constante de projeto de lei rejeitado somente poderá ser reapresentada, na mesma sessão legislativa, mediante proposta da maioria absoluta dos membros da Câmara Municipal.

KAREN LIMA VIEIRA

Esse artigo se refere à apresentação dos projetos de lei de iniciativa dos vereadores. Há na Câmara a Legislatura, que corresponde ao período do mandato todo, e a Sessão Legislativa, que é o mandato de 1 ano. A intenção do artigo é esclarecer que uma matéria rejeitada poderá ser reapresentada na sessão legislativa seguinte ou, caso realmente haja a intenção de repeti-la, não obstante a rejeição desta naquela mesma sessão legislativa, a nova proposta necessitará do apoio da maioria absoluta dos membros para ser protocolizada.

Informação bibliográfica deste texto, conforme a NBR 6023:2018 da Associação Brasileira de Normas Técnicas (ABNT):

VIEIRA, Karen Lima. Comentários ao art. 28. *In*: BATISTELA, Marcos; BARBOSA, Maria Nazaré Lins; MARTINS, Ricardo Marcondes (coord.). *Comentários à Lei Orgânica do Município de São Paulo*: atualizada até a Emenda nº 42/2022. Belo Horizonte: Fórum, 2023. p. 90. ISBN 978-65-5518-497-6.

Seção IV
Das Sessões

Art. 29 A Câmara Municipal reunir-se-á anualmente em sua sede, em sessão legislativa ordinária, de 1º de fevereiro a 30 de junho e de 1º de agosto a 15 de dezembro.

§1º – A sessão legislativa ordinária não será interrompida sem a aprovação dos projetos de leis de diretrizes orçamentárias e do orçamento.

§2º – A Câmara se reunirá em sessões ordinárias, extraordinárias ou solenes, conforme dispuser o seu Regimento Interno.

§3º – As sessões extraordinárias serão convocadas, na forma regimental, em sessão ou fora dela, e, neste caso, mediante comunicação pessoal e escrita aos Vereadores, pelo Presidente da Câmara, com antecedência mínima de 24 (vinte e quatro) horas.

§4º – As sessões extraordinárias e solenes não serão, em hipótese alguma, remuneradas.

§5º – As sessões da Câmara Municipal, bem como as reuniões das Comissões, poderão ocorrer com a participação remota dos Vereadores, conforme dispuser o seu Regimento Interno. (Acrescentado pela Emenda nº 42/2022.)

RICARDO TEIXEIRA DA SILVA

1 Definição

Segundo a definição de José Afonso da Silva, "sessão legislativa ordinária é o período anual em que deve estar reunido o Congresso Nacional para os trabalhos legislativos".[165] Diferencia-se, assim, da legislatura, que é o período de quatro anos que vai do início ao término do mandato regular dos membros do Poder Legislativo.

2 Interrupção por recesso parlamentar

A previsão de que a sessão legislativa ordinária não será interrompida sem a aprovação dos projetos de lei de diretrizes orçamentárias e de lei orçamentária anual espelha normas da Constituição Federal (art. 57, §2º;[166] e art. 35, III, ADCT)[167] e da

---

[165] SILVA, José Afonso da. *Direito Constitucional Positivo*. 22 ed. São Paulo: Malheiros, 2005. p. 515.
[166] Art. 57. O Congresso Nacional reunir-se-á, anualmente, na Capital Federal, de 2 de fevereiro a 17 de julho e de 1º de agosto a 22 de dezembro.
(...)
§2º A sessão legislativa não será interrompida sem a aprovação do projeto de lei de diretrizes orçamentárias.
[167] Art. 35. (...)

Constituição do Estado de São Paulo (art. 9º, §4º).[168] Assim, a votação e o encaminhamento à sanção das referidas leis orçamentárias constitui condição suspensiva do início do recesso parlamentar em 30 de junho (Lei de Diretrizes Orçamentárias [LDO]) e em 15 de dezembro (Lei Orçamentária Anual [LOA]).

3 Sessões ordinárias, extraordinárias e solenes

Sobre as sessões legislativas ordinárias, extraordinárias e solenes, pede-se vênia para transcrever as precisas lições de Giovani da Silva Corralo, para quem:

> As sessões ordinárias são aquelas realizadas em dias e horários previamente determinados, dispensando convocação específica. Requerem quórum mínimo de funcionamento, variável de acordo com a parte da sessão. Com duração normal de 3 a 4 horas, possuem fases, que podem mudar de acordo as disposições regimentais: (a) expediente: momento destinado às manifestações diversas e irrestritas dos vereadores sobre os assuntos da sua escolha; (b) pauta: vinculada ao debate das proposições legislativas sujeitas à manifestação do plenário, antes do seu encaminhamento às comissões; (c) ordem do dia: é a parte da sessão da Câmara destinada ao debate final e à votação das proposições sujeitas à apreciação do Plenário, cujas manifestações somente podem versar sobre matérias em debate; (d) explicação pessoal, fase final da sessão da Câmara para a livre manifestação dos parlamentares.
>
> As sessões extraordinárias são aquelas convocadas especificamente para determinados fins, seja no decorrer da sessão legislativa, seja no recesso, com uma organização usualmente diferenciada das sessões ordinárias. Requer quórum para a sua instalação e funcionamento.
>
> As sessões solenes destinam-se à realização de homenagens ou finalidades análogas, dispensando a necessidade de quórum mínimo para a sua instalação e efetividade, salvo disposição em contrário. Isso decorre da inexistência de deliberação em plenário.[169]

As sessões extraordinárias poderão ser convocadas durante o curso normal da sessão legislativa ou nos períodos de recesso parlamentar, sendo condição para seu funcionamento a comunicação prévia, pessoal a escrita, a todos os vereadores, com antecedência mínima de 24 horas.

---

§2º (...)
III – o projeto de lei orçamentária da União será encaminhado até quatro meses antes do encerramento do exercício financeiro e devolvido para sanção até o encerramento da sessão legislativa.

[168] Art. 9º (...)
§4º A sessão legislativa não será interrompida sem aprovação do projeto de lei de diretrizes orçamentárias e sem deliberação sobre o projeto de lei do orçamento e sobre as contas prestadas pelo Governador, referentes ao exercício anterior. (NR)

[169] CORRALO, Giovani da Silva. *Curso de Direito Municipal*. São Paulo: Atlas, 2011. p. 188.

4. Pagamento de jetons

O pagamento de jetons, parcelas remuneratórias adicionais atribuídas a parlamentares pela participação em sessões extraordinárias, já foi uma prática bastante corrente. A vedação constante no art. 29, §4º da LOMSP está em consonância com o art. 57, §7º[170] da Constituição da República, conforme redação conferida pela Emenda Constitucional nº 50/2006.

Observe-se que, de acordo com o entendimento do STF, a vedação ora constitucionalizada tem aplicação sobre as casas legislativas das demais esferas da federação, conforme pode ser conferido, por exemplo, no julgamento da MC na ADI nº 4.587 – Goiás, em 25 de agosto de 2011. Na ocasião, o Relator, Ministro Ricardo Lewandowski, consignou que a norma contida no art. 57, §7º, da Constituição Federal "é de reprodução obrigatória pelos Estados membros por força do art. 27, §2º, da Carta Magna".[171]

5 Participação remota dos vereadores nas sessões e reuniões

É notório que a crise sanitária provocada pela pandemia de Covid 19 ensejou mudanças no setor de comunicação e na organização do trabalho em organizações privadas e públicas de todo o mundo. A adição do §5º ao art. 29 da Lei Orgânica, por meio da Emenda nº 42/2022, veio nessa esteira, dispondo sobre a participação de parlamentares em sessões e reuniões da Câmara Municipal de maneira remota.

A medida se soma a outras inovações que já vinham sendo adotadas, como a realização de sessões virtuais, conforme a autorização inserida no Regimento Interno pela Resolução nº 03/2020. Sobre o tema, de acordo com Maria Nazaré Lins Barbosa e Eduardo Tuma: "A Câmara Municipal de São Paulo, de modo pioneiro no Brasil, está implementando o processo legislativo digital, mediante o qual a apresentação, discussão e votação da maior parte das proposituras em trâmite no Poder Legislativo poderão ser realizadas exclusivamente em meio eletrônico".[172]

A possibilidade de participação remota em reuniões e sessões do Poder Legislativo tende a propiciar maior participação dos parlamentares nas atividades legislativas, aprimorando, assim, a representação política.

Informação bibliográfica deste texto, conforme a NBR 6023:2018 da Associação Brasileira de Normas Técnicas (ABNT):

SILVA, Ricardo Teixeira da. Comentários ao art. 29. *In*: BATISTELA, Marcos; BARBOSA, Maria Nazaré Lins; MARTINS, Ricardo Marcondes (coord.). *Comentários à Lei Orgânica do Município de São Paulo*: atualizada até a Emenda nº 42/2022. Belo Horizonte: Fórum, 2023. p. 91-93. ISBN 978-65-5518-497-6.

---

[170] Art. 57 (...)
§7º Na sessão legislativa extraordinária, o Congresso Nacional somente deliberará sobre a matéria para a qual foi convocado, ressalvada a hipótese do §8º deste artigo, vedado o pagamento de parcela indenizatória, em razão da convocação.
[171] STF. MC em ADI nº 4.587 – Goiás, Rel. Min. Ricardo Lewandowski, 25.08.2011.
[172] BARBOSA, Maria Nazaré Lins; TUMA, Eduardo. Processo legislativo digital e o desempenho parlamentar. *Revista Procuradoria da Câmara Municipal de São Paulo*, São Paulo, v. 7, n. 1, p. 19-27, 2019.

Art. 30 As sessões da Câmara serão públicas, salvo deliberação em contrário, tomada por 2/3 (dois terços) de seus membros, quando ocorrer motivo relevante.

RICARDO TEIXEIRA DA SILVA

Com fundamento no princípio constitucional da publicidade, em regra, as sessões da Câmara Municipal de São Paulo devem ser abertas ao público, a quem é facultado acompanhar os trabalhos nas galerias do Plenário, nos auditórios em que se reúnem as comissões permanentes e temporárias ou mesmo por transmissões televisivas ou *online*. Trata-se, ademais disso, de assegurar o direito fundamental a receber justificativas quanto às escolhas políticas e normativas que afetam a sociedade.[173] Não obstante, o texto da Lei Orgânica compreende, excepcionalmente, a adoção do sigilo.

A autorizada doutrina realiza crítica contundente segundo a qual previsões regimentais para a realização de sessões secretas seriam de todo incompatíveis com os dispositivos da Constituição da República,[174] sendo certo que dispositivos da Lei Orgânica são suscetíveis às mesmas objeções. Todavia, faz-se mister lembrar que a própria Carta Magna traz uma série de hipóteses excepcionais em que o sigilo, por imperativos de interesse público, prevalece sobre a regra geral da publicidade, hipóteses estas materializadas, por exemplo, nos arts. 52, IV, e XI;[175] e 130-A, §3º,[176] da Lei Maior.

Até mesmo o art. 5º, XXXIII, da Constituição Federal, que assegura a todos o direito de receber informações dos órgãos públicos, traz ressalva sobre os casos em que o sigilo se mostrar "imprescindível à segurança da sociedade e do Estado".

Sobre a possibilidade de restrição ao acesso à informação, leciona Ingo Wolfgang Sarlet:

---

[173] BARCELLOS, Ana Paula de. *Direitos Fundamentais e Direito à Justificativa:* devido procedimento na elaboração normativa. 2. ed. Belo Horizonte: Fórum, 2017.

[174] "Ao arrepio dos dispositivos constitucionais, ainda há Regimentos Internos que preveem sessões secretas, desde que requeridas e aprovadas em plenário. É difícil fundamentar uma sessão secreta com base na segurança nacional, conforme preceitua o art. 5º, XXXIII, da Constituição Federal. Mais do que isso, significa uma afronta aos princípios da publicidade e participação e controle popular. As posições dos vereadores têm que ser do conhecimento da população como um corolário do mandato eletivo" (CORRALO, Giovani da Silva. *Curso de Direito Municipal*. São Paulo: Atlas, 2011. p. 188).

[175] Art. 52. Compete privativamente ao Senado Federal:
(...)
IV – aprovar previamente, por voto secreto, após arguição em sessão secreta, a escolha dos chefes de missão diplomática de caráter permanente;

[176] Art. 130-A. O Conselho Nacional do Ministério Público compõe-se de quatorze membros nomeados pelo Presidente da República, depois de aprovada a escolha pela maioria absoluta do Senado Federal, para um mandato de dois anos, admitida uma recondução, sendo:
(...)
§3º O Conselho escolherá, em votação secreta, um Corregedor nacional, dentre os membros do Ministério Público que o integram, vedada a recondução, competindo-lhe, além das atribuições que lhe forem conferidas pela lei, as seguintes:

Trata-se de restrições que têm por objetivo assegurar diversas dimensões do interesse público e que, segundo abalizada doutrina, correspondem a rol de natureza taxativa, muito embora a lei não esteja a afastar expressamente a possibilidade de criação, pela via legislativa, de outras hipóteses (...)".[177]

Especificamente sobre a possibilidade de sigilo em sessões e votações em Casas legislativas, destaca-se que, em 2005, o STF considerou inconstitucional o art. 104 da Constituição do Estado do Rio de Janeiro, que previa o emprego do voto aberto no processo de cassação de mandato parlamentar, em descompasso com o texto então vigente da Constituição Federal, que estabelecia o voto secreto para tais hipóteses.[178] Isso basta para demonstrar que reuniões e deliberações sigilosas, em Casas parlamentares, nunca foram inteiramente vedadas pela Constituição de 1988.

Já no MS nº 26900 – MC, em que se alegou a existência de direito líquido e certo de deputados federais acompanharem a sessão extraordinária em que se discutiu a cassação do mandato do então Presidente do Senado Federal, o STF decidiu, por maioria, que os integrantes da Câmara Baixa poderiam acompanhar os trabalhos sem direito a voz e voto, preservada a natureza sigilosa da sessão, sem acesso ao público amplo.[179]

Com a promulgação da Emenda Constitucional nº 76/2013, as hipóteses de perda de mandato parlamentar passaram a ser submetidas à votação aberta, ampliando-se o alcance do princípio da publicidade. Nesse ponto, é inequívoco que as demais esferas da Federação devem espelhar, nas constituições estaduais, leis orgânicas municipais e regimentos internos, o mesmo modelo.

Isso posto, reitera-se que as sessões e deliberações da Câmara Municipal de São Paulo devem mesmo ser, via de regra, públicas, admitindo-se, apenas excepcionalmente, o sigilo. Essas hipóteses excepcionais devem possuir previsão expressa e, tanto quanto possível, observar a simetria com os modelos federal e estadual, sendo passíveis de controle pelo Poder Judiciário. A este competirá zelar pela preservação do controle popular sobre os representantes e, por conseguinte, da consecução dos princípios democrático, representativo e republicano, conforme bem fundamentado pelo Exmo. Ministro Luís Roberto Barroso na Arguição de Descumprimento de Preceito Fundamental (ADPF) nº 378 MC/DF.[180]

Informação bibliográfica deste texto, conforme a NBR 6023:2018 da Associação Brasileira de Normas Técnicas (ABNT):

SILVA, Ricardo Teixeira da. Comentários ao art. 30. In: BATISTELA, Marcos; BARBOSA, Maria Nazaré Lins; MARTINS, Ricardo Marcondes (coord.). *Comentários à Lei Orgânica do Município de São Paulo*: atualizada até a Emenda nº 42/2022. Belo Horizonte: Fórum, 2023. p. 94-95. ISBN 978-65-5518-497-6.

---

[177] SARLET, Ingo Wolfgang; MARINONI, Luiz Guilherme; MITIDIERO, Daniel. *Curso de Direito Constitucional*. 10. ed. São Paulo: Saraiva, 2021. p. 566.
[178] STF. ADI nº 2461 – 2 – Rio de Janeiro. Rel. Ministro Gilmar Mendes, 12.05.2005.
[179] STF. MS nº 26900 – 6 – Distrito Federal. Min. Relator: Eros Grau, 12.09.2007.
[180] STF. Medida Cautelar na Arguição de Descumprimento de Preceito Fundamental nº 378 – Distrito Federal. Rel. Min. Edson Fachin. Redator Designado. Min. Ricardo Lewandowski, 17.12.2015.

Art. 31 No período de recesso, a Câmara poderá ser extraordinariamente convocada:

I – pelo Prefeito;

II – pela maioria absoluta dos Vereadores.

§1º – A convocação será feita mediante ofício ao Presidente da Câmara, para reunir-se, no mínimo, dentro de 2 (dois) dias.

§2º – Durante a sessão legislativa extraordinária, a Câmara deliberará exclusivamente sobre a matéria para a qual foi convocada.

RICARDO TEIXEIRA DA SILVA

O instituto do recesso parlamentar tem origem relacionada ao funcionamento dos antigos parlamentos, conforme leciona José Afonso da Silva:

> (...) na origem dos parlamentos, os parlamentares se afastavam das reuniões, durante certo tempo, para retornar a seus distritos ou circunscrições eleitorais, a fim de confirmar seu mandato. Os objetivos hoje são diversos, mas o afastamento para lugar remoto (um dos significados da palavra recesso) – bases eleitorais – continua a ser uma necessidade parlamentar. Durante o recesso o Congresso não funciona, salvo se for convocada sessão legislativa extraordinária.[181]

No caso do Município de São Paulo, a Lei Orgânica estabelece, no art. 29, dois períodos de recesso parlamentar, a saber: (i) de 30 de junho a 1º agosto; e (ii) de 15 de dezembro a 1º de fevereiro.

Em tais períodos, as atividades parlamentares da Câmara Municipal ficam suspensas e só voltam a funcionar se esta for convocada, de forma extraordinária, por um dos dois legitimados previstos em rol taxativo: (i) o Prefeito; e (ii) a maioria absoluta dos vereadores, ou seja, no mínimo 28 parlamentares.

Após a provocação do Prefeito ou da maioria absoluta dos vereadores, compete ao Presidente da Câmara Municipal formalizar a convocação por meio de ofício e com antecedência de, no mínimo, dois dias.

A previsão de que, durante a sessão legislativa extraordinária, a Câmara Municipal apenas poderá apreciar a matéria que ensejou a convocação espelha o modelo federal. Sobre o tema, José Afonso da Silva leciona que: "O Congresso Nacional, na

---

[181] SILVA, José Afonso da. *Direito constitucional positivo*. São Paulo: Malheiros, 2003. p. 516.

sessão legislativa extraordinária, somente poderá deliberar sobre a matéria para a qual foi convocado (...)".[182]

Informação bibliográfica deste texto, conforme a NBR 6023:2018 da Associação Brasileira de Normas Técnicas (ABNT):

SILVA, Ricardo Teixeira da. Comentários ao art. 31. *In*: BATISTELA, Marcos; BARBOSA, Maria Nazaré Lins; MARTINS, Ricardo Marcondes (coord.). *Comentários à Lei Orgânica do Município de São Paulo*: atualizada até a Emenda nº 42/2022. Belo Horizonte: Fórum, 2023. p. 96-97. ISBN 978-65-5518-497-6.

---

[182] SILVA. *Direito constitucional positivo*, p. 516.

Seção V
Das Comissões

Art. 32 A Câmara terá Comissões permanentes e temporárias, constituídas na forma e com as atribuições previstas no respectivo Regimento ou no ato de que resultar a sua criação.

§1º – Em cada Comissão será assegurada, tanto quanto possível, a representação proporcional dos partidos que participam da Câmara.

§2º – Às Comissões, em razão da matéria de sua competência, cabe:

I – estudar proposições submetidas ao seu exame, na forma do Regimento;

II – fiscalizar, inclusive efetuando diligências, vistorias e levantamentos "in loco", os atos da administração direta e indireta, nos termos da legislação pertinente, em especial para verificar a regularidade, a eficiência e a eficácia dos seus órgãos no cumprimento dos objetivos institucionais, recorrendo ao auxílio do Tribunal de Contas, sempre que necessário;

III – solicitar ao Prefeito informações sobre assuntos inerentes à administração;

IV – convocar os Secretários Municipais, os responsáveis pela administração direita e indireta e os Conselheiros do Tribunal de Contas para prestar informações sobre assuntos inerentes às suas atribuições; (Ação Direta de Inconstitucionalidade 11.754-0/6 – O Tribunal de Justiça julgou procedente em parte a demanda para o fim de declarar a inconstitucionalidade do final do inciso IV do parágrafo 2º, do art. 32, a partir de "e os Conselheiros do Tribunal de Contas para prestar informações sobre assuntos inerentes às suas atribuições".)

V – acompanhar, junto ao Executivo, os atos de regulamentação, velando por sua completa adequação;

VI – acompanhar, junto ao Executivo, a elaboração da proposta orçamentária, bem como a sua posterior execução;

VII – discutir e votar projeto de lei que dispensar, na forma do Regimento, a competência do Plenário, salvo com recurso de 1/10 (um décimo) dos membros da Casa;

VIII – realizar audiências públicas;

IX – solicitar informações ou depoimentos de autoridade ou cidadãos;

X – receber petições, reclamações, representações ou queixas de associações e entidades comunitárias ou de qualquer pessoa contra atos e omissões de autoridades municipais ou entidades públicas;

XI – apreciar programas de obras, planos regionais e setoriais de desenvolvimento e sobre eles emitir parecer;

XII – requisitar, dos responsáveis, a exibição de documentos e a prestação dos esclarecimentos necessários;

XIII – solicitar ao Presidente do Tribunal de Contas informações sobre assuntos inerentes à atuação administrativa desse órgão.

§3º – As Comissões permanentes deverão, na forma estabelecida pelo Regimento Interno, reunir-se em audiência pública especialmente para ouvir representantes de entidades legalmente constituídas, ou representantes de no mínimo 1.500 (um mil e quinhentos) eleitores do Município que subscrevam requerimento sobre assunto de interesse público, sempre que essas entidades ou eleitores o requererem.

§4º – A Câmara Municipal de São Paulo deverá criar uma Comissão Permanente voltada especificamente para o exercício da fiscalização e do controle dos atos do Poder Executivo, incluídos os da Administração Indireta, sem prejuízo das competências constitucionais atribuídas ao Plenário da Câmara e ao Tribunal de Contas do Município. (Acrescentado pela Emenda nº 29/2007.)

● ●

ANA HELENA PACHECO SAVOIA

O art. 32 da LOM reproduz, em parte, o art. 58 da Constituição Federal. Este, mais sucinto, contém seis incisos de matérias sujeitas à competência das Comissões[183] das Casas do Congresso Nacional (correspondentes aos incisos IV, VII, VIII, IX, X e XI do §2º do art. 32 da LOM).

De grande importância é o §1º do art. 58 da Constituição Federal, que trata da constituição das Comissões, a qual deve assegurar, "tanto quanto possível, a representação proporcional dos partidos ou dos blocos parlamentares", corolário do princípio do pluralismo político (art. 1º, inciso V, da Constituição Federal).

O STF já teve oportunidade de esclarecer que os representantes dos partidos políticos ou blocos parlamentares devem ser indicados pelos líderes, na forma do regimento interno da casa legislativa, não podendo ser escolhidos pelo Plenário em violação à autonomia partidária, embora possa o Plenário ratificar ou não as indicações feitas pelos líderes (ADPF nº 378 – MC, rel. p/ o ac. Min. Roberto Barroso, j. 16.12.2015, P, DJE de 08.03.2016).

Acerca das competências das Comissões, tem-se no §2º, incisos II, III e IV, do art. 32 da LOM exemplos de atribuições relacionadas à função de controle que o Poder Legislativo exerce sobre os atos de administração do Poder Executivo. Em comentários ao art. 50 da Constituição Federal, que contém previsão semelhante, Casseb[184] observa que "a faculdade de requisitar informações aos órgãos e autoridades subordinadas à Presidência da República, ou seja, ao governo, cabe a todos os tipos de

---

[183] De acordo com José Afonso da Silva, "as comissões parlamentares 'São organismos constituídos em cada Câmara, compostos de número geralmente restrito de membros, encarregados de estudar e examinar as proposições legislativas e apresentar pareceres'" (citado por FONSECA, Edson Pires. *Direito constitucional legislativo*: poder legislativo, direito parlamentar e processo legislativo. 4. ed. Rio de Janeiro: Lumen Juris, 2018. p. 128).

[184] CASSEB, Paulo Adib. *Processo Legislativo*: atuação das comissões permanentes e temporárias. São Paulo: Revista dos Tribunais, 2008.

comissões, temporárias e permanentes". Essa posição funda-se na expressão "qualquer das comissões", constante do art. 50 da Constituição Federal. No caso do art. 32, §2º, da LOM, faz-se referência genérica a "comissões", de onde se conclui também que qualquer delas, permanente ou temporária, goza da mesma prerrogativa, inerente à função de controle.

O inciso VII do art. 32 da LOM é de especial relevância, pois possibilita que determinadas matérias sejam votadas no âmbito das Comissões, em caráter conclusivo, sem passar pelo Plenário.[185] Consoante já decidiu o STF, esse procedimento, por excepcionar o princípio da reserva de plenário, "que sempre se presume", só pode ser derrogado nas situações previstas pelo texto constitucional. O STF não aceitou que a exceção fosse instituída por lei complementar estadual, mas admitiu a possibilidade de se afastar a incidência do princípio "na forma do regimento – e não de qualquer outro ato normativo" (ADI nº 652 – MC, rel. Min. Celso de Mello, j. 18.12.1991, P, DJ de 02.04.1993).

No caso da Câmara Municipal de São Paulo, a deliberação de proposições pelas Comissões Permanentes é disciplinada nos arts. 81 a 84 do Regimento Interno. Não se admite, porém, que se excluam do Plenário os projetos de iniciativa popular, de Comissão, em regime de urgência ou que cuidem de matérias expressamente atribuídas ao Plenário (arts. 81, I a IV, e 105 do Regimento Interno). Outrossim, não se dispensará a competência do Plenário, se houver recurso nesse sentido de 1/10 dos membros da Câmara, acolhido pelo Plenário (arts. 79 e 82 do RI).

A realização de audiências públicas (inciso VIII do §2º do art. 32 da LOM) e a solicitação de informações ou depoimentos de autoridades ou cidadãos (inciso IX) são importantes meios de comunicação entre o Poder Legislativo e o povo, bastante utilizado também para a oitiva de especialistas. Nas palavras de Casseb, trata-se de "interessantes canais de viabilização, no Estado contemporâneo, da democracia direta".

As Comissões da Câmara Municipal de São Paulo dividem-se em "permanentes" ou "temporárias". As primeiras não se extinguem ao final da legislatura e subdividem-se em "comissões de caráter técnico-legislativo" ou ordinárias, que apreciam as proposituras da Casa, entre outras atribuições, e as "comissões permanentes extraordinárias", pelas quais não tramitam projetos legislativos.

São sete as Comissões Ordinárias Permanentes da Câmara Municipal de São Paulo, a saber: (i) Constituição, Justiça e Legislação Participativa (CCJ); (ii) Finanças e Orçamento; (iii) Política Urbana, Metropolitana e Meio Ambiente; (iv) Administração Pública; (v) Trânsito, Transporte, Atividade Econômica, Turismo, Lazer e Gastronomia; (vi) Educação, Cultura e Esportes; (vii) Saúde, Promoção Social, Trabalho, Idoso e Mulher. E são sete, também, as Comissões Extraordinárias Permanentes: (i) Defesa dos Direitos Humanos e Cidadania; (ii) Defesa dos Direitos da Criança, do Adolescente e da Juventude; (iii) Idoso e Assistência Social; (iv) Meio Ambiente e Direitos dos

---

[185] Fonseca (*Direito constitucional legislativo*: poder legislativo, direito parlamentar e processo legislativo. 4. ed. Rio de Janeiro: Lumen Juris, 2018. p. 145-146) distingue "poder terminativo", que seria "o poder que algumas comissões têm de emitir pareceres que encerram o processo legislativo, ressalvada a hipótese de recurso ao Plenário", do "poder conclusivo", definido como "a prerrogativa de que desfrutam algumas comissões de discutir e votar temas que dispensem a anuência do plenário, resguardada a possibilidade de recurso de um décimo dos membros da Casa para que o plenário delibere sobre o assunto".

Animais; (v) Segurança Pública; (vi) Relações Internacionais; e (vii) Turismo, Lazer e Gastronomia.

Há ainda três tipos de Comissões Temporárias, disciplinadas pelos arts. 89 a 100 do Regimento Interno. Trata-se das CPIs (objeto do art. 33 da LOM, adiante comentado), das Comissões de Representação e de Estudos.

As deliberações das Comissões são tomadas por maioria de votos (art. 62 do Regimento Interno). A votação de projetos legislativos é precedida da designação de relator pelo Presidente da respectiva Comissão. Em seu parecer, o relator poderá proferir parecer contrário à proposta ou favorável, com ou sem substitutivo ou emenda ao projeto (de emenda à LOM, de lei, decreto legislativo ou resolução). Se o parecer do relator for rejeitado pela maioria da Comissão, um novo relator será designado para a redação do voto vencedor.

No âmbito da CCJ (a primeira Comissão pela qual, em regra, toda propositura deve ser apreciada), o parecer contrário à legalidade ou constitucionalidade da proposta impede seu prosseguimento (caráter terminativo, ressalvada a possibilidade de recurso ao Plenário). Já nas Comissões de mérito, o projeto, mesmo recebendo parecer contrário de uma ou outra, pode seguir em tramitação, caso em que as Comissões divergentes deverão reunir-se para discutir e votar em sessão plenária conjunta, podendo votar em caráter conclusivo ou submeter os pareceres divergentes ao Plenário (art. 83, *caput*, e §5º do Regimento Interno). Se, porém, o projeto de lei receber parecer contrário quanto ao mérito de todas as Comissões, será tido como rejeitado, ressalvado o cabimento de recurso (art. 80 do Regimento Interno).

Outra Comissão pela qual toda propositura que gere despesas deve passar é a de Finanças e Orçamento, que se pronuncia depois de todas as outras (CCJ e Comissões de mérito, conforme a natureza da matéria). Se, porém, tratar-se de projetos de lei relativos ao plano plurianual, às diretrizes orçamentárias, ao orçamento anual e aos créditos adicionais, o trâmite do processo legislativo seguirá regras especiais, conforme se verá mais adiante nos comentários ao art. 138 da LOM.

Informação bibliográfica deste texto, conforme a NBR 6023:2018 da Associação Brasileira de Normas Técnicas (ABNT):

SAVOIA, Ana Helena Pacheco. Comentários ao art. 32. *In*: BATISTELA, Marcos; BARBOSA, Maria Nazaré Lins; MARTINS, Ricardo Marcondes (coord.). *Comentários à Lei Orgânica do Município de São Paulo*: atualizada até a Emenda nº 42/2022. Belo Horizonte: Fórum, 2023. p. 98-101. ISBN 978-65-5518-497-6.

Art. 33 As Comissões Parlamentares de Inquérito terão poderes de investigação próprios das autoridades judiciais, além de outros previstos no Regimento Interno, em matéria de interesse do Município, e serão criadas pela Câmara, mediante requerimento de 1/3 (um terço) de seus membros, aprovados por maioria absoluta, para apuração de fato determinado, em prazo certo, adequado à consecução dos seus fins, sendo suas conclusões, se for o caso, encaminhadas ao Ministério Público, para que promova a responsabilidade civil ou criminal dos infratores.

(Ação Direta de Inconstitucionalidade nº 055.218.0/2 – O Tribunal de Justiça julgou procedente a demanda, decretando a inconstitucionalidade da expressão "aprovados por maioria absoluta", constante do art. 33.)

§1º – As Comissões Parlamentares de Inquérito, no interesse da investigação, além das atribuições previstas nos incisos II, IV, IX e XII do §2º do art. 32 e daquelas previstas no Regimento Interno, poderão:

I – tomar depoimento de autoridade municipal, intimar testemunhas e inquiri-las sob compromisso, nos termos desta Lei;

II – proceder as verificações contábeis em livros, papéis e documentos de órgãos da administração direta, indireta e fundacional.

§2º – O Regimento Interno preverá o modo de funcionamento das Comissões Parlamentares de Inquérito.

JULIANA DE MELO TRINDADE SILVA

A CPI é um dos instrumentos mais importantes da atividade fiscalizatória do Poder Legislativo, por ter poderes de investigação próprios das autoridades judiciais e incidir sobre fatos ou atos com suspeita de irregularidade, abusos ou distorções realizadas por pessoas ou órgãos de alguma forma ligados às atividades executivas ou que lesem o Município.[186] No Município, a atuação das CPIs para apuração de atos ou fatos se restringe ao interesse local.

As CPIs possuem caráter temporário. Na Câmara Municipal de São Paulo, o prazo de funcionamento previsto no seu Regimento Interno é de 120 dias e pode ser renovado por até duas vezes, cada uma por igual período.[187] Cumpre observar que a contagem do prazo fica suspensa nos períodos de recesso parlamentar, exceto no caso da Comissão, por meio de decisão de seus membros resolver desenvolver normalmente seus trabalhos no período de recesso.

---

[186] Em sentido geral: BULOS, Uadi Lammêgo. *Comissão Parlamentar de Inquérito*: técnica e prática. São Paulo: Saraiva, 2001.
[187] Inciso III do art. 93 do RICMS.

Será criada a partir de requerimento de um terço dos membros, conforme mandamento Constitucional,[188] e foi definida pelo STF como um direito de minoria que assegura a participação ativa de todos os representantes democraticamente eleitos pelo cidadão no cumprimento da função fiscalizatória inerente ao Legislativo.[189] Em face desse entendimento, foi declarada a inconstitucionalidade da expressão "aprovados por maioria absoluta", inicialmente contida na LOMSP.

O Regimento Interno da Câmara Municipal de São Paulo, em seu art. 91, permite o funcionamento de até cinco Comissões Parlamentares de Inquérito, sendo duas concomitantes e três em caráter excepcional e motivo relevante; nesse caso, o Regimento exige a deliberação em Plenário pela maioria absoluta dos vereadores para sua instalação.

O requerimento da CPI deve descrever detalhadamente o(s) fato(s) de interesse público suspeitos, que será apurado durante seus trabalhos, podendo, no decorrer destes, ocorrer a investigação de fatos intimamente ligados ao fato principal.[190] Além disso, deve constar no requerimento o prazo de 120 dias renováveis e o número de membros, devendo ser observada a numeração ímpar, que facilita a tomada de decisões por maioria.[191]

Cabe ao Presidente da Câmara Municipal de São Paulo a designação dos membros da CPI, respeitando, sempre que possível, a representação proporcional partidária. O Presidente da CPI sempre será o primeiro signatário do requerimento de propositura.[192]

A instalação e o início dos trabalhos da CPI deverá ocorrer no prazo máximo de 15 dias, sob pena de ser extinta,[193] e cumpre ao Presidente da CPI a organização dos trabalhos.[194]

A CPI como instrumento de investigação política detém poderes de investigação próprios das autoridades judiciais. Excetuado aqueles relativos às cláusulas de reserva de jurisdição, suas decisões devem ser fundamentadas e tomadas por maioria de seus membros, sempre na observância dos direitos fundamentais do cidadão, podendo o relatório e a conclusão de seu trabalho, aprovado pela maioria dos seus membros conforme previsão regimental,[195] ser encaminhados ao Ministério Público para promoção da responsabilidade civil ou penal dos infratores, dado que a CPI não tem caráter sancionatório ou punitivo. No relatório, também podem constar sugestões de políticas públicas, apontamento de falhas no serviço, projetos de lei, entre outros, que podem

---

[188] §3º, art. 58, Constituição Federal. A redação do determinado inciso é de observância obrigatória nas Constituições dos Estados e Municípios pelo Princípio da Simetria Constitucional.

[189] Existe, no sistema político-jurídico brasileiro, um verdadeiro estatuto constitucional das minorias parlamentares, cujas prerrogativas – notadamente aquelas pertinentes ao direito de investigar – devem ser preservadas pelo Poder Judiciário, a quem incumbe proclamar o alto significado que assume, para o regime democrático, a essencialidade da proteção jurisdicional a ser dispensada ao direito de oposição, analisado na perspectiva da prática republicana das instituições parlamentares. STF. MS nº 24831/DF. Rel. Min. Celso de Mello, j. 22.06.2005.

[190] STF, HC nº 71.231/ RJ.

[191] Art. 93 do RICMS.

[192] Art. 94 do RICMS.

[193] Art. 93, §1º, RICMS.

[194] Art. 50 do RICMS.

[195] Art. 95 do RICMS.

servir como base para tomada de decisões políticas tanto na área legislativa quanto na área da administração.[196]

Informação bibliográfica deste texto, conforme a NBR 6023:2018 da Associação Brasileira de Normas Técnicas (ABNT):

SILVA, Juliana de Melo Trindade. Comentários ao art. 33. In: BATISTELA, Marcos; BARBOSA, Maria Nazaré Lins; MARTINS, Ricardo Marcondes (coord.). *Comentários à Lei Orgânica do Município de São Paulo*: atualizada até a Emenda nº 42/2022. Belo Horizonte: Fórum, 2023. p. 102-104. ISBN 978-65-5518-497-6.

---

[196] Mais apontamentos podem ser encontrados no Guia de CPIs elaborado pela Procuradoria da Câmara Municipal de São Paulo (*Guia Introdutório sobre as CPIs*; disponível em: www.saopaulo.sp.leg.br/institucional/procuradoria/guia-introdutorio-sobre-as-cpis; acesso em: 21 jan. 2023).

Seção VI
Do Processo Legislativo

Art. 34 O Processo Legislativo compreende a elaboração de:

I – emendas à Lei Orgânica;
II – leis;
III – decretos legislativos;
IV – resoluções.

RAIMUNDO BATISTA

O processo legislativo está constitucionalizado, isto é, suas regras básicas estão previstas no art. 59 e seguintes da Constituição Federal.

A Constituição Federal de 1988, a exemplo da Constituição anterior, reserva capítulo próprio para disciplinar o processo legislativo, fixando, inclusive, as espécies normativas que podem ser utilizadas no ordenamento jurídico nacional.

É certo que a Constituição atual não traz o processo legislativo como princípio obrigatório a ser observado pelos demais entes da Federação; entretanto, o STF em inúmeras decisões já pacificou o entendimento no sentido de que as regras básicas do processo legislativo devem ser observadas pelos Estados, Distrito Federal e Municípios, com base no princípio da simetria.[197]

Assim, quando da elaboração da Lei Orgânica, o Município pôde estabelecer seu processo legislativo, assim como os Estados e Distrito Federal, e teve ampla liberdade para escolher quais espécies normativas figurariam em seu processo legislativo, com fundamento nos princípios da autonomia e da simetria, não estando obrigados a transpor todos os instrumentos normativos previstos no art. 59 da Constituição Federal (Emenda à Constituição, Leis Complementares, Leis Ordinárias, Leis Delegadas, Medidas Provisórias, Decretos Legislativos e Resoluções).

A Constituição do Estado de São Paulo, em seu processo legislativo, contemplou os seguintes atos normativos: emenda à Constituição, lei complementar, lei ordinária, decreto legislativo e resoluções.

Já a LOMSP adota como espécies normativas: emendas à Lei Orgânica, leis, decretos legislativos e resoluções. Essas são as leis em sentido geral que podem figurar no ordenamento jurídico municipal.

---

[197] ADI nº 872, Relator(a): Ellen Gracie, Tribunal Pleno, julgado em 28.08.2002, DJ 20.09.2002 2 (ADI nº 1353, Relator(a): Maurício Corrêa, Tribunal Pleno, julgado em 20.03.2003, DJ 16.05.2003).

Para a aprovação dessas leis, a Câmara Municipal deve observar os caminhos previstos na Lei Orgânica e em seu Regimento Interno, a fim de superar qualquer vício formal. Esse mecanismo se denomina de processo legislativo. Costuma-se conceituar o processo legislativo como um conjunto de atos ordenados e inter-relacionados com a finalidade de aprovação das leis.

As emendas à Lei Orgânica são apresentadas com o objetivo de alterar o conteúdo da Lei Maior do Município, quer suprimindo, modificando ou acrescentando dispositivos.

Quanto às leis ordinárias, estas são as leis por excelência ou, como diz Manoel Gonçalves Ferreira Filho,[198] a lei ordinária é o ato legislativo típico.

A lei ordinária é a lei geral, que tem um campo de incidência amplo, pois tudo que não for objeto de emendas à Lei Orgânica, de decretos legislativos e de resoluções será disciplinado por meio dessa espécie normativa primária.

Também o procedimento adotado para a aprovação da lei ordinária serve como base para a aprovação dos demais atos normativos primários, com pequenas variações.

O decreto legislativo é a espécie normativa destinada a regular matéria de competência exclusiva do Parlamento, com efeitos externos. A LOMSP deixou para o Regimento Interno tratar dessa espécie normativa.

A resolução é o ato legislativo destinado a regular matéria de competência exclusiva da Câmara Municipal, com efeitos internos. É importante mencionar que a resolução aqui é uma espécie normativa primária, é lei em sentido geral e, como já decidiu o STF, as resoluções aprovadas pelo Parlamento têm força de lei.

Para aprovação dessas espécies normativas previstas no artigo em referência, adotam-se caminhos diferentes ou procedimentos, que são: procedimento ordinário; procedimento sumário e o procedimento especial.

O procedimento ordinário é o adotado para aprovação das leis ordinárias, também chamado de padrão, porque é base para a aprovação das demais espécies, distinguindo-se apenas em razão de determinados requisitos.

As fases do procedimento ordinário de formação das leis podem ser divididas em: introdutória (iniciativa), constitutiva ou deliberativa e complementar. A fase introdutória consiste no ato de apresentar um projeto de lei junto à Casa Legislativa pelas pessoas legitimadas para tanto. A fase constitutiva trata da tramitação do projeto de lei pelas Comissões designadas e aprovação pelo Plenário da Câmara. A última fase chamada de complementar consiste na sanção ou veto, promulgação e publicação.

Já o procedimento sumário distingue-se do procedimento ordinário tão somente com relação à existência de um prazo para sua aprovação, como acontece com o chamado regime de urgência, que o Prefeito pode solicitar para que os projetos de sua iniciativa privativa possam ser apreciados no prazo de 30 dias.

Por fim, o procedimento especial é destinado à tramitação das demais espécies normativas: Emenda à Lei Orgânica, decreto legislativo, resolução e leis orçamentárias.

A Lei Orgânica deixa para o Regimento Interno disciplinar a tramitação das Resoluções e Decretos Legislativos, que se diferenciam do rito ordinário apenas no tocante ao *quorum* de votação e aprovação em turno único. A exceção é o projeto de

---

[198] FERREIRA FILHO, Manoel Gonçalves. *Do processo legislativo*. 4. ed. São Paulo: Saraiva, 2001.

Resolução que disponha sobre alterações do Regimento Interno, que deve ser discutido e votado em dois turnos de votação, com o *quorum* de maioria absoluta.

As leis orçamentárias (Lei de Diretrizes Orçamentárias, Plano Plurianual e Orçamento Anual) são discutidas e votadas nos termos do disposto nos arts. 329 a 334 da Lei Maior do Município. Os projetos de leis orçamentárias depois de protocolados são encaminhados diretamente à Comissão de Finanças e Orçamento, a quem incumbe analisá-las, enviando posteriormente à apreciação do Plenário.

Informação bibliográfica deste texto, conforme a NBR 6023:2018 da Associação Brasileira de Normas Técnicas (ABNT):

BATISTA, Raimundo. Comentários ao art. 34. *In*: BATISTELA, Marcos; BARBOSA, Maria Nazaré Lins; MARTINS, Ricardo Marcondes (coord.). *Comentários à Lei Orgânica do Município de São Paulo*: atualizada até a Emenda nº 42/2022. Belo Horizonte: Fórum, 2023. p. 107. ISBN 978-65-5518-497-6.

Art. 35 As deliberações da Câmara Municipal e das suas Comissões se darão sempre por voto aberto. (Alterado pela Emenda nº 19/2001.)

BRENO GANDELMAN

A Lei Orgânica do Município, promulgada em 1990, admitia o voto secreto. A votação aberta na Edilidade paulistana deu-se, de fato, apenas na alteração da Lei Orgânica do Município em 2001. A redação originária da LOM previa a votação secreta para o julgamento político do Prefeito (por infração político-administrativa) ou de Vereador, eleição dos membros da Mesa e seus substitutos (suplentes), bem como de aprovação prévia de Conselheiro do Tribunal de Contas indicado pelo Executivo.

O art. 104 do Regimento Interno da Câmara Municipal reprisou o texto da Lei Orgânica do Município, mas com uma alteração: a aprovação de novo Conselheiro do TCM dar-se-ia por voto secreto, independentemente da origem da indicação (Executivo ou Legislativo).

Para a votação secreta, o art. 298 de mesmo diploma legal determinava a utilização de cédula rubricada pelo Presidente e urna própria para depósito de voto.

Observei, como servidor do Legislativo, a ocorrência da votação secreta em todas as situações previstas na Lei Orgânica do Município e no Regimento Interno. Sem adentrar à questão do sigilo do voto, seus conceitos e implicações, posso dizer que o processo em si era bem mais moroso que o atual. Hoje, todas as votações dão-se de forma aberta, ou seja, por método simbólico (aclamação/"permaneçam como estão") ou nominal (registro de voto individualizado pelo sistema eletrônico).

A partir de 2001, não houve mais votações secretas na Câmara Municipal de São Paulo. Prevalece a ideia da transparência do voto e a possibilidade de o munícipe poder ter acesso à toda atividade parlamentar do Vereador, representante da sociedade. O fato político antecedeu a mudança da norma. A eleição da Mesa Diretora de 2001 aconteceu por via do voto aberto antes mesmo da modificação da Constituição Municipal. O Plenário acatou solicitação do nobre Vereador Wadih Mutran (PPB) para votação aberta. O Presidente da Sessão, Vereador Erasmo Dias (PPB), submeteu seu pedido a votos, e a votação nominal aberta para eleição dos membros da Mesa foi aprovada pela unanimidade dos Senhores Vereadores.

A alteração da Lei Orgânica do Município determinando a extinção do voto secreto foi objeto de compromisso da Presidência da época. Assim pronunciou-se o Presidente eleito, Vereador José Eduardo Martins Cardozo (PT), logo após sua eleição, no mesmo dia, na Sessão Solene de instalação da 13ª Legislatura, em 1º de janeiro de 2001:

Antes de mais nada, fomos eleito pelo povo. Devemos responder por isso. Como ato simbólico, conforme prometido antes deste processo, consumado na prática hoje, vamos encaminhar imediatamente o fim do voto secreto na Casa em todas as votações. Assim, a cidade de São Paulo poderá conhecer – como o fez hoje – o voto de cada vereador, que assim responderá à sociedade com honra e dignidade.

Isso posto, a Mesa Diretora encaminhou o Projeto de Emenda à Lei Orgânica nº 04/2001, em março do mesmo ano, com o seguinte teor:

Art. 1º O artigo 35 da LOMSP passa a ter a seguinte redação:
"Art. 35 As deliberações da Câmara Municipal de São Paulo e das suas Comissões se darão sempre por voto aberto".

O projeto recebeu parecer favorável da Comissão de Constituição e Justiça. Foi aprovado em primeira votação com 39 votos "sim", 1 "não" e 6 abstenções. Em segunda votação definitiva, obteve, em 10 de abril de 2001, 40 votos "sim", 6 "não" e 4 abstenções.

Houve uma emenda do nobre Vereador Eliseu Gabriel, que almejava que fosse mantida a votação secreta do julgamento político de vereadores (cassação de mandato). Tal emenda foi rejeitada.

A Mesa da Câmara promulgou a Emenda à Lei Orgânica do Município nº 19/2001, publicada em 12 de abril de 2001, com o fim do voto secreto.

A despeito de outras casas legislativas admitirem ainda o voto secreto, parece-me acertada a decisão da Câmara Paulistana em aboli-lo, permitindo a todos os munícipes o conhecimento pleno das atividades parlamentares e suas decisões.

Informação bibliográfica deste texto, conforme a NBR 6023:2018 da Associação Brasileira de Normas Técnicas (ABNT):

GANDELMAN, Breno. Comentários ao art. 35. *In*: BATISTELA, Marcos; BARBOSA, Maria Nazaré Lins; MARTINS, Ricardo Marcondes (coord.). *Comentários à Lei Orgânica do Município de São Paulo*: atualizada até a Emenda nº 42/2022. Belo Horizonte: Fórum, 2023. p.108-109. ISBN 978-65-5518-497-6.

Art. 36 A Lei Orgânica poderá ser emendada mediante proposta:

I – de 1/3 (um terço), no mínimo, dos membros da Câmara Municipal;

II – do Prefeito;

III – de cidadãos, mediante iniciativa popular assinada por, no mínimo 5% (cinco por cento) dos eleitores do Município.

§1º – A Lei Orgânica não poderá ser emendada na vigência de estado de defesa, estado de sítio ou intervenção.

§2º – A proposta será discutida e votada em 2 (dois) turnos, considerando-se aprovada quando obtiver, em ambas as votações, o voto favorável de 2/3 (dois terços) dos membros da Câmara Municipal, com um intervalo mínimo de 48 (quarenta e oito) horas entre um turno e outro obrigatoriamente. (Alterado pela Emenda nº 14/1993.)

§3º – A emenda aprovada será promulgada pela Mesa da Câmara Municipal, com o respectivo número de ordem.

§4º – A matéria constante de emenda rejeitada ou havida por prejudicada não poderá ser objeto de nova proposta na mesma sessão legislativa.

RAIMUNDO BATISTA

De acordo com o *caput* desse artigo, verifica-se que o texto originário da LOMSP, a exemplo do que ocorre com a Constituição Federal, art. 60, poderá ser modificado por meio da apresentação de projetos de Emenda à Lei Orgânica, considerando que ela não é imutável.

Têm iniciativa para propor Emenda à Lei Orgânica as pessoas ali discriminadas no dispositivo em comento. Verifica-se que os vereadores, de forma individual, não podem entrar com proposta de Emenda à Lei Orgânica, mas terão que contar com o apoio de pelo menos um terço de seus pares. Já o Prefeito está legitimado a subscrever proposta de Emenda à Lei Orgânica, assim como parcela dos eleitores.

Vale sublinhar que a LOMSP, ao contrário da Constituição Federal, e seguindo a Constituição do Estado de São Paulo, autoriza a apresentação de proposta de emenda à Constituição por meio de cidadãos, desde que subscrita por, no mínimo, 5% dos eleitores do Município.

A alteração da Lei Orgânica não pode acontecer durante períodos de turbulências institucionais como a intervenção, o estado de sítio e o estado de defesa. Trata-se dos limites circunstanciais, como conceitua a doutrina, porque a proibição é temporária. As emendas que estiverem em tramitação são suspensas, devendo aguardar o encerramento da medida extraordinária de legalidade.

O procedimento legislativo para aprovação de proposta de emenda à Lei Orgânica é o especial, porque diferencia do rito adotado para a aprovação da lei ordinária e se exige um procedimento mais rigoroso para sua aprovação. Enquanto a lei ordinária, via de regra, é aprovada com o *quorum* de maioria simples, a proposta de Emenda à Lei Orgânica é aprovada com o *quorum* de dois terços de seus membros, além de dois turnos de discussão e votação e intervalo mínimo de 48 horas entre um turno e outro. Se a proposta de emenda for rejeitada em um dos turnos obrigatórios, será arquivada.

O Prefeito tem iniciativa para apresentar projeto de Emenda à Lei Orgânica, mas não participa da fase complementar, isto é, por meio da sanção ou veto, visto que, após a aprovação da Emenda à Lei Orgânica, esta é promulgada e publicada pela Mesa da Câmara Municipal de São Paulo, com o respectivo número de ordem. As Emendas à Lei Orgânica são numeradas em ordem crescente, sendo que até o momento foram aprovadas 41 Emendas.

Seguindo comando constitucional, a proposta de emenda rejeitada ou prejudicada não poderá ser reapresentada na mesma sessão legislativa ou ano legislativo. Incide o princípio da irrepetibilidade da proposição na mesma sessão legislativa.

Informação bibliográfica deste texto, conforme a NBR 6023:2018 da Associação Brasileira de Normas Técnicas (ABNT):

BATISTA, Raimundo. Comentários ao art. 36. *In*: BATISTELA, Marcos; BARBOSA, Maria Nazaré Lins; MARTINS, Ricardo Marcondes (coord.). *Comentários à Lei Orgânica do Município de São Paulo*: atualizada até a Emenda nº 42/2022. Belo Horizonte: Fórum, 2023. p. 110-111. ISBN 978-65-5518-497-6.

Art. 37 A iniciativa das leis cabe a qualquer membro ou Comissão permanente da Câmara Municipal, ao Prefeito e aos cidadãos, na forma e nos casos previstos nesta Lei Orgânica.

§1º – Compete exclusivamente à Câmara Municipal a iniciativa das leis que disponham sobre os Conselhos de Representantes, previstos na seção VIII deste capítulo.

§2º – São de iniciativa privativa do Prefeito as leis que disponham sobre:

I – criação, extinção ou transformação de cargos, funções ou empregos públicos na administração direta, autárquica e fundacional;

II – fixação ou aumento de remuneração dos servidores;

III – servidores públicos, municipais, seu regime jurídico, provimento de cargos, estabilidade e aposentadoria;

IV – organização administrativa e matéria orçamentária; (Alterado pela Emenda nº 28/2006.)

V – desafetação, aquisição, alienação e concessão de bens imóveis municipais.

LILIAN VARGAS PEREIRA POÇAS

O art. 37 estabelece quem pode propor as leis no Município de São Paulo, para que sejam debatidas e aprovadas pela Câmara Municipal e, depois, sancionadas ou vetadas pelo Prefeito.

Iniciativa legislativa é "a faculdade que se atribui a alguém ou a um órgão para apresentar projetos de lei ao Legislativo".[199]

A regra determina que tal faculdade pode ser conferida aos vereadores, à Comissão Permanente da Câmara Municipal, ao Prefeito e até mesmo aos cidadãos, nos casos específicos estabelecidos pela Lei Orgânica. Contudo, em determinadas hipóteses taxativas, a iniciativa é exclusiva de determinadas pessoas.

Excetuando a regra da competência concorrente, o §1º do artigo em estudo estabelece a competência privativa da Câmara Municipal para dar início ao projeto de lei que disponha sobre Conselho de Representantes, objeto do art. 54 e seguintes desta Lei Orgânica Municipal.

Já o §2º traz as hipóteses nas quais incumbe privativamente ao Chefe do Poder Executivo dar início ao processo legislativo. O referido dispositivo atende ao princípio da simetria e está em consonância com a alínea c do inciso II do §1º do art. 61 da Constituição da República Federativa do Brasil, bem como com o item 4 do §2º do art. 24 da Constituição do Estado de São Paulo.

---

[199] SILVA, José Afonso da. *Curso de Direito Constitucional Positivo*. 27. ed. São Paulo: Malheiros, 2006. p. 525.

Nesse sentido, incumbe ao Prefeito dar início ao processo legislativo que verse sobre a disciplina dos assuntos relacionados aos servidores públicos municipais, a temas atinentes à organização administrativa e matéria orçamentária, bem como à administração dos bens públicos municipais, devendo, para tanto, estar resguardado de interferências indevidas em sua atuação.

A inobservância das regras de competência para dar início ao processo legislativo acarreta a inconstitucionalidade formal subjetiva, maculando a lei com vício de iniciativa para sua edição.[200]

Em discussão do tema, no julgamento da Ação Direta de Inconstitucionalidade nº 3.061, o eminente Ministro Carlos Britto preleciona que:

> (...) o §1º do art. 61 da Lei Republicana confere ao Chefe do Poder Executivo a privativa competência para iniciar os processos de elaboração de diplomas legislativos que disponham sobre a criação de cargos, funções ou empregos públicos na Administração Direta e Autárquica, o aumento da respectiva remuneração, bem como os referentes a servidores públicos da União e dos Territórios, seu regime jurídico, provimento de cargos, estabilidade e aposentadoria (alíneas a e c do inciso II do art. 61). Insistindo nessa linha de opção política, a mesma Lei Maior de 1988 habilitou os presidentes do STF, dos Tribunais Superiores e dos Tribunais de Justiça a propor ao Poder Legislativo a criação e extinção de cargos e remuneração dos seus serviços auxiliares e dos juízes que lhes forem vinculados, tudo nos termos da alínea "b" do inciso II do art. 96. A jurisprudência desta Casa de Justiça sedimentou o entendimento de ser a cláusula de reserva de iniciativa, inserta no §1º do artigo 61 da Constituição Federal de 1988, corolário do princípio da separação dos Poderes. Por isso mesmo, de compulsória observância pelos estados, inclusive no exercício do poder reformador que lhes assiste.[201]

É importante salientar que, desde a edição da emenda nº 14, em 1993, projetos que versem sobre "serviços públicos" ingressam na regra de competência concorrente, uma vez que a Lei Orgânica do Município excluiu tal tema do inciso IV do §2º do artigo ora em análise. Destarte, não há iniciativa reservada ao Prefeito para apresentação de projetos de lei que versem sobre serviços públicos.

Ainda a respeito da competência para dar início ao processo legislativo, é relevante destacar que o STF, no julgamento do Agravo em Recurso Extraordinário (ARE) nº 878.911,[202] em setembro de 2016, fixou a seguinte tese, Tema 917 de repercussão geral: "Não usurpa competência privativa do Chefe do Poder Executivo lei que, embora crie despesa para a Administração, não trata da sua estrutura ou da atribuição de seus

---

[200] "O desrespeito à cláusula de iniciativa reservada das leis, em qualquer das hipóteses taxativamente previstas no texto da Carta Política, traduz situação configuradora de inconstitucionalidade formal, insuscetível de produzir qualquer consequência válida de ordem jurídica. A usurpação da prerrogativa de iniciar o processo legislativo qualifica-se como ato destituído de qualquer eficácia jurídica, contaminando, por efeito de repercussão causal prospectiva, a própria validade constitucional da lei que dele resulte". STF, ADI nº 2.364 MC, Rel. Min. Celso de Mello, j. 01.08.2001, P, *DJ* de 14.12.2001. Disponível em: https://portal.stf.jus.br/publicacaotematica/vertema.asp?lei=5235. Acesso em: 18 maio 2022.

[201] Disponível em: https://redir.stf.jus.br/paginadorpub/paginador.jsp?docTP=AC&docID=363297. Acesso em: 18 maio 2022.

[202] Disponível em: https://redir.stf.jus.br/paginadorpub/paginador.jsp?docTP=TP&docID=11828222. Acesso em: 18 maio 2022.

órgãos nem do regime jurídico de servidores públicos" (art. 61, §1º, II, "a", "c" e "e", da Constituição Federal).

O STF, portanto, conferiu interpretação restritiva às hipóteses de competência privativa, por tratar-se de regra da exceção, restringindo-as, na esfera municipal, às matérias constantes do rol taxativo previsto na Lei Orgânica Municipal.

Informação bibliográfica deste texto, conforme a NBR 6023:2018 da Associação Brasileira de Normas Técnicas (ABNT):

POÇAS, Lilian Vargas Pereira. Comentários ao art. 37. In: BATISTELA, Marcos; BARBOSA, Maria Nazaré Lins; MARTINS, Ricardo Marcondes (coord.). *Comentários à Lei Orgânica do Município de São Paulo*: atualizada até a Emenda nº 42/2022. Belo Horizonte: Fórum, 2023. p. 112-114. ISBN 978-65-5518-497-6.

Art. 38 O Prefeito poderá solicitar que os projetos de sua iniciativa tramitem em regime de urgência.

§1º – Se a Câmara Municipal não deliberar em até 30 (trinta) dias, o projeto será incluído na Ordem do Dia, sobrestando-se a deliberação quanto aos demais assuntos, até que se ultime a votação.

§2º – Os prazos do parágrafo anterior não correm nos períodos de recesso, nem se aplicam aos projetos de código.

CARLOS EDUARDO DE ARAUJO
ÉRICA CORREA BARTALINI DE ARAUJO

O dispositivo trata da possibilidade de o Poder Executivo requerer urgência na tramitação de proposição legislativa de sua iniciativa. Note-se, de início, que tal possibilidade é conferida pela LOMSP (LOM) somente ao chefe do Poder Executivo apenas para proposituras legislativas de sua iniciativa, isto é, nem os parlamentares detêm essa competência nem projetos de iniciativa parlamentar estão aptos a serem dotados do atributo "urgência".

O requerimento de urgência formulado pelo Prefeito deverá ser apreciado pelo Plenário da Câmara Municipal de São Paulo, em sessão ordinária, durante a fase do prolongamento de expediente (art. 164, II, do Regimento Interno da Câmara Municipal de São Paulo [RICMSP]).[203]

O RICMSP (Resolução nº 02/1991) contém previsão idêntica (art. 245)[204] à da LOM, estabelecendo, para tanto, um procedimento próprio para a deliberação desse tipo de requerimento em seu art. 167. Para que sejam apreciados na pauta da ordem do dia, os requerimentos que solicitem inclusão de projeto em regime de urgência deverão ser entregues à Mesa até o término do Pequeno Expediente e especificarão, necessariamente, o número e o assunto do projeto, a fase atual de sua tramitação e a existência ou não de pareceres das Comissões designadas para a sua análise (art. 167, *caput*, RICMSP).[205]

---

[203] SÃO PAULO. Resolução nº 2, de 26 de abril de 1991, Regimento Interno da Câmara Municipal de São Paulo. "Art. 164 O Prolongamento do Expediente se destinará a: (...) II – leitura e votação única de requerimentos que solicitem a inclusão de projetos na pauta da Ordem do Dia, em regime de urgência;"

[204] SÃO PAULO. Resolução nº 2, de 26 de abril de 1991, Regimento Interno da Câmara Municipal de São Paulo. "Art. 245. O Prefeito poderá solicitar que os projetos de sua iniciativa tramitem em regime de urgência. §1º Se a Câmara Municipal não deliberar em até 30 (trinta) dias, o projeto será incluído na Ordem do Dia, sobrestando-se a deliberação quanto aos demais assuntos, até que se ultime a votação. §2º O prazo previsto no parágrafo anterior não corre nos períodos de recesso, nem se aplica aos projetos de Código."

[205] SÃO PAULO. Resolução nº 2, de 26 de abril de 1991, Regimento Interno da Câmara Municipal de São Paulo. "Art. 167. Os requerimentos que solicitem inclusão de projeto em regime de urgência, na pauta da Ordem do Dia,

Face à existência de requerimento solicitando urgência a determinada propositura legislativa, deve o Presidente dos trabalhos dar sua ciência a todos os parlamentares antes de iniciada a fase do Grande Expediente, durante a sessão ordinária (art. 167, §1º, RICMSP).[206] Além disso, o RICMSP dispõe que os requerimentos de inclusão de projeto na pauta, em regime de urgência, serão votados sem discussão, pelo processo nominal, não se admitindo encaminhamento de votação[207] nem declaração de voto[208] (art. 167, §2º, RICMSP).[209]

A atribuição de urgência a uma propositura legislativa proveniente do Poder Executivo confere maior celeridade ao processo legislativo por meio de mecanismos próprios estabelecidos pelo RICMSP. Nesse sentido, na organização da ordem do dia pelo Presidente da Câmara, os projetos do Poder Executivo, em regime de urgência, devem figurar logo após os vetos e as contas (inciso III, art. 171, RICMSP),[210] seguindo a ordem de votação e aprovação dos respectivos requerimentos (art. 173, *caput*, RICMSP).[211] É oportuno pontuar que a urgência só prevalecerá para a sessão ordinária subsequente àquela em que tenha sido concedida, salvo se a sessão for encerrada com o projeto ainda em debate, caso em que figurará como primeiro item da ordem do dia da sessão ordinária seguinte, após os vetos que eventualmente sejam incluídos, ficando prejudicadas as demais inclusões (art. 173, §2º, RICMSP).[212]

Também segundo o RICMSP, os prazos para a manifestação das Comissões Permanentes designadas ficam reduzidos de 15 para 8 dias, vedada a prorrogação (art. 63, §6º, do RICMSP).[213]

---

deverão ser entregues à Mesa até o término do Pequeno Expediente e especificarão, necessariamente, o número e o assunto do projeto, a fase atual de sua tramitação e a existência ou não de pareceres."

[206] SÃO PAULO. Resolução nº 2, de 26 de abril de 1991, Regimento Interno da Câmara Municipal de São Paulo. "Art. 167. (…) §1º Antes de iniciar o Grande Expediente, o Presidente deverá dar ciência ao Plenário de todos os requerimentos a que se refere o presente artigo."

[207] Disposto entre os arts. 290 e 292 do RICMSP, o encaminhamento de votação consiste na manifestação de cada bancada, por um de seus membros, preferencialmente seu Líder ou Vice-Líder, a fim de propor a seus pares, por até 5 minutos, a orientação quanto ao mérito da matéria a ser votada.

[208] Com previsão entre os arts. 302 e 304 do RICMSP, a declaração de voto corresponde ao pronunciamento do Vereador acerca dos motivos que o levaram a se manifestar contrária ou favoravelmente à matéria votada.

[209] SÃO PAULO. Resolução nº 2, de 26 de abril de 1991, RICMS. "Art. 167. (…) §2º Os requerimentos de inclusão de projeto na pauta, em regime de urgência, serão votados sem discussão, pelo processo nominal, não se admitindo encaminhamento de votação nem declaração de voto."

[210] SÃO PAULO. Resolução nº 2, de 26 de abril de 1991, RICMS. "Art. 171. A Ordem do Dia será organizada pelo Presidente da Câmara, ouvidas as lideranças, e a matéria dela constante será assim distribuída: I – vetos; II – contas; III – projetos do Executivo em regime de urgência; (…)."

[211] SÃO PAULO. Resolução nº 2, de 26 de abril de 1991, RICMSP. "Art. 173. Os projetos cuja urgência tenha sido concedida pelo Plenário figurarão na pauta da Ordem do Dia, na sessão ordinária subsequente, como itens preferenciais, pela ordem de votação dos respectivos requerimentos, observado o disposto no parágrafo 3º do artigo 167."

[212] SÃO PAULO. Resolução nº 2, de 26 de abril de 1991, Regimento Interno da Câmara Municipal de São Paulo. "Art. 173. (…) §2º A urgência só prevalecerá para a sessão ordinária subsequente àquela em que tenha sido concedida, salvo se a sessão for encerrada com o projeto ainda em debate, caso em que o mesmo figurará como primeiro item da Ordem do Dia da sessão ordinária seguinte, após os vetos que eventualmente sejam incluídos, ficando prejudicadas as demais inclusões."

[213] SÃO PAULO. Resolução nº 2, de 26 de abril de 1991, RICMS. "Art. 63. Para emitir parecer sobre qualquer matéria, cada Comissão terá o prazo de 15 (quinze) dias, prorrogável por mais 8 (oito) dias pelo Presidente da Comissão, a requerimento devidamente fundamentado. (…) §6º Nos projetos em que for solicitada urgência pelo Prefeito, os prazos a que se refere o "caput" ficam reduzidos a 8 (oito) dias para cada Comissão, vedada a prorrogação."

Ademais, a regra contida no §1º do art. 38 da LOM dispõe que se a Câmara Municipal não deliberar em até 30 dias, o projeto com urgência aprovada será incluído na ordem do dia, sobrestando-se a deliberação quanto aos demais assuntos, até que se ultime a votação. Vale dizer, vencido o prazo de 30 dias sem que tenha havido deliberação por parte do Parlamento em projeto de autoria do Poder Executivo ao qual tenha sido atribuído urgência, o projeto figurará na ordem do dia automaticamente, ainda que sem parecer das Comissões designadas para sua análise, para que seja discutido e votado.

Trata-se de exceção à regra contida nos arts. 81, parágrafo único,[214] e 173, §4º,[215] do RICMSP, segundo os quais não se admitem a discussão e a votação de projetos sem prévia manifestação das Comissões, o que revela a cautela e a importância que integram a votação de um requerimento de urgência formulado pelo chefe do Poder Executivo em projetos de sua autoria.[216]

Ainda sobre o procedimento especial que envolve projetos de iniciativa do Poder Executivo com urgência aprovada pela Câmara Municipal de São Paulo, o art. 246 do RICMSP[217] dispõe que, aprovado ou rejeitado o projeto de autoria do Executivo, em regime de urgência, deve o Presidente da Câmara, no prazo de 48 horas, realizar a devida comunicação ao Prefeito.

Por fim, é importante enfatizar a regra contida no §2º do dispositivo ora analisado, pelo qual os prazos retratados no §1º não correm nos períodos de recesso, disciplinados no *caput* do art. 153 do RICMSP,[218] nem se aplicam aos projetos que tratam de código.

Informação bibliográfica deste texto, conforme a NBR 6023:2018 da Associação Brasileira de Normas Técnicas (ABNT):

ARAUJO, Carlos Eduardo de; ARAUJO, Érica Correa Bartalini de. Comentários ao art. 38. *In*: BATISTELA, Marcos; BARBOSA, Maria Nazaré Lins; MARTINS, Ricardo Marcondes (coord.). *Comentários à Lei Orgânica do Município de São Paulo*: atualizada até a Emenda nº 42/2022. Belo Horizonte: Fórum, 2023. p. 115-117. ISBN 978-65-5518-497-6.

---

[214] SÃO PAULO. Resolução nº 2, de 26 de abril de 1991, RICMS. "Art. 81. (...) Parágrafo único. O projeto de lei somente poderá ser discutido e votado depois de tramitar pelas Comissões Permanentes a que foi distribuído."

[215] SÃO PAULO. Resolução nº 2, de 26 de abril de 1991, RICMS. "Art. 173. (...) §4º Não se admitem a discussão e a votação de projetos sem prévia manifestação das Comissões."

[216] É importante destacar que o STF já se manifestou favoravelmente à previsão do rito de regime de urgência. Nesse sentido, decidiu: "É constitucional a previsão regimental de rito de urgência para proposições que tramitam na Câmara dos Deputados e no Senado Federal, descabendo ao Poder Judiciário examinar concretamente as razões que justificam sua adoção pois se trata de matéria *interna corporis*" (STF, ADI nº 6968/DF, Relator Min. Edson Fachin, julgamento virtual finalizado em 20.04.2022). Trata-se de decisão que, pelo princípio da simetria federativa, também se aplica no âmbito municipal, o que respalda a constitucionalidade da previsão na LOM e no RICMSP acerca do regime de urgência.

[217] SÃO PAULO. Resolução nº 2, de 26 de abril de 1991, RICMS. "Art. 246. Aprovado ou rejeitado o projeto de autoria do Executivo, no regime de Urgência, o Presidente da Câmara, no prazo de 48 (quarenta e oito) horas, fará a devida comunicação ao Prefeito."

[218] SÃO PAULO. Resolução nº 2, de 26 de abril de 1991, RICMS. "Art. 153. Salvo caso de convocação da Câmara para a fase especial de sessão legislativa, não haverá sessões durante os meses de janeiro e julho de cada ano, períodos de recesso parlamentar, iniciando-se a sessão legislativa em 1º de fevereiro e encerrando-se em 15 de dezembro."

Art. 39 O Regimento Interno da Câmara Municipal disciplinará os casos de decreto legislativo e de resolução.

CARLOS EDUARDO DE ARAUJO
ÉRICA CORREA BARTALINI DE ARAUJO

Tendo por base o art. 59, VI e VII, do texto constitucional,[219] que fixou as resoluções e os decretos legislativos como espécies normativas, a LOM também dispôs sobre esses instrumentos, deixando a cargo do RICMSP – Resolução nº 02/1991 – o regramento dos casos em que cada espécie seria utilizada.

Face ao quanto disposto pela Constituição Federal e pela LOM, o art. 232 do RICMSP dispôs que a "Câmara Municipal exerce sua função legislativa por meio de: (i) projetos de emenda à Lei Orgânica; (ii) projetos de lei; (iii) projetos de decreto legislativo; e (iv) projetos de resolução".

Resolução e Decreto Legislativo são espécies normativas editadas exclusivamente pelo Poder Legislativo para tratar de matérias de competência do Parlamento.

De acordo com o art. 236 do RICMSP, o projeto de decreto legislativo consiste na proposição destinada a regular matéria que exceda os limites da economia interna da Câmara, mas não sujeita à sanção do Prefeito, sendo promulgada diretamente pelo Presidente da Câmara Municipal.

O projeto de decreto legislativo pode ter como objeto, entre outros, a concessão de título de cidadão honorário ou qualquer outra honraria ou homenagem, hipótese com regramento específico nos arts. 347 e seguintes do RICMSP, a indicação de membros para o TCM (art. 354 do RICMSP)[220] e a sustação dos atos normativos do Poder Executivo que exorbitem de seu poder regulamentar, com o intuito de zelar pela preservação de sua competência legislativa (art. 105, XIII, do RICMSP).[221]

Já o projeto de resolução está previsto no art. 237 do RICMSP, sendo caracterizado como "a proposição destinada a regular matéria político-administrativa da Câmara

---

[219] BRASIL. Constituição Federal (1988). "Art. 59. O processo legislativo compreende a elaboração de: (...) VI – decretos legislativos; VII – resoluções."

[220] SÃO PAULO. Resolução nº 2, de 26 de abril de 1991, RICMS. "Art. 354. Mediante projeto de decreto legislativo, devidamente instruído com o currículo e os documentos exigidos por lei, subscrito por, no mínimo, 1/3 (um terço) dos Vereadores, a Câmara fará a indicação para Conselheiro do Tribunal de Contas do Município."

[221] SÃO PAULO. Resolução nº 2, de 26 de abril de 1991, RICMS. "Art. 105. São atribuições do Plenário (...) XIII – zelar pela preservação de sua competência legislativa, sustando os atos normativos do Executivo que exorbitem do poder regulamentar;" Tal disposição regimental está em consonância com o disposto pelo art. 14, XIII, da LOM, que atribui à Câmara Municipal a competência para sustar os atos normativos do Executivo que exorbitem do poder regulamentar. A instrumentalização do ato de sustação se dá por intermédio de decreto legislativo, uma vez que, nos termos do art. 236 do Regimento Interno, essa é a proposição destinada a regular matéria que exceda os limites da economia interna do Legislativo.

Municipal". Por tratar de temáticas atinentes à política-administrativa da Casa, os projetos de resolução também não são submetidos à sanção do Chefe do Poder Executivo, sendo promulgados diretamente pelo Presidente da Câmara Municipal.[222] O referido artigo enuncia, ainda, como matérias passíveis de serem tratadas por resolução, entre outras, assuntos de economia interna da Câmara; perda de mandato de Vereador; destituição da Mesa ou de qualquer de seus membros; e alteração do Regimento Interno.

Além de não serem submetidos à sanção do chefe do Poder Executivo, o processo legislativo dos projetos de decreto legislativo e de resolução possuem outra particularidade, qual seja, a de não serem discutidos e votados duas vezes, mas uma única vez (art. 242, *caput*, do RICMSP).[223] A exceção a essa regra tange a projeto de resolução que tenha por objeto alterar o texto do RICMSP, hipótese que obriga que o referido instrumento normativo seja submetido a duas discussões e votações (art. 40, §2º, da LOM[224] e art. 242, §1º, do RICMSP),[225] seguindo, para tanto, as regras enunciadas pelo art. 392 e seguintes do RICMSP, que tratam, especificamente, sobre a reforma do Regimento Interno da Câmara Municipal de São Paulo.

Informação bibliográfica deste texto, conforme a NBR 6023:2018 da Associação Brasileira de Normas Técnicas (ABNT):

ARAUJO, Carlos Eduardo de; ARAUJO, Érica Correa Bartalini de. Comentários ao art. 39. *In*: BATISTELA, Marcos; BARBOSA, Maria Nazaré Lins; MARTINS, Ricardo Marcondes (coord.). *Comentários à Lei Orgânica do Município de São Paulo*: atualizada até a Emenda nº 42/2022. Belo Horizonte: Fórum, 2023. p. 118-119. ISBN 978-65-5518-497-6.

---

[222] Nesse sentido dispõe o art. 18, VI, do RICMSP: "Art. 18. Compete, ainda, ao Presidente (...) VI – promulgar as resoluções e decretos legislativos, bem como as leis com sanção tácita ou nos casos previstos no artigo 369;".
[223] SÃO PAULO. Resolução nº 2, de 26 de abril de 1991, RICMS. "Art. 242. Nenhum projeto será dado por definitivamente aprovado antes de passar por duas discussões e votações, além da redação final, quando for o caso, à exceção dos projetos passíveis de serem discutidos e votados conclusivamente pelas Comissões e dos projetos de resolução e de decreto legislativo, que sofrerão apenas uma discussão e votação."
[224] SÃO PAULO, LOMSP. "Art. 40 (...) §2º Os projetos de lei e a aprovação e alteração do Regimento Interno serão apreciadas em 2 (dois) turnos de discussão e votação."
[225] SÃO PAULO. Resolução nº 2, de 26 de abril de 1991, RICMS. "Art. 242. (...) §1º Nenhuma alteração, reforma ou substituição do Regimento Interno será dada por definitivamente aprovada sem que seja discutida em 2 (dois) turnos, com intervalo mínimo de 24 (vinte e quatro) horas entre eles."

Art. 40 A discussão e votação de matéria constante da Ordem do Dia só poderá ser efetuada com a presença da maioria absoluta dos membros da Câmara.

§1º – A aprovação da matéria em discussão, salvo as exceções previstas nesta Lei Orgânica, dependerá do voto favorável da maioria dos Vereadores presentes à sessão.

§2º – Os projetos de lei e a aprovação e alteração do Regimento Interno serão apreciadas em 2 (dois) turnos de discussão e votação

§3º – Dependerão do voto favorável da maioria absoluta dos membros da Câmara a aprovação e as alterações das seguintes matérias:

I – matéria tributária;

II – Código de Obras e Edificações e outros Códigos;

III – Estatuto dos Servidores Municipais;

IV – criação de cargos, funções e empregos da administração direta, autárquica e fundacional, bem como sua remuneração;

V – concessão de serviço público;

VI – concessão de direito real de uso;

VII – alienação de bens imóveis;

VIII – autorização para obtenção de empréstimo de particular, inclusive para as autarquias, fundações e demais entidades controladas pelo Poder Público;

IX – lei de diretrizes orçamentárias, plano plurianual e lei orçamentária anual;

X – aquisição de bens imóveis por doação com encargo;

XI – criação, organização e supressão de distritos e subdistritos, e divisão do território do Município em áreas administrativas;

XII – criação, estruturação e atribuição das Secretarias, Subprefeituras, Conselhos de Representantes e dos órgãos da Administração Pública;

XIII – realização de operações de crédito para abertura de créditos adicionais, suplementares ou especiais com finalidade precisa;

XIV – rejeição de veto;

XV – Regimento Interno da Câmara Municipal;

XVI – alteração de denominação de próprios, vias e logradouros públicos;

XVII – isenções de impostos municipais;

XVIII – todo e qualquer tipo de anistia;

XIX – concessão administrativa de uso. (Acrescentado pela Emenda nº 11/1991.)

§4º – Dependerão do voto favorável de 3/5 (três quintos) dos membros da Câmara as seguintes matérias:

I – disciplina do Parcelamento, Uso e Ocupação do Solo; (Alterado pela Emenda nº 42/2022.)

II – Plano Diretor;

III – Zoneamento geoambiental. (Acrescentado pela Emenda nº 20/2001.)

§5º – Dependerão do voto favorável de 2/3 (dois terços) dos membros da Câmara a aprovação e alterações das seguintes matérias:

I – rejeição do parecer prévio do Tribunal de Contas, referido no art. 48, inciso I;

II – destituição dos membros da Mesa;

III – emendas à Lei Orgânica;

IV – (Revogado pela Emenda nº 42/2022.);

V – moção de censura pública aos secretários e subprefeitos referida no inciso XXII do art. 14. (Acrescentado pela Emenda nº 08/1991.)

• •

CARLOS EDUARDO DE ARAUJO
ÉRICA CORREA BARTALINI DE ARAUJO

O dispositivo trata da regra de *quorum* para discussão e votação de matérias por parte do Plenário, órgão deliberativo e soberano da CMSP (art. 101 do RICMSP).[226] Atualmente, a CMSP é composta por 55 vereadores (art. 12 da LOMSP).[227]

As regras enunciadas pelo *caput* e pelo §1º do dispositivo em análise devem ser interpretadas conjuntamente com o art. 134 do RICMSP, a fim de dirimir quaisquer dúvidas sobre o quanto disposto.

Pelo art. 134 do RICMSP, "as sessões ordinárias e extraordinárias serão abertas após a constatação de verificação da presença de, no mínimo, um terço dos membros da Câmara e terão a duração de 4 horas, ressalvados os acréscimos regimentais".

Para a abertura da sessão, portanto, basta o *quorum* de um terço dos membros da Câmara (19 vereadores). Todavia, para a fase deliberativa da sessão, que envolve a discussão e a votação de matéria constante da Ordem do Dia, esse *quorum* é insuficiente, sendo necessária a presença de maioria absoluta dos membros da Câmara (28 vereadores). É o que dispõe o art. 40, *caput*, da LOM.

Já o §1º do dispositivo ora analisado denota que o *quorum* para a aprovação de matéria constante da ordem do dia, via de regra, é o de maioria simples (número de vereadores presentes na sessão). Frise-se que essa regra leva em consideração o quanto disposto no *caput*, isto é, maioria de presentes na sessão, levando-se em conta o mínimo de 28 vereadores presentes (art. 40, *caput*, LOM) para que uma propositura legislativa possa ser aprovada por maioria simples.

---

[226] SÃO PAULO. Resolução nº 02/1991, RICMS. "Art. 101. Plenário é o órgão deliberativo e soberano da Câmara, constituído pela reunião dos Vereadores em exercício, em local, forma e número estabelecidos neste Regimento."

[227] SÃO PAULO, LOMSP. "Art. 12. O Poder Legislativo é exercido pela Câmara Municipal, composta de 55 (cinquenta e cinco) Vereadores eleitos dentre os cidadãos maiores de 18 (dezoito) anos e no exercício dos direitos políticos."

O §2º trata da regra de discussão e votação de projetos de lei e de um caso específico de projeto de resolução. Os projetos de lei devem ser discutidos e votados em dois turnos de discussão e votação. Entre a primeira e a segunda votação deve haver, necessariamente, um intervalo mínimo de 48 horas (§2º, do art. 242, do RICMSP).[228]

O §2º do art. 40 da LOM também abarca a exceção à regra de discussão e votação de projetos de resolução, os quais, em geral, sofrem discussão e votação únicas (art. 242, *caput*, do RICMSP).[229] A exceção a essa disposição consiste exatamente no projeto de resolução que tenha por objeto a alteração do Regimento Interno. Nesse caso, diferentemente da regra, o projeto de resolução deverá ser discutido e votado em dois turnos.

Já o §3º do dispositivo em comento traz a primeira exceção ao §1º, que cuida do *quorum* de maioria simples como regra para a aprovação de proposituras legislativas. Tal parágrafo tem 19 incisos, os quais elencam, em um rol *numerus clausus*, as matérias que devem ser aprovadas por *quorum* de maioria absoluta dos membros da Câmara (28 vereadores). Trata-se de regra objetiva acerca do mérito da propositura que se pretende votar. Identificado um dos casos dispostos nos incisos do §3º, a aprovação fica condicionada ao *quorum* de maioria absoluta.

O §4º do art. 40 da LOM dispõe sobre a segunda exceção face ao quanto disposto pelo §1º. A regra de *quorum* contida nesse parágrafo condiciona a aprovação das matérias ali elencadas ao *quorum* qualificado de três quintos dos membros da Câmara (33 vereadores). Três incisos compõem esse parágrafo, os quais elencam as matérias (Parcelamento, Uso e Ocupação do Solo, Plano Diretor e Zoneamento Geoambiental) sujeitas a esse *quorum* qualificado de aprovação. Destaque para o inciso I desse artigo, que teve redação alterada pela Emenda à Lei Orgânica Municipal nº 42/2022, que substituiu a redação anteriormente existente – "zoneamento urbano" – pelo atual texto: "disciplina do Parcelamento, Uso e Ocupação do Solo".

O *quorum* estabelecido para as matérias elencadas no §4º necessita de especial atenção para outra regra também presente na LOM. Isso porque o *caput* do art. 46 da LOM[230] dispõe que a legislação referente a Plano Diretor e Zoneamento Urbano poderá ser alterada uma única vez por ano seguindo o *quorum* qualificado de três quintos dos membros da Câmara (§4º, art. 40, LOM). Entretanto, caso se deseje aprovar, no mesmo ano, um segundo projeto que trate dessas matérias (Plano Diretor e/ou Zoneamento Urbano), isso apenas será possível se atendidas duas condições: (i) que a propositura legislativa com tal objeto seja aprovada com o *quorum* estabelecido para a alteração da

---

[228] SÃO PAULO. Resolução nº 2, de 26 de abril de 1991, RICMS. "Art. 242. (...) §2º Haverá intervalo mínimo de 48 (quarenta e oito) horas entre a primeira e a segunda votação de todos os projetos de lei, ressalvado o previsto no Título XI deste Regimento."

[229] SÃO PAULO. Resolução nº 2, de 26 de abril de 1991, RICMS. "Art. 242. Nenhum projeto será dado por definitivamente aprovado antes de passar por duas discussões e votações, além da redação final, quando for o caso, à exceção dos projetos passíveis de serem discutidos e votados conclusivamente pelas Comissões e dos projetos de resolução e de decreto legislativo, que sofrerão apenas uma discussão e votação."

[230] SÃO PAULO, LOMSP. "Art. 46. A legislação referente ao Plano Diretor e ao zoneamento urbano poderá ser alterada uma vez por ano, observado o disposto no art. 41 desta lei. §1º Para os efeitos do presente artigo será considerado o ano em que a lei tenha sido aprovada pela Câmara Municipal. §2º Ficam excluídas do disposto no "caput" deste artigo as alterações constantes de leis específicas que atendam às seguintes condições: a) sejam aprovadas com o quórum estabelecido para a alteração da Lei Orgânica do Município; e b) contenham dispositivo que autorize a exclusão do previsto no *caput* deste artigo."

Lei Orgânica do município, que é de dois terços dos membros da Câmara, segundo o §5º, III, do art. 40 da LOM; e (ii) que o projeto de lei contenha dispositivo que autorize a exclusão do quanto previsto no *caput* do art. 46.

Dessa forma, caso se deseje votar, pela primeira vez no ano, projeto de lei atinente a Plano Diretor e Zoneamento Urbano, o *quorum* para aprovação será de três quintos dos membros da Câmara (33 vereadores). Todavia, havendo interesse em se aprovar uma nova propositura legislativa sobre essas matérias no mesmo ano, o *quorum* será ainda mais qualificado, segundo o disposto pelo art. 46, §2º, "a", da LOM, vale dizer, dois terços dos membros da Câmara (37 vereadores).

Note-se que a Emenda à LOM nº 42/2022, que alterou a redação do inciso I do §4º do art. 40 da LOM, substituindo a redação "zoneamento urbano" por "Parcelamento, Uso e Ocupação do Solo", não adotou a mesma providência na redação constante do art. 46. Não obstante, como as regras atinentes ao parcelamento, uso e ocupação do solo dizem respeito ao formato de zoneamento urbanístico definido, sobretudo, no Plano Diretor, entende-se que o disposto no art. 46 da LOM aplica-se para as matérias referentes a parcelamento, uso e ocupação do solo.

O último parágrafo que compõe esse dispositivo da LOM trata de regra ainda mais excepcional. O §5º elenca cinco incisos que cuidam de matérias que necessitam do *quorum* de dois terços dos membros da Câmara para sua aprovação (37 vereadores). Dependerão de *quorum* de dois terços dos membros da Câmara as seguintes matérias: rejeição do parecer prévio do Tribunal de Contas; destituição dos membros da Mesa Diretora; aprovação de emendas à Lei Orgânica; e moção de censura pública aos secretários e subprefeitos do município de São Paulo. A Emenda à LOM nº 42/2022 revogou o inciso IV do §5º, que dispunha acerca da concessão de título de cidadão honorário ou qualquer outra honraria ou homenagem, matéria esta que não mais possui *quorum* qualificado de dois terços dos membros da Câmara para a sua aprovação.

Ainda acerca dos *quorum* qualificados previstos nos parágrafos 4º e 5º do art. 40 da LOM, é importante destacar uma regra regimental disposta pelo §4º do art. 287 do RICMSP.[231] Segundo o §4º de referido dispositivo regimental, serão considerados rejeitados: (i) os projetos que, necessitando de *quorum* de três quintos para aprovação, tiverem mais de dois quintos de votos contrários; e (ii) os projetos que, necessitando de *quorum* de dois terços para aprovação, tiverem mais de um terço de votos contrários.

Trata-se de hipótese a ser observada, no momento da votação, nos casos em que não se alcançou *quorum* de aprovação em matéria que se exigia quórum qualificado de três quintos e dois terços)dos membros da Câmara (parágrafos 4º e 5º do art. 40 da LOM). Havendo tal situação, ou seja, não tendo a propositura legislativa sido aprovada, visto que o *quorum* qualificado exigido não foi alcançado, não ficará ela pendente de votação, sendo considerada rejeitada caso a quantidade de votos contrários, prevista pelo §4º do art. 287 do RICMSP, seja atingida.

As regras de *quorum*, portanto, possuem natureza objetiva e devem ser observadas para que a aprovação de determinada propositura legislativa seja realizada em

---

[231] SÃO PAULO. Resolução nº 2, de 26 de abril de 1991, RICMS. "Art. 287. (…) §4º Serão considerados rejeitados: I – os projetos que, necessitando quórum de 3/5 (três quintos) para aprovação, tiverem mais de 2/5 (dois quintos) de votos contrários; II – os projetos que, necessitando quórum" de 2/3 (dois terços) para aprovação, tiverem mais de 1/3 (um terço) de votos contrários."

consonância com o disposto pela LOM, sob pena de violação às regras de processo legislativo dispostas para o município de São Paulo.

Informação bibliográfica deste texto, conforme a NBR 6023:2018 da Associação Brasileira de Normas Técnicas (ABNT):

ARAUJO, Carlos Eduardo de; ARAUJO, Érica Correa Bartalini de. Comentários ao art. 40. *In*: BATISTELA, Marcos; BARBOSA, Maria Nazaré Lins; MARTINS, Ricardo Marcondes (coord.). *Comentários à Lei Orgânica do Município de São Paulo*: atualizada até a Emenda nº 42/2022. Belo Horizonte: Fórum, 2023. p. 120-124. ISBN 978-65-5518-497-6.

Art. 41 A Câmara Municipal, através de suas Comissões Permanentes, na forma regimental e mediante prévia e ampla publicidade, convocará obrigatoriamente pelo menos 2 (duas) audiências públicas durante a tramitação de projetos de leis que versem sobre:

I – Plano Diretor;

II – plano plurianual;

III – diretrizes orçamentárias;

IV – orçamento;

V – matéria tributária;

VI – disciplina do Parcelamento, Uso e Ocupação do Solo e zoneamento ambiental; (Alterado pela Emenda nº 42/2022.)

VII – Código de Obras e Edificações;

VIII – política municipal de meio-ambiente;

IX – plano municipal de saneamento;

X – sistema de vigilância sanitária, epidemiológica e de saúde do trabalhador.

XI – atenção relativa à Criança e ao Adolescente. (Acrescentado pela Emenda nº 17/1994.)

§1º – A Câmara poderá convocar uma só audiência englobando dois ou mais projetos de leis relativos à mesma matéria.

§2º – Serão realizadas audiências públicas durante a tramitação de outros projetos de leis mediante requerimento de 0,1% (um décimo por cento) de eleitores do Município.

ANA PAULA SABADIN DOS SANTOS TALAVEIRA MEDINA

A elaboração da LOMSP foi marcada pelo mesmo espírito de democratização que igualmente caracterizou a Constituição Federal de 1988 e a Constituição do Estado de São Paulo de 1989. Dessa forma, mecanismos de participação popular na elaboração de leis e políticas públicas previstos da Lei Orgânica, a exemplo do referendo, do plebiscito, da iniciativa popular, dos conselhos de representantes e das audiências públicas, encontram-se alinhados com disposições inscritas na Constituição Federal e no texto da Carta Estadual que igualmente contemplam a participação popular.[232]

---

[232] BRELÀZ, Gabriela de. A Lei orgânica do município e a participação em São Paulo. *Cadernos Jurídicos da Escola Paulista da Magistratura*, São Paulo, ano 18, n. 46, p. 89, jan./mar. 2017.

Entre os mecanismos previstos na LOMSP, o art. 41 prevê especificamente as audiências públicas, as quais, nas hipóteses de projetos de lei que versem sobre as matérias elencadas nos incisos I a XII, são de realização obrigatória e integram o processo legislativo.

As audiências públicas constituem um importante mecanismo de exercício da democracia, representando uma expressão do princípio da democracia participativa (art. 1º, parágrafo único, da Constituição Federal). Dessa forma, correspondem a um meio para que a sociedade civil tenha conhecimento do conteúdo da matéria legislativa e sobre ela possa se manifestar, proporcionando aos legisladores maiores esclarecimentos no que tange à vontade popular.

Além disso, as audiências públicas têm por finalidade conferir maiores informações aos membros do Poder Legislativo sobre a matéria em tramitação, tendo em vista constituir instrumento destinado a fornecer maiores esclarecimentos, dados e documentos sobre a matéria que será objeto de deliberação.

Quanto ao tema, importa observar que as normas procedimentais gerais atinentes à realização das audiências públicas encontram-se previstas no Regimento Interno do Poder Legislativo Paulistano, cabendo destacar a ausência de previsão legal expressa acerca de lapso temporal prévio de chamamento das referidas audiências, matéria esta que se insere na seara de competência privativa do Poder Legislativo. Assim, constitui patente violação ao princípio constitucional da Separação dos Poderes (art. 2º da Constituição Federal) a pretensão de fixação de forma de convocação não prevista na legislação, conforme já entendeu o E. Tribunal de Justiça de São Paulo ao apreciar a matéria.[233]

De destaque, ainda, precedente do C. Órgão Especial do Tribunal de Justiça de São Paulo no sentido de que o dispositivo em análise exige que as audiências públicas se realizem durante a tramitação do projeto de lei, nada impedindo, portanto, que tal ocorra entre os dois turnos de discussão e votação da proposituta.[234]

Informação bibliográfica deste texto, conforme a NBR 6023:2018 da Associação Brasileira de Normas Técnicas (ABNT):

MEDINA, Ana Paula Sabadin dos Santos Talaveira. Comentários ao art. 41. *In*: BATISTELA, Marcos; BARBOSA, Maria Nazaré Lins; MARTINS, Ricardo Marcondes (coord.). *Comentários à Lei Orgânica do Município de São Paulo*: atualizada até a Emenda nº 42/2022. Belo Horizonte: Fórum, 2023. p. 125-126. ISBN 978-65-5518-497-6.

---

[233] Agravo de Instrumento nº 2258993-91.2018.8.26.0000, 3ª Câmara de Direito Público do Tribunal de Justiça de São Paulo, Des. Rel. Maurício Fiorito, j. 09.04.2019.

[234] Mandado de Segurança nº 43.417-0/8, Órgão Especial do Tribunal de Justiça de São Paulo, Rel. Des. Dante Busana, j. 09.09.1998.

Art. 42 Aprovado o projeto de lei, na forma regimental, será enviado ao Prefeito que, aquiescendo, o sancionará e promulgará.

§1º – Se o Prefeito julgar o projeto, no todo ou em parte, inconstitucional ou contrário ao interesse público, vetá-lo-á total ou parcialmente, no prazo de 15 (quinze) dias úteis contados da data do recebimento, e comunicará, dentro de 48 (quarenta e oito) horas, ao Presidente da Câmara Municipal os motivos do veto.

§1º-A. O veto parcial somente abrangerá texto integral de artigo, de parágrafo, de inciso ou de alínea. (Acrescentado pela Emenda nº 42/2022.)

§2º – Sendo negada a sanção, as razões do veto serão comunicadas ao Presidente da Câmara Municipal e publicadas.

§3º – Decorrido o prazo de 15 (quinze) dias, sem a sanção do Prefeito, observar-se-á o disposto no §7º deste artigo.

§4º – Esgotado, sem deliberação, o prazo estabelecido no parágrafo anterior, o veto será incluído na Ordem do Dia da sessão imediata, sobrestadas as demais proposições, até sua votação final.

§5º – A Câmara Municipal deliberará sobre o veto, em um único turno de votação e discussão, no prazo de 30 (trinta) dias de seu recebimento, só podendo ser rejeitado pelo voto da maioria absoluta dos vereadores.

§6º – Se o veto não for mantido, será o projeto enviado ao Prefeito para, em 48 (quarenta e oito) horas, promulgá-lo.

§7º – Se a lei não for promulgada pelo Prefeito, nos casos dos §§3º e 5º, o Presidente da Câmara Municipal a promulgará e, se este não o fizer em igual prazo, caberá aos demais membros da Mesa, nas mesmas condições, fazê-lo, observada a precedência dos cargos.

LILIAN VARGAS PEREIRA POÇAS

Após a aprovação do projeto de lei pela Câmara Municipal, há o envio ao Prefeito, para que, caso concorde com o projeto, o sancione ou, na hipótese de ser contrário ao quanto deliberado pelo Legislativo, aponha seu veto. No regimento interno da CMSP, a disciplina de sanção, veto, promulgação e registro de leis, decretos legislativos e resoluções encontra-se no art. 360 e seguintes.

Sanção é a concordância do Chefe do Poder Executivo com o teor do projeto de lei aprovado pelo Poder Legislativo. A sanção não tem o condão de sanar eventual vício de inconstitucionalidade formal. A mera vontade do Chefe do Executivo é juridicamente insuficiente para convalidar chagas provenientes do descumprimento da Constituição.[235]

---

[235] BULOS, Uadi Lammêgo. *Curso de Direito Constitucional*. 6. ed. São Paulo: Saraiva. p. 1.164.

Veto é a discordância do Chefe do Executivo com o projeto de lei aprovado pelo Legislativo. O veto é irretratável e a doutrina discorre se sua natureza jurídica é a de um direito, dever ou poder-dever.[236] Debate-se, também, se seria um ato administrativo ou legislativo.[237]

Veto pode ser total, recaindo sobre todo o projeto, ou parcial, ou seja, o Prefeito pode vetar texto integral de artigo, parágrafo, inciso ou alínea. Não é possível apor veto a termos, frases ou expressões isoladas do projeto de lei. A fim de não deixar dúvidas quanto à abrangência do veto parcial, foi incluído o §1º-A ao art. 42 (Emenda à Lei Orgânica nº 42/2022), o qual dispõe expressamente que "o veto parcial somente abrangerá texto integral de artigo, de parágrafo, de inciso ou de alínea".

Quando o projeto é rejeitado sob o argumento de inconstitucionalidade, temos o exercício do veto em sentido formal ou veto jurídico. Se o projeto de lei for tido como contrário ao interesse público, trata-se do veto material ou político.

O veto é analisado pelo Poder Legislativo e, com a concordância da maioria absoluta do plenário, poderá ser rejeitado, oportunidade em que o projeto legislativo é encaminhado ao Prefeito para que, em 48 horas, promulgue a lei.[238]

No silêncio do Chefe do Executivo sobre seu aceite ou não ao projeto de lei aprovado pela Câmara Municipal, este é sancionado tacitamente, decorrido o prazo de 15 dias, contados a partir do primeiro dia útil após o recebimento do projeto de lei pelo Prefeito (art. 360, parágrafo único, do RICMSP).

Se a lei não for promulgada pelo Prefeito, seja no caso de derrubada do veto pelo plenário da Câmara Municipal, seja na hipótese de transcurso do prazo legal para sanção ou veto, o Presidente da Câmara Municipal a promulgará e, se este não o fizer em igual prazo (15 dias contados a partir do primeiro dia útil após o recebimento), caberá aos demais membros da Mesa Diretora da Câmara Municipal, nas mesmas condições, fazê-lo, observada a precedência dos cargos (conforme dispõe o art. 369 do RICMSP).

Informação bibliográfica deste texto, conforme a NBR 6023:2018 da Associação Brasileira de Normas Técnicas (ABNT):

POÇAS, Lilian Vargas Pereira. Comentários ao art. 42. *In*: BATISTELA, Marcos; BARBOSA, Maria Nazaré Lins; MARTINS, Ricardo Marcondes (coord.). *Comentários à Lei Orgânica do Município de São Paulo*: atualizada até a Emenda nº 42/2022. Belo Horizonte: Fórum, 2023. p. 127-128. ISBN 978-65-5518-497-6.

---

[236] NOVELINO, Marcelo. Manual de Direito Constitucional. 9. ed. Salvador: Método, 2014. p. 803.
[237] CIRNE, Mariana Barbosa. A relevância jurídica dos vetos presidenciais. *Revista de Informação Legislativa*, Brasília, DF, v. 56, n. 224, p. 105-126, out./dez. 2019. Disponível em: www12.senado.leg.br/ril/edicoes/56/224/ril_v56_n224_p105. Acesso em: 25 maio 2022.
[238] José Afonso da Silva, a esse respeito, explica que o veto é relativo, por não trancar de modo absoluto o andamento do projeto (*Curso de Direito Constitucional Positivo*. 27. ed. São Paulo: Malheiros, 2006. p. 528).

Art. 43 O projeto de lei que receber parecer contrário, quanto ao mérito, de todas as Comissões, será tido como rejeitado, salvo com recurso para o Plenário, nos termos do Regimento Interno.

LILIAN VARGAS PEREIRA POÇAS

O disposto pelo art. 43 é repetido *ipsis litteris* no art. 80 do Regimento Interno da Câmara Municipal de São Paulo. É importante analisar tal dispositivo em sintonia com o RICMSP, sobretudo com o art. 79, o qual discorre sobre a situação na qual a Comissão de Constituição, Justiça e Legislação Participativa aprova parecer pela ilegalidade ou inconstitucionalidade de qualquer proposição. Nessa hipótese, o projeto será arquivado, não podendo seguir em tramitação.

A Comissão de Constituição, Justiça e Legislação Participativa é a primeira comissão pela qual tramitará qualquer proposição apresentada na Câmara Municipal (exceto projeto que verse sobre a LOA e LDO, cuja tramitação é regida pelo art. 330 do Regimento Interno, iniciando-se pela Comissão de Finanças e Orçamento). O art. 47 do Regimento Interno prevê que compete à Comissão de Constituição, Justiça e Legislação Participativa "opinar sobre o aspecto constitucional, legal e regimental das proposições, as quais não poderão tramitar na Câmara sem seu parecer".

Dessa forma, aprovado o parecer pela ilegalidade ou inconstitucionalidade de uma propositura, esta será encaminhada ao arquivo. O mesmo ocorre se, após o parecer favorável da Comissão de Constituição, Justiça e Legislação Participativa, durante a tramitação do projeto, todas as demais comissões de mérito manifestam-se desfavoravelmente ao projeto.

Entretanto, o parágrafo único ao art. 79 do Regimento Interno prevê a possibilidade de recurso ao plenário, apresentado pelo autor da proposição, para reverter os arquivamentos e retomar a tramitação de propositura que tenha recebido parecer contrário da Comissão de Constituição, Justiça e Legislação Participativa ou das comissões de mérito. O referido recurso, para ser acolhido, dependerá do voto favorável da maioria dos vereadores presentes à sessão (art. 40, §1º, LMO).

Informação bibliográfica deste texto, conforme a NBR 6023:2018 da Associação Brasileira de Normas Técnicas (ABNT):

POÇAS, Lilian Vargas Pereira. Comentários ao art. 43. *In*: BATISTELA, Marcos; BARBOSA, Maria Nazaré Lins; MARTINS, Ricardo Marcondes (coord.). *Comentários à Lei Orgânica do Município de São Paulo*: atualizada até a Emenda nº 42/2022. Belo Horizonte: Fórum, 2023. p. 129. ISBN 978-65-5518-497-6.

Art. 44 A iniciativa dos cidadãos prevista nos arts. 5º, 36 e 37 desta Lei, será exercida obedecidos os seguintes preceitos:

I – para projetos de emendas à Lei Orgânica e de lei de interesse específico do Município, da cidade ou de bairros, será necessária a manifestação de pelo menos 5% (cinco por cento) do eleitorado;

II – para requerer à Câmara Municipal a realização do plebiscito sobre questões de relevante interesse do Município, da cidade ou de bairros, bem como para a realização de referendo sobre lei, será necessária a manifestação de pelo menos 1% (um por cento) do eleitorado.

§1º – O Regimento Interno da Câmara Municipal assegurará tramitação especial e urgente às proposituras previstas nos incisos I e II deste artigo, garantindo a defesa oral a representante dos seus respectivos responsáveis.

§2º – A Câmara emitirá parecer sobre o Requerimento de que trata o inciso II deste artigo e encaminhará, num prazo não superior a 30 (trinta) dias, o pedido de realização do plebiscito ou do referendo ao Tribunal Regional Eleitoral, assegurada a divulgação dos argumentos favoráveis e contrários à lei ou à proposta a ser submetida à consulta popular.

LILIAN VARGAS PEREIRA POÇAS

O art. 44 elenca os requisitos para o exercício, pelos cidadãos, do direito de iniciar o processo legislativo. Tal prerrogativa foi inaugurada com a Constituição Federal de 1988 (art. 14, Constituição Federal).

O RICMSP descreve a tramitação de projetos de iniciativa popular no art. 315 e seguintes, assegurando expressamente a tais proposituras "tramitação especial e urgente".

A iniciativa popular pode ser exercida para propor projeto de lei ou projeto de emenda à lei orgânica, desde que subscrito por, pelo menos, 5% (cinco por cento) do eleitorado municipal (em sintonia com art. 29, XIII, da Constituição Federal).

Segundo o *site* do TRE, há 9.296.447 eleitores no município de São Paulo, número atualizado até dezembro de 2022 (informação disponível em: www.tre-sp.jus.br/eleicoes/estatisticas/estatisticas; acesso em: 4 jan. 2023).

Também cabe a iniciativa popular para pleitear a realização de plebiscito ou referendo. Neste caso, exige-se que o pedido venha subscrito por, pelo menos, 1% do eleitorado municipal.

O Regimento Interno, em seu art. 317, §1º e §2º, determina que a subscrição dos eleitores será feita em listas organizadas por, pelo menos, uma entidade legalmente constituída, com sede nesta cidade, ou 30 cidadãos com domicílio eleitoral no

Município, que se responsabilizarão pela idoneidade das subscrições. As assinaturas ou impressões digitais dos eleitores, com número de inscrição, zona e seção eleitoral, serão apostas em formulários impressos, cada um contendo, em seu verso, o texto completo da propositura apresentada e a indicação das entidades ou cidadãos responsáveis. É imprescindível que as zonas e seções eleitorais correspondam ao Município de São Paulo e que os formulários em que são apostas as assinaturas dos eleitores contenham os textos do projeto a ser apresentado para tramitação.

Terminada a subscrição, a propositura será protocolada na Câmara Municipal, a partir do que terá início processo legislativo próprio. A Secretaria da Mesa verificará, no prazo de 5 dias, se foram cumpridas as exigências. Constatada a falta da entidade ou dos 30 cidadãos responsáveis ou a ausência do número legal de subscrições, a Secretaria da Mesa devolverá a propositura completa aos seus promotores, que deverão recorrer, no prazo de 30 dias, à Mesa da Câmara, que decidirá, em igual prazo, sobre sua aceitação, garantida, em qualquer hipótese, a reapresentação do projeto após suprida a falta.

Visando garantir a tramitação mais rápida possível, logo após a leitura da propositura no plenário, ela será despachada pelo Presidente às Comissões competentes para um parecer conjunto. Cada Comissão competente, no mesmo dia, designará um relator, escolhido por sorteio entre seus membros, que terão o prazo de até 7 dias improrrogáveis para se manifestarem.

Após a apresentação dos relatórios, é realizada audiência pública (art. 320 do Regimento Interno). Após a realização de audiência, os relatórios das Comissões serão colocados a votos. O projeto e os pareceres das Comissões, mesmo quando contrários, serão encaminhados ao Plenário. O parecer da Comissão de Constituição, Justiça e Legislação Participativa que concluir pela inconstitucionalidade será objeto de deliberação inicial, sendo considerado rejeitado o projeto, se aprovado o parecer pelo Plenário.

O art. 322 do Regimento Interno estabelece que "do resultado da deliberação em Plenário será dado conhecimento às entidades ou aos cidadãos responsáveis pela propositura".

Informação bibliográfica deste texto, conforme a NBR 6023:2018 da Associação Brasileira de Normas Técnicas (ABNT):

POÇAS, Lilian Vargas Pereira. Comentários ao art. 44. *In*: BATISTELA, Marcos; BARBOSA, Maria Nazaré Lins; MARTINS, Ricardo Marcondes (coord.). *Comentários à Lei Orgânica do Município de São Paulo*: atualizada até a Emenda nº 42/2022. Belo Horizonte: Fórum, 2023. p. 130-131. ISBN 978-65-5518-497-6.

Art. 45 As questões relevantes aos destinos do Município poderão ser submetidas a plebiscito ou referendo por proposta do Executivo, por 1/3 (um terço) dos vereadores ou por pelo menos 2% (dois por cento) do eleitorado, decidido pelo Plenário da Câmara Municipal. (Alterado pela Emenda nº 24/2001.)

RAIMUNDO BATISTA

De acordo com o parágrafo único do art. 1º da Constituição Federal, "todo poder emana do povo, que o exerce por meio de representantes eleitos, ou diretamente, nos termos desta Constituição".

Já o art. 14 da Constituição Federal prevê que "a soberania popular será exercida pelo sufrágio universal e pelo voto secreto, com valor igual para todos, e, nos termos da lei, mediante: (i) plebiscito; (ii) referendo; (iii) iniciativa popular".

Tal comando constitucional também foi reproduzido na Lei Maior local, que no art. 5º estabelece que o Poder Municipal pertence ao povo, que o exerce por meio de representantes eleitos e pelo plebiscito e referendo.

Da leitura dos dispositivos supracitados, depreende-se que a República Federativa do Brasil adota a democracia representativa, na qual o povo participa do sistema eleitoral por meio do voto, elegendo representantes que agirão em seu nome como instrumentos da participação direta do cidadão nas decisões sobre os destinos do País (plebiscito, referendo e iniciativa popular).

O plebiscito, o referendo e a iniciativa popular, portanto, são mecanismos ou institutos da Democracia direta. O constituinte de 1988 adotou a democracia semidireta, que é a junção da democracia representativa com institutos da democracia direta.

O plebiscito, conforme definição de Dirly da Cunha Junior,[239] é a consulta popular prévia acerca de determinada questão política ou programa governamental; o referendo é consulta popular *a posteriori* destinada a obter do povo a ratificação ou não de proposta legislativa já aprovada ou programa já adotado; e a iniciativa popular é prerrogativa atribuída ao povo de diretamente apresentar projeto de lei ao Poder Legislativo, atendidas certas condições.

É de sublinhar que a LOMSP traz como legitimados ou capacitados para requerer a realização de plebiscito ou referendo as seguintes pessoas: o Executivo, um torço dos vereadores e 2% do eleitorado.

Pode ser submetida à realização de plebiscito ou referendo qualquer questão relevante para os destinos da Cidade, que dependerá de aprovação do Poder Legislativo.

---

[239] CUNHA JÚNIOR, Dirley. *Curso de Direito Constitucional*. 14. ed., rev., ampl. e atual. Salvador: Juspodivm, 2020.

O art. 10 da LOM dispõe que o Legislativo e o Executivo deverão propor a convocação de plebiscitos antes da discussão e aprovação de obras de valor elevado ou que tenham significativo impacto ambiental, conforme disposto em lei.

Somente em 1998 foi editada a Lei nº 9.709, que veio regulamentar a execução do disposto nos incisos I, II e III, do art. 14 da Constituição Federal (plebiscito, referendo e iniciativa popular).

O art. 6º da mencionada lei estabelece que, nas questões de competência dos Estados, do Distrito Federal e dos Municípios, o plebiscito e o referendo serão convocados de conformidade, respectivamente, com a Constituição Estadual e a LOM.

O referido diploma legal sobre a operacionalização do plebiscito ou referendo mencionou que, aprovada a convocação, deveria ser dada ciência à Justiça Eleitoral, a quem competiria fixar a data e expedir instruções para a realização da consulta.

A Resolução do TSE nº 23.385/2012 disciplinou a matéria da seguinte forma:

> Art. 4º A consulta popular a que se refere esta resolução realizar-se-á, por sufrágio universal e voto direto e secreto, concomitantemente com o primeiro turno das eleições ordinárias subsequentes à edição do ato convocatório.

Finalmente, a Emenda Constitucional nº 111/2021 constitucionalizou o procedimento a ser adotado pela Justiça Eleitoral para realizar a consulta popular, acrescentando os §12 e §13 ao art. 14 da Constituição Federal:

> Art. 14. (...)
>
> §12. Serão realizadas concomitantemente às eleições municipais as consultas populares sobre questões locais aprovadas pelas Câmaras Municipais e encaminhadas à Justiça Eleitoral até 90 (noventa) dias antes da data das eleições, observados os limites operacionais relativos ao número de quesitos.
>
> §13. As manifestações favoráveis e contrárias às questões submetidas às consultas populares nos termos do §12 ocorrerão durante as campanhas eleitorais, sem a utilização de propaganda gratuita no rádio e na televisão. (NR)

As consultas populares agora poderão ser efetivadas com maior presteza, eis que não ficará na dependência de avaliação de condições para tanto por da Justiça Eleitoral.

Informação bibliográfica deste texto, conforme a NBR 6023:2018 da Associação Brasileira de Normas Técnicas (ABNT):

BATISTA, Raimundo. Comentários ao art. 45. *In*: BATISTELA, Marcos; BARBOSA, Maria Nazaré Lins; MARTINS, Ricardo Marcondes (coord.). *Comentários à Lei Orgânica do Município de São Paulo*: atualizada até a Emenda nº 42/2022. Belo Horizonte: Fórum, 2023. p. 132-133. ISBN 978-65-5518-497-6.

Art. 46 A legislação referente ao Plano Diretor e ao zoneamento urbano, poderá ser alterada uma vez por ano, observado o disposto no art. 41 desta Lei.

§1º – Para os efeitos do presente artigo será considerado o ano em que a lei tenha sido aprovada pela Câmara Municipal.

§2º – Ficam excluídas do disposto no *caput* deste artigo as alterações constantes de leis específicas que atendam às seguintes condições:

a) sejam aprovadas com o *quorum* estabelecido para a alteração da Lei Orgânica do Município; e

b) contenham dispositivo que autorize a exclusão do previsto no *caput* deste artigo". (Alterado pela Emenda nº 18/1995.)

ANA PAULA SABADIN DOS SANTOS TALAVEIRA MEDINA

A regra inscrita no artigo em questão pretende conferir perenidade à legislação que disponha sobre as temáticas "Plano Diretor" e "zoneamento", a fim de se assegurar tempo hábil para que as normas urbanísticas possam ser implantadas e, ainda, surtam resultados previamente a sua modificação.

Contudo, caso observados os requisitos inscritos no §2º do dispositivo, a limitação inscrita no *caput* à eventual alteração legislativa pode ser afastada. Tal medida se justifica em razão do dinamismo que caracteriza o processo urbanístico, motivo pelo qual não seria razoável engessar completamente a legislação e torná-la inflexível a mudanças necessárias ao adequado desenvolvimento urbano da cidade. Do parágrafo em questão nota-se, ainda, a atenção para que as alterações ocorram sem descuido em sua análise, tendo em vista o estabelecimento de *quorum* qualificado para a modificação da legislação.

Informação bibliográfica deste texto, conforme a NBR 6023:2018 da Associação Brasileira de Normas Técnicas (ABNT):

MEDINA, Ana Paula Sabadin dos Santos Talaveira. Comentários ao art. 46. *In*: BATISTELA, Marcos; BARBOSA, Maria Nazaré Lins; MARTINS, Ricardo Marcondes (coord.). *Comentários à Lei Orgânica do Município de São Paulo*: atualizada até a Emenda nº 42/2022. Belo Horizonte: Fórum, 2023. p. 134. ISBN 978-65-5518-497-6.

Seção VII
Da Fiscalização Contábil, Financeira e Orçamentária

Art. 47 A fiscalização contábil, financeira, orçamentária, operacional e patrimonial do Município e das entidades da administração direta e indireta, quanto à legalidade, legitimidade, economicidade, aplicação das subvenções e renúncia de receitas, será exercida pela Câmara Municipal, mediante controle externo e pelo sistema de controle interno dos Poderes Executivo e Legislativo.

§1º – Prestará contas qualquer pessoa física ou jurídica, de direito público ou de direito privado, que utilize, arrecade, guarde, gerencie ou administre dinheiro, bens e valores públicos ou pelas quais o Município responda, ou que, em nome deste, assuma obrigações de natureza pecuniária.

§2º – As contas do Município ficarão disponíveis, inclusive por meios eletrônicos, durante todo o exercício, na Câmara Municipal e no órgão técnico responsável pela sua elaboração, para consulta e apreciação pelos cidadãos e instituições da sociedade, os quais poderão questionar-lhe a legitimidade, nos termos da lei. (Alterado pela Emenda nº 24/2001.)

CINTIA TALARICO DA CRUZ CARRER

DANIELLE PIACENTINI STIVANIN

O referido dispositivo da LOMSP cumpre determinação prevista pelo art. 31 da Constituição Federal especificamente para os Municípios. O referido comando previsto para a administração federal no art. 71 do texto constitucional deve ser observado por simetria, no texto da constituição estadual e nas leis orgânicas municipais, no que tange à fiscalização contábil, financeira e orçamentária.

> Art. 31. A fiscalização do Município será exercida pelo Poder Legislativo Municipal, mediante controle externo, e pelos sistemas de controle interno do Poder Executivo Municipal, na forma da lei.
>
> §1º – O controle externo da Câmara Municipal será exercido com o auxílio dos Tribunais de Contas dos Estados ou do Município ou dos Conselhos ou Tribunais de Contas dos Municípios, onde houver.
>
> §2º – O parecer prévio, emitido pelo órgão competente sobre as contas que o Prefeito deve anualmente prestar, só deixará de prevalecer por decisão de dois terços dos membros da Câmara Municipal.

§3º – As contas dos Municípios ficarão, durante 60 dias (sessenta) dias, anualmente, à disposição de qualquer contribuinte, para exame e apreciação, o qual poderá questionar-lhes a legitimidade, nos termos da lei.

§4º – é vedada a criação de Tribunais, Conselhos ou órgãos de Contas Municipais.

O controle financeiro e orçamentário dos gastos públicos é realizado internamente pelo próprio Poder Executivo ou Legislativo sobre seu orçamento e externamente pelo Poder Legislativo sobre os gastos do Poder Executivo, já que são utilizados valores decorrentes de recursos públicos.

Além de competir a cada órgão do Poder uma função típica, também reflexo da teoria da separação de Poderes de Montesquieu é o sistema de *"checks and balances"* pelo qual um Poder controla o outro evitando a prática dos abusos.

Em matéria de contas públicas, este controle recíproco se apresenta com o dever que o Chefe do Poder Executivo tem de prestar contas ao Poder Legislativo do uso que conferiu ao dinheiro público que, na verdade, pertence ao povo. Fala-se, portanto, na função de controle externo que o Legislativo realiza sobre as contas prestadas pelo Executivo.[240]

O art. 47 da LOM trata da função fiscalizadora da Câmara Municipal, que cumpre essa importante função com o auxílio do Tribunal de Contas Município.

À Câmara Municipal compete o acompanhamento da execução do orçamento do Município e verificar a legalidade e legitimidade dos atos do Poder Executivo. É função dos vereadores a avaliação permanentemente sobre a gestão e as ações do Prefeito.

Essa fiscalização pelo Poder Legislativo tem por objeto a legalidade, a legitimidade, a economicidade, a aplicação de subvenções e a renúncia de receitas.

A justificativa para essa fiscalização lato sensos finca-se no princípio da legalidade (CF, arts. 5º, II, e 37, *caput*).

Qualquer ato dos Poderes Públicos deve sujeitar-se ao império da lei, em sentido formal e material. Busca-se, assim, o controle das finanças públicas – finalidade precípua dos preceitos constitucionais consubstanciados nos arts. 70ª 75 da Carta Suprema.

Mas não é apenas a legalidade o objeto da fiscalização contábil, financeira, orçamentária, patrimonial e operacional dos direitos públicos.

Nesse campo, também se deve observar o respeito aos princípios da impessoalidade, moralidade, publicidade, eficiência, finalidade e boa-fé, com vistas ao fomento de uma Administração Pública de resultados.[241]

A fiscalização pelo Legislativo objetiva conferir se há validade formal e material dos atos administrativos, se houve renúncia de receitas, de que forma ocorreram as despesas, se as finanças estão sendo geridas de acordo com previsão legal, com equilíbrio entre despesa e receita.

---

[240] FAGUNDES, Tatiana Penharrubia. *O controle das contas municipais*. 2012. Tese (Doutorado) – Faculdade de Direito da Universidade de São Paulo, São Paulo, 2012. Disponível em: www.teses.usp.br/teses/disponiveis/2/2134/tde-15032013-090553/pt-br.php. Acesso em: 4 jan. 2023.

[241] BULOS. *Curso de Direito Constitucional*, p. 1.209.

No âmbito municipal, a fiscalização do dinheiro público utilizado não apenas pelo Poder Público, mas por particulares que recebem recursos públicos é efetuada de diversas formas por meio das Comissões temáticas, além das CPIs, que, entre outras atribuições, poderão requerer informações oficiais, realizar audiências públicas, convocar autoridades e pedir informações, cópias de documentos e contratos.

Ademais, a lei em comento, ao prescrever em seu §2º que as contas do município estarão abertas à consulta e apreciação pelos cidadãos e instituições da sociedade, mostrou-se arrojada, tendo em vista que estabeleceu preceitos que foram além do que estabeleceu a Constituição Federal em seu art. 31, §3º. Isso porque a LOM não estabeleceu prazo para consulta das contas públicas e ainda permitiu que ficassem disponíveis pelos meios eletrônicos, ampliando, sobretudo, a transparência e o acesso ao orçamento público por parte da população e demais interessados. Dessa forma, tal disposição encontra-se em consonância com outros diplomas legais federais, como a LC nº 101/2000 (Lei de Responsabilidade Fiscal), bem como a Lei nº 12.527/2011, que regulou o direito ao acesso à informação pública, consubstanciando-se em mais um instrumento de garantia da transparência administrativa.

Informação bibliográfica deste texto, conforme a NBR 6023:2018 da Associação Brasileira de Normas Técnicas (ABNT):

CARRER, Cintia Talarico da Cruz; STIVANIN, Danielle Piacentini. Comentários ao art. 47. In: BATISTELA, Marcos; BARBOSA, Maria Nazaré Lins; MARTINS, Ricardo Marcondes (coord.). *Comentários à Lei Orgânica do Município de São Paulo*: atualizada até a Emenda nº 42/2022. Belo Horizonte: Fórum, 2023. p. 135-137. ISBN 978-65-5518-497-6.

Art. 48 O controle externo, a cargo da Câmara Municipal, será exercido com o auxílio do Tribunal de Contas do Município de São Paulo, ao qual compete:

I – apreciar contas prestadas anualmente pelo Prefeito, pela Mesa da Câmara e pelo próprio Tribunal, que serão apresentadas obrigatoriamente até 31 de março de cada exercício, mediante parecer prévio informativo, que deverá ser elaborado e enviado à Câmara Municipal no prazo máximo de 120 (cento e vinte) dias, contados da data de seu recebimento, já incluídos nesse prazo eventuais diligências e apreciação definitiva de recursos administrativos. (Alterado pela Emenda nº 29/2007.)

II – apreciar, através de parecer, as contas dos administradores e demais responsáveis por dinheiro, bens e valores públicos, da administração direta, autarquias, empresas públicas e sociedades de economia mista, incluídas as fundações instituídas ou mantidas pelo Poder Público Municipal, e as contas daqueles que derem causa a perda, extravio ou outra irregularidade de que resulte prejuízo ao erário;

(Ação Direta de Inconstitucionalidade nº 11.754-0/6 – O Tribunal de Justiça julgou procedente em parte a demanda para o fim de declarar a inconstitucionalidade dos incisos II e XII do art. 48.)

III – apreciar, para fins de registro, a legalidade dos atos de admissão de pessoal, a qualquer título, na administração direta e indireta, excetuadas as nomeações para cargo de provimento em comissão, bem como a das concessões de aposentadorias e pensões, ressalvadas as melhorias posteriores que não alterem o fundamento legal do ato concessório;

IV – realizar, nas unidades administrativas dos Poderes Legislativo e Executivo e nas demais entidades referidas no inciso II, inspeções e auditorias de natureza contábil, financeira, orçamentária, operacional e patrimonial, por iniciativa própria e, ainda, quando forem solicitadas;

a) pela Câmara Municipal, por qualquer de suas Comissões;

b) por cidadãos que subscreverem requerimento de pelo menos 1% (um por cento) do eleitorado do Município;

V – fiscalizar a aplicação de recursos de qualquer natureza, repassados ao Município, pela União, pelo Estado, ou qualquer outra entidade, mediante convênio, acordo, ajuste e outros instrumentos congêneres;

VI – manifestar-se, no prazo de 30 (trinta) dias, sobre os empréstimos a serem contraídos pelo Município quando for solicitado pela Câmara Municipal;

VII – prestar informações solicitadas pela Câmara Municipal por suas Comissões ou lideranças partidárias, sobre a fiscalização contábil, financeira, orçamentária, operacional e patrimonial e sobre os resultados de auditorias e inspeções que tenham sido realizadas;

VIII – aplicar aos responsáveis as sanções previstas em lei, em caso de ilegalidade de procedimento no que tange às receitas, despesas ou irregularidades das contas;

IX – assinalar prazo para que o órgão ou entidade adote as providências necessárias ao exato cumprimento da lei, sob pena de incidir nas sanções legais cabíveis pela desobediência.

X – sustar, se não atendido, a execução do ato impugnado, comunicando a decisão à Câmara Municipal, em prazo não superior a 15 (quinze) dias, ressalvado o disposto no §1º, deste artigo;

XI – representar ao Poder competente sobre irregularidades ou abusos apurados;

XII – encaminhar ao legislativo sugestão de criação, transformação e extinção de cargos, empregos e funções do Quadro de Pessoal do Tribunal, bem como a fixação da respectiva remuneração, observados os níveis de remuneração dos servidores da Câmara Municipal. (Ação Direta de Inconstitucionalidade nº 11.754-0/6 – O Tribunal de Justiça julgou procedente em parte a demanda para o fim de declarar a inconstitucionalidade dos incisos II e XII do art. 48.)

§1º – No caso de contrato, o ato de sustação será adotado diretamente pela Câmara Municipal que solicitará, de imediato, ao Poder Executivo, as medidas cabíveis.

§2º – Para efeito da apreciação prevista no inciso II, as entidades nele referidas deverão encaminhar ao Tribunal os seus balanços e demais demonstrativos até 5 (cinco) meses seguintes ao término do exercício financeiro.

§3º – Para os fins previstos no inciso III, os órgãos e entidades nele referidos encaminharão ao Tribunal de Contas, semestralmente, seus quadros gerais de pessoal, bem como as alterações havidas, no prazo máximo de 30 (trinta) dias a contar da data em que as mesmas ocorrerem.

§4º – As decisões do Tribunal de que resultem imputação de débito ou multa terão eficácia de título executivo.

§5º – O Tribunal encaminhará à Câmara Municipal relatório de suas atividades, trimestralmente e, anualmente, as suas contas para julgamento.

§6º – Decorrido o prazo de 120 (cento e vinte) dias, contados da data do recebimento do parecer prévio do Tribunal, sem que tenha havido deliberação, as contas referidas no inciso I serão incluídas na Ordem do Dia, sobrestando-se a deliberação quanto aos demais assuntos, até que se ultime a votação. (Alterado pela Emenda nº 29/2007.)

RENATO TAKASHI IGARASHI

1 Introdução

O TCM, por vezes, é visto como órgão subordinado da CMSP, o que não tem lastro no modelo adotado pela Constituição Federal. A análise do art. 48 da LOM, dessa forma, exige a compreensão de algumas ideias tidas por necessárias pelo constituinte no exercício de seu controle externo.

2 Controle externo e Tribunal de Contas

Já afirmava Montesquieu que "é uma experiência eterna a de que todo homem que tem poder é levado a abusar dele", de modo que, "para que não se possa abusar do poder, é preciso que, pela disposição das coisas, o poder detenha o poder".[242] Esta ideia se traduz no sistema de freios e contrapesos como decorrência da separação de Poderes, tendo a Constituição Federal atribuído ao Poder Legislativo o papel de valorar e decidir sobre a legitimidade e a conveniência das atividades do Poder Executivo.[243]

Esse controle externo se denomina legislativo ou parlamentar e se divide em dois tipos: o político e o financeiro.[244] O primeiro é exercido diretamente pelos representantes do povo, como autorização de alienação de bens imóveis, criar Comissões Parlamentares de Inquérito, convocação de autoridades para prestar informações e julgamento do Chefe do Executivo por infrações político-administrativas. O segundo requer a participação do tribunal de contas por exigir "conhecimento técnico especializado e um trabalho minucioso, extenso, constante e imparcial". A cautela adotada pelo legislador é justificada pela importância do emprego do dinheiro público, traduzida na qualificação da prestação de contas como princípio sensível da Constituição Federal.

3 Competências previstas na Lei orgânica do município

A teor do art. 151 da Constituição Estadual, o TCM deve seguir modelo federal, assegurando-se as prerrogativas conferidas pela Constituição Federal no equilíbrio de Poderes. Assim é que a LOM definiu que as contas prestadas pelo Prefeito serão apreciadas no prazo de 120 dias, subordinando-se o ato ao crivo da CMSP, que deve sobrestar a deliberação sobre demais assuntos em caso de intempestividade (art. 48, I, e §6º). Tal não se confunde com as contas de demais administradores, cabendo à corte especializada o próprio julgamento – tal como preceitua o art. 71, II, da Constituição Federal –, de maneira que a mera apreciação nesse caso, prevista originalmente no inciso II, foi tida por inconstitucional.

Também merece relevo a apreciação de admissão de pessoal e concessão de aposentadoria (art. 48, III). Trata-se de decisão declaratória, de mera verificação da legalidade, e não constitutiva. A admissão e a aposentadoria, em si, já são atos perfeitos desde que praticados pela autoridade administrativa competente, cabendo ao Tribunal de Contas somente julgar o ato válido ou nulo, mas jamais determinar o registro em termos diversos.[245]

Compete, ainda, ao TCM assinalar prazo para adoção de providências necessárias ao exato cumprimento da lei (art. 48, IX); se não atendido, sustar-se-á o ato impugnado (art. 48, X). Tratando-se, porém, de contrato, a sustação caberá à CMSP (art. 48, §1º).

---

[242] MONTESQUIEU, Charles de Secondat. *Do espírito das leis*. Trad. de Roberto Leal Ferreira. São Paulo: Martin Claret, 2014. p. 229.
[243] MEIRELLES, Hely Lopes. *Direito administrativo brasileiro*. Atual. de Emmanuel Burlhe Filho. 42. ed. São Paulo: Malheiros, 2016. p. 838.
[244] DI PIETRO, Maria Sylvia Zanella. *Direito administrativo*. 32. ed. Rio de Janeiro: Forense, 2019. p. 934.
[245] LEVY, José Luiz. O controle externo da Administração pela Câmara Municipal e pelo Tribunal de Contas. *Direito do Estado*, 28 abr. 2020. Disponível em: www.direitodoestado.com.br/colunistas/jose-luiz-levy/o-controle-externo-da-administracao-pela-camara-municipal-e-pelo-tribunal-de-contas. Acesso em: 26 maio 2022.

A decisão, vale frisar, somente obsta efeitos do ato ou contrato impugnado. Todavia, é autorizado ao TCM determinar à autoridade administrativa que promova a anulação do contrato em vigor e, se for o caso, da licitação de que se originou.

Embora não prevista na LOM, a expedição de medidas cautelares pelo TCM para prevenir lesão ao erário tem que ser admitida. O art. 113, §2º, da Lei nº 8.666/1993, por exemplo, ao permitir a ordem de suspensão de editais licitatórios para correções necessárias, constitui instrumento recorrente de controle preventivo. A nova lei de licitações (Lei nº 14.133/2021), por sua vez, prevê a sujeição das contratações públicas às práticas de gestão de riscos e controle preventivo, situando o Tribunal de Contas na terceira linha de defesa (art. 169) e reconhecendo seu poder de suspender cautelarmente processo licitatório, caso em que a apreciação definitiva sobre o mérito ocorrerá em 25 dias úteis (art. 171, §1º).

Ademais, nos termos da LOM, pode o TCM realizar inspeções e auditorias independentemente de provocação (art. 48, IV) e, constatando-se irregularidades, aplicar sanções aos responsáveis (art. 48, VIII), sem prejuízo da representação ao Poder competente (art. 48, XI). Sendo uma corte exercente de jurisdição especializada no desenho constitucional, seus atos decisórios são suscetíveis de execução judicial,[246] com expressa previsão de que decisões de que resultem imputação de débito ou multa terão eficácia de título executivo (art. 48, §4º).

A atuação do TCM deve se dar no arcabouço da Lei nº 13.655/2018, que modificou a Lei de Introdução às Normas do Direito Brasileiro (LINDB). Uma das modificações consiste na responsabilização de agentes públicos somente em casos do dolo ou de erro grosseiro (art. 28 da LINDB), não mais sob a perspectiva do "administrador médio". Entretanto, já decidiu o Tribunal de Contas da União (TCU), em aresto tido por paradigmático, que o dispositivo é inaplicável para obrigação de reparação de danos ao erário, a teor do art. 37, §6º, da Constituição Federal.[247]

4 Conclusão

A análise das competências do TCM se apresenta menos simples do que aparenta. Não se cuida de mero órgão auxiliar da CMSP, mas figura, na sistemática da Constituição Federal, como órgão com um leque de prerrogativas necessárias ao equilíbrio entre Poderes. Sua atuação, além de tudo, tem sido merecedora de atenção do legislador dos últimos anos. É sob essa perspectiva que deve ser lido o art. 48 da LOM.

Informação bibliográfica deste texto, conforme a NBR 6023:2018 da Associação Brasileira de Normas Técnicas (ABNT):

IGARASHI, Renato Takashi. Comentários ao art. 48. In: BATISTELA, Marcos; BARBOSA, Maria Nazaré Lins; MARTINS, Ricardo Marcondes (coord.). *Comentários à Lei Orgânica do Município de São Paulo*: atualizada até a Emenda nº 42/2022. Belo Horizonte: Fórum, 2023. p. 138-141. ISBN 978-65-5518-497-6.

---

[246] MANCUSO, Rodolfo de Camargo. Sobre a execução das decisões proferidas pelos tribunais de contas, especialmente a legitimação. *Revista dos Tribunais*, São Paulo, ano 86, v. 743, p. 74-95, set. 1997.
[247] BRASIL. Tribunal de Contas da União. Acórdão nº 2.391/2018. Plenário. Relator: Ministro Benjamin Zymler. Sessão de 17.10.2018. Diário Oficial da União, Brasília, DF, 01.11.2018.

Art. 49 O Tribunal de Contas, órgão de auxílio da Câmara Municipal, integrado por 5 (cinco) conselheiros, tem sede no Município de São Paulo e quadro próprio de pessoal, exercendo as atribuições previstas na Constituição da República, no que couber, e nesta Lei, em todo o Município.

Parágrafo único – Os Conselheiros do Tribunal de Contas do Município de São Paulo serão nomeados dentre brasileiros que satisfaçam os seguintes requisitos:

I – mais de 35 (trinta e cinco) e menos de 65 (sessenta e cinco) anos de idade;

II – idoneidade moral e reputação ilibada;

III – notórios conhecimentos jurídicos, contábeis, econômicos e financeiros ou de administração pública;

IV – mais de 10 (dez) anos de exercício de função ou de formação profissional que exija os conhecimentos mencionados no inciso anterior.

V – não incidam nos casos de inelegibilidade, nos termos da legislação federal. (Acrescentado pela Emenda nº 35/2012.)

CÍNTIA LAÍS CORRÊA BROSSO

Os Tribunais de Contas são órgãos colegiados, com função de fiscalização e de auxílio ao Poder Legislativo no exercício da função de controle externo. O auxílio prestado pelos Tribunais de Contas ao Poder Legislativo é de natureza técnica.[248] Tais órgãos possuem autonomia administrativa e financeira e não se subordinam ao Poder Legislativo. "Visam orientar o Poder Legislativo no exercício do controle externo, sem, contudo, subordinarem-se a ele".[249]

À vista disso, o STF declarou inconstitucional, por vício formal, lei estadual de iniciativa parlamentar que tratava da organização e funcionamento do Tribunal de Contas do Estado de Tocantins.[250]

---

[248] Muito se discutiu acerca da natureza desse auxílio prestado pelo Tribunal de Contas da União. Certamente, nos termos da Carta de 1988, trata-se de um auxílio eminentemente técnico, não obstante o controle *externa corporis* ser realizado por órgãos políticos (Congresso Nacional, Assembleias Legislativas, Câmaras Municipais). Isso porque os Tribunais de Contas são, na verdade, instituições eminentemente técnicas, importantes e indispensáveis. Sem o auxílio deles, o controle externo do dinheiro público não lograria a marca da tecnicidade, dada a índole política que define a composição e as funções do próprio Poder Legislativo (BULOS, Uadi Lammêgo. *Curso de Direito Constitucional*. 7. ed. São Paulo: Saraiva, 2012, p. 1.226).

[249] BULOS. *Curso de Direito Constitucional*, 2012. p. 1.225.

[250] Ementa. Ação direta de inconstitucionalidade. Lei estadual nº 2.351/2010, de Tocantins, que alterou e revogou dispositivos da Lei estadual nº 1.284/2001 (Lei Orgânica do Tribunal de Contas do Estado do Tocantins). Lei originária de proposição parlamentar. Interferência do Poder Legislativo no poder de autogoverno e na autonomia do Tribunal de Contas do Estado. Vício de iniciativa. Inconstitucionalidade formal. Medida cautelar deferida. Procedência da ação. 1. As cortes de contas seguem o exemplo dos tribunais judiciários no que concerne às garantias de independência, sendo também detentoras de autonomia funcional, administrativa e financeira, da quais decorre, essencialmente, a iniciativa reservada para instaurar processo legislativo que pretenda alterar

Harrisson Leite esclarece que "(o) fato de exercer o controle das contas e auxiliar o Congresso Nacional não o torna submisso a este Poder, até porque o Tribunal de Contas pode realizar auditorias e inspeções a pedido dos outros poderes. Possui, assim, competências próprias e auxilia o Legislativo".[251]

Contudo, embora autônomos, os Tribunais de Contas também estão sujeitos ao controle externo e devem prestar contas ao Poder Legislativo ao qual se acham vinculados, [252] como regra.[253] O TCM de São Paulo, por ser um órgão municipal, deve prestar contas, anualmente, à CMSP.[254]

A LOM, observando a simetria com os requisitos estabelecidos pela Constituição Federal, em seu art. 73, §1º, para a nomeação de ministros do TCU, traz os mesmos requisitos para a nomeação dos Conselheiros do Tribunal de Contas do Município, à exceção apenas do inciso V, parágrafo único, do art. 49, que estabelece impedimento à nomeação de brasileiros que incidam em casos de inelegibilidades, nos termos da legislação federal.

O requisito de idade é um requisito objetivo, que não admite exceções.[255] Cabe observar que o limite máximo de idade, segundo a LOM, é de 65 anos, sendo, atualmente,

---

sua organização e funcionamento, conforme interpretação sistemática dos arts. 73, 75 e 96, II, d, da Constituição Federal. 2. A jurisprudência do STF tem se orientado no sentido de reconhecer a inconstitucionalidade formal, por vício de iniciativa, das disposições que, sendo oriundas de proposição parlamentar ou mesmo de emenda parlamentar, impliquem alteração na organização, na estrutura interna ou no funcionamento dos tribunais de contas. Precedentes: ADI nº 3.223, de minha relatoria, Tribunal Pleno, DJe de 02.02.15; ADI nº 1.994/ES, Rel. Min. Eros Grau, DJ de 08.09.06; ADI nº 789/DF, Rel. Min. Celso de Mello, DJ de 19.12.94. 3. A Lei nº 1.284/2010 é formalmente inconstitucional, por vício de iniciativa, pois, embora resultante de projeto de iniciativa parlamentar, dispôs sobre forma de atuação, competências, garantias, deveres e organização do Tribunal de Contas estadual. 4. Ação julgada procedente. (ADI nº 4.418, Rel. Min. Dias Toffoli, julgado em 15.12.2016, Plenário, DJE de 20.03.2017).

[251] LEITE, Harrison. *Manual de Direito Financeiro*. 3. ed. Salvador: Juspodivm, 2014. p. 339.

[252] Legitimidade da competência da Assembleia Legislativa para julgar as contas do Tribunal de Contas do Estado. Reveste-se de plena legitimidade constitucional a norma inscrita na Carta Política do Estado-membro que atribui, à Assembleia Legislativa, competência para efetuar, em sede de fiscalização financeira, orçamentária, contábil, operacional e patrimonial, o controle externo das contas do respectivo Tribunal de Contas. Doutrina. Precedentes. O Tribunal de Contas está obrigado, por expressa determinação constitucional (Constituição Federal, art. 71, §4º), aplicável ao plano local (Constituição Federal, art. 75), a encaminhar, ao Poder Legislativo a que se acha institucionalmente vinculado, tanto relatórios trimestrais quanto anuais de suas próprias atividades, pois tais relatórios, além de permitirem o exame parlamentar do desempenho, pela Corte de Contas, de suas atribuições fiscalizadoras, também se destinam a expor, ao Legislativo, a situação das finanças públicas administradas pelos órgãos e entidades governamentais, em ordem a conferir um grau de maior eficácia ao exercício, pela instituição parlamentar, do seu poder de controle externo (STF. ADI nº 687, Rel. Min. Celso de Mello, DJ de 10.02.2006).

[253] Municípios e Tribunais de Contas. A Constituição da República impede que os municípios criem os seus próprios Tribunais, Conselhos ou órgãos de contas municipais (Constituição Federal, art. 31, §4º), mas permite que os Estados-membros, mediante autônoma deliberação, instituam órgão estadual denominado Conselho ou Tribunal de Contas dos Municípios. (...) A prestação de contas desses Tribunais de Contas dos Municípios, que são órgãos estaduais (Constituição Federal, art. 31, §1º), há de se fazer, por isso mesmo, perante o Tribunal de Contas do próprio Estado, e não perante a Assembleia Legislativa do Estado-membro (STF. ADI nº 687, Rel. Min. Celso de Mello, DJ de 10.02.2006).

[254] Município de São Paulo. Lei Orgânica do Município.
Art. 14 – Compete privativamente à Câmara Municipal de São Paulo:
XII – tomar e julgar as contas do Prefeito, da Mesa da Câmara Municipal e do Tribunal de Contas do Município; (disponível em: https://app-plpconsulta-prd.azurewebsites.net/Forms/MostrarArquivo?ID= 68&TipArq=1; acesso em: 25 maio 2022).

[255] Elaboração de lista singular para preenchimento de cargo de ministro do TCU. Pedido de elaboração de nova lista tríplice. Limite objetivo de idade não admite exceções, Constituição Federal, art. 73, §1º. A lista deve ser tríplice quando houver candidatos aptos, Regimento Interno do TCU, art. 281, §5º. Lista singular elaborada em conformidade com o Regimento Interno do TCU. Prejuízo do mandado de segurança em virtude do fato de o impetrante já ter completado setenta anos (MS nº 23.968, Rel. Min. Gilmar Mendes, j. 14.04.2008, P, DJe de 13.06.2008).

distinto do limite de idade para a nomeação de ministros do TCU, em virtude da aprovação da Emenda Constitucional nº 122/2022, que alterou o inciso I do §1º do art. 73 da Constituição Federal, para permitir a nomeação de ministros de até 70 anos.[256]

Já o requisito relativo ao notório saber jurídico, contábil, econômico e financeiro ou de administração pública tem natureza subjetiva, cabendo ao Prefeito e à Câmara Municipal sua apreciação discricionária.[257]

Informação bibliográfica deste texto, conforme a NBR 6023:2018 da Associação Brasileira de Normas Técnicas (ABNT):

BROSSO, Cíntia Laís Corrêa. Comentários ao art. 49. In: BATISTELA, Marcos; BARBOSA, Maria Nazaré Lins; MARTINS, Ricardo Marcondes (coord.). *Comentários à Lei Orgânica do Município de São Paulo*: atualizada até a Emenda nº 42/2022. Belo Horizonte: Fórum, 2023. p. 142-144 ISBN 978-65-5518-497-6.

---

[256] BRASIL. *Constituição Federal de 1988*. Disponível em: www.planalto.gov.br/ccivil_03/constituicao/constituicao.htm. Acesso em: 24 maio 2022.
Art. 73. O Tribunal de Contas da União, integrado por nove Ministros, tem sede no Distrito Federal, quadro próprio de pessoal e jurisdição em todo o território nacional, exercendo, no que couber, as atribuições previstas no art. 96.
§1º Os Ministros do Tribunal de Contas da União serão nomeados dentre brasileiros que satisfaçam os seguintes requisitos:
I – mais de trinta e cinco e menos de setenta anos de idade; (Redação dada pela Emenda Constitucional nº 122/2022).

[257] A qualificação profissional formal não é requisito à nomeação de conselheiro de Tribunal de Contas estadual. O requisito notório saber é pressuposto subjetivo a ser analisado pelo governador do Estado, a seu juízo discricionário (AO nº 476, rel. p/ o Ac. Min. Nelson Jobim, j. 16.10.1997, P, DJ de 05.11.1999).

Art. 50 Os Conselheiros do Tribunal de Contas serão escolhidos, obedecidas as seguintes condições:

I – 2 (dois) pelo Prefeito, com aprovação da Câmara Municipal;

II – 3 (três) pela Câmara Municipal.

§1º – Ocorrendo vaga para Conselheiro, a indicação deverá ser feita no prazo de até 15 (quinze) dias, deliberando a Câmara Municipal pela aprovação ou não do nome indicado, no prazo de 30 (trinta) dias.

§2º – A substituição dos Conselheiros, em suas faltas e impedimentos, será definida por lei.

§3º – Os Conselheiros do Tribunal de Contas do Município farão declaração de bens, no ato da posse e no término do exercício do cargo.

CÍNTIA LAÍS CORRÊA BROSSO

A Lei Municipal nº 9.167/1980 – Lei Orgânica do Tribunal de Contas do Município de São Paulo – dispõe sobre a reorganização, a competência, a jurisdição e o funcionamento do Tribunal de Contas do Município de São Paulo e trata do tema da escolha dos seus Conselheiros e de suas substituições e vacâncias, em seus arts. 5º e 9º a 12.[258]

O mencionado art. 5º da Lei Orgânica do Tribunal de Contas do Município de São Paulo estabelece que a escolha dos Conselheiros é feita por meio da nomeação do Prefeito, após aprovação da Câmara Municipal. Tal previsão não foi recepcionada pela Constituição Federal de 1988, que consagrou a escolha mista, com a participação do

---

[258] MUNICÍPIO DE SÃO PAULO. *Lei Municipal nº 9.167, de 3 de dezembro de 1980 – Lei Orgânica do Tribunal de Contas do Município de São Paulo*. Disponível em: https://portal.tcm.sp.gov.br/Management/ GestaoPublicacao/ DocumentoId?idFile=537d1efb-4149-4d74-ae43-9a84db110b9e. Acesso em: 25 maio 2022.
Art. 5º – Os Conselheiros serão nomeados pelo Prefeito, após aprovação da Câmara Municipal, dentre brasileiros natos, maiores de trinta e cinco anos, de idoneidade Moral, com notórios conhecimentos jurídicos, econômicos, financeiros ou de administração pública, portadores de diploma universitário correspondente.
(...)
Art. 9º – Os Conselheiros serão substituídos, em suas férias, licenças ou impedimentos e, em caso de vacância do cargo, até o provimento deste, por integrante da lista de que trata o artigo seguinte, de livre escolha do Prefeito.
Art. 10 – O Tribunal, anualmente, enviará ao Prefeito, para os efeitos do disposto no artigo anterior, uma lista de 10 (dez) nomes, cujos integrantes, atendidos os pressupostos do artigo 5º, sejam titulares de cargos na Administração Municipal há mais de 5 (cinco) anos.
Art. 11 – Enquanto durar a substituição no cargo de Conselheiro, dele não poderá ser afastado quem para tanto haja sido escolhido, assegurados apenas os afastamentos provisórios, para gozo de férias, licença, nojo, gala e para prestar serviços obrigatórios por lei.
Art. 12 – Ocorrendo vaga de cargo de Conselheiro, o Prefeito submeterá, dentro do prazo de 15 (quinze) dias, à aprovação da Câmara Municipal, o nome da pessoa que pretende nomear.
Parágrafo único – Se a Câmara não estiver funcionando, ou não for convocada a reunir-se extraordinariamente, a mensagem a que se refere este artigo será enviada no primeiro decêndio dos trabalhos legislativos imediatos.

Poder Legislativo não só na aprovação dos candidatos, mas também da indicação,[259] de modo que, nesse ponto, a Lei Orgânica do TCMSP deve ser afastada e a LOM, adotada, já que quanto à organização e constituição dos Tribunais de Contas vige o princípio da simetria,[260] devendo ser observado o modelo adotado pela Constituição Federal e pela Constituição Estadual;[261] nesse tocante, a LOM encontra-se em consonância com ambas.

A substituição dos conselheiros em suas faltas e impedimentos deve ser definida por lei, segundo a LOM. Sobre o assunto, a Lei Orgânica do Tribunal de Contas do Município de São Paulo (1980), anterior à Lei Orgânica do Município (promulgada em 4 de abril de 1990) e anterior até mesmo à Constituição Federal de 1988, estabelece que os conselheiros serão substituídos, em suas férias, licenças ou impedimentos e, em caso de vacância do cargo, até o provimento deste, por integrante da lista elaborada pelo Tribunal, anualmente composta por dez nomes, cujos integrantes sejam titulares de cargos na Administração Municipal há mais de 5 anos, de livre escolha do Prefeito. Trata-se de previsão que precisa ser adaptada ao modelo constitucional atual, já que se aplicam aos Conselheiros do Tribunal de Contas do Município de São Paulo as normas pertinentes aos Conselheiros do Tribunal de Contas do Estado, conforme o art. 151, parágrafo único, da Constituição bandeirante e o art. 75, *caput*, da Constituição Federal.[262] Portanto, as pessoas indicadas na mencionada lista devem preencher os requisitos do art. 49, parágrafo único, da Lei Orgânica do Município, paralelos aos requisitos constitucionais (art. 73, §1º), de modo que o requisito de que seja titular de cargo na Administração Municipal há mais de 5 anos seria uma condição a mais.[263]

---

[259] BRASIL. *Constituição Federal de 1988*. Disponível em: www.planalto.gov.br/ccivil_03/constituicao/constituicao.htm. Acesso em 25 de maio de 2022.
Art. 73. O Tribunal de Contas da União, integrado por nove Ministros, tem sede no Distrito Federal, quadro próprio de pessoal e jurisdição em todo o território nacional, exercendo, no que couber, as atribuições previstas no art. 96.
(...)
§2º Os Ministros do Tribunal de Contas da União serão escolhidos:
I – um terço pelo Presidente da República, com aprovação do Senado Federal, sendo dois alternadamente dentre auditores e membros do Ministério Público junto ao Tribunal, indicados em lista tríplice pelo Tribunal, segundo os critérios de antiguidade e merecimento;
II – dois terços pelo Congresso Nacional.

[260] A Constituição Federal é clara ao determinar, no art. 75, que as normas constitucionais que conformam o modelo federal de organização do Tribunal de Contas da União são de observância obrigatória pelas Constituições dos Estados-membros (ADI nº 3.715-MC, Rel. Min. Gilmar Mendes, julgamento em 24.05.06).

[261] ESTADO DE SÃO PAULO. *Constituição estadual de 05 de outubro de 1989*. Disponível em: www.al.sp.gov.br/repositorio/legislacao/constituicao/1989/compilacao-constituicao-0-05.10.1989.html. Acesso em: 25 maio 2022.
Art. 150 – A fiscalização contábil, financeira, orçamentária, operacional e patrimonial do Município e de todas as entidades da administração direta e indireta, quanto à legalidade, legitimidade, economicidade, finalidade, motivação, moralidade, publicidade e interesse público, aplicação de subvenções e renúncia de receitas, será exercida pela Câmara Municipal, mediante controle externo, e pelos sistemas de controle interno de cada Poder, na forma da respectiva lei orgânica, em conformidade com o disposto no art. 31 da Constituição Federal.
Art. 151 – O Tribunal de Contas do Município de São Paulo será composto por cinco Conselheiros e obedecerá, no que couber, aos princípios da Constituição Federal e desta Constituição.
Parágrafo único – Aplicam-se aos Conselheiros do Tribunal de Contas do Município de São Paulo as normas pertinentes aos Conselheiros do Tribunal de Contas do Estado.

[262] BRASIL. *Constituição Federal de 1988*. Disponível em: www.planalto.gov.br/ccivil_03/constituicao/constituicao.htm. Acesso em: 25 maio 2022.
Art. 75. As normas estabelecidas nesta seção aplicam-se, no que couber, à organização, composição e fiscalização dos Tribunais de Contas dos Estados e do Distrito Federal, bem como dos Tribunais e Conselhos de Contas dos Municípios.

[263] ESTADO DE SÃO PAULO. *Lei Complementar nº 709, de 14 de janeiro de 1993. Lei Orgânica do Tribunal de Contas do Estado*. Disponível em: www.al.sp.gov.br/repositorio/legislacao/ lei.complementar/1993/lei.complementar-709-14.01.1993.html. Acesso em: 25 maio 2022.

Os Conselheiros do TCM farão declaração de bens, no ato da posse e no término do exercício do cargo, segundo a LOM (art. 50, §3º). A previsão reproduz o disposto no art. 31, §6º, da Constituição Estadual de São Paulo.

Informação bibliográfica deste texto, conforme a NBR 6023:2018 da Associação Brasileira de Normas Técnicas (ABNT):

BROSSO, Cíntia Laís Corrêa. Comentários ao art. 50. In: BATISTELA, Marcos; BARBOSA, Maria Nazaré Lins; MARTINS, Ricardo Marcondes (coord.). *Comentários à Lei Orgânica do Município de São Paulo*: atualizada até a Emenda nº 42/2022. Belo Horizonte: Fórum, 2023. p. 145-147. ISBN 978-65-5518-497-6.

Art. 20 – O Conselheiro, em suas ausências, impedimentos, férias ou outros afastamentos legais, será substituído, mediante convocação do Presidente, pelos integrantes da lista de Substitutos de Conselheiro de que trata o artigo 22 desta lei.
Parágrafo único – Em caso de vacância de cargo de Conselheiro, o Presidente convocará Substituto de Conselheiro para exercer as funções do cargo até novo provimento.
Art. 21 – Os Substitutos de Conselheiro, quando no exercício da substituição, terão as mesmas garantias, direitos e impedimentos do titular.
Art. 22 – O Tribunal de Contas, de 2 (dois) em 2 (dois), enviará à Assembleia Legislativa, no decorrer da segunda quinzena de março, lista de Substitutos de Conselheiro que conterá 14 (catorze) nomes, acompanhada dos respectivos "curriculum vitae", que atendam aos requisitos exigidos no §1º do artigo 31 da Constituição do Estado.
§1º – Dos nomes que integrarão a lista a que se refere este artigo, serão indicados 7 (sete) pela Assembleia Legislativa, e os outros 7 (sete), pelo Tribunal de Contas.
§2º – Rejeitados, total ou parcialmente, os nomes da lista, o Tribunal de Contas e a Assembleia Legislativa, dentro de 15 (quinze) dias, renová-la-ão na primeira hipótese, e procederão, na segunda, à indicação de outros tantos quantos sejam necessários para completá-la, observada a regra do parágrafo anterior.
§3º – Prevalecerá a lista anterior, enquanto não aprovada a de que cuida este artigo.

Art. 51 A Câmara Municipal exercerá a fiscalização sobre os atos internos do Tribunal de Contas do Município podendo, a qualquer momento, por deliberação de seu Plenário, realizar auditorias, inspeções ou quaisquer medidas que considere necessárias. (ADIN nº 11.754-0/6 – Tribunal de Justiça do Estado de São Paulo)

CÍNTIA LAÍS CORRÊA BROSSO

O Tribunal de Justiça do Estado de São Paulo, declarou, por meio da ADI nº 11.754-0/6,[264] julgada em 31 de maio de 1995, a inconstitucionalidade do art. 51 da LOMSP, por entender que o dispositivo viola a independência que a Constituição Estadual, em simetria com a Constituição Federal, assegura aos Tribunais de Contas e por concluir que não há dispositivo semelhante nas Constituições Estadual e Federal.

Informação bibliográfica deste texto, conforme a NBR 6023:2018 da Associação Brasileira de Normas Técnicas (ABNT):

BROSSO, Cíntia Laís Corrêa. Comentários ao art. 51. *In*: BATISTELA, Marcos; BARBOSA, Maria Nazaré Lins; MARTINS, Ricardo Marcondes (coord.). *Comentários à Lei Orgânica do Município de São Paulo*: atualizada até a Emenda nº 42/2022. Belo Horizonte: Fórum, 2023. p. 148. ISBN 978-65-5518-497-6.

---

[264] Mas, como não pode a Assembleia Legislativa convocar desembargadores "para prestar informações inerentes às suas atribuições" e, por isso, não pode convocar Conselheiros do Tribunal de Contas do Estado para fazê-lo, também não pode a Câmara Municipal convocar Conselheiros do Tribunal de Contas Municipal para aquele fim. Lembre-se de que o art. 151 e seu parágrafo único, da Constituição Estadual, não pode ter interpretação que restrinja o disposto no art. 75 da Constituição da República. (…)
Esta linha de argumentação leva a concluir que o art. 51 da LOM é flagrantemente inconstitucional, porque, atribuindo à Câmara Municipal a "fiscalização dos atos internos do Tribunal de Contas do Município", com poderes de "a qualquer momento, por deliberação de seu Plenário, realizar auditorias, inspeções ou quaisquer medidas que considere necessárias", viola a independência, que àquela Corte asseguram o art. 151 da Constituição Estadual e o art. 75 da Federal. (…) Como se ressaltou acima, tanto os Estados e o Distrito Federal quanto os Municípios são obrigados a seguir o modelo federal, ao legislar sobre Cortes de Contas (ADIn nº 11.754-0/6, Rel. Sales Penteado, j. 31.05.1995).

Art. 52 A Câmara Municipal, por suas Comissões permanentes, diante de despesas não autorizadas, ainda que sob a forma de investimentos não programados ou subsídios não aprovados, poderá solicitar à autoridade municipal responsável que, no prazo de 5 (cinco) dias, preste os esclarecimentos necessários.

§1º – Não prestados os esclarecimentos, ou considerados insuficientes, solicitará ao Tribunal parecer sobre a matéria, no prazo de 30 (trinta) dias.

§2º – Entendendo o Tribunal irregular a despesa, as Comissões permanentes, se julgarem que o gasto possa causar dano irreparável ou grave lesão à economia pública, proporão à Câmara sua sustação.

CÍNTIA LAÍS CORRÊA BROSSO

A LOMSP prevê que, caso a Câmara Municipal, no exercício do controle externo e no acompanhamento da execução orçamentária, por meio de uma de suas Comissões Permanentes, encontre indícios de despesas não autorizadas, poderá solicitar à autoridade municipal responsável esclarecimentos dentro do prazo de 5 dias. Se os esclarecimentos não forem prestados ou forem prestados de forma insuficiente, a Câmara Municipal solicitará ao Tribunal de Contas que elabore parecer no prazo de 30 dias sobre a matéria.

Se o Tribunal de Contas do Município considerar a despesa irregular, as Comissões Permanentes proporão à Câmara Municipal a sustação da despesa, caso considere que o gasto pode causar dano irreparável ou lesão grave à economia pública.

O dispositivo em questão trata do exercício do controle externo por parte do Poder Legislativo Municipal, que exerce, com o auxílio do Tribunal de Contas, a fiscalização contábil, orçamentária, financeira, operacional e patrimonial. Trata-se de modalidade de controle concomitante.[265] Há a consagração da participação ativa das Comissões Permanentes da Câmara Municipal no exercício do controle externo. Nesse tocante, possui papel destacado a Comissão de Finanças e Orçamento, que possui competência específica de exercer o acompanhamento e a fiscalização orçamentária.[266]

---

[265] O controle concomitante é realizado ao longo da execução do orçamento. (...) Nesse controle, detectada alguma irregularidade na execução do contrato ou ato, poderá haver sua sustação (LEITE. *Manual de Direito Financeiro*, p. 332).

[266] MUNICÍPIO DE SÃO PAULO. Resolução nº 2, de 26 de abril de 1991. RICMS. Disponível em: https://app-plpconsulta-prd.azurewebsites.net/Forms/MostrarArquivo?ID=168&TipArq=1. Acesso em: 26 maio 2022.
Art. 47. É da competência específica:
(...)
II – Da Comissão de Finanças e Orçamentos:
(...)
b) examinar e emitir parecer sobre os planos e programas municipais e setoriais previstos na Lei Orgânica do Município, e exercer o acompanhamento e a fiscalização orçamentária;

Informação bibliográfica deste texto, conforme a NBR 6023:2018 da Associação Brasileira de Normas Técnicas (ABNT):

BROSSO, Cíntia Laís Corrêa. Comentários ao art. 52. *In*: BATISTELA, Marcos; BARBOSA, Maria Nazaré Lins; MARTINS, Ricardo Marcondes (coord.). *Comentários à Lei Orgânica do Município de São Paulo*: atualizada até a Emenda nº 42/2022. Belo Horizonte: Fórum, 2023. p. 149-150. ISBN 978-65-5518-497-6.

Art. 53 Os Poderes Executivo e Legislativo manterão, de forma integrada, sistema de controle interno, com a finalidade de:

I – avaliar o adequado cumprimento das metas previstas no plano plurianual, a execução dos programas de governo e dos orçamentos do Município;

II – comprovar a legalidade e avaliar os resultados quanto à eficácia e à eficiência da gestão orçamentária, financeira e patrimonial dos órgãos da administração direta e indireta, bem como de aplicação de recursos públicos por entidades de direito privado;

III – exercer o controle das operações de crédito, avais e garantias, bem como dos direitos e haveres do Município;

IV – apoiar o controle externo, no exercício de sua missão institucional, o qual terá acesso a toda e qualquer informação, documentos ou registro que repute necessários para o cumprimento de sua função;

V – organizar e executar, por iniciativa própria ou por solicitação do Tribunal de Contas do Município, programação trimestral de auditorias contábil, financeira, orçamentária, operacional e patrimonial nas unidades administrativas sob seu controle.

§1º – Para fins do disposto neste artigo, a Câmara Municipal e o Tribunal de Contas do Município terão acesso direto, através de sistema integrado de processamento de dados, às informações processadas em todos os órgãos da administração direta e indireta do Município.

§2º – Os responsáveis pelo controle interno, ao tomarem conhecimento de qualquer irregularidade, ilegalidade ou ofensa ao art. 37 da Constituição da República, deverão representar à autoridade competente, dando ciência à Câmara Municipal, sob pena de responsabilidade solidária.

CÍNTIA LAÍS CORRÊA BROSSO

O controle interno é o controle realizado internamente pelos Poderes Executivo e Legislativo e compreende o controle da legalidade, da fidelidade e da execução.[267]

---

[267] A fiscalização financeira e orçamentária atribuída ao Executivo (*controle interno*) compreende os controles da *legalidade*, da *fidelidade* e da *execução*. O *controle interno da legalidade* é exercido sobre os atos pertinentes à arrecadação da receita e à realização das despesas, bem como sobre os que acarretem ou possam acarretar nascimento ou extinção de direitos e obrigações; o *controle interno da fidelidade* visa à conduta funcional dos agentes responsáveis por bens e valores públicos; o *controle interno da execução* tem por objetivo o cumprimento do programa de trabalho do governo, considerado em seus aspectos financeiros, de realização de obras e prestação de serviços (Lei nº 4.320/1964, arts. 75 e 76).
(...)
Essas *normas gerais* de fiscalização financeira e orçamentária podem ser suplementadas pelos Estados (Constituição Federal, art. 24, §2º) e minudenciadas nas leis municipais que instituírem os sistemas locais de controle interno.

A previsão do art. 53 da LOM baseia-se na determinação do art. 70, combinado com o art. 74, ambos da Constituição Federal. Sua finalidade é avaliar o cumprimento das leis orçamentárias, comprovar a legalidade e avaliar a eficácia e a eficiência dos gastos públicos; controlar as operações de crédito, avais e garantias; e apoiar o controle externo, no exercício da sua missão institucional. "É uma atividade de fiscalização prévia feita pelo próprio poder em relação aos seus agentes, órgãos e instituições."[268]

Em virtude de o controle interno ter como uma de suas finalidades apoiar o controle externo, a CMSP e o Tribunal de Contas do Município de São Paulo, responsáveis por esse controle, terão acesso direto, por meio de sistema integrado de processamento de dados, às informações processadas em todos os órgãos da administração direta e indireta do Município, obtidas em seu controle interno (art. 53, §1º).

O controle interno deriva do poder hierárquico da Administração Pública, já que as autoridades devem zelar pela observância dos princípios da legalidade, legitimidade, economicidade e, de maneira ampla, pela responsabilidade orçamentária na prática de atos pelos servidores e órgãos inferiores.[269]

A autoridade responsável pelo controle interno, se verificar a existência de qualquer irregularidade, deverá representar à autoridade competente e dar ciência à Câmara Municipal, responsável pelo controle externo, em âmbito municipal, sob pena de responsabilidade solidária (art. 53, §2º).

Sobre o tema, e com o objetivo de regulamentar o art. 53 da Lei Orgânica do Município, o Decreto Municipal nº 59.496/2020 estabelece que o controle interno do Poder Executivo Municipal deve ser coordenado pela Controladoria-Geral do Município (CGM) e integrado pelas unidades setoriais de controle interno de cada órgão e entidade da Administração direta e indireta do Município, incluindo as ouvidorias, auditorias, corregedorias e outras unidades com atividades de controle interno e acrescentando, entre as finalidades do controle interno, o desempenho de atividades de auditoria, correição, ouvidoria e controladoria; o zelo pelo cumprimento dos princípios constitucionais regentes da administração; e a promoção da integridade e a transparência pública, de modo a contribuir para os resultados da gestão.

Informação bibliográfica deste texto, conforme a NBR 6023:2018 da Associação Brasileira de Normas Técnicas (ABNT):

BROSSO, Cíntia Laís Corrêa. Comentários ao art. 53. *In*: BATISTELA, Marcos; BARBOSA, Maria Nazaré Lins; MARTINS, Ricardo Marcondes (coord.). *Comentários à Lei Orgânica do Município de São Paulo*: atualizada até a Emenda nº 42/2022. Belo Horizonte: Fórum, 2023. p. 151-152. ISBN 978-65-5518-497-6.

Entre outros, essas leis deverão indicar os órgãos responsáveis pela fiscalização do cumprimento do programa governamental de trabalho (em regra, o encarregado da elaboração da proposta orçamentária) e da liberação das quotas trimestrais (de preferência, o competente para os serviços de contabilidade), fixando-lhes atribuições, limites de atuação e responsabilidades. No mais, os encargos do controle interno são do Prefeito municipal, como se depreende do art. 76 da Lei nº 4.320/1964 (MEIRELLES, Hely Lopes. *Direito Municipal Brasileiro*. 17. ed. São Paulo: Malheiros, 2013. p. 305, 307).

[268] LEITE. *Manual de Direito Financeiro*, p. 333.

[269] O controle interno é também baseado no critério hierárquico, uma vez que apura irregularidades ou ilegalidades ocorridas dentro de cada esfera do Poder, cumprindo ao hierarquicamente superior dar ciência ao Tribunal de Contas do que foi apurado, sob pena de responsabilidade solidária, na linha do previsto no §1º do art. 74 da Constituição Federal (LEITE. *Manual de Direito Financeiro*, p. 334).

Seção VIII
Dos Conselhos de Representantes

Art. 54 A cada área administrativa do Município, a ser definida em lei, corresponderá um Conselho de Representantes, cujos membros serão eleitos na forma estabelecida na referida legislação.

JULIANA TONGU REINHOLD

Nesta Seção, a Lei Orgânica, ao disciplinar os Conselhos de Representantes, prestigia os princípios democrático e da participação popular na fiscalização dos atos do Poder Público. Trata-se de órgão formado por membros eleitos e com poder de participar tanto na formulação das políticas públicas como na fiscalização de sua execução, inclusive no ponto de vista da sua execução orçamentária.

Permite-se, por meio da atuação desse órgão, a fiscalização da gestão da coisa pública pela sociedade civil, com influência do controle social na própria formulação das políticas públicas. Dessa maneira, busca-se a concretização do princípio democrático, segundo o qual "todo o poder emana do povo, que o exerce por meio de representantes eleitos, ou diretamente, nos termos desta Constituição" (art. 1º, parágrafo único, Constituição Federal). O Conselho fiscalizará os atos do governo, podendo deles participar também no momento de tomada da decisão política.

Da mesma forma que o princípio do Estado de Direito, o princípio democrático é um princípio jurídico-constitucional com dimensões materiais e também organizativo-procedimentais,[270] que aqui se manifesta na determinação de criação de um Conselho para cada área administrativa municipal.

A tradicional doutrina constitucionalista distingue as formas de participação direta dos cidadãos no processo político e decisório, refletidas na iniciativa legislativa popular, no plebiscito e no referendo (arts. 14, I, II e III, 29, XIII, e 61, §2º, Constituição Federal), de outras formas de participação. É o caso da participação dos trabalhadores e empregadores nos colegiados dos órgãos públicos nos quais seus interesses profissionais ou previdenciários sejam objeto de deliberação e discussão (art. 10, Constituição Federal) ou nos colegiados de empresas (art. 11, Constituição Federal), compreendidas como formas orgânicas de participação popular.[271]

Além disso, a Constituição da República previu ainda o direito de participação da comunidade, de natureza coletiva, e não corporativa, como ocorre na gestão da

---
[270] CANOTILHO, J. J. Gomes. *Direito Constitucional e Teoria da Constituição*. 2. ed. Coimbra: Almedina, 1998. p. 277.
[271] SILVA, José Afonso da. *Curso de Direito Constitucional Positivo*. 19. ed. São Paulo: Malheiros, 2001. p. 264.

Seguridade Social (art. 194, VII), na participação da comunidade nas ações e serviços públicos de saúde (art. 198, III) e, ainda, na fiscalização popular prevista pelo art. 31, §3º, que determina que as contas dos Municípios ficarão, durante 60 dias, anualmente, à disposição de qualquer contribuinte, que pode questionar sua legitimidade (idem).

Na esfera municipal, a Lei Orgânica criou e estabeleceu as regras fundamentais para o funcionamento do Conselho de Representantes. É exigida lei ordinária para sua disciplina, que definirá as áreas administrativas municipais, cada uma com um Conselho, e a forma de eleição dos seus membros.

Os arts. 54 e 55 da Lei Orgânica e a Lei nº 13.881/2004 foram objeto da ADI nº 118.997-0/4-00, proposta pelo Procurador-Geral de Justiça, sob argumento de violação do Princípio da Separação de Poderes. O argumento foi acolhido pelo E. Tribunal de Justiça do Estado de São Paulo, que, em 26 de outubro de 2005, declarou a inconstitucionalidade dos dispositivos da Lei Orgânica e a integralidade da Lei nº 13.881/2004, que disciplinava os Conselhos de Representantes.

No julgamento da demanda, assinalou o E. Tribunal local que competiria ao Poder Executivo a iniciativa das leis que disponham sobre a criação das secretarias, na qual está ínsita a competência exclusiva do Chefe do Executivo "também para as leis que estabeleçam as atribuições dessas Secretarias e dos órgãos e entidades incumbidos da administração pública, princípio esse que é de observância obrigatória pelo Município".

Contudo, em sede de Recurso Extraordinário nº 626.946, interposto pela Edilidade,[272] argumentou-se que a norma, que não cria estrutura integrante do Poder Executivo, viabiliza a democracia direta, dando maior concretude à representação política e estabelecendo parâmetros mínimos para a atuação da sociedade civil na Administração Pública. Ademais, o órgão não possui atribuição de gestão, deliberação ou veto, nem de manifestação necessária ou vinculante.

O Exmo. Min. Marco Aurélio, relator do voto vencedor, constatou que é harmônica com o Princípio da Separação de Poderes lei de iniciativa parlamentar que cria Conselho de Representantes da sociedade civil, com atribuição de participar do planejamento municipal, fiscalizar a respectiva execução e opinar sobre questões consideradas relevantes.

Dessa forma, declarou-se a constitucionalidade dos arts. 54 e 55 da Lei Orgânica e, portanto, dos Conselhos de Representantes. Enfatizou-se que o colegiado integra a estrutura do Poder Legislativo.

No mérito, assinalou o I. Relator que a democracia não é apenas o regime político mais pertinente entre tantos outros ou "o pior à exceção de todos os demais", mas deve ser compreendida como "um conjunto de instituições voltadas a assegurar, na medida do possível, igual participação política dos membros da comunidade". O cidadão não é um mero eleitor, mas um indivíduo participante, fiscalizador da atividade estatal. Os instrumentos da democracia participativa, nesse contexto, traduzem-se em qualquer forma de controle, pela sociedade, dos atos da Administração. Todavia, a atuação popular na formulação das decisões e na fiscalização da coisa pública asseguram a própria legitimidade democrática.

---

[272] STF, Tribunal Pleno. Recurso Extraordinário nº 626.946/SP. Relator: Min. Marco Aurélio. DJe: 17.12.2020.

Assim, o recurso foi provido pelo E. STF, que fixou a Tese de Repercussão Geral nº 1.040, segundo a qual "surge constitucional lei de iniciativa parlamentar a criar conselho de representantes da sociedade civil, integrante da estrutura do Poder Legislativo, com atribuição de acompanhar ações do Executivo".

A criação, a composição, a atribuição e o funcionamento desses conselhos foram regulamentados pela Lei nº 13.881/2004,[273] de iniciativa da Mesa da Câmara Municipal de São Paulo. Analisada pela C. Corte, foi declarada parcialmente constitucional, determinando-se sua interpretação conforme a Constituição da República.

A lei local define o Conselho, de eminente caráter público, como organismo autônomo da sociedade civil, reconhecido pelo Poder Público Municipal como órgão de representação da sociedade de cada região da cidade para exercício dos direitos inerentes à cidadania, como a fiscalização das ações e dos gastos e a apresentação de demandas, necessidades e prioridades de suas áreas de abrangência (art. 1º, §1º).

Enquanto não for regulamentado o Conselho de Representantes, permanece válida a atuação do Conselho Participativo Municipal, organizado para cada Subprefeitura, pela Lei nº 15.764/2013[274] (art. 35, §2º). A atuação dos Conselhos Participativos subsiste enquanto a Lei nº 13.881/2004 não for regulamentada e o Conselho Representativo não estiver em funcionamento.

Informação bibliográfica deste texto, conforme a NBR 6023:2018 da Associação Brasileira de Normas Técnicas (ABNT):

REINHOLD, Juliana Tongu. Comentários ao art. 54. In: BATISTELA, Marcos; BARBOSA, Maria Nazaré Lins; MARTINS, Ricardo Marcondes (coord.). *Comentários à Lei Orgânica do Município de São Paulo*: atualizada até a Emenda nº 42/2022. Belo Horizonte: Fórum, 2023. p. 153-155. ISBN 978-65-5518-497-6.

---

[273] Disponível em: http://legislacao.prefeitura.sp.gov.br/leis/lei-13881-de-30-de-julho-de-2004. Acesso em: 5 jan. 2023.

[274] Disponível em: https://app-plpconsulta-prd.azurewebsites.net/Forms/MostrarArquivo?TIPO=Lei&NUMERO=15764&ANO=2013&DOCUMENTO=Atualizado. Acesso em: 5 jan. 2023.

Art. 55 Aos Conselhos de Representantes compete, além do estabelecido em lei, as seguintes atribuições:

I – participar, em nível local, do processo de Planejamento Municipal e em especial da elaboração das propostas de diretrizes orçamentárias e do orçamento municipal bem como do Plano Diretor e das respectivas revisões;

II – participar, em nível local, da fiscalização da execução do orçamento e dos demais atos da administração municipal;

III – encaminhar representações ao Executivo e à Câmara Municipal, a respeito de questões relacionadas com o interesse da população local.

JULIANA TONGU REINHOLD

A Lei Orgânica já estabelece um rol de competências mínimas do Conselho de Representantes. Conforme sua definição, o órgão participará no processo de planejamento, sobretudo na elaboração de propostas de diretrizes orçamentárias e do orçamento municipal, além do Plano Diretor e suas revisões. Além disso, atuará na fiscalização da execução do orçamento e demais atos da administração, bem como no encaminhamento de representações ao Poder Executivo e à Câmara Municipal, a respeito de questões de interesse da população.

Desse modo, o Conselho de Representantes foi incumbido de participar na elaboração das propostas políticas, na fiscalização de sua adequada execução e no poder para apresentar representações aos Poderes Executivo e Legislativo.

Objetivando otimizar o desempenho das ações políticas, procurou-se viabilizar a participação da sociedade nos assuntos de interesse local, de competência do Município. Assim, criou-se um instrumento para a concretização da participação popular, por meio de representantes eleitos, que fiscalizarão a atuação governamental. Ao mesmo tempo, objetiva-se a institucionalização do diálogo da população com os poderes estabelecidos.

No julgamento do Recurso Extraordinário nº 626.946,[275] o E. STF observou a necessidade de percepção do alcance do inciso I desse artigo a partir do princípio da razoabilidade, isto é, a participação no planejamento e nas propostas orçamentárias deve ser exercida dentro dos limites da atividade secundária de controle desenvolvida pelo Poder Legislativo. O controle social e a participação no planejamento municipal ou na elaboração das normas orçamentárias não significam substituição da decisão política adotada pelo Prefeito, dentro de sua área reservada pela Constituição da República.

Quanto ao inciso II, que atribui ao Conselho o controle da execução do orçamento e demais atos da Administração, avaliou-se que a própria Constituição da República

---

[275] STF, Tribunal Pleno. Recurso Extraordinário nº 626.946/SP. Relator: Min. Marco Aurélio. DJe: 17.12.2020.

estabelece caber ao Legislativo a fiscalização do Município (art. 31, Constituição Federal). A Carta Municipal, nesse contexto, viabilizou a criação desse órgão, vinculado à estrutura do Poder Legislativo, com participação social, em consonância com os princípios democrático e republicano.

Por fim, o inciso III trata do encaminhamento de representações ao Executivo e à Câmara Municipal de questões do interesse da população, atendendo à dinâmica instituída. Neste caso, a r. decisão judicial enfatizou que se trata de envio de documentos de natureza opinativa e sugestiva, sem contornos coercitivos.

A Lei nº 13.881/2004, além de definir a composição dos Conselhos de Representantes, estabeleceu critérios para a eleição de seus membros, suas atribuições e demais regras para o seu funcionamento. Esmiuçou as atribuições dos Conselhos, definindo a forma pela qual será fiscalizada a concreta execução das políticas públicas em nível local (art. 9º).

A C. Corte, ao apreciar os arts. 54 e 55 da Lei Orgânica, declarou a inconstitucionalidade de alguns dispositivos da lei local, como aqueles que determinavam a adoção de providências pelo Poder Executivo para o funcionamento do Conselho de Representantes. Entendeu-se que não são harmônicos com a Constituição da República, por violarem o Princípio da Separação dos Poderes, aqueles dispositivos da lei que instituíam o dever do Poder Executivo de formalizar convênio para viabilizar a eleição dos membros, o ônus de dar publicidade ao pleito ou de organizar curso de capacitação para candidatos, titulares e suplentes.

Todavia, entendeu-se válida a composição dos Conselhos definida pela lei, que determinou a eleição dos seus membros. A escolha de parte deles pelas agremiações políticas com representação na Câmara Municipal (art. 4º, Lei nº 13.881/2004) também foi considerada harmônica com a Lei Maior. Inclusive, observou-se no r. acórdão que essa forma de indicação agrega valor, já que os partidos políticos, no sistema representativo, consubstanciam a via de participação do cidadão.

Em relação às atribuições do Conselho elencadas no art. 9º da Lei nº 13.881/2004, determinou-se a interpretação conforme à Constituição, para se enfatizar que sua atuação é opinativa, e não vinculativa ou coercitiva.

Ao criar os Conselhos de Representantes, a Lei Orgânica evidenciou a importância da fiscalização exercida pelo Poder Legislativo e pela sociedade civil, dos atos governamentais, essenciais na dinâmica concreta do Princípio da Separação dos Poderes.

Informação bibliográfica deste texto, conforme a NBR 6023:2018 da Associação Brasileira de Normas Técnicas (ABNT):

REINHOLD, Juliana Tongu. Comentários ao art. 55. In: BATISTELA, Marcos; BARBOSA, Maria Nazaré Lins; MARTINS, Ricardo Marcondes (coord.). Comentários à Lei Orgânica do Município de São Paulo: atualizada até a Emenda nº 42/2022. Belo Horizonte: Fórum, 2023. p. 156-157. ISBN 978-65-5518-497-6.

Capítulo II
Do Poder Executivo

Seção I
Do Prefeito e do Vice-Prefeito

Art. 56 O Poder Executivo é exercido pelo Prefeito, auxiliado pelos Secretários Municipais e pelos Subprefeitos.

LEO VINICIUS PIRES DE LIMA

Poder Executivo Municipal

O artigo em comento apresenta o rol de agentes políticos do Poder Executivo do Município, composto, na expressão de Hely Lopes Meirelles, pelos "componentes do governo nos seus primeiros escalões",[276] investidos em mandato (alcaide) e cargos (secretários), respectivamente, por eleição e nomeação.

À luz do princípio da simetria (ou paralelismo) constitucional,[277] a formatação da chefia Poder Executivo Municipal segue, *mutatis mutandi*, a estrutura determinada pelos arts. 76 e 77 da Constituição Federal para a chefia do Executivo da União, respeitadas ainda as peculiaridades constantes do art. 29 e seguintes da Carta Magna.

Nesse diapasão, a chefia do Executivo municipal é exercida pelo Prefeito, que conta com poderes semelhantes aos do Presidente da República, mas em esfera local e de acordo, por óbvio, com as competências municipais.

Em sede municipal, as atribuições são divididas em pastas chamadas Secretarias (similares aos Ministérios federais).

Nessa esteira, as atribuições do Prefeito são (I) representar o Município (inclusive judicialmente, caso habilitado para tanto, ressalvadas as atribuições da PGM e seus membros), (II) chefiar o Poder Executivo, ordenando as despesas, (III) participar do Processo Legislativo, encaminhando proposições de sua competência e sancionando os projetos após aprovação do Legislativo, (IV) dar aplicabilidade à legislação local e

---

[276] MEIRELLES, Hely Lopes. *Direito Municipal Brasileiro*. 14. ed. São Paulo: Malheiros, 2006. p. 582.
[277] O Princípio da Simetria determina que os Estados, o Distrito Federal e os Municípios adotem, sempre que pertinente, em suas respectivas Constituições e Leis Orgânicas, os princípios fundamentais e as regras de organização estrutural existentes na Constituição da República, sobretudo as relacionadas à forma e à estrutura do governo, separação de Poderes, sistema de freios e contrapesos, organização política, prerrogativas e limites. Tais regras são chamadas de repetição obrigatória.

(V) elaborar e executar as políticas públicas necessárias à satisfação das vicissitudes da população dentro das competências municipais.

Informação bibliográfica deste texto, conforme a NBR 6023:2018 da Associação Brasileira de Normas Técnicas (ABNT):

LIMA, Leo Vinicius Pires de. Comentários ao art. 56. *In*: BATISTELA, Marcos; BARBOSA, Maria Nazaré Lins; MARTINS, Ricardo Marcondes (coord.). *Comentários à Lei Orgânica do Município de São Paulo*: atualizada até a Emenda nº 42/2022. Belo Horizonte: Fórum, 2023. p. 158-159. ISBN 978-65-5518-497-6.

Art. 57 O Prefeito e o Vice-Prefeito serão eleitos simultaneamente, dentre brasileiros maiores de 21 (vinte e um) anos e no exercício de seus direitos políticos.

§1º – Será considerado eleito Prefeito o candidato que obtiver maioria absoluta de votos, não computados os brancos e os nulos.

§2º – Se nenhum candidato alcançar maioria absoluta na primeira votação, far-se-á nova eleição até 20 (vinte) dias após a proclamação do resultado, concorrendo os 2 (dois) candidatos mais votados e considerando-se eleito aquele que tiver a maioria dos votos válidos.

§3º – Se, antes de realizado o segundo turno, ocorrer morte, desistência ou impedimento legal do candidato, convocar-se-á, dentre os remanescentes, o de maior votação.

§4º – Se, na hipótese dos parágrafos anteriores, remanescer, em segundo lugar, mais de um candidato com a mesma votação, qualificar-se-á o mais idoso.

LEO VINICIUS PIRES DE LIMA

1 Requisitos de elegibilidade do Prefeito

Os requisitos de elegibilidade do Prefeito são os previstos no art. 14, §3º, da Constituição Federal, que traz, além da idade mínima de 21 anos (inciso VI, "c"), a nacionalidade brasileira (nata ou naturalizada), o pleno exercício dos direitos políticos, o alistamento eleitoral, o domicílio eleitoral no município, a filiação partidária (todos requisitos positivos) e a ausência de inelegibilidades (requisitos negativos – inalistáveis, analfabetos,[278] prefeitos reeleitos para mais um mandato subsequente, além do cônjuge e parente consanguíneo ou afim, até segundo grau ou por adoção, do Presidente da República, de Governador de Estado ou Território, do Distrito Federal, de Prefeito ou de quem os haja substituído dentro dos 6 meses anteriores ao pleito, salvo se já titular de mandato eletivo e candidato à reeleição).

São também inelegíveis, de acordo com a Lei Complementar nº 64/1990, para o cargo de prefeito:

---

[278] *Vide* Súmula TSE nº 15/2016 e 55/2016. Ac.-TSE, de 18.09.2018, no RO nº 060247518: a aferição da alfabetização deve ser feita com o menor rigor possível, não podendo ser considerado analfabeto o candidato que possuir capacidade mínima de escrita e leitura; Ac.-TSE, de 12.04.2018, no PA nº 51371: "a realidade multifacetada da sociedade brasileira desaconselha que o analfabetismo seja avaliado a partir de critérios rígidos, abstratos e estanques. Do contrário, em redutos onde o analfabetismo seja a regra, o domínio político se perpetuaria como um monopólio das elites".

(i) os membros do Congresso Nacional, das assembleias legislativas, da Câmara Legislativa e das câmaras municipais que tenham perdido os respectivos mandatos por infringência do disposto nos incisos I e II do art. 55 da Constituição Federal, dos dispositivos equivalentes sobre perda de mandato das constituições estaduais e leis orgânicas dos municípios e do Distrito Federal, para as eleições que se realizarem durante o período remanescente do mandato para o qual foram eleitos e nos 8 anos subsequentes ao término da legislatura;

(ii) o Governador e o Vice-Governador de estado e do Distrito Federal e o Prefeito e o Vice-Prefeito que perderem seus cargos eletivos por infringência a dispositivo da Constituição estadual, da Lei Orgânica do Distrito Federal ou da Lei Orgânica do Município, para as eleições que se realizarem durante o período remanescente e nos 8 anos subsequentes ao término do mandato para o qual tenham sido eleitos;

(iii) os que tenham contra sua pessoa representação julgada procedente pela Justiça Eleitoral, em decisão transitada em julgado ou proferida por órgão colegiado, em processo de apuração de abuso do poder econômico ou político, para a eleição na qual concorram ou tenham sido diplomados, bem como para as que se realizarem nos 8 anos seguintes;[279]

(iv) os que forem condenados, em decisão transitada em julgado ou proferida por órgão judicial colegiado, desde a condenação até o transcurso do prazo de 8 anos após o cumprimento da pena, pelos crimes:[280]

1. contra a economia popular, a fé pública, a administração pública e o patrimônio público;
2. contra o patrimônio privado, o sistema financeiro, o mercado de capitais e os previstos na lei que regula a falência;
3. contra o meio ambiente e a saúde pública;
4. eleitorais, para os quais a lei comine pena privativa de liberdade;
5. de abuso de autoridade, nos casos em que houver condenação à perda do cargo ou à inabilitação para o exercício de função pública;
6. de lavagem ou ocultação de bens, direitos e valores;
7. de tráfico de entorpecentes e drogas afins, racismo, tortura, terrorismo e hediondos;
8. de redução à condição análoga à de escravo;
9. contra a vida e a dignidade sexual; e
10. praticados por organização criminosa, quadrilha ou bando.

---

[279] Ac.-TSE, de 19.12.2016, no REsp nº 28341: as causas de inelegibilidade dispostas nesta alínea e na *h* não se aplicam somente a quem praticou o abuso de poder na eleição à qual concorreu, mas também a quem cometeu o ilícito na eleição na qual não se lançou candidato, no afã de favorecer a candidatura de terceiro.

[280] Ac.-TSE, de 30.10.2018, no AgR-RO nº 060132806: não incide a inelegibilidade de que trata esta alínea se pendentes de julgamento embargos infringentes e de nulidade, dada sua natureza recursal dotada de eficácia suspensiva. Ac.-TSE, de 28.06.2016, na Pet nº 27751 e, de 22.10.2014, nos ED-RO nº 96862: a prescrição da pretensão executória do Estado não extingue os efeitos secundários da condenação, aí inserida a inelegibilidade, que subsiste até o exaurimento do prazo de sua duração. Ac.-TSE, de 04.11.2014, no RMS nº 15090: o indulto presidencial não equivale à reabilitação para afastar a inelegibilidade decorrente de condenação criminal, sendo mantidos os efeitos secundários da condenação.

(v) os que forem declarados indignos do oficialato, ou com ele incompatíveis, pelo prazo de 8 anos;

(vi) os detentores de cargo na administração pública direta, indireta ou fundacional, que beneficiarem a si ou a terceiros, pelo abuso do poder econômico ou político, que forem condenados em decisão transitada em julgado ou proferida por órgão judicial colegiado, para a eleição na qual concorrem ou tenham sido diplomados, bem como para as que se realizarem nos 8 anos seguintes;

(vii) os que, em estabelecimento de crédito, financiamento ou seguro, que tenham sido ou estejam sendo objeto de processo de liquidação judicial ou extrajudicial, tenham exercido, nos 12 meses anteriores à respectiva decretação, cargo ou função de direção, administração ou representação, enquanto não forem exonerados de qualquer responsabilidade;

(viii) os que forem condenados, em decisão transitada em julgado ou proferida por órgão colegiado da Justiça Eleitoral, por corrupção eleitoral, por captação ilícita de sufrágio, por doação, captação ou gastos ilícitos de recursos de campanha ou por conduta vedada aos agentes públicos em campanhas eleitorais que impliquem cassação do registro ou do diploma, pelo prazo de 8 anos a contar da eleição;

(ix) o presidente da República, o governador de Estado e do Distrito Federal, o Prefeito, os membros do Congresso Nacional, das assembleias legislativas, da Câmara Legislativa ou das câmaras municipais que renunciarem a seus mandatos desde o oferecimento de representação ou petição capaz de autorizar a abertura de processo por infringência a dispositivo da Constituição Federal, da Constituição estadual, da Lei Orgânica do Distrito Federal ou da LOM, para as eleições que se realizarem durante o período remanescente do mandato para o qual foram eleitos e nos 8 anos subsequentes ao término da legislatura;

(x) os que forem condenados à suspensão dos direitos políticos, em decisão transitada em julgado ou proferida por órgão judicial colegiado, por ato doloso de improbidade administrativa que importe lesão ao patrimônio público e enriquecimento ilícito, desde a condenação ou o trânsito em julgado até o transcurso do prazo de 8 anos após o cumprimento da pena;

(xi) os que forem excluídos do exercício da profissão, por decisão sancionatória do órgão profissional competente, em decorrência de infração ético-profissional, pelo prazo de 8 anos, salvo se o ato tiver sido anulado ou suspenso pelo Poder Judiciário;

(xii) os que forem condenados, em decisão transitada em julgado ou proferida por órgão judicial colegiado, em razão de terem desfeito ou simulado desfazer vínculo conjugal ou de união estável para evitar caracterização de inelegibilidade, pelo prazo de 8 anos após a decisão que reconhecer a fraude;

(xiii) os que forem demitidos do serviço público em decorrência de processo administrativo ou judicial, pelo prazo de 8 anos, contado da decisão, salvo se o ato houver sido suspenso ou anulado pelo Poder Judiciário;[281]

---

[281] Ac.-TSE, de 18.12.2018, no RO nº 060079292: a inelegibilidade de que trata esta alínea é aplicável aos militares a que se impuserem sanções que, a qualquer título, produzam efeitos análogos à demissão.
Ac.-TSE, de 21.06.2016, no REspe nº 2026: a suspensão ou anulação administrativa do ato demissional é suficiente para afastar a inelegibilidade.
Ac.-TSE, de 12.09.2014, no RO nº 29340: a inelegibilidade prevista nesta alínea somente é afastada no caso de absolvição criminal que negue a existência do fato ou da autoria.

(xiv) a pessoa física e os dirigentes de pessoas jurídicas responsáveis por doações eleitorais tidas por ilegais por decisão transitada em julgado ou proferida por órgão colegiado da Justiça Eleitoral, pelo prazo de 8 anos após a decisão, observando-se o procedimento previsto no art. 22;

(xv) os magistrados e os membros do Ministério Público que forem aposentados compulsoriamente por decisão sancionatória, que tenham perdido o cargo por sentença ou que tenham pedido exoneração ou aposentadoria voluntária na pendência de processo administrativo disciplinar, pelo prazo de 8 anos;

(xvi) no que lhes for aplicável, por identidade de situações, os inelegíveis para os cargos de Presidente e Vice-Presidente da República (art. 1º, inciso II da Lei Complementar nº 64/1990), Governador e Vice-Governador de estado e do Distrito Federal (art. 1º, III, Lei Complementar nº 64/1990), observado o prazo de 4 meses para a desincompatibilização.

2 Eleição em dois turnos

Uma vez que o Município de São Paulo conta com muito mais de 200 mil habitantes, a eleição para Prefeito é feita em dois turnos (na hipótese de nenhum candidato conseguir maioria absoluta dos votos válidos no primeiro turno).

Informação bibliográfica deste texto, conforme a NBR 6023:2018 da Associação Brasileira de Normas Técnicas (ABNT):

LIMA, Leo Vinicius Pires de. Comentários ao art. 57. In: BATISTELA, Marcos; BARBOSA, Maria Nazaré Lins; MARTINS, Ricardo Marcondes (coord.). *Comentários à Lei Orgânica do Município de São Paulo*: atualizada até a Emenda nº 42/2022. Belo Horizonte: Fórum, 2023. p. 160-163. ISBN 978-65-5518-497-6.

Art. 58 O Prefeito e o Vice-Prefeito tomarão posse e assumirão o exercício na sessão solene de instalação da Câmara Municipal, no dia 1º de janeiro do ano subsequente à eleição e prestarão compromisso de cumprir e fazer cumprir a Constituição da República, a Constituição Estadual, a Lei Orgânica do Município e a legislação em vigor, defendendo a justiça social, a paz e a igualdade de tratamento a todos os cidadãos.

§1º – Se, decorridos 10 (dez) dias da data fixada para a posse, o Prefeito ou o Vice-Prefeito, salvo motivo de força maior, não tiver assumido o cargo, este será declarado vago.

§2º – No ato da posse e ao término do mandato, o prefeito e o Vice-Prefeito farão declaração pública, circunstanciada, de seus bens, a qual será transcrita em livro próprio, constando de ata o seu resumo e publicada no Diário Oficial do Município, no prazo máximo de 30 (trinta) dias.

§3º – O Prefeito e o Vice-Prefeito deverão desincompatibilizar-se no ato da posse.

LEO VINICIUS PIRES DE LIMA

1   Princípio da Anualidade Integral ou Literal

A redação original da Constituição Federal adotou a regra (aqui reproduzida) da anualidade integral dos mandatos eletivos, que significa que eles têm início no primeiro e encerramento no último dia do ano civil. Nada obstante, a Emenda Constitucional nº 111/2021 alterou a data de início do mandato presidencial para 5 de janeiro e dos governadores estaduais e do Distrito Federal para 6 de janeiro, rompendo com a regra do paralelismo do termo inicial dos mandatos dos Chefes do Executivo. Dessa maneira, a anualidade integral ou literal só vige atualmente para os prefeitos.

2   Vacância

Vago o cargo de Prefeito na hipótese do parágrafo primeiro desse artigo, assume o vice (v. art. 62 desta LOM). Caso a vacância seja dupla, independentemente da causa, no primeiro biênio do mandato, abrem-se novas eleições. Tratando-se de causa de vacância não eleitoral, a nova eleição é realizada em até 90 dias; nas vacâncias motivadas por cassação do mandato ou diploma, nos termos do art. 224 do Código Eleitoral,[282] a nova eleição se realiza no prazo de 20 a 40 dias.

---

[282] "(...) Dupla vacância dos cargos de prefeito e de vice, por causa eleitoral ocorrida no primeiro biênio. Aplicação obrigatória do art. 81, §1º, da Constituição da República. Impossibilidade. Renovação das eleições. Incidência do art. 224 do Código Eleitoral. Precedentes do STF. (...) O art. 81, §1º, da Constituição da República, não se aplica

Informação bibliográfica deste texto, conforme a NBR 6023:2018 da Associação Brasileira de Normas Técnicas (ABNT):

LIMA, Leo Vinicius Pires de. Comentários ao art. 58. *In*: BATISTELA, Marcos; BARBOSA, Maria Nazaré Lins; MARTINS, Ricardo Marcondes (coord.). *Comentários à Lei Orgânica do Município de São Paulo*: atualizada até a Emenda nº 42/2022. Belo Horizonte: Fórum, 2023. p. 164-165. ISBN 978-65-5518-497-6.

---

aos municípios. A renovação das eleições em razão de dupla vacância dos cargos do Executivo será realizada de forma direta, nos termos do art. 224 do Código Eleitoral" (Ac. de 18.12.2007 no MS nº 3634, rel. Min. Ari Pargendler, red. designado Min. Cezar Peluso).

"Consulta. Vacância dos cargos de prefeito e de vice nos dois primeiros anos de mandato por causa não eleitoral. Nova eleição direta. Princípio da simetria. A teor do disposto no art. 81, *caput*, da CF, aqui empregado pelo princípio da simetria, em ocorrendo a vacância do cargo de prefeito e de vice nos dois primeiros anos de mandato, realizar-se-á nova eleição direta, em noventa dias, contados da abertura da vaga. O TRE deverá editar resolução fixando as regras e o calendário a ser observado no pleito. Precedentes" (Res. nº 22087 na Cta nº 1140, de 20.09.2005, rel. Min. Gilmar Mendes).

Art. 59 O Prefeito não poderá sob pena de perda do mandato:

I – desde a expedição do diploma:

a) firmar ou manter contrato com órgãos da administração direta, autarquias, empresas públicas, sociedades de economia mista, fundações instituídas ou mantidas pelo Poder Público e concessionárias de serviço público, salvo quando o contrato obedecer a cláusulas uniformes;

b) aceitar ou exercer cargo, função ou emprego remunerado, inclusive os de que seja demissível *ad nutum*, nas entidades constantes no inciso anterior, ressalvada a posse em virtude de concurso público e observado, no que couber, o disposto no art. 38 da Constituição da República;

II – desde a posse:

a) ser titular de mais um cargo ou mandato eletivo;

b) patrocinar causas em que seja interessado o Município ou qualquer das entidades referidas no inciso I deste artigo;

c) ser proprietário, controlador ou diretor de empresa que goze de favor decorrente de contrato com pessoa jurídica de direito público, ou nela exercer função remunerada;

d) fixar domicílio fora do Município.

LEO VINICIUS PIRES DE LIMA

Conflitos de interesses

O artigo em comento apresenta situações objetivas em que se verifica conflito de interesses entre o ocupante do cargo de prefeito e o Município.

É importante consignar que, além das hipóteses nele previstas, aplicam-se aos prefeitos municipais também as vedações constantes da Lei Federal nº 12.813/2013 (sobretudo os arts. 5º e 6º). Com efeito, uma vez que as condutas nele descritas são tipificadas como atos de improbidade administrativa, forçoso é o entendimento de que suas vedações são aplicáveis também aos servidores, agentes políticos e empregados públicos estaduais e municipais, já que a lei de improbidade (Lei nº 8.429/1992) se aplica indistintamente a todos os agentes públicos.

Segundo a norma federal (art. 5º), configura conflito de interesses no exercício de cargo ou emprego públicos, ainda que os servidores estejam temporariamente afastados do exercício, caracterizando improbidade administrativa, as seguintes condutas:

(i) divulgar ou fazer uso de informação privilegiada, em proveito próprio ou de terceiros, obtida em razão das atividades exercidas;

(ii) exercer atividade que implique a prestação de serviços ou a manutenção de relação de negócio com pessoa física ou jurídica que tenha interesse em decisão do agente público ou de colegiado do qual este participe;

(iii) exercer, direta ou indiretamente, atividade que em razão da sua natureza seja incompatível com as atribuições do cargo ou emprego, considerando-se como tal, inclusive, a atividade desenvolvida em áreas ou matérias correlatas;

(iv) atuar, ainda que informalmente, como procurador, consultor, assessor ou intermediário de interesses privados nos órgãos ou entidades da administração pública direta ou indireta de qualquer dos Poderes da União, dos Estados, do Distrito Federal e dos Municípios;

(v) praticar ato em benefício de interesse de pessoa jurídica de que participe o agente público, seu cônjuge, companheiro ou parentes, consanguíneos ou afins, em linha reta ou colateral, até o terceiro grau, e que possa ser por ele beneficiada ou influir em seus atos de gestão;

(vi) receber presente de quem tenha interesse em decisão do agente público ou de colegiado do qual este participe fora dos limites e condições estabelecidos em regulamento; e

(vii) prestar serviços, ainda que eventuais, a empresa cuja atividade seja controlada, fiscalizada ou regulada pelo ente ao qual o agente público está vinculado.

Informação bibliográfica deste texto, conforme a NBR 6023:2018 da Associação Brasileira de Normas Técnicas (ABNT):

LIMA, Leo Vinicius Pires de. Comentários ao art. 59. *In*: BATISTELA, Marcos; BARBOSA, Maria Nazaré Lins; MARTINS, Ricardo Marcondes (coord.). *Comentários à Lei Orgânica do Município de São Paulo*: atualizada até a Emenda nº 42/2022. Belo Horizonte: Fórum, 2023. p. 166-167. ISBN 978-65-5518-497-6.

Art. 60 Será de 4 (quatro) anos o mandato do Prefeito e do Vice-Prefeito, a iniciar-se no dia 1º de janeiro do ano subsequente ao da eleição.

LEO VINICIUS PIRES DE LIMA

Duração do mandato

O mandato político nas três esferas federativas tem duração de uma legislatura (4 anos). Sobre o princípio da anualidade integral, ver comentários ao art. 59 *supra*.

Informação bibliográfica deste texto, conforme a NBR 6023:2018 da Associação Brasileira de Normas Técnicas (ABNT):

LIMA, Leo Vinicius Pires de. Comentários ao art. 60. *In*: BATISTELA, Marcos; BARBOSA, Maria Nazaré Lins; MARTINS, Ricardo Marcondes (coord.). *Comentários à Lei Orgânica do Município de São Paulo*: atualizada até a Emenda nº 42/2022. Belo Horizonte: Fórum, 2023. p. 168. ISBN 978-65-5518-497-6.

Art. 61 São inelegíveis para os mesmos cargos, no período subsequente, o Prefeito e quem o houver sucedido ou substituído nos 6 meses anteriores à eleição.

LEO VINICIUS PIRES DE LIMA

Inelegibilidade do ocupante atual

A inelegibilidade do art. 61 não se aplica às hipóteses de reeleição, admitidas pela Constituição Federal.

Art. 62 O Vice-Prefeito substitui o Prefeito em caso de licença ou impedimento e o sucede no caso de vaga ocorrida após a diplomação.

LEO VINICIUS PIRES DE LIMA

Vice-Prefeito

O Vice-Prefeito é o substituto legal do Prefeito, assumindo interinamente em caso de licença ou impedimento e definitivamente em caso de vacância posterior à diplomação. Na hipótese de substituição definitiva (morte ou perda do cargo do Prefeito), o Vice assume definitivamente pelo período faltante do mandato do prefeito.

Em caso de inabilitação do vencedor da eleição em período anterior à diplomação, uma vez que o registro da candidatura aos cargos de Prefeito e Vice é feito em chapa única, nos termos do art. 91 do Código Eleitoral, eventual vício relativo ao Prefeito eleito contamina o Vice eleito, impedindo-o de assumir a chefia do Executivo.

Nesse sentido, o TSE, Acórdão nº 9.080 de 28.06.1988 – Rel. Ministro Roberto F. Rosas, postula:

> 1. Prefeito. Inelegibilidade. Cassação do diploma por abuso do poder econômico. Fatos ocorridos entre o registro e a diplomação. 2. O Vice-Prefeito é eleito simultaneamente com o Prefeito. Não há votação em separado, nem registros diversos. Contaminação da chapa. Vicias que se estendem ao Vice-Prefeito. Aplicação do art. 21 da LC nº 5. O Vice-Prefeito não assume com a cassação do diploma do Prefeito. 3. O falecimento do Prefeito não determina a extinção do processo. A relação jurídica processual permanece, pois há interesse jurídico em relação ao Vice-Prefeito.

Informação bibliográfica deste texto, conforme a NBR 6023:2018 da Associação Brasileira de Normas Técnicas (ABNT):

LIMA, Leo Vinicius Pires de. Comentários ao art. 62. *In*: BATISTELA, Marcos; BARBOSA, Maria Nazaré Lins; MARTINS, Ricardo Marcondes (coord.). *Comentários à Lei Orgânica do Município de São Paulo*: atualizada até a Emenda nº 42/2022. Belo Horizonte: Fórum, 2023. p. 170. ISBN 978-65-5518-497-6.

Art. 63 Em caso de impedimento do Prefeito e do Vice-Prefeito, ou vacância dos respectivos cargos, será chamado ao exercício da Prefeitura o Presidente da Câmara Municipal ou seu substituto legal.

LEO VINICIUS PIRES DE LIMA

Linha de sucessão

Após o Vice-Prefeito, o segundo na vocação sucessória do prefeito é o Presidente da Câmara Municipal, que, no entanto, jamais assumirá o cargo de forma definitiva, como se verifica pelo disposto no art. 64.

Informação bibliográfica deste texto, conforme a NBR 6023:2018 da Associação Brasileira de Normas Técnicas (ABNT):

LIMA, Leo Vinicius Pires de. Comentários ao art. 63. *In*: BATISTELA, Marcos; BARBOSA, Maria Nazaré Lins; MARTINS, Ricardo Marcondes (coord.). *Comentários à Lei Orgânica do Município de São Paulo*: atualizada até a Emenda nº 42/2022. Belo Horizonte: Fórum, 2023. p. 171. ISBN 978-65-5518-497-6.

Art. 64 Vagando os cargos de Prefeito e Vice-Prefeito, far-se-á eleição 90 (noventa) dias depois de aberta a última vaga.

§1º – Ocorrendo a vacância nos 2 últimos anos de mandato, a eleição para ambos os cargos será feita pela Câmara Municipal, 30 (trinta) dias depois de aberta a última vaga, na forma da Lei.

§2º – Em qualquer dos casos, os eleitos deverão completar o período dos seus antecessores.

LEO VINICIUS PIRES DE LIMA

Vacância simultânea

Vagos simultaneamente os cargos de Prefeito e Vice, o Presidente da Câmara Municipal assume, com a incumbência de convocar novas eleições diretas, que se realizarão no prazo máximo improrrogável de 90 dias contados da data da última vacância, no caso de a vacância simultânea ocorrer na primeira metade do mandato.

Na hipótese de dupla vacância ocorrer na segunda metade do mandato (ou seja, após dois anos ou mais do seu início), haverá eleição indireta para "mandato-tampão".

Em qualquer hipótese, o eleito apenas completará o período restante do mandato que substituiu.

Informação bibliográfica deste texto, conforme a NBR 6023:2018 da Associação Brasileira de Normas Técnicas (ABNT):

LIMA, Leo Vinicius Pires de. Comentários ao art. 64. *In*: BATISTELA, Marcos; BARBOSA, Maria Nazaré Lins; MARTINS, Ricardo Marcondes (coord.). *Comentários à Lei Orgânica do Município de São Paulo*: atualizada até a Emenda nº 42/2022. Belo Horizonte: Fórum, 2023. p. 172. ISBN 978-65-5518-497-6.

Art. 65 O Prefeito ou o Vice-Prefeito, quando em exercício, não poderá ausentar-se do Município ou afastar-se do cargo, sem licença da Câmara Municipal, sob pena de perda do cargo, salvo por período não superior a 15 (quinze) dias consecutivos.

LEO VINICIUS PIRES DE LIMA

Afastamento voluntário

Este artigo trata das hipóteses de afastamento voluntário do Prefeito e do Vice, apresentando limitação temporal e circunstancial: o prefeito pode se afastar, de forma não remunerada de seu cargo, por período de até 15 dias. Afastamentos voluntários por prazo superior dependem de autorização da Câmara Municipal. Vale lembrar que, pela dicção legal, a autorização deve ser prévia, não podendo operar *a posteriori*, como forma de ratificação.

Informação bibliográfica deste texto, conforme a NBR 6023:2018 da Associação Brasileira de Normas Técnicas (ABNT):

LIMA, Leo Vinicius Pires de. Comentários ao art. 65. *In*: BATISTELA, Marcos; BARBOSA, Maria Nazaré Lins; MARTINS, Ricardo Marcondes (coord.). *Comentários à Lei Orgânica do Município de São Paulo*: atualizada até a Emenda nº 42/2022. Belo Horizonte: Fórum, 2023. p. 173. ISBN 978-65-5518-497-6.

Art. 66 O Prefeito poderá licenciar-se:

I – quando a serviço ou em missão de representação do Município;

II – quando impossibilitado do exercício do cargo, por motivo de doença devidamente comprovada ou em licença gestante e paternidade, observado quanto a estas o art. 20, §2º desta Lei.

§1º – O pedido de licença, amplamente justificado, indicará as razões, e, em casos de viagem, também o roteiro e as previsões de gastos, devendo a prestação de contas ser publicada no Diário Oficial do Município até 10 (dez) dias após o retorno.

§2º – Nos casos previstos neste artigo, o Prefeito licenciado terá direito aos vencimentos.

LEO VINICIUS PIRES DE LIMA

Licenças

Esse artigo trata das hipóteses de afastamento temporário remunerado do prefeito e descreve três hipóteses: (I) o afastamento por doença (licença por doença) devidamente comprovada (documental ou pericialmente); II licença-gestante/maternidade/paternidade; e (III) licença para representar o Município fora de seus limites territoriais (nacional ou internacionalmente).

Ressalte-se que a hipótese III sequer necessitaria constar do rol de licenças, já que o Prefeito, embora fisicamente ausente do Município, está a realizar serviço do interesse deste.

Informação bibliográfica deste texto, conforme a NBR 6023:2018 da Associação Brasileira de Normas Técnicas (ABNT):

LIMA, Leo Vinicius Pires de. Comentários ao art. 66. *In*: BATISTELA, Marcos; BARBOSA, Maria Nazaré Lins; MARTINS, Ricardo Marcondes (coord.). *Comentários à Lei Orgânica do Município de São Paulo*: atualizada até a Emenda nº 42/2022. Belo Horizonte: Fórum, 2023. p. 174. ISBN 978-65-5518-497-6.

Art. 67 O Prefeito deverá residir no Município de São Paulo.

LEO VINICIUS PIRES DE LIMA

Residência oficial

O Prefeito deve manter residência no Município e sequer pode se afastar da Capital por mais de 15 dias consecutivos sem autorização da Câmara (ver art. 65). Não obstante, uma vez que o Código Civil admite pluralidade de domicílios, nada impede que o alcaide mantenha duplicidade de residências (com, por exemplo, a manutenção de uma casa de veraneio), desde que, durante o mandato, de fato, resida em São Paulo, não se afastando da Capital por mais de 15 dias.

Informação bibliográfica deste texto, conforme a NBR 6023:2018 da Associação Brasileira de Normas Técnicas (ABNT):

LIMA, Leo Vinicius Pires de. Comentários ao art. 67. *In*: BATISTELA, Marcos; BARBOSA, Maria Nazaré Lins; MARTINS, Ricardo Marcondes (coord.). *Comentários à Lei Orgânica do Município de São Paulo*: atualizada até a Emenda nº 42/2022. Belo Horizonte: Fórum, 2023. p. 175. ISBN 978-65-5518-497-6.

Art. 68 A extinção ou a perda do mandato do Prefeito e do Vice-Prefeito ocorrerão na forma e nos casos previstos na Constituição da República e nesta Lei. (15, 16, 17 e 18)

LEO VINICIUS PIRES DE LIMA

1 Perda do mandato do Prefeito e Vice-Prefeito

Diversas são as causas de perda do mandato do Chefe do Executivo municipal: (I) cometimento de crimes de responsabilidade (nos termos do Decreto-Lei nº 201/1967); (II) condenação por crime comum sujeito à pena privativa de liberdade; (III) cometimento de ato de improbidade administrativa; e (IV) ausência injustificada e não autorizada do Município por mais de 15 dias (ver art. 65 *supra*).

2 Crime de responsabilidade

Os crimes de responsabilidade do Prefeito municipal estão disciplinados no microssistema do Decreto-Lei nº 201/1967.

A norma prevê duas espécies distintas de infrações penais: (I) as do art. 1º, que, apesar de nomeadas "crimes de responsabilidade", têm descrição, em sua maioria, típica de crimes comuns (previstos no Código Penal, na Lei de licitações, entre outros), como peculato, fraude licitatória e apropriação indébita, mas cometidos em função do cargo eletivo;[283] e (II) as do art. 4º, que tratam de infrações tipicamente político-administrativas (crimes de responsabilidade em sentido estrito).

O STF entendeu pela recepção parcial do Decreto-Lei nº 201/1967 pela Constituição Federal, no que tange às infrações político-administrativas. Dessa forma, a Corte admite a perda de cargo e a inabilitação, pelo prazo de 5 anos, para o exercício de cargo ou função pública, eletivo ou de nomeação, sem prejuízo da reparação civil do dano causado ao patrimônio público ou particular, pela prática dos atos lá tipificados.

Trata-se de julgamento político, a cargo da Câmara Municipal.

---

[283] "Todos os crimes definidos nessa lei são *dolosos*, pelo que só se tornam puníveis quando o prefeito busca intencionalmente o resultado, ou assume o risco de produzi-lo. Por isso, além da materialidade do ato, exige-se a intenção de praticá-lo contra as normas legais que o regem. O que se dispensa é a valoração do resultado, para a tipificação do delito. Mas, tratando-se de crime contra a Administração municipal, é sempre possível e conveniente perquirir se o agente atuou em prol do interesse público, ou para satisfazer interesse pessoal ou de terceiro. Se o procedimento do acusado, embora irregular, foi inspirado no interesse público, não há crime a punir (TACrimSP, RT nº 445/418, 449/377, 451/414, 451/425, 453/402, 464/365)" (MEIRELLES, Hely Lopes. *Direito Municipal Brasileiro*. 14. ed. São Paulo: Malheiros, 2006. p. 573).

Pelo já mencionado princípio da simetria (ver nota 1 *supra*), todavia, não se aplica o *quorum* de maioria simples previsto no art. 5º, II do DL, mas o *quorum* qualificado do art. 86 da Constituição Federal (dois terços).

3 Condenação por crime comum à pena privativa de liberdade

O STF (Recurso Extraordinário nº 225.019-60) entendeu inaplicável aos prefeitos que sofrerem condenação penal transitada em julgado a norma que assegura aos deputados federais e senadores o direito de a perda do mandato ser decidida pela Mesa da Casa respectiva (art. 55, §2º, Constituição Federal).

Com base nesse entendimento, o Pretório Excelso decidiu que incide, na espécie, o §6º do Decreto-Lei nº 201/1967, que determina, em caso de condenação criminal, a extinção do mandato do Prefeito, cabendo ao Presidente da Câmara de Vereadores apenas declarar a vacância.

4 Condenação por ato de Improbidade Administrativa

Improbidade é o ilícito civil doloso que contraria a probidade administrativa (que inclui, além da moralidade, ética, boa-fé e a obrigação, de todo administrador, de tratar a coisa pública com diligência, parcimônia e eficiência). Os atos de improbidade administrativa, as penas e o procedimento judicial a eles aplicáveis estão regulados na Lei nº 8.429/1992.

O Administrador Público tem o dever de agir com lealdade, honestidade, transparência, boa-fé, objetividade, isonomia, eficiência, presteza, celeridade, bom senso e cuidado com os bens públicos. Deve, ainda, zelar pela fiel execução da lei.

Sujeito ativo é aquele que pratica o ato de improbidade, ou seja, qualquer agente público, servidor ou não (art. 1º, Lei nº 8.429/1992), independentemente do Poder ao qual esse agente público esteja vinculado – por exemplo, o juiz e o legislador, no exercício de suas atividades típicas, também podem cometer atos de improbidade. Aplicam-se ainda as penas cabíveis àqueles que, mesmo não sendo agentes públicos, concorram (induzindo, instigando ou auxiliando) para a prática do ato de improbidade ou dele se beneficie direta ou indiretamente.

Os sucessores dos apenados pela lei de improbidade respondem pela reparação do dano ao erário ou pelo enriquecimento sem causa até o limite das forças da herança.

Quanto à casuística, o STJ decidiu que a Lei de Improbidade Administrativa não se aplica a agentes públicos passíveis de cometimento de crime de responsabilidade previsto na Lei nº 1.079/1950, entre os quais o Presidente da República e o Vice, ministros de Estado, ministros do STF, Procurador-Geral da República (processados pelo Senado Federal), Governador e Vice dos Estados e do Distrito Federal, bem como os respectivos Secretários (REsp nº 1103011/ES – 2008).

A mesma decisão, no entanto, determina a aplicação da Lei nº 8.429/1992 aos ex-prefeitos por atos cometidos durante o mandato.

Não obstante, o STF firmou entendimento no sentido de que somente o Presidente da República não está sujeito às penas da Lei de Improbidade. Para o Pretório Excelso, "os agentes políticos, com exceção do Presidente da República, encontram-se sujeitos a duplo regime sancionatório, de modo que se submetem tanto à responsabilização civil pelos atos de improbidade administrativa quanto à responsabilização político-administrativa por crimes de responsabilidade" (Pet. 3240 AgR/DF, rel. Min. Teori Zavascki, red. p/ o ac. Min. Roberto Barroso, julgamento em 10.05.2018).[284]

A posição pacífica das Cortes Extremas é objeto de críticas, uma vez que a Lei nº 3.528/1959 (revogada pelo Decreto-Lei nº 201/1967) já determinava a aplicação da Lei nº 1.079/1950 aos Chefes dos Executivos municipais e a norma que a revogou criou um sistema similar de responsabilização criminal-política para os prefeitos.

Entretanto, independentemente da discussão teórica sobre a aplicação da submissão dos alcaides ao sistema da Lei nº 8.429/1992, é controversa a possibilidade de perda do cargo pelo cometimento de atos de improbidade:

Enquanto parte da doutrina defende a possibilidade de aplicação de todas as penas previstas no art. 12 da Lei nº 8.429019/1992, inclusive a suspensão dos direitos políticos e a perda do cargo, outros sustentam que as duas sanções ficariam à margem do pedido formulado da ação de improbidade. Assim, diante da condenação, caberia à Câmara Municipal deliberar sobre a perda do cargo. Essa é a posição que entendemos mais adequada à realidade constitucional brasileira.

Informação bibliográfica deste texto, conforme a NBR 6023:2018 da Associação Brasileira de Normas Técnicas (ABNT):

LIMA, Leo Vinicius Pires de. Comentários ao art. 68. In: BATISTELA, Marcos; BARBOSA, Maria Nazaré Lins; MARTINS, Ricardo Marcondes (coord.). *Comentários à Lei Orgânica do Município de São Paulo*: atualizada até a Emenda nº 42/2022. Belo Horizonte: Fórum, 2023. p. 176-178. ISBN 978-65-5518-497-6.

---

[284] Destaque-se, de outro giro, que o próprio STF também decidiu – em 2002 (Reclamação nº 2138-DF) que a Lei de Improbidade Administrativa não se aplica a nenhum dos agentes públicos passíveis de cometimento de crimes de responsabilidade previstos na Lei Federal nº 1.079/1950 (Presidente – e Vice – da República, Governadores – e Vice – dos Estados e do Distrito Federal, Ministros de Estado, Secretários Estaduais e Distritais, Ministros do STF e Procurador Geral da República). Fundamenta-se a decisão no fato de que os atos de improbidade também seriam crimes de responsabilidade, o que geraria *bis in idem*.

Seção II
Das Atribuições do Prefeito

Art. 69 Compete privativamente ao Prefeito, além de outras atribuições previstas nesta Lei:

I – iniciar o processo legislativo na forma e nos casos nela previstos;

II – exercer, com os Secretários Municipais, os Subprefeitos e demais auxiliares a direção da administração municipal;

III – sancionar, promulgar e fazer publicar as leis, bem como, no prazo nelas estabelecido, não inferior a trinta nem superior a cento e oitenta dias, expedir decretos e regulamentos para sua fiel execução, ressalvados os casos em que, nesse prazo, houver interposição de ação direta de inconstitucionalidade contra a lei publicada. (Redação dada pela Emenda nº 31/2008.)

IV – vetar projetos de leis, total ou parcialmente, na forma prevista;

V – nomear e exonerar os Secretários Municipais e demais auxiliares;

VI – convocar extraordinariamente a Câmara Municipal, no recesso, em caso de relevante interesse municipal;

VII – subscrever ou adquirir ações, realizar ou aumentar o capital de sociedades de economia mista ou empresas públicas, na forma da lei;

VIII – dispor, a qualquer título, no todo ou em parte, de ações ou capital que tenha subscrito, adquirido, realizado ou aumentado, mediante autorização expressa da Câmara Municipal;

IX – apresentar à Câmara Municipal projeto de lei dispondo sobre o regime de concessão ou permissão de serviços públicos;

X – propor à Câmara Municipal projetos de leis relativos ao plano plurianual, diretrizes orçamentárias, orçamento anual, dívida pública e operações de crédito;

XI – encaminhar ao Tribunal de Contas, até o dia 31 de março de cada ano, a sua prestação de contas, bem como o balanço do exercício findo;

XII – encaminhar aos órgãos competentes os planos de aplicação e as prestações de contas exigidas em lei;

XIII – apresentar à Câmara Municipal, até 45 (quarenta e cinco) dias após a sua sessão inaugural, mensagem sobre a situação do Município, solicitando as medidas de interesse público que julgar necessárias;

XIV – propor à Câmara Municipal a contratação de empréstimos para o Município;

XV – apresentar, anualmente, à Câmara Municipal, relatório sobre o andamento das obras e serviços municipais;

XVI – propor à Câmara Municipal projetos de leis sobre criação, alteração das Secretarias Municipais e Subprefeituras, inclusive sobre suas estruturas e atribuições;

XVII – nomear Conselheiros do Tribunal de Contas do Município, observado o disposto nesta Lei Orgânica, em especial o prazo fixado no §3º do art. 42;

XVIII – propor à Câmara Municipal a criação de fundos destinados ao auxílio no financiamento de serviços e/ou programas públicos.

• •

ALEXANDRE BESSER

1 Competência privativa (*caput*)

O art. 69 é o dispositivo da LOM que, à semelhança do art. 84 da Constituição Federal, enumera, em rol não exaustivo, atribuições do chefe do Poder Executivo. Em 18 incisos, são descritas atividades que competem privativamente ao Prefeito Municipal.[285]

2 Direção da administração municipal e nomeações (incisos II, V e XVII)

O Prefeito, como Chefe do Poder Executivo, é o representante do Município e o responsável pela administração municipal, cabendo a ele, com o auxílio de secretários municipais e subprefeitos,[286] dar o direcionamento das atividades exercidas pelo Poder Executivo.[287]

Conforme previsto no inciso V, o Prefeito Municipal pode nomear e exonerar os secretários municipais livremente,[288] sem necessidade de autorização por parte do Poder Legislativo. Os secretários municipais ocupam cargos públicos de natureza política e, portanto, conforme entendimento reiterado do STF, não estão submetidos, quando da sua nomeação, aos limites estabelecidos pela Súmula Vinculante nº 13 (vedação ao nepotismo).[289]

Cabe, outrossim, ao Prefeito Municipal nomear conselheiros do TCM, respeitada a forma estabelecida no art. 50 da Lei Orgânica.[290]

---

[285] A respeito das atribuições do Prefeito Municipal, recomenda-se estudo da classificação exposta por Hely Lopes Meirelles, diferenciando as atribuições políticas das administrativas. Nesse sentido, ver: MEIRELLES, Hely Lopes. *Direito municipal brasileiro*. 19 ed. atual. Por Giovani da Silva Corralo. São Paulo: Malheiros, 2021. p. 587-589.

[286] Estes são os auxiliares diretos do Prefeito, conforme previsto no artigo 75 da Lei Orgânica.

[287] Em relação ao Prefeito, leciona Hely Lopes Meirelles: "(...) todas as atividades do Executivo são de sua responsabilidade direta ou indireta, quer pela sua execução pessoal, quer pela sua direção ou supervisão hierárquica" (*Direito municipal brasileiro*. 19 ed. atual. por Giovani da Silva Corralo. São Paulo: Malheiros, 2021. p. 580). Nesse sentido, ver também: "O Prefeito é o chefe do Poder Executivo Municipal, sendo o dirigente maior da Prefeitura e o representante do Município" (COSTA, Nelson Nery. *Direito municipal brasileiro*. 8. ed. Rio de Janeiro: LMJ Mundo Jurídico, 2019. p. 153).

[288] Desde que respeitados os limites previstos no art. 76 da Lei Orgânica. O referido artigo também define a nomeação dos subprefeitos como de competência do Prefeito.

[289] Ressalvam-se os casos de nepotismo cruzado, fraude à lei ou inequívoca falta de razoabilidade, por manifesta ausência de qualificação técnica ou inidoneidade moral. A respeito do tema, recomenda-se a leitura do seguinte Acórdão: STF. 1ª Turma. Rcl nº 29033 AgR/RJ, rel. Min. Roberto Barroso, julgado em 17.09.2019 (Info 952).

[290] Entre os cinco conselheiros, apenas dois são nomeados pelo Prefeito Municipal, estando essa nomeação sujeita ao crivo da Câmara Municipal.

3 Das proposições à Câmara Municipal, do processo legislativo e do exercício do poder regulamentar (incisos I, III, IV, IX, X, XIV, XVI e XVIII)

Entre as competências privativas do Prefeito, algumas das mais relevantes estão relacionadas ao processo legislativo. Estabelece o inciso I que cabe ao Prefeito iniciar o processo legislativo "na forma e nos casos nela previstos". Ou seja, tem o Prefeito poder de apresentar projetos de lei à Câmara Municipal e, a depender da matéria tratada, esta iniciativa é privativa.[291]

Algumas das matérias de iniciativa legislativa privativa do Prefeito estão previstas no ora analisado art. 69, mas não só nele, a exemplo do que se extrai da leitura do art. 37, §2º. Portanto, o rol estabelecido no art. 69 não é exaustivo.

O inciso IX estabelece que cabe ao Prefeito a apresentação de projeto de lei dispondo sobre regime de concessão ou permissão de serviços públicos.[292] Também cabe ao Chefe do Executivo o encaminhamento de proposição para criação de fundos destinados ao auxílio no financiamento de serviços ou programas públicos (inciso XVIII).[293]

O inciso XVI atribui ao Prefeito a competência de iniciar projeto de lei relativo à criação e à alteração das Secretarias Municipais e Subprefeituras. Ou seja, a organização da administração municipal, com a fixação de quais são os cargos auxiliares do Prefeito e as atribuições correlatas, é matéria cuja iniciativa legislativa compete unicamente ao Chefe do Executivo Municipal.[294] Trata-se de medida lógica, uma vez que, como previsto no art. 56 da Lei Orgânica, o Poder Executivo é exercido pelo Prefeito, cabendo aos secretários municipais e aos subprefeitos a função de auxílio.

O inciso X, por sua vez, define que cabe ao Prefeito a iniciativa de projetos de lei que versem sobre o plano plurianual, diretrizes orçamentárias, orçamento anual, dívida pública e operações de crédito.[295] Em relação ao plano plurianual, às diretrizes orçamentárias e ao orçamento anual, a própria lei estabelece o prazo-limite para que a chefia do Executivo encaminhe a propositura ao Legislativo.[296] Assim, diferentemente de outras matérias – como a alteração da estrutura de uma Secretaria Municipal, em que a apresentação do projeto de lei é facultativa, relacionada a um juízo de conveniência e oportunidade pelo Prefeito –, nos três primeiros casos descritos no inciso X do art. 69 a apresentação do projeto de lei pelo chefe do Executivo não só é obrigatória, como tem prazo limite para a sua realização.[297]

---

[291] A competência para apresentação de leis em geral não é privativa do Prefeito, cabendo o exercício exclusivo apenas em relação a algumas matérias. *Vide* art. 37 da Lei Orgânica.

[292] Inciso relacionado ao art. 128 da Lei Orgânica.

[293] Sobre a criação de fundos, ver a limitação prevista no art. 167, XIV, da Constituição Federal (redação dada pela Emenda Constitucional nº 109/2021).

[294] Competência relacionada ao já previsto no art. 37, §2º, I e IV, da Lei Orgânica.

[295] Relacionado aos arts. 137 a 140 da Lei Orgânica.

[296] *Vide* art. 138, §6º, da Lei Orgânica.

[297] O jurista Manoel Gonçalves Ferreira Filho apresenta distinção entre o que denomina (i) iniciativa reservada (em que está resguardado ao titular a decisão de propor direito novo em matérias especialmente a ele confiadas); e (ii) iniciativa vinculada (quando a apresentação do projeto de lei é imposta pelo ordenamento, não havendo facultatividade) (FERREIRA FILHO, Manoel Gonçalves. *Curso de Direito Constitucional*. 38. ed. São Paulo: Saraiva, 2012. p. 218). Nesse sentido, ver também: MENDES, Gilmar Ferreira; BRANCO, Paulo Gustavo Gonet. *Curso de*

Vê-se, nesse contexto, a relevância da competência do Prefeito, a quem se confia o início do processo legislativo de leis relacionadas à organização financeira do Município e ao seu orçamento.[298]

Para além da iniciativa legislativa, o Prefeito exerce papel fundamental ao final do processo legislativo. Como também previsto no art. 42 da Lei Orgânica, cabe ao Prefeito sancionar ou vetar (total ou parcialmente) o projeto de lei aprovado. Trata-se de relevante atribuição da chefia do Executivo, que pode vetar, fundada em razões jurídicas ou de interesse público,[299] propositura aprovada pela Câmara Municipal.[300] Por certo, tal competência engrandece o papel do Prefeito no processo legislativo e escancara ser cada lei municipal um ato complexo, ou seja, um ato que depende da manifestação de vontade de mais de um órgão municipal para sua formação.[301]

Por fim, também compete ao Prefeito promulgar e fazer publicar as leis, bem como editar decreto regulamentador para a fiel execução do texto aprovado e sancionado.[302] No exercício desse poder regulamentar, fundamental para aplicação de muitas das leis aprovadas no Legislativo, não pode o Prefeito inovar ou invadir a reserva legal.[303]

4 Prestação de contas e transparência (incisos XI, XII, XIII e XV)

Como previsto no art. 14, inciso XV, da Lei Orgânica, compete à Câmara Municipal, com o auxílio do TCM, fiscalizar e controlar os atos do Poder Executivo.[304] Para viabilizar o trabalho do Legislativo, o art. 69 da Lei Orgânica define como atribuição do Prefeito o fornecimento de informações ao Legislativo, como prestação de contas, balanço do exercício findo, mensagem sobre a situação do Município e até um relatório sobre o andamento das obras e serviços municipais.

Direito Constitucional. 10. ed. São Paulo: Saraiva, 2015. p. 907. Na realidade do Município de São Paulo, são exemplos claros de iniciativa vinculada do Prefeito o plano plurianual, as diretrizes orçamentárias e o orçamento anual.

[298] Vide art. 37, §2º, IV, da Lei Orgânica.

[299] Vide art. 42, §1º, da Lei Orgânica.

[300] Nos casos de veto, conforme detalhado no art. 42 da Lei Orgânica, a propositura vetada retorna à Câmara Municipal para decisão definitiva a respeito do texto (manutenção ou não do veto).

[301] "Essa formação apresenta uma fase introdutória, a iniciativa, uma fase constitutiva, que compreende a deliberação e a sanção, e a fase complementar, na qual se inscreve a promulgação e também a publicação" (FERREIRA FILHO, Manoel Gonçalves. *Curso de Direito Constitucional*. 38. ed. São Paulo: Saraiva, 2012. p. 217).

[302] A Emenda à Lei Orgânica nº 31/2008 alterou a redação do inciso III do art. 69 para fixar prazo para o exercício do poder regulamentar: "no prazo nelas estabelecido, não inferior a trinta nem superior a cento e oitenta dias". Incluiu, ainda, uma exceção a essa obrigatoriedade: "ressalvados os casos em que, nesse prazo, houver interposição de ação direta de inconstitucionalidade contra a lei publicada".

[303] "O poder regulamentar é atributo do chefe do Executivo, e por isso mesmo não fica na dependência de autorização legislativa; deriva do nosso sistema constitucional, como faculdade inerente e indispensável à chefia do Executivo (CF, art. 84, IV). Assim sendo, não é necessário que cada lei contenha dispositivo autorizador de sua regulamentação. Toda vez que o Prefeito entender conveniente, poderá expedir, por decreto, regulamento de execução, desde que não invada as chamadas reservas da lei nem contrarie suas disposições e seu espírito" (MEIRELLES, Hely Lopes. *Direito municipal brasileiro*. 19 ed. atual. por Giovani da Silva Corralo. São Paulo: Malheiros, 2021. p. 593-594). Nesse sentido, ver também COSTA, Nelson Nery. *Direito municipal brasileiro*. 8. ed. Rio de Janeiro: LMJ Mundo Jurídico, 2019. p. 157-158.

[304] Respeito ao previsto no art. 31 da Constituição Federal.

Os incisos em questão, portanto, estabelecem atribuições do chefe do Executivo Municipal relacionadas à transparência, obrigando-o a cooperar com a Câmara Municipal no exercício de sua competência fiscalizadora.

5 Convocação extraordinária da Câmara Municipal (inciso VI)

Faculta-se ao Prefeito, com fundamento em relevante interesse municipal, convocar extraordinariamente a Câmara Municipal no período de recesso.[305] Conforme previsto no art. 31, II, da Lei Orgânica, essa convocação também pode ser determinada pela deliberação da maioria absoluta dos vereadores.

Informação bibliográfica deste texto, conforme a NBR 6023:2018 da Associação Brasileira de Normas Técnicas (ABNT):

BESSER, Alexandre. Comentários ao art. 69. In: BATISTELA, Marcos; BARBOSA, Maria Nazaré Lins; MARTINS, Ricardo Marcondes (coord.). *Comentários à Lei Orgânica do Município de São Paulo*: atualizada até a Emenda nº 42/2022. Belo Horizonte: Fórum, 2023. p. 179-183. ISBN 978-65-5518-497-6.

---

[305] Em 2021, o STF decidiu que a convocação extraordinária de Assembleia Legislativa Estadual, à semelhança do que ocorre em âmbito federal (art. 57, §7º, da Constituição Federal – redação dada pela Emenda Constitucional nº 50/2006), não pode justificar o pagamento de vantagem pecuniária aos Deputados Estaduais. STF. Plenário. ADPF nº 836/RR, Rel. Min. Cármen Lúcia, julgado em 02.08.2021 (Info 1024). A LOMSP, frise-se, determina expressamente o respeito ao art. 57, §7º, da Constituição Federal (art. 14, VI, da LOMSP). Em nosso sentir, porém, ainda que não houvesse previsão expressa, este deveria ser o entendimento, uma vez que a forma de remuneração dos vereadores é estabelecida pela Carta Magna, determinando o inciso VI do art. 29 que se observe o que dispõe a Constituição Federal.

Art. 69-A O Prefeito, eleito ou reeleito, apresentará o Programa de Metas de sua gestão, até noventa dias após sua posse, que conterá as prioridades: as ações estratégicas, os indicadores e metas quantitativas para cada um dos setores da Administração Pública Municipal, Subprefeituras e Distritos da cidade, observando, no mínimo, as diretrizes de sua campanha eleitoral e os objetivos, as diretrizes, as ações estratégicas e as demais normas da lei do Plano Diretor Estratégico. (Incluído pela Emenda nº 30/2008.)

§1º – O Programa de Metas será amplamente divulgado, por meio eletrônico, pela mídia impressa, radiofônica e televisiva e publicado no Diário Oficial da Cidade no dia imediatamente seguinte ao do término do prazo a que se refere o *caput* deste artigo. (Incluído pela Emenda nº 30/2008.)

§2º – O Poder Executivo promoverá, dentro de trinta dias após o término do prazo a que se refere este artigo, o debate público sobre o Programa de Metas mediante audiências públicas gerais, temáticas e regionais, inclusive nas Subprefeituras. (Incluído pela Emenda nº 30/2008.)

§3º – O Poder Executivo divulgará semestralmente os indicadores de desempenho relativos à execução dos diversos itens do Programa de Metas. (Incluído pela Emenda nº 30/2008.)

§4º – O Prefeito poderá proceder a alterações programáticas no Programa de Metas sempre em conformidade com a lei do Plano Diretor Estratégico, justificando-as por escrito e divulgando-as amplamente pelos meios de comunicação previstos neste artigo. (Incluído pela Emenda nº 30/2008.)

§5º – Os indicadores de desempenho serão elaborados e fixados conforme os seguintes critérios: (Incluído pela Emenda nº 30/2008.)

a) promoção do desenvolvimento ambientalmente, socialmente e economicamente sustentável; (Incluído pela Emenda nº 30/2008.)

b) inclusão social, com redução das desigualdades regionais e sociais; (Incluído pela Emenda nº 30/2008.)

c) atendimento das funções sociais da cidade com melhoria da qualidade de vida urbana; (Incluído pela Emenda nº 30/2008.)

d) promoção do cumprimento da função social da propriedade; (Incluído pela Emenda nº 30/2008.)

e) promoção e defesa dos direitos fundamentais individuais e sociais de toda pessoa humana; (Incluído pela Emenda nº 30/2008.)

f) promoção de meio ambiente ecologicamente equilibrado e combate à poluição sob todas as suas formas; (Incluído pela Emenda nº 30/2008.)

g) universalização do atendimento dos serviços públicos municipais com observância das condições de regularidade; continuidade; eficiência, rapidez e cortesia no atendimento ao cidadão; segurança; atualidade com as melhores técnicas, métodos, processos e equipamentos; e modicidade das tarifas e preços públicos que considerem diferentemente as condições econômicas da população. (Incluído pela Emenda nº 30/2008.)

§6º – Ao final de cada ano, o Prefeito divulgará o relatório da execução do Programa de Metas, o qual será disponibilizado integralmente pelos meios de comunicação previstos neste artigo. (Incluído pela Emenda nº 30/2008.)

• •

LAURA MENDES AMANDO DE BARROS

O artigo em comento traz a figura do Plano de Metas, importante instrumento de planejamento e, portanto, de promoção da eficiência e eficácia da ação pública, em razão do qual o Chefe do Executivo assume compromissos verificáveis e quantificáveis tanto pelas instâncias estatais tradicionais como pela própria sociedade, os quais serão publicizados semestralmente.

A forma como a LOM paulistana delineou o instrumento, aliás, traduz concepção fundamentalmente democrática, com prestígio à participação e ao controle sociais, respeito à transparência e incentivo ao envolvimento do cidadão nos assuntos da cidade.

Une assim diagnóstico e formulação de políticas públicas sob a perspectiva da legitimidade e responsividade.

Sua incorporação pelo ordenamento pátrio foi inspirada no modelo colombiano denominado "Bogotá Como Vamos", implantado a partir de 1994, em que a sociedade civil organizada logrou sensibilizar os gestores públicos a criar mecanismos de prestação de contas direta à população, a partir de indicadores técnicos e pesquisas de percepção da qualidade de vida nas cidades, com a análise do atendimento às metas de governo.[306]

A promulgação da Emenda nº 30/2008 à LOMSP teve igualmente influência direta e decisiva da sociedade civil organizada, por meio do Movimento Nossa São Paulo (que congrega mais de quatrocentas organizações), em experiência sem precedentes no contexto brasileiro.[307]

Decorreu de aspectos históricos marcantes da evolução democrática da América Latina, em que as promessas e planos de campanha se mostraram muitas vezes incongruentes com as políticas adotadas durante o exercício do mandato, como se os cidadãos tivessem escolhido pessoas, e não políticas, programas ou plataformas por meio do voto.[308]

---

[306] EVANGELISTA, Ana Carolina Pires. *Diagnóstico, monitoramento e controle social na agenda governamental local no Brasil*: o caso das leis municipais que determinam a adoção de programas de metas. 2012. 19 f. Trabalho de Conclusão de Curso (Mestrado Profissional em Gestão e Políticas Públicas) – Escola de Administração de Empresas de São Paulo, Fundação Getulio Vargas, São Paulo, 2012, p. 5.

[307] EVANGELISTA. *Diagnóstico, monitoramento e controle social na agenda governamental local no Brasil*, p. 7.

[308] SMULOVITZ, Catalina; PERUZZOTTI, Enrique. Social Accountability in Latin America. *Journal of Democracy*, The Johns Hopkins University Press, Washington, v. 11, n. 4, p. 149, out. 2000.

A ideia do texto é conciliar a necessidade de (e cada vez maior demanda por) um planejamento transparente e detalhado em metas com relativa flexibilidade, em consideração às alterações contextuais no campo da gestão municipal.[309]

Nesse particular, cumpre consignar que a redação do §4º gera questionamentos quanto aos limites dessas eventuais alterações: na medida em que expressamente elas deverão guardar consonância com o Plano Diretor, estaria, ainda que implicitamente, restringindo a possibilidade de alteração a aspectos urbanísticos?

Tendo em vista que a autorização para tal revisão – motivada, registre-se – dispensa qualquer participação ou discussão popular, entendemos que sim: não há como pretender que alterações posteriores ao escrutínio e debate democrático sejam unilateralmente suplantadas pelo Chefe do Executivo, tendo em vista o absoluto comprometimento da legitimidade do Plano.

Com efeito, a partir do momento em que a Lei Maior do Município cria a exigência de debate público para a cristalização de determinada questão, sua revisão/alteração sem observância dos mecanismos participativos democráticos traria uma subversão em toda a lógica do processo – devendo, portanto, ser admissível única e tão somente em hipóteses especificas e expressamente previstas, a partir de uma interpretação restritiva.

O texto legal consagra, ainda, as sanções simbólicas, traduzidas em descrédito popular e desconfiança dos eleitores com total comprometimento da legitimidade: "O plano de metas vira instrumento de pressão, a serviço do debate na sociedade civil e do seu diálogo com o poder público. Com esta nova informação, as eleições transformam-se efetivamente em momentos de sanção".[310]

Representa um passo importante para a *accountability* social na cidade, na medida em que obriga o Executivo a publicizar seus planos e ofertar informações e atualizações de forma absolutamente transparente sobre a implementação de seus compromissos, viabilizando, assim, o controle pela mídia e pela população.[311]

Após a inovação paulistana, operaram a alteração de seus diplomas fundamentais, com a inserção de dispositivos análogos, os municípios de Manaus, Euclides da Cunha, Eunápolis, Ilhéus, Vitória, Anápolis, Timbiras, Dourados, Belo Horizonte, Betim, Formiga, Itabira, Ipatinga, Ouro Branco, Uberaba, Abaetetuba, Londrina, Ponta Grossa, Foz do Iguaçu, João Pessoa, Niterói, Rio de Janeiro, Teresópolis, Canoas, Carazinho, Porto Alegre, Florianópolis, Itapema, Barra Bonita, Bragança Paulista, Campinas, Cosmópolis, Fernandópolis, Itapeva, Limeira, Louveira, Mauá, Mirassol, Penápolis, Ribeirão Bonito, Ribeirão Preto, São Carlos, São José do Rio Preto, Taubaté, Jaboticabal, Holambra e Jundiaí.

Nessa esteira, vale registrar que se encontra em trâmite perante o Congresso Nacional a Proposta de Emenda Constitucional (PEC) nº 10/2011:

---

[309] FIABANE, Danielle Fabian. *Controle social*: um novo frame nos movimentos sociais. 2011, 180 f. Dissertação (Mestrado em Administração Pública e Governo) – Escola de Administração de Empresas de São Paulo, Fundação Getulio Vargas, São Paulo, 2011, p. 117.
[310] FIABANE. *Controle social*, p. 144.
[311] ALVES, Mário Aquino. *Social Accountability as an Innovative Frame in Civil Action*: The Case of Rede Nossa São Paulo. Voluntas. International Society for Third-Sector Research; The Jonhs Hopkings University, n. 25, p. 828, abr. 2013.

Art. 3º O Art. 84 da Constituição Federal passa a vigorar acrescido dos seguintes dispositivos, renumerando-se o atual parágrafo único como §1º:

"Art. 84.

XXVIII – encaminhar ao Congresso Nacional, até cento e vinte dias após a posse, o plano de metas de sua gestão, elaborado de acordo com as propostas defendidas na campanha e registradas na Justiça Eleitoral.

(...)

§2º O plano de metas conterá diretrizes, objetivos, prioridades, ações estratégicas, indicadores e metas quantitativas para cada um dos setores da Administração Pública Federal e servirá de base para elaboração do Plano a que se refere o art. 165, §1º.

§3º O não cumprimento do plano de metas, sem justificação, torna o titular do mandato inelegível".

Ainda, há também a PEC nº 52/2011, que foi apensada à primeira:

Art. 1º. O art. 84 da Constituição da República, mantidos o "caput", os demais incisos e o parágrafo único com a redação atual, passa a vigorar acrescido do inciso XXVIII com a seguinte redação:

"XXVIII – enviar ao Poder Legislativo o Programa de Metas e Prioridades de seu mandato até 90 dias após sua posse, inclusive em caso de reeleição".

Art. 2º. Fica acrescentado ao art. 84 da Constituição da República o art. 84-A com a seguinte redação:

"Art. 84-A. O Presidente da República, os Governadores de Estados e os Prefeitos, eleitos ou reeleitos, apresentarão à sociedade civil e ao Poder Legislativo competente o Programa de Metas e Prioridades de sua gestão, até noventa dias após a respectiva posse, que discriminará expressamente: as ações estratégicas, os indicadores de desempenho e as metas quantitativas e qualitativas para cada um dos setores da Administração Pública direta e indireta por unidades regionais de planejamento e desenvolvimento, observando, no mínimo, os objetivos, diretrizes, ações, programas e intervenções estratégicas e outros conteúdos conexos, apresentados como propostas da campanha eleitoral devidamente registradas no órgão eleitoral competente conforme as disposições deste artigo.

§1º. O Presidente da República adotará no seu Programa de Metas e Prioridades, onde couber, a região integrada de desenvolvimento econômico social e outras qualificações regionais adequadas como unidades regionais nacionais.

§2º. O Governador de Estado adotará no seu Programa de Metas e Prioridades, onde couber, a região metropolitana, a aglomeração urbana e a microrregião como unidades regionais estaduais, observando quanto à primeira os objetivos, diretrizes e programas estratégicos de impacto intermunicipal constantes de plano metropolitano elaborado com a participação da população, das autoridades municipais executivas e legislativas e aprovado como lei pela Assembleia Legislativa correspondente.

§3º. O Prefeito Municipal adotará no seu Programa de Metas e Prioridades, onde couber, as Subprefeituras e os distritos como unidades regionais municipais, observando os objetivos, diretrizes, programas e ações estratégicas de desenvolvimento urbano-rural e outros conteúdos constantes da lei municipal do plano diretor elaborado com a participação da população, abrangendo os planos especiais de prevenção e combate às inundações e seus impactos prejudiciais, de mobilidade urbana, de transporte de pessoas e cargas, de acesso à moradia digna, de saneamento básico, inclusive de redução na geração, reciclagem e disposição final dos resíduos sólidos, de lazer, de combate à poluição, de recuperação ambiental e de aplicação da política nacional das mudanças climáticas no âmbito local, de educação, saúde, segurança pública e de desenvolvimento de atividades econômicas nas áreas rural e urbana do território municipal.

§4º. O Programa de Metas e Prioridades a que se refere este artigo priorizará as ações, serviços e investimentos diretamente voltados para a promoção do desenvolvimento econômico, social e ambiental sustentável, valorizando a dignidade da pessoa humana mediante a erradicação da miséria, reduzindo a marginalidade social, universalizando o atendimento dos serviços públicos, o gozo efetivo dos direitos sociais fundamentais e o pleno exercício da cidadania por todos com vistas à concretização dos objetivos fundamentais da República inscritos nos arts. 1º e 3º desta Constituição.

§5º. O Prefeito de municípios com cidade de população inferior a vinte mil habitantes apresentará Programa de Metas e Prioridades resumido observado o disposto no parágrafo anterior.

§6º. O Programa de Metas e Prioridades será imediata e amplamente divulgado por meio eletrônico e outros meios de comunicação de massa de amplo alcance e debatido publicamente no âmbito do respectivo Poder Legislativo, podendo receber comentários e sugestões, por meio de destaques, que poderão ser incorporados ao texto original.

§7º. Os conteúdos do Programa de Metas e Prioridades serão incorporados nas leis orçamentárias para seu efetivo cumprimento.

§8º. O Poder Executivo divulgará amplamente até 30 de abril, 31 de agosto e 31 de dezembro de cada ano os relatórios quadrimestrais de desempenho da execução do Programa de Metas e Prioridades.

§9º. O Poder Executivo divulgará até noventa dias após a respectiva posse os indicadores de desempenho relativos à execução do Programa de Metas e Prioridades, os quais serão elaborados e fixados visando a promoção do desenvolvimento sustentável conforme os seguintes critérios:

a) erradicação da miséria;

b) inclusão social, com redução das desigualdades regionais e sociais;

c) atendimento das funções sociais urbanas e rurais com melhoria da qualidade de vida e do meio ambiente;

d) promoção do cumprimento da função social da propriedade urbana e rural nos termos previstos nos arts. 182 e 186 desta Constituição;

e) promoção e defesa dos direitos fundamentais individuais e sociais de toda pessoa humana;

f) promoção de meio ambiente ecologicamente equilibrado e combate à poluição sob todas as suas formas;

g) universalização do atendimento dos serviços públicos com observância das condições de regularidade; continuidade; eficiência, rapidez e cortesia no atendimento ao cidadão; segurança; atualidade com as melhores técnicas, métodos, processos e equipamentos; e modicidade das tarifas e preços públicos que considerem diferentemente as condições econômicas da população;

h) promoção da transparência e da ética na gestão pública;

i) promoção de uma economia inclusiva, verde e responsável.

§10. As alterações programáticas que se tornarem convenientes, a critério do Poder Executivo, sempre em conformidade com as leis do País, deverão ser justificadas por escrito e amplamente divulgadas, com as respectivas justificativas, pelos meios de comunicação previstos neste artigo e encaminhadas previamente ao início de sua implementação ao respectivo Poder Legislativo".

Art. 2º. O art. 48 da Constituição da República passa a vigorar, acrescido do inciso XVI, com a seguinte redação:

"XVI – propor sugestões, acréscimos e críticas ao Programa de Metas e Prioridades apresentado pelo Presidente da República".

Art. 3º. Esta Emenda Constitucional entra em vigor na data de sua publicação.

A proposta já foi aprovada pela Comissão de Constituição, Justiça e Cidadania e pela respectiva Comissão Especial. Trata-se, inquestionavelmente, de importante e bastante útil instrumento de controle social, pioneiramente incorporado à Lei Fundamental do Município de São Paulo.

Informação bibliográfica deste texto, conforme a NBR 6023:2018 da Associação Brasileira de Normas Técnicas (ABNT):

BARROS, Laura Mendes Amando de. Comentários ao art. 69-A. *In*: BATISTELA, Marcos; BARBOSA, Maria Nazaré Lins; MARTINS, Ricardo Marcondes (coord.). *Comentários à Lei Orgânica do Município de São Paulo*: atualizada até a Emenda nº 42/2022. Belo Horizonte: Fórum, 2023. p. 184-189. ISBN 978-65-5518-497-6.

Art. 70 Compete ainda ao Prefeito:

I – representar o Município nas suas relações jurídicas, políticas e administrativas;

II – prover cargos e funções públicas e praticar atos administrativos referentes aos servidores municipais, na forma da Constituição da República e desta Lei Orgânica;

III – indicar os dirigentes de sociedades de economia mista e empresas públicas na forma da lei;

IV – aprovar projetos de edificação e planos de loteamento e arruamento, obedecidas as normas municipais;

V – prestar à Câmara Municipal as informações solicitadas, no prazo de 30 (trinta) dias, na forma estabelecida por esta Lei Orgânica;

VI – administrar os bens, a receita e as rendas do Município, promover o lançamento, a fiscalização e arrecadação de tributos, autorizar as despesas e os pagamentos dentro dos recursos orçamentários e dos créditos aprovados pela Câmara Municipal;

VII – colocar à disposição da Câmara Municipal, dentro de 15 (quinze) dias de sua requisição, as quantias que devem ser dispendidas de uma só vez, e, até o dia 20 (vinte) de cada mês, a parcela correspondente ao duodécimo de sua dotação orçamentária;

VIII – propor à Câmara Municipal alterações da legislação de parcelamento, uso e ocupação do solo, bem como de alterações nos limites das zonas urbanas e de expansão urbana;

IX – aplicar multas previstas em leis e contratos, bem como cancelá-las quando impostas irregularmente;

X – propor à Câmara Municipal o Plano Diretor;

XI – oficializar e denominar as vias e logradouros públicos, obedecidas as normas urbanísticas aplicáveis;

XII – solicitar o auxílio da polícia do Estado, para garantia de seus atos;

XIII – expedir decretos, portarias e outros atos administrativos, bem como determinar sua publicação;

XIV – dispor sobre a estrutura, a organização e o funcionamento da administração municipal, na forma estabelecida por esta Lei Orgânica;

XV – propor a criação, a organização e a supressão de distritos e subdistritos, observada a legislação estadual e critérios a serem estabelecidos em lei.

Parágrafo único – As competências definidas nos incisos VIII, X e XI deste artigo não excluem a competência do Legislativo nessas matérias. (Alterado pela Emenda nº 02/1990.)

JOSIAS BARCELOS JÚNIOR

O art. 70 da Lei Orgânica paulistana dispõe acerca de atribuições não privativas do Prefeito, em contraponto ao art. 69. Esses dois dispositivos remontam à ideia de delegabilidade (ou não) das atribuições do alcaide.

Com efeito, em um paralelo ao texto constitucional da Carta da República de 1988, a respeito de repartição de competências, é válido afirmar que a competência exclusiva afasta a delegação.

Como veremos adiante, grande parte das atribuições elencadas no art. 70 é delegável.

O inciso I traz em sua redação uma das importantes competências do Chefe do Executivo municipal: a representação da municipalidade nas relações jurídicas, políticas e administrativas. Naturalmente, a autorização da Lei Orgânica imprime a necessidade de provocar o Prefeito nas diferentes relações, como representante do Município (pessoa jurídica de direito público).

O professor Hely Lopes Meirelles assim disserta:

> O Município, quer como pessoa jurídica de direito público (CC, art. 41, III), quer como entidade político-administrativa integrante da organização e do território do Estado-membro, atua por intermédio de seu agente executivo, que é o prefeito. Este, como chefe da Administração local, representa-o sob o tríplice aspecto jurídico (judicial e extrajudicial), administrativo e social. Nenhuma outra pessoa ou órgão tem qualidade para a representação do Município, salvo seus procuradores. Nem mesmo a Câmara de Vereadores, por qualquer de seus membros ou em conjunto, poderá substituir. o prefeito como representante do Município.[312]

As relações jurídicas se destacam da Constituição da República e de diversas normas infraconstitucionais, a exemplo do Código Civil (art. 41, III, CC) e Código de Processo Civil (art. 75, III, CPC).

Concernente às atribuições administrativas, podem-se indicar a execução de leis em geral, bem como realizar atividades materiais locais, por intermédio de atos e fatos administrativos.

Na seara das relações políticas materializam-se: (i) via atos de governos, inerentes às funções de comando do Executivo, notadamente dos negócios jurídicos municipais; (ii) no planejamento das atividades, das obras e dos serviços locais; (iii) na sanção, na promulgação e no veto de projetos de lei; (iv) na expedição de decretos regulamentares; e (v) nas demais atuações de caráter governamental.

O inciso II diz respeito às competências de provimento dos cargos e funções públicas. Nesse sentido, sob a orientação do Estatuto do Servidores da capital paulista (Lei nº 8.989/1979) cabe ao Prefeito boa parte dessas competências. Entretanto, considerando as dimensões da metrópole, são naturais as delegações ao primeiro escalão, entre secretários municipais e subprefeitos.

As indicações de dirigentes de sociedades de economia mista e empresas públicas municipais (inciso III) seguem a tendência de outras esferas de governo (Estados-membros e União).

---

[312] MEIRELLES, Hely Lopes. *Direito Municipal Brasileiro*. 16. ed. São Paulo: Malheiros, 2008. p. 737.

Os incisos IV, VIII e XI dizem respeito à ordenação urbana. O loteamento e arruamento deve seguir as determinações da Lei Geral de Parcelamento do Solo Urbano (Lei Federal nº 6.766/1979) e a Lei paulistana disciplinadora de Uso e a Ocupação do solo (Lei nº 16.402/2016). Note-se que o parágrafo único do art. 70 da LOMSP cuida de não excluir as competências do Legislativo municipal, no que tange aos incisos VIII e XI.

As informações a serem prestadas pelo Prefeito (inciso V) ao Parlamento Municipal possuem previsão no §2º, III, art. 32 e art. 82, *caput*, ambos da Lei Orgânica. Essa determinação pressupõe o dever de transparência do Chefe do Executivo, sem prejuízo da prestação de contas da sua gestão (art. 69, XI, LOMSP).

A administração de bens, a receita e as rendas do Município (inciso VI) encontram-se no seio da autonomia municipal, para controle das finanças, a serem exercidas pela Secretaria especializada. Após aprovação da LOA, o Prefeito deve exarar o decreto de execução orçamentária. O complexo das atividades de receitas e despesas, sob as rédeas da Lei de Responsabilidade Fiscal (LC nº 101/2000), devem ser conduzidas na forma dos procedimentos postos, sob pena de incidência de infrações penais, civis e administrativas.

A parcela do duodécimo (inciso VII) à Câmara Municipal deve ser dispendida de uma só vez, até o dia 20 de cada mês. Tal parcela não pode ser negligenciada pelo Prefeito, sob pena de prejudicar o andamento dos trabalhos legislativos e o Parlamento lançar mão de medidas judiciais cabíveis.

O inciso IX dispõe sobre a aplicação das multas, com o intuito de enaltecer o poder de polícia municipal. No viés prático, há delegação aos órgãos municipais para promover tais trabalhos, sob a vigilância do burgomestre.

O Plano Diretor (inciso X), considerado pelo Poder Constituinte de 1988 como instrumento básico da política de desenvolvimento e de expansão urbana (art. 182, §1º, Constituição Federal), constitui pilar para ordenamento urbanístico. Assim, por intermédio da governança do Prefeito, o referido plano deve ser encaminhado à Câmara de Vereadores para aprovação.

O inciso XII traduz a possibilidade de o Prefeito solicitar auxílio da polícia do Estado. Nesse sentido, com as atribuições das polícias estampadas no art. 144 da Constituição Federal, o Prefeito deve estar apto a requisitar tais forças, para garantir a proteção dos bens e da integridade física de servidores e munícipes, no exercício da atividade estatal. Não se pode olvidar do papel constitucional conferido às guardas municipais (art. 144, §8º, Constituição Federal), cujas atribuições se destinam especificamente à proteção bens, serviços e instalações do Município.

A expedição de decretos e portarias e outros atos administrativos (inciso XIII), expressam a conduta administrativa do Executivo, podendo conter efeitos gerais (com conteúdo normativo, a exemplo de decretos regulamentadores) e, também, efeitos internos (provendo situações concretas da administração).

Dispor sobre a estrutura, a organização e o funcionamento da administração municipal (inciso XIV) consubstancia-se função importante para o bom desempenho do Executivo da urbe, ao estabelecer divisões de Secretarias (e seus órgãos hierarquicamente inferiores), bem como suas temáticas.

Na hipótese de propor a criação, a organização e a supressão de distritos e subdistritos, há simetria às disposições constitucionais, na forma do art. 30, IV, da

Constituição Federal. Tal competência tem como finalidade mapear as regiões da cidade, delimitando territórios, para, entre outros, diminuir as desigualdades locais e sociais.

Informação bibliográfica deste texto, conforme a NBR 6023:2018 da Associação Brasileira de Normas Técnicas (ABNT):

BARCELOS JÚNIOR, Josias. Comentários ao art. 70. In: BATISTELA, Marcos; BARBOSA, Maria Nazaré Lins; MARTINS, Ricardo Marcondes (coord.). *Comentários à Lei Orgânica do Município de São Paulo*: atualizada até a Emenda nº 42/2022. Belo Horizonte: Fórum, 2023. p. 190-193. ISBN 978-65-5518-497-6.

Art. 71 O Prefeito poderá, por decreto, delegar a seus auxiliares funções administrativas que não sejam de sua competência exclusiva.

JOSIAS BARCELOS JÚNIOR

O art. 71 prescreve acerca da delegação para outros agentes públicos, a fim de aumentar versatilidade da gestão pública municipal.

A delegação é instituto decorrente do Poder Hierárquico. Sobreleva-se a relação de coordenação e subordinação entre os vários órgãos que integram a Administração municipal,[313] pressupondo necessária harmonia e unidade de gestão.

O art. 15 da Lei Municipal nº 14.141/2006, que versa quanto ao processo administrativo paulistano, estampa os limites das delegações, para efeito de equilibrar o Poder Hierárquico dos agentes públicos municipais, especialmente do Prefeito.

As delegações, segundo o art. 71 da Lei Orgânica, devem estar previstas em decreto.

Informação bibliográfica deste texto, conforme a NBR 6023:2018 da Associação Brasileira de Normas Técnicas (ABNT):

BARCELOS JÚNIOR, Josias. Comentários ao art. 71. *In*: BATISTELA, Marcos; BARBOSA, Maria Nazaré Lins; MARTINS, Ricardo Marcondes (coord.). *Comentários à Lei Orgânica do Município de São Paulo*: atualizada até a Emenda nº 42/2022. Belo Horizonte: Fórum, 2023. p. 194. ISBN 978-65-5518-497-6.

---

[313] DI PIETRO, Maria Sylvia Zanella. *Direito Administrativo*. 32. ed. Rio de Janeiro: Forense, 2019. p. 98.

Seção III
Da Responsabilidade do Prefeito

Art. 72 O Prefeito e o Vice-Prefeito serão processados e julgados:

I – pelo Tribunal de Justiça do Estado nos crimes comuns e nos de responsabilidade, nos termos da legislação federal aplicável;

II – pela Câmara Municipal nas infrações político-administrativas nos termos da lei, assegurados, dentre outros requisitos de validade, o contraditório, a publicidade, ampla defesa, com os meios e recursos a ela inerentes, e a decisão motivada que se limitará a decretar a cassação do mandato do Prefeito.

§1º – Admitir-se-á a denúncia por Vereador, por partido político e por qualquer munícipe eleitor.

§2º – A denúncia será lida em sessão até 5 (cinco) dias após o seu recebimento e despachada para avaliação a uma Comissão especial eleita, composta de 7 (sete) membros, observadas, tanto quanto possível, a proporcionalidade da representação partidária.

§3º – A Comissão a que alude o inciso anterior deverá emitir parecer no prazo de 10 (dez) dias, indicando se a denúncia deve ser transformada em acusação ou não.

§4º – Admitida a acusação, por 3/5 (três quintos) dos membros da Câmara Municipal, será constituída Comissão Processante, composta por 7 (sete) Vereadores.

§5º – A perda do mandato do Prefeito será decidida por, pelo menos, 2/3 (dois terços) dos membros da Câmara Municipal.

§6º – Não participará do processo, nem do julgamento o Vereador denunciante.

§7º – Se decorridos 90 (noventa) dias da acusação e o julgamento não estiver concluído, o processo será arquivado.

§8º – O Prefeito, na vigência de seu mandato, não pode ser responsabilizado por atos estranhos ao exercício de suas funções.

§9º – A lei definirá os procedimentos a serem observados desde o acolhimento da denúncia.

MAURICIO MORAIS TONIN

Os arts. 72 a 74 da LOMSP dispõem sobre a reponsabilidade do Prefeito, as competências de julgamento e as sanções impostas para os casos que especificam. Ver arts. 85 e 86 da Constituição Federal, que tratam dos crimes de responsabilidade do Presidente da República.

É importante distinguir as responsabilidades pessoais do Prefeito das responsabilidades institucionais do Município. Este, como entidade pública, responde sempre objetivamente pelas falhas do serviço e pelos danos causados a terceiros por seus serviços (art. 37, §6º, Constituição Federal). Já o Prefeito, como Chefe do Executivo e agente político, só responde pessoalmente por seus atos infringentes de normas penais específicas (crimes comuns e crimes de responsabilidade) ou de normas de conduta governamental sancionadoras do mandato (infrações político-administrativas).[314]

O art. 72 da LOMSP dispõe sobre o processo em face do Prefeito e do Vice-Prefeito nos casos de crimes comuns, crimes de responsabilidade e nas infrações político-administrativas. A responsabilização do Prefeito se faz em processos e juízos diferentes, conforme a natureza da infração.

Segundo a LOMSP, o TJSP será competente para processar e julgar os casos de crimes comuns e crimes de responsabilidade, nos termos da legislação federal aplicável. Essa previsão é consentânea com o art. 29, X, da Constituição Federal. O art. 13, I, "a" do Regimento Interno do TJSP dispõe que compete ao Órgão Especial processar e julgar, originariamente, as autoridades e matérias cometidas ao Tribunal de Justiça pelas Constituições Federal, do Estado e legislação aplicável, ressalvada a competência de órgão fracionário.

Já as infrações político-administrativas serão julgadas pela Câmara Municipal, assegurados, entre outros requisitos de validade, o contraditório, a publicidade e a ampla defesa, com os meios e recursos a ela inerentes.

Nos casos de crimes comuns, a Súmula nº 702 do STF dispõe que a competência do Tribunal de Justiça para julgar prefeitos restringe-se aos crimes de competência da Justiça Comum Estadual. Nos demais casos, a competência originária caberá ao respectivo tribunal de segundo grau. Sobre competência, citem-se também as súmulas nº 208[315] e 209[316] do Superior Tribunal de Justiça (STJ).

Para os casos de crimes de responsabilidade e as infrações político-administrativas, aplica-se o Decreto-Lei nº 201/1967, que dispõe sobre a responsabilidade dos prefeitos e vereadores.[317] É importante ressaltar que, embora o Decreto-Lei nº 201/1967 denomine como "crimes de responsabilidade" dos prefeitos municipais as infrações penais tipificadas no art. 1º, o STF tem salientado que esses são crimes comuns, sendo "crimes de responsabilidade" em sentido estrito, na tradição do Direito brasileiro, apenas as infrações político-administrativas, também chamadas de "crimes políticos", elencadas no art. 4º do Decreto-Lei nº 201/1967.[318]

A corroborar o argumento, a Constituição do Estado de São Paulo somente prevê competência do Tribunal de Justiça para processar e julgar originariamente o Prefeito nas infrações penais comuns (art. 74, I). De toda forma, a LOMSP utiliza as mesmas expressões do Decreto-Lei nº 201/1967, ou seja, "crimes de responsabilidade" e "infrações político-administrativas". Os arts. 389 a 391 do Regimento Interno da Câmara Municipal se limitam a praticamente copiar os artigos da LOMSP.

---

[314] MEIRELLES, Hely Lopes. *Direito Municipal Brasileiro*. 17. ed. São Paulo: Malheiros, 2013. p. 802.

[315] Enunciado: Compete à Justiça Federal processar e julgar prefeito municipal por desvio de verba sujeita a prestação de contas perante órgão federal.

[316] Enunciado: Compete à Justiça Estadual processar e julgar prefeito por desvio de verba transferida e incorporada ao patrimônio municipal.

[317] A Lei nº 1.079/1950 define os crimes de responsabilidade e regula o respectivo processo de julgamento do Presidente da República e Ministros de Estado, apenas.

[318] MEIRELLES. *Direito Municipal Brasileiro*, p. 804 (nota 99).

O Decreto-Lei nº 201/1967 prevê, em seu art. 1º, 23 crimes de responsabilidade.[319] O Prefeito será processado e julgado pelo Poder Judiciário independentemente de autorização da Câmara e de afastamento de suas funções. A pena acessória de perda do cargo tem a mesma natureza de sanção criminal da pena detentiva principal, sem qualquer conotação política.[320] Mesmo após deixar o cargo, o Prefeito poderá ser processado por crime de responsabilidade.

Já o art. 4º do Decreto-Lei prevê 10 infrações político-administrativas dos prefeitos municipais sujeitas ao julgamento pela Câmara dos Vereadores e sancionadas com a cassação do mandato.

O processo de cassação do mandato do Prefeito pela Câmara Municipal, por infrações político-administrativas, observará o disposto nos parágrafos do art. 72 da LOMSP somente naquilo que não contrariar o procedimento previsto no art. 5º do Decreto-Lei nº 201/1967. Isso porque a Súmula vinculante nº 46 do STF, originada da Súmula nº 722 do mesmo Tribunal, prevê que a definição dos crimes de responsabilidade e o estabelecimento das respectivas normas de processo e julgamento são de competência legislativa privativa da União. Dessa forma, a fonte primária do procedimento é o Decreto-Lei nº 201/1967.

A sanção ao Prefeito pela Câmara Municipal nos casos de infrações político-administrativas é limitada à decretação da cassação do mandato. Portanto, se o mandato já estiver findo ou extinto por qualquer motivo, o processo de sua cassação estará perempto.

Ressalte-se, por fim, que o §8º do art. 72 previu que o Prefeito, na vigência de seu mandato, não pode ser responsabilizado por atos estranhos ao exercício de suas funções. O dispositivo é reprodução do art. 86, §4º, da Constituição Federal, que prevê imunidade à persecução penal ao Presidente da República. As previsões semelhantes em Constituições Estaduais, foram consideradas inconstitucionais pelo STF, pois as prerrogativas contempladas nesses preceitos da Constituição Federal, por serem unicamente compatíveis com a condição institucional de Chefe de Estado, são apenas extensíveis ao Presidente da República.[321]

Informação bibliográfica deste texto, conforme a NBR 6023:2018 da Associação Brasileira de Normas Técnicas (ABNT):

TONIN, Mauricio Morais. Comentários ao art. 72. In: BATISTELA, Marcos; BARBOSA, Maria Nazaré Lins; MARTINS, Ricardo Marcondes (coord.). *Comentários à Lei Orgânica do Município de São Paulo*: atualizada até a Emenda nº 42/2022. Belo Horizonte: Fórum, 2023. p. 195-197. ISBN 978-65-5518-497-6.

---

[319] Citem-se exemplificativamente: apropriar-se de bens ou rendas públicas, ou desviá-los em proveito próprio ou alheio (inciso I); empregar subvenções, auxílios, empréstimos ou recursos de qualquer natureza, em desacordo com os planos ou programas a que se destinam (inciso IV); ordenar ou efetuar despesas não autorizadas por lei ou realizá-las em desacordo com as normas financeiras pertinentes (inciso V); alienar ou onerar bens imóveis ou rendas municipais sem autorização da Câmara ou em desacordo com a lei (inciso X); adquirir bens ou realizar serviços e obras sem concorrência ou coleta de preços, nos casos exigidos em lei (inciso XI); antecipar ou inverter a ordem de pagamento a credores do Município, sem vantagem para o erário (inciso XII); negar execução a lei federal, estadual ou municipal ou deixar de cumprir ordem judicial, sem dar o motivo da recusa ou da impossibilidade, por escrito, à autoridade competente (inciso XIV); ordenar ou autorizar a abertura de crédito em desacordo com os limites estabelecidos pelo Senado Federal, sem fundamento na lei orçamentária ou na de crédito adicional ou com inobservância de prescrição legal (inciso XVII); realizar ou receber transferência voluntária em desacordo com limite ou condição estabelecida em lei (inciso XXIII).

[320] MEIRELLES, Hely Lopes. *Direito Municipal Brasileiro*. 17. ed. São Paulo: Malheiros, 2013. p. 808.

[321] ADI nº 978 em face da Constituição do Estado da Paraíba; ADI nº 1.021 em face da Constituição do Estado de São Paulo.

Art. 73 O Prefeito perderá o mandato, por cassação, nos termos do inciso II e dos parágrafos do artigo anterior, quando:

I – infringir qualquer das proibições estabelecidas no art. 59;

II – infringir o disposto no art. 66;

III – residir fora do Município;

IV – atentar contra:

a) a autonomia do Município;

b) o livre exercício da Câmara Municipal;

c) o exercício dos direitos políticos, individuais e sociais;

d) a probidade na administração;

e) a lei orçamentária;

f) o cumprimento das leis e das decisões judiciais.

MAURICIO MORAIS TONIN

O art. 73 da LOMSP dispõe sobre a perda do mandato do Prefeito por cassação. O Prefeito terá o mandato cassado pela Câmara Municipal, por intermédio do processo previsto para as infrações político-administrativas (art. 72, II, LOMSP), nas hipóteses previstas no art. 73 da LOMSP.

Nota-se que não há uma total convergência entre as disposições do art. 73 com as infrações previstas no art. 4º do Decreto-Lei nº 201/1967. A alteração dos tipos penais por lei municipal não afasta a legislação federal sobre a matéria. A esse respeito, assim dispõe a Súmula vinculante nº 46 do STF, originada da Súmula nº 722 do mesmo Tribunal: "[a] definição dos crimes de responsabilidade e o estabelecimento das respectivas normas de processo e julgamento são de competência legislativa privativa da União".[322]

A súmula vinculante do STF, prevista no art. 103-A da Constituição Federal, não retira o art. 73 da LOMSP do ordenamento jurídico municipal. Vale dizer, o artigo não foi declarado inconstitucional por decisão em controle concentrado de constitucionalidade. Não obstante, sua eventual aplicação pela Câmara Municipal naquilo que divergir do disposto no Decreto-Lei nº 201/1967 poderá ser questionada judicialmente por ofensa à referida súmula vinculante. Nesse sentido, há precedentes do STF em sede de Reclamações.[323]

---

[322] A respeito da definição dos crimes de responsabilidade e das infrações político-administrativas, ver comentário ao art. 72 da LOMSP.

[323] Rcl nº 33.597 MC, rel. Min. Gilmar Mendes, dec. monocrática, j. 08.03.2019, DJe 48 de 12.03.2019; Rcl nº 32.175, rel. Min. Gilmar Mendes, dec. monocrática, j. 05.12.2018, DJe 263 de 07.12.2018; Rcl nº 31.850 MC, rel. Min. Alexandre

Feita a ressalva, o inciso I do art. 73 prevê que ocorrerá a cassação quando o Prefeito infringir qualquer das proibições estabelecidas no art. 59 da LOMSP. O inciso II do art. 73 prevê que o Prefeito perderá o mantado se infringir o disposto no art. 66 da LOMSP. O inciso III do art. 73 prevê a cassação do mandato quando o Prefeito residir fora do Município, em consonância com o art. 67 da LOMSP.

Por fim, o inciso IV do art. 73 prevê que o Prefeito perderá o mandato se atentar contra a autonomia do Município; o livre exercício da Câmara Municipal; o exercício dos direitos políticos, individuais e sociais; a probidade na administração; a lei orçamentária; e o cumprimento das leis e das decisões judiciais.

Já o art. 4º do Decreto-Lei prevê 10 infrações político-administrativas dos prefeitos municipais sujeitas ao julgamento pela Câmara dos Vereadores e sancionadas com a cassação do mandato.[324] Ademais, o art. 29-A, §2º, da Constituição Federal prevê que constitui crime de responsabilidade do Prefeito: (i) efetuar repasse à Câmara Municipal que supere os limites definidos no *caput* do artigo, referente ao total da despesa do Poder Legislativo; (ii) não enviar o repasse até o dia 20 de cada mês; ou (iii) enviá-lo a menor em relação à proporção fixada na Lei Orçamentária. Interpretando sistematicamente o dispositivo, entende-se que esses são crimes políticos que devem ser julgados pela Câmara Municipal.

Informação bibliográfica deste texto, conforme a NBR 6023:2018 da Associação Brasileira de Normas Técnicas (ABNT):

TONIN, Mauricio Morais. Comentários ao art. 73. *In*: BATISTELA, Marcos; BARBOSA, Maria Nazaré Lins; MARTINS, Ricardo Marcondes (coord.). *Comentários à Lei Orgânica do Município de São Paulo*: atualizada até a Emenda nº 42/2022. Belo Horizonte: Fórum, 2023. p. 198-199. ISBN 978-65-5518-497-6.

---

de Moraes, dec. monocrática, j. 19.09.2018, DJe 201 de 24.09.2018; Rcl nº 29.796, rel. Min. Alexandre de Moraes, dec. monocrática, j. 28.02.2018, DJe 41 de 05.03.2018.

[324] São elas: impedir o funcionamento regular da Câmara; impedir o exame de livros, folhas de pagamento e demais documentos que devam constar dos arquivos da Prefeitura, bem como a verificação de obras e serviços municipais, por comissão de investigação da Câmara ou auditoria, regularmente instituída; desatender, sem motivo justo, as convocações ou os pedidos de informações da Câmara, quando feitos a tempo e em forma regular; retardar a publicação ou deixar de publicar as leis e os atos sujeitos a essa formalidade; deixar de apresentar à Câmara, no devido tempo e em forma regular, a proposta orçamentária; descumprir o orçamento aprovado para o exercício financeiro; praticar, contra expressa disposição de lei, ato de sua competência ou omitir-se na sua prática; omitir-se ou negligenciar na defesa de bens, rendas, direitos ou interesses do Município sujeito à administração da Prefeitura; ausentar-se do Município, por tempo superior ao permitido em lei, ou afastar-se da Prefeitura, sem autorização da Câmara dos Vereadores; e proceder de modo incompatível com a dignidade e o decoro do cargo.

Art. 74 O Prefeito perderá o mandato, por extinção, declarada pela Mesa da Câmara Municipal quando:

I – sofrer condenação criminal em sentença transitada em julgado, nos termos da legislação federal;

II – perder ou tiver suspensos os direitos políticos;

III – o decretar a Justiça Eleitoral, nos casos previstos na Constituição da República;

IV – renunciar por escrito, considerada também como tal o não comparecimento para a posse no prazo previsto nesta Lei Orgânica.

MAURICIO MORAIS TONIN

O art. 74 da LOMSP dispõe sobre a perda do mandato do Prefeito por extinção, que será declarada pela Mesa da Câmara Municipal. Não se trata, na hipótese, de sanção imposta pela Câmara, mas de pena acessória de perda do cargo que possui a mesma natureza de sanção criminal da pena detentiva principal, sem qualquer conotação política.[325]

O art. 29, inciso XIV, da Constituição Federal prevê a perda do mandato do Prefeito como preceito da lei orgânica, nos termos do art. 28, parágrafo único. O dispositivo, que foi renumerado para §1º pela EC nº 19/1998, prevê a perda do mandato para o caso de assumir outro cargo ou função na Administração Pública direta ou indireta, ressalvada a posse em virtude de concurso público e observado o disposto no art. 38, I, IV e V.

O Prefeito perderá o mandato se sofrer condenação criminal em sentença transitada em julgado, isto é, contra a qual não caiba mais recurso. O trânsito em julgado pode ser comprovado por certidão expedida no processo. O art. 92, I, do Código Penal prevê que é efeito da condenação a perda de cargo, função pública ou mandato eletivo quando aplicada pena privativa de liberdade por tempo igual ou superior a 1 ano, nos crimes praticados com abuso de poder ou violação de dever para com a Administração Pública, ou quando for aplicada pena privativa de liberdade por tempo superior a 4 anos nos demais casos.

Também perderá o mandato o Prefeito que perder ou tiver suspensos os direitos políticos. A esse respeito, o art. 15 da Constituição Federal veda a cassação de direitos políticos, mas permite a perda ou suspensão desses direitos nos casos de (i) cancelamento da naturalização por sentença transitada em julgado; (ii) incapacidade civil absoluta; (iii) condenação criminal transitada em julgado, enquanto durarem seus efeitos; (iv) recusa de cumprir obrigação a todos imposta ou prestação alternativa, nos

---

[325] MEIRELLES, Hely Lopes. *Direito Municipal Brasileiro*. 17. ed. São Paulo: Malheiros, 2013. p. 808.

termos do art. 5º, VIII, da Constituição; e (v) improbidade administrativa, nos termos do art. 37, §4º, da Constituição Federal.

A terceira hipótese do art. 74 da LOMSP é a perda do mandato quando assim o decretar a Justiça Eleitoral, nos casos previstos na Constituição da República. Nesse sentido, o art. 14, §10, da Constituição Federal prevê a ação de impugnação de mandato eletivo perante a Justiça Eleitoral, no prazo de 15 dias contados da diplomação, instruída com provas de abuso de poder econômico, corrupção ou fraude.

Por fim, será declarada pela Mesa da Câmara a perda do mandato do Prefeito que renunciar por escrito, considerada também como tal o não comparecimento para a posse no prazo previsto na Lei Orgânica, isto é, do dia 1º ao dia 11 de janeiro do ano subsequente à eleição, salvo motivo de força maior (art. 58, *caput*, e §1º da LOMSP).

Informação bibliográfica deste texto, conforme a NBR 6023:2018 da Associação Brasileira de Normas Técnicas (ABNT):

TONIN, Mauricio Morais. Comentários ao art. 74. *In*: BATISTELA, Marcos; BARBOSA, Maria Nazaré Lins; MARTINS, Ricardo Marcondes (coord.). *Comentários à Lei Orgânica do Município de São Paulo*: atualizada até a Emenda nº 42/2022. Belo Horizonte: Fórum, 2023. p. 200-201. ISBN 978-65-5518-497-6.

Seção IV
Dos Auxiliares do Prefeito

Art. 75 – São auxiliares diretos do Prefeito:
I – os Secretários Municipais;
II – os Subprefeitos.

JOSIAS BARCELOS JÚNIOR

A LOMSP prescreve que os auxiliares diretos do Prefeito, na dinâmica dos poderes inerentes da hierarquia, são os secretários municipais, e, particularmente na capital paulista (pela natureza de grande metrópole brasileira), os subprefeitos (art. 75).

Os secretários municipais e subprefeitos são os agentes do alcaide que promoverão o auxílio em demandas específicas da gestão municipal. As divisões das temáticas administrativas possuem grande importância para nomeação desses coadjuvantes, aptos a auxiliar o Prefeito em tomada de decisões, sob diversos aspectos administrativos. Entre os exemplos temos as Secretarias Municipais de Educação e Saúde, que laboram para a execução dos respectivos direitos sociais, consagrados no texto constitucional (art. 6º, Constituição Federal).

Os subprefeitos são considerados, na sistemática legal da municipalidade paulistana, cargos em comissão de nível de direção superior, nomeados para gerir as Subprefeituras, com a função de planejar e executar sistemas e ações locais, de forma intersetorial, territorial e com participação popular, sob a orientação da Secretaria Municipal das Subprefeituras (art. 29, Lei nº 16.974/2018).

Informação bibliográfica deste texto, conforme a NBR 6023:2018 da Associação Brasileira de Normas Técnicas (ABNT):

BARCELOS JÚNIOR, Josias. Comentários ao art. 75. *In*: BATISTELA, Marcos; BARBOSA, Maria Nazaré Lins; MARTINS, Ricardo Marcondes (coord.). *Comentários à Lei Orgânica do Município de São Paulo*: atualizada até a Emenda nº 42/2022. Belo Horizonte: Fórum, 2023. p. 202. ISBN 978-65-5518-497-6.

Art. 76 Os Secretários Municipais e os Subprefeitos serão nomeados pelo Prefeito, entre cidadãos maiores de 18 (dezoito) anos, no pleno exercício de seus direitos políticos.

§1º – São vedados a nomeação e o exercício das funções constantes do 'caput' deste artigo, por pessoas que incidam nos casos de inelegibilidade, nos termos da legislação federal.

§2º – O número e a competência das Secretarias Municipais serão definidos em lei, que também determinará os deveres e as responsabilidades dos Secretários.

§3º – Os Secretários Municipais e Subprefeitos deverão comprovar que estão em condições de exercício do cargo, nos termos do §1º, por ocasião da nomeação, bem como ratificar esta condição, anualmente, até 31 de janeiro.

§4º – Aplicam-se as disposições contidas no §1º às pessoas que vierem a substituir os Secretários Municipais ou os Subprefeitos, em seus afastamentos temporários.

(Parágrafo único renumerado para §2º e §1º, §3º e §4º acrescentados pela Emenda nº 35/2012.)

JOSIAS BARCELOS JÚNIOR

A escolha dos secretários e subprefeitos é exclusiva do burgomestre (art. 76), reservado a este autorizar os afastamentos e outros atos para exercício das funções.

No que trata dos limites impostos pelo Poder Constituinte, podemos destacar duas importantes disposições constitucionais relacionadas aos Secretários Municipais:

a) serão remunerados exclusivamente por subsídio em parcela única, vedado o acréscimo de qualquer gratificação, adicional, abono, prêmio, verba de representação ou outra espécie remuneratória (art. 39, §4º, Constituição Federal);

b) os subsídios serão fixados por lei de iniciativa da Câmara Municipal (art. 29, V, Constituição Federal e art. 14, VI, LOMSP).

Extrai-se dessas disposições que os secretários municipais ganham destaque constitucional, sobretudo pelo regime remuneratório de subsídio, com iniciativa de lei do Parlamento municipal. Tal dinâmica não se aplica aos subprefeitos, enquanto cargos comissionados de direção superior das Subprefeituras, os quais terão seus subsídios (Lei nº 15.509/2011) aprovados via projeto de lei de iniciativa do Prefeito, a exemplo da Lei nº 17.720/2021 (Anexo VIII).

Os secretários e subprefeitos somente podem exercer as funções se atingida a maioridade civil, ou seja, aqueles que tenham 18 anos.

A Lei Orgânica exige o pleno exercício de direitos políticos, cuja vedação se encontra no §1ª do art. 76, notadamente o impedimento para nomear aqueles que incidam em hipótese de inelegibilidade (Emenda à Lei Orgânica nº 35/2012). Urge ressaltar que o Estatuto Funcional paulistano (Lei nº 8.989/1979) também prevê, em seu art. 11, inciso III, que a investidura em cargo público requer o gozo dos direitos políticos.

As hipóteses de inelegibilidade estão elencadas no art. 1ª do Decreto Municipal nº 53.177/2012, em atendimento à Emenda nº 35 da LOMSP.

A LOMSP impõe a necessidade de ratificação das informações concernentes à inelegibilidade, anualmente, fixada em 31 de janeiro (art. 76, §3º).

A definição das secretarias e seus respectivos secretários constam de lei, que trazem as competências das pastas (art. 76, §2º). Os deveres e as atribuições são aprovados pela Câmara de Vereadores. Por evidente, a iniciativa do projeto de lei é exclusiva do Prefeito, nos termos do inciso IV, §2º, art. 37[326] da Lei Orgânica.

Pela via da consequência, aos substitutos dos secretários municipais e subprefeitos, ainda que temporariamente, impõem-se as mesmas vedações da inelegibilidade prevista no §1º do art. 76.

Informação bibliográfica deste texto, conforme a NBR 6023:2018 da Associação Brasileira de Normas Técnicas (ABNT):

BARCELOS JÚNIOR, Josias. Comentários ao art. 76. *In*: BATISTELA, Marcos; BARBOSA, Maria Nazaré Lins; MARTINS, Ricardo Marcondes (coord.). *Comentários à Lei Orgânica do Município de São Paulo*: atualizada até a Emenda nº 42/2022. Belo Horizonte: Fórum, 2023. p. 203-204. ISBN 978-65-5518-497-6.

---

[326] (...)
§2º São de iniciativa privativa do Prefeito as leis que disponham sobre:
(...)
IV – organização administrativa e matéria orçamentária;

Art. 77 A administração municipal será exercida, em nível local, através de Subprefeituras, na forma estabelecida em lei, que definirá suas atribuições, número e limites territoriais, bem como as competências e o processo de escolha do Subprefeito.

CLARISSA DERTONIO DE SOUSA PACHECO

A atual Lei Orgânica Municipal foi promulgada sob a égide da Constituição Federal de 1988, que atribuiu aos Municípios brasileiros "uma autonomia incomparável com os demais Municípios do mundo".[327] Assim como estes conquistaram relevância inédita, tendo sido alçados à categoria de entes federativos pelo *caput* do artigo inaugural da Carta Magna, também as subprefeituras experimentaram substancial ampliação de sua importância na cidade de São Paulo.

É certo que desde 1965 já existiam as chamadas Administrações Regionais, que executavam, em suas respectivas circunscrições, determinados serviços – sobretudo de zeladoria urbana. Cuidava-se, porém, de mera desconcentração geográfica executória, motivada pela grande extensão territorial do Município. Isto é: as Administrações Regionais executavam, em suas áreas, serviços específicos, não possuindo, porém, atribuição para a tomada de decisões.

A atual Lei Orgânica, por seu turno, foi além, concedendo às Subprefeituras o exercício da administração municipal em nível local. As unidades administrativas passaram a ter, portanto, poder de gestão, no âmbito de suas respectivas atribuições. Trata-se de uma forma de governança submunicipal.

Consoante explicam Bruno Martinelli e Cecília Olivieri:[328]

A descentralização é aqui entendida como um modelo de organização político-administrativa caracterizada por um processo de transferência de autoridade política e de responsabilidades administrativas de uma estrutura da administração pública para outra (FALLETI, 2006; CAIXETA, 2000; CKAGNAZAROFF; MOTA, 2003). Nos casos em que se transferem atividades, mas nenhum ou muito pouco poder decisório, o processo é descrito como desconcentração e não como descentralização (CAIXETA, 2000).

---

[327] LACOMBE, Américo Masset. O Município na Federação Brasileira e a Ética na Política. *In:* FIGUEIREDO, Marcelo; PONTES FILHO, Valmir (org.). *Estudos de Direito Público em homenagem a Celso Antônio Bandeia de Mello*. 1. ed. São Paulo: Malheiros, 2006. p. 70.

[328] MARTINELLI, Bruno; OLIVIERI, Cecília. Descentralização intramunicipal: trajetória e articulação entre política e administração nos municípios de São Paulo e Rio de Janeiro. *Iniciação Científica Cesumar*, Maringá, v. 17, n. 1, p. 64, jan./jun. 2015.

Por sua vez, escreve o cientista político Rony Coelho:[329]

(...) de forma sumarizada e como uma tentativa de conceituação, pode-se entender o processo de descentralização intramunicipal como um conjunto de medidas adotadas visando a transferência ou delegação de poder de decisão, atribuições e funções, dentro de limites legais e circunscrições territoriais estabelecidas, das unidades centrais da gestão para as unidades submunicipais, englobando as dimensões política, administrativa, financeira e de controle social.

Entre as vantagens perseguidas pela descentralização intramunicipal, costuma-se apontar: (i) maior participação dos cidadãos nas decisões concernentes à sua região, enfatizando-se, assim, a democracia participativa; (ii) resgate da percepção de comunidade, com fortalecimento dos laços sociais; (iii) aproximação entre população e agentes públicos; (iv) maior controle social da Administração pelos cidadãos; e (v) qualificação dos serviços, por serem definidos e dimensionados em conformidade com as especificidades de cada região; f) maior eficiência na aplicação dos recursos e, em consequência, maior economicidade.[330]

Embora o indigitado art. 77 veicule norma de eficácia limitada – já que expressamente comete à legislação ordinária sua regulamentação –, a previsão da Lei Orgânica tem, *per se*, eficácia mínima, que impede o legislador de tolher completamente a autonomia das subprefeituras, tornando-as, como outrora, meras executoras de serviços públicos. Um núcleo essencial de autonomia há de ser preservado – e essa autonomia envolve a tomada de decisões, dentro das atribuições definidas.

A regulamentação do art. 77 foi dada pela Lei nº 13.399/2002, que criou, inicialmente, 31 subprefeituras, acrescidas da Subprefeitura de Sapopemba pela Lei nº 15.764/2013. Até hoje permanece a divisão em 32 subprefeituras, cujos limites territoriais estão traçados no mapa constante do Anexo XV da Lei nº 15.764/2013.

Como é possível verificar do mencionado mapa, as áreas administrativas das subprefeituras não têm dimensões semelhantes; a divisão foi feita, consoante dispõe o art. 4º da Lei nº 13.399/2002, "em função de parâmetros e indicadores socioeconômicos", destacando, assim, a especialização de cada uma das subprefeituras em razão das peculiaridades de sua respectiva circunscrição.

Deve-se destacar, finalmente, que, conquanto o art. 76 da Lei Orgânica disponha que os subprefeitos serão nomeados pelo Prefeito Municipal e, ainda, que a Lei nº 13.399 de 2002 tenha estabelecido, em seu art. 8º, que os cargos de Subprefeito são de livre nomeação pelo Prefeito, o art. 77 em comento possibilita ao legislador disciplinar o processo de escolha do Subprefeito, tanto assim que já houve projeto de lei prevendo que os subprefeitos fossem nomeados após eleição direta, com voto facultativo, em cada uma das subprefeituras – trata-se do Projeto de Lei nº 04/2016, apresentado pelo

---

[329] COELHO, Rony. O processo de descentralização intramunicipal em São Paulo. *Revista de Sociologia e Política*, v. 28, n. 75, 2020.

[330] Ver COELHO, Rony. O processo de descentralização intramunicipal em São Paulo. *Revista de Sociologia e Política*, v. 28, n. 75, 2020; GRIN, Eduardo José *et al. Descentralização intramunicipal nas capitais brasileiras*: a política, as políticas e a participação. Rio de Janeiro: Konrad Adenauer Stiftung, 2018; MARTINELLI, Bruno; OLIVIERI, Cecília. Descentralização intramunicipal: trajetória e articulação entre política e administração nos municípios de São Paulo e Rio de Janeiro. *Iniciação Científica Cesumar*, Maringá, v. 17, n. 1, p. 63-76, jan./jun. 2015.

então Prefeito Fernando Haddad. Estatuía-se que cada partido pudesse indicar um candidato por Subprefeitura e que os candidatos fossem necessariamente residentes na circunscrição de candidatura. O projeto não chegou a ser votado pela Câmara Municipal.

Informação bibliográfica deste texto, conforme a NBR 6023:2018 da Associação Brasileira de Normas Técnicas (ABNT):

PACHECO, Clarissa Dertonio de Sousa. Comentários ao art. 77. In: BATISTELA, Marcos; BARBOSA, Maria Nazaré Lins; MARTINS, Ricardo Marcondes (coord.). Comentários à Lei Orgânica do Município de São Paulo: atualizada até a Emenda nº 42/2022. Belo Horizonte: Fórum, 2023. p. 205-207. ISBN 978-65-5518-497-6.

Art. 78 Ao Subprefeito compete, além do estabelecido em legislação, as seguintes atribuições:

I – coordenar e supervisionar a execução das atividades e programas da Subprefeitura, de acordo com as diretrizes, programas e normas estabelecidas pelo Prefeito;

II – sugerir à administração municipal, com a aprovação do Conselho de Representantes, diretrizes para o planejamento municipal;

III – propor à administração municipal, de forma integrada com os órgãos setoriais competentes e aprovação do Conselho de Representantes, prioridades orçamentárias relativas aos serviços, obras e atividades a serem realizadas no território da Subprefeitura.

CLARISSA DERTONIO DE SOUSA PACHECO

Os subprefeitos são os administradores municipais em nível local, comparando-se, hierarquicamente, aos secretários municipais. A Lei nº 13.399/2002, art. 3º, estabeleceu que "A Administração Municipal, no âmbito das Subprefeituras, será exercida pelos Subprefeitos, a quem cabe a decisão, direção, gestão e o controle dos assuntos municipais em nível local, respeitada a legislação vigente e observadas as prioridades estabelecidas pelo Poder Executivo Municipal".

À toda evidência, sem olvidar o quanto já se disse relativamente às particularidades das distintas regiões da cidade, a Administração Municipal tem suas diretrizes delineadas pelo Prefeito Municipal, que detém legitimação democrática para tal. A ele cabe, portanto, traçar as metas de sua gestão (divulgadas em até 90 dias da posse, em conformidade com o art. 69-A da Lei Orgânica), definir programas, estabelecer prioridades etc.

Nesse aspecto, ganha relevância a Secretaria Municipal das Subprefeituras, cujas funções, estabelecidas pelo art. 10 da Lei nº 13.399/2002, ligam-se justamente a fazer a coordenação e o acompanhamento das subprefeituras, para que as diretrizes do Prefeito Municipal sejam adequadamente observadas. É comum que haja a edição de normas infralegais pela referida Secretaria, visando padronizar a atuação das subprefeituras. Tais regras, normalmente de cunho operacional, não tolhem a autonomia das subprefeituras, como pode parecer; ao revés, favorecem a eficiência administrativa, evitando que cada Subprefeitura precise desenvolver seu próprio fluxo de trabalho para o cumprimento de uma mesma legislação, e uniformizam a atuação administrativa, dando previsibilidade aos cidadãos.

A cada Subprefeito cabe não apenas coordenar e supervisionar a execução das atividades em sua circunscrição territorial (inciso I), mas também, conhecendo a realidade da região, ouvindo a população, os movimentos de bairro, as organizações sociais etc., propor diretrizes para o planejamento municipal (inciso II), bem como prioridades orçamentárias relativas aos serviços, obras e atividades a serem realizadas no território da Subprefeitura (inciso III).

Os incisos II e III, além de destacarem a relevância das subprefeituras, com suas experiências regionais, para a elaboração do próprio planejamento da cidade, enfatizam a participação popular na gestão municipal, por meio dos Conselhos de Representantes.

Como se lê na nota introdutória ao livro Descentralização Intramunicipal nas Capitais Brasileiras, organizado por Eduardo José Grin:

> A literatura também defende que processos como formulação e implementação de políticas públicas não sejam âmbitos reservados a especialistas (Lavalle e Vera, 2011; Lavalle, 2011). Mesmo políticas complexas devem ser desenvolvidas a partir de espaços de debate, reflexão e até de inovações sociais, como é o caso das experiências pioneiras de Orçamento Participativo (OP) que, iniciadas no Brasil, se tornaram referência e foram difundidas, posteriormente, para outros países (ABERS, 1998; AVRITZER, 2002).[331]

A previsão dos Conselhos de Representantes pela Lei Orgânica é uma importante forma de garantia da participação popular. Ademais, a instituição dos referidos Conselhos cumpre o determinado na Constituição Federal, ao estabelecer como um dos pilares da gestão local a "cooperação das associações representativas no planejamento municipal" (art. 20, XII). Lembre-se, ainda, que a participação popular foi arrolada pela própria LOM como princípio da organização do Município (art. 2º, II).

Os órgãos atualmente existentes são chamados Conselhos Participativos Municipais; previstos pela Lei nº 15.764/2013, estão disciplinados pelo Decreto nº 59.023/2019, que estatui:

> Art. 2º Cada Subprefeitura deverá instalar o respectivo Conselho Participativo Municipal para atuação nos limites de seu território administrativo.
>
> §1º O Conselho Participativo Municipal tem caráter eminentemente público e é organismo autônomo da sociedade civil, reconhecido pelo Poder Público Municipal como instância de representação da população de cada região da Cidade para exercer o direito dos cidadãos ao controle social, por meio da fiscalização de ações e gastos públicos, bem como da apresentação de demandas, necessidades e prioridades na área de sua abrangência.
>
> §2º O Conselho Participativo Municipal buscará articular-se com os demais conselhos municipais, conselhos gestores e fóruns criados pela legislação vigente, não os substituindo sob nenhuma hipótese.
>
> §3º O Conselho Participativo Municipal tem caráter transitório e subsistirá até que o Conselho de Representantes de que tratam os artigos 54 e 55 da Lei Orgânica do Município possa validamente existir e estar em funcionamento.

Os Conselhos Participativos Municipais têm seus componentes eleitos no âmbito de cada Subprefeitura, variando entre 5 e 41 membros, a depender da população da respectiva circunscrição territorial (art. 5º do Decreto nº 59.023/2019).

---

[331] GRIN, Eduardo José et al. Descentralização intramunicipal nas capitais brasileiras: a política, as políticas e a participação. Rio de Janeiro: Konrad Adenauer Stiftung, 2018. p. 23.

Importa destacar que os Conselhos Participativos Municipais estão longe de esgotar as formas de participação dos cidadãos na Administração Municipal de São Paulo; há diversos outros conselhos que contam com membros da sociedade civil – como os Conselhos Comunitários de Segurança (CONSEGs), criados pelo Decreto Estadual nº 23.455/1985; o Conselho Municipal do Meio Ambiente e Desenvolvimento Sustentável (CADES), disciplinado pela Lei nº 14.887/2009; o Conselho de Usuários dos Serviços Públicos (CONDEUSP), estabelecido com base na Lei Federal nº 13.460/2017; e o Decreto Municipal nº 58.426/2018; entre outros. Os cidadãos podem participar, ainda, de audiências e consultas públicas. Ademais, a proximidade das subprefeituras, com suas praças de atendimento, amplia o acesso direto dos cidadãos à Administração Municipal.

Informação bibliográfica deste texto, conforme a NBR 6023:2018 da Associação Brasileira de Normas Técnicas (ABNT):

PACHECO, Clarissa Dertonio de Sousa. Comentários ao art. 78. In: BATISTELA, Marcos; BARBOSA, Maria Nazaré Lins; MARTINS, Ricardo Marcondes (coord.). *Comentários à Lei Orgânica do Município de São Paulo*: atualizada até a Emenda nº 42/2022. Belo Horizonte: Fórum, 2023. p. 208-210. ISBN 978-65-5518-497-6.

Art. 79 As Subprefeituras contarão com dotação orçamentária própria.

CLARISSA DERTONIO DE SOUSA PACHECO

Como já se ressaltou, a existência de recursos financeiros próprios é relevante faceta da autonomia dos entes submunicipais. Sem isso, ficaria tolhido o poder de autogestão das subprefeituras, uma vez que dependeriam de repasses para a consecução das atividades eleitas como prioritárias na região.

Não se desconhece que as antigas Administrações Regionais já possuíam suas dotações orçamentárias; contudo, não detinham sobre elas o mesmo poder de gestão que possuem atualmente as Subprefeituras.

A Lei nº 13.399/2002 estabelece:

> Art. 6º – As Subprefeituras terão dotação orçamentária própria, com autonomia para a realização de despesas operacionais, administrativas e de investimento, e participação na elaboração da proposta orçamentária da Prefeitura.
>
> Parágrafo único – O orçamento municipal, a partir da aprovação desta lei, deverá ser apresentado de forma regionalizada pelas áreas de abrangência das Subprefeituras, independentemente do estágio específico de descentralização.

Conforme escrevem José Eduardo Grin *et al.*:

> Administrativamente é relevante que tanto governos subnacionais ou estruturas territoriais como subprefeituras, por exemplo, definido seu escopo de atribuições, possam decidir sobre a alocação de recursos de modo autônomo. Numa perspectiva fiscal, ou ao menos de execução financeira, a questão chave é a liberdade para alocar recursos. Politicamente, importa identificar se os representantes eleitos (ou mesmo aqueles indicados para as regiões como gestores de territórios da cidade) detêm autoridade para formular e implementar políticas na esfera local (bairro, região administrativa ou subprefeitura) de atuação. No entanto, cada dimensão pode ocorrer isolada ou concomitantemente em diferentes estágios. Assim, descreve-se melhor a descentralização dos serviços públicos como uma estrutura em evolução que aloca, sob uma perspectiva administrativa, fiscal ou política, poder para territórios.

Portanto, embora haja um planejamento a ser seguido, estabelecido no orçamento municipal – sobre o qual os subprefeitos podem opinar, conforme visto anteriormente –, é inegável que a forma pela qual a LOM disciplinou as subprefeituras representou um grande avanço em termos de autonomia das unidades submunicipais.

Informação bibliográfica deste texto, conforme a NBR 6023:2018 da Associação Brasileira de Normas Técnicas (ABNT):

PACHECO, Clarissa Dertonio de Sousa. Comentários ao art. 79. *In*: BATISTELA, Marcos; BARBOSA, Maria Nazaré Lins; MARTINS, Ricardo Marcondes (coord.). *Comentários à Lei Orgânica do Município de São Paulo*: atualizada até a Emenda nº 42/2022. Belo Horizonte: Fórum, 2023. p. 211. ISBN 978-65-5518-497-6.

Título IV
Da Organização Municipal

Capítulo I
Da Administração Municipal

Art. 80 A Administração Pública Municipal compreende:

I – administração direta, integrada pelo Gabinete do Prefeito, Secretarias, Subprefeituras e demais órgãos auxiliares, previstos em lei;

II – administração indireta, integrada pelas autarquias, fundações, empresas públicas e sociedades de economia mista, e outras entidades dotadas de personalidade jurídica.

Parágrafo único – Os órgãos da administração direta e as entidades da administração indireta, serão criados por lei específica, ficando estas últimas vinculadas às Secretarias ou órgãos equiparados, em cuja área de competência estiver enquadrada sua principal atividade.

RODRIGO BORDALO

O art. 80 inaugura o Título IV da LOMSP, dedicado à organização municipal, e está dividido em sete capítulos, sendo o primeiro deles intitulado "Da Administração Municipal", o qual é abarcado pelos arts. 80 a 88.

A organização constitui um dos pressupostos da configuração do Estado. Não se pode conceber um ente estatal sem um arranjo, institucional e orgânico, que lhe sirva de suporte. A própria heterogeneidade de suas funções – segregadas classicamente nas atividades administrativa, legislativa e judicial – demonstra a relevância da estrutura pública e da necessidade de distribuição das correlatas competências.

Ocorre que, sob a perspectiva histórica do Estado moderno, ao tema da organização estatal nem sempre foi dispensada a relevância atual. Durante o Estado liberal oitocentista, prevalecia pouca ênfase à questão estrutural, porquanto interna, diferentemente da importância assumida pela relação externa entre os particulares e o Poder Público. Nessa época, o ente estatal assumiu uma "estrutura relativamente simples e homogênea".[332] A partir do Estado social, porém, esse cenário foi sofrendo alterações, muito em razão do robustecimento da atuação pública na seara do bem-estar da coletividade, de modo a exigir uma estruturação orgânica mais ampla e complexa.

---
[332] MOREIRA, Vital. *Organização administrativa*. Coimbra: Almedina, 2001. p. 16.

Nesse sentido, foi vislumbrada no setor público uma "revolução organizatória".[333] Na atualidade, no âmbito do denominado Estado subsidiário,[334] novos modelos organizatórios se evidenciam, haja vista a crescente tutela a interesses difusos e coletivos, bem como o notável incremento de participação da sociedade civil na tomada das decisões públicas. Novas formas de atuação exigem uma correspondente adaptação da estrutura estatal.

A Administração Pública, integrante do Estado, está inserida nesse contexto estrutural. Tanto é assim que, entre as diversas definições e enfoques que a noção de Administração vem sofrendo na seara publicista, merece enfoque seu sentido subjetivo: o conjunto de pessoas, de órgãos e de entidades que exercem a atividade administrativa.[335]

A Administração do Município de São Paulo compreende dois eixos estruturais: a Administração direta e a indireta, conforme estabelece o art. 80 da LOMSP. Trata-se de modelo organizatório tradicional do direito público brasileiro, conforme se extrai, por exemplo, do Decreto-Lei n° 200/1967[336] e da própria Constituição Federal de 1988.[337]

A Administração direta corresponde à Administração centralizada, em que a atuação pública é feita pela própria entidade federativa, por meio dos órgãos públicos que a integram. Nesse sentido, o art. 80, I, faz alusão a diversos órgãos municipais, como o "Gabinete do Prefeito",[338] as secretarias e as subprefeituras. A LOMSP faz referência, ao longo de suas disposições, a diversos outros órgãos, como a PGM (art. 87) e a Guarda Municipal (art. 88).

Já a Administração indireta representa o Poder Público descentralizado. A descentralização constitui uma técnica de organização pela qual o Estado atribui certa competência a uma entidade diversa da Administração central.[339] Celso Antônio Bandeira de Mello, em estudo clássico, aponta que a descentralização se baseia em diversos elementos, entre os quais se destacam dois.[340] O primeiro envolve a existência de entes dotados de personalidade jurídica própria; o segundo, a ausência de subordinação hierárquica com a Administração direta, conquanto haja algum grau de controle administrativo. Nesse sentido jurídico, o parágrafo único do art. 80 prevê que as entidades da Administração indireta são "vinculadas" aos órgão da Administração central. Acrescenta-se uma terceira nota da Administração descentralizada: a atuação especializada em determinada área que detenha interface com o interesse público, seja

---

[333] MOREIRA. *Organização administrativa*, p. 16.
[334] DI PIETRO, Maria Sylvia Zanella. *Parceiras na administração pública*, 4. ed. São Paulo: Atlas, 2002. p. 25.
[335] JUSTEN FILHO, Marçal. *Curso de direito administrativo*. 7. ed. Belo Horizonte: Fórum, 2011. p. 231.
[336] O DL n° 200/1967 dispõe sobre a organização da Administração Federal e faz referência à Administração direta e indireta (art. 4°).
[337] O art. 37, *caput*, da Constituição Federal, considerado a norma-matriz do direito administrativo brasileiro, dispõe que os princípios contidos no própria preceito aplicam-se à "administração pública direta e indireta".
[338] A doutrina faz alusão, no que se refere aos órgãos representativos da Chefia do Executivo no âmbito local, às "Prefeituras Municipais" (MEIRELLES, Hely Lopes. *Direito administrativo brasileiro*, 40. ed. São Paulo: Malheiros, 2014. p. 72).
[339] A descentralização representa uma categoria ampla, no âmbito da qual se desdobram diversas formas de distribuição de competências. *Vide*, a propósito, os comentários ao art. 81 da LOMSP.
[340] BANDEIRA DE MELLO, Celso Antônio. *Natureza e regime jurídico das autarquias*. São Paulo: Revista dos Tribunais, 1968. p. 51.

na prestação de serviço público (*lato sensu*), seja no exercício de atividade econômica. A doutrina, inclusive, faz alusão ao princípio da especialidade.[341]

O art. 80, II, da LOMSP aponta as entidades que compõem a Administração indireta municipal: autarquias,[342] fundações,[343] empresas públicas,[344] sociedades de economia mista,[345] bem como outras entidades dotadas de personalidade jurídica.[346]

A lei constitui a fonte primária da organização pública brasileira. A partir da norma legal, extrai-se o arranjo estrutural da Administração, arcabouço sobre o qual são dispostos tanto as pessoas jurídicas administrativas quanto os órgãos públicos. Trata-se da incidência estrutural do princípio da legalidade. Assim, tanto os órgãos da Administração direta quanto as entidades da Administração indireta devem ser instituídos por lei específica. É o que estabelece o parágrafo único do art. 80 da LOMSP, o qual encontra correspondência com o art. 13, XVI, do mesmo diploma normativo.

Deve-se atentar que essa prescrição da Lei Orgânica, no que tange às entidades da Administração indireta, deve ser interpretada à luz do art. 37, XIX, da Constituição Federal, que estabelece caber à lei específica a criação de autarquias, bem como a autorização para a instituição de empresas públicas, de sociedades de economia mista e de fundações.

Informação bibliográfica deste texto, conforme a NBR 6023:2018 da Associação Brasileira de Normas Técnicas (ABNT):

BORDALO, Rodrigo. Comentários ao art. 80. *In*: BATISTELA, Marcos; BARBOSA, Maria Nazaré Lins; MARTINS, Ricardo Marcondes (coord.). *Comentários à Lei Orgânica do Município de São Paulo*: atualizada até a Emenda nº 42/2022. Belo Horizonte: Fórum, 2023. p. 212-214. ISBN 978-65-5518-497-6.

---

[341] CARVALHO FILHO, José dos Santos. *Manual de direito administrativo*. 31. ed. São Paulo: Atlas, 2017. p. 491.
[342] Exemplo: Serviço Funerário do Município de São Paulo (autarquia criada pela Lei Municipal nº 5.562/1958; observe-se que a Lei Municipal nº 17.433/2020 previu a extinção dessa autarquia, nos termos do prazo estabelecido legalmente).
[343] Exemplo: Fundação Theatro Municipal de São Paulo, cuja criação foi autorizada pela Lei Municipal nº 15.380/2011.
[344] Exemplo: São Paulo Urbanismo (SP Urbanismo), empresa decorrente da cisão da Empresa Municipal de Urbanização (EMURB) (cf. Lei Municipal nº 15.056/2009).
[345] Exemplo: Companhia de Engenharia de Tráfego (CET), instituída em 1976.
[346] Para além das quatro categorias tradicionais do direito público brasileiro, a LOMSP abre margem para que "outras entidades dotadas de personalidade jurídica" igualmente integrem a Administração indireta municipal. Não se trata de um despropósito jurídico, pois é cabível a instituição por lei de outras categorias organizacionais que componham a Administração descentralizada. Cite-se o exemplo dos consórcios públicos, figura disciplinada pela Lei Federal nº 11.107/2005.

Art. 81 A administração pública direta e indireta obedecerá aos princípios e diretrizes da legalidade, impessoalidade, moralidade, publicidade, eficiência, razoabilidade, unidade, indivisibilidade e indisponibilidade do interesse público, descentralização, democratização, participação popular, transparência e valorização dos servidores públicos. (Alterado pela Emenda nº 24/2001.)

§1º – As entidades sem fins lucrativos que mantiverem contratos ou receberem verbas públicas deverão comprovar que seus dirigentes não incidem nas hipóteses de inelegibilidade, previstas na legislação federal.

§2º – Cabe ao Município promover a modernização da administração pública, buscando assimilar as inovações tecnológicas, com adequado recrutamento e desenvolvimento dos recursos humanos necessários.

(Parágrafo único renumerado para §2º; §1º acrescentado pela Emenda nº 35/2012.)

RODRIGO BORDALO

O *caput* do art. 81 carreia os princípios expressos aplicáveis à Administração pública municipal, direta e indireta. Esse dispositivo detém similaridade com o art. 37, *caput*, da Constituição Federal.

Os princípios jurídicos apresentam notável relevância na atualidade, diferentemente do observado há algum tempo, notadamente antes da Constituição Federal de 1988, em que tal categoria detinha função meramente integradora, *ex vi* do art. 4º da Lei de Introdução às Normas do Direito Brasileiro (Decreto-Lei nº 4.657/1942).[347] Hoje, por força de consagração normativa, doutrinária e jurisprudencial, princípios são verdadeiras normas, porquanto veiculam um dever-ser. Nesse sentido, apresentam diversas outras funcionalidades, como servirem de diretriz hermenêutica e de fundamento habilitador de normas e atos, vedarem condutas contrárias, entre outras.

Nota-se na LOMSP, comparativamente com a Constituição Federal, uma diversidade quantitativa de princípios. Enquanto este veicula cinco postulados, aquela prevê mais de uma dezena deles, abaixo esmiuçadas.

Os princípios tradicionais da Administração pública, incorporados na Constituição Federal e na LOMSP, são os da legalidade, impessoalidade, moralidade, publicidade e eficiência. Dispensam-se comentários a eles, os quais já encontram amplo espectro de disseminação na seara do direito público.

A razoabilidade é dissociada por alguns autores do princípio da proporcionalidade. Sob o prisma histórico, enquanto a proporcionalidade originou-se no direito europeu continental, notadamente no Tribunal Constitucional Alemão, a razoabilidade detém

---

[347] Art. 4º. Quando a lei for omissa, o juiz decidirá o caso de acordo com a analogia, os costumes e os princípios gerais de direito.

raiz na *common law*, originária no direito inglês. Apesar dessa distinção, há juristas que propõem pontos de contato entre as noções. Como ressaltado por Celso Antônio Bandeira de Mello, "o princípio da proporcionalidade não é senão faceta do princípio da razoabilidade".[348] Da mesma forma compreende Hely Lopes Meirelles, para quem "a razoabilidade envolve a proporcionalidade e vice-versa".[349]

O princípio da unidade não sofre grande abordagem pela doutrina pátria. Significa que a repartição da Administração, entre diversos órgãos e entidades, hierarquias e vinculações, constitui mero mecanismo de divisão de trabalho e de atribuições, de modo que o escopo e os fundamentos de todo esse complexo são únicos: a consecução do interesse público e a juridicidade, respectivamente.

A indisponibilidade do interesse público constitui, em conjunto com o postulado da supremacia do interesse público sobre o privado, um dos fundamentos do regime jurídico-administrativo. Envolve a concepção de que os interesses públicos não podem ser livremente dispostos pela Administração, porquanto os interesses em jogo são aqueles próprios da coletividade. Dessa feita, o Poder Público encontra-se sujeito a limites impostos pelo ordenamento jurídico.

Como analisado nos comentários ao art. 80, a descentralização constitui mecanismo pelo qual a atividade administrativa é distribuída para outras entidades. Representa, portanto, uma técnica pela qual a entidade da Administração central é desonerada do exercício de uma atribuição, que passa a ser exercida por outrem, integrante ou não da estrutura administrativa. Saliente-se que a descentralização pode dar-se por diversas formas. As mais tradicionais são duas:[350] a descentralização por serviços (técnica ou funcional) e a descentralização por colaboração. Enquanto a primeira envolve a outorga de competências para entes administrativos dotados de autonomia (a exemplo das autarquias), a segunda abarca a delegações de atribuições para pessoas privadas (como as concessionárias de serviços públicos).

Não se pode olvidar, ademais, que a descentralização apresenta uma acepção jurídico-política. Segundo Di Pietro, "ocorre quando o ente descentralizado exerce atribuições próprias que não decorrem do ente central; é a situação dos Estados-membros da federação e, no Brasil, também dos Municípios".[351]

É cabível atentar que, embora a descentralização esteja prevista em outros dispositivos da LOMSP, em muitos deles (a exemplo do art. 200, §3º) o sentido veiculado equivale ao que a doutrina denomina desconcentração, que constitui a distribuição interna de atribuições no âmbito de uma mesma entidade. Ela se implementa por meio dos órgãos que compõem a pessoa jurídica.

O princípio da democratização baseia-se na própria concepção do Brasil, um Estado democrático (art. 1º, *caput*, da Constituição Federal), modelo que se espraia para todas as entidades federativas.

Já a participação popular representa um corolário do princípio democrático, que assume, em síntese, duas vertentes: a democracia representativa, associada ao sistema de eleições periódicas e ao pluripartidarismo; e a democracia participativa, a qual

---

[348] BANDEIRA DE MELLO, Celso Antônio. *Curso de direito administrativo*. 35. ed. São Paulo: Malheiros, 2021. p. 101.
[349] MEIRELLES, Hely Lopes. *Direito administrativo brasileiro*. 40. ed. São Paulo: Malheiros, 2014. p. 87.
[350] DI PIETRO, Maria Sylvia Zanella. *Direito Administrativo*. 15. ed. São Paulo: Atlas, 2003. p. 482.
[351] DI PIETRO. *Direito Administrativo*, p. 481.

reflete a participação dos cidadãos no processo de exercício das funções estatais. "Não há democracia sem participação", ensina Paulo Bonavides.[352] Consigne-se que à prática democrática é reputada um princípio a ser observado na organização do Município de São Paulo, conforme estabelece o art. 2º, I, da LOMSP.

A transparência está associada ao princípio da publicidade, embora sejam noções que não se confundem. A publicidade impõe a ampla divulgação dos atos oficiais. A transparência, por sua vez, exige que a disseminação da informação pública seja clara, acessível e compreensível pelos administrados.

Por fim, pelo princípio da valorização dos servidores públicos, a atuação dos agentes municipais deve ser prestigiada pela Administração. Notória é a correspondência com o art. 89 do mesmo diploma, pelo qual os servidores devem ser justamente remunerados e profissionalmente valorizados.

O §1º do art. 81 condiciona que os dirigentes do terceiro setor que tenham algum vínculo com o Município não estejam enquadrados nas hipóteses legais de inelegibilidade. A prescrição tem notória interface com o princípio da moralidade administrativa e guarda coerência com o sistema normativo, porquanto se mostra razoável que pessoas inelegíveis, para além de não assumirem capacidade eleitoral passiva, não possam encabeçar a administração de organizações não governamentais. A norma que dispõe sobre os casos de inelegibilidade, nos termos do art. 14, §9º, da Constituição Federal, é a Lei complementar nº 64/1990.

A promoção da modernização administrativa é dever do Município, nos termos do §2º do art. 81. A premissa incutida na norma é a de que as inovações tecnológicas imprimem grau de eficiência maior à atuação estatal, seja pela celeridade que as caracterizam, seja pela confiabilidade que as cercam, seja mesmo pela potencial facilidade de acesso e manuseio pelos administrados. Para tanto, é indispensável que os agentes públicos sejam capacitados para o manuseio dessas tecnologias. Nesse sentido dispõe a Constituição Federal, ao assinalar a aplicação de recursos no desenvolvimento de programas de modernização do serviço público.

Informação bibliográfica deste texto, conforme a NBR 6023:2018 da Associação Brasileira de Normas Técnicas (ABNT):

BORDALO, Rodrigo. Comentários ao art. 81. *In*: BATISTELA, Marcos; BARBOSA, Maria Nazaré Lins; MARTINS, Ricardo Marcondes (coord.). *Comentários à Lei Orgânica do Município de São Paulo*: atualizada até a Emenda nº 42/2022. Belo Horizonte: Fórum, 2023. p. 215-217. ISBN 978-65-5518-497-6.

---

[352] *Curso de direito constitucional*. 13. ed. São Paulo: Malheiros, 2003. p. 51.

Art. 82 Todos os órgãos da administração direta e indireta, inclusive o Prefeito e o Tribunal de Contas do Município, ficam obrigados a fornecer informações, de qualquer natureza, quando requisitadas, por escrito e mediante justificativa, pela Câmara Municipal através da Mesa, das Comissões ou dos Vereadores.

§1º – É fixado o prazo máximo de 30 (trinta) dias para que o Executivo e o Tribunal de Contas do Município prestem as informações requisitadas pelo Poder Legislativo, na forma do disposto no "caput" deste artigo. (Alterado pela Emenda nº 29/2007.)

§2º – É cabível recurso judicial para o cumprimento do "caput" deste artigo, se não observado o prazo estipulado no parágrafo anterior, sem prejuízo das sanções previstas em lei.

RODRIGO BORDALO

O art. 82 disciplina a prerrogativa de requisição detida pela Câmara Municipal em relação a todos os órgãos da Administração direta e indireta, o que inclui o Prefeito e o TCM. Esses órgãos e as autoridades ficam, portanto, obrigados a fornecer informações de qualquer natureza ao Legislativo local. Esse preceito encontra na Constituição Federal seu fundamento maior, já que o art. 50, §2º, atribui à Câmara dos Deputados e ao Senado Federal, por meio de suas respectivas Mesas, a possibilidade de encaminhar pedidos de informações a agentes públicos federais. Outros preceitos da LOMSP preveem a mesma atribuição da Câmara Municipal, como o art. 32, §2º, III e IX.

Uma controvérsia que gira na órbita desse dispositivo diz respeito à legitimidade para a formulação do requerimento de informações, se cabível mediante pedido singular de Vereador ou se necessário que um órgão representativo da Câmara o faça.

Debruçando-se sobre o tema, a PGM de São Paulo expediu o parecer ementado sob o nº 10.475, segundo o qual, em resumo, os vereadores devem encaminhar os pedidos de informações ao Executivo, por intermédio da Presidência da Câmara Municipal (art. 82 da LOM) ou da Comissão Permanente que integrem (art. 32, §2º, IX, da LOM), observando o protocolo institucional que deve conduzir a relação entre os dois Poderes.[353]

Esse entendimento institucional da PGM detém compatibilidade com a jurisprudência do STF, para quem "o direito de requerer informações aos ministros de Estado foi conferido pela Constituição tão somente às Mesas da Câmara dos Deputados e do Senado Federal, e não a parlamentares individualmente. (...) O entendimento pacífico desta Corte é no sentido de que o parlamentar individualmente não possui

---

[353] Esse entendimento foi posteriormente ratificado pela Procuradoria-Geral do Município de São Paulo em razão do parecer vertido na Informação nº 1.260/2017-PGM.AJC.

legitimidade para impetrar mandado de segurança para defender prerrogativa concernente à Casa Legislativa à qual pertence" (RMS 28.251 AgR, Rel. Min. Ricardo Lewandowski, DJe 22/11/2011).

Informação bibliográfica deste texto, conforme a NBR 6023:2018 da Associação Brasileira de Normas Técnicas (ABNT):

BORDALO, Rodrigo. Comentários ao art. 82. *In*: BATISTELA, Marcos; BARBOSA, Maria Nazaré Lins; MARTINS, Ricardo Marcondes (coord.). *Comentários à Lei Orgânica do Município de São Paulo*: atualizada até a Emenda nº 42/2022. Belo Horizonte: Fórum, 2023. p. 218-219. ISBN 978-65-5518-497-6.

Art. 83 Para a organização da administração pública direta e indireta é obrigatório, além do previsto nos arts. 37 e 39 da Constituição da República, o cumprimento das seguintes normas:

I – participação de representantes dos servidores públicos e dos usuários nos órgãos diretivos, na forma da lei;

II – nas entidades da administração indireta, os órgãos de direção serão compostos por um colegiado, com a participação de, no mínimo, um diretor eleito entre os servidores e empregados públicos, na forma da lei, sem prejuízo da constituição de Comissão de Representantes, igualmente eleitos entre os mesmos;

III – são considerados cargos de confiança na administração indireta exclusivamente aqueles que comportem encargos referentes à gestão do órgão;

IV – na administração direta e fundacional, junto aos órgãos de direção, serão constituídas, na forma da lei, Comissões de Representantes dos servidores eleitos dentre os mesmos;

V – é obrigatória a declaração pública de bens, no ato da posse e no desligamento de todo dirigente da administração direta e indireta;

VI – os órgãos da administração direta, indireta e fundacional ficam obrigados a constituir, nos termos da lei, comissões internas visando à prevenção de acidentes e, quando assim o exigirem suas atividades, o fornecimento de equipamento de proteção individual e o controle ambiental, para assegurar a proteção da vida, do meio ambiente e de adequadas condições de trabalho de seus servidores; (Alterado pela Emenda nº 24/2001.)

VII – a investidura em cargo ou emprego público depende de aprovação prévia em concurso público de provas ou provas e títulos, ressalvadas as nomeações para cargo em comissão declarado em lei de livre nomeação e exoneração.

§1º – A participação na Comissão de Representantes ou nas Comissões previstas no inciso VI não poderá ser remunerada a nenhum título.

§2º – Os servidores e os empregados públicos gozarão, na forma da lei, de estabilidade no cargo ou emprego desde o registro da candidatura para o exercício de cargo de representação sindical ou nos casos previstos no inciso II deste artigo, até 1 (um) ano após o término do mandato, se eleito, ainda que suplente, salvo se cometer falta grave definida em lei.

§3º – Para fins de preservação da probidade pública e moralidade administrativa, é vedada a admissão e nomeação, para cargo, função ou emprego público, de pessoas que incidam nas hipóteses de inelegibilidade, previstas na legislação federal. (Acrescentado pela Emenda nº 35/2012.).

§4º – Para fins da aplicação das disposições contidas no §3º deste artigo, serão observadas as peculiaridades e a forma constitutiva dos órgãos da administração pública indireta. (Acrescentado pela Emenda nº 35/2012.).

§5º – Os servidores ocupantes de cargos em comissão deverão comprovar, por ocasião da nomeação, que estão em condições de exercício do cargo ou função, nos termos do §3º, bem como ratificar esta condição anualmente, até 31 de janeiro. (Acrescentado pela Emenda nº 35/2012.)

§6º – No caso de servidores efetivos e dos empregados públicos, a comprovação das condições de exercício do cargo e função pública, a que se refere o §3º, será feita no momento da posse ou admissão. (Acrescentado pela Emenda nº 35/2012.)

§7º – Aplicam-se as disposições previstas nos §§3º, 5º e 6º aos órgãos da administração direta e indireta, inclusive à Câmara Municipal e ao Tribunal de Contas do Município. (Acrescentado pela Emenda nº 35/2012.)

RODRIGO BORDALO

O *caput* do art. 83 faz remissão aos arts. 37 e 39 da Constituição Federal, apontando sua obrigatoriedade. Embora juridicamente desnecessária tal prescrição – já que os referidos dispositivos constitucionais alcançam *per se* todas as entidades federativas –, o reforço aos seus mandamentos representa técnica normativa costumeiramente observada, inclusive em outros preceitos da própria LOMSP (arts. 68, 93, entre outros). Enquanto o art. 37 da Constituição representa a norma-matriz da Administração pública brasileira, contemplando inúmeros regramentos fundamentais do regime jurídico-administrativo, o art. 39 abarca o regime geral dos servidores públicos.

Convém esclarecer que a referência exclusiva aos arts. 37 e 39 não afasta a incidência de outros preceitos contidos no Capítulo VII[354] do Título III[355] da Constituição da República, os quais igualmente se impõem ao Município de São Paulo, no que couber.[356]

Para além do *caput*, o art. 83 contempla sete incisos. O primeiro deles dispõe sobre a participação de representantes dos servidores públicos e dos usuários nos órgãos diretivos municipais. Trata-se de norma de eficácia limitada, porquanto dependente de disciplina legal. A própria Constituição Federal prescreve que a "lei disciplinará as formas de participação do usuário na administração pública direta e indireta (...)" (art. 37, §3º). A noção de órgãos diretivos pode ensejar dúvidas. Hely Lopes Meirelles, ao classificar os órgãos públicos, aponta a categoria dos "órgãos autônomos", os quais são "localizados na cúpula da Administração" e subordinados diretamente ao Chefe do Executivo. Caracterizam-se "como órgãos diretivos, com funções precípuas de planejamento, supervisão, coordenação e controle das atividades que constituem sua área de competência".[357] No âmbito local, são as secretarias municipais, as subprefeituras, a PGM, entre outros. Todavia, órgãos diretivos podem ser entendimentos como os órgãos de direção, reputados, conforme o mesmo autor, como "órgãos superiores".[358]

---

[354] "Da Administração Pública". Esse capítulo é integrado por quatro seções, abrangendo os arts. 37 a 43.
[355] "Da Organização do Estado".
[356] Há preceitos inaplicáveis ao Município de São Paulo, como aqueles contidos na Seção III, dedicada aos militares.
[357] MEIRELLES, Hely Lopes. *Direito administrativo brasileiro*, 40. ed. São Paulo: Malheiros, 2014. p. 73.
[358] "Órgãos superiores são os que detêm poder de direção, controle, decisão e comando dos assuntos de sua competência específica, mas sempre sujeitos à subordinação e ao controle hierárquico de uma chefia mais alta. Não gozam de autonomia administrativa nem financeira, que são atributos dos órgãos independentes e dos autônomos a que pertencem" (MEIRELLES, Hely Lopes. *Direito administrativo brasileiro*, 40. ed. São Paulo: Malheiros, 2014. p. 73).

Entende-se que essa representação plural – dos servidores e dos usuários – é compatível com essas duas acepções.

O inciso II do mesmo artigo detém prescrição direcionada às entidades da Administração indireta, cujos órgãos de direção devem ser compostos por um colegiado, com, no mínimo, um de seus diretores eleito entre os servidores e empregados públicos do ente. O preceito constitui norma de eficácia limitada, já que dependente de disciplina legal. Para além da representação no órgãos de direção, a LOMSP aponta a necessidade de constituição de Comissão de Representantes, igualmente eleitos entre os agentes públicos da entidade. Regime similar encontra previsão na Constituição do Estado de São Paulo, nos termos de seu art. 115, inciso XXIII.[359] Atente-se que o inciso IV do mesmo art. 83 impõe a mesma Comissão de Representantes para a Administração direta e fundacional,[360] na forma da lei. Em qualquer esfera, a participação nessas comissões não poderá ser remunerada (art. 83, §1º, LOMSP)

O inciso III dispõe sobre os cargos de confiança na Administração indireta, necessariamente relacionados à gestão do órgão. Trata-se de preceito compatível com o art. 37, V, da Constituição Federal, que vincula tais cargos às atribuições de direção, chefia e assessoramento. Sobre o tema, o STF fixou a seguinte tese com repercussão geral (RE nº 1.041.210 RG/SP, Pleno, Rel. Min. Dias Toffoli, DJe 22.05.2019, Tema 1.010):

> a) A criação de cargos em comissão somente se justifica para o exercício de funções de direção, chefia e assessoramento, não se prestando ao desempenho de atividades burocráticas, técnicas ou operacionais; b) tal criação deve pressupor a necessária relação de confiança entre a autoridade nomeante e o servidor nomeado; c) o número de cargos comissionados criados deve guardar proporcionalidade com a necessidade que eles visam suprir e com o número de servidores ocupantes de cargos efetivos no ente federativo que os criar; e d) as atribuições dos cargos em comissão devem estar descritas, de forma clara e objetiva, na própria lei que os instituir.

O inciso V impõe a declaração pública de bens, no ato da posse e no desligamento de todo dirigente da administração direta e indireta. Conquanto o dispositivo faça referência somente aos dirigentes dos órgãos e entidades, o ordenamento jurídico estende a obrigação da declaração de bens a todos os agentes públicos, nos termos da Lei da improbidade administrativa[361] e de regulamentação municipal.[362] Porém, é cabível estabelecer uma distinção. A "declaração pública de bens" a que faz alusão a

---

[359] *In verbis*: "fica instituída a obrigatoriedade de um Diretor Representante e de um Conselho de Representantes, eleitos pelos servidores e empregados públicos, nas autarquias, sociedades de economia mista e fundações instituídas ou mantidas pelo Poder Público, cabendo à lei definir os limites de sua competência e atuação".

[360] Observe-se uma imprecisão desse inciso IV, pois as fundações já estão contidas no inciso II, que abrange a Administração indireta.

[361] Art. 13 da Lei nº 8.429/1992: "A posse e o exercício de agente público ficam condicionados à apresentação de declaração de imposto de renda e proventos de qualquer natureza, que tenha sido apresentada à Secretaria Especial da Receita Federal do Brasil, a fim de ser arquivada no serviço de pessoal competente" (redação dada pela Lei nº 14.230/2021).

[362] No Município de São Paulo, o primeiro regulamento sobre o tema foi o Decreto nº 36.472/1996, sucedido por outras normas (Decreto nº 53.929/2013 e Decreto nº 59.432/2020).

LOMSP, restrita aos dirigentes,[363] obriga sua publicação no Diário Oficial da cidade.[364] Já a declaração dos demais agentes públicos não envolve tal exigência.

O inciso VI prevê a necessidade de que os órgãos da Administração direta e indireta constituam, nos termos da lei, comissões internas de prevenção de acidentes (CIPA). A participação nessa comissão não poderá ser remunerada (art. 83, §1º, LOMSP). A matéria é tratada no Município de São Paulo pela Lei nº 13.174/2001. O mesmo inciso impõe o fornecimento de equipamento de proteção individual e o controle ambiental, para assegurar a proteção da vida, do meio ambiente e de adequadas condições de trabalho de seus servidores. Disposição parelha encontra previsão na Constituição do Estado de São Paulo (art. 115, XXV).[365]

O último inciso do art. 83, o VII, reproduz ditame vertido no art. 37, II, da Constituição da República. De acordo com a LOMSP, a investidura em cargo ou emprego público depende de aprovação prévia em concurso público, que pode ser de provas ou provas e títulos. Ficam ressalvadas as nomeações para cargo em comissão declarado em lei de livre nomeação e exoneração. O preceito consagra no âmbito local o princípio da obrigatoriedade do concurso público, que densifica os princípios da impessoalidade, da moralidade e da eficiência.

O §2º do art. 83 prevê uma estabilidade do agente público detentor de cargo ou emprego, nos casos: (i) de exercício de representação sindical; (ii) das hipóteses previstas no inciso II do mesmo dispositivo, relacionado à Administração indireta, quais sejam: (a) representação de servidores e empregados públicos no colegiado integrante dos órgãos de direção; e (b) Comissão de Representantes. A hipótese de estabilidade decorrente da representação sindical tem raiz no art. 37, VI,[366] c/c. o art. 8º, *caput*,[367] e inciso VIII,[368] todos da Constituição Federal. Em todas as hipóteses, a estabilidade detém caráter provisório, iniciando-se na data de registro da candidatura para o exercício das funções apontadas, até 1 ano após o término do respectivo mandato, se eleito, ainda que suplente. Essa garantia não atinge a situação em que o agente comete falta grave.

Observa-se uma quebra de sistematicidade na LOMSP, que confere a estabilidade provisório no âmbito das Comissões de Representantes integrantes das entidades da Administração indireta (art. 83, II), não o fazendo no que tange à mesma comissão inseridos na Administração direta (art. 83, IV). É patente uma ruptura da isonomia organizacional, conquanto possível, por força de uma interpretação sistemática e teleológica, uma extensão de tal garantia à Administração centralizada.

---

[363] São considerados dirigentes: "I – o Prefeito e o Vice-Prefeito do Município; II – os Secretários Municipais, o Procurador Geral do Município, o Controlador Geral do Município e os Subprefeitos; III – os dirigentes de maior nível hierárquico de empresas públicas, sociedades de economia mista, autarquias e fundações instituídas ou mantidas pelo Município de São Paulo" (art. 8º, §1º, do Decreto nº 59.432/2020).

[364] Cf. estabelece o art. 8º, *caput*, do Decreto nº 59.432/2020.

[365] *In verbis*: "os órgãos da administração direta e indireta ficam obrigados a constituir Comissão Interna de Prevenção de Acidentes – CIPA – e, quando assim o exigirem suas atividades, Comissão de Controle Ambiental, visando à proteção da vida, do meio ambiente e das condições de trabalho dos seus servidores, na forma da lei".

[366] "VI – é garantido ao servidor público civil o direito à livre associação sindical."

[367] "É livre a associação profissional ou sindical (...)".

[368] "VIII – é vedada a dispensa do empregado sindicalizado a partir do registro da candidatura a cargo de direção ou representação sindical e, se eleito, ainda que suplente, até um ano após o final do mandato, salvo se cometer falta grave nos termos da lei."

Os §§3º a 7º, acrescentados pela Emenda nº 35/2012, disciplinam a vedação para a admissão e nomeação de cargo, emprego ou função de pessoas que incidem nas hipóteses de inelegibilidade previstas na legislação federal. O próprio preceito enuncia sua teleologia: a preservação da probidade e da moralidade administrativa, postulados nucleares do direito público brasileiro. O mandamento apresenta amplo alcance, abarcando a Administração direta e indireta, bem como a Câmara Municipal e o TCM.

No caso de servidores comissionados, a demonstração de condições para o exercício do respectivo cargo deve ser feita na ocasião da nomeação, com ratificação posterior e periodicidade anual, até a data de 31 de janeiro. Já para os agentes efetivos e os empregados públicos, tal comprovação é exigida no momento da posse ou admissão.

A legislação federal que estabelece o regramento da inelegibilidade é a Lei complementar nº 64/1990, objeto de relevantes alterações pela Lei complementar nº 135/2010 (conhecida como Lei da Ficha Limpa), entre as quais se destaca a possibilidade de caracterização da inelegibilidade sem o trânsito em julgado da decisão condenatória, bastando uma condenação por órgão judicial colegiado. Esse regramento foi reputado constitucional pelo STF, porquanto não ofensivo à presunção de inocência.[369]

Sobre as regras da inelegibilidade, a PGM fixou, com arrimo na jurisprudência do TSE,[370] o parâmetro interpretativo segundo o qual incide uma interpretação restritiva, revelando-se inadmissível o uso de presunções ou termos genéricos com fins de atrair o óbice eleitoral (conforme parecer ementado sob o nº 12.008 – Informação 793/2019-PGM.CGC). Conforme apontado pela PGM, "trata-se de diretriz hermenêutica aplicável à justiça eleitoral, a qual, a fortiori, merece incidência na interpretação administrativa decorrente da aplicação do art. 83, §3º a 5º, da LOMSP".

Informação bibliográfica deste texto, conforme a NBR 6023:2018 da Associação Brasileira de Normas Técnicas (ABNT):

BORDALO, Rodrigo. Comentários ao art. 83. In: BATISTELA, Marcos; BARBOSA, Maria Nazaré Lins; MARTINS, Ricardo Marcondes (coord.). *Comentários à Lei Orgânica do Município de São Paulo*: atualizada até a Emenda nº 42/2022. Belo Horizonte: Fórum, 2023. p. 220-224. ISBN 978-65-5518-497-6.

---

[369] ADCs nº 29 e 30 e ADI nº 4578.
[370] REspe nº 13493, rel. Min. Henrique Neves, DJe de 28.03.2017; REspe nº 34191, rel. Min. Luciana Lóssio, PSESS de 19.12.2016; AgR-REspe nº 11237, rel. Min. Henrique Neves da Silva, DJe de 03.04.2017; REspe nº 10788, rel. Min. Henrique Neves da Silva, PSESS de 19.12.2016; RO nº 494-26, rel. Min. Gilmar Mendes, PSESS de 01.10.2014.

Art. 84 Todo órgão ou entidade municipal prestará aos interessados, no prazo de lei e sob pena de responsabilidade, as informações de interesse particular, coletivo ou geral, ressalvadas aquelas cujo sigilo seja imprescindível, nos casos referidos na Constituição da República.

Parágrafo único – Independerá do pagamento de taxa o exercício do direito de petição em defesa de direitos contra ilegalidade ou abuso de poder, bem como a obtenção de certidões junto a repartições públicas para a defesa de direitos e esclarecimentos de situações de interesse pessoal.

RODRIGO BORDALO

O art. 84, *caput*, parágrafo único, veicula a garantia insculpida na Constituição Federal, em seu art. 5º, incisos XXXIII e XXXIV, respectivamente.

Todos têm direito de receber dos órgãos públicos informações de interesse particular, bem como as de interesse coletivo ou geral, motivo pelo qual o ente público assume o correspondente dever de prestá-las. Trata-se de faceta do princípio da publicidade, que impõe, entre outros aspectos, o acesso a dados que repercutem na esfera jurídica do particular interessado ou que transbordem para uma esfera transindividual.

Há exceções, contudo. Considerando o caráter relativo da publicidade, o ordenamento constitucional prevê hipóteses de sigilo, que podem ser segregadas em duas searas: (i) o sigilo imprescindível à segurança do Estado e da sociedade (art. 5º, XXXIII, Constituição Federal); (ii) o segredo atinente à tutela da intimidade, da honra e da vida privada das pessoas (art. 5º, X e LX, Constituição Federal). Esse regramento da publicidade e das hipóteses de sigilo encontra disciplina normativa mais específica na Lei Federal nº 12.527/2011 (Lei de Acesso à Informação), a qual detém caráter de norma geral.

O parágrafo único do art. 84 assinala a gratuidade garantida a determinadas pretensões do particular junto ao Poder Público. A primeira diz respeito aos pedidos destinados à defesa de direitos ou contra ilegalidade ou abuso de poder. Trata-se do direito de petição. Já a segunda abarca as certidões requeridas junto ao Poder Público e que envolvem defesa de direitos ou esclarecimentos de situações de interesse pessoal.

O preceito da LOMSP, assim também o da Constituição Federal, fazem referência à gratuidade de "taxa", termo que merece interpretação ampla, haja vista sua razão teleológica, de modo a contemplar, para além da taxa *stricto sensu*, a categoria dos preços públicos.

O direito de petição, de ampla consagração, traduz direito público subjetivo de feição eminentemente democrática. Nesse sentido, a PGM reputou inconstitucional a cobrança para a impugnação de edital de licitação.[371]

No que tange à gratuidade das certidões, o STF reconheceu que "não é irrestrita, nem se mostra absoluta, pois está condicionada à demonstração, pelo interessado, de que a certidão é solicitada para a defesa de direitos ou o esclarecimento de situações de interesse pessoal" (ADI nº 2.259, Pleno, Rel. Min. Dias Toffoli, DJe 25.03.2020).

Informação bibliográfica deste texto, conforme a NBR 6023:2018 da Associação Brasileira de Normas Técnicas (ABNT):

BORDALO, Rodrigo. Comentários ao art. 84. *In*: BATISTELA, Marcos; BARBOSA, Maria Nazaré Lins; MARTINS, Ricardo Marcondes (coord.). *Comentários à Lei Orgânica do Município de São Paulo*: atualizada até a Emenda nº 42/2022. Belo Horizonte: Fórum, 2023. p. 225-226. ISBN 978-65-5518-497-6.

---

[371] Cf. parecer ementado sob o nº 12.287 (Informação nº 769/2021-PGM.CGC): "Impugnação de edital de licitação. Exercício de direito de petição (art. 5º, XXXIV, "a", da Constituição da República). Vedação constitucional à cobrança de taxas, que deve ser compreendida de modo abrangente. Impossibilidade de cobrança de preço público. Precedentes. Aplicabilidade imediata da norma constitucional. Ajuste nas regulamentação pertinente".

Art. 85 A publicidade das atividades, programas, obras, serviços e campanhas da administração pública direta, indireta, fundacional e órgão controlado pelo Poder Municipal, independente da fonte financiadora, deverá ter caráter educativo, informativo ou de orientação social, dela não podendo constar nomes, símbolos ou imagens que caracterizem propaganda partidária, promoção pessoal de autoridade ou servidores públicos.

RODRIGO BORDALO

O art. 85 da LOMSP replica o art. 37, §1º, da Constituição Federal, que assim dispõe: "A publicidade dos atos, programas, obras, serviços e campanhas dos órgãos públicos deverá ter caráter educativo, informativo ou de orientação social, dela não podendo constar nomes, símbolos ou imagens que caracterizem promoção pessoal de autoridades ou servidores públicos". Esses preceitos representam um desdobramento do princípio da impessoalidade, porquanto vedam qualquer tipo de identificação entre a publicidade oficial e os agentes públicos.

Observe-se que a Lei Orgânica é mais minudente do que a Carta da República, pois abrange expressamente, no bojo da publicidade oficial, a vedação da "propaganda partidária". Não se trata, contudo, de uma extensão indevida do mandamento constitucional, mas de um adequado enquadramento de seu alcance. É nesse sentido que o STF já decidiu: "A possibilidade de vinculação do conteúdo da divulgação com o partido político a que pertença o titular do cargo público mancha o princípio da impessoalidade e desnatura o caráter educativo, informativo ou de orientação que constam do comando posto pelo constituinte dos oitenta" (RE nº 191.668/RS, Rel. Min. Menezes Direito, DJe 30.05.2008).

Informação bibliográfica deste texto, conforme a NBR 6023:2018 da Associação Brasileira de Normas Técnicas (ABNT):

BORDALO, Rodrigo. Comentários ao art. 85. *In*: BATISTELA, Marcos; BARBOSA, Maria Nazaré Lins; MARTINS, Ricardo Marcondes (coord.). *Comentários à Lei Orgânica do Município de São Paulo*: atualizada até a Emenda nº 42/2022. Belo Horizonte: Fórum, 2023. p. 227. ISBN 978-65-5518-497-6.

Art. 86 A criação, transformação, fusão, cisão, incorporação, privatização ou extinção das sociedades de economia mista, das empresas públicas, e, no que couber, das autarquias e fundações, bem como a alienação das ações das empresas nas quais o Município tenha participação depende de prévia aprovação, por maioria absoluta, da Câmara Municipal.

Parágrafo único – Depende de autorização legislativa, em cada caso, a criação de subsidiárias das entidades mencionadas neste artigo, assim como a participação de qualquer delas em empresas privadas.

RODRIGO BORDALO

O art. 86 da LOMSP dispõe sobre as entidades da Administração indireta. O *caput* abrange a instituição, a extinção, bem como os mecanismos de alteração estrutural desses entes (transformação, fusão, cisão, incorporação e privatização).[372] Todas essas operações estão condicionadas à prévia aprovação da Câmara Municipal, exigindo o *quorum* de maioria absoluta.

Tal preceito merece interpretação à luz do art. 37, XIX, da Constituição Federal. A criação de autarquia depende de lei específica, a qual detém a aptidão, *per se*, de instituir a entidade. Já a criação de empresa pública e sociedade de economia mista está condicionada à lei, que apresenta função meramente autorizativa, sendo necessário o posterior registro de seus estatutos. Trata-se de lei ordinária, pois o texto constitucional faz referência à lei complementar, unicamente para fins de definição das áreas de atuação das fundações (conforme já decidiu o STF no âmbito da ADI nº 4.895, Pleno, Rel. Min. Cármen Lúcia, DJe 04.02.2021).

O parágrafo único do art. 86 da LOMSP reproduz a prescrição contida no inciso II do art. 37 da Constituição Federal. Assim, encontra-se condicionada à autorização legislativa, em cada caso, a criação de subsidiárias das empresas estatais, bem como a participação de qualquer delas em empresas privadas.

Consigne-se esse dispositivo constitucional já sofreu diversas análises pelo STF, de modo que os respetivos julgados merecem aplicação na instância municipal. Destaquem-se três.

Em primeiro lugar, entendeu dispensável de "autorização legislativa a criação de empresas públicas subsidiárias, desde que haja previsão para esse fim na própria lei que instituiu a empresa de economia mista matriz". De acordo com a Corte Suprema, a "Constituição Federal, ao referir-se à expressão autorização legislativa, em cada caso,

---

[372] Trata-se de operações relacionadas às empresas públicas e sociedades de economia mista, cuja estrutura empresarial as admite.

o faz relativamente a um conjunto de temas, dentro de um mesmo setor" (ADI nº 1649 MC, Pleno, Rel. Min. Maurício Corrêa, DJ 08.09.2000).

Em segundo lugar, "para a desestatização de empresa estatal é suficiente a autorização prevista em lei que veicule programa de desestatização". Nesse sentido, a "autorização legislativa genérica é pautada em princípios e objetivos que devem ser observados nas diversas fases deliberativas do processo de desestatização" (ADI nº 6.241, Pleno, Rel. Min. Cármen Lúcia, DJe 22.03.2021).

Por fim, em terceiro lugar, firmou-se o entendimento de que, enquanto "a alienação do controle acionário de empresas públicas e sociedades de economia mista exige autorização legislativa e licitação pública", a transferência do controle de subsidiárias e controladas "não exige a anuência do Poder Legislativo e poderá ser operacionalizada sem processo de licitação pública, desde que garantida a competitividade entre os potenciais interessados e observados os princípios da administração pública constantes do art. 37 da Constituição da República" (ADI nº 5.624 MC REF, Pleno, Rel. Min. Ricardo Lewandowski, DJe 29.11.2019).

Informação bibliográfica deste texto, conforme a NBR 6023:2018 da Associação Brasileira de Normas Técnicas (ABNT):

BORDALO, Rodrigo. Comentários ao art. 86. *In*: BATISTELA, Marcos; BARBOSA, Maria Nazaré Lins; MARTINS, Ricardo Marcondes (coord.). *Comentários à Lei Orgânica do Município de São Paulo*: atualizada até a Emenda nº 42/2022. Belo Horizonte: Fórum, 2023. p. 228-229. ISBN 978-65-5518-497-6.

Art. 87 A Procuradoria-Geral do Município tem caráter permanente, competindo-lhe as atividades de consultoria e assessoramento jurídico do Poder Executivo, e, privativamente, a representação judicial do Município a inscrição e a cobrança judicial e extrajudicial da dívida ativa e o processamento dos procedimentos relativos ao patrimônio imóvel do Município, sem prejuízo de outras atribuições compatíveis com a natureza de suas funções.

Parágrafo único – Lei de organização da Procuradoria Geral do Município disciplinará sua competência, dos órgãos que a compõem e, em especial, do órgão colegiado de Procuradores e definirá os requisitos e a forma de designação do Procurador-Geral.

MARCOS BATISTELA

A Constituição de 1988 determinou a separação institucional das funções do Ministério Público e da Advocacia Pública no âmbito da União, encerrando a concentração do exercício de ambas pelos procuradores da República. A representação judicial e extrajudicial da União, bem como as atividades de consultoria e assessoramento jurídico do seu Poder Executivo, foram atribuídas a uma nova instituição, denominada Advocacia-Geral da União. Da mesma forma, a Constituição de 1988 atribuiu aos procuradores dos Estados e do Distrito Federal a representação judicial e a consultoria jurídica das respectivas unidades federadas. A denominação dessa parte da Constituição (arts. 131 e 132) foi alterada para "da Advocacia Pública" pela Emenda Constitucional nº 19/1998. O texto da Constituição não menciona os procuradores dos Municípios, tendo a doutrina, o Estatuto da Ordem dos Advogados e o STF assentado o entendimento de que integram a categoria da Advocacia Pública (RE nº 663.696, Tema 510 da Repercussão Geral).[373]

A Advocacia Pública, enquanto instituição constitucional incumbida da representação judicial e extrajudicial, da consultoria e assessoramento jurídico dos entes públicos, bem como da cobrança da dívida ativa, está classificada entre as funções essenciais à Justiça (Advocacia, Advocacia Pública, Defensoria Pública e Ministério Público), que recebem tratamento individualizado no título dedicado à organização dos Poderes da República (mas fora dos capítulos específicos referentes aos Poderes Legislativo, Executivo e Judiciário).

Os arts. 131 e 132 da Constituição, que constituem a seção referente à Advocacia Pública, não apresentam redação uniforme: o art. 131 atribui o exercício da Advocacia

---

[373] BRASIL. STF. Recurso Extraordinário nº 663.696/MG. Controvérsia de índole constitucional sobre o teto aplicável aos Procuradores do Município. Recurso extraordinário provido. Recorrente: Associação dos Procuradores Municipais de Belo Horizonte (APROMBH). Recorrido: Município de Belo Horizonte. Rel. Min. Luiz Fux, 28.02.2019. DJe 22.08.2019 – ata nº 116/2019. DJe nº 183, divulgado em 21.08.2019.

Pública a um órgão – Advocacia-Geral da União; todavia, o art. 132 reserva aos procuradores dos Estados e do Distrito Federal – agentes públicos – a exclusividade desse exercício. A Constituição do Estado de São Paulo dispõe em seu art. 98 que a Procuradoria-Geral do Estado é uma instituição de natureza permanente, responsável pela Advocacia do Estado, reproduzindo também o teor do texto federal em relação a seus procuradores. A jurisprudência do TJSP entendia que as disposições da Constituição do Estado referentes à Procuradoria-Geral do Estado constituíam normas de reprodução obrigatória para os municípios paulistas, mas a jurisprudência do STF tem se orientado no sentido de que o teor dos arts. 131 e 132 não são normas de reprodução obrigatória pelos municípios (*v. g.*, ARE nº 1.292.739[374] e RE nº 1.188.648).[375]

    A Lei Orgânica de São Paulo, seguindo o exemplo da Constituição do Estado, dispõe que a PGM de São Paulo é instituição de caráter permanente, característica que afasta possibilidade de deliberação sobre sua existência e limita a conformação da sua organização aos termos definidos pelo art. 87. A permanência atribuída à PGM é da mesma natureza e extensão daquela prevista pela Constituição para as outras instituições incumbidas do exercício das funções essenciais à Justiça, que atuam diretamente para a preservação dos direitos fundamentais e do Estado de Direito e não podem ser dissolvidas ou suprimidas sem violação da ordem constitucional. Com efeito, o que é essencial ao Estado de Direito não pode ser dispensado pelo legislador ou pelo poder constituinte derivado. A permanência institucional da PGM foi conferida pela Lei Orgânica, mas sua existência precede a promulgação da Constituição e da Lei Orgânica, tendo sido criada pela Lei nº 10.182/1986, a partir de unidades administrativas que até então exerciam as atividades de representação judicial, inscrição e cobrança judicial e extrajudicial da dívida ativa, processamento do patrimônio imobiliário do Município, processos disciplinares e atividades de consultoria e assessoramento jurídico do Poder Executivo, além de outras atribuições.

    O art. 87 da Lei Orgânica de São Paulo não seguiu integralmente o delineamento do art. 131 nem o do art. 132 da Constituição Federal, mas recolheu elementos das duas vertentes, atribuindo à PGM as atividades de consultoria e assessoramento jurídico do Poder Executivo e a representação judicial do Município, reservando-lhe também a inscrição e a cobrança judicial e extrajudicial da dívida ativa e o processamento dos procedimentos relativos ao patrimônio imóvel do Município como atividade privativa, sem prejuízo de outras atribuições legais compatíveis com a natureza de suas funções. A Lei Orgânica seguiu a tradição administrativa municipal e a inspiração da Constituição do Estado, silenciando, no entanto, sobre duas funções institucionais consolidadas da PGM: o processamento dos procedimentos disciplinares e a representação da Fazenda Municipal junto ao TCM.

---

[374] BRASIL. STF. Agravo Regimental em Recurso Extraordinário nº 1.292.739/SP. Cargo em comissão para chefia. Atribuições típicas de membros da carreira. Vinculação à Secretaria Municipal de Negócios Jurídicos. Autonomia municipal Recurso improvido. Agravante: Procurador-Geral de Justiça do Estado de São Paulo. Agravados: Roberto António Japim de Andrade e Câmara Municipal de Campo Limpo Paulista. Rel. Min. Edson Fachin, 24.05.2021. DJe 02.07.2021 – ata nº 115/2021. DJe nº 131, divulgado em 01.07.2021.

[375] BRASIL. STF. Recurso Extraordinário nº 1.188.648/SP. A Constituição Federal não impõe criação de órgão de Advocacia Pública Municipal. Negado seguimento ao recurso. Recorrente: Procurador-Geral de Justiça do Estado de São Paulo. Recorridos: Prefeito do Município de Barueri e Presidente da Câmara Municipal de Barueri. Rel. Min. Alexandre de Moraes, 04.04.2019. DJe nº 131, divulgado em 08.04.2021.

O exercício das atividades de consultoria e assessoramento jurídico pela PGM estão limitadas expressamente ao âmbito do Poder Executivo (seguindo os modelos da União e do Estado), não alcançando essas atividades na Câmara Municipal e no TCM. Essas atribuições não foram listadas entre as competências privativas da PGM, refletindo as hesitações políticas que existiam a esse respeito. A evolução da compreensão da matéria, no entanto, tanto no âmbito da União (Orientação Normativa nº 28/2009 da AGU) quanto dos Estados (ADI nº 4.261),[376] levou à consolidação do entendimento sobre a inconstitucionalidade de o assessoramento jurídico do Poder Executivo ser exercido por titular de cargo em comissão. O tema evoluiu paralelamente na PGM de São Paulo, firmando-se o entendimento de que o assessoramento e a consultoria jurídica devem ser realizados pela Advocacia Pública Municipal (processo 2011-0.183.148-7). O entendimento, agora uniforme nas três esferas federativas, é coerente com a decisão do STF segundo a qual a criação de cargos em comissão não se presta ao desempenho de atividades técnicas, como é o caso das Procuradorias (RE nº 1.041.210, Tema nº 1.010 da Repercussão Geral).[377]

Em relação ao Poder Legislativo, as atividades de representação judicial da PGM comportam uma limitação não escrita (na Lei Orgânica) consistente na capacidade que têm a Câmara Municipal e o TCM de comparecer em juízo para defesa de suas prerrogativas e independência institucional, sem depender de um órgão do Poder Executivo. São os casos em que a doutrina e a jurisprudência lhes reconhecem capacidade ou personalidade judiciária, cujo exercício é necessário à independência do Poder Legislativo.

A Lei nº 14.259/2007 estruturou a Procuradoria da Câmara Municipal de São Paulo mediante a reorganização dos cargos públicos que já desempenhavam atribuições típicas da Advocacia Pública. Além de outras competências administrativas, essa lei incumbiu a Procuradoria da Câmara Municipal da defesa dos interesses e prerrogativas institucionais do Poder Legislativo, em juízo e fora dele, ressalvada a competência da PGM para patrocinar, judicial e extrajudicialmente, os direitos e interesses da Fazenda Municipal, demarcando as esferas de atuação desses ramos da Advocacia Pública do Município de São Paulo para precisar que as ações de natureza patrimonial, mesmo que referentes a atos da Câmara Municipal e do TCM, são de competência da PGM.

O parágrafo único do art. 87 determina que uma lei de organização deve dispor sobre a competência da PGM, dos órgãos que a compõem e, em especial, do órgão colegiado de Procuradores, bem como definir os requisitos e a forma de designação do Procurador-Geral. Essa lei ainda não foi aprovada e permanece em vigor a mencionada Lei nº 10.182/1986. Atualmente, a lei dispõe que o Procurador-Geral do Município e o Procurador-Geral Adjunto devem ser providos entre procuradores efetivos das

---

[376] BRASIL. STF. Ação Direta de Inconstitucionalidade nº 4.261/RO. Criação de cargos em comissão de assessoramento jurídico no âmbito da Administração Direta. Procedência. Requerente: Associação Nacional dos Procuradores do Estado (ANAPE). Requeridos: Governador do Estado de Rondônia e Assembleia Legislativa do Estado de Rondônia. Rel. Min. Ayres Britto, 02.08.2010. DJe 20.08.2010 – ata nº 24/2010. DJe nº 154, divulgado em 19.08.2010.

[377] BRASIL. STF. Recurso Extraordinário nº 1.041.210/SP. Requisitos estabelecidos pela Constituição Federal para criação de cargos de livre nomeação e exoneração. Recurso improvido. Recorrente: Sebastião Alves de Almeida. Recorrido: Ministério Público do Estado de São Paulo. Relator: Min. Dias Toffoli, 27.09.2018. DJe 22.05.2019 – ata nº 18/2019. DJe nº 107, divulgado em 21.05.2019.

duas últimas referências da carreira (redação da Lei nº 17.727/2021), mantendo a tradição da PGM como órgão técnico-jurídico chefiado por um Procurador do Município, que permanece desde sua criação. Nesse ponto, é interessante observar que a Lei Orgânica menciona a definição em lei específica de requisitos e forma de designação do Procurador-Geral do Município, sem menção ao provimento de cargo por nomeação livre, como ocorre, por exemplo, com os secretários e subprefeitos (art. 76). A Lei Orgânica, seguindo a Constituição, exige a aprovação em concurso público para investidura em cargo ou emprego público, ressalvando apenas "as nomeações para cargo em comissão declarado em lei de livre nomeação e exoneração" (art. 83, VII); "nomeação" e "designação" são expressões que aparecem juntas apenas quando são mencionados cargo, função de chefia ou assessoramento na área de saúde, em qualquer nível (art. 214, §4º). Essas particularidades de redação autorizam meditar se existe uma vinculação pela Lei Orgânica da chefia da PGM aos integrantes da carreira de Procurador do Município. É fato que essa vinculação não é explícita, como na Constituição do Estado, que determina que o Procurador-Geral será nomeado em comissão entre os procuradores que integram a carreira. É fato igualmente que não existe a previsão de livre-nomeação e exoneração, como para os outros cargos da Administração Superior do Município. Além disso, deve também ser considerado que, no Município de São Paulo, "designação" é a expressão legal tradicional e atual para o provimento de função de confiança e esta era, e sempre foi, desde a criação da PGM, a natureza da chefia (Procurador-Geral) da PGM de São Paulo. Finalmente, a Lei Orgânica menciona a necessidade de definição legal de requisitos e, notadamente, da forma de designação do Procurador-Geral, o que afasta definitivamente a designação prevista do conceito de livre-provimento e exoneração. A melhor inteligência do texto do parágrafo único do art. 87, portanto, parece ser a de que existe uma determinação legal orgânica de designação do Procurador-Geral entre os Procuradores do Município, ficando a estipulação de requisitos adicionais (como limitação às referências finais da carreira) e a forma (como a agora abolida apresentação de lista tríplice pelo Secretário de Negócios Jurídicos, prevista no art. 5º do Decreto nº 27.321/1988) dessa escolha diferidas para a lei ordinária.

  A disposição do parágrafo único do art. 87 institui uma reserva de lei específica (lei de organização ou lei orgânica) em relação à PGM. Essa previsão tem sido de difícil implementação em face da generalização do uso de decretos autônomos na Administração Municipal, o que não ocorre sem questionamentos (por ex., a ADI nº 2117355-07.2017.8.26.0000).[378] Em especial, merece reflexão a utilidade e o prejuízo que causa à boa Administração Pública a falta de adequada implementação do órgão colegiado de procuradores, cuja existência consta da Lei Orgânica. A previsão de um órgão colegiado superior é decorrência natural do reconhecimento da PGM como órgão permanente do Município incumbido do exercício de função essencial à justiça, da prestação de serviço público que não pode ter solução de continuidade e que deve ser, portanto, resguardado de interferências temporárias inconsistentes com seus fins

---

[378] SÃO PAULO (Estado). Tribunal de Justiça do Estado de São Paulo. Ação Direta de Inconstitucionalidade nº 2117355-07.2017.8.26.0000. Decretos nº 57.576/17, 57.263/16, 57.785/17 e 57.824/17. Procedência parcial. Requerente: Procurador-Geral de Justiça do Estado de São Paulo. Requerido: Prefeito do Município de São Paulo. Rel. Des. Sérgio Rui, 16.05.2018. DJe 29.05.2019.

institucionais. Atualmente, sem que tenha sido aprovada a lei de organização prevista em 1990, o Conselho da PGM, regulado pelo art. 6º da Lei nº 10.182/1986, tem sua condição de órgão superior da Administração da PGM esvaziada pela interpretação restritiva de suas atribuições legais e pela predominância de membros titulares de funções de confiança da Administração em sua composição.

Informação bibliográfica deste texto, conforme a NBR 6023:2018 da Associação Brasileira de Normas Técnicas (ABNT):

BATISTELA, Marcos. Comentários ao art. 87. In: BATISTELA, Marcos; BARBOSA, Maria Nazaré Lins; MARTINS, Ricardo Marcondes (coord.). *Comentários à Lei Orgânica do Município de São Paulo*: atualizada até a Emenda nº 42/2022. Belo Horizonte: Fórum, 2023. p. 230-234. ISBN 978-65-5518-497-6.

Art. 88 O Município manterá sua Guarda Municipal, a qual se denomina Guarda Civil Metropolitana, destinada à proteção da população da cidade, dos bens, serviços e instalações municipais, e para a fiscalização de posturas municipais e do meio ambiente.

§1º – Os integrantes da Guarda Civil Metropolitana serão aposentados, voluntariamente, nos termos do art. 40, §4º, inciso II, da Constituição Federal, sem limite de idade, com proventos correspondentes à integralidade da remuneração do cargo em que se der a aposentadoria, desde que comprovem:

I – 25 (vinte e cinco) anos de contribuição, contando com, no mínimo, 15 (quinze) anos de efetivo exercício em cargo da carreira da Guarda Civil Metropolitana, se mulher;

II – 30 (trinta) anos de contribuição, contando com, no mínimo, 20 (vinte) anos de efetivo exercício em cargo da carreira da Guarda Civil Metropolitana, se homem.

§2º – A Guarda Civil Metropolitana poderá exercer dentro de suas funções a segurança e proteção nas escolas públicas municipais, no âmbito da cidade de São Paulo. (Dispositivo com a redação dada pelas Emendas nº 36/2013 e 39/2015) (Ação Direta de Inconstitucionalidade nº 2260166- 24.2016.8.26.0000 declarou a inconstitucionalidade da Emenda nº 39/2015, que alterou o §1º).

OTAVIO HENRIQUE SIMÃO E CUCINELLI

A Constituição da República Federativa do Brasil de 1988 fundou um Estado Democrático de Direito, voltado à garantia da liberdade, da segurança e do bem-estar, entre outros direitos, sendo certo que, para concretizá-los, o art. 144, *caput*, da nossa Lei Fundamental previu que "a segurança pública, dever do Estado, direito e responsabilidade de todos, é exercida para a preservação da ordem pública e da incolumidade das pessoas e do patrimônio, através dos seguintes órgãos: polícia federal, rodoviária federal, ferroviária federal, polícias civis, militares e corpos de bombeiros militares", além das polícias penais federal, estadual e distrital.

Malgrado o rol expresso de carreiras constitucionalmente catalogadas como órgãos policiais, vocacionados para o combate da criminalidade, também houve a previsão constitucional de que, facultativamente, "os Municípios poderão constituir guardas municipais destinadas à proteção de seus bens, serviços e instalações, conforme dispuser a lei", nos termos do art. 144, §8º, da Constituição Federal. Ora, tratando-se de norma de evidente eficácia limitada, insta consignar que o mencionado dispositivo constitucional já fora regulamentado pela Lei Municipal nº 10.115/1986, instituidora da Guarda Civil Metropolitana, com Regulamento Disciplinar dado pela Lei Municipal nº 13.530/2003, a par de seu Quadro Técnico de Profissionais e respectivo Plano de Carreira dispostos na Lei Municipal nº 16.239/2015, sem prejuízo da atual regulamentação infralegal do Decreto Municipal nº 58.199/2018.

De mais a mais, houve a promulgação da Lei Federal nº 13.022/2014, regulamentadora do art. 144, §8º, da Constituição Federal, que tratou do Estatuto Geral das Guardas Municipais, destinado a veicular normas gerais de padronização mínima para as diversas Guardas Municipais de todos os Municípios brasileiros que criarem o referido órgão dentro de sua respectiva Urbe (art. 1º), além de incumbir "às guardas municipais, instituições de caráter civil, uniformizadas e armadas conforme previsto em lei, a função de proteção municipal preventiva, ressalvadas as competências da União, dos Estados e do Distrito Federal" (art. 2º).

O citado no art. 2º da Lei Federal nº 13.022/2014 conceituou as Guardas Municipais como instituições de caráter civil, uniformizadas e armadas. Mais recentemente, a Lei Federal nº 13.675/2018, que criou a Política Nacional de Segurança Pública e Defesa Social (PNSPDS) e instituiu o Sistema Único de Segurança Pública (SUSP), disciplinando a organização e o funcionamento dos órgãos de segurança pública, até previu expressamente as Guardas Municipais como órgãos integrantes e operacionais do SUSP (art. 9º, §1º, VII, da Lei Federal nº 13.675/2018), sendo certo, porém, que todos os órgãos integrantes do SUSP deverão atuar nos exatos limites de suas competências, de maneira cooperativa, sistêmica e harmônica.

Assim, pode-se concluir que as Guardas Municipais atuam em colaboração com os órgãos policiais, sem constituírem um deles, estando bem reservadas as atribuições de cada qual (por exemplo, ilicitude de provas colhidas em atuação investigativa conduzida pela Guarda Civil Metropolitana, conforme Recurso Especial nº 1.854.065-SP),[379] sendo induvidoso que as leis federais mencionadas também serviram para ratificar práticas municipais legítimas das localidades onde a respectiva Guarda Municipal já fora instituída e já vinha sendo utilizada no policiamento ostensivo e preventivo (como no Município de São Paulo), à luz do quanto trazido pela Lei Federal nº 13.022/2014, em especial, pelos princípios mínimos de atuação das Guardas Municipais (art. 3º), bem como suas competências geral (art. 4º) e específicas (art. 5º).

A despeito de, até hoje, as Guardas Municipais constituírem uma carreira *extraneus* das forças policiais, por não terem sido expressamente incluídas no rol de órgãos diretamente responsáveis pela Segurança Pública (ainda que aproximadas delas), os presentes comentários ao art. 88 da LOMSP estarão voltados à análise limitada de algumas das atribuições, direitos e competências da Guarda Civil Metropolitana do Município de São Paulo, dentro do quanto especificado no art. 88 da LOMSP.

As atribuições constitucionalmente previstas para as Guardas Municipais no art. 144, §8º, da Constituição Federal, quais sejam, proteção dos bens, serviços e

---

[379] "Recurso Especial. Tráfico de drogas. prisão em flagrante. Guarda Municipal. Denúncia anônima. Investigação. Não cabimento. Recurso improvido. 1. Inexiste óbice à prisão em situação de flagrância, efetivada por guardas municipais ou qualquer outra pessoa, não havendo falar, em tais casos, em ilicitude das provas daí decorrentes. 2. *Na hipótese, entretanto, após denúncia anônima, guardas municipais abordaram o réu e, com ele não encontrando entorpecentes, seguiram até terreno localizado nas proximidades, onde foram apreendidos, além de maconha, 10 reais, um filme plástico utilizado para embalar a droga e documento relativo à execução criminal do réu. 3. Desempenhada atividade de investigação, deflagrada mediante denúncia anônima, que desborda da situação de flagrância, deve ser mantido o reconhecimento da invalidade das provas dela decorrentes.* 4. Recurso especial improvido" (grifos nossos) (STJ, REsp nº 1.854.065/SP, rel. Min. Néfi Cordeiro, 6ª Turma, j. 02.06.2020, DJe 08.06.2020).

instalações do Município, encerram um rol meramente exemplificativo, a ponto de a Lei Federal nº 13.022/2014 poder contemplar, legitimamente, uma tanta série de competências de índole geral (art. 4º) e também específicas (art. 5º), a par de outras atribuições também emprestadas às Guardas Municipais, por meio das respectivas legislações municipais, entre as quais o art. 88, *caput*, da LOMSP, que previu expressamente que a Guarda Civil Metropolitana, no âmbito do Município de São Paulo, será destinada à proteção da população da cidade, dos bens, serviços e instalações municipais, bem como para a fiscalização de posturas municipais e do meio ambiente, afora outras especificamente tratadas nos diplomas normativos municipais paulistanos próprios, sendo vedado, contudo, adentrar em atribuições exclusivas dos órgãos policiais.

Entre a série de atribuições de índole preventiva do art. 5º da Lei Federal nº 13.022/2014, por parte das Guardas Municipais, calcadas no exercício do poder de polícia (art. 78 do Código Tributário Nacional [CTN], Lei Federal nº 5.172/1966), é importante destacar a confirmação de sua constitucionalidade, por parte do STF, por ocasião do julgamento do Recurso Extraordinário nº 658.570/MG, com atribuição de repercussão geral, tendo o Ministro Luís Roberto Barroso como Relator para Acórdão, com fixação da tese da legitimidade de atuação das Guardas Municipais na fiscalização do trânsito local e demais corolários sancionadores, notadamente a lavratura de autos de infração de trânsito e a imposição das respectivas multas, tal qual fixado no Tema 472.[380]

Definida legalmente a natureza jurídica das Guardas Municipais como órgãos de caráter civil, uniformizados e armados, com função de proteção municipal meramente preventiva, a Corte Suprema firmou entendimento para não admitir a concessão de aposentadoria especial a seus membros, sob o argumento de que as eventuais situações de risco a que podem estar sujeitos os membros das Guardas Municipais não são suficientes para garantir-lhes um suposto direito constitucionalmente subjetivo à aposentadoria especial. Assim, não houve omissão inconstitucional por parte do Constituinte que deixou de contemplar, propositadamente, as Guardas Municipais com o direito previsto no art. 40, §4º, II, e §12, ambos da Constituição Federal, sendo que somente teria havido omissão inconstitucional caso a periculosidade fosse inequivocamente inerente ao ofício por elas desempenhado, conforme afirmado em uma série de Mandados de Injunção nº 833/DF, 6.770/DF, 6.773/DF, 6.780/DF e 6.908/DF, entre outros tantos julgados.

---

[380] "Direito administrativo. Recurso extraordinário. Poder de polícia. Imposição de multa de trânsito. Guarda Municipal. Constitucionalidade. 1. Poder de polícia não se confunde com segurança pública. O exercício do primeiro não é prerrogativa exclusiva das entidades policiais, a quem a Constituição outorgou, com exclusividade, no art. 144, apenas as funções de promoção da segurança pública. 2. A fiscalização do trânsito, com aplicação das sanções administrativas legalmente previstas, embora possa se dar ostensivamente, constitui mero exercício de poder de polícia, não havendo, portanto, óbice ao seu exercício por entidades não policiais. 3. O Código de Trânsito Brasileiro, observando os parâmetros constitucionais, estabeleceu a competência comum dos entes da federação para o exercício da fiscalização de trânsito. 4. Dentro de sua esfera de atuação, delimitada pelo CTB, os Municípios podem determinar que o poder de polícia que lhe compete seja exercido pela guarda municipal. 5. O art. 144, §8º, da CF, não impede que a guarda municipal exerça funções adicionais à de proteção dos bens, serviços e instalações do Município. Até mesmo instituições policiais podem cumular funções típicas de segurança pública com exercício de poder de polícia. Entendimento que não foi alterado pelo advento da EC nº 82/2014. 6. Desprovimento do recurso extraordinário e fixação, em repercussão geral, da seguinte tese: é constitucional a atribuição às guardas municipais do exercício de poder de polícia de trânsito, inclusive para imposição de sanções administrativas legalmente previstas"* (grifos nossos) (STF, RE nº 658.570/MG, rel. Min. Marco Aurélio, rel. Min. para Acórdão Luís Roberto Barroso, Tribunal Pleno, j. 06.08.2015, DJe 30.09.2015)

Particularmente na LOMSP, a tentativa de previsão de aposentadoria especial para os membros da Guarda Civil Metropolitana adveio com a redação dada ao art. 88, §1º, pela Emenda nº 36/2013, de iniciativa parlamentar, contra o que sobreveio declaração de sua inconstitucionalidade pelo TJSP, pelo julgamento unânime da Arguição de Inconstitucionalidade suscitada na Apelação do Mandado de Segurança nº 0027469-02.2015.8.26.0000.[381] Posteriormente, o art. 88, §1º, da LOMSP voltou a prever o mesmo direito previdenciário aos servidores da Guarda Civil Metropolitana, por ocasião da promulgação da Emenda nº 39/2015, mas, dessa vez, em projeto de iniciativa do Chefe do Poder Executivo, a qual também teve votação unânime da procedência do seu pedido na Ação Direta de Inconstitucionalidade nº 2260166-24.2016.8.26.0000,[382] por infringir o parâmetro do controle de constitucionalidade calcado nos dispositivos da Carta Magna acima citados nos Mandados de Injunção mencionados, bem como por desbordar, simultaneamente, do quanto previsto nos arts. 1º, 126 e 144, todos da Constituição do Estado de São Paulo.

Por fim, do rol de competências específicas das Guardas Municipais, o art. 5º, XVIII, da Lei Federal nº 13.022/2014 previu a possibilidade de "atuar mediante ações preventivas na segurança escolar, zelando pelo entorno e participando de ações educativas com o corpo discente e docente das unidades de ensino municipal, de forma a colaborar com a implantação da cultura de paz na comunidade local", atribuição consentânea com a redação do art. 88, §2º, da LOMSP, fruto da Emenda nº 36/2013, por meio do que restou legislado que "a Guarda Civil Metropolitana poderá exercer dentro de suas funções a segurança e proteção nas escolas públicas municipais, no âmbito da cidade de São Paulo".

Informação bibliográfica deste texto, conforme a NBR 6023:2018 da Associação Brasileira de Normas Técnicas (ABNT):

CUCINELLI, Otavio Henrique Simão e. Comentários ao art. 88. In: BATISTELA, Marcos; BARBOSA, Maria Nazaré Lins; MARTINS, Ricardo Marcondes (coord.). *Comentários à Lei Orgânica do Município de São Paulo*: atualizada até a Emenda nº 42/2022. Belo Horizonte: Fórum, 2023. p. 235-238. ISBN 978-65-5518-497-6.

---

[381] "Ementa: arguição de inconstitucionalidade emenda nº 36/2013, de iniciativa parlamentar, que deu nova redação ao artigo 88, da LOMSP Guarda Municipal aposentadoria diferenciada de seus integrantes impossibilidade vício de iniciativa invasão da competência exclusiva do Chefe do Poder Executivo vício formal reconhecido afronta aos artigos 5º; 24, §2º, 4; 126, §4º, e 144, todos da constituição estadual precedentes. arguição acolhida" (TJSP, Relator Desembargador Neves Amorim, Órgão Especial, j. 12.08.2015, DJe 26.08.2015).

[382] "Ação Direta de Inconstitucionalidade – Intervenção de terceiro: *amicus curiae* – Admissibilidade, desde que requerida antes de enviados os autos à Mesa, pelo Relator para o julgamento da causa – Intervenção, no caso, manifestada a destempo pelo SINDSEP – Indeferimento. Ação Direta de Inconstitucionalidade – Emenda nº 39/2015 à LOMSP – Dispositivo que trata da concessão de aposentadoria especial a servidor integrante da Guarda Civil Municipal – Matéria Previdenciária – Aposentadoria especial de servidor público que deve ser regulada em norma de caráter nacional (lei complementar federal), de competência privativa da União e concorrente dos Estados e Distrito Federal (suplementar ou plena, na falta de lei federal), não aos Municípios (arts. 24, XII, e 40, §2º da CF, este último reproduzido pelo art. 126, §4º, da Constituição Estadual, todos aplicáveis aos Municípios por força do art. 144 da Constituição Estadual) – Jurisprudência do C. STF e desta Corte – Inconstitucionalidade reconhecida. Ação julgada procedente" (TJSP, Relator Desembargador João Saletti, Órgão Especial, j. 13.12.2017, DJe 24.01.2018).

Capítulo II
Dos Servidores Municipais

Art. 89 É função do Município prestar um serviço público eficiente e eficaz, com servidores justamente remunerados e profissionalmente valorizados.

§1º – Para fins de preservação da probidade pública e moralidade administrativa, é vedada a nomeação ou admissão de pessoas que incidam nas hipóteses de inelegibilidade, previstas na legislação federal. (Acrescentado pela Emenda nº 35/2012.)

§2º – Os servidores ocupantes de cargos em comissão deverão comprovar, por ocasião da nomeação, que estão em condições de exercício do cargo, nos termos do §1º, bem como ratificar esta condição, anualmente, até 31 de janeiro.
(Acrescentado pela Emenda nº 35/2012)

CRISTIANO DE ARRUDA BARBIRATO

O capítulo da LOMSP destinado aos "Servidores Municipais" inicia com uma norma de caráter programático, fixando diretrizes que devem nortear a atuação do legislador ordinário e do Poder Executivo Municipal.

A norma programática, segundo José Afonso da Silva,[383] é aquela que "em vez de regular, direta e imediatamente, determinados interesses, limitou-se a traçar-lhes os princípios para serem cumpridos pelos seus órgãos (legislativos, executivos, jurisdicionais e administrativos), como programas das respectivas atividades, visando a realização dos fins sociais do Estado".

As normas programáticas fixam, pois, princípios, diretrizes e valores que deverão ser observados na produção das normas legais e regulamentares. Embora não gerem efeitos imediatos, têm eficácia vinculante e poderão ser invocadas para questionar leis ou atos infralegais que contrariem aqueles preceitos positivados.

Nessa perspectiva programática, a LOMSP preconiza que o Município deverá prestar um serviço eficiente e eficaz.

Enquanto a eficácia está ligada ao atingimento dos objetivos e resultados, ou seja, ao fim, a eficiência se relaciona ao método e processo para sua consecução, ou seja, ao meio.

Caracteriza-se como eficiente a ação pautada na utilização dos meios e processos mais econômicos e adequados para consecução do resultado esperado. Toda a ação, o processo é voltado buscando atingir o melhor resultado com o menor custo. Já a

---
[383] SILVA, José Afonso da. *Aplicabilidade das normas constitucionais*. 3. ed. São Paulo: Malheiros, 1999. p. 138.

eficácia exige do agente público a persecução do melhor resultado possível para o interesse público prevalente.

José dos Santos Carvalho Filho[384] discorre sobre a distinção entre eficiência em cotejo com os conceitos de eficácia e efetividade:

> A eficiência não se confunde com eficácia nem com a efetividade. A eficiência transmite sentido relacionado ao modo pelo qual se processa o desempenho da atividade administrativa; a ideia diz respeito, portanto, à conduta dos agentes. Por outro lado, eficácia tem relação com os meios e instrumentos empregados pelos agentes no exercício de seus misteres na administração; o sentido aqui é tipicamente instrumental. Finalmente, a efetividade é voltada para os resultados obtidos com as ações administrativas; sobreleva nesse aspecto a positividade dos objetivos.

Portanto, a diretriz preconizada pela LOMSP aos agentes públicos é que o serviço público municipal deve se processar com qualidade e agilidade para se alcançar a efetividade, consistente na consecução do bem comum.

Impende notar que o comando programático previsto no art. 89 da LOM positiva que, sem prejuízo de outros meios e processos eficazes, a eficiência do serviço público passa pela justa remuneração e valorização profissional dos servidores.

Mas o que seria uma justa remuneração?

Ora, diz-se que o trabalho dignifica o indivíduo, pois é o meio para se alcançar a satisfação das necessidades e conquistar os desejos humanos. Deveras, é com a contraprestação decorrente do trabalho que o indivíduo tem condições de atender suas necessidades mais básicas e prementes, mas também interesses não imediatos e voluptuários.

Sob o enfoque puramente pessoal, cada indivíduo tem – a par das necessidades básicas – desejos e demandas específicas, bem como uma apreciação particular da suficiência e, portanto, da justiça da retribuição mensal que lhe é paga em razão do trabalho desempenhado.

Entretanto, não é essa percepção subjetiva a que o comando ora em exame se refere. A remuneração justa erigida como diretriz para a persecução da eficácia e eficiência do serviço público é a compensação adequada, sob o ponto de vista objetivo, ao trabalho desempenhado, caracterizada pela sua adequação à natureza e às peculiaridades do cargo, bem como em cotejo com as remunerações dentro da mesma carreira, com posições equivalentes dentro da mesma pessoa jurídica ou em comparação com cargos equivalentes nos demais órgãos ou entes públicos.

O art. 39, §1º, da Constituição Federal traz características que devem ser observadas para a fixação da retribuição adequada pelo exercício do cargo público. Vejamos:

> "Art. 39. (...)
>
> §1º A fixação dos padrões de vencimento e dos demais componentes do sistema remuneratório observará:

---

[384] CARVALHO FILHO, José dos Santos. *Manual de Direito Administrativo*. Rio de Janeiro: Lumen Juris, 2009. p. 29.

I – a natureza, o grau de responsabilidade e a complexidade dos cargos componentes de cada carreira;

II – os requisitos para a investidura;

III – as peculiaridades dos cargos".

A avaliação dessas características de cada cargo e da equidade dentro da mesma carreira, bem como a comparação com cargos semelhantes na mesma pessoa jurídica ou em outros entes públicos, é que caracterizará a justa remuneração pelo exercício de um cargo público.

Malgrado a remuneração justa seja um dos pilares do reconhecimento pela execução do trabalho, houve a preocupação do legislador local na menção à valorização profissional como uma das bases para se alcançar a eficiência e eficácia do serviço público, perspectiva esta que continua a ser abordada no art. 90 desta Lei Orgânica.

Portanto, o legislador ordinário e os demais agentes públicos deverão se atentar às diretrizes definidas pelo art. 89 da LOMSP para nortear a elaboração das leis, regulamentos e tomada de decisões.

Os parágrafos do art. 89 foram inseridos pela Emenda nº 35/2012, que trouxe alterações à LOMSP, visando proteger a moralidade e a probidade na Administração Pública Municipal, no âmbito do Município de São Paulo.

O §1º veda o acesso aos quadros de pessoal do Município de pessoa que incida nas hipóteses de inelegibilidade, previstas na legislação federal.

As hipóteses gerais de inelegibilidade encontram-se elencadas no art. 1º, I, da Lei Complementar nº 64/1990. A pessoa incursa em uma das hipóteses previstas nas alíneas do inciso I do art. 1º da Lei Complementar nº 64/1990 não poderá ingressar em cargo, emprego ou qualquer função pública municipal.

A par das hipóteses de inexigibilidade, no âmbito estatutário, outras situações podem obstar o acesso aos cargos e funções públicas em homenagem à moralidade e à dignidade do múnus público. Isso porque a Lei nº 8.989/1979, que dispõe sobre o estatuto dos funcionários públicos do Município de São Paulo, estabelece, em seu art. 11, V, que só poderá ser investido em cargo público quem tiver boa conduta, requisito a ser aferido mediante análise da vida pregressa do candidato, por intermédio da apresentação de documentos e providências definidas no edital de concurso.

Por fim, o §2º do art. 89 dispõe que, além da demonstração de não incursão nas hipóteses de inelegibilidade por ocasião da investidura, aqueles que estiverem no exercício de cargo de provimento em comissão deverão comprovar a manutenção daquelas mesmas condições de elegibilidade, anualmente, até 31 de janeiro, sob pena de exoneração.

Informação bibliográfica deste texto, conforme a NBR 6023:2018 da Associação Brasileira de Normas Técnicas (ABNT):

BARBIRATO, Cristiano de Arruda. Comentários ao art. 89. *In*: BATISTELA, Marcos; BARBOSA, Maria Nazaré Lins; MARTINS, Ricardo Marcondes (coord.). *Comentários à Lei Orgânica do Município de São Paulo*: atualizada até a Emenda nº 42/2022. Belo Horizonte: Fórum, 2023. p. 239-241. ISBN 978-65-5518-497-6.

Art. 90 A administração pública municipal, na elaboração de sua política de recursos humanos, atenderá ao princípio da valorização do servidor público, investindo na sua capacitação, no seu aprimoramento e atualização profissional, preparando-o para seu melhor desempenho e sua evolução funcional.

CRISTIANO DE ARRUDA BARBIRATO

Como visto nos comentários ao art. 89 da LOMSP, a par da fixação de uma remuneração justa como contraprestação pelo desempenho do cargo público, a LOMSP também se preocupou com outras medidas de valorização do servidor público municipal, alçando-as como premissa para se alcançar a eficiência e a eficácia do serviço público.

Deveras, a manutenção de servidores motivados, comprometidos e empenhados, com reflexos positivos para a efetividade da prestação dos serviços públicos, passa pela implementação de medidas de valorização profissional, ou seja, de iniciativas e instrumentos que prestigiem, estimulem e reconheçam o trabalho realizado pelo servidor, contribuam com a melhoria da sua qualidade de vida e do ambiente de trabalho, bem como com seu desenvolvimento profissional.

Nessa perspectiva, a Lei Orgânica dispõe, de forma programática, que a administração pública municipal, na elaboração de sua política de recursos humanos, atenderá ao princípio da valorização do servidor público, investindo na sua capacitação, no seu aprimoramento e na atualização profissional, preparando-o para seu melhor desempenho e sua evolução funcional.

Nota-se que, entre as diversas medidas de valorização do servidor público, como prêmios, promoção à saúde, entre outras, a Lei Orgânica deu especial destaque à capacitação, ao aprimoramento e à atualização profissional, objetivando, na esfera pessoal do servidor, sua contínua evolução funcional e, via de consequência, em uma perspectiva geral, a eficiência do serviço público.

Portanto, na elaboração das políticas, leis, regulamentos e instrumentos de recursos humanos da Administração, os agentes públicos deverão atentar-se para iniciativas e instrumentos de valorização do servidor público, visando à eficiência e à eficácia do serviço público.

Informação bibliográfica deste texto, conforme a NBR 6023:2018 da Associação Brasileira de Normas Técnicas (ABNT):

BARBIRATO, Cristiano de Arruda. Comentários ao art. 90. *In*: BATISTELA, Marcos; BARBOSA, Maria Nazaré Lins; MARTINS, Ricardo Marcondes (coord.). *Comentários à Lei Orgânica do Município de São Paulo*: atualizada até a Emenda nº 42/2022. Belo Horizonte: Fórum, 2023. p. 242. ISBN 978-65-5518-497-6.

Art. 91 A lei fixará o limite máximo e a relação entre a maior e menor remuneração dos servidores públicos municipais, observado o disposto no art. 37, inciso XI, da Constituição da República.

CRISTIANO DE ARRUDA BARBIRATO

A LOMSP estabelece, em seu art. 91, que a lei fixará o limite máximo e a relação entre a maior e a menor remuneração dos servidores públicos municipais.

Um primeiro comando que se extrai da referida norma é que o limite máximo de remuneração e a relação entre a maior e a menor remuneração dos servidores públicos municipais devem ser fixados por lei.

Aliás, o princípio da reserva legal para instituição das vantagens de qualquer natureza para os servidores públicos, o que abrange, à evidência, a fixação dos limites e a relação entre as remunerações, decorre de outra regra constitucional, disposta no art. 37, X, *in verbis*:

Art. 37.
(...)
X – a remuneração dos servidores públicos e o subsídio de que trata o §4º do art. 39 somente poderão ser fixados ou alterados por lei específica.

Por limite máximo, entende-se o teto remuneratório que, no âmbito do município, como regra, é o subsídio do Prefeito, ressalvada a exceção contida na parte final do art. 37, XI, da Constituição Federal e parágrafo único do art. 151 da Constituição Estadual.

Nos termos da Lei Orgânica desta Comuna, o subsídio do Prefeito e, por consequência, o limite remuneratório máximo no âmbito deste Município será fixado em lei de iniciativa da Câmara Municipal. É o que dispõe o art. 14, VI, da LOM:

Art. 14. Compete privativamente à Câmara Municipal:
(...)
VI – fixar, por lei de sua iniciativa, para cada exercício financeiro, os subsídios do Prefeito, Vice-Prefeito e Secretários Municipais, limitados a 90,25% (noventa inteiros e vinte e cinco centésimos por cento) do subsídio mensal dos Ministros do STF, bem como, para viger na legislatura subsequente, o subsídio dos Vereadores, observada para estes a razão de no máximo 75% (setenta e cinco por cento) daquele estabelecido, em espécie, para os Deputados Estaduais, respeitadas as disposições dos arts. 37, incisos X e XI e §12, 39, §4º e 57, §7º, da Constituição Federal, assegurados, independentemente de lei específica, os direitos previstos nos incisos VIII e XVII do art. 7º da Constituição Federal, considerando-se mantido o subsídio vigente, na hipótese de não se proceder à respectiva fixação na época própria, atualizado o valor monetário conforme estabelecido em lei municipal específica;

Assim, a fixação do limite máximo e a relação entre a maior e menor remuneração dos servidores públicos municipais constitui matéria de reserva legal, exigindo lei em sentido estrito para fixação.

Outro aspecto a ser ponderado é quanto à natureza do comando que estabelece a relação entre a maior e a menor remuneração dos servidores públicos municipais.

Malgrado a sutil distinção com a redação contida no art.39, §5º, da Constituição Federal, temos, em uma interpretação histórico-sistemática, que o comando normativo local é meramente indicativo, estabelecendo uma faculdade ao legislador ordinário, mas não uma norma cogente de atuação.

Isso porque a previsão constitucional original, da qual a legislação local extraía sua eficácia, foi alterada posteriormente à edição da LOMSP, deixando expresso o caráter facultativo do comando.

Com efeito, assim dispunha a redação original do art. 37, XI, da Constituição Federal:

Art. 37.

(...)

XI – a lei fixará o limite máximo e a relação de valores entre a maior e a menor remuneração dos servidores públicos, observados, como limites máximos e no âmbito dos respectivos poderes, os valores percebidos como remuneração, em espécie, a qualquer título, por membros do Congresso Nacional, Ministros de Estado e Ministros do STF e seus correspondentes nos Estados, no Distrito Federal e nos Territórios, e, nos Municípios, os valores percebidos como remuneração, em espécie, pelo Prefeito;

A LOMSP, seguindo a diretriz constitucional à época vigente, reproduziu no art. 91 a parte inicial da redação original do art. 37, XI, da Constituição Federal.

Contudo, a Emenda Constitucional nº 19/1998 trouxe nova redação ao art. 37, XI, deslocando o tratamento da matéria para o §5º inserido no art. 39 da Constituição Federal, deixando expresso que o Município poderá estabelecer, por lei, a relação entre a maior e a menor remuneração dos servidores públicos. Vejamos:

Art. 39.

(...)

§5º Lei da União, dos Estados, do Distrito Federal e dos Municípios poderá estabelecer a relação entre a maior e a menor remuneração dos servidores públicos, obedecido, em qualquer caso, o disposto no art. 37, XI.

Assim, diante da nova ordem constitucional, o comando do art. 91 da LOMSP, na parte em que trata da relação de valores entre a maior e a menor remuneração dos servidores públicos, foi recepcionado como uma faculdade do legislador ordinário.

Quanto à extensão do suporte fático da correlação prevista no texto normativo em questão, convém destacar que, embora a razão deva ser estabelecida entre a maior e a menor "remuneração", tal expressão não pode ser recebida em seu sentido puramente técnico, sob pena de inviabilizar a possibilidade de efetivação do comando legal.

Isso porque a remuneração, na sua concepção técnica, abrange o vencimento, incluindo as vantagens incorporadas para todos os efeitos legais e as demais vantagens decorrentes do exercício do cargo (inclusive as vantagens não pecuniárias), conceito que obstaria, na prática, a implementação daquele dispositivo legal.

Portanto, a única interpretação que permitiria dar efetividade ao disposto naquele comando do art. 91 da LOMSP seria considerar apenas o vencimento básico do cargo para estabelecimento da razão entre a maior e a menor remuneração entre os servidores públicos municipais.

Esse, aliás, foi o entendimento traduzido na Lei Federal nº 8.448/1992, que, na sua redação original, regulamentava o disposto na redação também original do art. 37, XI, da Constituição Federal.

Essa era a inteligência do art. 3º, I, da Lei Federal nº 8.448/1992, posteriormente revogado pela Lei Federal nº 9.624/1998:

> Art. 3º A relação de valores entre a maior e a menor remuneração dos servidores públicos referidos no artigo anterior é fixada da forma seguinte:
>
> I – o valor do maior vencimento básico ou soldo não poderá ser superior a vinte vezes o menor vencimento básico ou soldo;

Outro aspecto a considerar é em relação à abrangência do comando normativo.

Deveras, em uma análise ampla da regra preconizada na norma em exame, tem-se que o permissivo constitucional reproduzido na LOMSP permite que a lei local estabeleça a relação entre a maior e a menor remuneração entre os servidores públicos municipais, considerados todos os cargos e carreiras.

Contudo, nessa perspectiva mais ampla o comando legal careceria de efetividade, pois, considerando que a regra será fixada em lei ordinária local, bastaria a aprovação de lei posterior estabelecendo remuneração de cargo que extrapole a razão estabelecida entre a maior e a menor remuneração para afastar, na espécie, a regra erigida.

Inexistindo hierarquia entre a lei que institui a relação entre a menor e a maior remuneração e a lei subsequente que fixou a remuneração do cargo, não há como se caracterizar ilegal a nova lei.

Nesse contexto, parece-nos que apenas uma perspectiva mais restrita, considerando a relação entre a maior e a menor remuneração dentro de uma mesma carreira, é que garantiria certa efetividade para o comando em exame.

Com efeito, nessa perspectiva restrita à carreira, a norma contida no §5º do art. 39 da Constituição Federal e o art. 91 da LOMSP permitiria a fixação de escalonamento percentual entre as categorias e níveis de determinada carreira, tal como deferido à Magistratura pelo art. 93, V, da Constituição Federal, sem risco, diante do assento constitucional, de incursão na vedação de "vinculação ou equiparação de quaisquer espécies remuneratórias para o efeito de remuneração de pessoal do serviço público" (art. 37, XIII, da Constituição Federal).

Informação bibliográfica deste texto, conforme a NBR 6023:2018 da Associação Brasileira de Normas Técnicas (ABNT):

BARBIRATO, Cristiano de Arruda. Comentários ao art. 91. In: BATISTELA, Marcos; BARBOSA, Maria Nazaré Lins; MARTINS, Ricardo Marcondes (coord.). *Comentários à Lei Orgânica do Município de São Paulo*: atualizada até a Emenda nº 42/2022. Belo Horizonte: Fórum, 2023. p. 243-245. ISBN 978-65-5518-497-6.

Art. 92 A remuneração dos servidores públicos será estabelecida com vistas a garantir o atendimento de suas necessidades básicas de moradia, alimentação, educação, saúde, lazer, vestuário, higiene, transporte e previdência social e obedecerá aos seguintes critérios:

I – piso salarial definido em comum acordo entre a administração e a representação sindical dos servidores municipais;

II – será assegurada a proteção da remuneração, a qualquer título, dos servidores públicos contra os efeitos inflacionários, inclusive com a correção monetária dos pagamentos em atraso;

III – os vencimentos dos servidores públicos municipais, ativos, inativos ou aposentados são irredutíveis;

IV – o reajuste geral da remuneração dos servidores far-se-á sempre na mesma data, sem distinção de índices entre a administração direta, autárquica e fundacional.

CRISTIANO DE ARRUDA BARBIRATO

A remuneração do servidor público municipal continua como objeto de preocupação da LOMSP, que positiva, em seu art. 92, garantias e critérios para sua fixação, reajuste e alteração.

Já no *caput*, o art. 92 da LOMSP estabelece, como princípio, que a remuneração deve assegurar a existência digna dos servidores públicos municipais, em especial atender às suas necessidades básicas de moradia, alimentação, educação, saúde, lazer, vestuário, higiene, transporte e previdência social.

A dignidade da pessoa humana, erigida como princípio fundamental pela Constituição Federal (art. 1º, III), busca garantir condições mínimas de existência do cidadão. A vivência digna, com condições mínimas da própria subsistência e de seus familiares, passa, à evidência, por uma retribuição adequada pelo trabalho desempenhado.

Como corolário desse primado da dignidade da pessoa humana, a mesma Constituição Federal estabeleceu no art. 7º, IV, como direito social dos trabalhadores urbanos e rurais, aplicável aos servidores públicos por força do art. 39, §3º, também da Constituição Federal, a garantia de um salário mínimo, fixado em lei, nacionalmente unificado, capaz de atender a necessidades vitais básicas do trabalhador e às de sua família, com moradia, alimentação, educação, saúde, lazer, vestuário, higiene, transporte e previdência social, com reajustes periódicos que lhe preservem o poder aquisitivo, sendo vedada sua vinculação para qualquer fim.

Portanto, o *caput* do art. 92 da LOMSP reafirma ao servidor público municipal garantia já deferida pelo art. 7º, IV, c/c o art.39, §3º, ambos da Constituição Federal.

Não obstante, tanto as leis federais que estabelecem reajuste e revalorização do salário mínimo quanto as leis locais relativas à remuneração dos servidores públicos desta Comuna não têm logrado êxito no atendimento daquele desiderato constitucional, pois cediço que tais legislações não têm garantido, em geral, aos trabalhadores e, em especial, aos servidores públicos deste Município o atendimento das necessidades mínimas para subsistência digna dos mesmos e dos seus familiares.

Assim, temos que as políticas de reajuste e revalorização do salário mínimo do trabalhador e da remuneração mínima do servidor público municipal vêm afrontando o princípio da dignidade da pessoa humana, na medida em que não garantem as condições mínimas de existência para esses cidadãos e seus familiares, em especial o núcleo essencial das necessidades básicas eleitas pela Carta Magna, quais sejam: moradia, alimentação, educação, saúde, lazer, vestuário, higiene, transporte e previdência social.

Embora já mencionado de passagem a inconstitucionalidade de lei que fixou o salário mínimo ao arrepio do primado da dignidade da pessoa humana, (como na ADI nº 1458-7), as ações que historicamente questionaram a não conformidade dessas leis com a Carta Magna não chegaram a receber julgamento de mérito do STF, pois acabaram extintas ante a perda de objeto, decorrente da edição de leis subsequentes.

É interessante consignar que, nos termos da súmula vinculante nº 16 do STF, o salário mínimo refere-se ao total da remuneração percebida pelo servidor público, e não só ao padrão básico de vencimento.

Prosseguindo, os incisos do art. 92 da LOMSP elencam, outrossim, critérios a serem observados na fixação, no reajuste e na revalorização da remuneração dos servidores públicos municipais.

Entre esses critérios, a LOM destaca, no inciso I do art. 92, o piso salarial definido em comum acordo entre a administração e a representação sindical dos servidores municipais, entendido como piso salarial o menor valor de vencimento fixado para determinado cargo ou carreira.

Malgrado a Súmula nº 679 do STF estabeleça que "a fixação de vencimentos dos servidores públicos não pode ser objeto de convenção coletiva", isso não significa que a negociação salarial esteja vedada no âmbito público.

Embora os princípios aos quais a Administração Pública esteja vinculada, em especial o primado da legalidade e da supremacia do interesse público, a impeçam de firmar acordos coletivos para fixar a remuneração do servidor, essa limitação não impede que haja negociação com a representação sindical dos servidores para a fixação da remuneração. A vedação, na realidade, consiste em firmar um instrumento negocial para definir a remuneração do servidor, e não na negociação com a entidade representativa dos servidores municipais, com o fito de subsidiar tal fixação.

Portanto, plenamente possível – e a Lei Orgânica inclusive fomenta – a negociação salarial para definição do piso do cargo ou carreira, embora sua fixação deva ser necessariamente instrumentalizada por lei, e não por convenção coletiva.

A LOMSP também dispõe como critério orientador da política remuneratória do servidor público, nos incisos II e IV do art. 92, a proteção contra os efeitos inflacionários, bem como o reajuste geral da remuneração dos servidores na mesma data, sem distinção de índices entre a administração direta, autárquica e fundacional.

Se por um lado a fixação da remuneração do servidor e a revisão geral anual, preconizadas no art. 39, X, da Constituição Federal têm de buscar a recomposição das perdas salariais de acordo com os índices inflacionários, por outro não se poderá descurar da observância dos princípios que regem a Administração Municipal, em especial os primados da legalidade e da supremacia do interesse público, que exigem atuação responsável na gestão das finanças públicas.

O art. 169 da Constituição Federal dispõe que a despesa com pessoal ativo e inativo da União, dos Estados, do Distrito Federal e dos Municípios não poderá exceder os limites estabelecidos em lei complementar, dependendo a concessão de qualquer vantagem ou aumento de remuneração de prévia dotação orçamentária suficiente para atender às projeções de despesa de pessoal e aos acréscimos destas decorrentes, assim como de autorização específica na lei de diretrizes orçamentárias.

A Constituição Federal, portanto, proíbe aumentos de remuneração sem prévia projeção de seu impacto sobre o orçamento.

Atualmente, vige a Lei Complementar nº 101/2000, estabelecendo o limite de 60%, no caso dos Municípios (art. 19, III). No art. 1º, §1º, a referida lei complementar estabeleceu que "A responsabilidade na gestão fiscal pressupõe a ação planejada e transparente, em que se previnem riscos e corrigem desvios capazes de afetar o equilíbrio das contas públicas, mediante o cumprimento de metas de resultados entre receitas e despesas e a obediência de limites e condições no que tange a renúncia de receita, geração de despesas com pessoal, da seguridade social e outras, dívidas consolidadas e mobiliárias, operações de crédito, inclusive por antecipação de receita, concessão de garantia e inscrição em Restos a Pagar".

Ainda em consonância com o preceito constitucional e a legislação federal, o legislador municipal fixou, desde a edição da Lei nº 11.722/1995, e, posteriormente, na Lei nº 13.303/2002, o limite de 40% da média das receitas correntes, para concessão de reajustes aos servidores municipais.

Assim, o ordenamento jurídico não autoriza que, simplesmente, aplique-se a correção monetária para reajuste da remuneração dos servidores.

Vê-se, pois, que tanto sob o enfoque constitucional como infraconstitucional a recomposição das perdas salariais de acordo com os índices inflacionários, embora desejada, não se consubstancia em um direito do servidor público, sob pena de restar comprometido o controle das contas públicas.

Outra diretriz a ser observada na política remuneratória consiste na irredutibilidade dos vencimentos dos servidores públicos municipais, ativos, inativos ou aposentados.

Destaca-se que a garantia da irredutibilidade dos vencimentos do servidor público tem assento constitucional, mais especificamente no art. 37, XV, que assim preceitua:

Art.37.
(...)
XV – o subsídio e os vencimentos dos ocupantes de cargos e empregos públicos são irredutíveis, ressalvado o disposto nos incisos XI e XIV deste artigo e nos arts. 39, §4º, 150, II, 153, III, e 153, §2º, I;

A garantia constitucional da irredutibilidade, conforme jurisprudência sedimentada no STF, protege o servidor quanto à redução do valor nominal dos vencimentos, não garantindo, entretanto, a manutenção do seu valor real frente às perdas inflacionárias.

Malgrado não exista direito subjetivo do servidor à manutenção de regime jurídico, o que autoriza a Administração a alterar a composição e a forma de cálculo de seus vencimentos, a garantia prevista no art. 37, XV, da Constituição Federal, replicada no art. 92, III, da LOMSP, assegura, nessa eventual alteração, a impossibilidade da redução da remuneração bruta do servidor.

Informação bibliográfica deste texto, conforme a NBR 6023:2018 da Associação Brasileira de Normas Técnicas (ABNT):

BARBIRATO, Cristiano de Arruda. Comentários ao art. 92. *In*: BATISTELA, Marcos; BARBOSA, Maria Nazaré Lins; MARTINS, Ricardo Marcondes (coord.). *Comentários à Lei Orgânica do Município de São Paulo*: atualizada até a Emenda nº 42/2022. Belo Horizonte: Fórum, 2023. p. 246-249. ISBN 978-65-5518-497-6.

Art. 93 É garantido ao servidor público municipal o direito à livre associação sindical, nos termos do art. 8º da Constituição da República.

Parágrafo único – Às entidades de caráter sindical, que preencham os requisitos estabelecidos em lei, será assegurado desconto em folha de pagamento das contribuições dos associados, aprovadas em assembleia geral.

CRISTIANO DE ARRUDA BARBIRATO

O *caput* do art. 93 da LOMSP reproduz preceito já consagrado na Constituição Federal que garante, de forma geral, para os trabalhadores (art. 8º, *caput*) e, sobretudo, aos servidores públicos civis (art. 37, VI), o direito fundamental à livre associação sindical.

Portanto, a Constituição Federal garante aos servidores públicos civis – e a Lei Orgânica reafirma aos servidores desta Comuna – o mesmo direito de livre associação sindical deferido aos trabalhadores da iniciativa privada.

Em uma perspectiva subjetiva, temos que o preceito da livre associação sindical garante ao servidor público municipal o direito de, a qualquer tempo, optar em se filiar, permanecer filiado ou desligar-se de entidade sindical ou simplesmente não se filiar.

Já em uma dimensão coletiva, tal garantia obsta que o Estado oponha barreiras para que os servidores municipais livremente se organizem para criar ou extinguir entidades sindicais, malgrado a exigência constitucional de registro no órgão competente (art. 8º, I, Constituição Federal), bem como interfira ou intervenha na organização e no funcionamento sindical.

O parágrafo único do art. 93 da LOMSP preconiza, outrossim, às entidades de caráter sindical que preencham os requisitos estabelecidos em lei, o direito de desconto em folha de pagamento das contribuições dos associados, aprovadas em assembleia geral.

Impende relembrar que a expressão "entidades de caráter sindical" compreende, nos termos do ordenamento jurídico vigente, os sindicatos, as federações e as confederações, bem como as centrais sindicais.

O sindicato consiste em uma associação de trabalhadores, assalariados ou autônomos, ou empregadores e tem por objetivo a defesa dos respectivos interesses profissionais. As federações, por sua vez, são entidades constituídas por sindicatos que representam grupos de atividades ou profissões idênticas, similares ou conexas. São, portanto, entidades sindicais de segundo grau, posicionando-se entre o sindicato e a confederação. Já as confederações são entidades que ocupam o maior grau na estrutura sindical, constituídas por federações sindicais que representem uma mesma categoria econômica ou profissional.

As centrais sindicais, nos termos do art. 1º da Lei nº 11.648/2008, são entidades de representação geral dos trabalhadores, constituída em âmbito nacional, com as seguintes atribuições e prerrogativas: (i) coordenar a representação dos trabalhadores por meio das organizações sindicais a ela filiadas; e (ii) participar de negociações em fóruns, colegiados de órgãos públicos e demais espaços de diálogo social que possuam composição tripartite, nos quais estejam em discussão assuntos de interesse geral dos trabalhadores.

As centrais sindicais são consideradas entidades de caráter sindical, embora não integrem o sistema confederativo, do qual fazem parte os sindicatos, as federações e as confederações.

É importante consignar que a regra positivada no parágrafo único do art. 93 da Lei Orgânica desse Município garante o desconto em folha apenas da contribuição dos associados, aprovada em assembleia geral, por essas entidades de caráter sindical, não se estendendo tal direito, pois, às demais contribuições legais ou regulamentares.

Informação bibliográfica deste texto, conforme a NBR 6023:2018 da Associação Brasileira de Normas Técnicas (ABNT):

BARBIRATO, Cristiano de Arruda. Comentários ao art. 93. In: BATISTELA, Marcos; BARBOSA, Maria Nazaré Lins; MARTINS, Ricardo Marcondes (coord.). *Comentários à Lei Orgânica do Município de São Paulo*: atualizada até a Emenda nº 42/2022. Belo Horizonte: Fórum, 2023. p. 250-251. ISBN 978-65-5518-497-6.

Art. 94 As vantagens de qualquer natureza só poderão ser instituídas por lei e quando atendam efetivamente ao interesse e às exigências do serviço público.

CRISTIANO DE ARRUDA BARBIRATO

O art. 94 da LOMSP estabelece limites formais e materiais para a instituição de vantagens de qualquer natureza para os servidores e empregados públicos de quaisquer das esferas de poder desta Comuna.

Curial fixar, de início, o conceito de "vantagens de qualquer natureza" para definirmos o exato suporte fático objeto das limitações definidas no texto normativo em exame.

As vantagens de qualquer natureza compõem a remuneração dos servidores ou empregados públicos.

Enquanto o vencimento ou salário tem conceito mais estrito, consistente na retribuição pecuniária fixada para o exercício do cargo público ou emprego público, a remuneração apresenta um sentido mais amplo, abrangendo a somatória das retribuições pecuniárias e benefícios recebidos pelos servidores ou empregados públicos em razão do exercício do cargo ou emprego público.

Impende destacar que, neste Município, a Lei nº 8.989/1979, que dispõe sobre o estatuto dos funcionários públicos do município de São Paulo, assim conceitua "vencimento":

> Art. 91 – Vencimento é a retribuição mensal paga ao funcionário pelo efetivo exercício do cargo, correspondente ao padrão e vantagens incorporadas para todos os efeitos legais.

Em suma, a remuneração abrange o vencimento, incluindo as vantagens incorporadas para todos os efeitos legais, para os servidores públicos, ou o salário, para os empregados públicos, e as demais vantagens decorrentes do exercício do cargo ou emprego público.

As demais vantagens de qualquer natureza que, portanto, não abrange o vencimento e o salário dos servidores ou empregados públicos podem ser pecuniárias ou não pecuniárias.

As vantagens pecuniárias são acréscimos do estipêndio do funcionário, concedidas a título definitivo ou transitório, pela decorrência do tempo de serviço (*ex facto temporis*), ou pelo desempenho de funções especiais (*ex facto officii*), ou em razão das condições anormais em que se realiza o serviço (*propter laborem*), ou, finalmente, em razão de condições pessoais do servidor (*propter personam*). As duas primeiras espécies constituem os adicionais (adicionais de vencimento e adicionais de função), as duas últimas formam a categoria das gratificações (gratificações de serviço e gratificações pessoais).

Além dos adicionais e gratificações, outras vantagens pecuniárias são pagas aos servidores e empregados públicos, como diárias, férias em pecúnia, adicional de férias, décimo terceiro salário, bônus, entre outras.

Algumas vantagens não são deferidas em pecúnia, como a licença-prêmio, malgrado possam ser indenizadas em espécie, e outras têm natureza híbrida, podendo ser pecuniárias ou não, como o vale-transporte, vale-alimentação e vale-refeição.

Seja pecuniária, não pecuniária ou híbrida, as vantagens de qualquer natureza somente poderão ser instituídas por lei em sentido estrito.

O princípio da reserva legal da instituição das vantagens de qualquer natureza para os servidores e empregados públicos decorre de regra mais abrangente, insculpida no art. 37, X, da Constituição Federal, que preceitua que "a remuneração dos servidores públicos e o subsídio de que trata o §4º do art. 39 somente poderão ser fixados ou alterados por lei específica".

Portanto, por força da Constituição Federal, a instituição de remuneração, em sentido amplo, e, por consequência, das vantagens de qualquer natureza, nela inseridas, constituem matéria de reserva legal, ou seja, deve ser fixada por lei em sentido estrito, não se admitindo a sua criação por atos infralegais.

Informação bibliográfica deste texto, conforme a NBR 6023:2018 da Associação Brasileira de Normas Técnicas (ABNT):

BARBIRATO, Cristiano de Arruda. Comentários ao art. 94. In: BATISTELA, Marcos; BARBOSA, Maria Nazaré Lins; MARTINS, Ricardo Marcondes (coord.). *Comentários à Lei Orgânica do Município de São Paulo*: atualizada até a Emenda nº 42/2022. Belo Horizonte: Fórum, 2023. p. 252-253. ISBN 978-65-5518-497-6.

Art. 95 Será concedida aos servidores municipais, na forma da lei, gratificação de distância pelo exercício de cargo ou função em unidades de trabalho consideradas de difícil acesso.

CRISTIANO DE ARRUDA BARBIRATO

O art. 95 da LOMSP garantiu a concessão aos servidores públicos municipais, na forma da lei, de gratificação de distância pelo exercício de cargo ou função em unidades de trabalho consideradas de difícil acesso.

Releva fixar, de início, a natureza jurídica e as características dessa vantagem pecuniária deferida pela Lei Orgânica aos servidores municipais. Para auxiliar em tal definição, trazemos à colação excertos da sempre atual lição de Hely Lopes Meirelles:[385]

> Vantagens pecuniárias são acréscimos do estipêndio do funcionário, concedidas a título definitivo ou transitório, pela decorrência do tempo de serviço (*ex facto temporis*), ou pelo desempenho de funções especiais (*ex facto officii*), ou em razão das condições anormais em que se realiza o serviço (*propter laborem*), ou, finalmente, em razão de condições pessoais do servidor (*propter personam*). As duas primeiras espécies constituem os adicionais (adicionais de vencimento e adicionais de função), as duas últimas formam a categoria das gratificações (gratificações de serviço e gratificações pessoais). Todas elas são espécies do gênero retribuição pecuniária, mas se apresentam com características próprias e efeitos peculiares em relação ao beneficiário e à administração.
>
> (…)
>
> Certas vantagens pecuniárias se incorporam automaticamente ao vencimento (*v. g.* por tempo de serviço) e o acompanham em todas as suas mutações, inclusive quando se converte em proventos da inatividade (vantagens pessoais subjetivas); outras, apenas, são pagas com o vencimento mas dele se desprendem quando cessa a atividade do servidor (vantagens de função ou de serviço); outras, independem do exercício do cargo ou da função, bastando a existência da relação funcional entre o servidor e a administração (v.g. salário-família), e, por isso mesmo, podem ser auferidas mesmo na disponibilidade e na aposentadoria, desde que subsista o fato ou a situação que as geram (vantagens pessoais objetivas).
>
> (…)
>
> E a razão dessa diferença de tratamento está em que as primeiras (por tempo de serviço) são vantagens pelo trabalho já feito (pro labore facto), ao passo que as outras (condicionais ou modais) são vantagens pelo trabalho que está sendo feito (*pro labore faciendo*), ou, por

---

[385] MEIRELLES, Hely Lopes. Vencimentos e vantagens dos servidores públicos. *Revista de Direito Administrativo*, v. 77, p. 17-281, 964.

outras palavras, são adicionais de função (*ex facto officii*) ou são gratificações de serviço (*propter laborem*) ou, finalmente, são gratificações em razão de condições pessoais do servidor (*propter personam*). Daí por que quando cessa o trabalho, ou quando desaparece o fato ou a situação que lhes dá causa, deve cessar o pagamento de tais vantagens, sejam elas adicionais de função, gratificações de serviço, ou gratificações em razão de condições pessoais do servidor.

(...)

Gratificação de serviço (*propter laborem*) é aquela que a Administração institui para recompensar riscos ou ônus decorrentes de trabalhos normais executados em condições anormais de perigo ou de encargos para o funcionário (...)

Conclui-se que a vantagem pecuniária prevista no art. 95 da Lei Orgânica do Município constitui tecnicamente uma gratificação de serviço condicional ou modal (*propter laborem* e *pro labore faciendo*), consistente em vantagem pecuniária em razão das condições anormais em que se realiza o serviço, as quais, por se referir ao trabalho que está sendo feito, são pagas com o vencimento, mas dele se desprendem quando cessa a atividade em condições anormais executada pelo servidor.

Atualmente, a concessão da gratificação de difícil acesso encontra-se disposta no Capítulo II da Lei nº 17.722/2021, que assim dispõe em seu art. 3º:

> Art. 3º A Gratificação de Difícil Acesso, prevista no art. 95 da LOMSP, será mensal e devida aos servidores da Administração Direta, Autarquias e Fundações pelo real exercício de cargo ou função em unidades de trabalho consideradas de difícil acesso.
>
> Parágrafo único. Decreto fixará, observados os limites orçamentários, os critérios para a definição e classificação das unidades de difícil acesso.

Justamente por se tratar de uma vantagem *pro labore faciendo*, a Gratificação de Difícil Acesso não se incorporará ou se tornará permanente aos vencimentos e subsídios, não servirá de base para o cálculo de qualquer indenização ou vantagem pecuniária (art. 5º da Lei nº 17.722/2021) e não será concedida, em regra, nas hipóteses de afastamento do exercício do cargo na unidade (o art. 6º, III, da Lei nº 17.722/2021).

Cumpre consignar, por derradeiro, que o comando previsto no art. 95 tem natureza não cogente. Entendimento diverso, defendendo o caráter impositivo da instituição da gratificação de difícil acesso, não se coadunaria com o ordenamento constitucional vigente.

Com efeito, mostra-se inconstitucional norma estabelecida em LOM que disponha sobre servidores públicos e seu regime jurídico, mais especificamente que institua gratificação, *ex vi do* quanto preconizado no art. 61, §1º, II, "c", da Constituição Federal, aplicável em âmbito municipal por força do princípio da simetria. Vejamos:

> Art. 61. (...)
> §1º – São de iniciativa privativa do Presidente da República as leis que:
> (...)
> II – disponham sobre:

(...)

c) servidores públicos da União e Territórios, seu regime jurídico, provimento de cargos, estabilidade e aposentadoria;

Nesse sentido, aliás, o entendimento do E. STF, bem representado pelo aresto que segue:

Lei Orgânica do Município – Servidores – Direitos. Descabe, em lei orgânica de município, a normatização de direitos dos servidores, porquanto a prática acaba por afrontar a iniciativa do Chefe do Poder Executivo – Ações Diretas de Inconstitucionalidade nº 2.944/PR, relatada pela ministra Cármen Lúcia, 3.176/AP, 3.295/AM, relatadas pelo ministro Cezar Peluso, e 3.362/BA, de minha relatoria. (RE 590829, Relator(a): Min. Marco Aurélio, Tribunal Pleno, julgado em 05/03/2015, acórdão eletrônico DJe-061 divulg 27.03.2015 public 30.03.2015)

Destarte, temos que o texto do art. 95 da LOMSP somente se mostra em conformidade com a Constituição Federal caso entendido como mera proposição e não como norma cogente a exigir a atuação do legislador ordinário.

Informação bibliográfica deste texto, conforme a NBR 6023:2018 da Associação Brasileira de Normas Técnicas (ABNT):

BARBIRATO, Cristiano de Arruda. Comentários ao art. 95. In: BATISTELA, Marcos; BARBOSA, Maria Nazaré Lins; MARTINS, Ricardo Marcondes (coord.). *Comentários à Lei Orgânica do Município de São Paulo*: atualizada até a Emenda nº 42/2022. Belo Horizonte: Fórum, 2023. p. 254-256. ISBN 978-65-5518-497-6.

Art. 96 Os servidores e empregados da administração pública municipal direta, indireta e fundacional terão plano de carreira.

Parágrafo único – Aplica-se aos servidores ocupantes de cargo público da administração direta, das autarquias e das fundações o disposto no artigo 7º, incisos IV, VII, VIII, IX, X, XII, XIII, XV, XVI, XVII, XVIII, XIX, XX, XXII, XXIII, XXV, XXVI, XXVII, XXVIII, XXX e XXXI, relativos aos direitos sociais, bem como o disposto nos artigos 40 e 41, todos da Constituição da República. (Alterado pela Emenda nº 24/2001.)

CRISTIANO DE ARRUDA BARBIRATO

O *caput* do art. 96 da LOMSP reafirma a preocupação do legislador local com a valorização do trabalhador público municipal, demonstrada nos arts. 89 e 90, ao prever que servidores e empregados da administração pública municipal direta, indireta e fundacional terão plano de carreira.

Mas em que consiste a carreira?

Extrai-se do art. 5º da Lei nº 8.989/1979, que dispõe sobre o estatuto dos funcionários públicos do Município de São Paulo, que "carreira é o conjunto de classes da mesma natureza de trabalho, escalonadas segundo a responsabilidade e complexidade das atribuições".

Entende-se por classe "o agrupamento de cargos da mesma denominação e idêntica referência de vencimento" (art. 4º da citada Lei nº 8.989/1979)

Assim, constitui carreira, à vista da legislação local, o conjunto de cargos da mesma denominação e idêntica referência de vencimento, escalonados segundo a responsabilidade e complexidade das atribuições.

O plano de carreira representa, pois, o instrumento normativo jurídico que define e regulamenta as condições de movimentação dos seus integrantes.

Longe de ser uma deferência, a existência de Plano de Carreira dos servidores e empregados da administração constitui imperativo constitucional. Nesse sentido o disposto no *caput* do art. 39 da Constituição Federal, na redação vigente por força da liminar deferida na ADI nº 2135/DF pelo Pleno do E. STF:

> Art. 39. *A União, os Estados, o Distrito Federal e os Municípios instituirão, no âmbito de sua competência, regime jurídico único e planos de carreira para os servidores da administração pública direta, das autarquias e das fundações públicas.* (grifos nossos)

A elaboração de um plano de carreira constitui, pois, direito do servidor público municipal e dever do Município.

O parágrafo único do art. 96 da LOMSP elenca, outrossim, os direitos sociais garantidos aos trabalhadores urbanos e rurais, previstos no art. 7º da Constituição, que se aplicam aos servidores ocupantes de cargo público da administração direta, das autarquias e das fundações do Município de São Paulo.

Segundo ensina José Afonso da Silva,[386] "os direitos sociais, como dimensão dos direitos fundamentais do homem, são prestações positivas proporcionadas pelo Estado direta ou indiretamente, enunciadas em normas constitucionais, que possibilitam melhores condições de vida aos mais fracos, direitos que tendem a realizar a igualização de situações sociais desiguais".

Dispõe o art. 39, §3º, que assim preconiza:

> Art. 39 (...)
> §3º Aplica-se aos servidores ocupantes de cargo público o disposto no art. 7º, IV, VII, VIII, IX, XII, XIII, XV, XVI, XVII, XVIII, XIX, XX, XXII e XXX, podendo a lei estabelecer requisitos diferenciados de admissão quando a natureza do cargo o exigir.

Vê-se que o art. 39, §3º, da Constituição Federal estendeu aos servidores ocupantes de cargos públicos vários dos direitos sociais previstos para os trabalhadores submetidos ao regime de direito privado.

Esse conjunto de direitos, em razão de seu assento constitucional, são de observância obrigatória por todos os entes da federação, nada impedindo, entretanto, que os Estados e Municípios prevejam direitos, garantias e benefícios outros aos seus servidores, no exercício de sua autonomia.

Releva notar que o parágrafo único do art. 96 da LOMSP foi além, conferindo aos servidores Município de São Paulo direitos sociais outros que não aqueles de observância obrigatória preconizados no rol do art. 39, §3º, da Constituição Federal. Assim, conferiu aos servidores ocupantes de cargo público da administração direta, das autarquias e das fundações, em acréscimo, os direitos elencados no art. 7º, X, XXIII, XXV, XXVI, XXVII, XXVIII e XXXI.

É importante consignar que essa extensão dos direitos sociais do servidor municipal, veiculada na LOMSP, não tem natureza cogente.

Como já ressaltado, aliás, nos comentários do art. 95, tem-se por inconstitucional norma estabelecida em LOM que disponha sobre servidores públicos e seu regime jurídico.

Nesse cenário, a extensão dos direitos sociais dos servidores municipais veiculada pelo parágrafo único do art. 96 da Lei Orgânica e que não encontre amparo em outra norma constitucional, de observância obrigatória pelos entes federativos, deve ser recebida como uma proposição, e não como norma impositiva a obrigar a atuação do legislador ordinário.

Informação bibliográfica deste texto, conforme a NBR 6023:2018 da Associação Brasileira de Normas Técnicas (ABNT):

BARBIRATO, Cristiano de Arruda. Comentários ao art. 96. In: BATISTELA, Marcos; BARBOSA, Maria Nazaré Lins; MARTINS, Ricardo Marcondes (coord.). *Comentários à Lei Orgânica do Município de São Paulo*: atualizada até a Emenda nº 42/2022. Belo Horizonte: Fórum, 2023. p. 257-258. ISBN 978-65-5518-497-6.

---

[386] SILVA, José Afonso da Silva. *Curso de Direito Constitucional Positivo*. 27. ed. São Paulo: Malheiros, 2006. p. 286.

Art. 97 Ao servidor público municipal é assegurado o percebimento do adicional por tempo de serviço público, concedido por quinquênio, bem como a sexta-parte dos vencimentos integrais, concedida aos vinte anos de efetivo exercício no serviço público, que se incorporarão aos vencimentos para todos os efeitos, não sendo computados nem acumulados para fins de concessão de acréscimos ulteriores sob o mesmo título ou idêntico fundamento.

FLAVIA GIL NISENBAUM BECKER

Inserido no capítulo que aborda especificamente normas sobre os servidores municipais, o art. 97 da LOMSP versa sobre dois adicionais concedidos como forma de recompensar aquele servidor que permanece no serviço público ao longo dos anos: o quinquênio e a sexta-parte.

O quinquênio corresponde ao adicional pago aos servidores municipais após cada período de cinco anos de serviço. É calculado com percentual sobre o padrão de vencimentos, percentual este que cresce conforme aumenta o número de períodos de cinco anos completados pelo servidor.

A sexta-parte, por sua vez, consiste na verba que remunera o servidor que completa vinte anos de serviço com adicional no montante de, como o próprio nome indica, um sexto de seu vencimento.

Ambos os adicionais se incorporam aos vencimentos do servidor e não podem servir de base para o cálculo de outros adicionais também fundados no tempo de serviço.

Tais adicionais não são inovações trazidas pela LOM, que apenas consolidou direito dos servidores do Município de São Paulo já previamente estabelecido. A sexta-parte foi instituída pela Lei Municipal nº 8.090/1974. Posteriormente, o Estatuto dos Servidores Públicos (Lei Municipal nº 8.989/1979), nos arts. 112 a 116, disciplinou ambos os benefícios.

Mesmo não representando inovação no ordenamento municipal de São Paulo, o art. 97 da LOM foi declarado inconstitucional pelo TJSP.[387] A Corte Paulistana

---

[387] BRASIL. Tribunal de Justiça de São Paulo. Incidente de Arguição de Inconstitucionalidade nº 0141977-63.2012.8.26.0000. Arguição de inconstitucionalidade. Art. 97 da LOMSP, o qual institui o percebimento dos adicionais por tempo de serviço pelo servidor público municipal. Inadmissibilidade. Tema relativo à remuneração dos servidores. Ingerência do Legislativo em matéria de competência privativa do Executivo. Vedação. Arts.37, X, e 169, §1º, I e II, da Constituição Federal, e arts. 5º, §2º, 24, §2º, item 1, 25 e 144, todos da Constituição Paulista. Arguição acolhida. Deve ser acolhida a arguição de inconstitucionalidade de artigo de Lei Orgânica Municipal que abriga matéria de competência privativa do Executivo, pelo vício de iniciativa e por afrontar o princípio da separação e harmonia entre os Poderes e, ainda, em razão de não se admitir, em princípio, iniciativa parlamentar a implicar aumento de despesa para a Administração. Relator: Des. Luis Ganzerla, 05.12.2012. Disponível em: https://esaj.tjsp.jus.br/cposg/search.do?conversationId=&paginaConsulta=0&cbPesquisa=NUMPROC&numeroDigitoAnoUnificado=0141977-63.2012&foroNumeroUnificado=0000&dePe

reconheceu a inconstitucionalidade formal da norma, uma vez que a remuneração dos servidores consiste em matéria de iniciativa privativa do Prefeito. Sem a provocação do Chefe do Poder Executivo Municipal, a previsão legal instituída pelo parlamentar usurpou de competência exclusiva, violando a Constituição Estadual de São Paulo, mais precisamente o art. 24, §2º, I.

Diante da inconstitucionalidade do art. 97 da LOM, poder-se-ia cogitar da aplicação da norma estadual que disciplina os adicionais temporais para o funcionalismo paulista (art. 129, CE). Ocorre que a Constituição Federal, sobretudo seus arts. 18, *caput*, 30, I, e 39, §1º, garante aos Municípios autonomia para legislar sobre assuntos de interesse local. Nessa competência, inclui-se indubitavelmente a competência exclusiva para legislar sobre o estabelecimento de políticas de remuneração para os seus servidores. Assim, não cabe estender a aplicação de norma federal ou estadual aos servidores do Município de São Paulo.

Nesse sentido, ensina Hely Lopes Meirelles:

> A competência para essa organização é da entidade estatal a que pertence o respectivo serviço. Sobre esta matéria, como já assinalamos, as competências são estanques e incomunicáveis. As normas estatutárias federais não se aplicam aos servidores estaduais ou municipais, nem as do Estado-membro se estendem aos funcionários dos Municípios.[388]

Deve-se, portanto, recorrer à própria legislação municipal para determinar a disciplina do quinquênio e da sexta-parte.

Como assinalado anteriormente, ambos os adicionais já eram previstos no Estatuto dos Servidores Públicos, e seus art. 112 a 116 não foram afetados pela declaração de inconstitucionalidade que reconheceu a inconstitucionalidade formal do art. 97 da LOM.

De acordo com os arts. 112 a 114 do Estatuto dos Servidores Públicos, a cada período de cinco anos completado, o servidor municipal terá direito ao recebimento de um percentual crescente que incide sobre seu padrão de vencimentos. Esse percentual varia de 5%, para o primeiro quinquênio, até chegar em 40,71% para o sétimo quinquênio.[389]

O texto normativo é claro ao estabelecer que o adicional incide exclusivamente sobre o padrão de vencimentos do cargo que ocupa o servidor beneficiado, não havendo margem para questionamentos.

Ressalta-se que os percentuais a serem recebidos por cada quinquênio são crescentes e mutuamente exclusivos.

Para a sexta-parte, os arts. 115 e 116 do Estatuto dos Servidores Públicos estabelecem de forma mais ampla o direito ao seu recebimento pelo servidor municipal de São Paulo. Foi, então, editado o Decreto Municipal nº 28.989/1990 para regulamentar o pagamento do referido adicional.

---

squisaNuUnificado=0141977-63.2012.8.26.0000&dePesquisaNuUnificado=UNIFICADO&dePesquisa=&tipoNuProcesso=UNIFICADO#?cdDocumento=46. Acesso em: 19 maio 2022.

[388] MEIRELLES, Hely Lopes. *Direito Municipal Brasileiro*. 16. ed. São Paulo: Malheiros, 2008. p. 607.

[389] O art. 112 do Estatuto dos Servidores Municipais prevê os percentuais de 5%, 10,25%, 15,76%, 21,55%, 27,63%, 34,01% e 40,71% para cada período de 5 anos que se completa no serviço público municipal.

O art. 1º do Decreto Municipal nº 28.989/1990 reforça que a sexta-parte é calculada com base nos vencimentos integrais do servidor municipal. Em seu parágrafo único, pontua as verbas que estão excluídas da base de cálculo.[390] O rol apresentado pelo art. 1º, parágrafo único, do Decreto Municipal nº 28.989/1990 é meramente exemplificativo, elencando verbas que, por sua própria natureza, não podem ser consideradas como vencimento. Assim como os valores enumerados no dispositivo legal não integram a base de cálculo da sexta-parte, todas as verbas recebidas pelo servidor que tenham natureza eventual e pessoal não podem ser consideradas vencimento e, como tal, também estão excluídas da base utilizada para o cálculo do adicional.

Informação bibliográfica deste texto, conforme a NBR 6023:2018 da Associação Brasileira de Normas Técnicas (ABNT):

BECKER, Flavia Gil Nisenbaum. Comentários ao art. 97. In: BATISTELA, Marcos; BARBOSA, Maria Nazaré Lins; MARTINS, Ricardo Marcondes (coord.). *Comentários à Lei Orgânica do Município de São Paulo*: atualizada até a Emenda nº 42/2022. Belo Horizonte: Fórum, 2023. p. 259-261. ISBN 978-65-5518-497-6.

---

[390] Art. 1º O servidor público municipal que completar 20 (vinte) anos de efetivo exercício no serviço público perceberá importância equivalente à sexta-parte dos seus vencimentos integrais.
Parágrafo único – Para efeito do cálculo da sexta-parte será considerado, como base, o total dos vencimentos a que faz jus o servidor no mês, exceção feita:
I – Aos valores pagos a título de indenização em geral, exceto a gratificação de gabinete;
II – Aos valores pagos a título de atrasado dos meses anteriores, exceto se se cuidarem de verbas sobre as quais incida a sexta-parte;
III – Aos valores pagos a qualquer título pela participação em órgãos de deliberação coletiva;
IV – Aos valores referentes aos benefícios pessoais;
V – Aos valores de natureza eventual;
VI – Aos valores referentes às gratificações por tarefas especiais.

Art. 98 Ficam asseguradas à servidora e à empregada gestante, sem prejuízos de vencimentos e demais vantagens do cargo ou emprego:

I – mudança de função, pelo tempo necessário, por recomendação médica;

II – dispensa do horário de trabalho pelo tempo necessário para realização de, no mínimo, seis consultas medicas e demais exames complementares.

(Alterado pela Emenda nº 24/2001.)

PEDRO DE MORAES PERRI ALVAREZ

O art. 98 da LOMSP trata dos direitos da servidora e da empregada gestante, prevendo a possibilidade de: (i) mudança de função pelo tempo necessário, caso haja recomendação médica; e (ii) dispensa do horário de trabalho para a realização de consultas e exames médicos.

O dispositivo é uma reprodução praticamente literal do art. 392, §4º, I e II, da Consolidação das Leis do Trabalho (CLT), o que revela que a legislação trabalhista nacional provavelmente foi a principal inspiração do legislador municipal para editar a redação atualmente vigente no art. 98 da LOMSP.[391]

De fato, o art. 392, §4º, I e II, da CLT garante às empregadas gestantes tanto possibilidade de transferência de função, quando suas condições de saúde assim exigirem, quanto a dispensa do horário de trabalho pelo tempo necessário para realização de, no mínimo, seis consultas médicas e exames complementares.

A LOMSP incorporou esses direitos previstos na legislação trabalhista nacional, prevendo-os também para as servidoras públicas e eventuais empregadas públicas municipais gestantes.

O art. 98 da LOMSP, ao prever os direitos ali descritos, representa a valorização e a proteção da gestação sobretudo no período pré-natal. Em última análise, o dispositivo busca tutelar a saúde e a dignidade tanto da futura mãe quanto do feto em desenvolvimento. Afinal, a manutenção da servidora ou empregada gestante em condições de trabalho contraindicadas pelo médico que a acompanha pode trazer riscos e prejuízos à saúde de ambos. Da mesma forma, a realização de exames e consultas é necessidade frequente de gestantes, de modo que garantir a possibilidade de dispensa do horário de trabalho para o comparecimento a essas consultas e exames parece igualmente ir ao encontro de uma tutela adequada da saúde e da vida da servidora gestante e de seu futuro filho.

Especificamente quanto ao inciso I do art. 98 da LOMSP, parece imprescindível exigir recomendação médica que especifique a impossibilidade de desempenho

---

[391] Tanto é assim que o art. 392, §4º, da CLT teve sua redação atualmente vigente dada pela Lei Federal nº 9.799/1999 e, logo em seguida, com a Emenda à Lei Orgânica nº 24/2001, sobreveio a atual redação do art. 98 da LOMSP.

de determinada função inerente ao cargo ocupado pela gestante. Isso porque, em virtude do princípio da legalidade (art. 37, *caput*, da Constituição Federal), que rege a Administração Pública em todas as suas esferas, as atribuições dos cargos públicos são previstas em leis ou decretos (art. 8º da Lei Municipal nº 8.989/1979), de modo que eventual alteração dessas atribuições deve ser devidamente justificada e fundamentada.

Um bom exemplo de possível aplicação do art. 98, I, da LOMSP parece ser aquele da servidora gestante que desempenha suas funções em seção de arquivo físico que envolva o manejo de processos, livros e documentos pesados. Nesse caso, se houver recomendação médica no sentido de que a servidora não possa carregar peso, por exemplo, ela terá direito à mudança de função pelo tempo necessário ou, no mínimo, terá direito a não exercer as funções que envolvam carregar peso, sendo redirecionada para outros tipos de atribuições naquele ambiente de trabalho.

Quanto ao direito previsto no inciso II do art. 98 da LOMSP, parece plenamente exigível que a servidora ou empregada gestante notifique sua chefia direta com antecedência sobre a necessidade de dispensa do horário de trabalho para a realização de exames ou consultas médicas, salvo, evidentemente, se se tratar de exame ou consulta de urgência. A prévia notificação da chefia direta da servidora gestante é exigência que busca viabilizar a continuidade e regularidade na prestação do serviço, a fim de que não haja prejuízo ao administrado.

Da mesma forma, parece exigível que a servidora ou empregada comprove, *a posteriori*, o comparecimento à consulta ou laboratório para a realização de exame médico.

Os direitos previstos no art. 98 da LOMSP parecem ser plenamente extensíveis às servidoras públicas gestantes ocupantes exclusivamente de cargos em comissão. Em primeiro lugar, o referido dispositivo, como visto anteriormente, tutela da saúde e da dignidade da servidora pública e do futuro bebê, além de estar em harmonia com a proteção constitucional conferida à gestação e à maternidade (art. 7º, XVIII, art. 39, §3º, CF; art. 10, II, b, ADCT), de modo que não parecer haver nenhum motivo para afastá-lo em relação às servidoras ocupantes de cargos em comissão. Em segundo lugar, o art. 98 LOMSP não faz nenhuma distinção entre servidoras ocupantes de cargo efetivo e ocupantes de cargo em comissão, devendo-se presumir, em atenção ao princípio da igualdade, que ambas estão contempladas pelos direitos ali previstos, na medida em que ambas são consideradas servidoras públicas e que tais direitos não são, ao menos em princípio, incompatíveis com o regime jurídico do cargo em comissão.

Por fim, vale destacar que o art. 98 da LOMSP é o único dispositivo do capítulo da Lei Orgânica dedicado aos servidores públicos municipais a tratar dos direitos de servidoras e empregadas gestantes. É curioso notar, por exemplo, que o direito à licença-maternidade das servidoras municipais não está presente na LOM, mas apenas no Estatuto dos Servidores Públicos Municipais (Lei Municipal nº 8.989/1979).

A rigor, os direitos previstos no art. 98 da LOMSP poderiam perfeitamente ter sido previstos no Estatuto dos Servidores Públicos Municipais, em que, aliás, é prevista a licença-gestante de 180 dias (art. 148 da Lei Municipal nº 8.989/1979), mas, por opção do legislador municipal, foram inseridas diretamente da LOM. É de se notar que, por esse motivo, a alteração desses direitos previstos no art. 98 da LOMSP é mais difícil do que a alteração dos demais direitos dos servidores públicos que sejam previstos exclusivamente na Lei Municipal nº 8.989/1979, uma vez que o *quorum* de votação para alteração da Lei Orgânica é superior ao *quorum* de votação para alteração da legislação ordinária.[392]

Informação bibliográfica deste texto, conforme a NBR 6023:2018 da Associação Brasileira de Normas Técnicas (ABNT):

ALVAREZ, Pedro de Moraes Perri. Comentários ao art. 98. *In*: BATISTELA, Marcos; BARBOSA, Maria Nazaré Lins; MARTINS, Ricardo Marcondes (coord.). *Comentários à Lei Orgânica do Município de São Paulo*: atualizada até a Emenda nº 42/2022. Belo Horizonte: Fórum, 2023. p. 262-264. ISBN 978-65-5518-497-6.

---

[392] O *quorum* para aprovação de uma emenda à Lei Orgânica é de dois terços, conforme art. 36, §2º, da LOMSP. Já o *quorum* para aprovação de uma lei ordinária é de maioria dos vereadores presentes à sessão, conforme art. 40, §1º, da LOMSP.

Art. 99 Ficam assegurados o ingresso e o acesso das pessoas com deficiência na forma da lei, aos cargos, empregos e funções administrativas da administração direta e indireta do Município, garantindo-se as adaptações necessárias para sua participação nos concursos públicos. (Alterado pela Emenda nº 29/2007.)

LUCIANA RUSSO

Esse dispositivo visa concretizar uma série de direitos fundamentais positivados na Constituição da República Federativa do Brasil.

Em primeiro lugar, assegura a igualdade real ou substancial, dado que trata diferentemente pessoas em situação diferente, de modo a assegurar o pleno exercício de direitos a todos. Isso porque "todos são iguais perante a lei, sem distinção de qualquer natureza, garantindo-se aos brasileiros e aos estrangeiros residentes no País a inviolabilidade do direito à (...) à igualdade" (art. 5º, Constituição Federal). Trata-se de uma discriminação positiva, por meio de uma política pública que visa assegurar a todos as condições para serem efetivamente iguais, com o mesmo acesso ao desfrute de todos os direitos e possibilidades.

Tem-se também a concretização de um dos fundamentos da República Federativa do Brasil, qual seja, a dignidade da pessoa humana (art. 1º, III, Constituição Federal).

Pode-se destacar o cumprimento de um dos objetivos fundamentais da República Federativa do Brasil, de promover o bem de todos, sem preconceitos de origem, raça, sexo, cor, idade e quaisquer outras formas de discriminação (art. 3º, IV, Constituição Federal).

Ademais, expressa a competência do Município, comum aos demais entes da Federação, de cuidar da saúde e assistência pública, da proteção e garantia das pessoas portadoras de deficiência (art. 23, II, Constituição Federal).

Trata-se, igualmente, da competência de legislar sobre assunto de interesse local, suplementando a legislação federal e a estadual no que couber, de modo a promover a proteção e a integração social das pessoas portadoras de deficiência (arts. 24, XIV, e 30, I e II, Constituição Federal).

Por fim, também atende à determinação de que a lei reserve percentual dos cargos e empregos públicos para as pessoas portadoras de deficiência e definirá os critérios de sua admissão (art. 37, VIII, Constituição Federal).

Não se pode deixar de mencionar, quanto ao tema, o Decreto nº 6.949/2009, que promulga a Convenção Internacional sobre os Direitos das Pessoas com Deficiência e seu protocolo facultativo, assinados em Nova York em 30 de março de 2007. Dado que o Congresso Nacional aprovou, por meio do Decreto Legislativo nº 186/2008, conforme o procedimento do §3º do art. 5º da Constituição, esse Decreto tem hierarquia de emenda constitucional.

Pois bem, para efetivamente possibilitar o ingresso, esse dispositivo assegura que sejam fornecidas adaptações necessárias para permitir a participação no concurso. Tal regra, sem dúvida, também deverá ser observada após a aprovação no certame, de modo a possibilitar o pleno exercício das atribuições do cargo, emprego ou função na Administração.

Informação bibliográfica deste texto, conforme a NBR 6023:2018 da Associação Brasileira de Normas Técnicas (ABNT):

RUSSO, Luciana. Comentários ao art. 99. In: BATISTELA, Marcos; BARBOSA, Maria Nazaré Lins; MARTINS, Ricardo Marcondes (coord.). *Comentários à Lei Orgânica do Município de São Paulo*: atualizada até a Emenda nº 42/2022. Belo Horizonte: Fórum, 2023. p. 265-266. ISBN 978-65-5518-497-6.

Art. 100 Os servidores e empregados da administração direta e indireta que incorrerem na prática do racismo ou de qualquer outro tipo de discriminação atentatória aos direitos e liberdades fundamentais, serão punidos na forma da lei, podendo ser demitidos a bem do serviço público, sem prejuízo de outras penalidades a que estiverem sujeitos.

RAFAEL AUGUSTO GALVANI FRAGA MOREIRA

Primeiramente, é importante assentar a plena compatibilidade vertical do referido dispositivo com a Constituição Federal de 1988. O combate a condutas discriminatórias tem robusta proteção na Carta Magna de 1988, constituindo objetivo fundamental da República Federativa do Brasil (art. 3º, IV), diretriz primordial na regência das relações internacionais (art. 4º, VIII), bem como mandato constitucional de criminalização[393] (art. 5º, XLI e XLII).

É imperioso notar a gravidade "*in abstracto*" de tais condutas, as quais foram previstas constitucionalmente como crimes inafiançáveis e imprescritíveis.

O atendimento ao mandato constitucional de criminalização foi consubstanciado na Lei Federal nº 7.716/1989, apenas 3 meses após a promulgação da Constituição Federal, o que demonstra a preocupação do legislador em cumprir o ordenamento constitucional e tipificar o quanto antes tais condutas. São tipos penais, notadamente relevantes no ambiente da Administração Pública, entre outros: (i) impedir ou obstar o acesso de alguém, devidamente habilitado, a qualquer cargo da Administração direta ou indireta, bem como das concessionárias de serviços público; (ii) recusar, negar ou impedir a inscrição ou ingresso de aluno em estabelecimento de ensino público ou privado de qualquer grau; (iii) impedir o acesso ou recusar atendimento em estabelecimentos esportivos, casas de diversões ou clubes sociais abertos ao público; (iv) impedir o acesso às entradas sociais em edifícios públicos ou residenciais e elevadores ou escada de acesso a estes; (v) impedir o acesso ou uso de transportes públicos, como aviões, navios, barcos, ônibus, trens, metrô ou qualquer outro meio de transporte concedido; (vi) impedir ou obstar o acesso de alguém ao serviço em qualquer ramo das Forças Armadas; (vii) praticar, induzir ou incitar discriminação ou preconceito de raça, cor, etnia, religião ou procedência nacional. Ademais, constitui efeito da condenação a perda do cargo ou função pública para o servidor público.

---

[393] "Os mandatos constitucionais de criminalização, portanto, impõem ao legislador, para o seu devido cumprimento, o dever de observância do princípio da proporcionalidade, como proibição do excesso e como proibição de proteção insuficiente. A ideia é a deque a intervenção estatal por meio do direito penal, como *ultima ratio*, deve ser sempre guiada pelo princípio da proporcionalidade" (MENDES, Gilmar Ferreira; COELHO, Inocêncio Mártires. *Curso de direito constitucional*. 3. ed. São Paulo: Saraiva, 2008. p. 588).

O legislador ordinário estabeleceu também como fato típico diferenciado a injúria consistente na utilização de elementos referentes a raça, cor, etnia, religião ou origem (CP, art. 140, §3º).

No âmbito administrativo, entendemos que a prática de condutas discriminatórias pode configurar procedimento irregular de natureza grave (art. 188, III, Lei Municipal nº 8.989/1979, Estatuto dos Funcionários Públicos do Município de São Paulo), passível de punição com a penalidade de demissão.

Eventuais condutas praticadas fora do ambiente de trabalho são igualmente passíveis de apuração e punição, uma vez que é dever de seus membros proceder, pública e particularmente, de forma a dignificar a função pública (art. 178, XII).

No âmbito local, a legislação municipal previu diversas hipóteses de ações afirmativas, punições a condutas discriminatórias e organização administrativa de órgãos cuja função precípua é fazer cumprir os objetivos constitucionais e proteger a dignidade da pessoa humana contra atos de preconceito cujo objeto de agressão seja a origem, raça, sexo, cor, idade, orientação sexual e quaisquer outras formas de discriminação.

Vejamos alguns exemplos:
- Lei nº 13.791/2004, que cria o Programa Municipal de Combate ao Racismo e o Programa de Ações Afirmativas para Afro-Descendentes da Prefeitura Municipal de São Paulo e dá outras providências;
- Lei nº 15.939/2013, que dispõe sobre o estabelecimento de cotas raciais para o ingresso de negros e negras no serviço público municipal em cargos efetivos e comissionados;
- Decreto nº 59.749/2020, que dispõe sobre a Política Municipal de Prevenção e Combate ao Racismo Institucional;
- Decreto nº 58.526/2018, que institui o Plano Municipal de Promoção da Igualdade Racial (PLAMPIR);
- Lei nº 17.301/2020, que dispõe sobre as sanções administrativas a serem aplicadas às práticas de discriminação em razão de orientação sexual e identidade de gênero.

Vale ressaltar que o STF, na ADI por Omissão nº 26/DF, decidiu pelo enquadramento das práticas de homofobia e transfobia no conceito de racismo previsto na Lei Federal nº 7.716/1989.

A LOMSP, ao prever que, além do racismo, qualquer outro tipo de discriminação atentatória aos direitos e liberdades fundamentais serão punidos na forma da lei, garante ampla proteção contra tais atos em suas mais variadas formas.

Art. 101 O pedido de aposentadoria voluntária bem como as pendências respectivas deverão ser apreciados no prazo máximo de 60 (sessenta) dias após o seu protocolamento, na forma da lei.

PEDRO PINHEIRO ORDUÑA

ROGÉRIO AUGUSTO BOGER FEITOSA

O ato de concessão de aposentadoria é entendido pela doutrina[394] e pelo STF[395] como um ato administrativo complexo, uma vez que resulta da manifestação volitiva conjunta da Administração Pública, que faz a análise inicial e concede a aposentadoria, e do Tribunal de Contas, que, nos termos do art. 71, III, da Constituição Federal e do art. 48, III, da LOMSP, realiza a posterior análise de sua legalidade.[396]

A toda evidência, o art. 101 se refere à primeira parte desse ato complexo, ou seja, à avaliação do pedido de aposentadoria pelo órgão responsável na estrutura da Administração Municipal, não alcançando o exame subsequente feito pelo Tribunal de Contas.

O intuito da norma em comento, que estabeleceu o prazo máximo de 60 dias para que a Administração examine o pedido de aposentadoria do servidor, não é de difícil apreensão. Pressupondo que todos os requisitos para o gozo da aposentadoria estejam preenchidos, não seria razoável obrigar o servidor a manter-se laborando indefinidamente à espera da apreciação pelo Poder Público Municipal.

Tendo em vista, todavia, que, caso se entenda pela sua concessão, a aposentadoria já passa a vigorar e a produzir todos os seus efeitos com a análise pela Administração Municipal, apenas sob a condição resolutiva da posterior homologação pelo Tribunal de Contas,[397] não haveria qualquer interesse jurídico do servidor que impusesse que também a análise posterior de legalidade, exercício de competência constitucionalmente delimitada, tivesse de se dar nesse curto prazo.

Deve-se destacar que não se trata de prazo para a concessão do benefício, mas para a apreciação do seu pedido, o que pode redundar em seu deferimento, indeferimento ou, ainda, na constatação de pendências a serem sanadas. Sendo esse o caso, o

---

[394] Tanto a aposentadoria como a pensão são atos complexos, uma vez que sujeitos a registro pelo Tribunal de Contas, conforme art. 71, III, da Constituição Federal. Produzem efeitos jurídicos imediatos, sendo suficientes para que o servidor ou seu dependente passem a usufruir do benefício; mas os mesmos só se tornam definitivos após a homologação pelo Tribunal de Contas, que tem a natureza de condição resolutiva (DI PIETRO, Maria Sylvia Zanella. *Direito Administrativo*. 34. ed. São Paulo: Forense, 2021).
[395] BRASIL. STF. RE nº 636553, rel. Gilmar Mendes, Tribunal Pleno, julgado em 19.02.2020, Processo Eletrônico DJe-129. Divulgado em 25.05.2020. Publicado em 26.05.2020.
[396] DI PIETRO, Maria Sylvia Zanella. *Direito Administrativo*. 34. ed. São Paulo: Forense, 2021. p. 711.
[397] DI PIETRO. *Direito Administrativo*, p. 711.

prazo de 60 dias deve reiniciar na data da apresentação pelo servidor das informações complementares necessárias à resolução das pendências eventualmente apontadas. A determinação legal de que as "pendências respectivas" sejam apreciadas no mesmo prazo reforça o entendimento de que este se reinicia por completo quando protocoladas as informações ou documentos complementares pelo interessado.

Embora o conteúdo do dispositivo se revele bastante claro, há algumas importantes questões a serem dirimidas. A primeira delas diz respeito à significação da expressão "na forma da lei", que consiste em fórmula comumente utilizada pelo ordenamento para a instituição de normas jurídicas de eficácia limitada.[398]

Em que pese se vislumbre espaço para a conformação da norma em tela pelo legislador ordinário, sugere-se ele bastante diminuto, não havendo o que ser efetivamente densificado pela lei ordinária quanto ao prazo máximo de 60 dias. Cuida-se, portanto, de norma de eficácia plena.[399]

Sem prejuízo, subsistem dúvidas objetivas quanto à constitucionalidade do enunciado normativo ora analisado. Primeiramente, porque é possível questionar se a norma que dele se extrai é meramente procedimental ou se, na realidade, versa sobre questão atinente ao regime jurídico[400] e à aposentadoria dos servidores municipais, matérias submetidas à iniciativa privativa do Prefeito, dada a aplicação, por simetria em âmbito municipal, do art. 61, §1º, da Constituição.

Conforme tem sido reiterado pela jurisprudência do STF, os Legislativos Estaduais[401] e Municipais[402] não podem exercer a função legislativa em tais matérias sem que haja a prévia participação, por meio da iniciativa de lei, do Chefe do Executivo.

Tal circunstância se torna ainda mais relevante quando se sabe que o Prefeito não participa *a posteriori* do processo legislativo de edição da LOM, haja vista a desnecessidade de seu crivo para a entrada em vigor da norma, que é promulgada pela própria Câmara, nos termos do art. 29 da Constituição Federal. Como se vê, afasta-se por completo a possibilidade de que o Chefe do Executivo vete, sancione e promulgue atos normativos dessa natureza.

Ainda a respeito da sua constitucionalidade, registre-se que o assunto é reservado pela Constituição Federal à lei ordinária, que figura como instrumento de

---

[398] Ao tratar das normas constitucionais de eficácia limitada, José Afonso da Silva as elucida como aquelas que "não produzem, com a simples entrada em vigor, todos os seus efeitos essenciais, porque o legislador constituinte, por qualquer motivo, não estabeleceu, sobre a matéria, uma normatividade para isso bastante, deixando essa tarefa ao legislador ordinário ou a outro órgão do Estado" (SILVA, José Afonso da. *Aplicabilidade das normas constitucionais*. 8. ed. São Paulo, Malheiros, 2015. p. 82).

[399] Ainda de acordo com José Afonso da Silva, na categoria de normas constitucionais de eficácia plena "incluem-se todas as normas que, desde a entrada em vigor da constituição, produzem todos os seus efeitos essenciais (ou têm a possibilidade de produzi-los), todos os objetivos visados pelo legislador constituinte, porque este criou, desde logo, uma normatividade para isso suficiente, incidindo direta e imediatamente sobre a matéria que lhes constitui objeto" (SILVA, José Afonso da. *Aplicabilidade das normas constitucionais*. 8. ed. São Paulo, Malheiros, 2015. p. 81-82).

[400] Por "regime jurídico dos servidores públicos", o STF já definiu que se deve entender o "conjunto de normas que disciplinam os diversos aspectos das relações, estatutárias ou contratuais, mantidas pelo Estado com os seus agentes" (STF, ADI-MC nº 766-RS, Tribunal Pleno, Rel. Min. Celso de Mello, 03.09.1992, v.u., RTJ nº 157/460).

[401] BRASIL. STF. ADI nº 5215, Relator(a): Roberto Barroso, Tribunal Pleno, julgado em 28.03.2019, Processo Eletrônico DJe-167 Divulg. 31.07.2019 Public. 01.08.2019.

[402] BRASIL. STF. RE nº 590829, Relator(a): Marco Aurélio, Tribunal Pleno, julgado em 05.03.2015, Acórdão Eletrônico Repercussão Geral – Mérito DJe-061 Divulg. 27.03.2015 Public. 30.03.2015.

procedimento consideravelmente menos rígido. Como disposto no referido art. 29, a LOM será "votada em dois turnos, com o interstício mínimo de 10 dias, e aprovada por dois terços dos membros da Câmara Municipal",[403] enquanto as leis ordinárias requerem apenas maioria simples.

Não era intuito do Constituinte impor rito tão rigoroso para as matérias em questão. Hely Lopes Meirelles, nessa mesma linha, explicitou em sua célebre obra *Direito municipal brasileiro* idêntica compreensão sobre o tema:

> Anote-se, finalmente, que o Poder Legislativo Municipal não pode, a pretexto de elaborar a lei orgânica – processo legislativo excepcional destinado a dar estrutura e organização ao Município –, dispor sobre matéria de lei ordinária, com o intuito de arredar a participação do Executivo, subtraindo-lhe o direito de vetar, sancionar e promulgar atos normativos dessa natureza.[404]

Enquanto, todavia, não resta pacificada a questão da constitucionalidade no âmbito do TJSP e do próprio STF, certo é que têm sido comuns os questionamentos judiciais realizados por servidores municipais que tiveram seus pleitos de aposentadoria apreciados em período superior ao prazo máximo de 60 dias, indicado pelo art. 101.

Tem prevalecido, atualmente, que a omissão estatal na análise no prazo determinado pela Lei Orgânica enseja responsabilização do Município, já que, segundo tal raciocínio, os servidores estariam sendo obrigados a trabalhar em situações em que os requisitos para o gozo do benefício previdenciário já estariam satisfeitos.[405]

Informação bibliográfica deste texto, conforme a NBR 6023:2018 da Associação Brasileira de Normas Técnicas (ABNT):

ORDUÑA, Pedro Pinheiro; FEITOSA, Rogério Augusto Boger. Comentários ao art. 101. *In*: BATISTELA, Marcos; BARBOSA, Maria Nazaré Lins; MARTINS, Ricardo Marcondes (coord.). *Comentários à Lei Orgânica do Município de São Paulo*: atualizada até a Emenda nº 42/2022. Belo Horizonte: Fórum, 2023. p. 269-271. ISBN 978-65-5518-497-6.

---

[403] BRASIL. Constituição da República Federativa do Brasil de 1988, de 5 de outubro de 1988. Disponível em: www.planalto.gov.br/ccivil_03/constituicao/constituicao.htm. Acesso em: 2 maio 2022.

[404] MEIRELLES, Hely Lopes. *Direito Municipal Brasileiro*. 17. ed. São Paulo: Malheiros, 2013. p. 88.

[405] Ilustrativamente, veja-se a seguinte ementa de acórdão proferido pelo TJSP: "Servidor público municipal – Pedido de aposentadoria – Atraso em virtude da ineficiência da Administração Pública que tinha 100 dias para emitir certidão e conceder o benefício – Falha na prestação de serviço – Responsabilidade do Estado – Prejuízo comprovado, pois a autora deixou de exercer o seu direito ao descanso tão desejado – Indenização por danos materiais devida – Caso em que não se caracterizou dano moral, mas mero desconforto – Recurso parcialmente provido" (São Paulo (Estado). Tribunal de Justiça. Apelação Cível nº 1062349-62.2020.8.26.0053. Relator(a): José Luiz Gavião de Almeida. Órgão julgador: 3ª Câmara de Direito Público. Data do julgamento: 23.08.2021. Data de publicação: 23.08.2021).

Art. 101-A Os servidores vinculados ao Regime Próprio de Previdência Social – RPPS do Município serão aposentados com as idades mínimas previstas para os servidores vinculados ao Regime Próprio de Previdência Social da União no inciso III do §1º do art. 40 da Constituição Federal, com a redação da Emenda à Constituição Federal nº 103, de 12 de novembro de 2019, observada a redução de idade mínima para os ocupantes de cargo de professor de que trata o §5º do art. 40 da Constituição Federal e os demais requisitos e critérios estabelecidos nesta Emenda à Lei Orgânica. (Incluído pela Emenda nº 41/2021.)

ANTONIO RICARDO SURITA DOS SANTOS

O art. 101-A foi inserido na LOMSP por meio da Emenda nº 41/2021 e entrou em vigor apenas 120 dias após sua promulgação (art. 4º).

A Emenda à LOMSP nº 41/2021 teve como escopo incorporar as regras estabelecidas pela Emenda à Constituição Federal nº 103/2019, referentes ao Regime Próprio de Previdência Social (RPPS) dos servidores públicos.

Com a entrada em vigor do art. 101-A da LOMSP, a idade mínima para a concessão de aposentadoria voluntária passou a ser de 62 anos para mulheres e 65 anos para homens, observando-se os tempos contributivos necessários e demais regras incidentes.

O art. 2º da Emenda à LOMSP nº 41/2021, que incluiu o art. 26 às Disposições Gerais e Transitórias e absorveu regras específicas contidas na Emenda à Constituição Federal nº 103/2019, acabou fixando, até que "entre em vigor lei municipal, aprovada com voto favorável da maioria absoluta dos membros da Câmara, que discipline os benefícios do RPPS", requisitos para a concessão de aposentadoria aos servidores públicos vinculados ao RPPS:
- aposentadoria voluntária: idade mínima de 62 anos, se mulher, ou de 65 anos, se homem, cumulativamente com contribuição mínima de 25 anos, mínimo de 10 anos de efetivo exercício no serviço público e de 5 anos no cargo efetivo em que for concedida a aposentadoria;
- aposentadoria compulsória: aos 70 anos, se mulher, ou aos 75 anos,[406] se homem, na forma de lei complementar, com proventos proporcionais ao tempo de contribuição;
- aposentadoria especial ao servidor público cujas atividades sejam exercidas com efetiva exposição a agentes químicos, físicos e biológicos prejudiciais à saúde,

---

[406] A lei complementar nº 152/2015 reservou a aposentadoria compulsória aos 75 anos apenas aos servidores titulares de cargos efetivos da União, dos Estados, do Distrito Federal e dos Municípios, incluídas suas autarquias e fundações, membros do Poder Judiciário, membros do Ministério Público, membros das Defensorias Públicas e membros dos Tribunais e dos Conselhos de Contas.

ou associação desses agentes, aos 60 anos, com 25 anos de efetiva exposição e contribuição, 10 anos de efetivo exercício de serviço público e 5 anos no cargo efetivo em que for concedida a aposentadoria, sendo vedadas a caracterização por categoria profissional ou ocupação e a conversão de tempo especial em comum;
- aposentadoria aos servidores com deficiência, previamente submetidos à avaliação biopsicossocial realizada por equipe multiprofissional e interdisciplinar: concedida na forma da Lei Complementar federal nº 142/2013, desde que comprovado o tempo mínimo de 10 anos de efetivo exercício no serviço público e de 5 anos no cargo efetivo em que for concedida a aposentadoria; e
- aposentadoria decorrente de incapacidade permanente para o trabalho, quando insuscetíveis de readaptação: obrigatoriedade da realização de avaliações periódicas para verificação da continuidade das condições que ensejaram a concessão da aposentadoria.

O art. 101-A também previu a redução de 5 anos na idade mínima necessária para a concessão de aposentadoria voluntária para os professores que "comprovem tempo de efetivo exercício das funções de magistério na educação infantil e no ensino fundamental e médio", nos termos do art. 40, §5º, da Constituição Federal.

De acordo com o art. 2º da Emenda à LOMSP nº 41/2021, combinado com o art. 10, §2º, III, da Emenda à Constituição Federal nº 103/2019, o titular do cargo de professor poderá se aposentar voluntariamente aos 60 anos, se homem, ou aos 57 anos, se mulher, desde que tenha contribuído por 25 anos exclusivamente no efetivo exercício das funções de magistério na Educação Infantil e no Ensino Fundamental e Médio, além de possuir 10 anos de efetivo exercício de serviço público e 5 anos no cargo efetivo em que for concedida a aposentadoria, para ambos os sexos.

Cumpre destacar que a Procuradoria-Geral do Município de São Paulo, nos Pareceres/Ementas nº 11.450 e 12.313, firmou o entendimento de que somente professores de carreira podem ser beneficiados da redução do tempo de contribuição para a obtenção de aposentadoria no exercício de direção, coordenação e assessoramento pedagógico:

> Ementa nº 11.450 – Servidor público. Especialistas da educação. Direito à aposentadoria especial do professor, nos termos da Lei Federal nº 11.301, de 10 de maio de 2006. Lei que deve ser aplicada à luz da interpretação que lhe foi conferida pelo STF na ADIn nº 3.772-2/DF, julgada parcialmente procedente, definindo que 'as funções de direção, coordenação e assessoramento pedagógico integram a carreira do magistério, desde que exercidos em estabelecimentos de ensino básico, por professores de carreira, excluídos os especialistas em educação, fazendo jus aqueles que as desempenham ao regime especial de aposentadoria estabelecido nos arts. 40, §4º, e 201, §1º, da Constituição Federal.
>
> (...)
>
> Não resta dúvida, então, de que a decisão do STF assegurou a aposentadoria especial aos professores, seja no exercício de suas atividades docentes, em sala de aula, seja, com o advento da Lei nº 11.301/06, no exercício das funções de direção, coordenação e assessoramento pedagógico, dentro da unidade escolar. O requisito imprescindível é que se trate de professores de carreira.

O Decreto Municipal nº 61.150/2022, que dispõe "sobre a concessão e manutenção das aposentadorias e pensões dos servidores públicos do Município de São Paulo", estabeleceu outros requisitos e hipóteses para concessões de aposentadorias e pensões por morte, como a possibilidade de redução na idade mínima para a obtenção de aposentadorias aos servidores integrantes do RPPS, desde que acompanhada de período adicional de contribuição (arts. 12, 13, 15 e 16).

Informação bibliográfica deste texto, conforme a NBR 6023:2018 da Associação Brasileira de Normas Técnicas (ABNT):

SANTOS, Antonio Ricardo Surita dos. Comentários ao art. 101-A. In: BATISTELA, Marcos; BARBOSA, Maria Nazaré Lins; MARTINS, Ricardo Marcondes (coord.). *Comentários à Lei Orgânica do Município de São Paulo*: atualizada até a Emenda nº 42/2022. Belo Horizonte: Fórum, 2023. p. 272-274. ISBN 978-65-5518-497-6.

Art. 102 Cabe ao Município assegurar uma estrutura previdenciária e de assistência médico-hospitalar que viabilize os princípios previstos na Constituição da República, garantindo a participação dos segurados na sua gestão.

Parágrafo único – A direção e o gerenciamento dos recursos destinados a assegurar os direitos relativos à previdência do servidor serão exercidos por órgãos colegiados que terão sua composição, organização e competência fixadas em lei, garantida a participação dos servidores municipais, eleitos pelos segurados.

ANTONIO RICARDO SURITA DOS SANTOS

Em relação à estrutura previdenciária, a Lei Municipal nº 13.973/2005 estabeleceu que o Instituto de Previdência Municipal de São Paulo (IPREM), autarquia dotada de autonomia administrativa, financeira e patrimonial, é o "único órgão gestor das aposentadorias e pensões, responsável pelo processamento dos dados, concessão e pelo pagamento desses benefícios devidos pelo Município".

O IPREM atualmente está vinculado à Secretaria Municipal da Fazenda, nos termos do art. 2º do Decreto Municipal nº 60.393/2021.

Aperfeiçoando o conteúdo das Leis Municipais nº 9.157/1980 e 13.254/2001, a Lei Municipal nº 13.973/2005 fixou as competências e as composições dos Conselhos Deliberativo e Fiscal do IPREM, exigindo "a participação paritária de representantes dos servidores e do Município".

O Conselho Deliberativo do IPREM é o órgão superior de deliberação e é composto por oito membros titulares, metade eleita diretamente por servidores ativos, inativos e pensionistas e metade, de livre nomeação e exoneração pelo Prefeito, preferencialmente entre servidores efetivos.

Entre as competências do Conselho Deliberativo estão a aprovação da política geral de administração da entidade, da nota técnica e do parecer atuarial do exercício, das normas da política de investimento e custeio, do orçamento anual e plurianual, do plano de contas, do regulamento geral de compras e contratações, dos balancetes mensais e dos demonstrativos financeiros anuais da instituição e o exame, em grau de recurso, das decisões da Superintendência pertinentes às aposentadorias e pensões.

Já o Conselho Fiscal do IPREM "é o órgão superior de fiscalização e controle dos atos do Conselho Deliberativo e da Administração do Instituto de Previdência Municipal, colegiado e paritário", composto por seis titulares, metade eleita diretamente por servidores ativos, inativos e pensionistas e metade, de livre nomeação e exoneração pelo Prefeito, preferencialmente entre servidores efetivos.

Em relação ao regime de previdência complementar do servidor público do Município de São Paulo, a Lei Municipal nº 17.020/2018 autorizou o Poder Executivo "a criar entidade fechada de previdência complementar, de natureza pública, com personalidade jurídica de direito privado, denominada Fundação de Previdência

Complementar dos Servidores Públicos do Município de São Paulo (SAMPAPREV), vinculada à Secretaria Municipal da Fazenda, com a finalidade de administrar e executar plano de benefícios de caráter previdenciário complementar" (art. 5º), devendo observar a necessária paridade entre representantes dos servidores e do Município nos respectivos Conselhos Deliberativo e Fiscal, como indica a Lei Complementar Federal nº 108/2001.

É importante ressaltar que a Lei Municipal nº 17.020/2018, em seu art. 26, possibilita ao Município que possa se valer "de entidade fechada de previdência complementar já existente, destinada a administrar planos de previdência complementar de servidores públicos, mediante instrumento específico", em vez de constituir a SAMPAPREV, mas exige a criação de Comitê Gestor com composição paritária, dividida entre representantes indicados pelo Prefeito e por representantes eleitos pelos servidores, para acompanhamento e fiscalização da gestão do respectivo plano complementar.

Informação bibliográfica deste texto, conforme a NBR 6023:2018 da Associação Brasileira de Normas Técnicas (ABNT):

SANTOS, Antonio Ricardo Surita dos. Comentários ao art. 102. *In*: BATISTELA, Marcos; BARBOSA, Maria Nazaré Lins; MARTINS, Ricardo Marcondes (coord.). *Comentários à Lei Orgânica do Município de São Paulo*: atualizada até a Emenda nº 42/2022. Belo Horizonte: Fórum, 2023. p. 275-276. ISBN 978-65-5518-497-6.

Art. 103 Os recursos provenientes dos descontos compulsórios dos servidores públicos municipais, bem como a contrapartida do Município, destinados à formação de fundo próprio de previdência, deverão ser postos, mensalmente, à disposição da entidade municipal responsável pela prestação do benefício, na forma que a lei dispuser.

ANTONIO RICARDO SURITA DOS SANTOS

O art. 103 da LOMSP segue a diretriz estabelecida pelo art. 249 da Constituição Federal, que permitiu a criação de fundos integrados por recursos provenientes de contribuições e por bens, direitos e ativos, de qualquer natureza, com o objetivo de assegurar recursos para o pagamento de aposentadorias aos servidores e pensões aos seus dependentes.

Atualmente, o Decreto Municipal nº 61.151/2022 estabelece os procedimentos mensais para retenção e repasse das contribuições previdenciárias devidas pelos servidores públicos e pelo Município (incluindo Câmara Municipal, Tribunal de Contas, Autarquias e Fundações) ao IPREM, responsável pela concessão e manutenção dos benefícios e pela garantia do equilíbrio financeiro e atuarial do sistema.

O Decreto Municipal nº 61.151/2022 também prevê o repasse direto do IPREM ao Fundo Financeiro (FUNFIN) e ao Fundo Previdenciário (FUNPREV), criados pela Emenda à LOMSP nº 41/2021.

Parece importante esclarecer que o FUNFIN, fundo de repartição simples, detém a responsabilidade de gerir os recursos a este vinculados, para o custeio dos benefícios previdenciários aos segurados vinculados ao RPPS e seus dependentes, que, cumulativamente: (i) tenham sido admitidos como servidores efetivos no Município de São Paulo até 27 de dezembro de 2018; (ii) tenham nascido após 31 de dezembro de 1953; e (iii) que não tenham aderido à previdência complementar.

O FUNPREV, fundo em regime de capitalização, por sua vez, é responsável por gerir os recursos a este vinculados, para o custeio dos benefícios previdenciários aos segurados vinculados ao RPPS e seus dependentes, que: (i) tenham sido admitidos como servidores efetivos no Município de São Paulo após 27 de dezembro de 2018; (ii) tenham nascido até 31 de dezembro de 1953; ou (iii) que tenham aderido à previdência complementar independentemente da idade e data de admissão como servidores efetivos no Município de São Paulo.

Informação bibliográfica deste texto, conforme a NBR 6023:2018 da Associação Brasileira de Normas Técnicas (ABNT):

SANTOS, Antonio Ricardo Surita dos. Comentários ao art. 103. *In*: BATISTELA, Marcos; BARBOSA, Maria Nazaré Lins; MARTINS, Ricardo Marcondes (coord.). *Comentários à Lei Orgânica do Município de São Paulo*: atualizada até a Emenda nº 42/2022. Belo Horizonte: Fórum, 2023. p. 277. ISBN 978-65-5518-497-6.

Art. 104 É vedado ao Município de São Paulo proceder ao pagamento de mais de um benefício da previdência social, a título de aposentadoria, a ocupantes de cargos e funções públicas, inclusive de cargos eletivos, salvo os casos de acumulação permitida na Constituição da República.

NICOLLE CHISTIEN MESQUITA MARQUES MEGDA

A norma veda a cumulação de proventos em âmbito municipal. A análise sobre a cumulação de proventos está diariamente presente na administração pública, em razão de da existência de medidas destinadas a contornar as balizas impostas.

Destaca Celso Antônio Bandeira de Mello, que "as possibilidades que a Constituição abre em favor de hipóteses de acumulação de cargos não são para benefício do servidor, mas da coletividade".[407]

O artigo em comento direciona a proibição para as seguintes pessoas: (i) ocupantes de cargos; (ii) ocupantes de funções públicas; e (iii) ocupantes de cargos eletivos.

Os cargos públicos, segundo Celso Antônio Bandeira de Mello,[408] "são as mais simples e indivisíveis unidade de competência a serem expressadas por um agente previstas em número certo, com denominação própria". Os agentes que ocupam esses cargos seriam os servidores públicos escolhidos por meio de concurso público e submetidos ao regime estatutário.

As funções de públicas podem ser divididas em duas categorias: as de natureza temporária e as de natureza permanente. A primeira é exercida em razão de contratos temporários sujeitos a um regime especial, com fundamento no inciso IX do art. 37 da Constituição Federal, regulamentado pela Lei Federal nº 8.745/1993. Já a segunda refere-se aos cargos em comissão, de livre nomeação e exoneração, destinados ao exercício das atribuições de direção, chefia e assessoramento, com base no inciso V do art. 37 da Constituição Federal.

Os cargos eletivos são de natureza temporária e política, ocupados pelos titulares escolhidos direta ou indiretamente pelo eleitorado, no Poder Legislativo e Executivo.

Em uma interpretação literal ou gramatical, chega-se à conclusão de que os empregos públicos não estariam abrangidos pelo artigo. Contudo, o inciso XVII do art. 37 da Constituição Federal, incluído pela Emenda Constitucional nº 19/1998, estende a proibição da cumulação "aos empregos e funções e abrange autarquias, fundações, empresas públicas, sociedades de economia mista, suas subsidiárias, e sociedades

---

[407] BANDEIRA DE MELLO, Celso Antônio. *Curso de Direito Administrativo*. 27. ed. São Paulo: Malheiros, 2010. p. 277.
[408] BANDEIRA DE MELLO. *Curso de Direito Administrativo*, p. 254.

controladas, direta ou indiretamente, pelo poder público".[409] Portanto, após a alteração realizada pela emenda, a proibição de cumulação expressamente abrange os empregos públicos, acabando com qualquer discussão.

Todavia, é importante ressaltar que a vedação da cumulação foi inserida no texto constitucional pela Emenda Constitucional nº 19/1998. Diante disso, é possível a existência de outras cumulações anteriores à emenda, na forma autorizada pelas disposições transitórias da emenda.

Hoje, para cumulação lícita, são necessárias a compatibilidade de horários e a ocupação dos seguintes cargos: (i) dois cargos de professor (art. 37, XVI, "a", Constituição Federal); (ii) um cargo de professor com outro técnico ou científico ou militar (art. 37, XVI, "b", e art. 42, §3º, Constituição Federal); (iii) dois cargos ou empregos privativos de profissionais de saúde, com profissões regulamentadas ou das Forças Armadas (art. 37, XVI, "c", e art. 142, III, Constituição Federal); (iv) mandato de vereador com cargo, emprego ou função pública (art. 38, III, Constituição Federal); (v) juiz e um cargo de magistério (art. 95, I, Constituição Federal); (vi) membros do Ministério Público e de um cargo de magistério (art. 128, §5º, II, "d", Constituição Federal).

Ainda, é possível a cumulação de militar das Forças Armadas com cargo, emprego ou função pública civil temporária, não eletiva, ainda que da administração indireta; entretanto, após dois anos de afastamento, contínuos ou não, o militar será transferido para a reserva, nos termos da lei (art. 142, III, Constituição Federal).

Haja vista o exposto, verifica-se que é possível a cumulação aposentadorias, desde que seja possível a cumulação na atividade; nesse sentido é o RE nº 613.399 AgR.[410] Lembrando que inexistente a possibilidade de cumulação tríplice, quando se tratar de cargos, funções ou empregos acumuláveis na atividade, conforme o ARE 849.993 RG.[411]

Informação bibliográfica deste texto, conforme a NBR 6023:2018 da Associação Brasileira de Normas Técnicas (ABNT):

MEGDA, Nicolle Chistien Mesquita Marques. Comentários ao art. 104. In: BATISTELA, Marcos; BARBOSA, Maria Nazaré Lins; MARTINS, Ricardo Marcondes (coord.). *Comentários à Lei Orgânica do Município de São Paulo*: atualizada até a Emenda nº 42/2022. Belo Horizonte: Fórum, 2023. p. 278-279. ISBN 978-65-5518-497-6.

---

[409] BRASIL. Constituição (1988). Constituição da República Federativa do Brasil de 1988. Art. 37, XVII. Brasília: Disponível em: www.planalto.gov.br/ccivil_03/constituicao/constituicao.htm. Acesso: 15 maio 2022.

[410] BRASIL. STF. AG. REG. no Recurso Extraordinário nº 612.339/RJ. Rel. Min. Ricardo Lewandowski. Brasília, 18 ago. 2012. Disponível em: https://redir.stf.jus.br/paginadorpub/paginador.jsp?docTP=TP&docID=2634558. Acesso em: 15 maio 2022.

[411] BRASIL. STF. Repercussão Geral no Recurso Extraordinário com Agravo nº 848.993/MS. Rel. Min. Gilmar Medes. Brasília: 06.10.2016. Disponível em: https://redir.stf.jus.br/paginadorpub/paginador.jsp?docTP=TP&docID=12618012. Acesso em: 15 maio 2022.

Art. 105 É vedada ao Município de São Paulo a criação ou manutenção, com recursos públicos de carteiras especiais de previdência social para ocupantes de cargos eletivos.

Parágrafo único – Os vereadores poderão se vincular à previdência municipal, observadas as normas aplicáveis aos servidores públicos e o disposto no art. 202 da Constituição da República.

NICOLLE CHISTIEN MESQUITA MARQUES MEGDA

Os cargos eletivos são cargos políticos ocupados pelos titulares escolhidos direta ou indiretamente pelo eleitorado. Em âmbito municipal, referem-se aos cargos de Prefeito e vereadores. Tais cargos são temporários, por terem a sua ocupação vinculada à duração do mandato em que o titular foi eleito.

A Constituição Federal, no art. 40, §13, inserido pela Emenda Constitucional nº 20/1998 e alterado pela Emenda Constitucional nº 103/2019, estabelece que os ocupantes de cargos temporários estão vinculados ao Regime Geral de Previdência Social (RGPS).

Apenas com a EC nº 103/2019 os cargos decorrentes de mandato eletivo foram incluídos de forma expressa no texto constitucional. Contudo, o STF possui jurisprudência consolidada da aplicação da norma a esses cargos a partir da EC nº 20/1998. O seguinte trecho da ADI nº 2.177/SC[412] demonstra esse entendimento:

> A Emenda Constitucional 20/98 limitou a filiação aos regimes próprios de previdência apenas a servidores titulares de cargo efetivo, bem como vedou a criação de regimes previdenciários alternativos, em benefício de categorias determinadas. Os agentes políticos, no exercício de mandato, desempenham cargos públicos temporários, de modo que se submetem à filiação obrigatória ao Regime Geral de Previdência Social, a teor do disposto no art. 40, §13, da Constituição Federal, incluído pela EC 20/18.

Por estarem vinculados ao RGPS, não pode o Município criar ou manter carteiras especiais de previdência social com recursos públicos.

Informação bibliográfica deste texto, conforme a NBR 6023:2018 da Associação Brasileira de Normas Técnicas (ABNT):

MEGDA, Nicolle Chistien Mesquita Marques. Comentários ao art. 105. *In*: BATISTELA, Marcos; BARBOSA, Maria Nazaré Lins; MARTINS, Ricardo Marcondes (coord.). *Comentários à Lei Orgânica do Município de São Paulo*: atualizada até a Emenda nº 42/2022. Belo Horizonte: Fórum, 2023. p. 280. ISBN 978-65-5518-497-6.

---

[412] BRASIL. STF. Ação Direta de Inconstitucionalidade nº 2.177/SC. Rel. Min. Gilmar Mendes. Brasília: 04.10.2019. Disponível em: https://redir.stf.jus.br/paginadorpub/paginador.jsp?docTP=TP&docID=751181465. Acesso em: 15 maio 2022.

Art. 106 É vedada a estipulação de limite de idade para ingresso por concurso público na administração direta e indireta, respeitando-se apenas o limite constitucional para aposentadoria compulsória.

LUCIANA RUSSO

Esse dispositivo assegura o direito à igualdade, previsto no art. 5º da Constituição da República Federativa do Brasil.

É interessante observar que a Lei Maior não estabelece qualquer limite de idade para o ingresso no serviço público; contudo, admite que sejam estabelecidos requisitos na lei. Vejamos:

> Art. 37. A administração pública direta e indireta de qualquer dos Poderes da União, dos Estados, do Distrito Federal e dos Municípios obedecerá aos princípios de legalidade, impessoalidade, moralidade, publicidade e eficiência e, também, ao seguinte:
>
> I – os cargos, empregos e funções públicas são acessíveis aos brasileiros que preencham os requisitos estabelecidos em lei, assim como aos estrangeiros, na forma da lei;
>
> II – a investidura em cargo ou emprego público depende de aprovação prévia em concurso público de provas ou de provas e títulos, de acordo com a natureza e a complexidade do cargo ou emprego, na forma prevista em lei, ressalvadas as nomeações para cargo em comissão declarado em lei de livre nomeação e exoneração;

Ora, a Lei Orgânica paulistana deixou expresso que a idade jamais poderá ser um desses requisitos; desse modo, como já anotado, garante a consecução do princípio da igualdade.

Destaca-se, ainda, que esse artigo também atende a um dos objetivos fundamentais da República Federativa do Brasil: promover o bem de todos, sem preconceitos de origem, raça, sexo, cor, idade e quaisquer outras formas de discriminação (art. 3º, IV, Constituição Federal).

O único limite será a aposentadoria compulsória, dado que esta vem prevista na Constituição Federal como norma geral para a administração de todas as esferas federativas. Do mesmo modo a regulamentação pela Lei Complementar nº 152/2015, a qual é aplicável aos Municípios. Veja-se a seguir:

> Art. 40. O regime próprio de previdência social dos servidores titulares de cargos efetivos terá caráter contributivo e solidário, mediante contribuição do respectivo ente federativo, de servidores ativos, de aposentados e de pensionistas, observados critérios que preservem o equilíbrio financeiro e atuarial.
>
> §1º O servidor abrangido por regime próprio de previdência social será aposentado:

II – compulsoriamente, com proventos proporcionais ao tempo de contribuição, aos 70 (setenta) anos de idade, ou aos 75 (setenta e cinco) anos de idade, na forma de lei complementar;

(LEI COMPLEMENTAR Nº 152, DE 3 DE DEZEMBRO DE 2015)

Dispõe sobre a aposentadoria compulsória por idade, com proventos proporcionais, nos termos do inciso II do §1º do art. 40 da Constituição Federal

(...)

Art. 2º Serão aposentados compulsoriamente, com proventos proporcionais ao tempo de contribuição, aos 75 (setenta e cinco) anos de idade:

I – os servidores titulares de cargos efetivos da União, dos Estados, do Distrito Federal e dos Municípios, incluídas suas autarquias e fundações;

Informação bibliográfica deste texto, conforme a NBR 6023:2018 da Associação Brasileira de Normas Técnicas (ABNT):

RUSSO, Luciana. Comentários ao art. 106. *In*: BATISTELA, Marcos; BARBOSA, Maria Nazaré Lins; MARTINS, Ricardo Marcondes (coord.). *Comentários à Lei Orgânica do Município de São Paulo*: atualizada até a Emenda nº 42/2022. Belo Horizonte: Fórum, 2023. p. 281-282. ISBN 978-65-5518-497-6.

Art. 107 Os concursos públicos de ingresso de servidores serão realizados por entidades dissociadas da administração e, para a composição das comissões organizadoras, deverão ser previamente ouvidas as entidades de classe do funcionalismo.

RICARDO BUCKER SILVA

A realização de concursos públicos vai muito além do cumprimento estrito do comando constitucional disposto no inciso II do art. 37 da Constituição da República Federativa do Brasil. O concurso público consubstancia a melhor forma (ou, para os críticos, a menos pior) de recrutamento de agentes, a par de todas as críticas que possa sofrer. Afinal, trata-se de uma oportunidade aberta à sociedade para que, caso almeje, ingresse nos quadros do Estado, classificando-se como verdadeira demonstração de democracia.

Pontua José dos Santos Carvalho Filho:

> Concurso público é o procedimento administrativo que tem por fim aferir as aptidões pessoais e selecionar os melhores candidatos ao provimento de cargos e funções públicas. Na aferição pessoal, o Estado verifica a capacidade intelectual, física e psíquica de interessados em ocupar funções públicas e no aspecto seletivo são escolhidos aqueles que ultrapassam as barreiras opostas no procedimento, obedecida sempre a ordem de classificação. Cuida-se, na verdade, do mais idôneo meio de recrutamento de servidores públicos.[413]

O fundamento para a realização de concurso está na vedação às contratações pautadas em critérios subjetivos, tal como apadrinhamento e a nomeação de pessoas conhecidas em troca de benefícios escusos. A realização de concurso público está pautada na observância dos princípios constitucionais da impessoalidade, da moralidade, da isonomia e da legalidade (art. 37, Constituição Federal).

Segundo Adilson Abreu Dallari:[414]

> O concurso público somente interessa aos fracos, aos desprotegidos, àqueles que não contam com o amparo dos poderosos capazes de conseguir cargos ou empregos sem maiores esforços. A realização de concursos públicos sempre terá uma forte oposição daqueles que dispõem de meios para prover cargos e funções por outros meios.

A regra é que todas as pessoas possam participar do concurso público, que deverá ser amplamente divulgado como forma de encontrar interessados (sendo imprescindível a publicidade para a produção de efeitos a terceiros).

---

[413] CARVALHO FILHO, José dos Santos. *Manual de direito administrativo*. 19. ed. Rio de Janeiro: Lumen Júris, 2008.
[414] DALLARI, Adilson Abreu. Princípio da Isonomia e Concursos Públicos. *In*: MOTTA, Fabrício (coord.). *Concurso público e constituição*. Belo Horizonte: Fórum, 2007. p. 88.

Quanto à oitiva das entidades de classe do funcionalismo, traduz-se como medida salutar e lógica para melhor instruir e orientar o administrador, visto que a entidade de classe está sempre acompanhando diuturnamente as necessidades da carreira, como a quantidade de membros efetivos, o volume de trabalho, o ritmo de aposentadorias, entre outros aspectos.

No mesmo diapasão, o concurso público deve ser pautado em critérios objetivos de escolha, ainda que algumas fases do certame, eventualmente, sejam constituídas por exame de título ou por experiência profissional. Daí surge a proibição implícita da realização de concurso público realizado apenas com a fase da análise de títulos, uma vez que tal procedimento colocaria em risco a impessoalidade necessária.[415,416]

Cabe mencionar também, em especial, que vale a leitura da Lei Municipal nº 13.758/2004, que dispõe sobre normas gerais para a realização de concursos públicos de ingresso para provimento de cargos efetivos e empregos públicos no âmbito da administração pública municipal direta e indireta. Tal norma traz o conteúdo mínimo necessário que o edital do certame deverá mencionar entre outras disposições como prazos recursais, por exemplo. Para um maior aprofundamento sobre a efetividade de um contraditório material em concurso público (cumprindo assim o princípio da isonomia), remetemos o leitor ao artigo desse autor.[417]

Entendemos que o STF considera o concurso público processo, e não procedimento, que assegura o direito subjetivo à nomeação dos aprovados dentro do número inicial de vagas, nos termos da súmula nº 15 do STF, sendo que o próprio STF o estendeu ao candidato aprovado (ainda que fora do número de vagas inicialmente previstas, caso surjam vagas novas no decorrer do prazo de validade da seleção).[418] Contudo, o STF, por seu turno, admitiu que, em situações excepcionais, a Administração Pública pode deixar de nomear os candidatos aprovados dentro do número de vagas inicialmente previstas[419] quando se configurar, cumulativamente: (i) superveniência (os eventuais fatos ensejadores de uma situação excepcional devem ser necessariamente posteriores à publicação do edital do certame público); (ii) imprevisibilidade (a situação deve ser determinada por circunstâncias extraordinárias, imprevisíveis à época do edital); (iii) gravidade (os acontecimentos extraordinários e imprevisíveis devem ser extremamente graves, implicando onerosidade excessiva, dificuldade ou mesmo impossibilidade de cumprimento efetivo das regras do edital); e (iv) necessidade (a solução excepcional e drástica de não cumprimento do dever de nomear deve ser extremamente necessária, de forma que a Administração somente pode adotar tal medida quando absolutamente não existirem outros meios menos gravosos para enfrentar a situação).

---

[415] Viola o princípio constitucional da isonomia norma que estabelece como título o mero exercício de função pública (ADI nº 3443).

[416] Surge a conflitar com a igualdade almejada pelo concurso público o empréstimo de pontos a desempenho profissional anterior em atividade relacionada com o concurso público. Mostra-se conflitante com o princípio da razoabilidade eleger como critério de desempate tempo anterior na titularidade do serviço para o qual se realiza o concurso público (ADI nº 3522).

[417] Por um concurso público transparente: Da necessidade de divulgação de critérios objetivos de correção, motivação das decisões e contraditório no Estado Democrático de Direito (https://jus.com.br/artigos/61114/por-um-concurso-publico-transparente) e gravação de palestra no Cejur, intitulada "Concurso Público transparente: critérios para um contraditório material", disponível no canal do Cejur no YouTube.

[418] O direito à nomeação também se estende ao candidato aprovado fora do número de vagas previstas no edital na hipótese em que surgirem novas vagas no prazo de validade do concurso (ARE nº 790.897).

[419] RE nº 598.099.

Aqueles que são admitidos por meio de concurso público são regidos por um estatuto e classificados como servidores estatutários, diferentemente do empregado público, que é regido pela CLT (principal diferença), sendo admitido também por concurso público. Por seu turno, os agentes temporários não são admitidos por concurso público, e sim por meio de processo seletivo simplificado. Tais servidores não ocupam cargo ou emprego, apenas desempenham uma função pública de caráter transitório, sendo que, no âmbito do município de São Paulo, a principal norma que trata dos servidores é a Lei Municipal nº 8.989/1979.

Retomando, quanto ao processo do concurso, entende-se que este contém uma fase interna (atos praticados no interior dos órgãos públicos responsáveis) e outra externa (a partir da publicação do edital[420] até a homologação do certame).

A parcela da doutrina aduz que a Administração decidirá se o concurso público será realizado por seus próprios meios (execução direta) ou por meio de outro órgão ou entidade (execução indireta), sendo que, nesse último caso, impõe-se o regime obrigatório de contratações pública, a não ser que seja caso de dispensa. Vale aqui registrar que o próprio comando legal da LOMSP determina a realização por meio de entidades dissociadas, a fim de fazer bem cumprir os princípios constitucionais já mencionados, em especial o da isonomia, sendo, via de regra, responsabilidade direta da instituição organizadora e subsidiária a da Administração.[421]

Quanto à contração direta, merece destaque entendimento sumulado do TCU (Súmula nº 287) no seguinte sentido: "É lícita a contratação de serviço de promoção de concurso público por meio de dispensa de licitação, com fulcro no art. 24, XIII, da Lei nº 8.666/1993, desde que sejam observados todos os requisitos previstos no referido dispositivo e demonstrado o nexo efetivo desse objeto com a natureza da instituição a ser contratada, além de comprovada a compatibilidade com os preços de mercado".

Nessa esteira, a fim de que se evitem ilegalidades no processo, é indispensável que constem no procedimento de justificação (da contratação): (i) devida pesquisa de mercado das instituições; (ii) reputação ético-profissional; (iii) avaliação de suas competências; (iv) finalidade lucrativa ou não; e (v) orçamentos relativos ao objeto contratado, segundo Raquel Carvalho, cujo artigo sobre o tema se recomenda para aprofundamento.[422]

Informação bibliográfica deste texto, conforme a NBR 6023:2018 da Associação Brasileira de Normas Técnicas (ABNT):

SILVA, Ricardo Bucker. Comentários ao art. 107. In: BATISTELA, Marcos; BARBOSA, Maria Nazaré Lins; MARTINS, Ricardo Marcondes (coord.). *Comentários à Lei Orgânica do Município de São Paulo*: atualizada até a Emenda nº 42/2022. Belo Horizonte: Fórum, 2023. p. 283-285. ISBN 978-65-5518-497-6.

---

[420] Após a publicação do edital e no curso do certame, só se admite a alteração das regras do concurso se houver modificação na legislação que disciplina a respectiva carreira. Precedentes (Recurso Extraordinário nº 318.106).

[421] "(...) Quanto à tese da repercussão geral, voto pela sua consolidação nos seguintes termos: 'O Estado responde subsidiariamente por danos materiais causados a candidatos em concurso público organizado por pessoa jurídica de direito privado (art. 37, §6º, Constituição Federal), quando os exames são cancelados por indícios de fraude'" (RE nº 662405).

[422] Disponível em: http://raquelcarvalho.com.br/2020/02/12/concurso-publico-importancia-execucao-indireta-e-artigo-24-xiii-da-lei-8-666/. Acesso em: 22 jan. 2023.

Art. 108 As contratações por tempo determinado a serem efetuadas na forma da lei para atender a necessidades temporárias, de excepcional interesse público, não serão superiores a 12 (doze) meses, e obedecerão, obrigatoriamente, a processo seletivo prévio.

(Alterado pela Emenda nº 04/1991 e posteriormente pela Emenda nº 22/2001.)

Parágrafo único – As contratações por tempo determinado efetivadas na área da Saúde, até o mês de novembro de 1993, ficam prorrogadas, uma única vez, por mais 6 (seis) meses. (Acrescentado pela Emenda nº 16/1994.)

RAFAEL ALVES DE MENEZES

O art. 37, IX, da Constituição Federal de 1988 dispôs que a "lei estabelecerá os casos de contratação por tempo determinado para atender a necessidade temporária de excepcional interesse público". A LOMSP também estabeleceu a possibilidade da contratação de pessoal temporária, com a necessidade de observância dos seguintes requisitos, após a redação dada pela Emenda à Lei Orgânica nº 22/2001: (i) necessidades temporárias, de excepcional interesse público; (ii) impossibilidade de superação do prazo de 12 (doze) meses; (iii) processo seletivo prévio.

No âmbito federal, a questão foi regulamentada pela Lei Federal nº 8.745/1993. Regulamentando a questão no âmbito do Município de São Paulo, foi editada a Lei Municipal nº 10.793/1989, que estabelece as hipóteses de contratação por tempo determinado, requisitos e direitos do servidor temporário.

Vale colacionar as hipóteses em que a indigitada Lei Municipal permite a contratação temporária de pessoal:

Art. 2º As contratações a que se refere o artigo 1º somente poderão ocorrer nos seguintes casos:

I – Calamidade pública;

II – Inundações, enchentes, incêndios, epidemias e surtos,

III – Campanhas de saúde pública;

IV – (Inciso declarado inconstitucional pela 2139944-27.2016.8.26.0000)

V – De emergência, quando caracterizada a urgência e inadiabilidade de atendimento da situação que possa comprometer a realização de eventos, ou ocasionar prejuízo a saúde: ou à segurança de pessoas, obras, serviços, equipamentos e outros bens, públicos ou particulares.

VI – (Inciso declarado inconstitucional pela 2139944-27.2016.8.26.0000)

VII – necessidade inadiável de pessoal para o regular funcionamento das unidades de prestação de serviços essenciais, notadamente unidades educacionais e de saúde, quando decorrente de fatos imprevisíveis ou, ainda que previsíveis, cujo momento de ocorrência não possa ser previamente conhecido pela Administração, e desde que essa necessidade não possa ser suprida pelo esforço extraordinário dos demais servidores lotados na mesma unidade e encarregados da mesma função ou por remanejamento de pessoal, observados os limites previstos no art. 3º desta lei; (Incluído pela Lei nº 16.899/2018)

VIII – necessidade de docente substituto para suprir a falta de professor efetivo em razão de licenças médicas e outros afastamentos que a lei considere como de efetivo exercício, desde que essa necessidade não possa ser suprida pelo esforço extraordinário dos demais servidores lotados na mesma unidade e encarregados da mesma função ou por remanejamento de pessoal, observados os limites previstos no art. 3º desta lei. (Incluído pela Lei nº 16.899/2018)

Parágrafo único. Nas hipóteses referidas no inciso VII do "caput" deste artigo, tratando-se de necessidade que apresente caráter permanente, a contratação somente será celebrada se estiver em trâmite processo para a realização de concurso público ou para a criação de cargos. (Incluído pela Lei nº 16.899/2018).

Essa espécie de contratação, que é de regime estatutário, não se confunde com a dos empregados regidos pela CLT, na dicção do seu art. 8º, que estabeleceu o seguinte:

Art. 8º. Submetem-se ao regime jurídico estabelecido pela Consolidação das Leis do Trabalho – CLT, salvo se, no caso dos Estados, do Distrito Federal e dos Municípios, lei local dispuser de forma diversa.

Prevalece o entendimento hoje de que os temporários não são empregados públicos nem servidores públicos, e sim ocupantes de funções públicas de caráter temporário e excepcional, que possuem vínculo com a Administração por meio de contrato de natureza administrativa, regido pela legislação pertinente.

Por tal motivo, os contratados temporários se filiarão ao RGPS e, caso haja litígio entre a relação travada entre os contratos e o Município de São Paulo, a competência para julgar a questão será da Justiça Comum, e não da Justiça do Trabalho, em virtude da relação jurídico-administrativa.

Por fim, o parágrafo único é norma de eficácia exaurida, visto que tinha por objetivo prorrogar a questão das contratações efetivadas na área de saúde até o mês de novembro de 1993.

Informação bibliográfica deste texto, conforme a NBR 6023:2018 da Associação Brasileira de Normas Técnicas (ABNT):

MENEZES, Rafael Alves de. Comentários ao art. 108. In: BATISTELA, Marcos; BARBOSA, Maria Nazaré Lins; MARTINS, Ricardo Marcondes (coord.). *Comentários à Lei Orgânica do Município de São Paulo*: atualizada até a Emenda nº 42/2022. Belo Horizonte: Fórum, 2023. p. 286-287. ISBN 978-65-5518-497-6.

Art. 109 Lei definirá a responsabilidade e penalidades cabíveis aos servidores e empregados da administração direta e indireta, que, por ação ou omissão:

I – tendo conhecimento de atos e práticas que contrariem os princípios previstos nesta Lei, em especial no art. 81, não tomarem as providências cabíveis ao seu nível hierárquico;

II – contribuírem com atos que impliquem na degradação ambiental e da qualidade de vida.

RAFAEL ALVES DE MENEZES

A LOMSP, no art. 109, estabelece que a lei definirá a responsabilidade e as penalidades cabíveis aos servidores e empregados da Administração direta e indireta que: (i) tendo conhecimento de atos e práticas que contrariem os princípios previstos nesta Lei, em especial no art. 81, não tomarem as providências cabíveis ao seu nível hierárquico; (ii) contribuírem com atos que impliquem a degradação ambiental e da qualidade de vida.

Na primeira, busca-se evitar a condescendência do servidor ou empregado que possua nível hierárquico pertinente e tenha tendo conhecimento de atos e práticas que contrariem os princípios previstos na LOMSP, em especial no art. 81, que estabelece o seguinte:

> Art. 81 A administração pública direta e indireta obedecerá aos princípios e diretrizes da legalidade, impessoalidade, moralidade, publicidade, eficiência, razoabilidade, unidade, indivisibilidade e indisponibilidade do interesse público, descentralização, democratização, participação popular, transparência e valorização dos servidores públicos. (Redação dada pela Emenda à Lei Orgânica nº 24/2001.)
>
> §1º As entidades sem fins lucrativos que mantiverem contratos ou receberem verbas públicas deverão comprovar que seus dirigentes não incidem nas hipóteses de inelegibilidade, previstas na legislação federal. (Redação acrescida pela Emenda à Lei Orgânica nº 35/2012.)
>
> §2º Cabe ao Município promover a modernização da administração pública, buscando assimilar as inovações tecnológicas, com adequado recrutamento e desenvolvimento dos recursos humanos necessários. (Parágrafo único transformado em §2º pela Emenda à Lei Orgânica nº 35/2012.)

Assim, caso o servidor ou empregado tenha ciência de atos e práticas que contrariem os princípios previstos na LOMSP, deverá tomar as providências cabíveis ao seu nível hierárquico para responsabilizar o servidor, na dicção também do art. 201 da Lei Municipal nº 8.989/1979, que dispõe que "A autoridade que tiver ciência de irregularidade no serviço público é obrigada a tomar providências objetivando a apuração dos fatos e responsabilidades".

Na segunda responsabilidade indicada pelo indigitado artigo, estabeleceu-se que também ficará a cargo da lei estabelecer a responsabilidade aos servidores e empregados que contribuírem com atos que impliquem a degradação ambiental e da qualidade de vida.

Vale dizer, por fim, que a Lei Municipal nº 8.989/1979, que instituiu o Estatuto dos Funcionários Públicos do Município de São Paulo, consagrou o regime disciplinar dos servidores públicos do Município de São Paulo em capítulo, o qual estabelece, no art. 180, que "o funcionário responde civil, penal e administrativamente pelo exercício irregular de suas atribuições, sendo responsável por todos os prejuízos que, nesta qualidade, causar à Fazenda Municipal, por dolo ou culpa, devidamente apurados".

Informação bibliográfica deste texto, conforme a NBR 6023:2018 da Associação Brasileira de Normas Técnicas (ABNT):

MENEZES, Rafael Alves de. Comentários ao art. 109. In: BATISTELA, Marcos; BARBOSA, Maria Nazaré Lins; MARTINS, Ricardo Marcondes (coord.). *Comentários à Lei Orgânica do Município de São Paulo*: atualizada até a Emenda nº 42/2022. Belo Horizonte: Fórum, 2023. p. 288-289. ISBN 978-65-5518-497-6.

Capítulo III
Dos Bens Municipais

Art. 110 Constituem bens municipais todas as coisas móveis e imóveis, semoventes, direitos e ações que, a qualquer título, pertençam ao Município.

§1º – Pertencem ao patrimônio municipal as terras devolutas que se localizem dentro de seus limites.

§2º – Os bens municipais destinar-se-ão prioritariamente ao uso público, assegurando o respeito aos princípios e normas de proteção ao meio ambiente, ao patrimônio histórico, cultural e arquitetônico, garantindo-se sempre o interesse social.

JOSÉ FERNANDO FERREIRA BREGA

O primeiro preceito desse capítulo define qual seria a abrangência da categoria denominada bens municipais. Cabe identificar, pois, qual seria o efeito do dispositivo sob a perspectiva normativa. Não se trata, de fato, de um preceito do qual decorra a constituição do patrimônio municipal, porquanto evidentemente não caberia ao Município declarar em seu favor quais seriam seus bens, em detrimento de outras pessoas físicas ou jurídicas, públicas ou privadas.

Na verdade, no âmbito do Estado de Direito, o patrimônio municipal é adquirido pelos diversos meios previstos no ordenamento, que incluem não somente os instrumentos do direito civil em geral, mas os do direito público, com as especificidades que este reserva. A incorporação de bens ao domínio municipal ocorre, por exemplo, pelos mais diversos tipos de atos negociais e, também, por meios excepcionais, como a desapropriação. Além disso, há bens que cabem ao Município em virtude das competências que lhe são confiadas, de acordo com as regras próprias do direito público. Assim, pertencem ao Município os bens de uso comum cuja gestão é lhe confiada, como ruas e praças, e os bens afetados aos serviços públicos de sua titularidade.

Não sendo possível ao Município constituir, por um preceito de sua Lei Orgânica, qual seria seu patrimônio, o presente dispositivo define qual é o âmbito de incidência das normas fixadas neste capítulo, deixando assentado que elas abrangem todos os tipos de bens. Além disso, define que tais normas se referem apenas ao Município – a pessoa política –, não alcançando, dessa sorte, a chamada Administração indireta. Isso não afasta, é claro, a forte incidência do regime do direito administrativo sobre as pessoas jurídicas de direito público, sobretudo no caso das autarquias, cujo patrimônio tende a estar afetado à prestação de serviços municipais.

O §1º trata das chamadas terras devolutas. Como se sabe, depois de conquistado, todo o território brasileiro passou ao domínio da Coroa portuguesa. A partir de então, boa parte dele passou a ser destinada ao uso público ou especial, permanecendo como patrimônio público. Em tais casos, fala-se em ocupação originária – é o caso dos mais antigos logradouros e prédios públicos. Os demais imóveis públicos, com o decorrer do tempo, foram em sua maior parte transferidos ao domínio privado, pelos mais diversos títulos. Apesar disso, muitos imóveis ainda se mantiveram no domínio público, mesmo depois de concedidos a particulares, nos casos em que estes não cumpriram as obrigações que lhes foram estabelecidas.

Os imóveis remanescentes no domínio público passaram a constituir as terras devolutas, ou seja, aquelas que jamais pertenceram a particulares e que não foram destinadas a um uso comum ou especial. Com a independência, o Estado brasileiro sucedeu a metrópole na titularidade dessas terras devolutas. Portanto, o domínio público decorre, nesse caso, do direito de conquista e da independência brasileira.

Após a mudança na forma do Estado brasileiro, que passou da monarquia à república, a União Federal, por meio da Constituição de 1891, transferiu parte dessas terras devolutas aos Estados (art. 64; na atual Constituição, cf. art. 20, II, e 26, IV). Posteriormente, alguns destes, por meio de lei, transferiram terras devolutas aos Municípios. Portanto, nos casos em que ocorreu esta última transferência, o domínio municipal sobre terras devolutas decorre diretamente das leis que o estabeleceram. O Município de São Paulo recebeu as terras devolutas antes pertencentes ao Estado por força das Leis Estaduais de Organização Municipal nº 16/1891 (art. 38, §1º), nº 1038/1906 (art. 19, §1º), nº 2484/1935 (art. 124, parágrafo único), nº 1/1947 (art. 111, §§1º e 2º) e nº 9.842/1967 (art. 110).

Assim como o *caput* do artigo, o §1º é em grande parte inócuo, porquanto o Município não tem poderes para declarar em seu favor os próprios direitos. Na verdade, como visto, as terras devolutas pertencem ao Município por atos de outros entes públicos, e não por força desse dispositivo. De qualquer forma, o texto teve por objetivo substituir o preceito contido nas antigas leis de organização municipal, presentes no regime anterior à Constituição de 1988.

Vale ressaltar, de todo modo, que a referência à titularidade das terras devolutas não se opõe ao regime definido pela legislação ordinária para a regulação do assunto, que acabou por prever mecanismos para a consolidação de direitos de particulares ocupantes de tais terras. Assim, a Lei nº 10.455/1988 permitiu que a Municipalidade celebrasse acordos para o reconhecimento da situação dos envolvidos, até mesmo em ações de usucapião. Assim, preservou-se a situação de possuidores que já detinham títulos registrados, reconhecendo-se o domínio particular de tais imóveis.

Por fim, em seu §2º, o artigo trata da destinação dos bens municipais. O uso público compreende tradicionalmente as categorias correspondentes ao uso comum do povo (art. 99, I, do Código Civil) e ao uso especial (art. 99, II, do mesmo Código), aos quais os bens municipais devem ser prioritariamente destinados. Tal prioridade apresenta normatividade peculiar, porquanto não impede que os bens municipais sejam destinados a outros usos, como se dá nas hipóteses exploração econômica de bens dominicais ou de cessão a particulares, tampouco impõe ao Município que aliene os bens tidos como inaptos ao uso público. Na verdade, a melhor interpretação parece colocar-se no sentido de impor ao gestor dos bens públicos o ônus de motivar formas de destinação que não constituam efetivamente uso público.

No mais, o Município não está isento de cumprir com seus deveres de proprietário em relação aos bens que lhe pertençam. De fato, embora os bens públicos estejam sujeitos a um vínculo específico, de natureza administrativa, marcado pela garantia à continuidade e regularidade da respectiva destinação, que não equivale ao direito de propriedade no sentido tradicional, a função social também se impõe aos bens públicos, devendo o Município, como qualquer proprietário, atender às normas relativas ao meio ambiente, ao patrimônio histórico, cultural e arquitetônico, sem prejuízo normas produzidas em outros âmbitos setoriais.

Informação bibliográfica deste texto, conforme a NBR 6023:2018 da Associação Brasileira de Normas Técnicas (ABNT):

BREGA, José Fernando Ferreira. Comentários ao art. 110. *In*: BATISTELA, Marcos; BARBOSA, Maria Nazaré Lins; MARTINS, Ricardo Marcondes (coord.). *Comentários à Lei Orgânica do Município de São Paulo*: atualizada até a Emenda nº 42/2022. Belo Horizonte: Fórum, 2023. p. 290-292. ISBN 978-65-5518-497-6.

Art. 111 Cabe ao Prefeito a administração dos bens municipais, respeitada a competência da Câmara Municipal quanto àqueles utilizados em seus serviços.

Parágrafo único. (Acrescentado pela Emenda nº 34/2011, declarado inconstitucional pela ADI nº 0180522-71.2013.8.26.0000.)

JOSÉ FERNANDO FERREIRA BREGA

O teor do preceito coincide com o disposto no art. 70, VI, da mesma Lei Orgânica, que também atribui ao Prefeito a competência para administrar os bens municipais. Cabe ressalvar, contudo, que essa competência não exige centralização absoluta de todas as atividades relacionadas à gestão de bens municipais na pessoa do Prefeito, já que a competência pode ser delegada no âmbito do Executivo, por lei ou decreto. Nesse sentido, de modo geral, os bens afetados à prestação de serviços públicos são administrados pela Secretaria responsável, cabendo a seu titular as decisões correspondentes, enquanto bens de uso comum, como ruas e praças, são administrados pelas subprefeituras, incumbindo ao Subprefeito as decisões correspondentes.

Também cabem ao Prefeito, em última análise, a definição e a alteração da destinação dos bens municipais dentro da própria estrutura administrativa do Município. A administração envolve, ainda, a prática dos atos pelos quais os bens municipais têm seu uso outorgado a terceiros (art. 114). Da mesma forma, ainda que o Prefeito tenha a competência originária para tais cessões, a prática de tais atos pode ser objeto de delegação, não somente no tocante à decisão sobre a cessão, mas em relação à própria formalização dos instrumentos – por exemplo, contratos de concessão e termos de permissão de uso.

Por força da Emenda nº 34/2011, o dispositivo teve a inclusão de um parágrafo único, segundo o qual a Câmara Municipal, por meio de resolução, fixaria os bens municipais necessários aos seus serviços, afetados ao seu uso especial e administração exclusivos. No entanto, o trecho foi declarado inconstitucional pelo TJSP (ADI nº 0180522-71.2013.8.26.0000), por ser considerado contrário à separação constitucional dos poderes, já que a destinação dos bens municipais constitui atribuição do Prefeito, no âmbito de sua competência própria do Executivo.

Informação bibliográfica deste texto, conforme a NBR 6023:2018 da Associação Brasileira de Normas Técnicas (ABNT):

BREGA, José Fernando Ferreira. Comentários ao art. 111. *In*: BATISTELA, Marcos; BARBOSA, Maria Nazaré Lins; MARTINS, Ricardo Marcondes (coord.). *Comentários à Lei Orgânica do Município de São Paulo*: atualizada até a Emenda nº 42/2022. Belo Horizonte: Fórum, 2023. p. 293. ISBN 978-65-5518-497-6.

Art. 112 A alienação de bens municipais, subordinada à existência de interesse público devidamente justificado, será sempre precedida de avaliação e obedecerá às seguintes normas: (Redação dada pela Emenda nº 26/2005.)

§1º – A venda de bens imóveis dependerá de avaliação prévia, de autorização legislativa e de licitação, salvo nos seguintes casos: (Redação dada pela Emenda nº 38/2015.)

I – Fica dispensada de autorização legislativa e de licitação: (Redação dada pela Emenda nº 26/2005.)

a) a alienação, concessão de direito real de uso e cessão de posse, prevista no §3º do art. 26 da Lei Federal nº 6.766/79, introduzido pela Lei Federal nº 9.785/99, de imóveis construídos e destinados ou efetivamente utilizados no âmbito de programas habitacionais de interesse social desenvolvidos por órgãos ou entidades da Administração Pública criados especificamente para esse fim; (Redação dada pela Emenda nº 26/2005.)

b) venda ao proprietário do único imóvel lindeiro de área remanescente ou resultante de obra pública, área esta que se tornar inaproveitável isoladamente, por preço nunca inferior ao da avaliação. (Redação dada pela Emenda nº 26/2005.)

II – Independem de licitação os casos de: (Redação dada pela Emenda nº 26/2005.)

a) venda, permitida exclusivamente para outro órgão ou entidade da Administração Pública de qualquer esfera de governo; (Redação dada pela Emenda nº 26/2005.)

b) dação em pagamento; (Redação dada pela Emenda nº 26/2005.)

c) doação, desde que devidamente justificado o interesse público, permitida para outro órgão ou entidade da Administração Pública, de qualquer esfera de governo ou para entidades de fins sociais e filantrópicos, vinculada a fins de interesse social ou habitacional, devendo, em todos os casos, constar da escritura de doação os encargos do donatário, o prazo para seu cumprimento e cláusula de reversão e indenização; (Redação dada pela Emenda nº 26/2005.)

d) permuta por outro imóvel a ser destinado ao atendimento das finalidades precípuas da administração, cujas necessidades de instalação e localização condicionem a sua escolha, desde que o preço seja compatível com o valor de mercado, segundo avaliação prévia. (Redação dada pela Emenda nº 26/2005.)

III – independe de autorização legislativa a alienação dos imóveis incorporados ao patrimônio público por força de adjudicação de bem integrante de herança declarada vacante, de adjudicação de bem por cobrança de dívida, de arrecadação de bem com fundamento na lei civil e dos bens originários de dação em pagamento por débito tributário, desde que comprovada a necessidade ou utilidade da alienação. (Redação dada pela Emenda nº 38/2015; regulamentado pelo Decreto nº 59.658/2020.)

§2º – A alienação de bens móveis dependerá de avaliação prévia e de licitação, dispensada esta nos seguintes casos: (Redação dada pela Emenda nº 26/2005.)

I – doação, permitida exclusivamente para fins e uso de interesse social, após avaliação de sua oportunidade e conveniência socioeconômica, relativamente à escolha de outra forma de alienação; (Redação dada pela Emenda nº 26/2005.)

II – venda de ações em bolsa, observada a legislação específica e após autorização legislativa; (Redação dada pela Emenda nº 26/2005.)

III – permuta; (Redação dada pela Emenda nº 26/2005.)

IV – venda de títulos, na forma da legislação pertinente e condicionada à autorização legislativa; (Redação dada pela Emenda nº 26/2005.)

V – venda de bens produzidos ou comercializados por órgãos ou entidades da Administração, em virtude de suas finalidades. (Redação dada pela Emenda nº 26/2005.)

§3º – O Município, preferentemente à venda ou doação de seus bens imóveis, outorgará concessão de direito real de uso, mediante prévia autorização legislativa e concorrência. (Redação dada pela Emenda nº 26/2005.)

§4º – A concorrência a que se refere o parágrafo anterior poderá ser dispensada por lei, quando o uso se destinar à concessionária de serviço público ou quando houver relevante interesse público e social, devidamente justificado. (Redação dada pela Emenda nº 26/2005.)

§5º – Na hipótese prevista no §1º, inciso I, letra "b" deste artigo, a venda dependerá de licitação se existir mais de um imóvel lindeiro com proprietários diversos. (Redação dada pela Emenda nº 26/2005.)

JOSÉ FERNANDO FERREIRA BREGA

O dispositivo em comento coloca-se no polêmico espaço conferido ao Município para regular a matéria referente às alienações, muitas vezes vista no âmbito das normas gerais de licitações e contratos, estabelecidas pela União, em caráter privativo (art. 22, XXVII, Constituição da República). O tema chegou a ser analisado pelo STF na ADI nº 927 – Medida Cautelar, em que foi dada interpretação conforme dispositivos da Lei Federal nº 8666/1993, no sentido de não serem considerados normas gerais. A existência de regras municipais a respeito da alienação de bens decorre da existência de espaços para normas locais que não sejam consideradas gerais, bem como das aberturas proporcionadas pela própria legislação nacional, como é o caso das hipóteses de inexigibilidade de licitação.

De qualquer forma, é preciso considerar a inalienabilidade dos bens de uso comum e especial, estabelecida pelo Código Civil (art. 100). Dessa sorte, para que possam ser alienados, os bens municipais devem passar à categoria dos dominicais (art. 101 do mesmo Código), o que se dá por meio da desafetação, que depende de lei. O projeto de lei de desafetação, nos termos da mesma Lei Orgânica, é de iniciativa privativa do Prefeito (art. 37, §2º, V).

Convém observar, ainda, que o Município se livrou das limitações impostas pelo art. 180 da Constituição do Estado, que, em seu inciso VII e §§1º a 4º, limitava as hipóteses de alteração na destinação de bens municipais, o que poderia ser visto como impedimento à sua alienação. Tais dispositivos foram declarados inconstitucionais, em controle concentrado, pelo STF, nos autos da ADI nº 6602, na qual foi prestigiada a autonomia do Município para a gestão de seu patrimônio.

A decisão discricionária no sentido da alienação de bem municipal deve estar fundamentada, de modo a demonstrar que tal solução realmente constitui aquela que realiza ao máximo o interesse público. Não basta que o bem a ser alienado seja de interesse do adquirente, devendo a alienação oferecer vantagens para o Município. Já a avaliação constitui medida indispensável para evitar prejuízos ao erário municipal, até mesmo nas hipóteses de doação ou de desnecessidade de licitação, dada a necessidade de oferecer transparência quanto à operação realizada.

O §1º regula a situação geral da alienação de bens imóveis municipais, que exige avaliação, autorização legislativa e licitação, na linha tradicional adotada pela legislação federal (art. 76, I, da Lei nº 14.133/2021). A necessidade de autorização legislativa está relacionada ao fato de que a operação de alienação ultrapassa os limites da mera administração que é confiada ao Prefeito. Em qualquer caso, por força do *caput*, a alienação deve basear-se em adequada fundamentação, inclusive no tocante ao projeto de lei autorizativa, quando necessária. O mesmo vale para as situações em que o bem seja desafetado para a alienação.

Nos incisos do §1º, são tratadas as exceções às exigências de avaliação, autorização legislativa e licitação.

O inciso I trata das situações em que as duas últimas exigências são dispensadas. Embora as hipóteses ali indicadas exijam autorização legislativa, nos termos da legislação federal (art. 76, I, "d" e "f", da Lei nº 14.133/2021), deve-se entender que tal autorização foi conferida diretamente pela própria Lei Orgânica. Do ponto de vista da licitação, a primeira hipótese constitui caso de dispensa, relacionado ao fato de se tratar de uma alienação feita em favor de um destinatário das políticas públicas de habitação, enquanto a segunda se refere a um tradicional caso de inexigibilidade, correspondente à chamada investidura, que decorre da atividade urbanística da Municipalidade e da impossibilidade de que persistam, após ela, trechos de espaço urbano que não sejam passíveis de aproveitamento como lote. A inviabilidade de aproveitamento isolado deve ser analisada tecnicamente, a partir das normas da legislação de parcelamento, uso e ocupação do solo.

Já o inciso II arrola as hipóteses em que somente a licitação não se faz necessária. Todas essas hipóteses são previstas, por vezes com termos distintos, pelas normas federais (art. 76, I, "a", "b", "c" e "e", e §6º, da Lei nº 14.133/2021). Em tais casos, é preciso que haja uma decisão política quanto à alienação, razão pela qual, embora se considere afastável a licitação, exige-se a respectiva autorização legislativa.

Entre tais hipóteses, a doação e a venda a outros entes públicos não ensejam maiores dificuldades, dependendo apenas da avaliação do bem. Já a dação em pagamento tende a ser rara, sobretudo pelas restrições impostas pelo regime dos precatórios, que acaba por incidir sobre a maior parte das situações em que o Município sofre a cobrança por dívidas. A doação a entidades de fins sociais e filantrópicos, vinculadas a fins de interesse social ou habitacional, depende da comprovação desses requisitos, o que pode ensejar discussões relevantes. Além disso, exige a definição de encargos, a serem objeto de acompanhamento quanto a seu cumprimento. Por fim, a permuta tem claramente em sua essência a opção da Administração por um imóvel que se mostre único, o que dificulta a realização de um procedimento competitivo qualquer.

Não obstante, há dificuldades relacionadas à caracterização dessa situação, sobretudo porque a permuta não deve constituir expediente para disfarçar a alienação direta de um bem municipal que seja do interesse do particular envolvido.

Em seguida, o inciso III do §1º trata das hipóteses em que é desnecessária a autorização legislativa. A previsão é distinta daquela da legislação federal, que se refere apenas a bens adquiridos em procedimentos judiciais ou em dação em pagamento (art. 76, §1º). De qualquer forma, a adjudicação de bem integrante de herança declarada vacante, a adjudicação de bem por cobrança de dívida e a arrecadação de bem com fundamento na lei civil tendem a ser feitas por meio de procedimentos judiciais. O preceito em comento, portanto, apenas difere da previsão federal na medida em que não afasta a necessidade a autorização legislativa em relação à generalidade dos bens recebidos em dação em pagamento, mas apenas daqueles recebidos para o adimplemento de débito tributário.

De qualquer forma, também nas hipóteses desse inciso a autorização legislativa pode ser entendida como já conferida pela própria Lei Orgânica. De fato, trata-se de situações em que o bem ingressa no domínio municipal sem relação alguma com o desempenho de atividades públicas; assim, presume-se que não haja motivo para que permaneça no patrimônio municipal. Evidentemente, a alienação não é obrigatória: caso o bem possa ter alguma utilidade para o Município, ele poderá, é claro, ser objeto da oportuna destinação por parte do Executivo.

No §2º do artigo é delineado o regime relativo à alienação dos bens móveis do Município. No caso desses bens, não se verifica o mesmo atributo de permanência no patrimônio municipal que caracteriza os bens imóveis. Muitas vezes, aliás, os bens móveis tendem ao desgaste ou ao consumo, de modo que apenas os bens duradouros ensejam atividades de gestão mais semelhantes àquelas aplicáveis aos bens imóveis. Em razão de tais particularidades, admite-se que os bens móveis sejam objeto de alienação, sem necessidade de autorização legislativa, exceto no caso de venda de títulos. De qualquer modo, em vista da impessoalidade da atividade administrativa, não se pode deixar de proceder a um certame licitatório sempre que este se mostrar viável.

As hipóteses trazidas pelos incisos do §2º explicitam situações em que a realização de licitação seria destituída de sentido. De fato, não haveria como licitar uma doação realizada para fins e uso de interesse social, uma permuta ou a venda de bens que a própria Administração produza ou comercialize, em virtude de suas finalidades. Além disso, não caberia licitar aquilo que é alienado nos termos da legislação pertinente ou mediante um procedimento específico, como é o caso do leilão em bolsa.

Aparentemente com o propósito de preservar o patrimônio imobiliário municipal, o §3º expressa preferência pela instituição de direito real sobre coisa alheia em relação ao imóvel municipal, segundo uma estrutura jurídica de acordo com a qual o Município ficaria com uma espécie de nua propriedade, enquanto o detentor da concessão de direito real de uso teria, na prática, o aproveitamento do imóvel.

A concessão de direito real de uso constitui instituto de relevante utilização no direito público, tendo sido instituído pelo art. 7º do Decreto-Lei nº 271/1967. Está associada a fins específicos de regularização fundiária de interesse social, urbanização, industrialização, edificação, cultivo da terra, aproveitamento sustentável das várzeas, preservação das comunidades tradicionais e seus meios de subsistência ou outras modalidades de interesse social em áreas urbanas. Pode ser instituída de forma remunerada ou gratuita e por tempo certo ou indeterminado.

A previsão de uma concorrência, a ser compreendida genericamente como licitação, já que não compete ao Município definir a modalidade a ser adotada, não parece compatível com a outorga de uma concessão gratuita; é apropriada, contudo, no caso de concessão constituída na forma onerosa.

Da mesma forma que ocorre em relação à prioridade, mencionada no art. 110, §2º, a menção à preferência pela concessão de direito real de uso pode significar um elemento a ser considerado no debate administrativo e parlamentar que subsidia a gestão patrimonial, mas sem que se imponha uma conduta específica por parte da Administração. Cabe ao Executivo e ao Legislativo, em suas análises, considerar a hipótese de que os resultados pretendidos possam ser alcançados com a concessão de direito real de uso, evitando, assim, a alienação do bem municipal. Nesse caso, a preferência seria um critério para a decisão relativa à gestão do bem municipal, pertencendo mais ao debate político, iniciado pelo Executivo e efetuado no âmbito do Legislativo, do que à própria higidez formal de um possível ato de alienação e ao controle jurídico-formal a respeito.

Vale observar, a propósito, que igual objetivo pode ser alcançado por outros institutos de estrutura jurídica análoga, notadamente aqueles que não existiam por ocasião da promulgação da Lei Orgânica, como é o caso da concessão de uso especial para fins de moradia, instituída pela Medida Provisória nº 2220/2001, ou do direito de superfície, previsto no Código Civil (art. 1.369 e seguintes) e no Estatuto da Cidade (art. 21 e seguintes). Sendo atingidos os mesmos objetivos, nada obsta que instituto análogo seja utilizado, sobretudo porque a norma não tem caráter impositivo nem mesmo em relação à concessão de direito real de uso, sendo cabível, assim, uma interpretação finalística do dispositivo.

A previsão do §4º, relativa à dispensa da licitação para a concessão de direito real de uso, é mais abrangente do que a da legislação federal, que só alcança concessões feitas em favor de outro órgão ou entidade da Administração Pública (art. 76, §3º, I, da Lei nº 14.133/2021). Não obstante, pode-se considerar aceitável que o Município discipline o assunto de modo distinto, em vista do interesse local. Além disso, cabe considerar a hipótese de que a concessão implique hipótese de inexigibilidade de licitação, dada a ausência de uma possível competitividade.

Por fim, o §5º complementa o disposto no §1º, I, "b", que se refere à hipótese de investidura. Por se tratar de uma imposição decorrente da necessidade de dar aproveitamento urbanístico ao imóvel, não depende de autorização legislativa a venda a um dos proprietários lindeiros da área remanescente ou resultante de obra pública que se tenha tornado inaproveitável isoladamente. Havendo, contudo, a possibilidade de que o trecho seja anexado a diferentes lotes vizinhos, deve haver licitação, a fim de que o negócio ofereça o melhor resultado econômico para o Município.

Informação bibliográfica deste texto, conforme a NBR 6023:2018 da Associação Brasileira de Normas Técnicas (ABNT):

BREGA, José Fernando Ferreira. Comentários ao art. 112. In: BATISTELA, Marcos; BARBOSA, Maria Nazaré Lins; MARTINS, Ricardo Marcondes (coord.). *Comentários à Lei Orgânica do Município de São Paulo*: atualizada até a Emenda nº 42/2022. Belo Horizonte: Fórum, 2023. p. 294-298. ISBN 978-65-5518-497-6.

Art. 113 A aquisição de bens imóveis, por compra ou permuta, dependerá de prévia avaliação e autorização legislativa.

JOSÉ FERNANDO FERREIRA BREGA

A realização de prévia avaliação constitui exigência inafastável para qualquer negócio que envolva bens públicos, uma vez que, como visto, faz parte da racionalidade necessária à demonstração da ausência de prejuízos ao erário. Da mesma forma, é inteiramente esperado que a permuta, por incluir uma alienação de bem municipal a terceiro, siga, em parte, o regime correspondente às alienações, que exigem a prévia autorização legislativa.

Não obstante, é prevista a exigência de prévia autorização legislativa para a compra de bens imóveis. O preceito é mais restrito do que a disposição do art. 13, XI, que exige a autorização legislativa para qualquer aquisição, exceto no caso de recebimento de doação sem encargo. Ambos os dispositivos parecem incompatíveis com o sistema constitucional, por violação à separação de Poderes. Nesse sentido, aliás, já entendeu o TJSP, ao declarar inconstitucional preceito semelhante, integrante da Lei Orgânica do Município de Coronel Macedo (ADI nº 0030167-83.2012.8.26.0000).

De qualquer forma, é preciso notar que o preceito não alcança todas as formas de incorporação de bens imóveis ao domínio municipal. Ficam excluídas da exigência de autorização legislativa não somente a doação sem encargos, mas as desapropriações, que seguem regime distinto, nos termos da legislação federal, segundo o qual não há transferência da propriedade, mas aquisição em caráter originário. Nesse caso, o Executivo efetua a declaração expropriatória, mas a incorporação do bem ao patrimônio público ocorre em virtude de atuação judicial ou mesmo por acordo, o qual, contudo, refere-se somente ao preço, e não à efetivação da desapropriação em si, uma vez que o particular não pode evitar a tomada do bem por parte do Município.

Informação bibliográfica deste texto, conforme a NBR 6023:2018 da Associação Brasileira de Normas Técnicas (ABNT):

BREGA, José Fernando Ferreira. Comentários ao art. 113. In: BATISTELA, Marcos; BARBOSA, Maria Nazaré Lins; MARTINS, Ricardo Marcondes (coord.). *Comentários à Lei Orgânica do Município de São Paulo*: atualizada até a Emenda nº 42/2022. Belo Horizonte: Fórum, 2023. p. 299. ISBN 978-65-5518-497-6.

Art. 114 Os bens municipais poderão ser utilizados por terceiros, mediante concessão, permissão, autorização e locação social, conforme o caso e o interesse público ou social, devidamente justificado, o exigir. (Redação dada pela Emenda nº 26/2005.)

§1º – A concessão administrativa de bens públicos depende de autorização legislativa e concorrência e será formalizada mediante contrato, sob pena de nulidade do ato. (Redação dada pela Emenda nº 26/2005.)

§2º – A concorrência a que se refere o §1º será dispensada quando o uso se destinar a concessionárias de serviço público, entidades assistenciais ou filantrópicas ou quando houver interesse público ou social devidamente justificado. (Redação dada pela Emenda nº 26/2005.)

§3º – Considera-se de interesse social a prestação de serviços, exercida sem fins lucrativos, voltados ao atendimento das necessidades básicas da população em saúde, educação, cultura, entidades carnavalescas, esportes, entidades religiosas e segurança pública. (Redação dada pela Emenda nº 27/2005.)

§4º – A permissão de uso, que poderá incidir sobre qualquer bem público, independe de licitação e será sempre por tempo indeterminado e formalizada por termo administrativo. (Redação dada pela Emenda nº 26/2005.)

§5º – A autorização será formalizada por portaria, para atividades ou usos específicos e transitórios, pelo prazo máximo de 90 (noventa) dias, exceto quando se destinar a formar canteiro de obra ou de serviço público, caso em que o prazo corresponderá ao da duração da obra ou do serviço. (Redação dada pela Emenda nº 26/2005.)

§6º – A locação social de unidades habitacionais de interesse social produzidas ou destinadas à população de baixa renda independe de autorização legislativa e licitação e será formalizada por contrato. (Redação dada pela Emenda nº 26/2005.)

§7º – Também poderão ser objeto de locação, nos termos da lei civil, os imóveis incorporados ao patrimônio público por força de herança vacante ou de arrecadação, até que se ultime o processo de venda previsto no §5º do art. 112 desta lei. (Redação dada pela Emenda nº 26/2005.)

§8º – O Prefeito deverá encaminhar anualmente à Câmara Municipal relatório contendo a identificação dos bens municipais objeto de concessão de uso, de permissão de uso e de locação social, em cada exercício, assim como sua destinação e o beneficiário. (Redação dada pela Emenda nº 26/2005.)

§9º – Serão nulas de pleno direito as concessões, permissões, autorizações, locações, bem como quaisquer outros ajustes formalizados após a promulgação desta lei, em desacordo com o estabelecido neste artigo. (Redação dada pela Emenda nº 26/2005.)

§10 – A autorização legislativa para concessão administrativa deixará de vigorar se o contrato não for formalizado, por escritura pública, dentro do prazo de 3 (três) anos, contados da data da publicação da lei ou da data nela fixada para a prática do ato. (Redação dada pela Emenda nº 26/2005.)

JOSÉ FERNANDO FERREIRA BREGA

De acordo com uma categoria mais abrangente aqui adotada para aludir à generalidade dos instrumentos indicados, trata o dispositivo da cessão dos bens municipais a terceiros. Para os fins desse dispositivo, devem ser entendidas como utilização por terceiros as situações em que o Município deixa de ter a posse direta sobre o bem, outorgando-a a terceiro que o assuma, em nome próprio, de acordo com seus interesses. Assim, não configuram uso por terceiros as situações em que alguém ocupa o bem em razão de atuar pela administração, como ocorre no caso de concessionários de serviços públicos e empresas terceirizadas. Se a posse direta do bem continuar a ser imputada à administração municipal, ainda que em colaboração com terceiro, isso não implica utilização por terceiros, para os fins deste artigo.

A atribuição da guarda e responsabilidade relativas a um bem municipal a órgão da Administração direta ou mesmo ao Legislativo tampouco configura cessão nos termos deste artigo, porque não se trata de utilização por terceiro, mas pela pessoa jurídica que detém o domínio sobre o bem. O instrumento formal utilizado para tanto, no âmbito paulistano, é a transferência de administração. É possível falar em utilização por terceiro, contudo, no caso de cessão a outras entidades da Administração. *A fortiori*, também constituem terceiros, para os fins do artigo, as entidades integrantes da Administração estadual e federal, devendo ser consideradas de interesse público as cessões feitas para utilização de bens municipais nas atividades públicas desempenhadas por entes da Administração municipal indireta ou por outros entes federativos.

Evidentemente, a utilização do bem municipal por um terceiro deve ocorrer, antes de tudo, com base no interesse público. É com base neste que deve ser justificada a cessão, seja em virtude do mérito das atividades a serem desempenhadas – por exemplo, a prestação de serviços públicos, no caso de bens cedidos a outros entes da Administração, ou utilização para fins privados que sejam meritórios –, seja em relação à simples exploração patrimonial do bem – no caso das cessões remuneradas –, seja no tocante à realização de uma política pública que tenha em vista o atendimento direto das necessidades da população – como ocorre na hipótese de locação social.

O rol de instrumentos remonta à tradição do direito administrativo, afastando formas civis como o comodato, e acaba por trazer diferenças doutrinárias consagradas entre concessão, permissão e autorização, que impedem uma utilização indistinta de cada instituto. Dessa sorte, não pode ser admitida a utilização de uma figura de cessão em lugar de outra, de modo incompatível com as necessidades que a justificam. Por óbvio, na ausência de uma cessão devidamente formalizada, por meio de instrumento legítimo, o uso de bem municipal por terceiro deve ser considerado irregular.

De todo modo, a existência de um rol não parece impedir outras formas de utilização previstas no ordenamento. É o caso da autorização de uso para fins urbanísticos, outorgada no âmbito da regularização fundiária urbana, que se encontra prevista no art. 9º da Medida Provisória nº 2220/2001, cuja utilização prática foi revigorada pela Lei Federal nº 13.465/2017. Não há impedimento, de igual modo, à existência de formas de cessão do bem pelo próprio cessionário, desde que com a ciência da administração e de modo compatível com o próprio instrumento de cessão.

Fala-se, nesse caso, em figuras como a subconcessão ou subpermissão. Por fim, cabe lembrar as hipóteses em que o particular se utiliza dos bens públicos em nome próprio por ser titular de um direito real sobre o bem, tal como se dá nos casos da concessão de direito real de uso e da concessão de uso especial para fins de moradia (arts. 1º e 7º da Medida Provisória nº 2220/2001, c/c art. 1.225, XI, do Código Civil).

No caso do §1º deste artigo, a menção à concorrência deve ser entendida de forma genérica, para que a concessão seja antecedida de certame licitatório, de acordo com a modalidade adequada, nos termos da legislação federal. A licitação tende a ser viável no caso de concessão onerosa, não sendo aplicável nas hipóteses em que seria admissível sua instituição a título gratuito.

A autorização legislativa para a concessão administrativa de uso deve ser solicitada pelo Prefeito, por meio de projeto de lei de sua iniciativa privativa (art. 37, §2º, V), estando sujeita ao prazo decadencial previsto no §10 do artigo em comento.

Embora o referido §10 faça menção à existência de uma escritura pública e embora haja uma praxe nesse sentido, o dispositivo em comento exige apenas que a concessão administrativa de uso seja formalizada mediante contrato. De fato, não se trata de hipótese de escritura pública, nos termos do Código Civil (art. 108), até mesmo porque não se trata de um contrato constitutivo de direitos reais ou que seja passível de registro. Mesmo o contrato de constituição de direito real de uso, que é sujeito a registro, pode ser instituído mediante "simples termo administrativo" (art. 7º, §1º, do Decreto-Lei nº 271/1967). Não haveria motivo, portanto, para que a concessão administrativa estivesse sujeita a maior rigor formal. Todavia, o contrato formalizado pelo Município, integrante de processo legalmente instaurado, constitui também um documento público, com todas as garantias pertinentes. Assim, a previsão desse parágrafo deve prevalecer em relação à inapropriada menção feita no §10, que, como visto, trata de matéria distinta.

Mais importante que a forma a ser adotada, contudo, é a natureza do instituto. Com efeito, em vista de seu caráter contratual, a concessão administrativa de uso é vocacionada à permanência, não ensejando a mesma precariedade que marca a permissão e a autorização. É certo que a concessão possa ser objeto de extinção antecipada, por meio de invalidação, rescisão ou mesmo revogação. No entanto, esta última, além de devidamente fundamentada nas razões de interesse público pertinentes, sujeita o Município a indenizar o concessionário, sobretudo em virtude dos investimentos realizados no imóvel.

O §2º admite, em determinadas hipóteses, a contratação direta da concessão, independentemente de licitação. É necessária, de todo modo, a autorização legislativa, devendo ser aferidos, no procedimento respectivo, os requisitos estabelecidos, notadamente nos casos em que o fundamento seria o interesse público ou social devidamente justificado. Embora se refira apenas à licitação, o dispositivo parece abrir a possibilidade de cessões gratuitas, caso haja justificativa para tanto.

Não obstante, o preceito teve sua inconstitucionalidade reconhecida pelo TJSP, em incidente de arguição de inconstitucionalidade (nº 0036242-26.2021.8.26.0000), ainda sem trânsito em julgado, sob o argumento da invasão de competência federal para legislar sobre a matéria. Vale notar, de todo modo, que é compatível com a legislação federal eventual outorga baseada na inexigibilidade da licitação, em vista da situação concreta, dado o caráter exemplificativo do rol ali previsto.

Em complementação ao *caput* e ao §2º, o §3º declara quais seriam as atividades entendidas de interesse social, impondo que a prestação de serviços seja exercida sem fins lucrativos. Isso não implica vedação a qualquer tipo de cobrança em relação a possíveis usuários – o que deve ser analisado caso a caso, inclusive de acordo com os termos que vierem a ser pactuados na concessão –, e sim que o concessionário não poderá distribuir lucros.

O texto do parágrafo, de modo geral, refere-se a determinadas atividades, e não às pessoas jurídicas que seriam por elas responsáveis, até porque é a atividade que fundamenta o interesse público na cessão do bem, e não a entidade em si. Portanto, melhor seria se tivesse feito referência a atividades carnavalescas, devendo o dispositivo ser assim compreendido.

Já a referência a entidades religiosas deve ser, no mínimo, objeto de interpretação conforme, a fim de evitar que a concessão tenha por fim fomentar as atividades religiosas em si, o que constituiria subvenção a culto, prática vedada pela Constituição da República (art. 19, I). Assim, seria preciso compreender que o dispositivo se refere a atividades das entidades religiosas que não estejam relacionadas a culto. Nesse caso, contudo, faltaria uma especificidade que justificasse a concessão, de tal modo que seria preciso encontrar fundamento das demais rubricas, possibilitando que o bem fosse concedido a entidades religiosas que atuassem, por exemplo, nas áreas de educação, saúde ou cultura.

Como instrumento de caráter discricionário e precário, a permissão de uso, referida no §4º, pode referir-se a qualquer bem público. Evidentemente, a outorga deve ser de interesse público, devendo estar caracterizados os motivos que a justificaram, inclusive no tocante à manutenção da destinação do bem. Todavia, a desnecessidade de licitação deve ser vista com alguma cautela, pois, conforme o caso, pode ser recomendável a realização de um certame que garanta a isonomia, a impessoalidade e a preservação do interesse público, sobretudo quando há exploração econômica do bem pelo permissionário, viabilizando a competição entre possíveis interessados. Além disso, a permissão pode incidir sobre qualquer bem, até mesmo aqueles destinados ao uso comum ou especial, cabendo ao Executivo definir os termos em que seja garantida a preservação do uso público. Assim, por exemplo, pode ser viabilizada a ocupação de parte da calçada por uma banca de jornal, objeto de uma permissão de uso, de tal modo que não seja prejudicado o trânsito de pedestres.

A precariedade da permissão e o tempo indeterminado da outorga impedem que se garanta ao permissionário um prazo mínimo, já que a cessão pode ser revogada a qualquer tempo. Não obstante, pode ser estabelecido, conforme as necessidades do caso concreto, um prazo máximo para a cessão. Todavia, a precariedade não dispensa a fundamentação do ato discricionário de revogação, até mesmo para evitar possíveis desvios de finalidade na atuação administrativa. Além disso, pode haver dificuldades práticas em retomar um bem objeto de permissão conforme o uso instalado, como é o caso de imóveis utilizados por instituição de ensino seriado, que normalmente devem ser transferidas apenas após o término do ano letivo.

Até a Emenda nº 26/2005 à Lei Orgânica, a permissão de uso era formalizada por meio de decreto (art. 113, §4º, da LOMSP, em sua redação original, e art. 46, §2º, da Lei Estadual nº 9.842/1967 – antiga LOM). Após essa emenda, passou-se a prever a outorga da permissão por meio de termo administrativo. Por isso, o decreto pelo qual o Prefeito decide pela permissão de uso tem caráter apenas autorizativo, no sentido de viabilizar a prática de um ato sucessivo do qual decorrem os efeitos pretendidos, já que não cabe ao órgão responsável pela formalização do termo de permissão rever a decisão de mérito do Prefeito relativa à cessão.

Regulada no §5º, a autorização de uso, como instrumento de precariedade ainda mais pronunciada que a permissão, cujo deferimento é confiado ao Subprefeito (art. 9º, XXVI, da Lei nº 13.399/2002), somente pode ser utilizada para atividades e usos específicos e transitórios, pelo prazo máximo de 90 dias, ou pela duração da obra ou serviço, no caso de utilização por canteiro. Não é aceitável, no mais, que se utilize a autorização como substituta da permissão, fora das hipóteses estabelecidas.

Em seguida, em seu §6º, o artigo trata da locação social, que constitui contrato de direito privado da Administração, que deve observar as normas pertinentes. Instituto situado na esfera da política habitacional do Município, a locação social tem como universo de beneficiários a população de baixa renda, o que justifica que os valores de aluguel sejam menores que os de mercado. Em não se tratando de uma iniciativa voltada à exploração patrimonial, não há, tampouco, necessidade de licitação, devendo ser efetuada a contratação de acordo com as necessidades da população atendida. A locação social pode ser utilizada não somente para unidades integrantes de edifícios construídos pelo Poder Público, que a ele pertençam em sua totalidade, mas também para a ocupação de unidades isoladas em condomínios edilícios comuns, a fim de favorecer a convivência entre famílias de diferentes padrões de renda.

De modo semelhante, o §7º prevê a locação, de acordo com a lei civil, das unidades incorporadas ao domínio público nas hipóteses de herança vacante ou arrecadação, o que se mostra oportuno para evitar que contratos em curso sejam extintos apenas pelo fato de o Município ter assumido o domínio do bem em tais hipóteses. O imóvel, em tais casos, está vocacionado a retornar ao patrimônio privado, sendo o regime da locação civil o mais adequado para atender à situação, vista como transitória.

Já o §8º é voltado à operacionalização das atividades do Legislativo em relação aos bens imóveis municipais, já que compete a ele, nos termos da mesma Lei Orgânica, fiscalizar e controlar diretamente os atos do Poder Executivo, incluídos os da administração indireta, acompanhando sua gestão e avaliando seu resultado operacional, com o auxílio do TCM, sempre que solicitado (art. 14, XV), e exercer a fiscalização financeira, orçamentária, operacional e patrimonial do Município, com eventual auxílio do TCM (art. 14, XVIII). O preceito parece passível de críticas por sua ociosidade – pois as informações exigidas poderiam ser solicitadas pela Câmara a qualquer tempo, para o exercício de seus poderes, independentemente de previsão específica nesse sentido – ou por sua desatualização – em vista da timidez da menção relativa a um encaminhamento apenas anual, tendo em conta que, nos dias de hoje, é viável um acompanhamento contínuo das mesmas informações por parte da Câmara Municipal.

O §9º também poderia ter a necessidade de sua existência questionada, pois não há dúvida de que, uma vez estabelecidos os requisitos para a formalização de cessões de bens municipais, eles devem condicionar a validade dos atos praticados. Não obstante, o preceito aparentemente tem por finalidade salvaguardar os atos anteriores, sobretudo os contratos firmados, que tiveram por base o regime anterior ao da Lei Orgânica e que não foram atingidos pelas normas por ela estabelecidas.

Por fim, o §10 estabelece um prazo decadencial de 3 anos no tocante à autorização legislativa para a formalização da concessão administrativa. A contagem do prazo pode iniciar-se da publicação da lei ou da data estabelecida para a prática do ato – o qual, na verdade, corresponde à assinatura de um contrato –, admitindo-se, assim, que a autorização seja diferida no tempo. O prazo decadencial refere-se apenas às autorizações legislativas para concessões administrativas de uso, não se aplicando, por exemplo, àquelas que tenham sido conferidas para a alienação de bens municipais.

Informação bibliográfica deste texto, conforme a NBR 6023:2018 da Associação Brasileira de Normas Técnicas (ABNT):

BREGA, José Fernando Ferreira. Comentários ao art. 114. *In*: BATISTELA, Marcos; BARBOSA, Maria Nazaré Lins; MARTINS, Ricardo Marcondes (coord.). *Comentários à Lei Orgânica do Município de São Paulo*: atualizada até a Emenda nº 42/2022. Belo Horizonte: Fórum, 2023. p. 300-305. ISBN 978-65-5518-497-6.

Capítulo IV
Das normas administrativas

Art. 115 A publicação das leis e atos administrativos será feita pelo órgão oficial do Município.

§1º – A publicação dos atos não normativos poderá ser resumida.

§2º – Os atos de efeitos externos só produzirão efeitos após a sua publicação.

MAX BANDEIRA

Publicação é o ato pelo qual se confere publicidade ao conteúdo de leis e atos administrativos. O Diário Oficial do Município é o meio em que, por excelência, se veicula a publicação desses atos. Para alguns atos administrativos, como a abertura de consultas públicas e procedimentos licitatórios, a legislação pode exigir que sua publicação seja também feita em outros veículos, como aqueles definidos como de grande circulação, no art. 21, III, da Lei Federal nº 8.666/1993.

Conforme previsto no §1º do art. 115 da Lei Orgânica, a publicação de atos não normativos pode ser resumida. Na prática, não é necessário publicar em diário oficial os comandos de mero expediente, sem conteúdo decisório, como aqueles que se referem ao setor para o qual deve ser remetido o processo após a publicação ou mesmo a ordem para publicar o respectivo ato (o "publique-se"). Os interessados, contudo, poderão solicitar vista de processos administrativos, caso queiram ter acesso à íntegra de atos que tenham sido publicados resumidamente.

Os atos de efeitos externos, notadamente aqueles de conteúdo normativo, apenas produzirão efeitos após sua publicação, conforme previsto no §2º do art. 115 da Lei Orgânica. Por meio da a publicação, os cidadãos são informados sobre a existência da nova norma jurídica da qual não poderão alegar desconhecimento.

No caso das leis, a publicação cabe ao mesmo órgão encarregado de sua promulgação: o Gabinete do Prefeito. Com a publicação, a lei se presume conhecida por todos, tornando-se obrigatória na data indicada para sua vigência. Conforme previsto no art. 12, V, do recentíssimo Decreto nº 61.928/2022, o cadastro, a indexação e a publicação de leis e decretos, anteriormente atribuída à Assessoria Técnico-Legislativa, passou a caber à Assessoria Legislativa da Casa Civil do Gabinete do Prefeito.

Sem prejuízo da publicação em diário oficial, o Município de São Paulo mantém o Portal da Legislação, em que é possível acessar o conteúdo de leis, decretos e demais atos normativos municipais, além de versões compiladas e referências da norma. Trata-se de um dos três sítios eletrônicos oficiais mais acessados diariamente, dividindo posições de liderança com os serviços de emissão de certidões e informações tributárias e o portal 192.

Informação bibliográfica deste texto, conforme a NBR 6023:2018 da Associação Brasileira de Normas Técnicas (ABNT):

BANDEIRA, Max. Comentários ao art. 115. In: BATISTELA, Marcos; BARBOSA, Maria Nazaré Lins; MARTINS, Ricardo Marcondes (coord.). *Comentários à Lei Orgânica do Município de São Paulo*: atualizada até a Emenda nº 42/2022. Belo Horizonte: Fórum, 2023. p. 306-307. ISBN 978-65-5518-497-6.

Art. 116 Todas as compras efetuadas e serviços contratados pelo Executivo e Legislativo, na administração direta ou indireta, ou pelo Tribunal de Contas do Município, serão objeto de publicação mensal no Diário Oficial, discriminando-se, resumidamente, objeto, quantidade e preço.

BRUNO DAMASCENO FERREIRA SANTOS

O art. 116, na mesma linha do dispositivo anterior, prestigia o princípio da publicidade, pois busca conferir aos munícipes acesso aos atos praticados pela Administração Municipal. Mas vai além.

Ao exigir da Administração Municipal uma postura ativa na divulgação dos dados das contratações públicas, bem como a adoção de uma sistemática simplificada na apresentação das informações, o artigo caminha em direção a uma acepção mais moderna do acesso à informação e controle por parte do público, que está ligada ao princípio da transparência.[423]

No âmbito municipal, o art. 4º da Lei nº 17.273/2020 considera, entre outros, a publicação de todos os dados públicos no sítio eletrônico da Prefeitura – além daquela tradicionalmente feita no Diário Oficial da Cidade de São Paulo – e a disponibilização das informações de forma inteligível, apropriável pelo cidadão comum e sistematizada para a facilitação da sua compreensão como requisitos indispensáveis à observância do princípio da transparência.

Exigência semelhante à do art. 116 da LOMSP é encontrada no art. 16 da Lei Federal nº 8.666/1993, que determina que seja dada publicidade mensal, em órgão de divulgação oficial, à relação de todas as compras realizadas pela Administração direta ou indireta, discriminando-se os bens comprados, seus preços unitários, quantitativos, valores totais e a identidade do vendedor. Estão excepcionadas apenas as aquisições que, caso divulgadas, possam vir a comprometer a segurança nacional.

A LOMSP, que, frise-se, é anterior à Lei Federal nº 8.666/1993, é também mais abrangente que ela, pois determina a publicação das informações referentes a todas as contratações de bens e serviços, e não apenas às aquisições de bens, como faz a norma federal.

Atualmente, para atender essa disposição da LOMSP, cada Secretaria, Subprefeitura e ente da Administração indireta publica no Diário Oficial da Cidade de São Paulo seus relatórios mensais de contratações, com os respectivos quantitativos, valores globais, preços unitários e fornecedores.

---

[423] RODRIGUES, João Gaspar. Publicidade, transparência e abertura na administração pública. *Revista de Direito Administrativo*, v. 266, p. 93-94, 2014.

A Lei Federal nº 14.133/2021, que veio para substituir a Lei Federal nº 8.666/1993 no papel de lei geral de licitações e contratos públicos, não tem em seu texto dispositivo com previsão semelhante a essa em comento. No entanto, ela também demanda da Administração postura transparente para além da mera publicidade dos atos oficiais,[424] em especial no tocante à divulgação dos documentos relacionados aos procedimentos licitatórios no Portal Nacional de Contratações Públicas e, quando for o caso, em sítios eletrônicos oficiais dos entes subnacionais.

Tal postura já encontra abrigo nas práticas municipais de disponibilização das informações relacionadas às licitações e contratações públicas no Portal da Transparência,[425] além da publicação periódica de que trata o artigo ora em estudo.

Informação bibliográfica deste texto, conforme a NBR 6023:2018 da Associação Brasileira de Normas Técnicas (ABNT):

SANTOS, Bruno Damasceno Ferreira. Comentários ao art. 116. In: BATISTELA, Marcos; BARBOSA, Maria Nazaré Lins; MARTINS, Ricardo Marcondes (coord.). *Comentários à Lei Orgânica do Município de São Paulo*: atualizada até a Emenda nº 42/2022. Belo Horizonte: Fórum, 2023. p. 308-309. ISBN 978-65-5518-497-6.

---

[424] FURTADO, Madeline; VIEIRA, James Batista. *Portal Nacional de Contratações Públicas*: uma nova lógica jurídica, gerencial e econômica para a Lei de Licitações e Contratos. Disponível em: www.novaleilicitacao.com.br/2021/05/13/portal-nacional-de-contratacoes-publicas-uma-nova-logica-juridica-gerencial-e-economica-para-a-lei-de-licitacoes-e-contratos. Acesso em: 13 jan. 2023.

[425] Disponível em: http://transparencia.prefeitura.sp.gov.br. Acesso em: 13 jan. 2023.

Art. 117 Os editais e publicações oficiais da Prefeitura Municipal de São Paulo, editados nos jornais de grande circulação local, poderão ser transcritos nos jornais de bairro onde a matéria apresente maior interesse, na forma da lei.

BRUNO DAMASCENO FERREIRA SANTOS

A LOMSP foi editada em 1990. Naquela época, a divulgação de editais e publicações oficiais na imprensa escrita representava importante ferramenta para dar publicidade a esses atos e documentos. Em um período de acesso à Internet ainda incipiente, a publicação dessas informações em jornais de grande circulação local era uma forma de torná-las acessíveis à população em geral, que consumia esse meio de comunicação.

Nesse contexto, o legislador, preocupado em conferir o mais amplo acesso às informações oficiais aos munícipes, previu a possibilidade de, mediante regulamentação legal, se transcrever em jornais de bairro as publicações de maior interesse das respectivas localidades em que eles viessem a ser distribuídos.

Com o rápido avanço tecnológico, a tiragem dos meios de comunicação impressos sofreu drástico declínio, de modo que as informações antes neles publicadas passaram a ser disponibilizadas eletronicamente em seus portais. Os jornais de bairro que sobreviveram a essas mudanças passaram também a veicular seu conteúdo digitalmente, o que dificultou ainda mais encontrar suas versões impressas.

Na mesma linha, o Poder Público passou a publicar em sítios eletrônicos oficiais seus instrumentos convocatórios, decisões e atos normativos. O próprio Diário Oficial da Cidade de São Paulo, desde 2017, deixou de contar com sua versão impressa, existindo apenas agora em versão eletrônica.

Apesar disso, há ainda na legislação municipal algumas previsões de atos que precisam ser publicados em jornais de grande circulação local, como os editais de concorrência, leilão e concurso,[426] pregões de valor estimado superior a R$650.000,00 e as decisões condenatórias em processos de apuração de atos praticados contra a Administração Municipal.[427]

É preciso salientar que o art. 117 da LOMSP é, na tradicional classificação de José Afonso da Silva,[428] uma norma de contida eficácia, ou seja, trata-se de norma apta a produzir imediatamente todos os seus efeitos, mas que pode tê-los limitados posteriormente pela edição de uma outra lei.

---

[426] Art. 17, I e IV, Lei nº 13.728/2002.
[427] Art. 23, II, Decreto nº 55.107/2014.
[428] SILVA, José Afonso da. *Aplicabilidade das Normas Constitucionais*. 3. ed. São Paulo: Malheiros, 1998. p. 81-87.

A Lei nº 9.868/1985 alterou a Lei nº 8.248/1975, que tratava de obras, serviços, compras e alienações da Administração Municipal para prever que os editais de concorrência seriam publicados, em regra, no Diário Oficial e em jornal diário de grande circulação. Nos casos em que o objeto de licitação fosse obra ou serviço a ser realizado em determinada região do Município, a Administração estava obrigada a publicar o instrumento convocatório em jornal de bairro com circulação naquela área, informando os moradores da concorrência em questão.

Essas normas, contudo, foram revogadas, e a Lei nº 13.278/2002, atualmente em vigor para regular as licitações em âmbito municipal, nada dispõe sobre a utilização de jornais de bairro para fins de publicidade dos atos oficiais. Desse modo, no que tange ao conteúdo do art. 117 da LOMSP, não há na legislação municipal lei em vigor tratando de publicações oficiais em jornais de bairro.

Apesar de, na prática, não acontecer com muita frequência, nada impede que, mesmo que publicados no sítio eletrônico oficial do Município e, quando o caso, em jornal de grande circulação, os editais e atos oficiais sejam também transcritos em jornais de bairro, desde que haja justificativa para tanto e que tal medida seja de interesse da população local.

Informação bibliográfica deste texto, conforme a NBR 6023:2018 da Associação Brasileira de Normas Técnicas (ABNT):

SANTOS, Bruno Damasceno Ferreira. Comentários ao art. 117. In: BATISTELA, Marcos; BARBOSA, Maria Nazaré Lins; MARTINS, Ricardo Marcondes (coord.). *Comentários à Lei Orgânica do Município de São Paulo*: atualizada até a Emenda nº 42/2022. Belo Horizonte: Fórum, 2023. p. 310-311. ISBN 978-65-5518-497-6.

Art. 118 O Poder Executivo publicará e enviará ao Poder Legislativo, no máximo 30 (trinta) dias após o encerramento de cada semestre, relatório completo sobre os gastos publicitários da administração direta e indireta, para fins de averiguação do cumprimento do disposto no §1º, do art. 37 da Constituição da República.

§1º – As empresas estatais que sofrerem concorrência de mercado deverão restringir sua publicidade ao seu objetivo social.

§2º – O não cumprimento do disposto no parágrafo anterior implicará instauração imediata de procedimento administrativo para sua apuração, sem prejuízo da suspensão da publicidade.

BRUNO DAMASCENO FERREIRA SANTOS

A publicidade dos atos administrativos não é absoluta e não pode ser realizada de qualquer forma. Ela encontra no princípio da impessoalidade uma de suas balizas, e esse princípio pode ser concebido em diferentes acepções. Aqui nos pautaremos do entendimento de Rafael Carvalho Rezende Oliveira,[429] para quem a impessoalidade pode ser compreendida no sentido de igualdade ou isonomia e no sentido de proibição à promoção pessoal dos agentes públicos.

Para o que nos interessa para fins de estudo do art. 118 da LOMSP, é essa segunda acepção que será trabalhada. Segundo Maria Sylvia Zanella de Pietro,[430] o ato administrativo deve ser imputado ao órgão ou à entidade pública, e não ao agente que o praticou.

Dando azo a essa compreensão, o art. 37, §1º, da Constituição Federal prevê que a publicidade dos atos, programas, obras, serviços e campanhas dos órgãos públicos deve ter caráter educativo, informativo ou de orientação social, não podendo constar nela nomes ou quaisquer símbolos ou imagens que caracterizem promoção pessoal de autoridades ou servidores públicos.

Disposição muito semelhante é encontrada no art. 85 da LOMSP, que impõe as mesmas restrições à publicidade institucional da Administração Municipal, independente da fonte financiadora, sendo proibida, além da promoção pessoal de agentes públicos, a caracterização de propaganda partidária.

Analisando o tema, o STF firmou o entendimento de que o rigor dessa espécie de vedação alcança também *slogans* que caracterizem promoção pessoal ou de servidores públicos.[431] Em caso recente, um ex-prefeito paulistano foi condenado pelo TJSP por

---

[429] OLIVEIRA, Rafael Carvalho Rezende. *Princípios do Direito Administrativo*. Rio de Janeiro: Lumen Juris, 2011. p. 95-97.
[430] DI PIETRO, Maria Sylvia Zanella. *Direito Administrativo*. 25. ed. São Paulo: Atlas, 2012. p. 68.
[431] RE nº 191.668, Rel. Min. Menezes Direito. 1ª Turma. j. 15.04.2008, 1ª T, DJe de 30.05.2008.

ter utilizado durante sua gestão como Chefe do Executivo municipal o mesmo *slogan* que utilizou durante a sua campanha eleitoral.[432]

Para que seja possível a fiscalização do cumprimento dessas normas, a Lei Orgânica exige que o Poder Executivo, semestralmente, publique e envie ao Poder Legislativo relatório completo dos gastos publicitários da Administração direta e indireta. O ideal, para que esse documento seja considerado efetivamente completo, é que o Executivo não indique apenas os valores globais dispendidos com propaganda oficial, mas discrimine de forma detalhada quanto foi investido em cada campanha publicitária.

A fim de facilitar esse controle, nas últimas Leis de Diretrizes Orçamentárias[433] passou a constar que as despesas com propaganda oficial serão restritas à divulgação de investimentos, serviços públicos e campanhas de natureza educativa ou preventiva e deverão onerar as dotações específicas de "despesas com publicidade institucional" e "publicidade de utilidade pública".

Para evitar que as empresas estatais sejam utilizadas como veículos para a burla dessas restrições à propaganda institucional, os §§1º e 2º do art. 118 da Lei Orgânica determinaram que as empresas municipais que concorrem no mercado devem restringir sua publicidade ao seu objeto social. Em caso de descumprimento dessa determinação, a lei prevê a abertura de processo administrativo de apuração, sem prejuízo da suspensão da publicidade irregular.

Apesar de o dispositivo mencionar apenas as empresas que concorrem no mercado, entendemos que ele deve ser aplicado a qualquer empresa municipal, pois não faria sentido exigir que as empresas que têm de concorrer para angariar sua clientela – para as quais a publicidade é vital – tenham de atender às restrições publicitárias legais e que aquelas que não têm esse desafio concorrencial possam dispor livremente de sua propaganda.

A menção expressa do legislador apenas às empresas estatais que concorrem no mercado, portanto, foi feita para que não pairassem dúvidas acerca da aplicação do art. 118 da LOMSP a essas entidades, não devendo ela ser interpretada de modo a excluir desse controle as empresas municipais que eventualmente não encontrem concorrentes.

Vale lembrar que o *caput* do art. 118 da Lei Orgânica prevê expressamente que os relatórios de gastos publicitários devem englobar todos os entes da Administração indireta, o que reforça a visão de que as empresas municipais, independentemente da sua natureza, devem observar as restrições impostas pelos arts. 37, §1º, da Constituição Federal e 85 da LOMSP.

Informação bibliográfica deste texto, conforme a NBR 6023:2018 da Associação Brasileira de Normas Técnicas (ABNT):

SANTOS, Bruno Damasceno Ferreira. Comentários ao art. 118. *In*: BATISTELA, Marcos; BARBOSA, Maria Nazaré Lins; MARTINS, Ricardo Marcondes (coord.). *Comentários à Lei Orgânica do Município de São Paulo*: atualizada até a Emenda nº 42/2022. Belo Horizonte: Fórum, 2023. p. 312-313. ISBN 978-65-5518-497-6.

---

[432] Na data em que esse texto foi elaborado, o processo nº 1012844-73.2018.8.26.0053, a que fazemos referência, ainda não havia transitado em julgado, pois pendiam recursos perante os Tribunais Superiores.

[433] Na LDO para o exercício de 2022 (Lei nº1 7.595/2021), essa disposição se encontra no art. 19.

Art. 119 O Município não concederá licença ou autorização, e as cassará, quando, em estabelecimentos, entidades, representações ou associações, ficar provada a discriminação racial, bem como qualquer outra prática atentatória aos direitos fundamentais, através de sócios, gerentes, administradores e prepostos.

RAFAEL MEDEIROS MARTINS

A Constituição Federal vigente, em consonância com a tendência dominante no direito comparado,[434] promoveu uma considerável abertura do catálogo constitucional dos direitos fundamentais ao utilizar a expressão Direitos e Garantias Fundamentais. Essa terminologia abrange os direitos individuais e coletivos, os direitos sociais, os direitos de nacionalidade, os direitos políticos e o estatuto constitucional dos partidos políticos.[435]

Portanto, o artigo em comento deve ser lido sob essa perspectiva. A dicção legislativa se utilizou de um exemplo (discriminação racial)[436] para, logo após, aplicar a fórmula genérica (qualquer prática atentatória aos direitos fundamentais).[437] Assim, tanto o indeferimento de atos ampliativos de direitos como o expediente administrativo sancionador instaurado para apurar o aviltamento de direitos fundamentais praticado por pessoa jurídica licenciada/autorizada pelo Município deverão considerar o amplo leque constitucional anteriormente exposto.

Definida a dimensão do que se deve compreender por Direito Fundamental, continuamos a análise da disposição legal com a seguinte acotação: o art. 119, ao promover a proteção de direitos fundamentais mediante atuação estatal de cunho sancionatório,

---

[434] Partindo da Lei Fundamental alemã de 1949, Ingo Sarlet ilustra o movimento ampliativo de direitos fundamentais com a seguinte sequência histórica: "podem ser referidas a Constituição da Grécia, de 1975; a Constituição da República Portuguesa, de 1976; a Constituição Espanhola, de 1978; a Constituição Política da República da Colômbia; de 1991; a Constituição Federal da Confederação Suíça, de 1999, entre outras" (SARLET, Ingo Wolfgang; MARINONI, Luiz Guilherme; MITIDIERO, Daniel. *Curso de direito constitucional*. 6. ed. São Paulo: Saraiva, 2017. p. 302).

[435] Mas não é só. Além dessas espécies de direitos fundamentais, o texto constitucional foi além: serão considerados como direitos dessa natureza todos aqueles "decorrentes do regime e dos princípios por ela adotados, ou dos tratados internacionais em que a República Federativa do Brasil seja parte" (art. 5º, §2º, Constituição Federal). E ainda mais: "Os tratados e convenções internacionais sobre direitos humanos que forem aprovados, em cada Casa do Congresso Nacional, em dois turnos, por três quintos dos votos dos respectivos membros, serão equivalentes às emendas constitucionais" (art. 5º, §3º, Constituição Federal).

[436] Fez bem o art. 119 ao mencionar a discriminação racial, umas das maiores chagas do Brasil. O dispositivo mostra importância ao expor essa realidade e provocar a atuação estatal para combatê-la, já que infelizmente "o brasileiro teria uma espécie de preconceito reativo: o preconceito contra o preconceito, uma vez que preferia negar a reconhecer e atuar" (SCHWARCZ, Lilia Moritz. *Sobre o autoritarismo brasileiro*. 1. ed. São Paulo: Companhia das Letras, 2019. p. 18).

[437] O esquema "exemplo-fórmula genérica" é uma conhecida técnica legislativa. Vejamos, por exemplo, o art. 121, §2º, IV, do Código Penal: "Homicídio qualificado. §2º Se o homicídio é cometido: IV – à traição, de emboscada, ou mediante dissimulação ou outro recurso que dificulte ou torne impossível a defesa do ofendido".

remete às íntimas relações entre Direito e Políticas Públicas. Essa aproximação foi idealizada por Ronald Dworkin, que trouxe a questão – antes relegada à política – para o ambiente jurídico. Com efeito, anota Gianpaolo Poggio Smanio que:

> Na década de 1980, as Políticas Públicas são estudadas como ramo da política que trata das ações de governo que irão produzir efeitos específicos, influenciando a vida dos cidadãos.
>
> Entretanto, ainda nos EUA, coube a Ronald Dworkin, no final da década de 1970, o entendimento de que o tema Políticas Públicas também deveria caber na Teoria Geral do Direito (...)[438]

O art. 119, destarte, possui um colorido de Política Pública porque se propõe a densificar a proteção dos direitos fundamentais[439] – realizando-os, portanto – ao repreender estabelecimentos, entidades, representações ou associações que vierem a menoscabar tais direitos no ambiente corporativo. De fato, políticas públicas e ações afirmativas são poderosos instrumentos que combatem o quietismo estatal e mobilizam a máquina pública a trabalhar pela proteção e realização dos direitos fundamentais.

De outra parte, é preciso tecer elogios à boa técnica empregada pelo legislador na confecção do artigo comentado. Não são raras as vezes em que institutos jurídicos são citados de forma equivocada em textos legais. Não aqui: o art. 119 esclarece que não serão concedidos ou serão cassados atos ampliativos de direitos (licenças e autorizações) quando as entidades mencionadas depauperarem direitos fundamentais no exercício de suas funções corporativas.

Perceba-se que foi eleito o modo extintivo de atos administrativos correto para a espécie: a cassação. Essa modalidade de ato de retirada, cujo efeito principal é a extinção de outro ato administrativo, é assim conceituada por Ricardo Marcondes Martins:

> Cassação é o ato editado em razão do descumprimento pelo administrado das condições a ele impostas. É uma hipótese de extinção típica dos atos ampliativos de direito, em que o benefício gerado pelo ato depende de uma situação ou de uma conduta do administrado.[440]

Logo, para aquelas hipóteses em que o administrado já desfruta de uma licença ou autorização[441] e deprecia um direito fundamental, a consequência jurídico-administrativa poderá vir a ser a cassação daqueles atos administrativos.

---

[438] BERTOLIN, Patrícia Tuma Martins; SMANIO, Gianpaolo Poggio (org.). *O Direitos e as Políticas Públicas no Brasil*. 1. ed. São Paulo: Atlas, 2013. p. 5.

[439] Prossegue Smanio afirmando que "As Políticas Públicas são instrumentos importantes para a concretização dos Direitos Fundamentais" (BERTOLIN, Patrícia Tuma Martins; SMANIO, Gianpaolo Poggio. *O Direitos e as Políticas Públicas no Brasil*. 1. ed. São Paulo: Atlas, 2013. p. 12).

[440] BACELLAR FILHO, Romeu Felipe; MARTINS, Ricardo Marcondes. *Tratado de direito administrativo*: ato administrativo e procedimento administrativo. Coord. Maria Sylvia Zanella Di Pietro. 2. ed. São Paulo: Thomson Reuters Brasil, 2019. p. 326.

[441] Lembramos a decantada lição de Celso Antônio a respeito da diferenciação entre autorização e licença: a primeira é "ato unilateral pelo qual a Administração, discricionariamente, faculta o exercício de atividade material, tendo, como regra, caráter precário". Quanto à licença, o mestre deixa vincado que "ato vinculado, unilateral, pelo qual a Administração faculta a alguém o exercício de uma atividade, uma vez demonstrado pelo interessado

A nota fundamental aqui é reconhecer que a denegação e a cassação desses atos ampliativos de direitos têm conotação sancionatória,[442] e, justamente por isso, deverão incidir todos os tons daquilo que se convencionou chamar de Direito Administrativo Sancionador,[443] com seus aspectos garantistas e respeitadores dos direitos dos administrados.

Informação bibliográfica deste texto, conforme a NBR 6023:2018 da Associação Brasileira de Normas Técnicas (ABNT):

MARTINS, Rafael Medeiros. Comentários ao art. 119. In: BATISTELA, Marcos; BARBOSA, Maria Nazaré Lins; MARTINS, Ricardo Marcondes (coord.). *Comentários à Lei Orgânica do Município de São Paulo*: atualizada até a Emenda nº 42/2022. Belo Horizonte: Fórum, 2023. p. 314-316. ISBN 978-65-5518-497-6.

---

o preenchimento dos requisitos legais exigidos (…). Uma vez cumpridas as exigências legais, a Administração não pode negá-la. Daí seu caráter vinculado, distinguindo-se, assim, da autorização" (BANDEIRA DE MELLO, Celso Antônio. Curso de Direito Administrativo. 35. ed. São Paulo: Malheiros, 2021. p. 358).

[442] Mesmo o indeferimento de uma autorização (ato discricionário e precário) dependerá de adequada motivação indicando a violação específica de direitos fundamentais. E mais: a Administração terá o dever de comprovar essa realidade, aplicando-se aqui a clássica *teoria dos motivos determinantes*. Assim, qualquer hipótese de indeferimento/cassação de autorização/licença recomendará a abertura de processo administrativo próprio para deflagrar a devida apuração dos fatos.

[443] O tema vem ganhando relevo na doutrina brasileira. André Luiz Freire, em obra conjunta, disserta que "(…) fica mais simples entender a definição de Direito Público Sancionador como o conjunto de normas de direito público que disciplina a atividade punitiva do Estado. Está em pauta o regime jurídico de direito público, isto é, um conjunto de normas que incide sobre um dado tipo de atividade estatal: a atividade punitiva do estado" (FREIRE, André Luiz. Direito público sancionador. In: OLIVEIRA, José Roberto Pimenta de Oliveira (coord.). *Direito Administrativo Sancionador*: estudos em homenagem ao professor emérito da PUC/SP Celso Antônio Bandeira de Mello. 1. ed. São Paulo: Malheiros, 2019. p. 75).

Art. 120 A administração é obrigada a atender às requisições judiciais no prazo fixado pela autoridade judiciária, bem como a fornecer a qualquer cidadão, para defesa de seus direitos e esclarecimentos de situações de seu interesse pessoal, no prazo máximo de 20 (vinte) dias úteis, certidão de atos, contratos e decisões, sob pena de responsabilidade do servidor que retardar a sua expedição.

ARTUR DE ALBUQUERQUE TORRES

Há duas normas na disposição do art. 120, que tratam de institutos autônomos: um consiste no poder de requisição; outro, no direito de petição.

O poder requisitório dos juízes é prerrogativa intrínseca à própria função jurisdicional do Estado Democrático de Direito. Nessa formatação social, institucional e histórica de Estado, os poderes constituídos comprometem-se a respeitar e realizar direitos e objetivos fundamentais previstos em uma Constituição – pacto social fundante, que legitima o exercício daqueles poderes e pretende dar coesão à comunidade nacional.[444]

Incumbe ao Poder Judiciário, assim, exercer a jurisdição constitucional, que nada mais é que a forma pela qual um órgão imparcial e independente exerce a função de fiscalizar o cumprimento da Constituição[445] – inclusive pelos Poderes Executivo e Legislativo. Para que possa exercer efetivamente essa função constitucional, ao Poder Judiciário deve necessariamente ser reconhecida a prerrogativa de, observado o devido processo legal, requisitar informações e documentos da Administração Pública. Assim é que poderá colher subsídios fáticos para realizar e aplicar, de forma imperativa, sua interpretação do Direito.[446]

O art. 120, consequentemente, apenas explicita algo que já decorre naturalmente de nossa estrutura jurídico-constitucional: respeitado o devido processo legal, a administração pública tem a obrigação de fornecer ao Poder Judiciário os documentos e informações necessários à apreciação de demandas judiciais, mesmo que não haja disposição legal expressa por parte do ente municipal.[447]

---

[444] SILVA, Virgílio Afonso da. *Direito Constitucional Brasileiro*. 1. ed. São Paulo: Editora da Universidade de São Paulo, 2021. p. 50.

[445] MARMELSTEIN, George. *Curso de direitos fundamentais*. 8. ed. São Paulo: Atlas, 2019. p. 259.

[446] Em Estados que adotam a dualidade de jurisdição (contencioso administrativo), também é reconhecida essa prerrogativa aos juízes. *Vide*, por exemplo, precedente do Conselho de Estado francês, que entendeu ser sua prerrogativa de exigir da administração competente a apresentação de todos os documentos suscetíveis de permitir a verificação das alegações do requerente (*Conseil d'Etat, 1er mai 1936, Couespel du Menil, Rec.* p. 485).

[447] *Vide*, por exemplo, o que dispõe o art. 6º, §1º, da Lei Federal nº 12.016/2009 (Lei do Mandado de Segurança): "No caso em que o documento necessário à prova do alegado se ache em repartição ou estabelecimento público ou em poder de autoridade que se recuse a fornecê-lo por certidão ou de terceiro, o juiz ordenará, preliminarmente, por ofício, a exibição desse documento em original ou em cópia autêntica e marcará, para o cumprimento da ordem, o prazo de 10 (dez) dias. O escrivão extrairá cópias do documento para juntá-las à segunda via da petição".

A obrigação de colaborar com o Poder Judiciário, aliás, alcança inclusive os particulares: "ninguém se exime do dever de colaborar com o Poder Judiciário para o descobrimento da verdade" (Código de Processo Civil, art. 378).

Note-se que a Constituição Federal de 1988 outorga ao Ministério Público, também, o poder-dever de requisitar documentos e informações da administração pública, a fim de que possa instruir procedimentos preparatórios e investigações extrajudiciais (art. 129, VI).[448] O mesmo poder requisitório foi reconhecido aos delegados de polícia, no âmbito das investigações criminais.[449] Ressalvam-se, porém, em todos os casos, as informações protegidas pelos sigilos de correspondência, de comunicações telegráficas, de dados e de comunicações telefônicas, informações estas que só podem ser apresentadas caso haja determinação judicial (Constituição Federal, art. 5º, XII).

O Plenário do STF também reconheceu às Defensorias Públicas o poder requisitório na mesma extensão em que se reconhece ao Ministério Público – pelo menos quando há previsão legal expressa emanada da pessoa jurídica de direito público que integram.[450] O precedente, firmado em 2022, fundamentou-se na teoria dos poderes implícitos (*inherent powers*) e no paralelismo deontológico-axiológico entre as Defensorias Públicas e o Ministério Público, decorrente da Emenda Constitucional nº 45/2004 e, sobretudo, da Emenda Constitucional nº 80/2014.

Como já dito, o art. 120 da LOMSP não trata apenas do poder de requisição. Disciplina, também, a regra do art. 5º, XXXIV, "b" da Constituição Federal,[451] que trata do direito de obter certidões perante a administração pública. À regra constitucional, a Lei Orgânica adiciona alguns preceitos: a fixação do prazo de 20 dias, a previsão expressa de responsabilidade do servidor que retardar a expedição do documento e, bem assim, a indicação expressa de que as certidões podem referir-se inclusive a contratos e decisões do Poder Público.

O direito de certidão decorre diretamente do direito de petição, tradicionalmente previsto nas Constituições republicanas brasileiras (desde a de 1891), cujo embrião passa pela Magna Carta de 1215 e pela *Petition of Right*, de 1628. Trata-se do direito de ser ouvido e atendido pelo Estado – nas palavras de José Afonso da Silva, "o direito que pertence a uma pessoa de invocar a atenção dos Poderes Públicos sobre uma questão ou uma situação".[452]

Uma das facetas do direito de petição é, justamente, o direito de requerer certidão, que diz respeito a hipóteses específicas: defesa de direitos ou esclarecimentos de

---

[448] A Lei Federal nº 8.625/1993 destrincha a prerrogativa constitucional, alargando-a para reconhecer ao Ministério Público os poderes de requisitar exames periciais, promover inspeções e diligências investigatórias junto às autoridades, órgãos e entidades federais, estaduais, distritais e municipais, e requisitar até mesmo a instauração de sindicância ou procedimento administrativo (art. 26, I e III). O poder requisitório do Ministério Público também já estava previsto na Lei da Ação Civil Pública (art. 8º, §1º).

[449] Lei Federal nº 12.830/2013, art. 2º, §2º: "Durante a investigação criminal, cabe ao delegado de polícia a requisição de perícia, informações, documentos e dados que interessem à apuração dos fatos".

[450] ADI nº 6875, Relator(a): Alexandre de Moraes, Tribunal Pleno, julgado em 21.02.2022, Dje-051, de 16.03.2022. Data da Publicação: 17.03.2022.

[451] Art. 5º (...) XXXIV – são a todos assegurados, independentemente do pagamento de taxas: a) o direito de petição aos Poderes Públicos em defesa de direitos ou contra ilegalidade ou abuso de poder; b) a obtenção de certidões em repartições públicas, para defesa de direitos e esclarecimento de situações de interesse pessoal.

[452] SILVA, José Afonso da. *Curso de direito constitucional positivo*. São Paulo: Revista dos Tribunais, 1989. p. 281-282.

situações de interesse pessoal. Enquanto o direito de petição é utilizado para que seja postulado um comportamento ativo do poder público, o direito de certidão constitui-se na simples garantia de que qualquer interessado terá acesso a informações que lhe permitam defender outros direitos ou esclarecer situações de seu interesse pessoal.[453]

O direito de certidão é, também, especificidade de outro direito fundamental, que visa realizar o princípio da publicidade dos atos públicos e garantir que todos consigam receber do Poder Público informações de interesse particular, coletivo ou geral, em prazo determinado, sob pena de responsabilidade.[454]

É evidente, contudo, que o prazo de 20 dias, previsto na LOM, não pode ser interpretado como absoluto. Algumas situações só podem ser esclarecidas depois de investigação documental mais complexa. Bem assim, o mero desatendimento do prazo não implica, de maneira automática, a responsabilização dos servidores responsáveis. O que não pode haver é o descumprimento injustificado do prazo, ainda que a motivação expressa para o desatendimento do prazo possa vir a ser apresentada posteriormente.

Em outras palavras, a responsabilização (civil, penal e administrativa) do servidor que retarda a expedição de certidões deve ser examinada à luz da proporcionalidade e da legalidade. Para que surja a responsabilidade do servidor em âmbito penal, por exemplo, é necessário que haja a intenção consciente de satisfazer a interesse ou sentimento pessoal.[455] Em âmbito cível, por sua vez, o STF já assentou que a ação por danos causados por agente público deve ser ajuizada contra o ente público, e não contra a pessoa do servidor, embora seja assegurado o direito de regresso contra o responsável nos casos de dolo ou culpa.[456] Na esfera administrativa, de igual modo, também se exige a demonstração de dolo ou culpa.[457]

Por fim, uma ressalva deve ser feita. O direito de certidão não abrange a possibilidade de se tomar conhecimento sobre informações constantes em documentos preparatórios, quando sua divulgação puder frustrar a finalidade do próprio ato.[458] Citem-se, como exemplo, a documentação de indícios colhidos em sindicância,[459] referente a diligências ainda em curso. Em casos assim, a ciência pelo servidor investigado, antes de concluída a diligência, poderá frustrar o sucesso da apuração, e, por isso, tais

---

[453] SOBRINHO, Osório Silva Barbosa. *Direito Constitucional de Petição*: exercício da cidadania. Brasília: ESMPU, 2016.

[454] Art. 5º (...) XXXIII – todos têm direito a receber dos órgãos públicos informações de seu interesse particular, ou de interesse coletivo ou geral, que serão prestadas no prazo da lei, sob pena de responsabilidade, ressalvadas aquelas cujo sigilo seja imprescindível à segurança da sociedade e do Estado. A disposição foi regulamentada pela Lei Federal nº 12.527/2011 (Lei de Acesso a Informações Públicas).

[455] Código Penal – Prevaricação – Art. 319. Retardar ou deixar de praticar, indevidamente, ato de ofício, ou praticá-lo contra disposição expressa de lei, para satisfazer interesse ou sentimento pessoal: Pena – detenção, de três meses a um ano, e multa.

[456] Recurso Extraordinário nº 1027633, Relator(a): Marco Aurélio, Tribunal Pleno, julgado em 14.08.2019, DJe-268 Divulg. 05.12.2019 Public. 06.12.2019. Tema nº 940 da Repercussão Geral.

[457] Art. 180 – O funcionário responde civil, penal e administrativamente pelo exercício irregular de suas atribuições, sendo responsável por todos os prejuízos que, nesta qualidade, causar à Fazenda Municipal, por dolo ou culpa, devidamente apurados.

[458] *Vide*, nesse sentido, o art. 7º, §3º, da Lei de Acesso à Informação (Lei Federal nº 12.527/2011) — "§3º O direito de acesso aos documentos ou às informações neles contidas utilizados como fundamento da tomada de decisão e do ato administrativo será assegurado com a edição do ato decisório respectivo".

[459] Lei Municipal nº 8.989/1987, art. 204: "A sindicância não comporta o contraditório e tem caráter sigiloso, devendo ser ouvidos, no entanto, os envolvidos nos fatos".

documentos só poderão ser disponibilizados ao servidor depois de sua conclusão e junção aos autos da investigação.

Informação bibliográfica deste texto, conforme a NBR 6023:2018 da Associação Brasileira de Normas Técnicas (ABNT):

TORRES, Artur de Albuquerque. Comentários ao art. 120. In: BATISTELA, Marcos; BARBOSA, Maria Nazaré Lins; MARTINS, Ricardo Marcondes (coord.). *Comentários à Lei Orgânica do Município de São Paulo*: atualizada até a Emenda nº 42/2022. Belo Horizonte: Fórum, 2023. p. 317-320. ISBN 978-65-5518-497-6.

Art. 121 Os órgãos da administração direta, indireta e fundacional, incluindo a Câmara Municipal e o Tribunal de Contas do Município, publicarão, separada e anualmente, no Diário Oficial do Município, o valor da remuneração dos seus cargos, empregos e funções, o número de servidores e funcionários ativos e inativos e quadros-resumos da composição de servidores segundo as faixas de remuneração.

ARTUR DE ALBUQUERQUE TORRES

A LOMSP, promulgada em 4 de abril de 1990, ao trazer a disposição do art. 121, implementou avançado método de efetivação dos princípios da transparência e da publicidade na Administração. Conforme Wallace Paiva Martins Júnior, transparência é um conceito abrangente, que se concretiza pela publicidade, pela motivação e pela participação popular, garantindo a visibilidade, o acesso e o conhecimento das atividades administrativas e instrumentalizando a vigilância social e o controle institucional sobre a Administração Pública.[460] Trata-se, na verdade, de princípios intrínsecos a qualquer Estado republicano: a transparência dos atos administrativos constitui o modo republicano de governo.[461]

Em nosso ordenamento jurídico, o regime de remuneração dos agentes públicos é traçado e limitado por disposições previstas nos incisos X a XVII do art. 37 da Constituição Federal. A remuneração dos agentes públicos, bem assim, deve ser fixada com atenção aos princípios constitucionais da legalidade, da moralidade, da publicidade e da proporcionalidade. A LOMSP também traz disposições específicas sobre a remuneração dos agentes públicos no art. 92.[462] A exigência do art. 121 é, assim, importante instrumento destinado a permitir a fiscalização da sociedade sobre o atendimento dessas normas por parte da Administração Municipal – tanto para que possam ser conhecidas as remunerações percebidas como para que se detectem eventuais excessos ou defasagens.

Anote-se que o Conselho Nacional de Justiça, por meio da Resolução nº 102/2009, determinou aos tribunais que disponibilizassem, em seus sítios eletrônicos, espaço

---

[460] MARTINS JUNIOR, Wallace Paiva. *Transparência administrativa*: publicidade, motivação e participação popular. São Paulo: Saraiva, 2004. p. 422.
[461] MARTINS JUNIOR. *Transparência administrativa*, p. 443.
[462] Art. 92 A remuneração dos servidores públicos será estabelecida com vistas a garantir o atendimento de suas necessidades básicas de moradia, alimentação, educação, saúde, lazer, vestuário, higiene, transporte e previdência social e obedecerá aos seguintes critérios: I – piso salarial definido em comum acordo entre a administração e a representação sindical dos servidores municipais; II – será assegurada a proteção da remuneração, a qualquer título, dos servidores públicos contra os efeitos inflacionários, inclusive com a correção monetária dos pagamentos em atraso; III – os vencimentos dos servidores públicos municipais, ativos, inativos ou aposentados são irredutíveis; IV – o reajuste geral da remuneração dos servidores far-se-á sempre na mesma data, sem distinção de índices entre a administração direta, autárquica e fundacional.

destinado a reunir as informações referentes à estrutura remuneratória e ao quantitativo de cargos. O avanço permitiu que a população tomasse proveito da internet como ferramenta para realizar o princípio da transparência, em relação aos órgãos do Poder Judiciário em todo o país.[463]

No Município de São Paulo, caminhando-se no mesmo passo, editou-se o Decreto nº 53.623/2012, que instituiu o "Portal da Transparência", espaço na internet por meio do qual devem ser disponibilizados a remuneração e os subsídios "recebidos por ocupantes de cargos, empregos ou funções públicas, incluídos eventuais auxílios, ajudas de custo, jetons e quaisquer outras vantagens pecuniárias, bem como proventos de aposentadoria e pensões, de forma individualizada".[464]

Informação bibliográfica deste texto, conforme a NBR 6023:2018 da Associação Brasileira de Normas Técnicas (ABNT):

TORRES, Artur de Albuquerque. Comentários ao art. 121. In: BATISTELA, Marcos; BARBOSA, Maria Nazaré Lins; MARTINS, Ricardo Marcondes (coord.). *Comentários à Lei Orgânica do Município de São Paulo*: atualizada até a Emenda nº 42/2022. Belo Horizonte: Fórum, 2023. p. 321-322. ISBN 978-65-5518-497-6.

---

[463] O Conselho Nacional do Ministério Público promoveu determinação idêntica por meio da Resolução nº 86/2012.
[464] Decreto nº 53.623/2012, art. 10, §1º, VI (Incluído pelo Decreto nº 54.779/2014).

Art. 122 Nas repartições públicas municipais, inclusive na Câmara Municipal e no Tribunal de Contas do Município, naquelas unidades de atendimento à população será afixado em lugar visível ao público quadro com nomes de seus servidores e funcionários, cargos que ocupam e horário de trabalho.

ARTUR DE ALBUQUERQUE TORRES

O art. 122 traz uma disposição que não se vê com frequência na legislação de outros entes, na medida em que exige, nas repartições que possuam atendimento ao público, a afixação de relação dos nomes dos servidores que atualmente exerçam as funções de atendimento ao público, bem como a indicação dos respectivos cargos e horários de trabalho.

A Lei nº 8.898/1987 (Estatuto dos Funcionários Públicos do Município de São Paulo, anterior à Lei Orgânica e em vigor até a presente data), em seu art. 178, já estabelecia expressamente os deveres de assiduidade, de pontualidade e do tratamento com urbanidade ao público em geral. O art. 122 da Lei Orgânica visa justamente conferir máxima eficácia a esses deveres, possibilitando a identificação precisa dos servidores e empregados, submetendo-os à fiscalização constante por todo e qualquer indivíduo que precise utilizar dos serviços públicos, e, assim, contribuindo para que se assegure a qualidade do atendimento ao público pela Administração Municipal.

Importa observar, também, que a Emenda nº 30/2008 à LOMSP incluiu disposição que obriga o Prefeito a apresentar "Programa de Metas", prevendo ações estratégicas, indicadores de desempenho e metas para os órgãos da Administração.[465] Entre os indicadores de desempenho, exige-se que sejam aferidas "eficiência, rapidez e cortesia no atendimento ao cidadão" (art. 69-A, §5º, "g").

A disposição relaciona-se com as demandas sociais e os movimentos políticos que resultaram na inclusão do princípio da eficiência no art. 37, *caput*, da Constituição Federal (por força da Emenda nº 19/1998), bem como no art. 81 da Lei Orgânica (por força da Emenda nº 24/2001). O art. 122, com redação preservada desde a edição da Lei Orgânica, já constituía ferramenta destinada à satisfação das mesmas finalidades.

Informação bibliográfica deste texto, conforme a NBR 6023:2018 da Associação Brasileira de Normas Técnicas (ABNT):

TORRES, Artur de Albuquerque. Comentários ao art. 122. *In*: BATISTELA, Marcos; BARBOSA, Maria Nazaré Lins; MARTINS, Ricardo Marcondes (coord.). *Comentários à Lei Orgânica do Município de São Paulo*: atualizada até a Emenda nº 42/2022. Belo Horizonte: Fórum, 2023. p. 323. ISBN 978-65-5518-497-6.

---

[465] Art. 69-A.

Capítulo V
Das Obras, Serviços e Licitações

Art. 123 Os serviços públicos constituem dever do Município.

Parágrafo único – Ao usuário fica garantido serviço público compatível com sua dignidade humana, prestado com eficiência, regularidade, pontualidade, uniformidade, conforto e segurança, sem distinção de qualquer espécie.

MARCOS ROBERTO FRANCO

Não posso iniciar esta minha participação nesta obra coletiva de comentários à Lei Orgânica do Município sem pedir licença para, em rápidas palavras, expressar minha gratidão pelo honroso convite para trazer estes apontamentos em relação ao Capítulo V da LOMSP, promulgada em 4 de abril de 1990, em um momento (aquele) de efervescente transformação da estrutura da organização do Estado brasileiro, e parabenizar a iniciativa da Associação dos Procuradores do Município de São Paulo em conjunto com os doutos colegas Procuradores da Câmara Municipal de São Paulo.

Ditas essas breves palavras de agradecimento, quanto ao relevante tema que me coube abordar, de plano podemos dizer que, fazendo jus ao lema estampado na bandeira da cidade, "*Non ducor, duco*" ("Não sou conduzido, conduzo"), a LOMSP apresentou-se, à época, como um verdadeiro paradigma para que outros municípios também elaborassem suas Leis fundamentais.

O capítulo "Das Obras, Serviços e Licitações", com efeito, retratou uma aspiração imanente ao Estado brasileiro, de servir ao interesse público por meio da entrega eficiente de bens, equipamentos públicos e serviços à população, executados com esteio em um sistema capaz de, ao mesmo tempo, ser transparente, eficaz, apresentar o menor custo para o erário e, ainda, poder ser devidamente monitorado pelos órgãos de controle e pela população em geral. Tais aspirações, na verdade, obedecem ao vetor estabelecido pelo art. 37 da Constituição Federal, que consagrou os princípios norteadores do Direito Administrativo brasileiro.

Com efeito, dentro desse contexto é que foi formatado, no qual deve ser interpretado o Capítulo V da Lei fundamental do Município de São Paulo, ou seja, de um lado, estabelecendo finalidades públicas e diretrizes a serem atendidas pela estrutura Administrativa do Poder Público Municipal e, de outro, prevendo o mecanismo processual adequado para a contratação das obras e dos serviços a serem prestados, ou seja, o procedimento licitatório.

Não há dúvidas de que uma das razões de ser da Administração Pública e sua estrutura é prestar um serviço público de qualidade, em especial para a população hipossuficiente, que demanda mais atenção do Poder Público; daí a razão de o art. 123

da Lei Orgânica (que vamos pedir licença para chamar de LOM nestes comentários, para tornar mais dinâmica a leitura) estabelecer que é "dever" do Município prestá-lo.

Mas o que o caracteriza um serviço como "público", capaz de gerar uma obrigação ao Município de prestá-lo dentro dos padrões anteriormente mencionados? Para Maria Sylvia Zanella Di Pietro,[466] trata-se de toda atividade material atribuída ao Estado pela Lei, com vistas a satisfazer concretamente às necessidades coletivas, podendo ser exercida diretamente ou por meio de delegados, em regime total ou parcialmente público. Essa conceituação é coerente com a de Celso Antonio Bandeira de Mello,[467] que ressalta, ainda, que, ao prestar tais serviços sob o regime de Direito Público, o Estado o faz imbuído de prerrogativas inerentes à supremacia do interesse público e restrições especiais.

É relevante pontuar aqui que sobressai desses conceitos que é o próprio Estado, dentro dos parâmetros fixados pela Constituição (por exemplo, nos arts. 21, X, XI, XII, XV e XXIII, e 25, §2º) ou no art. 125 da LOM e por meio da edição de leis, que "escolhe" quais obras e serviços podem ser considerados públicos. Portanto, muito embora o dever de prestar um serviço público de qualidade seja uma constante, seu conteúdo (a espécie do serviço a ser prestado) pode variar com o tempo, podendo determinado serviço ser considerado público e essencial em uma época e deixar de ser em outra, conforme teremos oportunidade de apontar em seguida, no que se refere ao serviço funerário, por exemplo.

O parágrafo único do art. 123 reforça a ideia de coerência com os princípios previstos pelo art. 37 da Constituição e pelo art. 81 da própria LOM, mas com um diferencial importante, pois adiciona duas características essenciais ao modelo de serviço público a ser prestado no contexto atual, quais sejam: a preocupação com a dignidade humana e com o combate a qualquer tipo de distinção entre os usuários do serviço público, o que denota a modernidade do texto promulgado, revelando ainda a coerência do dispositivo com a diretriz principiológica estabelecida pelo art. 2º, VIII, da própria LOM.

Informação bibliográfica deste texto, conforme a NBR 6023:2018 da Associação Brasileira de Normas Técnicas (ABNT):

FRANCO, Marcos Roberto. Comentários ao art. 123. In: BATISTELA, Marcos; BARBOSA, Maria Nazaré Lins; MARTINS, Ricardo Marcondes (coord.). *Comentários à Lei Orgânica do Município de São Paulo*: atualizada até a Emenda nº 42/2022. Belo Horizonte: Fórum, 2023. p. 324-325. ISBN 978-65-5518-497-6.

---

[466] DI PIETRO, Maria Sylvia Zanella. *Direito administrativo*. 33. ed. Rio de Janeiro: Forense, 2020. p. 292.
[467] BANDEIRA DE MELLO, Celso Antônio. *Curso de direito administrativo*. 35. ed. São Paulo: Malheiros, 2021. p. 642.

Art. 124 A realização de obras e serviços municipais deverá ser adequada às diretrizes do Plano Diretor.

MARCOS ROBERTO FRANCO

Atento aos princípios da busca pela realização do interesse público, da eficiência e da legalidade, o art. 124 da LOM, alinhado com o que dispõem os arts. 144, I, e 145 da Carta Municipal, impõe ao administrador público o dever de alinhar a execução das obras e dos serviços ao planejamento da cidade, definido no Plano Diretor.

Essa coerência sistêmica, a bem da verdade, é uma imposição da Constituição Federal que, no §1º do art. 182, determina aos municípios com mais de 20 mil habitantes o dever de aprovar, por meio de seus legislativos, o Plano Diretor que norteará a política de desenvolvimento e expansão urbana da cidade.

Portanto, as obras e os serviços a serem executados pelo Município, além de respeitar os princípios que regem o Direito Administrativo, precisam estar em sintonia com o Plano Diretor, que, por ter sido submetido ao escrutínio do Legislativo Municipal, se coloca, pelo menos em tese, acima de interesses pessoais ou partidários, inserindo-se em um contexto de política pública de Estado, em que a pessoalidade tende a ser, ao menos em parte, mitigada.

A lógica interna da LOM pode ser bem percebida quando cotejamos a previsão do art. 124, ora em análise, com o conteúdo do art. 69-A (com a redação que lhe deu a Emenda nº 30/2008). Este último estabelece o dever do Prefeito de apresentar, em até 90 dias após tomar posse, um Programa de Metas que observe, entre outros requisitos, as normas do Plano Diretor.

Fica clara a intenção do legislador municipal de restringir a discricionariedade do Poder Público no que diz respeito à execução de obras e serviços, pois estas devem estar em sintonia com o planejamento estratégico de longa duração (Plano Diretor) e com a política urbana, tal qual previsto no art. 148 da LOM, com especial atenção aos valores ali estampados, quais sejam: a realização da função social da propriedade e a garantia do bem-estar dos munícipes, atendidas as peculiaridades trazidas pelos incisos I a V deste dispositivo, com destaque para o uso socialmente justo e ecologicamente equilibrado do território municipal, a preservação do patrimônio paisagístico, arquitetônico, cultural e histórico, entre outros relevantes valores.

O atual Plano Diretor Estratégico da cidade de São Paulo (Lei nº 16.050/2014) está em fase de revisão na Câmara desde 2021, em razão do que foi estabelecido em seu art. 4º, parágrafo único.

Informação bibliográfica deste texto, conforme a NBR 6023:2018 da Associação Brasileira de Normas Técnicas (ABNT):

FRANCO, Marcos Roberto. Comentários ao art. 124. *In*: BATISTELA, Marcos; BARBOSA, Maria Nazaré Lins; MARTINS, Ricardo Marcondes (coord.). *Comentários à Lei Orgânica do Município de São Paulo*: atualizada até a Emenda nº 42/2022. Belo Horizonte: Fórum, 2023. p. 326. ISBN 978-65-5518-497-6.

Art. 125 Constituem serviços municipais, entre outros:

I – administrar o serviço funerário e os cemitérios públicos, fiscalizando aqueles pertencentes às entidades privadas;

II – administrar a coleta, a reciclagem, o tratamento e o destino do lixo; (Redação dada pela Emenda nº 25/2002.)

III – efetuar a limpeza das vias e logradouros públicos.

MARCOS ROBERTO FRANCO

Dentro da ótica abordada segundo a qual é o legislador que elege quais são os serviços públicos, em especial os prioritários, o art. 125 da LOM deu destaque a três deles: a administração do serviço funerário e dos cemitérios públicos; da coleta, do tratamento e da destinação do lixo; e da limpeza das vias e logradouros públicos. Este dispositivo e seus incisos guardam estrita coesão com o princípio da garantia universal da prestação serviços públicos, prevista no inciso VIII do art. 4º da LOM, que dá ênfase ao caráter finalístico da função do Poder Público local em garantir as condições indispensáveis a uma vida digna para todos.

O inciso I do art. 125 da LOM trata de um serviço que já causou muita controvérsia e embates ao longo do tempo. O serviço funerário e os cemitérios da cidade historicamente vinham sendo administrados por uma Autarquia Municipal – o Serviço Funerário do Município de São Paulo (SFMSP). Esta autarquia, criada pela Lei nº 5.562/1958, portanto, muito tempo antes da promulgação da LOM, a princípio era responsável por, literalmente, quase tudo que dizia respeito ao tema dentro do município de São Paulo, tendo mantido o monopólio de todos os serviços, como fabricação de caixões, remoção e transporte dos corpos, transporte de coroa de flores, instalação e manutenção dos velórios, entre outros.

Muito embora o texto do dispositivo mencionado aludisse à fiscalização dos cemitérios pertencentes à particulares, de fato existentes, a exclusividade dos serviços funerários era prevista pelo art. 2º da Lei nº 5.562/1958. Essa lei foi revogada pela Lei nº 8.383/1976, que deixou de prever a exclusividade, possibilitando que os serviços cemiteriais e funerários fossem prestados por meio de concessionárias (art. 2º).

Mais recentemente, a Lei nº 16.703/2017, que disciplinou as concessões e permissões de serviços, obras e bens públicos no âmbito do Plano Municipal de Desestatizações, teve seu art. 9º, VI, alterado pelo art. 1º da Lei nº 17.180/2019, para incluir os cemitérios públicos, os serviços cemiteriais nos cemitérios e crematórios, bem como os serviços funerários entre os serviços que o Executivo está autorizado a conceder.

Nesse contexto, o art. 37 da Lei nº 17.433/2020 previu a extinção do (SFMSP), em um prazo de 180 dias, tendo o §3º do mencionado artigo determinado a absorção dos serviços prestados pela Autarquia, quando concedidos, pela Agência Reguladora de Serviços Públicos do Município (SP Regula), restando inalteradas as atribuições do SFMSP até então.

O art. 3º, IV, "b", do Decreto nº 59.775/2020 atualmente aloca o SFMSP dentro da estrutura organizacional das Secretaria Municipal das Subprefeituras, e o Decreto nº 59.196/2020, com a redação que lhe atribuiu o Decreto nº 60.567/2021, é que disciplina os serviços funerários, cemiteriais e de cremação no Município de São Paulo, na conformidade do disposto nas Leis nº 11.083/1991, 14.268/2007 e 11.479/1994, bem como no art. 282 da Lei nº 16.050/2014 e nas Leis nº 17.180/2019 e 17.582/2021.

Os incisos II e III, que tratam da coleta, reciclagem, tratamento e destinação do lixo produzido na cidade e da limpeza das vias e logradouros, com certeza abordam um dos temas mais caros à sociedade moderna, em especial no caso de uma metrópole como São Paulo. É dispensável discorrer aqui sobre a importância desse tema e suas implicações para a qualidade de vida da presente e das futuras gerações de habitantes da cidade. A coleta, destinação e reciclagem o lixo, produzido pelos vários setores da sociedade, têm óbvia interface com a proteção ao meio ambiente, tendo o art. 23, VI, da Constituição Federal atribuído competência comum entre os entes da Federação no que diz respeito à sua proteção e ao combate à poluição em qualquer de suas formas.

O Sistema de Limpeza Urbana do Município está estruturado de acordo com a Lei nº 13.478/2002, com as alterações introduzidas pela Lei nº 13.522/2003. Releva aqui destacar que os arts. 21 a 24 da Lei nº 13.478/2022 classificam os serviços públicos previstos nos incisos II e III do nº 125 da LOM como: "serviços divisíveis" (art. 22) – as atividades de coleta, transporte, tratamento e destinação de resíduo, sólidos e inertes especificados em seus incisos; "serviços de limpeza urbana indivisíveis essenciais" (art. 23) – a conservação e limpeza dos bens de uso comum, a varrição das vias, praças, sanitários, abrigos e monumentos, entre outras atividades descritas nos incisos desse artigo; e "serviços indivisíveis complementares" (art. 24) – aqueles que tenham natureza paisagística ou urbanística.

Os serviços divisíveis podem ser prestados direta ou indiretamente pela Prefeitura ou delegados a particulares por meio de concessão ou permissão (art. 22, §1º). Já os serviços indivisíveis devem ser prestados pela Prefeitura ou por meio da contratação de empresas, em regime de empreitada ou locação de equipamentos ou serviços, conforme parágrafo único do art. 23.

Informação bibliográfica deste texto, conforme a NBR 6023:2018 da Associação Brasileira de Normas Técnicas (ABNT):

FRANCO, Marcos Roberto. Comentários ao art. 125. *In*: BATISTELA, Marcos; BARBOSA, Maria Nazaré Lins; MARTINS, Ricardo Marcondes (coord.). *Comentários à Lei Orgânica do Município de São Paulo*: atualizada até a Emenda nº 42/2022. Belo Horizonte: Fórum, 2023. p. 327-328. ISBN 978-65-5518-497-6.

Art. 126 Os serviços públicos municipais serão prestados pelo Poder Público, diretamente ou sob regime de concessão ou permissão, nos termos desta lei.

§1º – O não cumprimento dos encargos trabalhistas, bem como das normas de saúde, higiene e segurança do trabalho e de proteção do meio ambiente pela prestadora de serviços públicos importará a rescisão do contrato sem direito a indenização.

§2º – A lei fixará e graduará as sanções a serem impostas às permissionárias ou concessionárias que desatenderem o disposto no §1º, prevendo, inclusive, as hipóteses de não renovação da permissão ou concessão.

§3º – O disposto neste artigo não impede a locação de bens ou serviços, por parte da Administração Direta ou Indireta, com o intuito de possibilitar a regular e eficaz prestação de serviço público.

MARCOS ROBERTO FRANCO

Este artigo da LOM reproduz o modelo de prestação de serviços públicos previsto no art. 175 da Constituição Federal, segundo o qual estes devem ser prestados pelo Poder Público, na forma prevista em lei, diretamente ou sob regime de concessão ou permissão. Conforme ensina Edmir Netto de Araújo,[468] a escolha dos mecanismos por meio dos quais o Poder Público se desincumbe das atividades que lhe são inerentes varia com o tempo, sofrendo a influência do local, da ideologia política, das condições econômicas, mas foi só com o advento da era industrial e capitalista, com a concentração das pessoas nas cidades, é que houve a demanda por serviços públicos para prover o bem-estar das pessoas, e o Estado se viu obrigado a se posicionar em face do liberalismo puro, chamando pra si a responsabilidade de promover serviços aos cidadãos nas mais variadas áreas, intervindo ao mesmo tempo como propulsor e regulador dos interesses sociais, individuais e coletivos, regulamentando os serviços públicos e até mesmo as atividades industriais e econômicas.

Como, nas palavras de Marçal Justen Filho,[469] "o monopólio estatal se mostra indesejável, mas o monopólio privado é insuportável", levando em conta que o Poder Público não é capaz de atender por meios próprios todas as demandas por serviços da sociedade, o modelo oriundo das constantes transformações no conceito de serviço público conduziu a fórmula adotada pelo art. 126 da LOM, em que o Estado é o responsável pela prestação dos serviços e das obras públicas, de acordo com a previsão

---

[468] ARAÚJO, Edmir Netto. *Curso de direito administrativo*. 8. ed. São Paulo: Saraiva, 2018. p. 116-117.
[469] JUSTEN FILHO, Marçal. *Curso de direito administrativo*. 12. ed. São Paulo: Revista dos Tribunais, 2016. p. 586.

legal, mas tem a prerrogativa de transferir para o particular, por meio de concessões ou permissões, a execução destes.

Outra decorrência da evolução do modelo de prestação de serviços púbicos é que a transferência da prestação dos serviços públicos para o particular deve primar pela competitividade entre estes, evitando-se a exclusividade na prestação, muito embora haja exceções em casos em que a competição se mostre inviável por razões objetivamente demonstradas.

De fato, a implementação do contrato de concessão representou uma verdadeira revolução na medida em que afastou a possibilidade de ocorrência de privilégios arbitrários, consistindo em verdadeiro instrumento de implementação de políticas públicas, dado que se apresenta como mecanismo apto a satisfação do interesse público e de valores fundamentais.[470]

A Lei Federal nº 8.897/1995 é a principal norma que disciplina o regime de concessão e permissão de serviços púbicos, cumprindo ressaltar que o art. 2º da Lei Federal nº 9.074/1995 veda expressamente aos entes federativos executar obras e serviços público por meio de concessão ou permissão sem lei que lhes autorize e fixe seus termos, "(...) salvo nos casos de saneamento básico e limpeza urbana e nos já referidos na Constituição Federal, nas Constituições Estaduais e nas Leis Orgânicas do Distrito Federal e Municípios, observado, em qualquer caso, os termos da Lei nº 8.987, de 1995".

Mais recentemente (em relação à edição da LOM), surgiram outras formas de transferência de serviços públicos ao particular, como as parcerias público-privadas, conforme Lei Federal nº 11.079/2004; os contratos de gestão com as organizações sociais sem fins lucrativos (Lei Federal nº 9.637/1998); e os termos de colaboração e de fomento com as organizações da sociedade civil em regime de mútua colaboração, previstos pela Lei Federal nº 13.019/2014.

Voltando ao texto do art. 126 da LOM, ouso observar que os §§1º e 2º deste dispositivo expressam uma preocupação um tanto exagerada do legislador com a transferência dos serviços públicos ao particular, na medida em que se ocupa com minúcias que, talvez, estivessem mais bem alocadas nas Leis, nos Decretos e nos regulamentos que disciplinam a matéria em nível ordinário.

Com efeito, o §1º prevê a pena de rescisão contratual, sem direito à indenização para o caso de descumprimento dos encargos trabalhistas e as normas de segurança, saúde e higiene do trabalho, enquanto o §2º, em complemento, estabelece que a lei graduará as sanções a serem impostas em razão do desatendimento ao disposto no §1º, incluindo a possibilidade de não renovação da permissão ou concessão.

A ressalva prevista no §3º do artigo em comento amplia as possibilidades instrumentais do administrador público, facultando-lhe lançar mão da locação de bens ou serviços necessários à mais adequada prestação dos serviços públicos, por óbvio, nos casos em que não for mais adequada a aquisição dos bens ou não se mostrar mais eficiente a prestação dos serviços de forma direta ou outorgada. Tal previsão também guarda relação com o "princípio da mutabilidade do regime jurídico do serviço

---

[470] JUSTEN FILHO. *Curso de direito administrativo*, p. 595.

público", que faculta ao Poder Público alterar a forma de regime de execução de determinado serviço, com a finalidade de adequá-lo ao interesse público buscado.[471]

Informação bibliográfica deste texto, conforme a NBR 6023:2018 da Associação Brasileira de Normas Técnicas (ABNT):

FRANCO, Marcos Roberto. Comentários ao art. 126. In: BATISTELA, Marcos; BARBOSA, Maria Nazaré Lins; MARTINS, Ricardo Marcondes (coord.). *Comentários à Lei Orgânica do Município de São Paulo*: atualizada até a Emenda nº 42/2022. Belo Horizonte: Fórum, 2023. p. 329-331. ISBN 978-65-5518-497-6.

---

[471] Cf. DI PIETRO, Maria Sylvia Zanella. *Direito administrativo*. 33. ed. Rio de Janeiro: Forense, 2020. p. 302.

Art. 127 A paralisação das obras públicas iniciadas dependerá de prévia autorização legislativa.

MARCOS ROBERTO FRANCO

O art. 127 da LOM expressa a preocupação e o comprometimento do legislador com os princípios da eficiência e da economicidade, pois a paralisação de obras, em especial quando por motivação meramente política, além de frustrar justificadas expectativas por parte do cidadão, invariavelmente traz expressivos danos ao erário e à imagem da Administração Pública, daí a necessidade de autorização legislativa e, consequentemente, da submissão do caso à ampla discussão.

O dispositivo se coaduna também com o princípio da continuidade do serviço público e com a busca pela satisfação do interesse público e das necessidades coletivas. Conforme ressalta Irene Nohara,[472] os serviços públicos prestados diretamente pela Administração ou por meio de particulares não podem simplesmente parar, sobretudo quando essenciais.

Muito embora o artigo ora comentado pareça se dirigir de forma especial ao Administrador Público, é oportuno lembrar que, em razão do princípio da supremacia do interesse público e do da continuidade do serviço público, não pode o concessionário, permissionário ou contratado, romper sumariamente seu vínculo com a Administração e livrar-se de seus compromissos, mesmo no caso de alegação da exceção do contrato não cumprido, salvo, por exemplo, na situação prevista no art. 78, XV, da Lei nº 8.666/1993, ou seja, quando o atraso no pagamento por parte do Poder Público for superior a 90 dias.

Informação bibliográfica deste texto, conforme a NBR 6023:2018 da Associação Brasileira de Normas Técnicas (ABNT):

FRANCO, Marcos Roberto. Comentários ao art. 127. *In*: BATISTELA, Marcos; BARBOSA, Maria Nazaré Lins; MARTINS, Ricardo Marcondes (coord.). *Comentários à Lei Orgânica do Município de São Paulo*: atualizada até a Emenda nº 42/2022. Belo Horizonte: Fórum, 2023. p. 332. ISBN 978-65-5518-497-6.

---

[472] NOHARA, Irene Patrícia. *Direito administrativo*. 11. ed. Barueri: Atlas, 2022. p. 457.

Art. 128 Lei Municipal disporá sobre:

I – o regime das concessões e permissões de serviços públicos, o caráter especial do respectivo contrato ou ato, o prazo de duração e eventual prorrogação, admitida esta apenas excepcionalmente, bem como as condições de caducidade, fiscalização e rescisão da concessão e da permissão;

II – os direitos dos usuários;

III – a política tarifária;

IV – a obrigação de manter serviço adequado.

§1º – O disposto neste artigo não inibe a administração direta ou indireta de utilizar outras formas ou instrumentos jurídicos para transferir a terceiros a operação direta do serviço público.

§2º – O Município poderá retomar, sem indenização, os serviços a que se refere o *caput* deste artigo, desde que constatado que sua execução não atenda às condições estabelecidas no ato de permissão ou contrato de concessão.

MARCOS ROBERTO FRANCO

O art. 128 da LOM, ao prever que as concessões e permissões serão estruturadas por meio de lei, ocupa-se em estabelecer os parâmetros mínimos a serem observados pelo legislador "ordinário" ("ordinário", aqui, apenas para destacar o legislador que aprovou a Lei Fundamental do Município). Essa previsão está em sintonia com o que dispõe o art. 175 da Constituição Federal.

É preciso compreender, porém, que, além do dever de se ater aos parâmetros fixados pelo art. 128 da LOM, no que se refere, em especial, às concessões, o legislador local está ainda vinculado às normas de âmbito nacional que disciplinam a matéria e lhe dão os contornos gerais, razão pela qual vale apresentar aqui, mesmo que "*en passant*", algumas considerações quanto à estruturação normativa do tema.

As concessões de serviços públicos são hoje classificadas como: "concessões comuns", tratadas em âmbito nacional pela Lei Federal nº 8.987/1995, e "concessões especiais", previstas pela chamada Lei das Parcerias Público Privadas (Lei Federal nº 11.079/2004).

A Lei das PPPs, como ficou conhecida, que tem aplicação obrigatória para todos os entes da Federação (art. 1º, parágrafo único), trouxe expressamente essa classificação em seu art. 2º, passando a prever as modalidades de concessão patrocinada (§1º): a concessão administrativa (§2º), além de denominar de concessão comum as concessões "tradicionais" que, por força do próprio dispositivo, não podem ser consideradas parcerias público-privas (§3º).

O que o parágrafo §3º do art. 2º da Lei da Parcerias Público-Privadas denomina de concessão comum, como já adiantamos, é aquela concessão regulada pela Lei Federal nº 8.987/1995 e que se destina aos serviços e obras públicas sem que se cogite contraprestação do Poder Público ao particular. É, por assim dizer, a concessão no modelo mais tradicional.

São consideradas concessões patrocinadas, de serviços ou obras públicas aquelas que, além de envolver o pagamento de tarifas pelos usuários, preveja também uma contraprestação pecuniária devida pelo Poder Público ao parceiro privado. Fica claro pela leitura do §1º do art. 2º da Lei nº 11.079/2004 que a grande diferença entre a concessão patrocinada e a concessão comum é, justamente, a forma de remuneração ao parceiro particular. Maria Sylvia Zanella Di Pietro aponta, ainda, como diferenciais: o fato de que na concessão patrocinada os riscos são divididos entre os parceiros; a existência de garantias prestadas pelo Poder Público e ao financiador do projeto; e o compartilhamento dos ganhos econômicos obtidos com a redução dos riscos do crédito oriundo do financiamento feito pelo parceiro privado.[473]

A concessão administrativa, prevista no §2º do mencionado artigo, é utilizada em contratos de prestação de serviços em que a Administração é usuária direta ou indireta, mesmo que vinculados a obra ou fornecimentos e instalação de bens. Marçal Justen Filho chama a atenção para o fato de que não pode ser considerado concessão administrativa o contrato que preveja pura e simplesmente a execução de uma obra ou que tenha como objeto tão somente a prestação de um serviço ou fornecimento de bens. Ela se caracteriza, em geral, pela contratação de uma obra seguida pela prestação de um serviço e fornecimento de bens, que devem ser destinados direta ou indiretamente à Administração, sem que haja delegação de serviço público, pois, nesse caso, o particular não assumirá o dever de prestar os serviços em nome próprio, mas apenas em favor da Administração.[474]

Já a permissão de serviços públicos, também regida em âmbito nacional pela Lei Federal nº 8.987/1995, se caracteriza, tradicionalmente, por seu caráter unilateral, discricionário e precário, podendo ser gratuita ou onerosa; daí por que algumas leis tratam a permissão de serviço público como ato administrativo, e não como contratos (como a Lei Federal nº 9.472/1996). Irene Nohara, porém, considera que o tratamento dado pela Constituição Federal acabou por tornar ultrapassadas algumas das características distintivas da permissão, tendo sido reconhecida sua natureza de contrato, assim como a concessão.[475] No mesmo sentido, Marçal Justen Filho pondera que, com o desenvolvimento do Estado Democrático e com a ênfase na garantia dos interesses privados, restou esmaecida a distinção entre permissão e concessão de serviços públicos, muito embora ressalve que ainda permanecem diferenças marcantes entre ambos. Ainda segundo o mencionado autor, a existência do contrato nos casos de permissão dependerá da previsão da participação da vontade do particular na formação do ato jurídico, sendo que continua possível a permissão do serviço público em que há exclusiva manifestação da vontade do Poder Público.[476] Geralmente, a permissão é utilizada

---

[473] DI PIETRO, Maria Sylvia Zanella. *Direito administrativo*. 33. ed. Rio de Janeiro: Forense, 2020. p. 682.
[474] JUSTEN FILHO. *Curso de direito administrativo*, 2016, p. 998-999.
[475] NOHARA. *Direito administrativo*, p. 468.
[476] JUSTEN FILHO. *Curso de direito administrativo*, p. 1.007.

em casos em que não há aportes significativos da parte do particular, de forma que possa ser revogada a qualquer momento sem, em geral, poder se falar em indenização, podendo unilateralmente tomar a forma de contrato de adesão, precário e revogável.[477] Por fim, podemos destacar aqui que a permissão pode ser entabulada com pessoas físicas, o que não é possível no caso de concessão.

É dentro dessa moldura imposta pela Constituição Federal, pelo art. 128 da LOM e pela legislação federal citada que o legislador local dispõe sobre as políticas públicas a serem executadas por meio de concessões ou permissões de serviços, norteados por postulados como: direitos do usuário, adequada política tarifária, adequação do serviço e eficiência, transparência e participação popular, entre outros.

Podemos destacar, entre muitas leis municipais que têm regulado as concessões no Município de São Paulo nos últimos anos, a Lei nº 16.211/2015, que dispõs sobre a concessão, precedida ou não de execução de obra pública para administração, manutenção e conservação, à exploração comercial e à requalificação de terminais de ônibus vinculados ao Sistema de Transporte Coletivo Urbano de Passageiros e do Sistema de Transporte Público Hidroviário na Cidade de São Paulo; Lei nº 16.235/2015, que autorizou a concessão de serviço para exploração, administração, manutenção e conservação de estacionamentos de veículos em áreas públicas; a Lei nº 16.703/2017 (alterada pelas Leis nº 17.131/2019 e 17.180/2019), que disciplina as concessões e permissões de serviços, obras e bens públicos que serão realizadas no âmbito do Plano Municipal de Desestatização (PMD); e a importante Lei nº 14.029/2005, que dispôs sobre a proteção e defesa do usuário do serviço público do Município de São Paulo, em evidente atenção ao inciso II do artigo ora analisado.

Informação bibliográfica deste texto, conforme a NBR 6023:2018 da Associação Brasileira de Normas Técnicas (ABNT):

FRANCO, Marcos Roberto. Comentários ao art. 128. In: BATISTELA, Marcos; BARBOSA, Maria Nazaré Lins; MARTINS, Ricardo Marcondes (coord.). Comentários à Lei Orgânica do Município de São Paulo: atualizada até a Emenda nº 42/2022. Belo Horizonte: Fórum, 2023. p. 333-335. ISBN 978-65-5518-497-6.

---

[477] DI PIETRO, Maria Sylvia Zanella. Direito administrativo. 33. ed. Rio de Janeiro: Forense, 2020. p. 644.

Art. 129 As licitações e os contratos celebrados pelo Município para compras, obras e serviços serão disciplinados por lei, respeitadas as normas gerais editadas pela União, os princípios da igualdade dos participantes, da publicidade, da probidade administrativa, da vinculação ao instrumento convocatório, do julgamento objetivo do interesse público e dos que lhe são correlatos.

§1º – A legislação ordinária estabelecerá limites diferenciados para a realização de licitações pelas unidades descentralizadas da administração municipal, bem como os casos de dispensa e inexigência de licitação.

§2º – As obras e serviços municipais deverão ser precedidos dos respectivos projetos ou estudos ainda quando se tratar de dispensa ou inexigibilidade de licitação, sob pena de invalidação de contrato.

MARCOS ROBERTO FRANCO

Em decorrência da imposição prevista pelo art. 37, XXI, da Constituição Federal, que prevê o processo licitatório como regra para a contratação de obras, serviços, compras e alienações pelo Poder Público e, respeitada a competência da União, para editar as normas gerais sobre licitação, prevista no art. 2, XXVII, da Carta Magna, o art. 129 estabelece os parâmetros dentro dos quais deve ser tratada a questão no Município de São Paulo, destacando os princípios que devem nortear o legislador ordinário.

Com efeito, o procedimento licitatório está entre os mais formais do direito brasileiro. Por meio desse mecanismo pretende-se equipar o Poder Público com ferramentas jurídicas que, a um só tempo, possibilitem: uma ampla disputa entre os interessados em contratar com a Administração; e a contratação pela melhor oferta e que sejam evitados desvios e abusos que possam favorecer algum interessado ilicitamente e/ou causar prejuízos ao erário.

Diante dessa hercúlia tarefa, foi editada pela União a clássica Lei Federal nº 8.888/1993 que, em seu art. 1º, estabelecia as normas gerais de licitações e contratos administrativos pertinentes a obras, serviços, inclusive de publicidade, compras, alienações e locações no âmbito dos Poderes da União, dos Estados, do Distrito Federal e dos Municípios.

Cumprindo seu papel neste quadro de divisão vertical de competências, o legislador local e o Poder Executivo, este por meio dos Decretos regulamentadores, nortearam os processos de contratações no município de São Paulo, muitas vezes prevendo mecanismos de vanguarda.[478] Vale destaque para a Lei nº 13.278/2002, que

---

[478] Como no caso do art. 16 da Lei nº 13.278/02, com a redação que lhe deu a Lei nº 14.145/2006, que, atenta ao anseio dos profissionais da área e de parte da doutrina abalizada, previu (de forma polêmica) a inversão de fases na licitação, mesmo na concorrência (primeiro, abertura dos envelopes das propostas e, depois o da habilitação, somente o do primeiro colocado), o que somente era possível na modalidade Pregão, à época.

estabeleceu as normas específicas em matéria de licitação e contratos administrativos no âmbito do Município de São Paulo e sua principal norma regulamentadora, o Decreto nº 44.279/2003, podendo ser destacado também os Decretos nº 43.406/2003 e o 46.662/2005, que disciplinaram o pregão eletrônico no município, e o Decreto nº 54.102/2013, que tornou obrigatória a realização de licitação na modalidade pregão e dispensa de licitação em razão do valor por meio eletrônico, tornando excepcional o pregão presencial.

Com a edição da Lei Federal nº 14.133, que entrou em vigor em 1º de abril de 2021, estamos vivenciando um período de transição em que será necessário um esforço para ajustar as normas locais às novidades e aos novos parâmetros da nova Lei Geral de Licitação. Como o art. 193, II, dessa nova Lei estabeleceu um período de vigência concomitante de dois anos entre ela e as Leis nº 8.666/1993 e 10.520/2002 (que estabelecia as normas gerais sobre o Pregão), em que a Administração pode optar por contratar com base tanto na lei nova como na antiga, ainda não foram editados leis ou decretos que atendam ao disposto no art. 129 da LOM.

Entre as várias novidades trazidas pela nova Lei Geral de Licitações e que deverão ser regulamentadas em âmbito local, podemos citar: a inversão de fases da licitação (que, como comentamos, a Lei nº 13.278/2002, de forma polêmica, já previa); os novos valores para a inexigibilidade e dispensa de licitação; a encampação do denominado "Regime Diferenciado de Contratação"; a possibilidade de remuneração variável; a contratação integrada; a utilização do Portal Nacional de Contratações Públicas; a figura do "*compliance*" para as contratações de grande vulto; a criação da modalidade Diálogo Competitivo; a formatação do procedimento de manifestação de interesse (PMI).

Informação bibliográfica deste texto, conforme a NBR 6023:2018 da Associação Brasileira de Normas Técnicas (ABNT):

FRANCO, Marcos Roberto. Comentários ao art. 129. *In*: BATISTELA, Marcos; BARBOSA, Maria Nazaré Lins; MARTINS, Ricardo Marcondes (coord.). *Comentários à Lei Orgânica do Município de São Paulo*: atualizada até a Emenda nº 42/2022. Belo Horizonte: Fórum, 2023. p. 336-337. ISBN 978-65-5518-497-6.

Capítulo VI
Da Administração Tributária e Financeira

Seção I
Da Tributação

Art. 130 Compete ao Município instituir:

I – os impostos previstos na Constituição da República como de competência municipal;

II – taxas, em razão do exercício do poder de polícia, ou pela utilização efetiva ou potencial de serviços públicos de sua atribuição, específicos e divisíveis, prestados ao contribuinte ou postos à sua disposição;

III – contribuição de melhoria, decorrente de obras públicas;

IV – contribuição cobrada de seus servidores, para custeio, em benefício deles, de sistemas de previdência e assistência social.

§1º – Sempre que possível, os impostos terão caráter pessoal e serão graduados segundo a capacidade econômica do contribuinte, facultado à administração tributária, especialmente para conferir efetividade a esses objetivos, identificar, respeitados os direitos individuais e, nos termos da lei, o patrimônio, os rendimentos e as atividades econômicas do contribuinte.

§2º – As taxas não poderão ter base de cálculo própria de impostos.

§3º – A arrecadação e a fiscalização dos tributos municipais são de competência do poder público.

§4º – O Município coordenará e unificará serviços de fiscalização e arrecadação de tributos, bem como poderá delegar à União, Estados e outros Municípios e deles receber encargos de fiscalização tributária.

NATHALY CAMPITELLI ROQUE

Adota o Brasil a forma de Estado Fiscal, ou seja, um estado cujas necessidades financeiras são essencialmente cobertas por tributos, uma vez que não cabe ao Estado exercer diretamente atividade econômica, excetuadas as hipóteses previstas na Constituição Federal.[479] Adotando a forma federada de organização, há minuciosa repartição

---

[479] NABAIS, José Cassalta. *O dever fundamental de pagar impostos*. Coimbra: Almedina, 2009. p. 679. No caso do Brasil, a atividade econômica deve seguir os ditames estabelecidos nos arts. 170 e seguinte da Constituição Federal.

das competências de criação e arrecadação de tributos na Constituição Federal, como se verifica nas disposições contidas a partir do art. 145 do mencionado diploma.

Vale definir o que é tributo. No clássico conceito de Geraldo Ataliba, é:

> (...) a obrigação jurídica pecuniária, *ex lege*, que se não constitui em sanção por ato ilícito, cujo sujeito ativo é uma pessoa pública (ou delegado por lei desta) e cujo sujeito passivo é alguém nessa situação posto pela vontade da lei, obedecidos aos desígnios constitucionais.[480]

Sendo o Município ente autônomo, terá ele reconhecida a competência para legislar em matéria tributária, criando, alterando e extinguindo tributos e, uma vez criados os tributos, de os arrecadar e empreender atos de cobrança forçada. Tal competência é enunciada no art. 30, III, da Constituição Federal.[481] Não se admite qualquer interferência da União ou do Estado no exercício da competência de estabelecer e arrecadar tributos, como se verifica no disposto no art. 151 da Constituição Federal.

Ou seja, a previsão constitucional de competência para criar tributos deixa claro que o ente municipal tem a mesma estatura na Federação que os demais membros. Ao ter recursos de fontes próprias, poderá o Município desenvolver suas competências constitucionais para o melhor atendimento dos interesses daquela população que se encontrar em seus limites territoriais, observando as peculiaridades da região e as demandas típicas dos diferentes grupos populacionais.

A fim de garantir a unidade do regime jurídico dos tributos em todo o território nacional, prevenir e resolver conflitos de competência entre os entes federal, a Constituição Federal vigente estabelece, em seus arts. 145 a 156, o regime jurídico fundamental dos diversos tributos, com especial ênfase à disciplina dos impostos de titularidade de cada ente federado.

Como se trata de normas constitucionais de fixação de competências, o ente municipal não pode extrapolá-las, sob pena de interferir indevidamente na competência de outro ente federal (seja outro Município, seja do Estado ou da União).

No art. 130 da LOMSP, identificaremos normas que repetem o teor do art. 145 da Constituição Federal, reconhecendo a competência para criar por lei impostos, taxas e contribuição de melhoria[482] (art. 145, I-III, Constituição Federal). É também contemplada no inciso IV a competência para arrecadação de contribuição previdenciária dos servidores públicos para financiar o regime próprio de previdência social, como autorizado pelo art. 149, §1º, da Constituição Federal.

Trata-se de normas de mera repetição: a competência do Município de criar impostos decorre diretamente do texto da Constituição Federal. O texto constitucional vale por si e há entendimento doutrinário que questiona o uso de repetições do texto constitucional federal em outros diplomas.[483]

---

[480] ATALIBA, Geraldo. *Hipótese de Incidência Tributária*, 5. ed. São Paulo: Malheiros, 1997. p. 32. Deve-se mencionar que há outras propostas de definição de tributo, sendo esse tema ainda controverso na doutrina tributária.

[481] MEIRELLES, Hely Lopes. *Direito Municipal Brasileiro*. 17. ed. Atual. por Adilson Abreu Dallari (coord.). São Paulo: Malheiros, 2014. p. 151.

[482] Imposto, na definição de Geraldo Ataliba.

[483] É o entendimento de Paulo de Barros Carvalho, para quem a repetição da norma constitucional federal é repetição inútil (*Curso de Direito Tributário*. 9. ed. rev. São Paulo: Saraiva, 1997. p. 144).

Se criada nova espécie de tributo pelo texto constitucional, sua instituição no Município de São Paulo não demanda alteração da LOM. É o que se verifica com a contribuição criada pela Emenda Constitucional nº 39/2002, que estabeleceu no art. 149-A da Constituição Federal a competência para a criação da contribuição para o custeio de iluminação pública. A mera previsão no texto constitucional federal já autoriza a criação por lei de tal tributo.[484]

Nos termos da presente Lei Orgânica, a iniciativa para lei tributária é de competência concorrente do chefe do Executivo e da Câmara dos Vereadores, nos termos do art. 13, III.[485] O *quorum* para aprovação é de maioria absoluta, nos termos do art. 40, §3º, I, da LOM, devendo a votação ser precedida de ao menos duas audiências públicas (art. 41, V, LOM).

Os §§1º a 4º reproduzem o texto dos parágrafos do art. 145 da Constituição Federal e expressamente acatam a diretriz da capacidade contributiva[486] em matéria tributária e a distinção de base de cálculo entre impostos e taxas[487] e a competência para arrecadar tributos e fiscalizar a tributação.

Informação bibliográfica deste texto, conforme a NBR 6023:2018 da Associação Brasileira de Normas Técnicas (ABNT):

ROQUE, Nathaly Campitelli. Comentários ao art. 130. *In*: BATISTELA, Marcos; BARBOSA, Maria Nazaré Lins; MARTINS, Ricardo Marcondes (coord.). *Comentários à Lei Orgânica do Município de São Paulo*: atualizada até a Emenda nº 42/2022. Belo Horizonte: Fórum, 2023. p. 338-340. ISBN 978-65-5518-497-6.

---

[484] Mesmo não prevista tal contribuição na LOMSP, esta já foi criada por lei municipal (Lei Municipal nº 13.479/2002), uma vez que fundamentada na própria Constituição Federal.
[485] Nos termos do art. 37, §2º, LOMSP, a matéria tributária não está no rol das competências exclusivas do Prefeito.
[486] Trataremos melhor desse tema no comentário ao art. 131, LOMSP.
[487] Trataremos melhor dessa espécie tributária no comentário ao art. 132, LOMSP.

Art. 131 Sem prejuízo de outras garantias asseguradas ao contribuinte, é vedado ao Município:

I – exigir ou aumentar tributo sem lei que o estabeleça;

II – instituir tratamento desigual entre contribuintes que se encontrem em situação equivalente, proibida qualquer distinção em razão de ocupação profissional ou funções por eles exercidas, independente da denominação jurídica dos rendimentos, títulos ou direitos;

III – cobrar tributos:

a) em relação a fatos geradores ocorridos antes do início da vigência da lei que os houver instituídos ou aumentado;

b) no mesmo exercício financeiro em que haja sido publicada a lei que os instituiu ou aumentou;

IV – utilizar tributo com efeito de confisco;

V – estabelecer limitação ao tráfego de pessoas ou bens, por meio de tributo;

VI – instituir impostos sobre:

a) patrimônio, renda ou serviços da União, dos Estados, do Distrito Federal e dos Municípios;

b) templos de qualquer culto;

c) patrimônio, renda ou serviços dos partidos políticos, inclusive suas fundações, das entidades sindicais, dos trabalhadores, das instituições de educação e de assistência social sem fins lucrativos, atendidos os requisitos da lei;

d) livros, jornais, periódicos e o papel destinado à sua impressão.

§1º – A proibição do inciso VI, alínea "a", é extensiva às autarquias e fundações instituídas ou mantidas pelo Poder Público, no que se refere ao patrimônio, à renda e aos serviços, vinculados aos seus fins essenciais ou deles decorrentes.

§2º – As proibições do inciso VI, alínea "a" e do parágrafo anterior não se aplicam ao patrimônio, à renda e aos serviços relacionados com exploração de atividades econômicas regidas pelas normas aplicáveis a empreendimentos privados, ou em que haja contraprestação ou pagamento de preços ou tarifas pelo usuário nem exonera o promitente comprador da obrigação de pagar impostos relativamente ao bem imóvel.

§3º – A contribuição de que trata o art. 130, inciso IV, só poderá ser exigida após decorridos 90 (noventa) dias da publicação da lei que a houver instituída ou modificada, não se lhe aplicando o disposto no inciso III, alínea "b", deste artigo.

§4º – As proibições expressas no inciso VI, alíneas "b" e "c", compreendem somente o patrimônio, a renda e os serviços relacionados com as finalidades essenciais das entidades nelas mencionadas.

§5º – A lei determinará medidas para que os consumidores sejam esclarecidos acerca dos impostos que incidam sobre mercadorias e serviços.

§6º – Qualquer subsídio ou isenção, redução de base de cálculo, concessão de crédito presumido, anistia ou remissão, relativos a impostos, taxas ou contribuições, só poderá ser concedido mediante lei específica municipal, que regule exclusivamente as matérias acima enumeradas ou o correspondente tributo ou contribuição. (Redação dada pela Emenda nº 24/2001.)

§7º – A lei poderá atribuir ao sujeito passivo de obrigação tributária a condição de responsável pelo pagamento de imposto ou contribuição, cujo fato gerador deva ocorrer posteriormente, assegurada a imediata e preferencial restituição da quantia paga, caso não se realize o fato gerador presumido. (Incluído pela Emenda nº 24/2001.)

NATHALY CAMPITELLI ROQUE

Como asseverado no comentário anterior, sendo a competência tributária criada e limitada pela Constituição Federal, aplica-se ao Município de São Paulo o regime jurídico das limitações ao poder de tributar contempladas no texto magno. Essas restrições são de duas naturezas: os princípios tributários e as imunidades tributárias.

Os princípios tributários são máximas constitucionais voltadas especificamente à atividade legislativa tributária, que visam delimitar os poderes do legislador no que toca a tal tema.[488] Assim, verifica-se que o art. 131 da Lei Orgânica de São Paulo reproduz o teor do art. 150 da Constituição Federal, estabelecendo:

- no inciso I, a sujeição ao princípio da legalidade tributária, ao exigir que apenas a lei, observado o processo legislativo previsto na LOMSP, pode criar tributos;
- no inciso II, o respeito ao princípio da isonomia tributária, ao não admitir que haja qualquer tratamento distinto entre contribuintes que estejam na mesma situação;
- no inciso III e §3º, o respeito ao princípio da anterioridade tributária, ao estabelecer que há *vacatio legis* obrigatória em caso de regra que crie ou aumente tributos;
- no inciso IV, a sujeição ao princípio da vedação ao confisco, que estabelece que a base de cálculo e a alíquota respeitem ao direito de propriedade e à manutenção da atividade econômica;
- no inciso V, a observância ao princípio da não imposição de restrição à circulação de bens e pessoas.

Soma-se a essas diretrizes a da capacidade contributiva, prevista nos arts. 145, §1º, da Constituição Federal, e art. 130, §1º, LOMSP, que determina que os impostos devem observar as condições concretas de cada sujeito passivo sempre que possível.

---

[488] CARVALHO, Paulo de Barros. *Curso de Direito Tributário*. 9. ed. rev. São Paulo: Saraiva, 1997. p. 98.

Por sua vez, imunidade é, no conceito de Paulo de Barros Carvalho:

(...) a classe finita e imediatamente determinável de normas jurídicas contidas no texto da Constituição Federal, e que estabelecem, de modo expresso, a incompetência das pessoas políticas de direito constitucional interno para expedir regras instituidoras de tributos que alcancem situações específicas e suficientemente caracterizadas.[489]

Há diversas categorias de imunidade no texto constitucional. As imunidades contidas no art. 150, VI (e reproduzidas no art. 131, VI, §§1º, 2º e 4º, LOMSP), limitam a competência para instituir impostos. Assim, são imunes aos impostos municipais as seguintes pessoas:
- outras entidades federadas;
- instituições religiosas;
- partidos políticos;
- entidades assistenciais e educacionais que cumpram os requisitos legais.

Também são imunes aos impostos municipais livros, jornais, periódicos e o papel destinado à sua impressão, a fim de preservar a liberdade de expressão.[490]

Os §§5º a 7º reproduzem os §§5º a 7º da vigente redação do art. 150 da Constituição Federal e tratam dos seguintes temas:
- o direito de o consumidor ser alertado sobre a carga tributária incidente no preço pago por produtos ou serviços (art. 131, §5º, LOM);
- a exigência de lei municipal específica para a concessão de qualquer benefício tributário;[491]
- o estabelecimento por lei da figura do responsável tributário,[492] cujo regime jurídico é tratado nos arts. 128 e seguintes do CNT.

Informação bibliográfica deste texto, conforme a NBR 6023:2018 da Associação Brasileira de Normas Técnicas (ABNT):

ROQUE, Nathaly Campitelli. Comentários ao art. 131. *In*: BATISTELA, Marcos; BARBOSA, Maria Nazaré Lins; MARTINS, Ricardo Marcondes (coord.). *Comentários à Lei Orgânica do Município de São Paulo*: atualizada até a Emenda nº 42/2022. Belo Horizonte: Fórum, 2023. p. 341-343. ISBN 978-65-5518-497-6.

---

[489] CARVALHO. *Curso de Direito Tributário*, p. 116.

[490] Trata-se da única hipótese de imunidade objetiva, ou seja, dirigida a uma coisa. As demais espécies se dirigem a pessoas jurídicas que reúnam as condições trazidas na Constituição Federal.

[491] Isenção é a dispensa, dada por lei, da obrigação de pagar tributo, podendo ser total ou parcial (desconto); anistia é a dispensa dada por lei ao pagamento da penalidade decorrente do não pagamento de tributo. As demais categorias apontadas na norma da LOMSP se encaixam em uma dessas duas categorias.

[492] Responsável tributário é aquele que, mesmo sem ter relação direta com o fato imponível, pode receber da lei tributária a incumbência de pagar tributo. Há diferentes categorias de responsabilidade tributária no CNT, sendo a mais conhecida a chamada substituição tributária (art. 128, CTN), na qual o responsável pelo pagamento de valor sujeito a tributação fica responsável por descontar o valor do tributo daquele a ser entregue a quem praticou a atividade econômica tributável e entregar o valor aos cofres públicos.

Art. 132 É vedada a cobrança de taxas:
I – pelo exercício do direito de petição ao Poder Público em defesa de direitos contra ilegalidade ou abuso do Poder;
II – para obtenção de certidões em repartições públicas, para defesa de direitos e esclarecimentos de interesse pessoal.

NATHALY CAMPITELLI ROQUE

Taxas são, no conceito de Geraldo Ataliba, categorias de tributos vinculados ao desenvolvimento de atividade estatal, seja um serviço público determinado e divisível, seja poder de polícia em favor do sujeito passivo.[493] A configuração dessa categoria de tributo é delineada nos arts. 77 a 80 do CNT.

A competência para estabelecer as taxas é do ente público que prestar o serviço determinado e divisível ou que for competente para desempenhar o poder de polícia. Assim, quaisquer atividades previstas nas competências do Município e desenvolvidas diretamente ao munícipe podem ser remuneradas via taxa, desde que observados os princípios tributários e as imunidades específicas às taxas previstas no texto constitucional.

No que toca à imunidade às taxas, reproduz o art. 132 da LOMSP a redação do art. 5º, XXXIV, da Constituição Federal, disposição que alça à categoria de garantia constitucional o direito de informação em face do Poder Público. Assim, não se pode exigir a cobrança de taxas:
- pelo exercício do direito de petição[494] ao Poder Público em defesa de direitos contra ilegalidade ou abuso do Poder;
- para obtenção de certidões em repartições públicas, para defesa de direitos e esclarecimentos de interesse pessoal. A certidão é documento público que expressa informações contidas nos bancos de dados de determinada instituição pública.

A Lei Municipal poderá estabelecer isenções às taxas de sua competência, respeitados os ditames da LOM.

Informação bibliográfica deste texto, conforme a NBR 6023:2018 da Associação Brasileira de Normas Técnicas (ABNT):

ROQUE, Nathaly Campitelli. Comentários ao art. 132. *In*: BATISTELA, Marcos; BARBOSA, Maria Nazaré Lins; MARTINS, Ricardo Marcondes (coord.). *Comentários à Lei Orgânica do Município de São Paulo*: atualizada até a Emenda nº 42/2022. Belo Horizonte: Fórum, 2023. p. 344. ISBN 978-65-5518-497-6.

---

[493] ATALIBA, Geraldo. *Hipótese de incidência tributária*. 5. ed. São Paulo: Malheiros, 1997. p. 129.
[494] Direito de petição é o direito reconhecido a qualquer pessoa de trazer ao conhecimento do Poder Público fato importante e que demande atuação da entidade pública. Abrange desde atos que se refiram a interesses pessoais do próprio peticionante a fatos de interesse da coletividade sobre o qual deve haver ação do Município.

Art. 133 Compete ao Município instituir impostos sobre:

I – propriedade predial e territorial urbana;

II – transmissão "inter vivos" a qualquer título, por ato oneroso, de bens imóveis, por natureza ou acessão física, e de direitos reais sobre imóveis, exceto os de garantia, bem como cessão de direitos à sua aquisição;

III – (Revogado pela Emenda nº 24/2001.)

IV – serviços de qualquer natureza, na forma da Constituição da República.

§1º – O imposto previsto no inciso I nos termos de lei municipal, poderá ser: (Redação dada pela Emenda nº 24/2001.)

I – progressivo de forma a assegurar o cumprimento da função social da propriedade; (Incluído pela Emenda nº 24/2001.)

II – progressivo em razão do valor do imóvel; (Incluído pela Emenda nº 24/2001.)

III – ter alíquotas diferentes de acordo com a localização e o uso do imóvel. (Incluído pela Emenda nº 24/2001.)

§2º – O imposto previsto no inciso II:

I – não incide sobre a transmissão de bens ou direitos incorporados ao patrimônio de pessoa jurídica em realização de capital, nem sobre a transmissão de bens ou direitos decorrentes de fusão, incorporação, cisão ou extinção de pessoas jurídicas, salvos se, nesses casos, a atividade preponderante do adquirente for a compra e venda desses bens ou direitos, locação de bens imóveis ou arrendamento mercantil;

II – incide sobre a transmissão por ato oneroso "intervivos" de bens imóveis e direitos a eles relativos de imóveis situados no território do Município.

III e §3º – (Revogados pela Emenda nº 24/2001.)

NATHALY CAMPITELLI ROQUE

Das espécies tributárias, o imposto é aquela que possibilita a obtenção de receita própria para o custeio de todas as despesas necessárias para cumprimento das competências atribuídas ao Município, exatamente pela não vinculação da receita arrecadada a uma finalidade específica.[495]

No que toca aos impostos, é importante asseverar que a Constituição Federal já delineia, se não todos, quase todos os aspectos da hipótese de incidência (atividade a

---

[495] Na definição de Geraldo Ataliba, imposto é o tributo cuja hipótese de incidência refira em seu aspecto material a uma atividade econômica qualquer praticada no mercado entre particulares. Ou seja, a tributação do imposto não decorre de qualquer prestação de atividade em favor do sujeito passivo. *Hipótese de Incidência Tributária.* 5. ed. São Paulo: Malheiros, 1997. p. 121 e seguintes.

ser tributada, local de incidência, momento de incidência, sujeitos ativo e passivo, base de cálculo e limites de fixação de alíquota). Os demais elementos são identificados no CNT e em leis complementares federais que tratem da disciplina geral do imposto.

À lei municipal, caberá instituir o imposto nos limites do Município, uma vez que sem lei prévia não se pode criar o imposto. Deverá observar os limites constitucionais, tomando o cuidado de, ao minuciar a obrigação tributária, não ir além das determinações de competência já estabelecidas.

Também as leis municipais disciplinarão pormenores quanto ao momento, forma de apuração e de pagamento dos impostos, estabelecimento de obrigações acessórias (art. 113, §2º, e 115, CTN), eventuais isenções e incentivos (art. 176 e seguintes, CTN), encargos em caso de não pagamento (art. 161, CTN), detalhamento quanto ao lançamento tributário (arts. 142 a 146, CTN) e todos os demais aspectos que tornarão viáveis à Administração Tributária a arrecadação e a cobrança dos impostos.

O art. 133 reproduz os ditames do art. 156 da Constituição Federal de 1988, reconhecendo a cobrança dos seguintes impostos:
- sobre a propriedade urbana (art. 156, I), cujo regime jurídico nacional está estabelecido nos arts. 32 a 34, CTN, e na Lei Municipal nº 10.235/1986;
- sobre transmissão de bens por ato *inter vivos* (art. 156, II), cujo regime jurídico nacional está estabelecido nos arts. 35 a 42, CTN, e na Lei Municipal nº 11.154/1991;
- sobre serviços de qualquer natureza (art. 156, III), cujo regime jurídico nacional é estabelecido pela Lei Complementar nº 116/2003 e, no Município de São Paulo, pela Lei Municipal nº 13.701/2003.

As leis municipais anteriores à Constituição Federal e à LOMSP foram devidamente recepcionadas naquilo em que se mostraram compatíveis com o atual regime constitucional dos impostos mencionados.

Também é importante observar a aplicação do Código Tributário Municipal (Lei Municipal nº 6.989/1966) a todos os tributos de competência do Município de São Paulo.

Nos parágrafos, identificamos a correspondência com o texto constitucional referente. Quanto ao IPTU urbanístico, é ele regulamentado pela Lei Municipal nº 15.234/2010, art. 7º e seguintes.

Quanto aos temas presentes nos parágrafos do art. 156, CF, e que não foram reproduzidos no texto da LOMSP, lembramos que a efetividade da norma constitucional não depende da reprodução no texto da lei orgânica. Assim, a recente alteração do texto constitucional que trouxe imunidade específica ao IPTU de imóveis de entidades religiosas que sejam apenas alugados é aplicável ao Município de São Paulo, assim como as disposições referentes ao Imposto sobre Serviços de Qualquer Natureza trazidos no texto constitucional.

Informação bibliográfica deste texto, conforme a NBR 6023:2018 da Associação Brasileira de Normas Técnicas (ABNT):

ROQUE, Nathaly Campitelli. Comentários ao art. 133. *In*: BATISTELA, Marcos; BARBOSA, Maria Nazaré Lins; MARTINS, Ricardo Marcondes (coord.). *Comentários à Lei Orgânica do Município de São Paulo*: atualizada até a Emenda nº 42/2022. Belo Horizonte: Fórum, 2023. p. 345-346. ISBN 978-65-5518-497-6.

Art. 134 Os recursos administrativos em matéria tributária serão obrigatoriamente julgados por órgão colegiado a ser criado por lei.

GUILHERME BUENO DE CAMARGO

Embora a Constituição Federal e o CNT não tratem expressamente do Processo Administrativo Fiscal, suas diretrizes estão lá delineadas. Os incisos XXXIV,[496] LV[497] e LXXVIII,[498] do art. 5º da Constituição Federal estabelecem princípios que devem nortear o processo administrativo, como o direito de petição, garantia ao contraditório e à ampla defesa e celeridade na tramitação.

Já o CNT cita o processo tributário administrativo nos seus arts. 145,[499] 151[500] e 156,[501] dando a ele o condão de suspender, extinguir e alterar o lançamento tributário.

A regulamentação do processo administrativo fiscal (PAF), em nosso ordenamento, é de competência de cada ente federativo. Na União, a regulamentação do PAF está consolidada no Decreto nº 70.235/1972, com suas alterações posteriores, e o Conselho Administrativo de Recursos Fiscais (CARF) é o órgão de julgamento tributário administrativo colegiado, responsável pelos julgamentos em segunda instância. O CARF, criado em 1924 originalmente com o nome de Conselho de Contribuintes,[502] serviu de inspiração para a maioria dos órgãos colegiados de julgamento administrativo em matéria tributária nos diversos entes federativos que adotam esse modelo de contencioso tributário administrativo, inclusive o Município de São Paulo.

Assim, a disposição prevista no ART. 134 da LOMSP foi integralmente cumprida com a edição da Lei nº 14.107/2006, que não apenas regula o processo administrativo fiscal no Município, mas também institui o Conselho Municipal de Tributos (CMT),[503]

---

[496] "XXXIV – são a todos assegurados, independentemente do pagamento de taxas:
o direito de petição aos Poderes Públicos em defesa de direitos ou contra ilegalidade ou abuso de poder;"

[497] "LV – aos litigantes, em processo judicial ou administrativo, e aos acusados em geral são assegurados o contraditório e ampla defesa, com os meios e recursos a ela inerentes."

[498] "LXXVIII – a todos, no âmbito judicial e administrativo, são assegurados a razoável duração do processo e os meios que garantam a celeridade de sua tramitação."

[499] Art. 145. O lançamento regularmente notificado ao sujeito passivo só pode ser alterado em virtude de:
I – impugnação do sujeito passivo;

[500] Art. 151. Suspendem a exigibilidade do crédito tributário: (...) III – as reclamações e os recursos, nos termos das leis reguladoras do processo tributário administrativo;

[501] Art. 156. Extinguem o crédito tributário: (...) IX – a decisão administrativa irreformável, assim entendida a definitiva na órbita administrativa, que não mais possa ser objeto de ação anulatória;

[502] *Origens do Conselho Administrativo de Recursos Fiscais*: Histórico dos Conselhos de Contribuintes do Ministério da Fazenda. Disponível em: http://idg.carf.fazenda.gov.br/acesso-a-informacao/institucional/memoria-institucional-1. Acesso em: 17 jan. 2023.

[503] Art. 1º. Esta lei regula as medidas de fiscalização, a formalização do crédito tributário, o processo administrativo fiscal decorrente de notificação de lançamento e auto de infração, o processo de consulta e demais processos administrativos fiscais, relativos a tributos administrados pela Secretaria Municipal de Finanças, e cria o

órgão colegiado de julgamento administrativo em segunda instância para processos tributários. Esse diploma legal, além de estabelecer a estrutura e a composição do tribunal, dispõe também sobre o rito processual do PAF municipal. Nessa linha, para dar maior agilidade aos julgamentos, foi editada em 2021 a Lei nº 17.557, que, entre outras disposições, visando à maior agilidade dos julgamentos, implantou o Incidente de Resolução de Demandas Repetitivas no âmbito do CMT, atualizando, assim, seus dispositivos de natureza processual.

Um aspecto relevante do CMT é que esse órgão de revisão em segunda instância do lançamento tributário tem composição paritária, ou seja, metade dos componentes de cada uma das Câmaras Julgadoras é oriunda dos quadros estáveis da Administração (dois Auditores Fiscais de Tributos Municipais e um Procurador do Município) e a outra metade, formada por representantes dos contribuintes.[504]

A presença, em igual número, de representantes dos contribuintes e da Prefeitura nos julgamentos do CMT confere ao contencioso administrativo tributário municipal maior rigor técnico e qualidade nas decisões.

Para Paulo de Barros Carvalho,[505] "o procedimento administrativo tributário é mero sistema de controle da legalidade dos atos administrativos", sendo que a cada uma das etapas do procedimento a Administração exerce esse controle, culminando com a eventual extinção ou modificação do lançamento tributário ou a inscrição de eventual crédito tributário remanescente na Dívida Ativa.

De fato, muito além de uma modalidade de solução não judicial de conflitos ou de procedimento de controle de legalidade dos lançamentos tributários, o PAF tem ainda duas funções extremamente relevantes para o interesse público: a dialética desenvolvida nas Câmaras Julgadoras deve servir de baliza para o aprimoramento permanente da atuação dos órgãos de lançamento tributário; e o julgamento técnico e imparcial dos processos deve ter o condão de evitar que lançamentos inviáveis eventualmente sigam para discussão na esfera judicial, acarretando dispêndio desnecessário de energia e recursos da Administração na defesa de processos com baixas probabilidades de êxito, além de altos custos de sucumbência.[506]

Conselho Municipal de Tributos. Art. 52. Fica criado o Conselho Municipal de Tributos, órgão integrante da Secretaria Municipal de Finanças, composto por representantes da Prefeitura do Município de São Paulo e dos contribuintes, com independência quanto à sua função de julgamento.

[504] Art. 55. O Conselho Municipal de Tributos será constituído por, no mínimo, 2 (duas) e, no máximo, 6 (seis) Câmaras Julgadoras, compostas, cada uma, por 6 (seis) Conselheiros, sendo 3 (três) representantes da Prefeitura do Município de São Paulo e 3 (três) representantes dos contribuintes. §1º Os representantes da Prefeitura do Município de São Paulo serão nomeados pelo Prefeito, dentre servidores efetivos, integrantes das carreiras de Inspetor Fiscal e de Procurador do Município, indicados, respectivamente, pelos Secretários Municipais de Finanças e dos Negócios Jurídicos. §2º O número de Procuradores do Município corresponderá a 1/3 (um terço) do número total de Conselheiros representantes da Prefeitura. §3º Os representantes dos contribuintes, portadores de diploma de título universitário, com notório conhecimento em matéria tributária, indicados por entidades representativas de categoria econômica ou profissional, serão nomeados pelo Prefeito, na forma do regulamento.

[505] CARVALHO, Paulo de Barros. Processo Administrativo Tributário. *In:* SANTOS, Nélida Cristina dos; LIMA, José Antônio Balieiro; FRIGO JUNIOR, Gilberto (orgs.). *Temas de Direito Tributário*: Estudos em Homenagem a Eduardo Botallo. São Paulo: Saraiva, 2013. p. 357.

[506] É nessa perspectiva que uma das discussões mais relevantes em relação ao PAF reside na controvérsia entre a prevalência ou não da chamada verdade material em detrimento da verdade formal no contencioso administrativo-tributário. Parece-nos que as características e finalidades do contencioso administrativo tributário autorizam o entendimento de que a verdade material deve prevalecer. Porém, como bem aponta Alberto Macedo

Atualmente, o CMT vem atuando com quatro Câmaras Julgadoras para o julgamento dos recursos ordinários interpostos contra decisões de 1ª Primeira Instância Administrativa. Contra a decisão proferida pela Câmara Julgadora que der à legislação tributária interpretação divergente da que lhe tenha dado outra Câmara Julgadora ou as Câmaras Reunidas, cabe a interposição de Recurso de Revisão dirigido às Câmaras Reunidas.[507]

O CMT da cidade de São Paulo vem atuando, desde sua criação, com independência, imparcialidade e tecnicidade, prestando relevantes serviços à gestão tributária do Município. Por essa razão, é considerado um dos mais conceituados tribunais administrativos do país.

Informação bibliográfica deste texto, conforme a NBR 6023:2018 da Associação Brasileira de Normas Técnicas (ABNT):

CAMARGO, Guilherme Bueno de. Comentários ao art. 134. *In*: BATISTELA, Marcos; BARBOSA, Maria Nazaré Lins; MARTINS, Ricardo Marcondes (coord.). *Comentários à Lei Orgânica do Município de São Paulo*: atualizada até a Emenda nº 42/2022. Belo Horizonte: Fórum, 2023. p. 347-349. ISBN 978-65-5518-497-6.

(MACEDO, Alberto. Verdade Material versus Preclusão: Traçando Limites. *Revista de Direito Tributário*, São Paulo: n. 109/110, p. 145-157, jan./ago. 2010), muito embora o princípio da verdade material possa ser aplicado nos procedimentos administrativos, em nome da segurança jurídica e para se evitar comportamentos protelatórios e de má-fé por parte de alguns contribuintes, a eventual relevação de prazos na instrução processual não deve ser adotada de forma generalizada. Segundo o autor, alegações trazidas extemporaneamente ao processo devem estar carregadas da fumaça do bom direito e de verossimilhança. Assim, segundo Alberto Macedo, "Se as provas extemporâneas conduzirem, numa cognoscibilidade imediata, a direito líquido e certo, devem essas provas contribuir para a fundamentação do julgado favorável ao pleito do recorrente".

[507] Conforme art. 49 e seguintes da Lei nº 14.107/2005.

Art. 135 O Município divulgará, até o último dia do mês subsequente ao da arrecadação, os montantes de cada um dos tributos arrecadados e das transferências recebidas.

NATHALY CAMPITELLI ROQUE

Trata-se de disposição que repete o teor do art. 162, *caput*, da Constituição Federal, que estabelece dever de idêntico teor.

A atividade tributária é atividade pública, a qual visa abastecer os cofres públicos e, assim, viabilizar os meios materiais e humanos para a realização de todas as atribuições estabelecidas na Constituição Federal, na LOMSP e demais normas regentes das competências municipais. Ou seja, também é de interesse da coletividade ter conhecimento dos valores arrecadados por tributos.

É importante mencionar que o Município recebe também financiamento decorrente da participação na arrecadação de impostos do Estado Membro ao qual está vinculado e da União Federal, nos termos estabelecidos pelos arts. 157 a 161 da Constituição Federal. Também quanto a esse ponto se identifica interesse da coletividade em conhecer tais dados.

Tendo em vista o estabelecimento dos deveres de publicidade e transparência na condução das contas públicas, comunicar à comunidade o valor arrecadado nos termos do artigo sob comento parece ser um imperativo de ordem pública. Tal determinação é atualmente regulamentada pela Lei Municipal nº 17.097/2019.

Informação bibliográfica deste texto, conforme a NBR 6023:2018 da Associação Brasileira de Normas Técnicas (ABNT):

ROQUE, Nathaly Campitelli. Comentários ao art. 135. In: BATISTELA, Marcos; BARBOSA, Maria Nazaré Lins; MARTINS, Ricardo Marcondes (coord.). *Comentários à Lei Orgânica do Município de São Paulo*: atualizada até a Emenda nº 42/2022. Belo Horizonte: Fórum, 2023. p. 350. ISBN 978-65-5518-497-6.

Art. 136 A isenção, anistia e remissão relativas a tributos e penalidades só poderão ser concedidas em caráter genérico e fundadas em interesse público justificado, sob pena de nulidade do ato.

NATHALY CAMPITELLI ROQUE

O art. 136 da LOMSP traz disposição que se afina com a isonomia em matéria tributária.

Como mencionado por Clélio Chiesa, há a imposição de observar o tratamento isonômico aos contribuintes que se encontrem em posição equivalente, nos termos do art. 150, II, da Carta Magna. E continua:

> Tal diretriz deve ser observada tanto no ato de instituir o tributo quanto na criação de desonerações. Significa dizer que o legislador não pode eleger critérios não autorizados pelo sistema para distinguir aqueles podem e os que não podem usufruir dos benefícios de determinada isenção. Há que respeitar a igualdade de tratamento para os que se encontram em situação idêntica.[508]

Nos termos do CNT, isenção e anistia são causas de exclusão do crédito tributário (art. 175, CTN), enquanto a remissão é causa de sua extinção (art. 156, IV, CTN). Podem ser usados como instrumentos de política tributária (a chamada extrafiscalidade) e, também, para estimular atividades, incentivar condutas ou, ainda, evitar gastos desnecessários com a cobrança de dívidas inviáveis.

É a remissão a autorização dada por lei do ente tributante à autoridade administrativa de dispensar o pagamento de tributo devido já vencido e não pago desde que observadas as condições previstas no CNT e na lei específica (art. 172, CTN).

Já a isenção impede a criação do vínculo obrigacional tributário, ao liberar o sujeito passivo, por lei, do cumprimento da obrigação de pagar o tributo em todo ou em parte. O regime jurídico da isenção está estabelecido nos arts. 176 a 179 (CTN), sendo matéria exclusiva de lei do ente que tem a competência de estabelecer o tributo.

A isenção do tributo não implica a automática dispensa de cumprimento de obrigações acessórias, já que estas dizem esse respeito ao dever de documentar a atividade econômica do contribuinte (art. 113, §2º; art. 115, CTN).

---

[508] CHIESA, Clélio. *Enciclopédia jurídica da PUC-SP*. Coord. De Celso Fernandes Campilongo, Alvaro de Azevedo Gonzaga e André Luiz Freire. 1. ed. São Paulo: Pontifícia Universidade Católica de São Paulo, 2017. Tomo: Direito Tributário. Disponível em: https://enciclopediajuridica.pucsp.br/verbete/290/edicao-1/isencao. Acesso em: 17 jan. 2023.

Já a anistia é a dispensa deferida por lei de infrações já cometidas. É, assim, sempre veiculada por norma retroativa, estabelecendo o CTN proibições à anistia e outros limites à sua concessão, nos arts. 180 a 182.

Assim, parece clara a orientação de evitar favorecimentos indevidos por meio de medidas de política tributária, em prejuízo da arrecadação e da isonomia de tratamento.

Informação bibliográfica deste texto, conforme a NBR 6023:2018 da Associação Brasileira de Normas Técnicas (ABNT):

ROQUE, Nathaly Campitelli. Comentários ao art. 136. In: BATISTELA, Marcos; BARBOSA, Maria Nazaré Lins; MARTINS, Ricardo Marcondes (coord.). *Comentários à Lei Orgânica do Município de São Paulo*: atualizada até a Emenda nº 42/2022. Belo Horizonte: Fórum, 2023. p. 351-352. ISBN 978-65-5518-497-6.

Seção II
Dos orçamentos

Art. 137 Leis de iniciativa do Poder Executivo Municipal estabelecerão:

I – o plano plurianual;

II – as diretrizes orçamentárias;

III – os orçamentos anuais.

§1º – A lei que instituir o plano plurianual estabelecerá, de forma regionalizada, as diretrizes, objetivos e metas da administração pública municipal para as despesas de capital, e outras delas decorrentes, e para as relativas aos programas de duração continuada.

§2º – A lei de diretrizes orçamentárias compreenderá as metas e prioridades da administração pública municipal, incluindo as despesas de capital para o exercício financeiro subsequente, orientará a elaboração da lei orçamentária anual e disporá sobre as alterações na legislação tributária.

§3º – O Poder Executivo Municipal publicará, até 30 (trinta) dias após o encerramento de cada bimestre, relatório resumido da execução orçamentária.

§4º – Os planos e programas municipais, regionais e setoriais previstos na Lei Orgânica serão elaborados em consonância com o plano plurianual e apreciados pela Câmara Municipal.

§5º – A lei orçamentária anual compreenderá:

I – o orçamento fiscal referente aos poderes do Município, seus fundos, órgãos e entidades da administração direta e indireta;

II – o orçamento de investimento das empresas em que o Município, direta ou indiretamente, detenha a maioria do capital social com direito a voto.

§6º – O projeto de lei orçamentária será acompanhado de demonstrativo do efeito, sobre as receitas e as despesas, decorrente de isenções, anistias, remissões, subsídios e benefícios de natureza financeira, tributária e creditícia.

§7º – A lei orçamentária anual não conterá dispositivo estranho à previsão da receita e à fixação da despesa, não se incluindo na proibição a autorização para abertura de créditos suplementares e contratação de operações de crédito, ainda que por antecipação de receita, nos termos da lei.

§8º – A lei orçamentária anual identificará, individualizando-os, os projetos e atividades, segundo a sua localização, dimensão, características principais e custo.

§9º – As leis orçamentárias a que se refere este artigo deverão incorporar as prioridades e ações estratégicas do Programa de Metas e da lei do Plano Diretor Estratégico.

§10 – As diretrizes do Programa de Metas serão incorporadas ao projeto de lei que visar à instituição do plano plurianual dentro do prazo legal definido para a sua apresentação à Câmara Municipal.

(§§9º e 10 Acrescentados pela Emenda nº 30/2008.)

• •

RICARDO MARCONDES MARTINS

A segunda Seção do Capítulo VI do Título IV da Lei Orgânica trata do orçamento municipal e conta com seis artigos. O art. 137, ora comentado, estabelece no *caput* a iniciativa privativa do Prefeito Municipal para as três leis orçamentárias: o plano plurianual (inciso I), a lei de diretrizes orçamentárias (inciso II) e a lei orçamentária anual (inciso III). Trata-se, na verdade, de norma extraída da própria Constituição Federal, impositiva aos Municípios em decorrência do princípio da simetria.[509] Com efeito, a iniciativa privativa e vinculada[510] do Chefe do Executivo para as três leis orçamentárias é determinada no *caput* do art. 165 da Constituição da República. Observa-se que, entre as competências privativas do Presidente da República, extensíveis, por simetria, quando não incompatíveis com as competências das demais pessoas políticas, aos governadores e prefeitos consta expressamente do inciso XXIII do art. 84 o envio ao Parlamento das três leis orçamentárias. A elaboração dos três projetos de lei é objeto de lei complementar federal, nos termos do §9º, I, da Constituição Federal.[511] Por conseguinte, mesmo se não houvesse previsão na LOMSP, caberia ao Prefeito encaminhar à Câmara os três projetos de leis orçamentárias, nos termos impostos pela Constituição da República, observado o disposto na lei complementar federal.

O §1º do art. 137 da LOMSP repete o disposto no §1º do art. 165 da Constituição Federal. Este último também se estende aos Municípios, por simetria, sendo apenas didática a previsão expressa na LOMSP. O dispositivo estabelece o conteúdo do plano plurianual (PPA).[512] O planejamento estatal é uma restrição ao exercício da competência

---

[509] Por força do princípio da simetria, quando a Constituição Federal estabelece algo para a União e não indica que só se aplica a ela, a disciplina estende-se aos Estados e aos Municípios. Sobre o tema, vide: MARTINS, Ricardo Marcondes. *Estudos de direito administrativo neoconstitucional*. São Paulo: Malheiros, 2015. p. 82-106.

[510] Cf. TRINDADE, João. *Processo legislativo constitucional*. 3. ed. Salvador: Juspodivm, 2017. p. 60-61 e 150; SILVA, José Afonso. *Processo constitucional de formação das leis*. 2. ed. São Paulo: Malheiros, 2006. p. 324.

[511] A Lei nº 4.320/64, nas matérias discriminadas nos incisos do §9º do art. 165 da Constituição Federal, foi recepcionada com eficácia de lei complementar. A disciplina continua vigente, ressalvadas as alterações efetuadas pela Lei de Responsabilidade Fiscal, Lei Complementar nº 101/00. Sobre ambas, *vide*, respectivamente, por todos, os comentários de: AGUIAR, Afonso Gomes. *Lei 4.320 comentada ao alcance de todos*. 3. ed. 2. reimpr. Belo Horizonte: Fórum, 2008; *Lei de Responsabilidade Fiscal*: questões práticas. 2. ed. Belo Horizonte: Fórum, 2006.

[512] Sobre o tema: RAMOS FILHO, Carlos Alberto de Moraes. *Direito financeiro e econômico*. 4. ed. São Paulo: Saraiva, 2022. p. 430-433; LEITE. *Manual de direito financeiro*, p. 84-86; FURTADO, J. R. Caldas. *Elementos de direito financeiro*. Belo Horizonte: Fórum, 2009. p. 95-99; CREPALDI, Silvio Aparecido; CREPALDI, Guilherme Simões. *Direito financeiro*: teoria e prática. Rio de Janeiro: Forense, 2009. p. 48-50. Para um aprofundamento, *vide* a monografia de: PAULO, Luiz Fernando Arantes. *Plano plurianual*: teoria, prática e desafios para a sua efetividade. Curitiba: Juruá, 2016.

discricionária pela antecipação da decisão.[513] Trata-se da incorporação no ordenamento brasileiro da teoria do orçamento-programa.[514] No PPA, o Município deve estabelecer as diretrizes, os objetivos e as metas da administração pública para as despesas de capital, e as outras delas decorrentes, e para as despesas relativas aos programas de duração continuada. Despesas de capital são as destinadas "aos investimentos públicos realizados pelo Estado, de cujos gastos resulta aumento patrimonial".[515] Assim, se o Município pretende construir um novo hospital, deve não só prever sua construção no PPA (meta que importe despesa de capital), mas também o quanto estima gastar com seu funcionamento (luz, água, despesa de pessoal, ou seja, despesas correntes a ela associadas). Apesar de a doutrina se esforçar para distinguir os três conceitos – diretrizes, objetivos e metas[516] –, estes se referem a tudo que administração visa realizar, além da manutenção de suas atividades, e que envolva gastos públicos. A previsão deve ser regionalizada, vale dizer, discriminada para cada uma das cinco regiões do Município (norte, sul, leste, oeste e centro). Na verdade, a parte final é a chave para compreensão do PPA: toda despesa que ultrapasse um exercício financeiro deve estar nele prevista. A previsão no PPA não dispensa a previsão na lei orçamentária anual do que será liquidado no respectivo exercício.[517]

O PPA é elaborado para viger a partir do segundo exercício do mandato do Prefeito até o final do primeiro exercício do mandato do subsequente. Concretiza o princípio da continuidade administrativa.[518] O governante só pode implementar sua orientação político-ideológica naquilo que não comprometa o interesse público. Assim, o Prefeito deve, no primeiro ano de seu mandato, dar continuidade aos investimentos previstos no PPA da gestão anterior.

O §2º do art. 137 da LOMSP repete o disposto no §2º do art. 165 da Constituição Federal. Este último também se estende aos Municípios, por simetria, sendo apenas didática a previsão expressa na LOMSP. O dispositivo da Constituição Federal foi alterado pela Emenda Constitucional nº 109/2021, suprimindo-se a exigência de que conste da LDO as "despesas de capital para o exercício financeiro subsequente". Nada impede que o editor da Lei Orgânica imponha à LDO municipal conteúdos outros

---

[513] Cf. MARTINS, Ricardo Marcondes. *Regulação administrativa à luz da Constituição Federal*. São Paulo: Malheiros, 2011. p. 130-133.

[514] Sobre ela: SILVA, José Afonso da. *Orçamento programa no Brasil*. São Paulo: Revista dos Tribunais, 1973. Em sua síntese: é uma "técnica orçamentária vinculada ao planejamento econômico e social" (p. 20).

[515] AGUIAR. *Lei 4.320 comentada ao alcance de todos*, p. 67. Segundo Carlos Aberto de Moraes Ramos Filho, são os "dispêndios que determinam como contrapartida alterações compensatórias no ativo ou passivo, ou recursos que se transferem para outras entidades, aí constituindo receita de capital" (*Direito financeiro e econômico*. 4. ed. São Paulo: Saraiva, 2022. p. 143).

[516] Caldas Furtado, por exemplo, afirma que diretrizes são o "conjunto de princípios e critérios os quais devem orientar a execução dos programas de governo", os objetivos são os "resultados que se pretende alcançar com a realização dos programas" e a meta "é a especificação e quantificação física do produto resultante da ação governamental" (*Elementos de direito financeiro*. Belo Horizonte: Fórum, 2009. p. 95). Silvio e Guilherme Crepaldi afirmam que as diretrizes são "direções macro, detalhadas em objetivos de longo prazo"; os programas são "os instrumentos das diretrizes"; os objetivos são o "detalhamento do programa que deverá ser atendido para concretizar as diretrizes" e as metas "são os objetivos quantificados, pois representam a mensuração quantitativa e qualitativa das ações de governo" (CREPALDI; CREPALDI. *Direito financeiro*, p. 48-49).

[517] Cf. MARTINS, Ricardo Marcondes. Duração dos contratos administrativos na Lei 14.133/21. *Revista Internacional de Direito Público*, Belo Horizonte, ano 7, n. 12, p. 9-51, jan./jun. 2022 (em especial p. 15-16).

[518] Sobre o tema: NASCIMENTO, Tupinambá Miguel Castro do. *Da tributação e do orçamento na nova Constituição*. Rio de Janeiro: Aide, 1989. p. 19; RAMOS FILHO. *Direito financeiro e econômico*, p. 431.

além dos previstos na Constituição Federal e na lei complementar federal. Assim, enquanto não alterada a redação do referido §2º, a previsão continua a ser obrigatória no âmbito municipal.

Estabelece o conteúdo da LDO.[519] Se o PPA prevê as metas e prioridades que importem em despesa de capital que ultrapasse um exercício, a LDO deve prever todas as metas e prioridades do exercício de sua vigência. Nos termos já afirmados, enquanto o dispositivo não for alterado, ela deverá prever as despesas de capital do respectivo exercício e as alterações da legislação tributária. Fundamentalmente, a LDO tem a missão de orientar a elaboração da LOA; é uma lei editada antes desta, com o intuito de dirigir sua elaboração. Trata-se, pois, de um reforço ao orçamento-programa. Se o PPA planeja as despesas para quatro exercícios, a LDO planeja a própria elaboração da LOA. A previsão de alteração da legislação tributária, no caso, restringe-se a alterações substanciais, *v. g.*, criação, extinção, aumento e diminuição de tributos, criação, extinção ou alteração de isenções tributárias; afora isso, devem ser previstas alterações que repercutam significativamente na arrecadação. Em relação a essas matérias, a previsão na LDO é condição para a edição de posterior lei municipal.[520] A LDO municipal deve observar as exigências da LRF, em especial as estabelecidas em seu art. 4º.[521]

O §3º do art. 137 reproduz o §3º do art. 165 da Constituição Federal. Deve o Poder Executivo, no prazo de 30 dias contados do encerramento de cada bimestre, publicar relatório resumido de execução orçamentária. Esse relatório é disciplinado nos arts. 52 e 53 da Lei Complementar 101/00 (LRF), cuja edição fundamenta-se no inciso II do §9º do art. 165 da Constituição Federal. A disciplina fixada na LRF é impositiva a Estados e Municípios. Observa-se que o legislador federal inovou em relação à Constituição da República: impôs também a elaboração do relatório de gestão fiscal, disciplinado nos arts. 54 e 55. O relatório resumido deve ser apresentado a cada encerramento do bimestre; o relatório de gestão fiscal deve ser apresentado a cada quadrimestre.[522]

O §4º do art. 137 da LOMSP reproduz o §4º do art. 165 da Constituição Federal. Trata-se de dispositivo meramente enfático, pois a norma já é extraída do §1º de ambos os dispositivos. Trata-se, na verdade, de um lembrete ao Chefe do Executivo: sua discricionariedade para estabelecer as diretrizes e objetivos em metas no plano plurianual é restringida pela própria LOMSP. Vale dizer, deve prever no PPA os programas municipais, regionais e setoriais previstos na LOMSP. Se devem estar previstos no projeto de PPA, por evidente, devem ser apreciados pela Câmara, órgão competente para aprovar o projeto, convertendo-o em lei. O dispositivo concretiza o princípio orçamentário da programação.[523]

---

[519] Sobre o tema: RAMOS FILHO. *Direito financeiro e econômico*, p. 433-441; LEITE. *Manual de Direito Financeiro*, p. 87-92; FURTADO. *Elementos de direito financeiro*, p. 99-109; CREPALDI; CREPALDI. *Direito financeiro*, p. 50. Para aprofundamento, *vide* a monografia de OLIVEIRA, Weder de. *Lei de diretrizes orçamentárias*: gênese, funcionalidade e constitucionalidade. Belo Horizonte: Fórum, 2017.

[520] Sobre o tema, ver OLIVEIRA, Weder de. *Lei de diretrizes orçamentárias*: gênese, funcionalidade e constitucionalidade. Belo Horizonte: Fórum, 2017. p. 212.

[521] Sobre o tema, por todos: AGUIAR, Afonso Gomes. *Lei de Responsabilidade Fiscal*. Belo Horizonte: Fórum, 2006. p. 35 e seguintes.

[522] Sobre o relatório resumido, ver por todos: AGUIAR. *Lei de Responsabilidade Fiscal*, p. 241-244. Sobre o relatório de gestão fiscal: idem, p. 245-266.

[523] Cf. SILVA, José Afonso da. *Comentário contextual à Constituição Federal*. São Paulo: Malheiros, 2005. p. 690. Sobre ele, por todos: RAMOS FILHO. *Direito financeiro e econômico*, p. 416.

O §5º do art. 137 da LOMSP repete, naquilo que se estende por simetria aos Municípios, o disposto no §5º do art. 165 da Constituição Federal. Trata do conteúdo da LOA,[524] que deve abranger: (i) orçamento fiscal referente aos poderes do Município – no caso, o Poder Executivo e o Poder Legislativo, já que o Município não possui Poder Judiciário –, seus fundos, órgãos e entidades da administração direta e indireta – o editor da LOMSP, ao contrário do que fez o editor da Constituição Federal, não especificou a inclusão das fundações instituídas e mantidas pelo Município, mas elas, inequivocamente, incluem-se na administração indireta; (ii) o orçamento de investimentos das empresas estatais integrantes da administração indireta, isto é, as empresas em que o Município, direta ou indiretamente, detenha o controle, vale dizer, a maioria do capital social com direito a voto.[525] Por evidente, é inaplicável ao Município o inciso III do §5º do art. 167 da Constituição Federal, pois a gestão da seguridade social é de competência federal. Deve, porém, estar previsto na LOA o orçamento do regime próprio de previdência municipal. Na verdade, a LOA deve conter toda previsão de receita e fixação da despesa do respectivo exercício financeiro.[526] Deve, também, observar as exigências da LRF.[527] O dispositivo consagra vários dos princípios orçamentários: da anualidade, unidade, universalidade e legalidade.[528]

Impõem-se duas observações. Primeira: apesar de a LOMSP não estabelecer expressamente, é obrigatória a previsão na LOA de uma reserva de contingência (art. 5º, III, LRF) para atender gastos não previstos, mantendo-se o equilíbrio orçamentário.[529] Como é impositivo que o Poder Público assegure o mínimo vital,[530] na insuficiência dessa reserva, a ponderação de princípios constitucionais pode exigir do Poder Executivo a abertura de crédito adicional.[531] Segunda: ainda que venha prevalecendo a opinião de que a despesa fixada na LOA não é vinculante para o Poder Executivo, a questão está longe de ser pacífica: quanto mais maduro é o Estado de Direito, mais o orçamento é respeitado.[532]

---

[524] Sobre o tema: RAMOS FILHO. *Direito financeiro e econômico*, p. 441 e seguintes; LEITE. *Manual de Direito Financeiro*, p. 92 e seguintes; FURTADO. *Elementos de direito financeiro*, p. 110 e seguintes. CREPALDI; CREPALDI. *Direito financeiro*, p. 51 e seguintes.

[525] Sobre as empresas estatais, *vide*: MARTINS, Ricardo Marcondes. Estatuto das empresas estatais à luz da Constituição Federal. In: DAL POZZO, Augusto Neves; MARTINS, Ricardo Marcondes (coord.). *Estatuto jurídico das empresas estatais*. São Paulo: Contracorrente, 2018. p. 17-112. Não é incluído na LOA o orçamento de investimentos nas empresas de que o Município participe sem deter o controle.

[526] Por todos: RAMOS FILHO. *Direito financeiro e econômico*, p. 441.

[527] Por todos: AGUIAR. *Lei de Responsabilidade Fiscal*, p. 41 e seguintes.

[528] Cf. SILVA, José Afonso da. *Comentário contextual à Constituição Federal*. São Paulo: Malheiros, 2005. p. 690-691. Sobre ele, por todos: RAMOS FILHO. *Direito financeiro e econômico*, p. 411 e seguintes.

[529] Cf. AGUIAR. *Lei de Responsabilidade Fiscal*, p. 50-51; RAMOS FILHO. *Direito financeiro e econômico*, p. 443.

[530] Cf. MARTINS, Ricardo Marcondes. *Teoria jurídica da liberdade*. São Paulo: Contracorrente, 2015. p. 145-157.

[531] Cf. MARTINS, Ricardo Marcondes. Prazo dos contratos administrativos II: as "exceções" decorrentes da Constituição e da lei. *Revista Colunistas de Direito do Estado*, n. 421, nov. 2018. Disponível em: www.direitodoestado.com.br/colunistas/ricardo-marcondes-martins/prazo-dos-contratos-administrativos-ii-as-excecoes-decorrentes-da-constituicao-e-da-lei. Acesso em: 20 out. 2022.

[532] Sobre o tema, *vide* a excelente monografia de LEITE, Harrison Ferreira. *Autoridade da lei orçamentária*. Porto Alegre: Livraria do Advogado, 2011. Entre as conclusões do autor, destaca-se: "Do conjunto normativo vigente, sem qualquer alteração, afirma-se que o orçamento não apenas autoriza despesa, mas também determina que as mesmas se concretizem do modo como legislativamente aprovadas. Não é autorizativo, mas impositivo". (p. 260).

O §6º do art. 137 da LOMSP reproduz o §6º do art. 165 da Constituição Federal. Para a União, exige-se que o demonstrativo seja regionalizado. Não é razoável supor que essa exigência se estenda a Estados e Municípios, de modo que a LOMSP não viola a simetria ao não impor que o demonstrativo paulistano seja regionalizado. Os condicionamentos à renúncia tributária são disciplinados no art. 14 da LRF. O demonstrativo exigido constitucionalmente não se restringe às renúncias tributárias: abrange todo subsídio e benefício de natureza financeira, tributária e creditícia, bem como toda isenção, anistia e remissão, tenha natureza tributária ou não. Trata-se da consagração do princípio do equilíbrio orçamentário: caso se resolva renunciar à receita, faz-se necessário verificar o impacto dessa renúncia no equilíbrio orçamentário.

O §7º do art. 137 da LOMSP reproduz o §8º do art. 165 da Constituição Federal. Trata-se do chamado princípio orçamentário da exclusividade: é vedado estabelecer na LOA dispositivo estranho à previsão de receita e à fixação de despesa. Esse dispositivo, segundo José Afonso da Silva, decorreu de abusos ocorridos na República Velha, em que, por emendas ao projeto do Executivo, deputados e senadores introduziram matérias absolutamente estranhas ao direito financeiro, constituindo as chamadas por Rui Barbosa caudas orçamentárias ou orçamentos rabilongos.[533] O dispositivo prevê duas "supostas"[534] exceções: a LOA pode prever autorização para abertura de créditos suplementares – espécies de créditos adicionais, nos termos do art. 41 da Lei nº 4.320/1964[535] – e autorização para contratação de operações de crédito, ainda que por antecipação de receita.[536]

O §8º do art. 137 da LOMSP trata da classificação das contas públicas. O Município deve observar, em relação ao tema, o disposto na Lei nº 4.320/1964, recepcionada com eficácia de lei complementar.[537] Não obstante, há espaço para a Lei Orgânica dispor sobre o assunto. Além das classificações impostas na lei complementar federal, exigiu-se que na LOA sejam individualizados os projetos e as atividades segundo quatro critérios: localização, dimensão, características principais e custo.

Os §§9º e 10 do art. 137 foram acrescentados pela Emenda nº 30/2008. A referida Emenda também inseriu o art. 69-A à LOMSP para exigir do Prefeito que apresente, até 90 dias após sua posse, o Programa de Metas de sua gestão. O §1º do art. 182 da Constituição Federal impôs a todos os Municípios com mais de 20 mil habitantes a aprovação do Plano Diretor. Por evidente, tanto a implementação do Plano de Metas como o cumprimento do Plano Diretor exigem despesas, que, em geral, ultrapassam o exercício financeiro. Essas despesas precisam estar previstas no PPP e, em relação às liquidadas em cada exercício, na LOA. O que faz a LOMSP, nesses parágrafos, é

---

[533] SILVA, José Afonso. *Curso de direito constitucional positivo*. 42. ed. São Paulo: Malheiros, 2019. p. 753.

[534] Como bem doutrina Carlos Alberto de Moraes Ramos Filho, não se trata, em rigor, de exceções (*Direito financeiro e econômico*, p. 413).

[535] Por todos: AGUIAR. *Lei 4.320 comentada ao alcance de todos*, p. 299 e seguintes.

[536] A autorização na LOA para operação de crédito por antecipação de receita não dispensa a edição posterior de lei municipal específica. Vale dizer: a autorização da LOA é condição para posterior edição de lei municipal. Nesse sentido: STJ, REsp nº 410.414/SP, Rel. Min. Castro Meira, 2ª Turma, julgado em 19.08.2004, DJ de 27.09.2004, p. 301. Consta da ementa: "A lei do orçamento anual (ato-regra) pode autorizar, genericamente, as operações de crédito por antecipação de receita (art. 165, §8º), o que não afasta a necessidade de aprovação, em cada caso, por ato legislativo de inferior hierarquia (ato-condição)".

[537] Sobre o tema, vide: AGUIAR. *Tratado da gestão fiscal*. Belo Horizonte: Fórum, 2011. p. 41 e seguintes.

chamar a atenção do Chefe do Executivo para o fato de que, ao elaborar os respectivos projetos de leis orçamentárias, deve atentar para o estabelecido tanto no Programa de Metas como no Plano Diretor. Em suma: a elaboração das leis orçamentárias não pode partir do zero, dado que está vinculada não só aos planos e programas da própria LOMSP, nos termos do §4º do art. 137, mas ao Programa de Metas e ao Plano Diretor, nos termos dos §§9º e 10.

Informação bibliográfica deste texto, conforme a NBR 6023:2018 da Associação Brasileira de Normas Técnicas (ABNT):

MARTINS, Ricardo Marcondes. Comentários ao art. 137. In: BATISTELA, Marcos; BARBOSA, Maria Nazaré Lins; MARTINS, Ricardo Marcondes (coord.). *Comentários à Lei Orgânica do Município de São Paulo*: atualizada até a Emenda nº 42/2022. Belo Horizonte: Fórum, 2023. p. 353-359. ISBN 978-65-5518-497-6.

Art. 138 Os projetos de lei relativos ao plano plurianual, às diretrizes orçamentárias, ao orçamento anual e aos créditos adicionais serão apreciados pela Câmara Municipal, na forma do Regimento Interno.

§1º – Caberá à Comissão de Finanças e Orçamento:

I – examinar e emitir parecer sobre os projetos referidos neste artigo e sobre as contas apresentadas anualmente pelo Prefeito;

II – examinar e emitir parecer sobre os planos e programas municipais e setoriais previstos nesta Lei Orgânica, e exercer o acompanhamento e a fiscalização orçamentária.

§2º – As emendas serão apresentadas na Comissão de Finanças e Orçamento, que sobre elas emitirá parecer, e serão apreciadas, na forma regimental, pelo plenário da Câmara Municipal.

§3º – As emendas ao projeto de lei do orçamento anual ou aos projetos que o modifiquem somente podem ser aprovadas caso:

I – sejam compatíveis com o plano plurianual e com a lei de diretrizes orçamentárias;

II – indiquem os recursos necessários, admitidos apenas os provenientes de anulação de despesas, excluídas as que incidam sobre:

a) dotações para pessoal e seus encargos;

b) serviços da dívida; ou

III – sejam relacionadas:

a) com a correção de erros ou omissões ou;

b) com os dispositivos do texto do projeto de lei.

§4º – As emendas ao projeto de lei de diretrizes orçamentárias não poderão ser aprovadas quando incompatíveis com o plano plurianual.

§5º – O Prefeito poderá enviar mensagem à Câmara Municipal para propor modificações nos projetos a que se refere este artigo enquanto não iniciada a votação, na Comissão Permanente, da parte cuja alteração é proposta.

§6º – Os projetos de lei do plano plurianual, das diretrizes orçamentárias e do orçamento anual serão enviadas pelo Prefeito à Câmara Municipal, nos termos da lei, e nos seguintes prazos:

I – diretrizes orçamentárias: 15 de abril; (Alterado pela Emenda nº 24/2001.)

II – plano plurianual e orçamento anual: 30 de setembro.

§7º – Aplicam-se aos projetos mencionados neste artigo, no que não contrariar o disposto nesta seção, as demais normas relativas ao processo legislativo.

§8º – Os recursos que, em decorrência de veto, emenda ou rejeição do projeto de lei orçamentária anual, ficarem sem despesas correspondentes poderão ser utilizados, conforme o caso, mediante créditos especiais ou suplementares, com prévia e específica autorização legislativa.

§9° – O projeto de lei de diretrizes orçamentárias encaminhado à Câmara Municipal no prazo previsto no inciso I do §6° deste artigo será votado e remetido à sanção até 30 de junho. (Acrescentado pela Emenda n° 24/2001.)

§10 – O projeto de lei do plano plurianual encaminhado à Câmara Municipal no prazo previsto no inciso II do §6° deste artigo será votado e remetido à sanção até 31 de dezembro. (Acrescentado pela Emenda n° 24/2001.)

●●●

RICARDO MARCONDES MARTINS

O *caput* do art. 138 da LOMSP reproduz o *caput* do art. 166 da Constituição Federal: os projetos de PPA, LDO e LOA, bem como os créditos adicionais – que, nos termos do art. 41 da Lei n° 4.320/64, abrangem os créditos suplementares, especiais e extraordinários –, devem ser apreciados pela Câmara dos Vereadores na forma de seu Regimento Interno. O editor da Lei Orgânica, seguindo a simetria com a Constituição Federal, incumbiu à Casa Parlamentar disciplinar o processo legislativo para a edição das leis orçamentárias. Logo, trata-se de processo legislativo especial, submetido a regime jurídico regimental específico. Além das regras constitucionais[538] aplicáveis por simetria e das regras estabelecidas no art. 138, ora comentado, o processo é regido pelos arts. 335 a 346 do RICMSP.[539]

O §1° do art. 138 da LOMSP reproduz, com as adaptações próprias ao Legislativo Municipal, a regra prevista no §1° do art. 166 da Constituição Federal. No âmbito federal, trata-se de uma comissão mista permanente de senadores e deputados.[540] No âmbito municipal, sendo o Poder Legislativo unicameral, não se trata, por óbvio, de comissão mista. A Comissão de Finanças e Orçamento é uma comissão permanente, especializada, legislativa – preparatória, consultiva e redatora – e fiscalizadora.[541] Compete à Comissão, nos termos do §1° ora comentado: (i) examinar e emitir parecer sobre os projetos de leis orçamentárias (PPA, LDO, LOA e créditos adicionais) e sobre as contas anuais do Prefeito; (ii) examinar e emitir parecer sobre os planos e programas municipais e setoriais previstos na Lei Orgânica; (iii) acompanhar e fiscalizar o cumprimento da legislação orçamentária. As contas do Prefeito, além de apreciadas pelo

---

[538] O Texto Constitucional, por si, já estabelece tratar-se de *processo legislativo especial*. Cf. SILVA, José Afonso. *Processo constitucional de formação das leis*. 2. ed. São Paulo: Malheiros, 2006. p. 323 e seguintes. Para aprofundamento, ver: MENDONÇA, Eduardo Bastos Furtado de. *A constitucionalização das finanças públicas no Brasil*: devido processo orçamentário e democracia. Rio de Janeiro: Renovar, 2010.

[539] Sobre a natureza e eficácia jurídicas das normas parlamentares regimentais, ver: SILVA FILHO, Derly Barreto. *Controle dos atos parlamentares pelo Poder Judiciário*. São Paulo: Malheiros, 2003.

[540] Sobre ela: CASSEB, Paulo Adib. *Processo legislativo*: atuação das comissões permanentes e temporárias. São Paulo: Revista dos Tribunais, 2008. p. 267-275; MENDONÇA, Eduardo Bastos Furtado de. *A constitucionalização das finanças públicas no Brasil*: devido processo orçamentário e democracia. Rio de Janeiro: Renovar, 2010. p. 28-34.

[541] Sobre a classificação das comissões parlamentares: CASSEB, Paulo Adib. *Processo legislativo*: atuação das comissões permanentes e temporárias. São Paulo: Revista dos Tribunais, 2008. p. 24-25. A *função redatora* é atribuída pelo art. 341 do Regimento da Câmara. O Regimento não atribui à Comissão municipal competência deliberativa.

TCM, nos termos do inciso II do art. 71 da Constituição Federal e do inciso I do art. 48 da LOMSP, devem ser apreciadas pela Comissão de Finanças e Orçamento, antes de serem julgadas pela Câmara Municipal.[542] A Comissão, além de emitir parecer sobre as contas de Governo, deve não apenas apreciar os projetos das leis orçamentárias, mas, também, os próprios planos e programas nelas estabelecidos. Trata-se de dupla apreciação: dos planos e dos programas e das leis orçamentárias que autorizam as despesas para cumpri-los.

O §3º do art. 138 da LOMSP reproduz o §3º do art. 166 da Constituição Federal. Os processos orçamentários, comparados ao processo legislativo ordinário, em relação às emendas, têm algumas peculiaridades. Regra geral, quando o projeto é de iniciativa privativa do Chefe do Executivo, a emenda parlamentar não pode gerar aumento de despesa (art. 63, I, Constituição Federal).[543] Em relação às leis orçamentárias, em alguns casos, a emenda parlamentar pode aumentar a despesa.

Há, contudo, várias restrições. Primeira: as emendas ao projeto de LOA ou aos projetos que o modifiquem devem ser compatíveis com a LDO e o PPA. Segunda: devem indicar recursos necessários para lhes dar suporte. Esta última é decorrência do princípio do equilíbrio-orçamentário: se o Vereador pudesse gerar despesa sem fonte de custeio, sua emenda importaria em desequilíbrio orçamentário. Porém, a competência para indicar a fonte de custeio também é restringida.

Porém, só se admitem como fonte de custeio recursos provenientes de anulação de despesa. Não cabe ao Vereador propor novas receitas, mas apenas propor anulação de uma despesa para suprir a criação de outra. Não obstante, dois tipos de despesa não podem ser anulados por emenda parlamentar: (i) despesas de pessoal; (ii) serviços da dívida. A primeira é uma despesa necessária: não pode o Município optar por não pagar seus agentes. A segunda é uma decorrência do equilíbrio orçamentário: não pagar a dívida pública para gerar mais despesa importaria em aumento irresponsável da própria dívida pública.[544] Respeitadas essas restrições, é válido que a emenda do Vereador aumente a despesa, apesar de o projeto ser de competência privativa do Chefe do Executivo. Por fim, são plenamente possíveis emendas que se limitem a corrigir erros ou omissões ou que se relacionem com dispositivo do texto do projeto, sem aumentar despesa.

O §4º do art. 138 da LOMSP reproduz o §4º do art. 166 da Constituição Federal. Por evidente, não são admissíveis emendas à LDO que sejam incompatíveis com o PPA. Impõe-se a integração entre as três leis orçamentárias: PPA → LDO → LOA. A LDO deve ser compatível com o PPA; a LOA deve ser compatível com o PPA e com a LDO.[545]

O §5º do art. 138 da LOMSP reproduz o §5º do art. 166 da Constituição Federal. No processo legislativo ordinário, em especial, no sistema presidencialista, o

---

[542] Observa-se que as Contas de Governo, apresentadas pelo Prefeito, não se confundem com as contas de administração. As primeiras devem ser apreciadas apenas em relação ao que for diretamente imputável ao Chefe do Executivo. Cf. BANDEIRA DE MELLO, Celso Antônio. *Curso de direito administrativo*. 35. ed. São Paulo: Malheiros, 2021. p. 895 (nota de rodapé nº 3).

[543] Cf. TRINDADE, João. *Processo legislativo constitucional*. 3. ed. Salvador: Juspodivm, 2017. p. 99; DEZEN JUNIOR, Gabriel. *Processo legislativo completo*. Brasília: Alumnus, 2017. p. 245; SILVA, José Afonso. *Processo constitucional de formação das leis*. 2. ed. São Paulo: Malheiros, 2006. p. 199-203.

[544] Cf. TRINDADE. *Processo legislativo constitucional*, p. 153.

[545] Cf. RAMOS FILHO. *Direito financeiro e econômico*, p. 429; LEITE. *Manual de Direito Financeiro*, p. 84.

Chefe do Executivo não tem poder de emenda. Caso encaminhe um projeto de lei à Câmara e se arrependa, pode, quando muito, encaminhar mensagem ao Legislativo solicitando que este, por iniciativa própria, emende a proposição.[546] Em relação aos projetos orçamentários, o poder de emenda é estendido ao Prefeito, nos termos do §5º ora comentado. De fato, pode o Prefeito enviar mensagem à Câmara para propor modificações ao projeto que apresentou. O limite temporal para propô-las é o início da votação na Comissão de Finanças e Orçamento sobre a parte que pretende alterar. Observa-se que a Comissão não aprova o projeto, mas o parecer sobre o projeto. Assim, a votação é sobre o parecer.

O §6º do art. 138 trata do limite temporal para apresentação dos projetos orçamentários. O §6º do art. 166 da Constituição Federal estabelece que os projetos de PPA, LDO e LOA serão enviados ao Congresso nos termos estabelecidos na lei complementar prevista no §9º do art. 165 da Constituição Federal. Nem a Lei nº 4.320/1964 nem a LC nº 101/2000 trataram do assunto. Até a entrada em vigor dessa lei complementar, estabelece o inciso I do §2º do art. 35 do ADCT da Constituição Federal que o projeto de PPA federal, para vigência até o final do primeiro exercício do mandado presidencial subsequente, deve ser encaminhado até 4 meses antes do encerramento do primeiro exercício financeiro e devolvido para a sanção até o encerramento da sessão legislativa. Nos termos do art. 34 da Lei nº 4.320/1964, o exercício financeiro coincide com o ano civil, logo, encerra-se em 31 de dezembro. No âmbito federal, portanto, o projeto de PPA deve ser encaminhado até 31 de agosto. Nos termos do art. 57 da Constituição Federal, o primeiro período da sessão legislativa inicia-se em 2 de fevereiro e se encerra em 17 de julho; o segundo período inicia-se em 1º de agosto e se encerra em 22 de dezembro.[547] Assim, no âmbito federal, o Projeto do PPA deve ser devolvido para a sanção até 22 de dezembro.

Não há razão plausível para não se aplicar, ao tema, a simetria.[548] Não foi esse, porém, o entendimento que se consagrou. Destarte, em atentado à razão, consolidou-se o entendimento de que a simetria, no tema, é inaplicável, podendo o Constituinte decorrente, vale dizer, o editor da Constituição Estadual e da LOM, estabelecer prazos diferentes.[549] É o que faz o inciso II do §6º do art. 138 da LOMSP, segundo o qual o Prefeito deve encaminhar à Câmara Municipal o projeto de PPA até 30 de setembro. O §10 do art. 138, acrescentado pela Emenda nº 24/2001, também estabeleceu prazo diferente: o projeto deve ser votado e remetido à sanção até 31 de dezembro.

Assim, no âmbito federal, o projeto de PPA deve ser apresentado até 31 de agosto e devolvido até 22 de dezembro; no Município de São Paulo, deve ser apresentado até 30 de setembro e devolvido até 31 de dezembro.

Estabelece o inciso II do §2º do art. 35 do ADCT da Constituição Federal que o projeto de LDO federal deve ser encaminhado até 8 meses e meio antes do

---

[546] TRINDADE. *Processo legislativo constitucional*, p. 99; SILVA, José Afonso. *Processo constitucional de formação das leis*. 2. ed. São Paulo: Malheiros, 2006. p. 196.

[547] A redação do dispositivo foi alterada pela Emenda Constitucional nº 50/2006. Segundo o texto originário, o primeiro período ia de 15 de fevereiro a 30 de junho e o segundo período, de 1º de agosto a 15 de dezembro.

[548] MARTINS, Ricardo Marcondes. *Estudos de direito administrativo neoconstitucional*. São Paulo: Malheiros, 2015. p. 100-102.

[549] Por todos: RAMOS FILHO. *Direito financeiro e econômico*, p. 432.

encerramento do exercício financeiro, vale dizer, até 15 de abril, e devolvido para sanção até o encerramento do primeiro período da sessão legislativa, ou seja, até 17 de julho. O editor da LOMSP, em seu texto originário, descumpria a simetria, já que estabelecia o prazo de 1º de abril para a apresentação do projeto. A Emenda nº 24/2001 deu nova redação ao inciso I do §6º do art. 138 e estabeleceu o mesmo prazo estabelecido no âmbito federal: deve o Prefeito encaminhar à Câmara o projeto de LDO até 15 de abril. O §9º do art. 138, acrescentado pela Emenda nº 24/2001, não seguiu o mesmo caminho: diversamente do estabelecido no âmbito federal, o projeto deve ser votado e remetido à sanção até 30 de junho.

Assim, no âmbito federal, o projeto de LDO deve ser apresentado até 15 de abril e devolvido até 17 de junho; no Município de São Paulo, deve ser também apresentado até 15 de abril, mas devolvido até 30 de junho.

O §7º do art. 138 da LOMSP reproduz o §7º do art. 166 da Constituição Federal. As regras do processo legislativo, estabelecidas na seção VI do Capítulo I do Título III, ou seja, os arts. 34 a 46, aplicam-se subsidiariamente ao processo legislativo das leis orçamentárias, no que não contrariarem o disposto na seção II do Capítulo VI do Título IV, ou seja, nos arts. 137 a 142.

O §8º do art. 138 da LOMSP reproduz o §8º do art. 166 da Constituição Federal. Supondo-se que um recurso financeiro fique sem despesa correspondente em decorrência de veto, emenda ou rejeição do projeto de lei orçamentária, poderá ser objeto de créditos especiais ou suplementares, com prévia e específica autorização legislativa. Créditos especiais são destinados a despesas para as quais não há dotação orçamentária específica (art. 41, inciso II, da Lei nº 4.320/1964); créditos suplementares são os destinados a reforço de dotação orçamentária existente (art. 41, inciso I, da Lei nº 4.320/1964). Ambos exigem prévia aprovação de lei específica.[550] Assim, suponha-se que o projeto de LOA previa o recurso "X" para a despesa "Y", mas essa despesa foi vetada pelo Prefeito, rejeitada pela Câmara ou cancelada por emenda de Vereador ou do próprio Prefeito; nesse caso, com o desaparecimento da despesa "Y", o recurso "X" restou sem despesa correspondente. Caberá ao Prefeito encaminhar novo projeto de lei para abrir crédito especial ou suplementar ou para estabelecer nova despesa, no primeiro caso, ou reforçar despesa já criada, no último.

A realização de despesa pública submete-se ao princípio da legalidade: exige prévia autorização do Câmara, veiculada na LOA ou em leis específicas que autorizem a abertura de créditos especiais ou suplementares. A LOA, porém, não prevê expressamente, ao contrário do que faz a Constituição Federal nos §§2º e 3º do art. 167, a abertura de créditos extraordinários.[551] Estes são abertos pelo Executivo sem prévia autorização do Legislativos, que deve aprová-los *a posteriori*. A Constituição Federal, no dispositivo citado, prevê a abertura de crédito extraordinário para "despesas imprevisíveis e urgentes, como as decorrentes de guerra, comoção interna ou calamidade pública". O constituinte impôs uma interpretação analógica: após a formulação genérica,

---

[550] Sobre ambos: RAMOS FILHO. *Direito financeiro e econômico*, p. 520-524; AGUIAR, Afonso Gomes. *Lei 4.320 comentada ao alcance de todos*, p. 300-301. É, porém, possível que a abertura do crédito suplementar seja autorizada na própria LOA, caso em que será concretizada por Decreto do Prefeito (p. 300).

[551] Sobre eles, por todos: RAMOS FILHO. *Direito financeiro e econômico*, p. 524-529; AGUIAR, Afonso Gomes. *Lei 4.320 comentada ao alcance de todos*, p. 301 e seguintes.

valeu-se de uma sequência casuística, exigindo, assim, que os conceitos vagos sejam interpretados de acordo com os casos enumerados. A guerra e a comoção interna são atinentes à competência da União, mas o enfrentamento de calamidade pública é competência comum da União, dos Estados e dos Municípios. Ademais, defende-se que a ponderação de princípios constitucionais possa exigir a abertura de crédito extraordinário além das hipóteses previstas na regra constitucional, como é o caso do atendimento do mínimo vital.[552] No âmbito federal, a abertura do crédito extraordinário se dá por medida provisória. E nos Estados e Municípios? O STF já se manifestou pela admissibilidade de que Constituições Estaduais – e, por extensão, as LOMs – prevejam a edição de Medidas Provisórias.[553] A LOMSP, todavia, não previu sua edição pelo Prefeito. Diante disso, a doutrina se divide: há quem entenda inaplicável, nesse caso, o art. 44 da Lei nº 4.320/1964, por não ter sido recepcionado;[554] e há quem entenda pela sua aplicação.[555] Concorda-se com a segunda posição: quando a LOM não prevê a edição de medidas provisórias, ainda que não haja previsão expressa sobre a abertura de créditos extraordinários, ela é excepcionalmente possível por meio de Decreto do Prefeito, que, após editado, deve ser enviado imediatamente para a Câmara.[556]

Informação bibliográfica deste texto, conforme a NBR 6023:2018 da Associação Brasileira de Normas Técnicas (ABNT):

MARTINS, Ricardo Marcondes. Comentários ao art. 138. *In*: BATISTELA, Marcos; BARBOSA, Maria Nazaré Lins; MARTINS, Ricardo Marcondes (coord.). *Comentários à Lei Orgânica do Município de São Paulo*: atualizada até a Emenda nº 42/2022. Belo Horizonte: Fórum, 2023. p. 360-365. ISBN 978-65-5518-497-6.

---

[552] Cf. MARTINS, Ricardo Marcondes. *Teoria jurídica da liberdade*. São Paulo: Contracorrente, 2015. p. 145-157; MARTINS, Ricardo Marcondes. Duração dos contratos administrativos na Lei 14.133/21. *Revista Internacional de Direito Público*, Belo Horizonte, ano 7, n. 12, p. 9-51, jan./jun. 2022 (sobretudo p. 11).

[553] STF, ADI nº 812 MC, Rel. Moreira Alves, Tribunal Pleno, j. 01.04.1993, DJ 14.05.1993, p. 09002, Ement. v. 01703-01, p. 00037; ADI nº 425 MC, Rel. Paulo Brossard, Tribunal Pleno, j. 04.04.1991, DJ 21.06.1991, p. 08426, Ement. v.-01625-01, p. 00001. A admissibilidade também é afirmada pela doutrina: CLÈVE, Clèmerson Merlin. *Medidas provisórias*. 3. ed. São Paulo: Revista dos Tribunais, 2010. p. 241-244 (o autor, porém, apesar de considerar admissível, considera não recomendável); ÁVILA, Humberto Bergmann. *Medidas provisórias na Constituição Federal de 1988*. Porto Alegre: Sergio Antonio Fabris Editor, 1997. p. 77.

[554] Por todos: FURTADO. *Elementos de direito financeiro*, p. 146-147.

[555] Por todos: RAMOS FILHO. *Direito financeiro e econômico*, p. 526-527.

[556] RAMOS FILHO. *Direito financeiro e econômico*, p. 527.

Art. 139 Não tendo o Legislativo recebido a proposta de orçamento anual até a data prevista no inciso II do §6º do artigo anterior, será considerado como projeto a lei orçamentária vigente, pelos valores de sua edição inicial, monetariamente corrigidos pela aplicação de índice inflacionário oficial, respeitado o princípio do equilíbrio orçamentário.

OTAVIO HENRIQUE SIMÃO E CUCINELLI

De pouca densidade normativa, o dispositivo preceitua o que deve ocorrer se, diante de uma inércia muito eventual e pouco provável, o Poder Executivo não exercer sua competência concernente à deflagração da iniciativa do processo legislativo referente à propositura do Projeto de LOA para o exercício orçamentário subsequente.

Ora, a fim de evitar um *shutdown*, um verdadeiro "apagão" financeiro por falta de aprovação lei orçamentária em tempo hábil, por eventual atraso demasiado na aprovação do orçamento anual, a prática consagrou o entendimento de realização das despesas sob a programação orçamentária do ano anterior, de modo a evitar uma solução de continuidade tanto na prestação dos serviços públicos quanto na remuneração devida pelo Poder Público aos particulares por ele contratados e, também, aos próprios agentes públicos.

Na LOMSP, a previsão normativa explícita e específica preceitua que, muito eventualmente, se até a data de 30 de setembro do respectivo exercício a Câmara de Vereadores não receber do Senhor Prefeito o Projeto de LOA para o exercício fiscal subsequente, automaticamente será reputado como Projeto de LOA (a própria LOA vigente naquele mesmo exercício, balizada pelos valores oriundos de sua edição inicial, porém monetariamente corrigidos pela aplicação de índice inflacionário oficial, observado, sempre, o princípio do equilíbrio orçamentário).

Acerca de qual índice inflacionário deve ser reputado como oficial, voltado ao cumprimento do desiderato legal, temos que a melhor interpretação deve nos conduzir à aplicação do IPCA (Índice Nacional de Preços ao Consumidor Amplo), apurado mensalmente pelo Instituto Brasileiro de Geografia e Estatística (IBGE).

A referida exegese deve nos conduzir pela visão do IPCA de encerrar o autêntico índice inflacionário governamental oficial, visto que adotado pelo Conselho Monetário Nacional (CMN) na definição da meta anual para a inflação brasileira, cujo conjunto de medidas para garantir a estabilidade de preços na economia do país deverá ser perseguida anualmente pelo regime de metas do Banco Central do Brasil (BCB), conforme determinado pelo Decreto Federal nº 3.088/1999, além de também ser o próprio IPCA o parâmetro adotado pelo Comitê de Política Monetária (COPOM), órgão do BCB incumbido pela revisão da taxa básica de juros da economia, no caso, a Taxa Selic, de acordo com a atual Resolução BCB nº 61/2021.

Outrossim, do ponto de vista da legislação municipal específica, os próprios débitos para com a Fazenda Pública do Município de São Paulo, de qualquer natureza, inclusive fiscal, constituídos ou não, inscritos ou não, quando não pagos até a data do vencimento, serão atualizados exatamente pela variação do IPCA, nos termos do art. 1º da Lei Municipal nº 10.734/1989, na redação que lhe foi dada pela Lei Municipal nº 13.275/2002, previsão assim vigente até os dias atuais.

Informação bibliográfica deste texto, conforme a NBR 6023:2018 da Associação Brasileira de Normas Técnicas (ABNT):

CUCINELLI, Otavio Henrique Simão. Comentários ao art. 139. *In*: BATISTELA, Marcos; BARBOSA, Maria Nazaré Lins; MARTINS, Ricardo Marcondes (coord.). *Comentários à Lei Orgânica do Município de São Paulo*: atualizada até a Emenda nº 42/2022. Belo Horizonte: Fórum, 2023. p. 366-367. ISBN 978-65-5518-497-6.

Art. 140 Aplicar-se-á, para o ano subsequente, a lei orçamentária vigente, pelos valores de edição inicial, monetariamente corrigidos pela aplicação de índice inflacionário oficial, caso o Legislativo, até 31 de dezembro, não tenha votado a proposta de orçamento.

OTAVIO HENRIQUE SIMÃO E CUCINELLI

De densidade normativa tão rasa quanto o dispositivo anterior, temos aqui o comando legal dado pela LOMSP para a hipótese em que o Poder Legislativo Municipal ainda não tenha votado o Projeto de LOA que deverá reger o exercício orçamentário subsequente.

Pelos mesmos motivos de procurar impedir uma possível inação estatal absoluta, por ausência de votação do Projeto de LOA pelos vereadores da Câmara Municipal em tempo hábil – no caso, até a data limite de 31 de dezembro do respectivo exercício orçamentário –, a realização das despesas deverá ocorrer de acordo com os ditames já estabelecidos pela/sob a programação orçamentária do ano anterior, de modo a evitar uma solução de continuidade tanto na prestação dos serviços públicos quanto na remuneração devida pelo Poder Público aos particulares por ele contratados e, também, aos próprios agentes públicos.

Na LOMSP, a previsão normativa explícita e específica preceitua que, muito eventualmente, se até a data de 30 de setembro do respectivo exercício a Câmara de Vereadores não receber do Senhor Prefeito o Projeto de LOA para o exercício fiscal subsequente, automaticamente será reputado como Projeto de LOA (a própria LOA vigente naquele mesmo exercício, balizada pelos valores oriundos de sua edição inicial, porém monetariamente corrigidos pela aplicação de índice inflacionário oficial, observado, sempre, o princípio do equilíbrio orçamentário).

Acerca de qual índice inflacionário deve ser reputado como oficial, voltado ao cumprimento do desiderato legal, temos que a melhor interpretação deve-nos conduzir à aplicação do IPCA (Índice Nacional de Preços ao Consumidor Amplo), apurado mensalmente pelo Instituto Brasileiro de Geografia e Estatística (IBGE).

A referida exegese deve-nos conduzir pela visão do IPCA de encerrar o autêntico índice inflacionário governamental oficial, visto que adotado pelo Conselho Monetário Nacional (CMN) na definição da meta anual para a inflação brasileira, cujo conjunto de medidas para garantir a estabilidade de preços na economia do país deverá ser perseguida anualmente pelo regime de metas do Banco Central do Brasil (BCB), conforme determinado pelo Decreto Federal nº 3.088/1999, além de também ser o próprio IPCA o parâmetro adotado pelo Comitê de Política Monetária (COPOM), órgão do BCB incumbido pela revisão da taxa básica de juros da economia, no caso, a Taxa Selic, de acordo com a atual Resolução BCB nº 61/2021.

Outrossim, do ponto de vista da legislação municipal específica, os próprios débitos para com a Fazenda Pública do Município de São Paulo, de qualquer natureza, inclusive fiscal, constituídos ou não, inscritos ou não, quando não pagos até a data do vencimento, serão atualizados exatamente pela variação do IPCA, nos termos do art. 1º da Lei Municipal nº 10.734/1989, na redação que lhe foi dada pela Lei Municipal nº 13.275/2002, previsão assim vigente até os dias atuais.

Informação bibliográfica deste texto, conforme a NBR 6023:2018 da Associação Brasileira de Normas Técnicas (ABNT):

CUCINELLI, Otavio Henrique Simão. Comentários ao art. 140. In: BATISTELA, Marcos; BARBOSA, Maria Nazaré Lins; MARTINS, Ricardo Marcondes (coord.). *Comentários à Lei Orgânica do Município de São Paulo*: atualizada até a Emenda nº 42/2022. Belo Horizonte: Fórum, 2023. p. 368-369. ISBN 978-65-5518-497-6.

Art. 141 O Poder Executivo encaminhará à Câmara Municipal, até o último dia de cada mês, a posição da "Dívida Fundada Interna e Externa" e da "Dívida Flutuante" do Município, no mês anterior, indicando, entre outros dados, o tipo de operação de crédito que a originou, as instituições credoras, as condições contratuais, o saldo devedor e o perfil de amortização.

NELSON SEIJI MATSUZAWA

Neste artigo e no seguinte, prevê-se que o Poder Executivo deverá encaminhar à Câmara Municipal demonstrativo sobre as dívidas fundada e flutuante e balancete de receitas e despesas, relativamente ao mês anterior.

Os arts. 141 e 142 foram regulamentados pela Lei Municipal nº 10.872/1990, já no mesmo ano da promulgação da LOMSP. O art. 2º da Lei é o relativo a este art. 141 da LOMSP.[557]

Porém, os conceitos de dívida fundada interna e externa e dívida flutuante, a que se refere este artigo, e de receitas e despesas (art. 142) devem ser buscados, sobretudo, em normas gerais de direito financeiro, que foram estabelecidas no curso desses anos pela União, conforme sua competência prevista no art. 24, I e II, §1º, da Constituição Federal de 1988.

A uniformização de conceitos de contabilidade pública impõe-se, realmente, por ela instrumentalizar o planejamento e o controle das atividades e contas públicas – e, por ser a contabilidade pública-base necessária ao orçamento e às finanças públicas, não parece haver dúvidas de que seus conceitos devem ser tratados como norma geral de direito financeiro.[558]

Como principais diplomas de normas gerais de direito financeiros, temos a Lei nº 4.320/1964, recepcionada pela Constituição Federal, e a Lei Complementar nº 101/2000, amplamente conhecida como Lei de Responsabilidade Fiscal.

Na Lei nº 4.320/1964, os arts. 92 e 98 preveem, respectivamente, o que se considera abrangido pelos conceitos de dívida flutuante[559] e dívida fundada.[560]

---

[557] Art. 2º O demonstrativo mensal da dívida fundada e flutuante, de que trata o art. 141 da LOMSP, obedecerá, no que tange a dívida fundada, ao detalhamento constante do anexo VI a presente lei.
[558] HENRIQUES, Elcio Fiori. Comentário ao art. 1º. *In*: CONTI, José Maurício (coord.). *Orçamentos públicos*: a Lei 4.320/1964 comentada. 4. ed. São Paulo: Thomson Reuters Brasil, 2019. p. 35.
[559] Art. 92. A dívida flutuante compreende:
I – os restos a pagar, excluídos os serviços da dívida;
II – os serviços da dívida a pagar;
III – os depósitos;
IV – os débitos de tesouraria.
Parágrafo único. O registro dos restos a pagar far-se-á por exercício e por credor distinguindo-se as despesas processadas das não processadas.
[560] Art. 98. A dívida fundada compreende os compromissos de exigibilidade superior a doze meses, contraídos para atender a desequilíbrio orçamentário ou a financeiro de obras e serviços públicos.

Por sua vez, a posterior LRF dispõe sobre a dívida fundada (ou consolidada) no inciso I e §3º de seu art. 29 e no §7º de seu art. 30.[561]

Tradicionalmente, classifica-se a dívida fundada ou consolidada como de longo prazo, com prazo de exigibilidade superior a doze meses,[562] e a dívida flutuante como de curto prazo. Porém, as operações de crédito de prazo inferior a doze meses cujas receitas tenham constado do orçamento, consoante o §3º do art. 29 da LRF, devem ser consideradas como dívidas consolidadas.

Não obstante, o critério do prazo de exigibilidade pode ser considerado regra para a classificação entre dívida fundada ou consolidada e dívida flutuante, mesmo não sendo o mais preciso.[563]

A classificação de uma dívida como flutuante acaba se dando pela verificação de se prevista como tal no art. 92 da Lei nº 4.320/1964. Por suas naturezas, as dívidas flutuantes independem de autorização na lei orçamentária do exercício em curso para pagá-las ou movimentá-las.[564]

Por sua vez, a dívida fundada ou consolidada, diga-se, pois, de longo prazo, é objeto de previsão pela Constituição Federal[565] e LRF,[566] almejando-se sua limitação e traduzindo-se o anseio por uma gestão financeira responsável pelos entes da federação.

A obrigação do Poder Executivo de encaminhar à Câmara Municipal demonstrativo mensal da dívida fundada e flutuante também traduz esse anseio, considerando-se as competências de controle externo da Câmara, com auxílio do TCM.[567]

Informação bibliográfica deste texto, conforme a NBR 6023:2018 da Associação Brasileira de Normas Técnicas (ABNT):

MATSUZAWA, Nelson Seiji. Comentários ao art. 141. In: BATISTELA, Marcos; BARBOSA, Maria Nazaré Lins; MARTINS, Ricardo Marcondes (coord.). *Comentários à Lei Orgânica do Município de São Paulo*: atualizada até a Emenda nº 42/2022. Belo Horizonte: Fórum, 2023. p. 370-371. ISBN 978-65-5518-497-6.

Parágrafo único. A dívida fundada será escriturada com individuação e especificações que permitam verificar, a qualquer momento, a posição dos empréstimos, bem como os bem como os respectivos serviços de amortização e juros.

[561] Art. 29 (…).
I – dívida pública consolidada ou fundada: montante total, apurado sem duplicidade, das obrigações financeiras do ente da Federação, assumidas em virtude de leis, contratos, convênios ou tratados e da realização de operações de crédito, para amortização em prazo superior a doze meses;
(…)
§3º Também integram a dívida pública consolidada as operações de crédito de prazo inferior a doze meses cujas receitas tenham constado do orçamento.
Art. 30. (…).
§7º Os precatórios judiciais não pagos durante a execução do orçamento em que houverem sido incluídos integram a dívida consolidada, para fins de aplicação dos limites.

[562] Lei nº 4.320/1964, art. 98, *caput*.

[563] SILVA GOMES, Émerson César da; PIGATTO, José Alexandre Magrini. Comentário ao art. 92. In: CONTI, José Maurício (coord). *Orçamentos públicos*: a Lei 4.320/1964 comentada. 4. ed. São Paulo: Thomson Reuters Brasil, 2019. p. 347-348.

[564] MACHADO JR., José Teixeira. *A lei 4.320 comentada (por) J. Teixeira Machado Jr. (e) Heraldo da Costa Reis*. 32. ed. Rio de Janeiro: IBAM, 2008. p. 212.

[565] Constituição Federal, art. 52, VI.

[566] LRF, arts. 30 e 31.

[567] LOMSP, arts. 47 e seguintes.

Art. 142 O balancete relativo à receita e despesa do mês anterior será encaminhado à Câmara pelo Executivo e publicado mensalmente até o dia 30 (trinta), no órgão oficial de imprensa do Município (Alterado pela Emenda nº 38/2015.)

Parágrafo único – A concessão de qualquer vantagem ou aumento de remuneração, a criação de cargos ou alteração de estrutura de carreiras, bem como a admissão de pessoal, a qualquer título, pelos órgãos e entidades da administração direta e indireta, inclusive fundações instituídas e mantidas pelo Poder Público, só poderão ser feitas:

I – se houver prévia dotação orçamentária suficiente para atender às projeções de despesas de pessoal e aos acréscimos delas decorrentes;

II – se houver autorização legislativa específica na lei de diretrizes orçamentárias, ressalvadas as empresas públicas e as sociedades de economia mista.1

(Talvez seja despiciendo indicar que a Emenda à Lei Orgânica nº 38/2015, quanto a este artigo, alterou o prazo de encaminhamento e publicação do balancete mensal de até o dia 20 para o dia 30 de cada mês, olvidando-se que há meses com apenas 28 e, a cada 4 anos, 29 dias em nosso calendário gregoriano.)

NELSON SEIJI MATSUZAWA

Este artigo é regulamentado pelo art. 1º da Lei Municipal nº 10.872/1990.[568] De acordo com essa regulamentação, no balancete mensal constarão informações não só sobre a receita realizada até o mês anterior (a que ingressou nos cofres municipais), mas, também, sobre a receita estimada (prevista) até o final do exercício. As informações sobre a execução da despesa deverão estar discriminadas, no balancete, por natureza, por projetos a atividades, por órgãos e por funções, tudo com o almejado objetivo de que a execução orçamentária seja acompanhada e fiscalizada pela Câmara Municipal, na análise do balancete mensal que lhe é encaminhado, e pela população e sociedade civil, na análise do balancete publicado no Diário Oficial.

Realmente, fixadas nos orçamentos, as despesas só deveriam ser limitadas em caso de frustração de receitas e, mesmo assim, de acordo com os critérios fixados em

---

[568] Art. 1º O balancete mensal da receita e da despesa, a que alude o art. 142 da LOMSP, evidenciará a execução orçamentária e a situação econômico-financeira do Município, abrangendo, entre outras, as seguintes informações: (i) a receita realizada até o mês anterior, bem como as previsões mensais de receita até o final do exercício, com indicação das taxas mensais de inflação utilizados, nos termos do Anexo I da presente lei; (ii) a execução da despesa orçamentária até o mês anterior, discriminada por natureza, por projetos a atividades, por órgãos e por funções, respectivamente nos ternos dos anexos II, III, IV e V da presente lei; (iii) a situação patrimonial do Município no mês anterior, detalhada em conformidade com o Anexo 14 a que alude o art. 101 da Lei Federal nº 4.320/1964.

lei de diretrizes orçamentárias.[569] Propostas pelo Executivo e aprovadas pelo Legislativo, com a necessária participação da população do Município,[570] as despesas fixadas no orçamento deveriam ser, idealmente, todas elas realizadas. Porém, a realidade dos fatos se impõe, não só a da frustração de receitas, como acontece com uma arrecadação de tributos abaixo da prevista, sendo costumeiro, também, que despesas deixem de ser realizadas pela falta de planejamento e incapacidade da Administração Pública de promover licitações e contratações e até pela vontade pessoal do governante de então por não as realizar.[571]

A possibilidade de acompanhamento da execução orçamentária, pela Câmara Municipal e pela sociedade em geral, é algo que se busca por meio dessa previsão do art. 142. A realização de despesas traduz-se, com efeito, em projetos almejados pela população, por exemplo, os das construções de escolas ou de hospitais.

Neste mesmo art. 142, em que, no *caput*, há previsão sobre o abordado balancete de receitas e despesas mensal, prevê-se, no parágrafo único, que as despesas de pessoal da Administração direta e indireta municipais só poderão ser realizadas com dotações orçamentárias que as comportem e se houver autorização legislativa específica na lei de diretrizes orçamentárias, ressalvadas as empresas públicas e as sociedades de economia mista. O parágrafo único, com os seus incisos, está mal posicionado, e trata-se de reprodução das disposições do §1º do art. 169 da Constituição Federal, que já foram amplamente comentadas pela doutrina abalizada.

Informação bibliográfica deste texto, conforme a NBR 6023:2018 da Associação Brasileira de Normas Técnicas (ABNT):

MATSUZAWA, Nelson Seiji. Comentários ao art. 142. In: BATISTELA, Marcos; BARBOSA, Maria Nazaré Lins; MARTINS, Ricardo Marcondes (coord.). *Comentários à Lei Orgânica do Município de São Paulo*: atualizada até a Emenda nº 42/2022. Belo Horizonte: Fórum, 2023. p.372-373. ISBN 978-65-5518-497-6.

---

[569] LRF, art. 9º.
[570] Lei nº 10.257/2001, denominada Estatuto da Cidade, art. 44.
[571] O ilustre professor Regis Fernandes de Oliveira sempre nos alerta sobre a muitas vezes desconsiderada influência das paixões nas decisões quanto aos gastos públicos (*Gastos públicos*. São Paulo: Revista dos Tribunais, 2021. p. 52-54).

Capítulo VII
Do Planejamento Municipal

Seção I
Do Processo de Planejamento

Art. 143 O Município organizará sua administração e exercerá suas atividades com base num processo de planejamento, de caráter permanente, descentralizado e participativo, como instrumento de democratização da gestão da cidade, de estruturação da ação do Executivo e orientação da ação dos particulares.

§1º – Considera-se processo de planejamento a definição de objetivos determinados em função da realidade local e da manifestação da população, a preparação dos meios para atingi-los, o controle de sua aplicação e a avaliação dos resultados obtidos.

§2º – Os planos integrantes do processo de planejamento deverão ser compatíveis entre si e seguir as políticas gerais e setoriais segundo as quais o Município organiza sua ação.

§3º – É assegurada a participação direta dos cidadãos, em todas as fases do planejamento municipal, na forma da lei, através das suas instâncias de representação, entidades e instrumentos de participação popular.

§4º – Lei disciplinará a realização, a discussão, o acompanhamento da implantação, a revisão e atualização dos planos integrantes do processo de planejamento.

ALEXANDRE LEVIN

A LOMSP atribui significativa importância ao planejamento estatal. O Capítulo VII do Título IV é inteiramente dedicado ao tema, a tratar do processo de planejamento, dos seus instrumentos e da participação direta da sociedade na sua formulação.[572]

---

[572] Nas palavras de José Afonso da Silva, "planejamento é um processo técnico instrumentado para transformar a realidade existente no sentido de objetivos previamente estabelecidos" (SILVA, José Afonso da. *Curso de Direito Constitucional Positivo*. 23. ed. São Paulo: Malheiros, 2004. p. 789). Washington Peluso Albino de Sousa afirma que o planejamento deve ser tratado não apenas como técnica, mas também como *instituição jurídica*, razão pela qual está previsto um regime jurídico do planejamento no direito brasileiro (SOUSA, Washington Peluso Albino de. *Direito econômico*. São Paulo: Saraiva, 1980. p. 456). Eros Roberto Grau define o planejamento como *forma de ação racional caracterizada pela previsão de comportamentos econômicos e sociais futuros, pela formulação explícita de objetivos e pela definição de meios de ação coordenadamente dispostos*. Para o autor, o planejamento não constitui modalidade de intervenção do Estado na economia, *mas, simplesmente, um método a qualificá-la, por torná-la sistematizadamente racional*. O Poder Público pode intervir no domínio econômico, portanto, de forma improvisada ou, alternativamente, planejada (GRAU, Eros Roberto. *A ordem econômica na Constituição de 1988 (interpretação e crítica)*. 14. ed. São Paulo: Malheiros, 2010. p. 150).

O Poder Público municipal deve atuar de forma planejada, a evitar ações improvisadas e irrefletidas. Suas atividades devem seguir um plano, por meio do qual são traçados objetivos – determinados com base na realidade local – e indicados os instrumentos para seu alcance; além disso, o plano deve estabelecer métodos de controle de sua aplicação e critérios de avaliação dos resultados obtidos (art. 143, §1º). A Administração Municipal deve, por exemplo, prever metas para a Educação Infantil e para o Ensino Fundamental, com a finalidade de incrementar a qualidade do ensino. A execução do plano deve ser monitorada e os resultados, devidamente apurados, de acordo com o método de avaliação escolhido.[573]

A ausência de planejamento da atividade estatal pode resultar no desperdício de recursos públicos; sem planos de médio e longo prazos, as ações estatais perdem sua continuidade e se tornam tentativas isoladas de incrementar o serviço público prestado à população. Ausente o processo de planejamento, as diferentes gestões atuarão sem rumo definido, e o risco de descontinuidade dos diferentes programas sociais e econômicos aumenta.

A LOMSP impõe que o processo de planejamento da atividade administrativa seja permanente: os órgãos responsáveis por sua efetivação devem manter uma estrutura que viabilize, de forma ininterrupta, sua formulação, seu acompanhamento e o controle de seus resultados. A interrupção do processo de planejamento pode gerar danos irreversíveis aos projetos já iniciados. Imagine a suspensão injustificada de obras previstas no Plano Municipal de Saneamento Básico (LOMSP, art. 41, IX, e art. 149, parágrafo único) – o prejuízo à prestação do serviço de saneamento para a população será inevitável.[574]

Outra característica obrigatória do processo de planejamento, de acordo com a Lei Orgânica paulistana: deve o processo ser efetivado de forma descentralizada e participativa. A elaboração dos diversos planos estatais[575] constitui instrumento de democratização da gestão da cidade (LOMSP, art. 143, §1º). Isso significa que o procedimento para elaborar os diversos planos previstos na LOM deve incluir a realização de audiências e consultas públicas, que possibilitem a efetiva participação de diferentes setores da sociedade civil.

De forma expressa, a LOMSP assegura a participação direta dos cidadãos em todas as fases do planejamento municipal, na forma da lei, por meio de suas instâncias de representação, entidades e instrumentos de participação popular (art. 143, §3º). A legislação municipal deve disciplinar a realização, a discussão, o acompanhamento e a revisão dos planos integrantes do processo de planejamento (art. 143, §4º). Os preceitos estão em consonância com o dispositivo da Constituição Federal que impõe a participação das associações representativas no planejamento municipal como um dos preceitos de observância obrigatória pelo Poder Público municipal (art. 29, XII,

---

[573] A elaboração do Plano Municipal de Educação, que deve atender ao disposto na lei de diretrizes e bases da educação nacional (Lei Federal nº 9.394/1996), está prevista na LOMSP (art. 200, §3º).

[574] A Lei Federal nº 11.445/2007, que estabelece as diretrizes nacionais para o saneamento básico, atribui ao plano papel central na execução dos serviços públicos de saneamento (art. 19).

[575] A LOMSP prevê a elaboração de planos para diversas áreas de atuação do Poder Público, como o Plano Municipal de Assistência Social (art. 221, I), o Plano Municipal da Criança e do Adolescente e o Plano Municipal da Juventude (art. 229-B), todos elaborados de forma descentralizada e participativa.

Constituição Federal). Os planos estatais são fruto de decisões políticas que devem contar com a participação popular, visto que são os cidadãos os principais destinatários das medidas aprovadas e os principais interessados no alcance dos objetivos traçados no plano.[576]

Todavia, o plano não deve se transformar em um documento imutável: as alterações na realidade fática podem e devem fundamentar sua atualização ou revisão, a fim de corrigir, com maior ou menor intensidade, os rumos inicialmente traçados (LOMSP, art. 143, §4º).[577]

O art. 143, *caput*, da LOMSP também faz referência ao versículo da Carta de 1988 que prescreve que o planejamento estatal é determinante para o setor público e indicativo para o setor privado (CF, art. 174, *caput*). Note que a lei orgânica paulistana prevê, de forma similar ao Texto Constitucional, que o processo de planejamento é instrumento de estruturação da ação do Poder Executivo municipal e serve de orientação para a ação dos particulares (LOMSP, art. 143, *caput*). Deveras, visto que a ordem econômica nacional é fundada na livre-iniciativa (CF, art. 170, *caput*), não pode o plano estatal ser impositivo ao setor privado.[578]

Cabe ressaltar, ainda, que a LOMSP determina que os planos integrantes do processo de planejamento devem ser compatíveis entre si e seguir as políticas gerais e setoriais segundo as quais o Município organiza sua ação (art. 143, §2º). De acordo com o Plano Diretor do Município de São Paulo (PDE), são muitos os planos integrantes do Sistema Municipal de Planejamento: (i) o Plano Plurianual, a LDO e a LOA; (ii) o Programa de Metas, constante na LOM; (iii) a Lei de Parcelamento, Uso e Ocupação do Solo; (iv) os Planos Regionais das Subprefeituras; (v) os Planos de Bairro; (vi) os planos setoriais de políticas urbano-ambientais; (vii) o Código de Obras e Edificações (Lei Municipal nº 16.050/2014, art. 320). Tais planos, veiculados por leis municipais, devem guardar coerência entre si, sob pena de se tornarem inaplicáveis. Não faz sentido, por exemplo, delinear o plano regional de uma Subprefeitura em desacordo com o que prescreve a lei de zoneamento municipal: a primeira impõe prescrições para uma área específica da cidade, enquanto a segunda prevê normas para todo o território da Urbe.

Informação bibliográfica deste texto, conforme a NBR 6023:2018 da Associação Brasileira de Normas Técnicas (ABNT):

LEVIN, Alexandre. Comentários ao art. 143. *In*: BATISTELA, Marcos; BARBOSA, Maria Nazaré Lins; MARTINS, Ricardo Marcondes (coord.). *Comentários à Lei Orgânica do Município de São Paulo*: atualizada até a Emenda nº 42/2022. Belo Horizonte: Fórum, 2023. p. 37476-3. ISBN 978-65-5518-497-6.

---

[576] De acordo com José Afonso da Silva, o planejamento depende da participação do povo, *pois, sendo o plano (expressão do planejamento) ato eminentemente político, requer previamente uma decisão política* (SILVA, José Afonso da. *Curso de Direito Constitucional Positivo*. 23. ed. São Paulo: Malheiros, 2004. p. 790-791).

[577] Nesse sentido, o Estatuto da Cidade preceitua que *a lei que instituir o plano diretor deverá ser revista, pelo menos, a cada dez anos* (Lei nº 10.257/2001, art. 39, §3º).

[578] Adverte Eros Roberto Grau que não há que se confundir o planejamento técnico de ação racional com o planejamento centralizado da economia, que importa a substituição do mercado. Nas palavras do autor, os planos são "normas-objetivo, isto é, normas que definem fins a alcançar". Portanto, a realização dos objetivos dos planos estatais é determinante para o setor público, mas meramente indicativa para o setor privado (Constituição Federal, art. 174, *caput*) (GRAU, Eros Roberto. *A ordem econômica na Constituição de 1988 (interpretação e crítica)*. 14. ed. São Paulo: Malheiros, 2010. p. 309-310).

Seção II
Dos Instrumentos do Planejamento Municipal

Art. 144 Integram o processo de planejamento os seguintes planos:

I – o Plano Diretor, de elaboração e atualização obrigatórias, nos termos da Constituição da República;

II – o plano plurianual;

III – os planos setoriais, regionais, locais e específicos.

ALEXANDRE LEVIN

O dispositivo elenca um rol não exaustivo de planos que integram o Sistema Municipal de Planejamento (PDE, art. 320).

Faz referência, em primeiro lugar, ao plano diretor municipal, que é o principal instrumento jurídico de ordenação do espaço urbano – a Constituição Federal determina que o Plano Diretor, aprovado pela Câmara Municipal, obrigatório para cidades com mais de 20 mil habitantes, é o instrumento básico da política de desenvolvimento e de expansão urbana (art. 182, §1º, Constituição Federal).[579] Note que, ao estabelecer que o Plano Diretor deve ser aprovado pela Câmara Municipal, o Constituinte atribui ao plano a natureza de lei, isto é, o Plano Diretor não é apenas um projeto administrativo de observância facultativa, e sim um diploma legal, cujas prescrições devem ser observadas quando da aplicação dos diversos instrumentos urbanísticos.

Com efeito, a disciplina do parcelamento, do uso e da ocupação do solo urbano – conhecida por zoneamento –, os instrumentos de regularização fundiária, o direito de preempção, a outorga onerosa do direito de construir e de alteração de uso, a transferência do direito de construir, as operações urbanas consorciadas, entre outros, são ferramentas de que se vale o Poder Público municipal para fins de (re)ordenação do território das cidades[580] e que devem ser utilizadas de acordo com as prescrições contidas na lei municipal que institui o Plano Diretor.[581]

---

[579] O Estatuto da Cidade, norma geral de direito urbanístico, editada com base nos arts. 24, I, e 182, *caput*, da Constituição Federal, estende a obrigatoriedade de edição do Plano Diretor para cidades: (i) integrantes de regiões metropolitanas; (ii) onde o Município pretenda utilizar o instrumento do parcelamento, edificação e utilização obrigatórios de imóveis urbanos (Constituição Federal, art. 182, §4º); (iii) integrantes de áreas de especial interesse turístico; (iv) inseridas na área de influência de atividades e empreendimentos com significativo impacto ambiental; e (v) incluídas no cadastro nacional de Municípios com áreas suscetíveis à ocorrência de deslizamentos de grande impacto (Lei nº 10.257/2001, art. 41).

[580] Os instrumentos jurídicos de política urbana estão indicados, de forma exemplificativa, pelo Estatuto da Cidade (Lei nº 10.257/2001, art. 4º).

[581] O conteúdo mínimo do Plano Diretor Municipal e as regras sobre seu processo de elaboração estão previstos no Estatuto da Cidade (Lei Federal nº 10.257/2001, arts. 39 a 42).

O planejamento urbanístico é um bom exemplo da importância do plano estatal. As metas traçadas são de longo prazo e atravessam diversas gestões. É por isso que as principais orientações e instrumentos do planejamento urbano local devem estar inseridos na lei que institui o Plano Diretor e que qualquer outro diploma local sobre matéria urbanística deve encontrar respaldo na mesma lei. Assim, por exemplo, uma lei municipal somente pode criar uma operação urbana consorciada se houver previsão para tanto na lei que institui o Plano Diretor (Lei nº 10.257/2001, art. 32). Da mesma forma, a outorga onerosa do direito de construir somente pode ser aplicada se prevista no plano: nesse caso, a lei municipal específica, fundamentada na lei do plano, pode estabelecer condições a serem observadas para o uso da outorga (Lei nº 10.257/2001, art. 28).

A unificação de todas as regras sobre ordenação urbanística em um único diploma legal está fundamentada no princípio da reserva de plano.[582] Esse princípio jurídico é extraído pela doutrina a partir da leitura dos dispositivos constitucionais que elevam o Plano Diretor à categoria de principal instrumento da política urbana e o definem como repositório das exigências fundamentais de ordenação dos territórios das cidades brasileiras (art. 182, §§1º e 2º, Constituição Federal). A finalidade da norma constitucional é, justamente, evitar que leis municipais esparsas regulamentem – cada qual a seu modo – a organização do espaço urbano, em evidente prejuízo ao planejamento urbano local, que deve ser único para todo o território.

Nota-se que a LOMSP faz referência, no dispositivo ora em comento, às regras de atualização do Plano Diretor (art. 144, inc. I). São normas que estão previstas no Estatuto da Cidade, como a que impõe a necessidade de revisão do plano a cada 10 anos, pelo menos (Lei nº 10.257/2001, art. 40, §3º). Tanto a elaboração como a revisão do Plano Diretor devem respeitar o conjunto de regras que impõem a participação dos diversos segmentos da sociedade no processo de planejamento (Lei nº 10.257/2001, arts. 40, §4º, e 43 a 45).[583]

A lei que estabelece o plano plurianual (PPA) também integra o processo de planejamento municipal (LOMSP, art. 144, II).

A Constituição Federal estabelece que o plano plurianual deve determinar as diretrizes, os objetivos e as metas da administração pública para as despesas de capital e para as relativas aos programas de duração continuada (art. 165, §1º), e que o projeto de lei do PPA deve ser encaminhado pelo Executivo até 4 meses após o encerramento do primeiro exercício financeiro do mandato, para vigência até o final do primeiro exercício financeiro do mandato subsequente (ADCT, art. 35, §2º, I). Além disso,

---

[582] Victor Carvalho Pinto explica que o princípio da reserva de plano *consiste na exigência de que as medidas que possam vir a afetar a transformação do território constem dos planos urbanísticos, como condição para que possam ser executadas* (PINTO, Victor Carvalho. *Direito urbanístico*: plano diretor e direito de propriedade. São Paulo: Revista dos Tribunais, 2005. p. 217).

[583] Ao dispor sobre o Sistema Municipal de Planejamento Urbano, o Plano Diretor Estratégico do Município de São Paulo (PDE) estabelece que *a gestão democrática da cidade, direito da sociedade e essencial para a concretização de suas funções sociais, será realizada mediante processo permanente, descentralizado e participativo de planejamento, controle e avaliação, e será o fundamento para a elaboração, revisão, aperfeiçoamento, implementação e acompanhamento do Plano Diretor Estratégico e de planos, programas e projetos setoriais, regionais, locais e específicos* (art. 318). As instâncias de participação popular do Sistema Municipal de Planejamento Urbano estão previstas nos arts. 326 e seguintes do PDE. São elas a *Conferência Municipal da Cidade de São Paulo*, o *Conselho Municipal de Política Urbana* (CMPU), a *Câmara Técnica de Legislação Urbanística* (CTLU) e a *Comissão de Proteção à Paisagem Urbana* (CPPU). Já os instrumentos de participação social – audiências públicas; iniciativa popular de projetos de lei, planos, programas e projetos de desenvolvimento urbano; plebiscitos e referendos – estão disciplinados entre os arts. 332 e 336 do PDE paulistano.

dispõe a Carta que a LOA deve ser compatibilizada com o PPA (Constituição Federal, art. 165, §7º)[584] e que nenhum investimento cuja execução ultrapasse um exercício financeiro pode ser iniciado sem prévia inclusão no PPA, sob pena de crime de responsabilidade (art. 167, §1º, Constituição Federal).

Verifique-se, ainda, que o plano plurianual é previsto como instrumento de política urbana pelo Estatuto da Cidade (Lei nº 10.257/2001, art. 4º, III, d) e que suas disposições devem incorporar as diretrizes e prioridades contidas no Plano Diretor (Lei nº 10.257/2001, art. 40, §1º). Isso significa que as despesas de capital e os programas de duração continuada previstos no PPA, se relacionados de forma específica ao planejamento urbano, devem seguir os programas estabelecidos pelo PDE.

O PPA cumpre relevante papel no planejamento orçamentário estatal, já que contribui para evitar que a construção de grandes obras públicas seja suspensa por falta de recursos financeiros ou que programas de duração continuada – como os que preveem a transferência direta de renda a família carentes – sejam interrompidos. Os recursos para financiar esses projetos de longo prazo, previstos no PPA, são obrigatoriamente previstos nas leis orçamentárias anuais (art. 167, §1º, Constituição Federal), o que viabiliza sua continuidade.

Plano setoriais, regionais, locais e específicos também compõem o processo de planejamento. O Plano Diretor do Município de São Paulo prevê, por exemplo, a edição dos Planos Regionais das Subprefeituras, integrantes do Sistema Municipal de Planejamento Urbano (Lei Municipal nº 16.050/2014, arts. 344 a 346).[585] Esses planos devem detalhar as diretrizes do PDE no âmbito territorial de cada Subprefeitura, além de articular as políticas setoriais e complementar as proposições relacionadas às questões urbanístico-ambientais em seus aspectos físicos e territoriais (PDE, art. 344, *caput*).

O PDE paulistano prevê, ainda, a edição de planos de bairros, a serem elaborados pelas associações de representantes de moradores ou pelas subprefeituras, com participação dos Conselhos Participativos Municipais e acompanhamento do Legislativo e do Núcleo de Planejamento de cada Subprefeitura (Lei Municipal nº 16.050/2004, arts. 347 a 351).

Cite-se, ainda, os planos setoriais de educação, saúde, esportes, assistência social, cultura e segurança alimentar e nutricional (PDE, art. 308) e os planos específicos para cada polo estratégico de desenvolvimento econômico (PDE, art. 178), além do Plano Municipal de Mobilidade Urbana (Decreto Municipal nº 56.834/2016)[586] e do Plano Emergencial de Calçadas (Lei Municipal nº 14.675/2008).

Informação bibliográfica deste texto, conforme a NBR 6023:2018 da Associação Brasileira de Normas Técnicas (ABNT):

LEVIN, Alexandre. Comentários ao art. 144. In: BATISTELA, Marcos; BARBOSA, Maria Nazaré Lins; MARTINS, Ricardo Marcondes (coord.). *Comentários à Lei Orgânica do Município de São Paulo*: atualizada até a Emenda nº 42/2022. Belo Horizonte: Fórum, 2023. p. 377-379. ISBN 978-65-5518-497-6.

---

[584] Da mesma forma, a Lei de Responsabilidade Fiscal prescreve que o projeto de LOA deve ser elaborado de forma compatível com o PPA (LC nº 101/2000, art. 5º, *caput*) e que a lei orçamentária não consignará dotação para investimento com duração superior a um exercício financeiro que não esteja previsto no PPA (art. 5º, §5º).

[585] Esses dispositivos foram regulamentados pelo Decreto Municipal nº 57.537/2016, que institui os Planos Regionais das Subprefeituras.

[586] Editado em atenção à Lei Federal nº 12.587/2012, que institui as diretrizes da Política Nacional de Mobilidade Urbana (PNMU) (art. 24, §1º).

Art. 145 Os planos vinculam os atos de órgãos e entidades da administração direta e indireta.

Parágrafo único – A lei disporá sobre os procedimentos e meios necessários à vinculação dos atos da administração aos planos integrantes do processo de planejamento.

ALEXANDRE LEVIN

Os planos que compõem o Sistema Municipal de Planejamento Urbano não são meramente indicativos. Os órgãos da administração direta municipal e as entidades da administração indireta devem pautar sua atuação nas disposições desses planos, isto é, suas prescrições são obrigatórias.

O ordenamento jurídico pátrio intensificou a atividade planificadora estatal e prevê o plano como espécie de ato normativo. Os planos orçamentários (art. 165, Constituição Federal), os planos econômicos (art. 21, IX, art. 43, II, art. 48, IV, Constituição Federal) e os planos urbanísticos (art. 21, IX, e art. 182, §1º, Constituição Federal) são impostos por lei.[587]

Atos administrativos com conteúdo contrário às leis que instituem os planos estatais são considerados inválidos: o plano é ato legislativo de observância obrigatória pelo Poder Público.

Nesse sentido, o PDE estabelece que o Sistema Municipal de Planejamento Urbano deve ser implementado pelos órgãos municipais, devendo ser assegurada a participação direta da população em todas as fases do planejamento (Lei Municipal nº 16.050/2014, art. 319).[588] O mesmo dispositivo prescreve que o Sistema de Planejamento Urbano deve ser composto por: (i) órgãos públicos; (ii) sistema municipal de informação;[589] e (iii) instâncias e instrumentos de participação social. Essa estrutura

---

[587] Nas palavras de José Afonso da Silva, o planejamento "não é mais um processo dependente da mera vontade dos governantes. É uma previsão constitucional e uma provisão legal. Tornou-se imposição jurídica, mediante a obrigação de elaborar planos, que são os instrumentos consubstanciadores do respectivo processo" (SILVA, José Afonso da. *Direito urbanístico brasileiro*. 4. ed. São Paulo: Malheiros, 2006. p. 90). Já afirmamos que *os ordenamentos jurídicos dos países que intensificaram a atividade planificadora do Estado passaram a prever o plano como espécie de ato normativo. O plano (orçamentário, econômico, urbanístico etc.) passou a ser imposto por meio de lei; uma lei que, como visto, deve ser acatada também por leis que pertençam à mesma escala hierárquica, ainda que editadas posteriormente* (LEVIN, Alexandre. Plano diretor como instrumento jurídico fundamental de organização do espaço urbano. *Fórum de Dir. Urbano e Ambiental (FDUA)*, Belo Horizonte, ano 17, n. 99, p. 9-33, maio/jun. 2018).

[588] O mesmo dispositivo prevê que o Sistema Municipal de Planejamento Urbano é composto por: (i) órgãos públicos; (ii) sistema municipal de informação; e (iii) instâncias e instrumentos de participação social (PDE, art. 319, I a III).

[589] O Decreto Municipal nº 57.770/2017 regulamenta o Sistema de Informações Geográficas do Município de São Paulo (SIG-SP), que é *o instrumento utilizado para a produção, manutenção, análise, disseminação e divulgação de informações mapeadas, que visa subsidiar o licenciamento, planejamento, implementação e gestão de políticas públicas.*

administrativa é responsável por implementar os planos municipais e averiguar se os objetivos traçados foram alcançados e em que medida. O controle sobre o alcance das metas indicadas nos planos municipais é fundamental, inclusive para subsidiar, se for o caso, uma mudança na rota inicialmente traçada.

Consta, também, do PDE norma que impõe ao Poder Executivo a obrigação de adequar sua estrutura administrativa, quando necessário, para que sejam devidamente incorporados os objetivos, as diretrizes e as ações previstos no plano, inclusive, se for o caso, mediante a reformulação das competências dos órgãos que compõem a administração direta (Lei Municipal nº 16.050/2014, art. 321).

Quer o PDE, portanto, que as funções públicas relacionadas ao processo de planejamento – diagnóstico, previsão de metas, acompanhamento dos resultados, revisão – sejam eficientemente exercidas, cabendo ao Executivo municipal garantir os recursos para formar e manter a estrutura funcional necessária à implementação do plano (Lei Municipal nº 16.050/2014, art. 321, parágrafo único).

O papel das subprefeituras no processo de planejamento é fundamental para que as atividades a ele relacionadas sejam realizadas com êxito. O Plano Diretor paulistano estabelece, nessa direção, que as subprefeituras devem participar ativamente do planejamento estatal, supervisionando a execução do Plano Diretor Estratégico e de seu Plano Regional,[590] no tocante aos seus princípios e objetivos, bem como no que se refere à execução e fiscalização do planejamento urbanístico veiculado pelas leis orçamentárias e pelo Programa de Metas (Lei Municipal nº 16.050/2014, art. 324).

Devem ser criados, ainda, em cada uma das subprefeituras, núcleos regionais de planejamento, que têm a incumbência de atuar como colegiados intersetoriais e interdisciplinares e são responsáveis pela integração e articulação das políticas setoriais, bem como pelo acompanhamento das ações voltadas à concretização dos princípios, diretrizes e ações do Plano Diretor, dos Planos Regionais e dos Planos de Desenvolvimento de Bairro (Lei Municipal nº 16.050/2014, art. 324, §1º). A regra favorece a participação da população que reside na área de circunscrição de cada Subprefeitura, a descentralizar e a democratizar ao máximo o processo de planejamento, em todas as suas etapas.

Informação bibliográfica deste texto, conforme a NBR 6023:2018 da Associação Brasileira de Normas Técnicas (ABNT):

LEVIN, Alexandre. Comentários ao art. 145. In: BATISTELA, Marcos; BARBOSA, Maria Nazaré Lins; MARTINS, Ricardo Marcondes (coord.). *Comentários à Lei Orgânica do Município de São Paulo*: atualizada até a Emenda nº 42/2022. Belo Horizonte: Fórum, 2023. p. 380-381. ISBN 978-65-5518-497-6.

---

[590] O Plano Diretor do Município de São Paulo prevê a edição dos Planos Regionais das Subprefeituras, integrantes do Sistema Municipal de Planejamento Urbano (Lei Municipal nº 16.050/2014, arts. 344 a 346).

Art. 146 Compete ao Município implantar e manter atualizado o sistema municipal de informações sociais, culturais, econômicas, financeiras, patrimoniais, administrativas, físico-territoriais, inclusive cartográficas e geológicas, ambientais e outras de relevante interesse para o Município, assegurada sua ampla e periódica divulgação, e garantindo seu acesso aos munícipes.

§1º – O sistema de informações deve atender aos princípios da simplificação, economicidade, precisão e segurança, evitando-se duplicações de meios e instrumentos.

§2º – Os agentes públicos e privados ficam obrigados a fornecer ao Município, nos termos da lei, todos os dados e informações necessárias ao sistema.

§3º – O sistema de informações estabelecerá indicadores econômicos, financeiros, sociais, urbanísticos e ambientais, entre outros, mantendo-os atualizados e divulgando-os periodicamente, de forma a permitir a avaliação, pela população, dos resultados da ação da administração.

ALEXANDRE LEVIN

Manter um sistema municipal de informações é dever do Poder Público municipal, nos termos desse dispositivo da LOMSP.

O sistema deve ser alimentado com dados sociais, culturais, relativos à atividade econômica, à situação financeira do Município, ao patrimônio municipal e, também, com informações referentes a aspectos físico-territoriais, cartográficos, geológicos e ambientais. Trata-se de elementos fundamentais para a elaboração e execução de políticas públicas em diferentes áreas de atuação: desenvolvimento econômico e geração de empregos, gestão eficiente do patrimônio imobiliário municipal, regularização fundiária, criação de parques e áreas verdes, preservação ambiental, saneamento básico, construção de moradias populares, entre outras.

Tanto na fase de diagnóstico como na de controle do processo de planejamento municipal, o sistema de informações cumpre papel fundamental. Afinal, os diferentes planos estatais são delineados em função das informações que estejam à disposição do órgão planificador: um plano de revitalização urbanística de uma determinada área da cidade será desenhado a partir de dados econômicos, físico-territoriais, cartográficos e ambientais, coletados na região que se pretende revitalizar. Da mesma forma, o Plano Diretor estratégico, em uma perspectiva mais ampla, propõe metas para o crescimento e a organização de todo o território da Urbe, levando em consideração os dados de que dispõe o Poder Público sobre todos os aspectos indicados no dispositivo da LOMSP. O PDE pode propor, por exemplo, a aplicação de instrumentos urbanísticos que visem ao desenvolvimento de regiões da cidade carentes de infraestrutura e atividade empresarial, tendo por base todo esse grupo de informações.[591]

---

[591] O PDE, com o intuito de alcançar os objetivos da política urbana municipal, dividiu o território municipal em duas macrozonas (Macrozona de Estruturação e Qualificação Urbana e Macrozona de Proteção e Recuperação

Na fase de controle do processo de planejamento, esse conjunto de dados também se faz essencial – durante a execução do plano estatal, é necessário verificar se houve melhora dos indicadores inicialmente coletados, até mesmo para que se constate se os resultados pretendidos foram ou não alcançados. Nessa direção, a LOMSP estabelece que o sistema de informações deve conter indicadores econômicos, financeiros, sociais, urbanísticos e ambientais, entre outros, mantendo-os atualizados e divulgando-os periodicamente, de forma a permitir a avaliação, pela população, dos resultados da ação administrativa (LOMSP, art. 146, §3º).

Está assegurada a divulgação das informações constantes desse sistema e garantido o amplo acesso aos dados por qualquer cidadão (LOMSP, art. 146, *caput*). O dispositivo prestigia a publicidade que deve pautar a atividade administrativa e está em linha com a garantia do acesso a informações, direito fundamental gravado no art. 5º, XXXIII, da Constituição Federal.

Em atenção ao dispositivo da LOMSP ora em comento, o PDE paulistano impõe à Administração Municipal a obrigação de manter atualizado, de forma permanente, o sistema municipal de informações sociais, culturais, econômicas, financeiras, patrimoniais, administrativas, físico-territoriais, geológicas, ambientais, imobiliárias, segurança e qualidade de vida e outras de relevante interesse para o Município, progressivamente georreferenciadas em meio digital (Lei Municipal nº 16.050/2014, art. 352). O dispositivo está regulamentado pelo Decreto Municipal nº 57.770/2017, que confere nova regulamentação ao Sistema de Informações Geográficas do Município de São Paulo (SIG-SP).

Cabe ressaltar que a LOMSP determina aos agentes públicos e privados que forneçam ao Município, nos termos da lei, todas as informações e dados necessários à alimentação do sistema (art. 146, §2º). Evidentemente, as regras legais quanto ao fornecimento de informações pessoais devem respeitar o direito fundamental à inviolabilidade da intimidade, da honra e da imagem do cidadão, garantido constitucionalmente (Constituição Federal, art. 5º, X). Além disso, o tratamento de dados pessoais pelo Poder Público deve observar os ditames da Lei Geral de Proteção de Dados Pessoais (Lei nº 13.709/2018).

Informação bibliográfica deste texto, conforme a NBR 6023:2018 da Associação Brasileira de Normas Técnicas (ABNT):

LEVIN, Alexandre. Comentários ao art. 146. *In*: BATISTELA, Marcos; BARBOSA, Maria Nazaré Lins; MARTINS, Ricardo Marcondes (coord.). *Comentários à Lei Orgânica do Município de São Paulo*: atualizada até a Emenda nº 42/2022. Belo Horizonte: Fórum, 2023. p. 382-383. ISBN 978-65-5518-497-6.

Ambiental), cada uma delas subdivididas em quatro macroáreas. A *Macrozona de Estruturação e Qualificação Urbana* subdivide-se em quatro macroáreas: (i) *Macroárea de Estruturação Metropolitana*; (ii) *Macroárea de Urbanização Consolidada*; (iii) *Macroárea de Qualificação da Urbanização*; (iv) *Macroárea de Redução da Vulnerabilidade Urbana* (Lei Municipal nº 16.050/2014, arts. 9º e 10). Essa estratégia de ordenamento territorial foi traçada com base na coleta de informações em cinco diferentes dimensões: social, ambiental, imobiliária, econômica e cultural (Lei Municipal nº 16.050/2014, art. 8º).

Seção III
Da Participação Nas Entidades Regionais

Art. 147 O Município, a participar das estruturas regionais criadas pelo Estado, nos termos de que dispõem a Constituição da República e a Estadual, fará valer os princípios e os interesses de seus habitantes.

§1º – O Município favorecerá a formação e o funcionamento de consórcios entre municípios visando ao tratamento e à solução de problemas comuns.

§2º – O Município compatibilizará, quando de interesse para a sua população, seus planos e normas de ordenamento do uso e ocupação do solo aos planos e normas regionais e as diretrizes estabelecidas por compromissos consorciais.

IZAIAS JOSÉ DE SANTANA

O art. 147 de nossa lei orgânica encerra três normas: (i) dever de assegurar a prevalência dos interesses de seus habitantes nas questões regionais; (ii) dever de articulação regional para enfrentamento de problemas comuns; (iii) dever de compatibilidade regional da política urbanística.

Este dispositivo está relacionado ao seguintes artigos da Constituição Federal: (i) 23 – que prevê as responsabilidade comuns dos três Entes da Federação e impõe o dever de cooperação em seu parágrafo único; (ii) 25, §3º – que prevê a instituição de região metropolitana, com a regulamentação dada pelo Estatuto das Metrópoles, Lei Nacional nº 13.089/2015; (iii) 198 – que prevê uma rede regionalizada e hierarquizada de ações e serviços de saúde, com gestão única, reiterado no art. 30, VII; e (iv) 211 – que estabelece um regime de colaboração entre os sistema educacionais dos Entes, reiterado no art. 30,VI.

No âmbito da Carta Bandeirante, essas matérias estão tratadas nos arts. 152 a 158 destinados à organização regional e entidades regionais.

Os arranjos institucionais que consagram a autonomia municipal e sua paridade institucional ao lado da União e do Estado, nos termos do art. 18 da Constituição Federal, que estabelecem as matérias de competência comum (art. 23, Constituição Federal) e que tratam da distribuição da receita tributária obrigam os Entes da Federação a depender de políticas discricionárias, veiculadas nas leis orçamentárias anuais, para enfrentamento de seus desafios, e de articulação regional para defesa dos interesses de seus habitantes e prevalência do peculiar interesse local.

Mesmo no mais avançado arranjo federativo brasileiro, que é o sistema único de saúde, os pactos não asseguram a equidade entre custeio e demandas, exigindo ativa participação do Gestor local para a defesa de seus habitantes.

Todavia, ao cidadão não pode ser oponível o dever de buscar em seus domicílios as políticas universais ou setoriais. Assim, o Município de maior porte econômico, na região metropolitana, será sempre foco de atração para busca de serviços e políticas públicas. Nossa Lei Orgânica determina a participação dos Agentes Públicos Municipais nos fóruns e conselhos estaduais e regionais que visam discutir a ampliação das políticas públicas e a fixação das normas de repartição, individualização das ações e serviços, cuja execução fica a cargo dos Municípios.

A pujança econômica do Município de São Paulo o leva a assumir tarefas e responsabilidades dos Município lindeiros, notadamente na área social, o que explica sua baixa participação em consórcios, apesar do direcionamento expresso de nossa Lei Orgânica e do estímulo representado pela edição da Lei Nacional nº 11.107/2005, que regulamenta os consórcios públicos. O Município de São Paulo integra apenas o Consórcio Nacional de Vacinas das Cidades Brasileiras (CONECTAR), criado recentemente, em 2021.

O principal espaço para articulação regional é a Região Metropolitana de São Paulo, instituída pela Lei Complementar Federal nº 14/1973 e pela Lei Complementar Estadual nº 94/1974, reorganizada pela Lei Complementar Estadual nº 1139/2011, instância regional de deliberação política visando ao planejamento regional, à cooperação institucional, à integração das políticas e ao desenvolvimento sustentável. Vale destacar as funções do conselho de desenvolvimento, órgão diretivo, suas áreas de atuação e a possibilidade de criação de entidade autárquica (Agência, Autarquia, Fundação ou Consórcio Público) para implementação de suas atividades, à qual nosso Município deve aderir, por força do dispositivo ora em comento.

O comando estatuído no dispositivo em comento fundamenta a participação do Município na elaboração do Plano de Desenvolvimento Integrado da Região Metropolitana de São Paulo e a posterior adequação do Plano Diretor municipal e de suas leis urbanísticas.

Informação bibliográfica deste texto, conforme a NBR 6023:2018 da Associação Brasileira de Normas Técnicas (ABNT):

SANTANA, Izaias José de. Comentários ao art. 147. In: BATISTELA, Marcos; BARBOSA, Maria Nazaré Lins; MARTINS, Ricardo Marcondes (coord.). *Comentários à Lei Orgânica do Município de São Paulo*: atualizada até a Emenda nº 42/2022. Belo Horizonte: Fórum, 2023. p. 384-385. ISBN 978-65-5518-497-6.

Título V
Do Desenvolvimento do Município

Capítulo I
Da Política Urbana

Art. 148 A política urbana do Município terá por objetivo ordenar o pleno desenvolvimento das funções sociais da cidade, propiciar a realização da função social da propriedade e garantir o bem-estar de seus habitantes, procurando assegurar:

I – o uso socialmente justo e ecologicamente equilibrado de seu território;

II – o acesso de todos os seus cidadãos às condições adequadas de moradia, transporte público, saneamento básico, infraestrutura viária, saúde, educação, cultura, esporte e lazer e às oportunidades econômicas existentes no Município;

III – a segurança e a proteção do patrimônio paisagístico, arquitetônico, cultural e histórico;

IV – a preservação, a proteção e a recuperação do meio ambiente;

V – a qualidade estética e referencial da paisagem natural e agregada pela ação humana.

JOSE ANTONIO APPARECIDO JUNIOR

O Título V da LOMSP trata do "Desenvolvimento Urbano". Nesta divisão de seu texto, elenca disposições sobre a "Política Urbana" (Capítulo I), além de tratar de temas como "Exercício da Atividade Econômica" (Capítulo II), "Habitação" (Capítulo III), "Transporte Urbano" (Capítulo IV), entre outros. Este parece ser o primeiro item de destaque no tocante ao tema ora em análise: o tópico da "Política Urbana" é associado a uma série de comandos normativos que expõem a orientação oferecida pela Lei Orgânica no tocante às ações dos agentes públicos e privados no Município de São Paulo em um conjunto finalístico de diretrizes, objetivos, princípios e regras jurídicas. Tais comandos são associados, por sua vez, a uma linha de ideias que defende o chamado "direito fundamental ao desenvolvimento", que toma por pressuposto o fato de que o Estado somente cumprirá sua tarefa constitucional de efetivação dos direitos sociais se impulsionar o crescimento econômico em todas as dimensões socioambientais.

Nesse contexto, e especificamente no tocante aos dispositivos em comento, cumpre relembrar que o *caput* do art. 182 da Constituição Federal determina que o município execute uma certa "política de desenvolvimento urbano", conforme diretrizes gerais fixadas em lei, e que tem por objetivo ordenar o pleno desenvolvimento das funções sociais da cidade e garantir o bem-estar de seus habitantes. A missão do arcabouço jurídico-urbanístico, portanto, deve partir de um claro pressuposto: deve ser cumprido o mandamento constitucional de realizar o desenvolvimento das cidades, proporcionando aos seus habitantes os benefícios de tal medida decorrentes. Os dispositivos a seguir analisados, constantes dos arts. 148 a 159 da LOMSP, devem, portanto, ser lidos e compreendidos sob essa ótica. Passemos a seu conteúdo.

O *caput* do art. 148 reitera determinações da Constituição Federal (art. 182) e da Constituição Estadual (art. 180). As denominadas "funções sociais da cidade" foram reveladas no documento denominado "Carta de Atenas", datado de 1933, que indicou tais serem a habitação: o trabalho, a diversão e a circulação. A Carta de Atenas propunha, em termos sociais, que cada indivíduo tivesse acesso às comodidades fundamentais da vida, ao bem-estar do lar e à beleza da cidade, itens ainda hoje considerados ideais em nossa realidade. Em 1988, editou-se a denominada "Nova Carta de Atenas", que propõe novos sistemas de governança e métodos de atuação que permitam o envolvimento dos cidadãos nos processos de tomada de decisão, utilizando as vantagens das novas formas de comunicação e as tecnologias de informação, temas também assimilados pelo texto da LOMSP.

O tema da função social da propriedade, por sua vez, ainda desperta muito debate. A despeito de o art. 5º da Carta Magna considerar tanto a propriedade como sua função social como direitos individuais (incisos XXII e XXIII), o assunto ainda é tratado sob forte influência da regulação civilista, baseada na leitura e no destaque dos elementos constitutivos do domínio:[592] o direito de usar, ou *jus utendi* (tirar da propriedade todos os serviços que ela pode prestar, sem que haja modificação de sua substância); o *jus fruendi* (perceber os frutos e utilizar os produtos da coisa, consistindo no direito de gozar da coisa e explorá-la economicamente); o *jus abutendi* ou *disponendi* (dispor da coisa ou poder de aliená-la, abrangendo o poder de consumi-la e o poder de gravá-la em ônus ou de submetê-la ao serviço de outrem; e, finamente, o *rei vindicatio* (mover ação para obter o bem de quem injustamente o detenha, em virtude do seu direito de sequela, que é uma das características do direito real). Tal visão se choca com o entendimento do tema a partir da visão urbanística, na qual a propriedade e os poderes considerados de tal decorrentes vêm sofrendo progressivo ajustamento às conveniências sociais, passando de ser exclusivamente um direito subjetivo a um direito-dever, um *munus*, tendo por norte sua função social – o exercício o direito de propriedade "deve desempenhar uma função social no sentido de que a ordem jurídica confere ao seu titular um poder em que estão conjugados o interesse do proprietário e o do Estado ou o social".[593] De fato, na leitura de José Afonso da Silva, a Constituição Federal consagrou tese segundo a qual a propriedade não constitui uma instituição única, mas várias instituições diferenciadas, em correlação com os diversos tipos de bens e titulares. Mais que isso, o regime jurídico da propriedade não é uma função do direito civil, mas de um complexo de normas administrativas, urbanísticas, empresariais e civis, sob fundamento, isto é, diretamente referenciadas, às normas constitucionais.[594]

---

[592] DINIZ, Maria Helena. *Curso de Direito Civil Brasileiro 4. Direito das Coisas*. 25. ed. São Paulo: Saraiva, 2010. p. 114-115.
[593] DINIZ. *Curso de Direito Civil Brasileiro 4. Direito das Coisas*, p. 109-110.
[594] SILVA, José Afonso da. *Curso de Direito Constitucional Positivo*. São Paulo: Malheiros, 2005. p. 277.

A função social da propriedade é fundamental na conformação do instituto da propriedade, que, por sua vez, definirá os direitos de tal advindos – a propriedade urbana será reconhecida como fonte de direitos e deveres fundamentais, operando-se uma mudança no entendimento de seu conteúdo, promovendo-se a passagem do seu conceito de subordinação completa de terceiros frente ao proprietário do bem para o de elemento de construção de harmonia e coesão das relações sociais, com direitos da coletividade oponíveis aos do proprietário. O STF já decidiu sobre o tema nesta linha de ideias:[595]

> O direito de propriedade não se reveste de caráter absoluto, eis que, sobre ele, pesa grave hipoteca social, a significar que, descumprida a função social que lhe é inerente (CF, art. 5º, XXIII), legitimar-se-á a intervenção estatal na esfera dominial privada, observados, contudo, para esse efeito, os limites, as formas e os procedimentos fixados na própria Constituição da República. O acesso à terra, a solução dos conflitos sociais, o aproveitamento racional e adequado do imóvel rural, a utilização apropriada dos recursos naturais disponíveis e a preservação do meio ambiente constituem elementos de realização da função social da propriedade.

Surge, destarte, o conceito de "propriedade urbanística", formada e condicionada pelo direito urbanístico a fim de cumprir sua função social, tendentes a propiciar habitação (moradia), condições adequadas de trabalho, recreação e circulação humana – em suma, realizar as funções sociais da cidade.[596] Os incisos do art. 148, destarte, apresentam-se como decorrências da previsão de seu *caput*, sendo o entendimento acerca do conteúdo da função social da propriedade e do conceito de "propriedade urbanística" essencial para a compreensão e a leitura dos demais dispositivos do Capítulo I do Título V da LOMSP.

Informação bibliográfica deste texto, conforme a NBR 6023:2018 da Associação Brasileira de Normas Técnicas (ABNT):

APPARECIDO JUNIOR, Jose Antonio. Comentários ao art. 148. *In*: BATISTELA, Marcos; BARBOSA, Maria Nazaré Lins; MARTINS, Ricardo Marcondes (coord.). *Comentários à Lei Orgânica do Município de São Paulo*: atualizada até a Emenda nº 42/2022. Belo Horizonte: Fórum, 2023. p. 386-388. ISBN 978-65-5518-497-6.

---

[595] ADI nº 2.213-MC, Rel. Min. Celso de Mello, julgamento em 04.04.2002, Plenário, DJ de 23.04.2004. No mesmo sentido: MS nº 25.284, Rel. Min. Marco Aurélio, julgamento em 17.06.2010, Plenário, DJe de 13.08.2010. Fonte: "A Constituição e o Supremo", compilação realizada pelo STF sobre o tema. Disponível em: www.stf.jus.br/portal/constituicao/sumariobd.asp. Acesso em: 21 maio 2022.

[596] SILVA, José Afonso da. *Direito Urbanístico Brasileiro*. 7. ed. São Paulo: Malheiros, 2012. p. 75.

Art. 149 O Município, para cumprir o disposto no artigo anterior, promoverá igualmente:

I – o controle da implantação e do funcionamento das atividades industriais, comerciais, institucionais, de serviços, do uso residencial e da infraestrutura urbana, corrigindo deseconomias geradas no processo de urbanização;

II – a correta utilização de áreas de risco geológico e hidrológico, e outras definidas em lei, orientando e fiscalizando o seu uso e ocupação, bem como prevendo sistemas adequados de escoamento e infiltração das águas pluviais e de prevenção da erosão do solo;

III – o uso racional e responsável dos recursos hídricos para quaisquer finalidades desejáveis;

IV – a criação e manutenção de áreas de especial interesse histórico, urbanístico, social, ambiental, arquitetônico, paisagístico, cultural, turístico, esportivo e de utilização pública, de acordo com a sua localização e características;

V – ações precipuamente dirigidas às moradias coletivas, objetivando dotá-las de condições adequadas de segurança e salubridade;

VI – o combate a todas as formas de poluição ambiental, inclusive a sonora e nos locais de trabalho;

VII – a preservação dos fundos de vale de rios, córregos e leitos em cursos não perenes, para canalização, áreas verdes e passagem de pedestres.

Parágrafo único – O Município formulará o Plano Municipal de Saneamento Básico e participará, isoladamente, ou em consórcio com outros Municípios da mesma bacia hidrográfica, do sistema integrado de gerenciamento de recursos hídricos previstos no art. 205 da Constituição Estadual.

JOSE ANTONIO APPARECIDO JUNIOR

O art. 149 se apresenta como uma continuação das disposições do art. 148, conferindo missões a serem implementadas nas políticas públicas que serão desenvolvidas pelo Município. Importa destacar, neste passo, que as disposições dessa natureza da LOMSP deverão sempre ter sua leitura harmonizada com o disposto no Plano Diretor do Município – atualmente, é vigente a Lei nº 16.050/2014 (PDE), sendo o tema tratado com mais vagar nos dispositivos seguintes.

No tocante especificamente aos comandos dos incisos do art. 149, destacam-se os seguintes pontos:

(i) a Carta Geotécnica do Município de São Paulo[597] traz informações sobre todas as feições geológicas e geomorfológicas do Município quanto ao seu comportamento frente a um determinado tipo de ocupação. Instrumento essencial nos processos de planejamento do uso do solo e de sua gestão geológica, oferece as condições mínimas para a observância do inc. II do art. 149 da LOMSP;

(ii) quanto ao inciso III, o Município de São Paulo conta com a atuação do Conselho Municipal de Preservação do Patrimônio Histórico, Cultural e Ambiental da Cidade de São Paulo (CONPRESP) para a proteção de seus bens de interesse histórico e cultural. Além disso, a legislação urbanística prevê a existência das denominadas Zonas Especiais de Preservação Cultural (ZEPEC), consideradas porções do território "destinadas à preservação, valorização e salvaguarda dos bens de valor histórico, artístico, arquitetônico, arqueológico e paisagístico, constituintes do patrimônio cultural do Município, podendo se configurar como elementos construídos, edificações e suas respectivas áreas ou lotes, conjuntos arquitetônicos, sítios urbanos ou rurais, sítios arqueológicos, áreas indígenas, espaços públicos, templos religiosos, elementos paisagísticos, conjuntos urbanos, espaços e estruturas que dão suporte ao patrimônio imaterial ou a usos de valor socialmente atribuído" (art. 21, Lei nº 16.402/2016 – Lei de Parcelamento, Uso e Ocupação do Solo de São Paulo [LPUOS]). A legislação urbanística confere incentivos à preservação e conservação de tais sítios, como o instrumento da Transferência do Direito de Construir;

(iii) o parágrafo único do dispositivo foi atendido mediante a edição da Lei nº 14.934/2009, que proporcionou a produção do Plano Municipal de Saneamento hoje vigente.[598]

Informação bibliográfica deste texto, conforme a NBR 6023:2018 da Associação Brasileira de Normas Técnicas (ABNT):

APPARECIDO JUNIOR, Jose Antonio. Comentários ao art. 149. In: BATISTELA, Marcos; BARBOSA, Maria Nazaré Lins; MARTINS, Ricardo Marcondes (coord.). *Comentários à Lei Orgânica do Município de São Paulo*: atualizada até a Emenda nº 42/2022. Belo Horizonte: Fórum, 2023. p. 389-390. ISBN 978-65-5518-497-6.

---

[597] Disponível em: http://dados.prefeitura.sp.gov.br/pt_PT/dataset/carta-geotecnica. Acesso em: 21 maio 2022.
[598] Disponível em: https://gestaourbana.prefeitura.sp.gov.br/wp-content/uploads/2019/05/PMSB_Caderno_Completo_-final-para-impressa%CC%83o.pdf. Acesso em: 21 maio 2022.

Art. 149-A A lei ordenará a paisagem urbana, promovendo-a em seus aspectos estético, cultural, funcional e ambiental, a fim de garantir o bem-estar dos habitantes do Município, considerando, de modo integrado, o conjunto de seus elementos, em especial os sistemas estruturais, viário e de transporte público, a topografia, os cursos d'água, as linhas de drenagem e os fundos de vales, como eixos básicos estruturadores da paisagem. (Acrescentado pela Emenda nº 24/2001.)

JOSE ANTONIO APPARECIDO JUNIOR

Em 2006, o Município de São Paulo editou uma de suas mais importantes leis de caráter urbanístico, a Lei nº 14.223, denominada "Lei Cidade Limpa". Baseada no art. 148-A da LOMSP, a lei desencadeou mudanças significativas na paisagem da cidade de São Paulo, determinando a retirada de publicidade dos espaços públicos, com a proibição de *outdoors* e pinturas em fachadas que faziam propaganda de empresas e produtos. Além disso, regrou a permanência na paisagem dos chamados anúncios indicativos, que visam identificar as atividades exercidas nas edificações. O acompanhamento da aplicação da lei é de responsabilidade da Comissão de Proteção à Paisagem Urbana (CPPU), que produz resoluções normativas com o intuito de esclarecer dúvidas e casos omissos de aplicação da lei, além de tornar os processos de aprovação mais eficientes.

Na esteira da Lei da Cidade Limpa, o PDE definiu a paisagem da cidade como um bem ambiental e elemento indispensável ao bem-estar e à sensação de conforto individual e social, fundamental para a qualidade de vida da população (art. 85).

Informação bibliográfica deste texto, conforme a NBR 6023:2018 da Associação Brasileira de Normas Técnicas (ABNT):

APPARECIDO JUNIOR, Jose Antonio. Comentários ao art. 149-A. *In*: BATISTELA, Marcos; BARBOSA, Maria Nazaré Lins; MARTINS, Ricardo Marcondes (coord.). *Comentários à Lei Orgânica do Município de São Paulo*: atualizada até a Emenda nº 42/2022. Belo Horizonte: Fórum, 2023. p. 391. ISBN 978-65-5518-497-6.

Art. 150 O Plano Diretor é o instrumento global e estratégico da política de desenvolvimento urbano e de orientação de todos os agentes públicos e privados que atuam na cidade.
§1º – O Plano Diretor deve abranger a totalidade do território do Município, definindo as diretrizes para o uso do solo e para os sistemas de circulação, condicionados às potencialidades do meio físico e ao interesse social, cultural e ambiental.
§2º – Será assegurada a participação dos munícipes e suas entidades representativas na elaboração, controle e revisão do Plano Diretor e dos programas de realização da política urbana.

JOSE ANTONIO APPARECIDO JUNIOR

A relação entre a Lei Orgânica e os planos diretores merece atenção. De fato, a Lei Orgânica:[599]

> cuidará de discriminar a matéria de competência exclusiva do Município, observadas as peculiaridades locais, bem como a competência comum que a Constituição lhe reserva juntamente com a União, os Estados e o Distrito Federal (art. 23). Indicará, dentre a matéria de sua competência, aquela que lhe cabe legislar com exclusividade e a que lhe seja reservado legislar supletivamente.

É importante destacar que a Lei Orgânica conterá as disposições previstas no art. 29 da Constituição Federal, tendo como campo precípuo de atuação a organização do Município. Tais matérias, se não exclusivas da Lei Orgânica no ordenamento municipal, deverão, sem dúvida alguma, atender às suas disposições. O Município ainda detém competências outras previstas no texto da Constituição Federal, especialmente as dispostas no art. 30 (competências materiais), devendo tais ser interpretadas e balizadas tendo em vista o poder-dever do Município de regular assuntos de predominante interesse local. Uma dessas competências é editar a lei do Plano Diretor.

A lei do Plano Diretor, assim, apresenta-se material e formalmente extravagante à lei orgânica, uma vez que veicula normatização que não compete a esse diploma legal – a Constituição Federal elege essa específica lei como veículo para fixar, em nível local, as exigências fundamentais de ordenação da cidade, essenciais à caracterização da função social da propriedade em solo urbano e definidoras da política de desenvolvimento urbano do Município. Nessa mesma linha de ideias, o Estatuto da Cidade apresenta o Plano Diretor como o instrumento que assegurará "o atendimento das necessidades dos cidadãos quanto à qualidade de vida, à justiça social e ao desenvolvimento das atividades econômicas", sendo ainda o vetor de implantação das diretrizes gerais de política urbana que veicula (art. 39).

---

[599] SILVA, José Afonso da. *Curso de Direito Constitucional Positivo*. São Paulo: Malheiros, 2009. p. 643.

Sem que se pretenda afastar a condição da Lei Orgânica do Município como referência de validade de legislação municipal ordinária, *status* concedido expressamente pelo constituinte originário, constata-se que o encargo constitucionalmente imputado de diploma normativo que tem por escopo veicular a política de desenvolvimento urbano do Município alça a lei do Plano Diretor a uma especial condição. Mais: ao contrário da Lei Orgânica, essencialmente estruturadora do ente municipal, a lei do Plano Diretor veicula um plano urbanístico, isto é, o registro do conjunto consolidado de medidas que visam a objetivos determinados e fins pretendidos em termos de desenvolvimento urbano. Dessa forma, os comandos de natureza de regulação urbanística presentes na LOMSP representam orientações gerais que devem ser ponderadas, e transformadas em comandos jurídico-urbanísticos positivados nas leis de Plano Diretor, revisitadas a cada 10 anos (art. 39, §3º da Lei Federal nº 10.257/2001) – a reserva material de legislação urbanística atribuída à lei do Plano Diretor faz com que disposições sobre tal matéria presentes na lei orgânica ou em leis especiais devam ser consoantes às disposições àquele diploma legal.[600]

Especificamente sobre os comandos em comento, observa-se que o *caput* e o §1º do dispositivo praticamente replicam dispositivos da Constituição Federal e do Estatuto da Cidade. O §2º reforça o caráter participativo da formulação e implantação de planos e projetos urbanos, destacando a inserção da atuação do Poder Público em sede de regulação urbana no contexto da denominada "administração pública consensual".

A "administração pública consensual" pode ser caracterizada como o "modo de atuação dos órgãos e entidades administrativas a partir de bases e procedimentos que privilegiam o emprego de técnicas, métodos e instrumentos negociais, visando atingir resultados que normalmente poderiam ser alcançados por meio da ação impositiva e unilateral da Administração Pública".[601] A consensualidade administrativa se relaciona, nessa linha de ideias, com o conceito de democracia substantiva, se afastando do conceito de democracia formal, meramente procedimental.[602]

Informação bibliográfica deste texto, conforme a NBR 6023:2018 da Associação Brasileira de Normas Técnicas (ABNT):

APPARECIDO JUNIOR, Jose Antonio. Comentários ao art. 150. *In*: BATISTELA, Marcos; BARBOSA, Maria Nazaré Lins; MARTINS, Ricardo Marcondes (coord.). *Comentários à Lei Orgânica do Município de São Paulo*: atualizada até a Emenda nº 42/2022. Belo Horizonte: Fórum, 2023. p. 392-393. ISBN 978-65-5518-497-6.

---

[600] A *contrario sensu*, também a lei do Plano Diretor deve se abster de tratar de matéria de competência da lei orgânica municipal. Interessante julgado, nesse sentido, é o da Ação Direta de Inconstitucionalidade nº 0189644-11.2013.8.26.0000, do E. TJSP, que declarou inconstitucional dispositivos do Plano Diretor do Município de Fartura que impunham limites para a ocupação de cargos em comissão, bem como para o uso de máquinas municipais. Rel. Des. Ruy Coppola, j. em 02.04.2014. Disponível em: https://esaj.tjsp.jus.br/cjsg/getArquivo.do?cdAcordao=7491950&cdForo=0&vlCaptcha=snjhj. Acesso em: 21 maio 2022.

[601] OLIVEIRA, Gustavo Justino de; SCHWANKA, Cristiane. A administração consensual como a nova face da administração pública no século XXI: fundamentos dogmáticos, formas de expressão e instrumentos de ação. *Revista da Faculdade de Direito*, Universidade de São Paulo, São Paulo, v. 104, p. 303-322, jan. 2009. Disponível em: www.revistas.usp.br/rfdusp/article/view/67859. Acesso em: 21 maio 2022.

[602] Leciona Gordillo que é patente a necessidade de se criar novas formas de participação do povo no poder, sendo derivados dessa necessidade os princípios do consenso e da adesão (que repelem a decisão unilateral do órgão estatal), da motivação ou explicação (que exigem, mais que a fundamentação dos atos administrativos, que tais sejam explicados ao cidadão) e da participação administrativa (que preveem a realização de audiências públicas e da gestão participativa nos diversos serviços públicos) (GORDILLO, Augustin. *Tratado de Derecho Administrativo*. Tomo I. *Parte General*. 7. ed. Belo Horizonte: Del Rey e Fundación de Derecho Administrativo, 2003. p. 14-15).

Art. 151 A propriedade urbana cumpre a sua função social quando atende às exigências fundamentais de ordenação da cidade expressas no Plano Diretor e na legislação urbanística dele decorrente.

§1º – Para assegurar o cumprimento da função social da propriedade o Município deverá:

I – prevenir distorções e abusos no desfrute econômico da propriedade urbana e coibir o uso especulativo da terra como reserva de valor;

II – assegurar o adequado aproveitamento, pela atividade imobiliária, do potencial dos terrenos urbanos, respeitados os limites da capacidade instalada dos serviços públicos;

III – assegurar a justa distribuição dos ônus e encargos decorrentes das obras e serviços da infraestrutura urbana e recuperar para a coletividade a valorização imobiliária decorrente da ação do Poder Público.

§2º – O direito de construir será exercido segundo os princípios previstos neste Capítulo e critérios estabelecidos em lei municipal.

JOSE ANTONIO APPARECIDO JUNIOR

O *caput* do art. 151 remete ao §2º da Constituição Federal, mas amplia seu significado, vinculando o cumprimento da função social da propriedade à observância não somente do Plano Diretor, mas também da "legislação urbanística dele decorrente".

Sobre o tema, cumpre relembrar o decidido pelo STF no julgamento do Recurso Extraordinário nº 607940-DF. Naquela ocasião, o Pretório Excelso fixou a seguinte tese de repercussão geral: "Os municípios com mais de vinte mil habitantes e o Distrito Federal podem legislar sobre programas e projetos específicos de ordenamento do espaço urbano por meio de leis que sejam compatíveis com as diretrizes fixadas no plano diretor".[603] A decisão do STF reafirmou a relação de compatibilidade material da demais legislação urbanística com as disposições do Plano Diretor, reafirmando sua posição central no sistema de planejamento do Município. Assim, uma vez que a legislação urbanística decorrente deve ser necessariamente compatível com o Plano Diretor, o comando da LOMSP torna-se plenamente aplicável e válido.

O §1º busca explicitar algumas condições nas quais a função social da propriedade será considerada cumprida, laborando seus incisos em consonância com as diretrizes e os objetivos do PDE – nessa linha de ideias, o inciso I afirma a necessidade de evitar a ociosidade da propriedade com finalidade de especulação imobiliária; o inciso II

---

[603] Disponível em: http://stf.jus.br/portal/teses/verAndamentoProcesso.asp?incidente=3823627&numeroProcesso=607940&classeProcesso=RE&numeroTema=348. Acesso em: 21 maio 2022.

disserta sobre adequar o aproveitamento do solo à infraestrutura o Município; e o inciso III reafirma o postulado, positivado como diretriz de política urbana no Estatuto da Cidade, determina a justa distribuição dos ônus e encargos decorrentes das obras e dos serviços da infraestrutura urbana e o dever de realizar a recuperação da valorização imobiliária decorrente da ação do Poder Público. O §2º, por fim, traz uma imperfeição técnica: o direito de construir será conformado – como, de resto, a própria propriedade urbanística – pelo Plano Diretor, cumprindo o PDE essa missão de forma plena.

Informação bibliográfica deste texto, conforme a NBR 6023:2018 da Associação Brasileira de Normas Técnicas (ABNT):

APPARECIDO JUNIOR, Jose Antonio. Comentários ao art. 151. In: BATISTELA, Marcos; BARBOSA, Maria Nazaré Lins; MARTINS, Ricardo Marcondes (coord.). *Comentários à Lei Orgânica do Município de São Paulo*: atualizada até a Emenda nº 42/2022. Belo Horizonte: Fórum, 2023. p. 394-395. ISBN 978-65-5518-497-6.

Art. 152 O Município poderá, na forma da lei, obter recursos junto à iniciativa privada para a construção de obras e equipamentos, através das operações urbanas.

JOSE ANTONIO APPARECIDO JUNIOR

As operações urbanas consorciadas, originadas no próprio Município de São Paulo, têm hoje fundamento na legislação federal. O Estatuto da Cidade, no *caput* do art. 32, determina que lei municipal específica, baseada no Plano Diretor, poderá delimitar área para a utilização do instrumento. Como já devidamente exposto no tocante à vinculação da legislação especial urbanística aos comandos gerais de planejamento urbano previstos no Plano Diretor, a lei da operação urbana terá por objetivo implantar o planejamento urbanístico globalmente estabelecido pelo PDE, ainda que adaptando seus comandos fundamentais e por intermédio de uma instrumentação própria.

Consubstanciada como um conjunto de intervenções e medidas coordenadas pelo Poder Público municipal viabilizado por intermédio da participação dos proprietários, moradores, usuários permanentes e investidores privados, com o objetivo de alcançar em uma área transformações urbanísticas estruturais, melhorias sociais e a valorização ambiental, o instrumento baseia-se em uma relação dinâmica entre o Município e os particulares: a especial arrecadação de recursos com a finalidade de financiar investimentos na área objeto da intervenção garante a transformação ou requalificação do tecido urbano, promovendo o aumento o valor dos imóveis e potencializando a capacidade de retorno dos investimentos realizados pelos empreendedores na região. Em verdade, a entrada em vigor da lei da operação urbana consorciada impõe ao Poder Público o dever de implantar o projeto urbanístico por ela veiculado – sendo obrigatório ao Poder Público o planejamento positivado em lei, a operação urbana consorciada desencadeia uma série de providências necessariamente adotadas no corpo da Administração Pública, tendentes a promover a execução da novel legislação – desde ajustes simples, como anotações e apontamentos burocráticos de registro e encaminhamento, até medidas complexas, como as demandadas para a emissão dos certificados de potencial adicional de construção (CEPAC).

O art. 152 da LOMSP, observa-se, tem por ponto focal o mecanismo de arrecadação de recursos pelo Poder Público no âmbito de operações urbanas. Especificamente sobre esse tema, cumpre destacar a possibilidade de emissão, pelo município, de quantidade determinada de certificados dos CEPAC, que serão alienados em leilão ou utilizados diretamente no pagamento das obras necessárias à própria operação.

Os CEPAC são títulos livremente negociados e conversíveis em potencial construtivo unicamente na área objeto da operação, obedecida a regulação da propriedade urbanística realizada pela lei da operação urbana consorciada, isto é, podem ser convertidos em potencial construtivo adicional até o limite estabelecido pela lei da operação urbana consorciada. Os CEPAC têm emissão e controle minuciosamente regrados pela Comissão de Valores Mobiliários (CMV), entidade criada pela Lei Federal nº 6.385/1976 que tem o objetivo de fiscalizar, normatizar, disciplinar e desenvolver o mercado de valores mobiliários no Brasil. Os leilões de CEPAC, por fim, cumprem a missão de adiantar a arrecadação de recursos pela Municipalidade para fins de investimentos na área da operação urbana, promovendo, destarte, a apontada dinâmica de implantação do seu projeto.

Informação bibliográfica deste texto, conforme a NBR 6023:2018 da Associação Brasileira de Normas Técnicas (ABNT):

APPARECIDO JUNIOR, Jose Antonio. Comentários ao art. 152. In: BATISTELA, Marcos; BARBOSA, Maria Nazaré Lins; MARTINS, Ricardo Marcondes (coord.). *Comentários à Lei Orgânica do Município de São Paulo*: atualizada até a Emenda nº 42/2022. Belo Horizonte: Fórum, 2023. p. 396-397. ISBN 978-65-5518-497-6.

Art. 153 O Poder Público Municipal, mediante lei específica para área incluída no Plano Diretor, poderá exigir do proprietário do solo urbano não edificado, subutilizado ou não utilizado que promova seu adequado aproveitamento, sob pena, sucessivamente, de:

I – parcelamento ou edificação compulsórios, no prazo fixado em lei municipal;

II – imposto sobre a propriedade predial e territorial urbana, progressivo no tempo;

III – desapropriação com pagamento mediante títulos da dívida pública de emissão previamente aprovada pelo Senado Federal, com prazo de resgate de até 10 (dez) anos em parcelas anuais, iguais e sucessivas, assegurados o valor real da indenização e os juros legais.

§1º – Entende-se por solo urbano aquele compreendido na área urbana e na área de expansão urbana.

§2º – A alienação de imóvel posterior à data da notificação não interrompe o prazo fixado para o parcelamento, a edificação e a utilização compulsórios.

JOSE ANTONIO APPARECIDO JUNIOR

O art. 153 da LOMSP reproduz, na lei orgânica, os comandos previstos no §4º do art. 182 da Constituição Federal. Os dispositivos tratam do aproveitamento compulsório da propriedade urbana localizada em regiões estratégicas do Município. O tema é tratado, até mesmo por expressa determinação do Estatuto da Cidade, pelo atual PDE de São Paulo, nos arts. 96 a 101, sendo o mecanismo do denominado PEUC um importante instrumento de estímulo ao uso de imóveis em áreas infraestruturadas do Município. Os decretos nº 55.638/2014 e 56.589/2015 regulamentam, respectivamente, os procedimentos de declaração de descumprimento de função social da propriedade e de implantação do imposto predial e territorial urbano progressivo no tempo (IPTU-P) a tais imóveis.

Informação bibliográfica deste texto, conforme a NBR 6023:2018 da Associação Brasileira de Normas Técnicas (ABNT):

APPARECIDO JUNIOR, Jose Antonio. Comentários ao art. 153. *In*: BATISTELA, Marcos; BARBOSA, Maria Nazaré Lins; MARTINS, Ricardo Marcondes (coord.). *Comentários à Lei Orgânica do Município de São Paulo*: atualizada até a Emenda nº 42/2022. Belo Horizonte: Fórum, 2023. p. 398. ISBN 978-65-5518-497-6.

Art. 154 O Município, para assegurar os princípios e diretrizes da política urbana, poderá utilizar, nos termos da lei, dentre outros institutos, o direito de superfície, a transferência do direito de construir, a requisição urbanística, a contribuição de melhoria.

Parágrafo único – Equipara-se aos instrumentos de que trata o "caput", para idênticas finalidades, o instituto do usucapião especial de imóveis urbanos, de acordo com o que dispuser a lei.

JOSE ANTONIO APPARECIDO JUNIOR

O rol de instrumentos do art. 154 traz uma autorização ao Poder Público e uma listagem meramente exemplificativa de instrumentos jurídicos a serem utilizados para "assegurar os princípios e diretrizes da política urbana". O rol traz institutos do direito urbanístico, administrativo e tributário. Como exemplo, o direito de superfície é regulado no Código Civil, em seus arts. 1.369 a 1.377, e no Estatuto da Cidade, nos arts. 21 a 24. A Contribuição de Melhoria é tema do CNT, sendo regulamentada, no Município de São Paulo, pelo Decreto nº 59.579/2020, que aprova a consolidação das suas leis tributárias. A "requisição urbanística" é instrumento não devidamente positivado em nossa legislação. Em que pese tal condição, parte da doutrina o identifica com o consórcio imobiliário, trazido no Estatuto da Cidade, no PDE e na Lei nº 16.377/2016 ou mesmo com o instituto do Reordenamento Urbanístico Integrado, previsto no §2º do art. 134 do PDE.

Informação bibliográfica deste texto, conforme a NBR 6023:2018 da Associação Brasileira de Normas Técnicas (ABNT):

APPARECIDO JUNIOR, Jose Antonio. Comentários ao art. 154. *In*: BATISTELA, Marcos; BARBOSA, Maria Nazaré Lins; MARTINS, Ricardo Marcondes (coord.). *Comentários à Lei Orgânica do Município de São Paulo*: atualizada até a Emenda nº 42/2022. Belo Horizonte: Fórum, 2023. p. 399. ISBN 978-65-5518-497-6.

Art. 155 Para a efetivação da política de desenvolvimento urbano, o Município adotará legislação de ordenamento do uso do solo urbano, compatível com as diretrizes do Plano Diretor.

JOSE ANTONIO APPARECIDO JUNIOR

O tema já foi discutido nos comentários ao art. 151 da LOMSP. A lei de zoneamento de São Paulo hoje é veiculada pela LPUOS, elaborada nos termos determinados pelas disposições fundamentais de organização do tecido urbano previstas no PDE.

Informação bibliográfica deste texto, conforme a NBR 6023:2018 da Associação Brasileira de Normas Técnicas (ABNT):

APPARECIDO JUNIOR, Jose Antonio. Comentários ao art. 155. *In*: BATISTELA, Marcos; BARBOSA, Maria Nazaré Lins; MARTINS, Ricardo Marcondes (coord.). *Comentários à Lei Orgânica do Município de São Paulo*: atualizada até a Emenda nº 42/2022. Belo Horizonte: Fórum, 2023. p. 400. ISBN 978-65-5518-497-6.

Art. 156 A realização de obras, a instalação de atividades e a prestação de serviços por órgãos públicos municipais, estaduais ou federais e entidades particulares não poderão contrariar as diretrizes do Plano Diretor e dependerão de prévia aprovação do Município, atendidos seus interesses e conveniências.

Parágrafo único – A prestação de serviços e a realização de obras públicas por entidades vinculadas ao Município, ao Estado ou à União deverão ser obrigatoriamente submetidas ao Município para aprovação ou compatibilização recíproca.

JOSE ANTONIO APPARECIDO JUNIOR

Se é certo que o licenciamento de obras, atividades e serviços por parte de particulares tem sólida regulação no Município de São Paulo, o tema ganha contorno diversos quando se trata de outros de entes públicos e seus delegados (concessionários, permissionários etc.).

Somente à guisa de exemplo, o Município de São Paulo determinou o dever de enterramento de cabos de energia elétrica e retirada dos postes pelas concessionárias (Lei nº 14.023/2005). O tema, contudo, é objeto de ampla discussão em nossos tribunais, já tendo o STF se manifestado contra a possibilidade de o Município criar regras dessa natureza em razão de entender que, assim o fazendo, estaria o ente subnacional legislando sobre atividade econômica e infraestrutura de competência da União.[604] O comando da LOMSP, assim, deve ser entendido com base em nosso sistema federativo, harmonizando o dever de realizar o licenciamento nele previsto com as competências da União e do Estado de São Paulo, bem como a de seus concessionários.

Informação bibliográfica deste texto, conforme a NBR 6023:2018 da Associação Brasileira de Normas Técnicas (ABNT):

APPARECIDO JUNIOR, Jose Antonio. Comentários ao art. 156. *In*: BATISTELA, Marcos; BARBOSA, Maria Nazaré Lins; MARTINS, Ricardo Marcondes (coord.). *Comentários à Lei Orgânica do Município de São Paulo*: atualizada até a Emenda nº 42/2022. Belo Horizonte: Fórum, 2023. p. 401. ISBN 978-65-5518-497-6.

---

[604] Como exemplos, ADI nº 4925/SP, Rel. Min. Teori Zavascki, que declarou inconstitucional lei do Estado de São Paulo sobre remoção gratuita de postes pelas empresas distribuidoras de energia elétrica; e Ação Cautelar nº 3420/RJ, na qual foi conferido efeito cautelar a recurso extraordinário que tinha por objetivo avaliar o dever das concessionárias de energia elétrica do Município do Rio de Janeiro de realizar o enterramento dos cabos de energia elétrica – segundo a Min. Cármen Lúcia, relatora do feito, a lei municipal interfere no equilíbrio econômico e financeiro do contrato administrativo entre a União e a concessionária do serviço público de distribuição de energia elétrica, em ofensa ao art. 37, XXI, da Constituição Federal.

Art. 157 O Município instituirá a divisão geográfica de sua área em distritos, a serem adotados como base para a organização da prestação dos diferentes serviços públicos.

JOSE ANTONIO APPARECIDO JUNIOR

Em que pese sua divisão administrativa fundamental ser realizada por intermédio de subprefeituras, a subdivisão de tais territórios em distritos é reconhecida pelo ordenamento jurídico municipal. A Lei nº 13.399/2002, com alterações posteriores, determina a existência de 32 subprefeituras no Município de São Paulo, com 96 distritos nelas distribuídos.[605] O art. 352, §3º, do PDE, por sua vez, determina que "o Sistema Municipal de Informações adotará a divisão administrativa do Município em distritos como unidade territorial básica para a organização de todos os dados, indicadores e cadastros relativos ao território municipal, devendo, quando possível, dispor de informações desagregadas por setor censitário para subsidiar os Planos de Bairro".

Informação bibliográfica deste texto, conforme a NBR 6023:2018 da Associação Brasileira de Normas Técnicas (ABNT):

APPARECIDO JUNIOR, Jose Antonio. Comentários ao art. 157. *In*: BATISTELA, Marcos; BARBOSA, Maria Nazaré Lins; MARTINS, Ricardo Marcondes (coord.). *Comentários à Lei Orgânica do Município de São Paulo*: atualizada até a Emenda nº 42/2022. Belo Horizonte: Fórum, 2023. p. 402. ISBN 978-65-5518-497-6.

---

[605] Disponível em: www.prefeitura.sp.gov.br/cidade/secretarias/subprefeituras/subprefeituras/dados_demograficos/index.php?p=12758. Acesso em: 26 maio 2022.

Art. 158 Os bens públicos municipais dominiais não utilizados serão prioritariamente destinados, na forma da lei, a assentamentos da população de baixa renda e à instalação de equipamentos coletivos, assegurada a preservação do meio ambiente.

JOSE ANTONIO APPARECIDO JUNIOR

O art. 158 prevê uma destinação preferencial aos bens municipais não afetados a uma função pública, seja como bens de uso comum do povo ou bens de uso especial da Administração. A opção legislativa reforça a orientação da legislação municipal em privilegiar o já apontado "direito fundamental ao desenvolvimento", privilegiando as funções sociais da cidade. A implantação de Habitações de Interesse Social (HIS) em áreas públicas diminui o custo dos empreendimentos, facilitando o acesso a tais imóveis pela população de baixa renda. Por "equipamentos coletivos", por sua vez, devem ser entendidos os equipamentos públicos de quaisquer entes federados que tenham por objetivo proporcionar a fruição da cidade e seus benefícios pela população – assim, desde escolas e hospitais até terminais de ônibus ou metrô podem ser enquadrados em tal conceito.

A expressão "prioritariamente", por sua vez, indica que tais bens poderão ter destinação diversa à prevista pelo art. 158. Quando tal ocorrer, contudo, será necessário realizar-se instrução processual que forneça suporte axiológico e ontológico à decisão do Poder Público – a decisão, resguardada a discricionariedade administrativa, deverá ser fundamentada.

Informação bibliográfica deste texto, conforme a NBR 6023:2018 da Associação Brasileira de Normas Técnicas (ABNT):

APPARECIDO JUNIOR, Jose Antonio. Comentários ao art. 158. In: BATISTELA, Marcos; BARBOSA, Maria Nazaré Lins; MARTINS, Ricardo Marcondes (coord.). *Comentários à Lei Orgânica do Município de São Paulo*: atualizada até a Emenda nº 42/2022. Belo Horizonte: Fórum, 2023. p. 403. ISBN 978-65-5518-497-6.

Art. 159 Os projetos de implantação de obras ou equipamentos, de iniciativa pública ou privada, que tenham, nos termos da lei, significativa repercussão ambiental ou na infraestrutura urbana, deverão vir acompanhados de relatório de impacto de vizinhança.

§1º – Cópia do relatório de impacto de vizinhança será fornecida gratuitamente quando solicitada aos moradores da área afetada e suas associações.

§2º – Fica assegurada pelo órgão público competente a realização de audiência pública, antes da decisão final sobre o projeto, sempre que requerida, na forma da lei, pelos moradores e associações mencionadas no parágrafo anterior.

JOSE ANTONIO APPARECIDO JUNIOR

O Estatuto da Cidade disciplina o Estudo de Impacto de Vizinhança (EIV) em seus arts. 36 a 38. Caberá ao Município determinar quais empreendimentos serão objeto de EIV, que contemplará os efeitos positivos e negativos da atividade quanto à qualidade de vida da população residente na área e suas proximidades. Tal análise deverá considerar, a partir de estudos de diagnóstico atual do território que sofrerá o impacto da nova intervenção e de prognóstico baseado na transformação urbana esperada a partir do empreendimento, aspectos referentes a adensamento populacional, necessidade de equipamentos urbanos e comunitários, características de uso e ocupação do solo adequadas à transformação urbanística esperada, valorização imobiliária advinda da implantação do empreendimento, geração de tráfego e demanda por transporte público na região, tendo em vista o adensamento populacional e construtivo previsto, ventilação e iluminação e paisagem urbana e patrimônio natural e cultural. O EIV terá por escopo, enfim, garantir que os efeitos positivos da intervenção proposta sejam também usufruídos pela população diretamente afetada, mitigando-se, por sua vez, os efeitos negativos desta eventualmente advindos.

É importante relembrar que, nos termos do próprio Estatuto da Cidade (art. 38), a elaboração do EIV não substitui a elaboração e a aprovação de estudo prévio de impacto ambiental (EIA), requeridas nos termos da legislação ambiental. Sob esse aspecto, a Resolução CONAMA nº 01/1986[606] estabelece que configura impacto ambiental qualquer alteração das propriedades físicas, químicas e biológicas do meio ambiente, causada por qualquer forma de matéria ou energia resultante das atividades humanas que, direta ou indiretamente, afetem, entre outros, a saúde, a segurança e o bem-estar da população, as atividades sociais e econômicas, as condições estéticas

---

[606] O CONAMA é órgão consultivo e deliberativo do SISNAMA, criado pela Política Nacional do Meio Ambiente.

e sanitárias do meio ambiente e a qualidade dos recursos ambientais (art. 1º). A indigitada resolução estabelece, ainda, que projetos urbanísticos com área superior a 100 hectares[607] ou localizados em áreas consideradas de relevante interesse ambiental dos órgãos ambientais competentes necessitarão de licenciamento ambiental utilizando o instrumento do Estudo de Impacto Ambiental (EIA).

O PDE prevê a expedição de lei municipal disciplinando o EIV em seu art. 151, mas já oferece condicionantes muito mais abrangentes do que as previstas no Estatuto da Cidade. Segundo o Plano Diretor, o EIV definirá medidas mitigadoras e compensatórias em relação aos impactos negativos de empreendimentos, atividades e intervenções urbanísticas, bem como medidas intensificadoras em relação aos impactos positivos de tais iniciativas. O estudo também terá por objeto democratizar o processo de licenciamento urbano e ambiental e orientar a realização de adaptações aos projetos objeto de licenciamento urbano e ambiental, de modo a adequá-los às características urbanísticas, ambientais, culturais e socioeconômicas locais. Deverá, também, assegurar a utilização adequada e sustentável dos recursos ambientais, culturais, urbanos e humanos, subsidiar processos de tomadas de decisão relativos ao licenciamento urbano e ambiental, contribuir para a garantia de boas condições de saúde e segurança da população e evitar mudanças irreversíveis e danos graves ao meio ambiente, às atividades culturais e ao espaço urbano.

O EIV, ainda segundo o PDE, deverá analisar o adensamento populacional e seus efeitos sobre o espaço urbano e a população moradora e usuária da área; as demandas por serviços, equipamentos e infraestruturas urbanas e comunitárias; as alterações no uso e ocupação do solo e seus efeitos na estrutura urbana; os efeitos da valorização imobiliária no perfil socioeconômico da área e da população moradora e usuária; os efeitos na valorização ou desvalorização imobiliária; a geração de tráfego e de demandas por melhorias e complementações nos sistemas de transporte coletivo e de circulação não motorizada, em especial de bicicletas e pedestres; os efeitos da volumetria do empreendimento e das intervenções urbanísticas propostas sobre a ventilação, iluminação, paisagem urbana, recursos naturais e patrimônios culturais do entorno; a geração de poluição ambiental e sonora na área; as águas superficiais e subterrâneas existentes na área e, finalmente, o acúmulo de impactos urbanos, ambientais, socioeconômicos e culturais gerados tanto pelos empreendimentos, atividades e intervenções urbanísticas propostas quanto pelos já existentes.

Os empreendedores deverão promover a execução das medidas mitigadoras, compensatórias e adaptativas definidas no EIV/RIV – tais medidas, por evidente, deverão ser adequadas e pertinentes ao empreendimento realizado.

Importa destacar, por derradeiro, que no Município de São Paulo o CADES determinou que as operações urbanas consorciadas dependerão de elaboração de EIA-RIMA[608] – o Estatuto da Cidade prevê a realização de EIV-RIV para tal empreendimento.

A LOMSP oferece, em suas disposições sobre Política Urbana, um conjunto de regramentos com caráter finalístico – promover o desenvolvimento urbano de maneira

---

[607] 100 hectares equivalem a 1.000.000 (um milhão) de metros quadrados, ou seja, um terreno quadrado com 1.000 metros de cada lado, equivalente a dez quadras de 100 metros cada.
[608] Resolução nº 61/CADES/2001, de 05.10.2001.

adequada e equilibrada, privilegiando as funções sociais da cidade. Seus comandos se estabelecem como regras de caráter permanente, que servem de contraponto à dinâmica de elaboração e revisão dos planos diretores do Município de São Paulo.

Nessa linha de ideias, os dispositivos comentados devem ser interpretados em conjunto com o Plano Diretor vigente, de modo a evidenciar o significado de seu conteúdo e orientar a mais adequada aplicação da norma. De fato, considerando a função do Plano Diretor no ordenamento jurídico municipal, as disposições da LOMSP servirão de elementos de informação fundamentais para sua confecção e aplicação – a norma fundamental de organização do poder municipal, assim, auxiliará na tarefa constitucionalmente assinalada ao Plano Diretor, ilustrando sua interpretação no benefício do Município de São Paulo.

Informação bibliográfica deste texto, conforme a NBR 6023:2018 da Associação Brasileira de Normas Técnicas (ABNT):

APPARECIDO JUNIOR, Jose Antonio. Comentários ao art. 159. *In*: BATISTELA, Marcos; BARBOSA, Maria Nazaré Lins; MARTINS, Ricardo Marcondes (coord.). *Comentários à Lei Orgânica do Município de São Paulo*: atualizada até a Emenda nº 42/2022. Belo Horizonte: Fórum, 2023. p. 404-406. ISBN 978-65-5518-497-6.

Capítulo II
Do Exercício da Atividade Econômica

Art. 160 O Poder Municipal disciplinará as atividades econômicas desenvolvidas em seu território, cabendo-lhe, quanto aos estabelecimentos comerciais, industriais, de serviços e similares, dentre outras, as seguintes atribuições:

I – conceder e renovar licenças para instalação e funcionamento;

II – fixar horários e condições de funcionamento;

III – fiscalizar as suas atividades de maneira a garantir que não se tornem prejudiciais ao meio ambiente e ao bem-estar da população;

IV – estabelecer penalidades e aplicá-las aos infratores;

V – regulamentar a afixação de cartazes, anúncios e demais instrumentos de publicidade;

VI – normatizar o comércio regular, o comércio ambulante por pessoa física e jurídica nas vias e logradouros públicos e a atividade mercantil transitória em pontos fixos e em locais previamente determinados sem prejuízo das partes envolvidas;

VII – regulamentar a execução e controle de obras, incluídas as edificações, as construções, reformas, demolições ou reconstruções, os equipamentos, as instalações e os serviços, visando a observância das normas urbanísticas de segurança, higiene e qualidade de vida em defesa do consumidor e do meio ambiente;

VIII – outorgar a permissão de uso em locais apropriados, inclusive vias e logradouros públicos, para os serviços de interesse da coletividade, nos termos a serem definidos em lei.

§1º – As diretrizes e normas relativas à execução de obras, prestação de serviços, funcionamento de atividades, e ao desenvolvimento urbano deverão contemplar regras de preservação do patrimônio ambiental, arquitetônico, paisagístico, histórico e cultural urbano.

§2º – O início das atividades previstas no parágrafo anterior dependerá de licença prévia dos órgãos competentes e, se for o caso, de aprovação do estudo prévio de impacto ambiental e socioenergético, garantida a realização de audiências públicas.

RODRIGO BRACET MIRAGAYA

Ao mesmo tempo que a Constituição da República consagra, no *caput* do art. 170,[609] o princípio da livre-iniciativa, ela também prevê – tanto no referido artigo como

---
[609] Art. 170. A ordem econômica, fundada na valorização do trabalho humano e na livre iniciativa, tem por fim assegurar a todos existência digna, conforme os ditames da justiça social, observados os seguintes princípios: (...)

em outros espalhados pelo texto constitucional – normas a serem observadas pelos agentes econômicos, assim como competências outorgadas aos entes federativos para normatizar a atividade econômica de modo a fazer valer as regras e os princípios constitucionais. Podemos destacar, nesse sentido, o disposto no art. 174 da Constituição,[610] que prevê, ainda que de forma genérica, o papel do Estado como agente normativo e regulador da atividade econômica.

A liberdade de iniciativa e o exercício da atividade econômica, portanto, devem se conformar à regulamentação estatal, e os Municípios possuem papel essencial na disciplina de relevantes aspectos dela.

Como a disciplina das atividades econômicas pelos Municípios deve ser necessariamente vinculada às suas competências constitucionais, talvez por isso a LOMSP, ao tratar da matéria no art. 160, tenha optado por trazer um rol exemplificativo com as mais variadas atribuições em matéria urbanística, edilícia, ambiental e patrimonial, cuidando desde a concessão de licenças de funcionamento até a ocupação do espaço público – matérias estas contidas nas competências constitucionais dos Municípios e que são, inclusive, melhor desenvolvidas e disciplinadas em outros capítulos da LOM.

Releva anotar que o artigo se preocupa mais em prever competências normativas – competências tais que, a rigor, já seriam decorrência da distribuição de competências prevista na Constituição da República – do que em traçar regras de maior concretude a serem observadas pelo Município. De todo modo, não se pode dizer que o artigo seja sem utilidade, pois eis que prevê um múnus que não pode deixar de ser exercido, sob pena de indevida omissão.[611]

O inciso I trata da concessão de licenças de funcionamento. Nos termos do art. 136 da Lei Municipal nº 16.402/2016, "nenhuma atividade não residencial – nR poderá ser instalada sem prévia emissão, pela Prefeitura, da licença correspondente, sem a qual será considerada em situação irregular". Esse mesmo diploma legal, que dispõe sobre o parcelamento, uso e ocupação do solo, prevê as normas referentes aos parâmetros e condições para instalação das atividades no território municipal, inclusive quanto ao horário de funcionamento aplicável para algumas dessas atividades,

---

[610] Art. 174. Como agente normativo e regulador da atividade econômica, o Estado exercerá, na forma da lei, as funções de fiscalização, incentivo e planejamento, sendo este determinante para o setor público e indicativo para o setor privado.

[611] As competências públicas consistem em poderes-deveres, e os entes públicos não podem renunciar a seu exercício, mormente quanto a competência se liga a tutela de valores constitucionalmente tutelados. Segundo decidiu o STF na ADI nº 6.288/CE (Pleno, Rel. Min. Rosa Weber, j. em 23.11.2020), por exemplo, o Estado não pode abdicar do licenciamento de atividades poluidoras: "Criação de hipóteses de dispensa de licenciamento ambiental de atividades e empreendimentos potencialmente poluidores. Flexibilização indevida. Violação do direito fundamental ao meio ambiente ecologicamente equilibrado (art. 225 da Constituição da República), do princípio da proibição do retrocesso ambiental e dos princípios da prevenção e da precaução. (...) 3. O art. 8º da Resolução COEMA 02/2019 criou hipóteses de dispensa de licenciamento ambiental para a realização de atividades impactantes e degradadoras do meio ambiente. O afastamento do licenciamento de atividades potencialmente poluidoras afronta o art. 225 da Constituição da República. Empreendimentos e atividades econômicas apenas serão considerados lícitos e constitucionais quando subordinados à regra de proteção ambiental. A atuação normativa estadual flexibilizadora caracteriza violação do direito fundamental ao meio ambiente ecologicamente equilibrado e afronta a obrigatoriedade da intervenção do Poder Público em matéria ambiental. Inobservância do princípio da proibição de retrocesso em matéria socioambiental e dos princípios da prevenção e da precaução. Inconstitucionalidade material do artigo 8º da Resolução do COEMA/CE nº 02/2019".

objeto do inciso II do artigo em comento. Lembre-se, a propósito, que, nos termos da Súmula vinculante nº 38 do STF: "É competente o Município para fixar o horário de funcionamento de estabelecimento comercial".

O inciso III trata da fiscalização das atividades econômicas de modo a garantir o bem-estar social e ambiental. Nos termos do art. 23,VI, da Constituição, a proteção do meio ambiente consiste em competência comum de todos os entes federativos, de maneira que o Município pode fiscalizar o cumprimento da legislação ambiental pelos agentes econômicos em seu território. Aliás, nos termos do *caput* e §§2º e 3º do art. 17 da Lei complementar nº 140/2011:

> Art. 17. Compete ao órgão responsável pelo licenciamento ou autorização, conforme o caso, de um empreendimento ou atividade, lavrar auto de infração ambiental e instaurar processo administrativo para a apuração de infrações à legislação ambiental cometidas pelo empreendimento ou atividade licenciada ou autorizada.
>
> (...)
>
> §2º Nos casos de iminência ou ocorrência de degradação da qualidade ambiental, o ente federativo que tiver conhecimento do fato deverá determinar medidas para evitá-la, fazer cessá-la ou mitigá-la, comunicando imediatamente ao órgão competente para as providências cabíveis.
>
> §3º O disposto no caput deste artigo não impede o exercício pelos entes federativos da atribuição comum de fiscalização da conformidade de empreendimentos e atividades efetiva ou potencialmente poluidores ou utilizadores de recursos naturais com a legislação ambiental em vigor, prevalecendo o auto de infração ambiental lavrado por órgão que detenha a atribuição de licenciamento ou autorização a que se refere o caput.

Não podemos olvidar, ainda, no âmbito municipal, o papel do Plano Diretor na proteção desses valores, uma vez que o referido diploma legal veicula inúmeras regras que visam garantir a observância de normas ambientais e sociais pelas atividades econômicas.

O inciso IV prevê medidas que se encontram inseridas no poder de polícia municipal, constituindo simples decorrência da competência dos entes públicos de fazer cumprir as leis.

O inciso V trata da exposição de anúncios na paisagem urbana, atualmente disciplinados, em especial, na Lei Municipal nº 14.233/2006 ("Lei Cidade-Limpa").

O inciso VI cuida da disciplina do comércio regular, ambulante e transitório. O comércio ambulante é disciplinado na Lei Municipal nº 11.039/1991, que exige permissão de uso para seu exercício. Também é exigida permissão de uso para os feirantes em feiras livres, cuja disciplina se encontra espalhada em diversas normas que tratam da ocupação das ruas, higiene e segurança, limpeza e proteção do consumidor. O alvará e auto de licença de funcionamento e o alvará para eventos temporários, por sua vez, são disciplinados no PDE (Lei Municipal nº 16.050/2014), na LPUOS (Lei Municipal nº 16.402/2016) e nos Decretos nº 49.969/2008, 52.857/2011 (auto de licença de funcionamento condicionado), 49.460/2008 (procedimento para auto eletrônico) e 51.044/2009 (licença de funcionamento para MEI), que se aplicam no que forem compatíveis com as leis citadas.

O inciso VII trata da regulamentação e do controle da atividade edilícia, destacando-se, nesse ponto, a disciplina prevista na Lei Municipal nº 16.642/2017 (Código de Obras).

Por fim, o inciso VIII dispõe sobre a competência municipal para disciplinar a permissão de uso para atividades de interesse público, atualmente regida na própria LOM (art. 114), na Lei Municipal nº 14.652/2007, e em eventuais normas específicas para determinadas permissões de uso.

O §1º do artigo em comento, por sua vez, traça diretriz genérica no sentido da necessidade de as regras relativas às matérias tratadas nos incisos deste artigo incorporarem preocupação com relação ao meio ambiente, inclusive meio ambiente cultural. Embora os diplomas legais mencionados nos parágrafos anteriores incorporem, até certo ponto, princípios de desenvolvimento equilibrado, a maioria das normas de preservação do patrimônio ambiental e cultural encontra-se em leis específicas, que tratam das licenças e normas procedimentais mencionadas no §2º deste artigo.

Informação bibliográfica deste texto, conforme a NBR 6023:2018 da Associação Brasileira de Normas Técnicas (ABNT):

MIRAGAYA, Rodrigo Bracet. Comentários ao art. 160. In: BATISTELA, Marcos; BARBOSA, Maria Nazaré Lins; MARTINS, Ricardo Marcondes (coord.). *Comentários à Lei Orgânica do Município de São Paulo*: atualizada até a Emenda nº 42/2022. Belo Horizonte: Fórum, 2023. p. 407-410. ISBN 978-65-5518-497-6.

Art. 161 O Município definirá espaços territoriais destinados à implantação de atividades e projetos de pesquisa e desenvolvimento da indústria de tecnologia de ponta, na forma da lei.

RODRIGO BRACET MIRAGAYA

A disposição do art. 161 da LOM trata da implementação dos chamados parques ou polos tecnológicos, replicados em diversas cidades do mundo, que costumam condensar em uma determinada área empresas de tecnologia, consolidadas ou não, incubadoras de negócios, e centros e institutos de ensino e pesquisa, além de espaços para eventos e serviços. A ideia é que esse complexo de atividades funcione de maneira integrada e sinérgica, gerando ganhos para todos os presentes nesse microssistema.

O PDE atual dispõe, no parágrafo único do art. 176 e no art. 186 e seguintes, sobre a implementação de parques tecnológicos e prevê o Parque Tecnológico do Jaguaré e o Parque Tecnológico Leste (ambos, até o momento, em projeto), sem prejuízo da implantação de outros.

Informação bibliográfica deste texto, conforme a NBR 6023:2018 da Associação Brasileira de Normas Técnicas (ABNT):

MIRAGAYA, Rodrigo Bracet. Comentários ao art. 161. *In*: BATISTELA, Marcos; BARBOSA, Maria Nazaré Lins; MARTINS, Ricardo Marcondes (coord.). *Comentários à Lei Orgânica do Município de São Paulo*: atualizada até a Emenda nº 42/2022. Belo Horizonte: Fórum, 2023. p. 411. ISBN 978-65-5518-497-6.

Art. 162 O Poder Público estimulará a substituição do perfil industrial das empresas localizadas no Município, incentivando a transformação para indústrias de menor impacto ambiental, ficando vedada a instalação ou desenvolvimento de qualquer nova atividade, comprovadamente poluidora, a partir da promulgação da presente Lei.

RODRIGO BRACET MIRAGAYA

A transformação do perfil das indústrias no Município tem sido um processo natural, em razão do esgotamento de terrenos na área urbana e do valor da terra no Município, o que fez com que, ao longo do tempo, antigas áreas industriais cedessem espaço para áreas residenciais e comerciais ou para implantação de atividades industriais mais compatíveis com o novo perfil da região. Isso não significa que esse processo natural não tenha sido acompanhado e incentivado por políticas públicas, seja por meio da disciplina da ocupação do solo (reduzindo a área disponível para atividades industriais, por exemplo), seja por meio da introdução de regulamentações ambientais e edilícias que acabam por dificultar o estabelecimento de atividades poluentes.

Embora a disposição da LOM vede a instalação de "qualquer nova atividade, comprovadamente poluidora, a partir da promulgação da presente Lei", a disposição deve ser entendida com alguma cautela, eis que a maioria das atividades humanas é, de alguma forma, poluente. A disposição legal deve ser lida como proibidora de um agravamento da poluição no Município, vedando-se retrocessos ambientais.

Nesse sentido, a LPUOS vedou, no art. 96, a instalação de usos industriais "cujo funcionamento possa causar prejuízo à saúde, à segurança e bem-estar público e à integridade da flora e fauna regional" (inciso VIII). Entretanto, outros usos industriais, menos poluentes, continuam permitidos no Município, atendidas as normas de zoneamento e respeitadas as condicionantes ambientais, de modo a garantir a existência de um parque industrial no Município e os empregos por ele gerados (art. 27, XLII, PDE).

Informação bibliográfica deste texto, conforme a NBR 6023:2018 da Associação Brasileira de Normas Técnicas (ABNT):

MIRAGAYA, Rodrigo Bracet. Comentários ao art. 162. In: BATISTELA, Marcos; BARBOSA, Maria Nazaré Lins; MARTINS, Ricardo Marcondes (coord.). *Comentários à Lei Orgânica do Município de São Paulo*: atualizada até a Emenda nº 42/2022. Belo Horizonte: Fórum, 2023. p. 412. ISBN 978-65-5518-497-6.

Art. 163 As microempresas receberão por parte do Poder Público Municipal tratamento diferenciado visando incentivar a sua multiplicação e fomentar o seu crescimento pela simplificação das suas obrigações administrativas e tributárias.

RODRIGO BRACET MIRAGAYA

O incentivo às microempresas é previsto no art. 179 da Constituição, *verbis*:

> Art. 179. A União, os Estados, o Distrito Federal e os Municípios dispensarão às microempresas e às empresas de pequeno porte, assim definidas em lei, tratamento jurídico diferenciado, visando a incentivá-las pela simplificação de suas obrigações administrativas, tributárias, previdenciárias e creditícias, ou pela eliminação ou redução destas por meio de lei.

A disposição da LOM decorre, portanto, de imposição constitucional. No âmbito federal, a Lei complementar nº 123/2006 disciplina o Estatuto Nacional da Microempresa (ME) e Empresa de Pequeno Porte (EPP), bem como o Microempreendedor Individual (MEI), dispondo sobre regras simplificadas e benefícios em matéria tributária, administrativa, entre outras. Leis e decretos municipais esparsos preveem, em consonância com a Lei complementar federal, incentivos, isenções, benefícios e procedimentos simplificados para ME, EPP e MEI. Nesse sentido, podemos destacar o Decreto nº 56.475/2015, que disciplina o tratamento diferenciado aos MEIs, MEs e EPPs nas contratações públicas municipais; o Decreto nº 59.687/2020, que institui a Política Municipal de Apoio ao Empreendedorismo, voltada às microempresas, empresas de pequeno porte e às cooperativas; e a Lei nº 15.031/2009, que dispensa os MEIs da licença de funcionamento.

Informação bibliográfica deste texto, conforme a NBR 6023:2018 da Associação Brasileira de Normas Técnicas (ABNT):

MIRAGAYA, Rodrigo Bracet. Comentários ao art. 163. *In*: BATISTELA, Marcos; BARBOSA, Maria Nazaré Lins; MARTINS, Ricardo Marcondes (coord.). *Comentários à Lei Orgânica do Município de São Paulo*: atualizada até a Emenda nº 42/2022. Belo Horizonte: Fórum, 2023. p. 413. ISBN 978-65-5518-497-6.

Art. 164 O Município promoverá o turismo como fator de desenvolvimento econômico.

RODRIGO BRACET MIRAGAYA

Trata-se do único artigo que menciona "turismo" na Lei Orgânica. O artigo encontra paralelo na Constituição da República, que dispõe, no art. 180:

> Art. 180. A União, os Estados, o Distrito Federal e os Municípios promoverão e incentivarão o turismo como fator de desenvolvimento social e econômico.

O Município de São Paulo é um dos destinos mais visitados do país, sobretudo em função do turismo de negócios e eventos. Não à toa, o art. 7º da Lei Municipal nº 14.485/2007, que prevê os eventos que integrarão o Calendário Oficial de Eventos da cidade, contém mais de trezentos incisos, sendo que vários deles contemplam mais de um evento.

Para incentivar o turismo, foi criada, décadas atrás, a São Paulo Turismo S/A, empresa municipal que era responsável pela gestão de grandes equipamentos municipais (como o Parque de Exposições do Anhembi e o Autódromo de Interlagos) e pelo planejamento e promoção de eventos na cidade. Entretanto, o incentivo ao turismo não se esgotou na criação da referida empresa e nos equipamentos mencionados, havendo diversas leis autorizando concessões de uso, isenções e subvenções para atividades turísticas e equipamentos culturais e desportivos que, além de promover a cultura e o esporte, são também responsáveis por inserir São Paulo como uma das cidades mais visitadas do Brasil.

Informação bibliográfica deste texto, conforme a NBR 6023:2018 da Associação Brasileira de Normas Técnicas (ABNT):

MIRAGAYA, Rodrigo Bracet. Comentários ao art. 164. *In*: BATISTELA, Marcos; BARBOSA, Maria Nazaré Lins; MARTINS, Ricardo Marcondes (coord.). *Comentários à Lei Orgânica do Município de São Paulo*: atualizada até a Emenda nº 42/2022. Belo Horizonte: Fórum, 2023. p. 414. ISBN 978-65-5518-497-6.

Art. 165 O Município promoverá, na forma da lei, a defesa do consumidor, em ação coordenada com órgãos e entidades que tenham atribuições de proteção e promoção dos destinatários finais de bens e serviços.

RODRIGO BRACET MIRAGAYA

A defesa do consumidor é matéria de competência legislativa concorrente dos entes federativos, nos termos do art. 24, V, da Constituição, sem prejuízo da competência legislativa municipal para disciplinar assuntos de interesse local relacionados ao consumo e para suplementar as legislações federal e estadual, nos termos do art. 30, I e II, da Constituição.

O STF, a propósito, reafirmou, no RE nº 1.181.244 AgR (1ª Turma, Rel. Min. Alexandre de Moraes, j. 23.08.2019), a competência municipal para legislar sobre consumo:

> 10. Com efeito, a legislação impugnada na presente Ação Direta atua no sentido de ampliar a proteção estabelecida no âmbito do Código de Defesa do Consumidor, o qual, apesar de apresentar amplo repertório de direitos conferidos ao consumidor e extenso rol de obrigações dos fornecedores de produtos e serviços, não possui o condão de esgotar toda a matéria concernente à regulamentação do mercado de consumo, sendo possível aos Municípios o estabelecimento de disciplina normativa específica, preenchendo os vazios ou lacunas deixados pela legislação federal (ADI nº 2.396, Rel. Min. Ellen Gracie, Tribunal Pleno, DJ de 1º/8/2003). 11. Não há que se falar, assim, em indevida atuação do Município no campo da disciplina geral concernente a consumo.

O Município de São Paulo conta com PROCON próprio, órgão municipal com atribuição para atuar na proteção dos consumidores (que podem procurar o PROCON estadual ou o municipal), e com um Código Municipal de Defesa do Consumidor, instituído pela Lei nº 17.109/2019. Ademais, existem inúmeras normas regulamentando atividades que incorporam preocupação com o consumidor, como a Lei Municipal nº 15.947/2013, que dispõe sobre a comercialização de alimentos em áreas públicas; a Lei Municipal nº 15.935/2013, que proíbe a cobrança de mais de um ingresso de pessoas com deficiência ou mobilidade reduzida, obesas ou que usem macas ou cadeiras de rodas; ou a Lei Municipal nº 13.763/2004, que regulamenta o serviço de *"valet service"*.

Informação bibliográfica deste texto, conforme a NBR 6023:2018 da Associação Brasileira de Normas Técnicas (ABNT):

MIRAGAYA, Rodrigo Bracet. Comentários ao art. 165. *In*: BATISTELA, Marcos; BARBOSA, Maria Nazaré Lins; MARTINS, Ricardo Marcondes (coord.). *Comentários à Lei Orgânica do Município de São Paulo*: atualizada até a Emenda nº 42/2022. Belo Horizonte: Fórum, 2023. p. 415. ISBN 978-65-5518-497-6.

Art. 166 O Poder Executivo ficará incumbido da organização, de forma coordenada com a ação do Estado e da União, de sistema de abastecimento de produtos no território do Município.

RODRIGO BRACET MIRAGAYA

Décadas atrás, a regularidade do abastecimento de produtos – em especial gêneros alimentícios – era uma preocupação central do Estado. Em função da estabilidade monetária, da ampliação da produção e das cadeias de abastecimento privadas e da substituição de programas de segurança alimentar e nutricional por programa de subsídios financeiros e transferência direta de renda (em conjunto com outros programas, como restaurantes populares e de alimentação escolar), reduziu-se o papel direto do Estado no abastecimento de produtos.

Assim, equipamentos criados décadas atrás, como os mercados municipais, que muitas vezes serviam como entrepostos comerciais, foram ressignificados – destacando-se o mais conhecido deles, o Mercado Municipal de São Paulo, que atualmente tem papel central no turismo em São Paulo e volta-se primordialmente ao atendimento direto de consumidores. Além dos mercados municipais, o Município ainda conta com duas centrais públicas de abastecimento (Leste e do Pátio do Pari) e sacolões, além das feiras livres. A maior central de abastecimento da cidade e do Brasil, contudo, é o Entreposto Terminal São Paulo, mantido pela CEAGESP, empresa pública federal.

Informação bibliográfica deste texto, conforme a NBR 6023:2018 da Associação Brasileira de Normas Técnicas (ABNT):

MIRAGAYA, Rodrigo Bracet. Comentários ao art. 166. *In*: BATISTELA, Marcos; BARBOSA, Maria Nazaré Lins; MARTINS, Ricardo Marcondes (coord.). *Comentários à Lei Orgânica do Município de São Paulo*: atualizada até a Emenda nº 42/2022. Belo Horizonte: Fórum, 2023. p. 416. ISBN 978-65-5518-497-6.

Capítulo III
Da Habitação

Art. 167 É de competência do Município com relação à habitação:

I – elaborar a política municipal de habitação, integrada à política de desenvolvimento urbano, promovendo programas de construção de moradias populares, garantindo-lhes condições habitacionais e de infraestrutura que assegurem um nível compatível com a dignidade da pessoa humana;

II – instituir linhas de financiamento bem como recursos a fundo perdido para habitação popular;

III – gerenciar e fiscalizar a aplicação dos recursos destinados a financiamento para habitação popular;

IV – promover a captação e o gerenciamento de recursos provenientes de fontes externas ao Município, privadas ou governamentais;

V – promover a formação de estoques de terras no Município para viabilizar programas habitacionais.

Parágrafo único – Para o cumprimento do disposto neste artigo, o Município buscará a cooperação financeira e técnica do Estado e da União.

DEBORA SOTTO

O art. 167 da Lei Orgânica estabelece as bases jurídico-normativas para a estruturação da política habitacional do Município de São Paulo. Como típico "programa de ação governamental" orientado à realização de "objetivos socialmente relevantes e politicamente determinados",[612] a política habitacional busca promover o direito à moradia digna, adequada e acessível.

O direito à moradia foi incluído expressamente no rol de direitos sociais do art. 6º, *caput*, da Constituição da República de 1988, por meio da Emenda Constitucional nº 64/2010. Como observa Ligia Melo,[613] "a garantia do direito de morar dignamente faz parte do direito ao pleno desenvolvimento e emancipação econômica, social e cultural do indivíduo, tendo fonte no direito que toda pessoa tenha um nível adequado de vida". Ou seja, a tutela jurídica do direito social à moradia decorre do princípio da dignidade da vida humana, que, por sua vez, é um dos fundamentos da República

---

[612] DALLARI BUCCI, Maria Paula (org.). O conceito de política pública em direito. *In: Políticas Públicas. Reflexões sobre o Conceito Jurídico*. São Paulo: Saraiva, 2006. p. 39.

[613] MELO, Ligia. *Direito à moradia no Brasil. Política Urbana e Acesso por meio da Regularização Fundiária*. Belo Horizonte: Fórum, 2010. p. 34.

Federativa do Brasil (art. 1º, III, Constituição Federal) e finalidade maior da Ordem Econômica e Financeira (art. 170, *caput*, Constituição Federal).

O Estatuto da Cidade, em seu art. 2º, I, contempla o direito à moradia como parte integrante do direito às cidades sustentáveis, juntamente com o direito à terra urbana, ao saneamento ambiental à infraestrutura urbana, ao transporte e aos serviços públicos, ao trabalho e ao lazer. Essa diretriz da política de desenvolvimento urbano, posta por lei de caráter nacional, remete ao *caput* do art. 182 da Constituição da República, que elege como objetivos da política de desenvolvimento urbano a garantia do bem-estar dos habitantes das cidades e a ordenação do pleno desenvolvimento das funções sociais da cidade, quais sejam, habitação, trabalho, circulação e lazer.[614]

A realização da garantia do direito a cidades sustentáveis centra-se, fundamentalmente, em torno da realização do direito social à moradia, pois qualquer outro aspecto do bem viver na cidade depende inexoravelmente do local e das condições de moradia, de fixação no território da cidade.[615] A política habitacional, portanto, é indissociável da política de desenvolvimento urbano, devendo assim observar as diretrizes fundamentais de ordenação das funções sociais da cidade postas pelo Plano Diretor (art. 182, §1º, Constituição Federal).

Nesse sentido, o inciso I do art. 167 da LOM mostra-se perfeitamente alinhado às diretrizes e princípios da política de desenvolvimento urbano traçadas pela Constituição da República e pelo Estatuto da Cidade. O dispositivo reforça a necessária integração entre a política habitacional e a política de desenvolvimento urbano. Também em perfeito alinhamento ao objetivo constitucional de persecução da sadia qualidade de vida nas cidades, o citado inciso I determina que os programas de construção de moradias populares garantam condições habitacionais e de infraestrutura que assegurem um nível compatível com a dignidade da pessoa humana.

Os incisos II a V do art. 167 ocupam-se de dois elementos centrais à estruturação da política habitacional no Município: recursos financeiros (incisos II a IV) e terras (inciso V). Os incisos II a IV tratam da gestão de recursos financeiros, abrangendo sua captação, gerenciamento, fiscalização e aplicação, esta última compreendendo tanto a construção de unidades habitacionais quanto a instituição de linhas de financiamento e destinação de recursos a fundo perdido para habitação de interesse social. O inciso V, por sua vez, contempla a formação de estoques, ou bancos de terras, para viabilizar a execução dos programas habitacionais no Município.

A Política Municipal de Habitação foi estruturada pela Lei Municipal nº 11.632/1994 e tem por principal objetivo facilitar e promover o acesso a habitação, com prioridade para a população de baixa renda. Por sua vez, o PDE, aprovado pela Lei Municipal nº 16.050/2014, contém um capítulo especificamente dedicado à Política de Habitação Social, com o apontamento de objetivos, diretrizes, ações prioritárias e instrumentos, entre estes, o Plano Municipal de Habitação.

Em que pese o enfoque da Lei Municipal nº 11.632/1994 na provisão habitacional, ou seja, à disponibilização de unidades habitacionais para aquisição pela população

---

[614] PIRES, Lilian Regina Gabriel Moreira. *Função social da propriedade urbana e o Plano Diretor*. Belo Horizonte: Fórum, 2007. p. 99.
[615] SOTTO, Debora. *Mais-valia urbanística e desenvolvimento urbano sustentável: uma análise jurídica*. Rio de Janeiro: Lumen Juris, 2016. p. 349.

de baixa renda, a política habitacional do Município de São Paulo, nos termos do disposto pelo art. 291 e seguintes do PDE, também abrange ações voltadas à redução de moradias inadequadas e à regularização fundiária de assentamentos precários, esta não só como medida de inclusão social e proteção ambiental, mas também como ação voltada à redução de riscos de desastres.

Para desenvolvimento e implementação da Política Municipal de Habitação, a Lei Municipal nº 11.632/1994 instituiu o Sistema Municipal de Habitação, integrado essencialmente por três órgãos: a Secretaria Municipal da Habitação (SEHAB), órgão administrativo central, subordinado ao Prefeito; a Companhia Metropolitana de Habitação de São Paulo (COHAB-SP), agente operador do Sistema Municipal de Habitação, criada sob a forma de uma sociedade de economia mista controlada pelo Município; e o Conselho Municipal da Habitação (CMH), órgão consultivo, fiscalizador e deliberativo, integrado por representantes do setor público, do setor privado e da sociedade civil, segundo as disposições da Lei Municipal nº 13.425/2002.

Com o objetivo de apoiar e dar suporte financeiro à Política Municipal de Habitação, a Lei Municipal nº 11.632/1994 criou, junto à COHAB-SP, o Fundo Municipal da Habitação (FMH), que é composto por recursos oriundos do orçamento, contribuições, doações, empréstimos, transferências da União e do Estado, entre outras receitas. A aplicação dos recursos do FMH, inclusive no que diz respeito à concessão de financiamentos e linhas de crédito à população de baixa renda, deve observar as prioridades estabelecidas pelo CMH, bem como as diretrizes e condições estabelecidas pela Lei Municipal nº 11.632/1994 em consonância com os incisos II a VI do art. 167 da LOM.

Os programas habitacionais do Município de São Paulo também são financiados por recursos oriundos do Fundo Municipal de Saneamento e Infraestrutura (FMSAI) e do Fundo Municipal de Desenvolvimento Urbano (FUNDURB).

O FMSAI foi criado pela Lei Municipal nº 14.934/2009 junto à SEHAB e tem por objetivo apoiar e dar suporte a ações de saneamento básico e ambiental e de infraestrutura no Município. Seus recursos são provenientes dos repasses efetuados pela Companhia de Saneamento Básico do Estado de São Paulo (Sabesp), em contrapartida à exploração dos serviços de abastecimento de água e esgotamento sanitário no Município de São Paulo.

O FUNDURB, por sua vez, reúne os recursos amealhadas pela arrecadação da outorga onerosa do direito de construir (OODC), preço público[616] cobrado pela Municipalidade em contrapartida à aquisição de potencial construtivo adicional pelos empreendedores imobiliários, nos termos e condições fixados pelo Plano Diretor de acordo com as normas gerais postas pelo Estatuto da Cidade.

Segundo o art. 31 do Estatuto da Cidade, os recursos auferidos pelos municípios com a cobrança da OODC devem ser aplicados nas finalidades previstas no art. 26 do Estatuto da Cidade, três delas particularmente pertinentes à política habitacional: a regularização fundiária, a execução de programas e projetos habitacionais de interesse social e a constituição de reserva fundiária.

---

[616] Nesse sentido: DALLARI, Adilson Abreu. Solo Criado – Constitucionalidade da outorga onerosa de potencial construtivo. *In:* DALLARI, Adilson Abreu; LIBÓRIO, Daniela Campos (coord.). *Direito Urbanístico e Ambiental.* 2. ed. revista. Belo Horizonte: Fórum, 2011. p. 40.

No Município de São Paulo, por expressa determinação do Plano Diretor (art. 340, I), ao menos 30% dos recursos do FUNDURB devem ser destinados a projetos de produção de Habitação de Interesse Social, podendo financiar tanto a construção de unidades quanto a aquisição de terrenos para este fim. A esse respeito, importa ressaltar que a formação de um estoque ou banco de terras, apontada pelo inciso V do art. 167 da LOM, também é contemplada como uma ação estratégica pelo art. 293, VI, do Plano Diretor de 2014 e pelo art. 2º, XI, da Lei Municipal nº 11.632/1994.

O parágrafo único do art. 167 da LOM determina que o Município de São Paulo busque a cooperação financeira e técnica do Estado e da União para a implementação de sua política habitacional. Segundo o art. 23, IX, da Constituição da República, a promoção de programas de construção de moradias e melhoria das condições habitacionais e de saneamento básico é de competência comum da União, Estados e Municípios. Assim, tais programas não só podem como devem ser implementados por meio da cooperação interfederativa, sobretudo por meio da formalização de convênios.[617]

A integração das políticas habitacionais federais, estaduais e municipais é um dos princípios fundantes do Sistema Nacional de Habitação de Interesse Social (SNHIS), estruturado pela Lei Federal nº 11.124/2005. Na esfera federal, o órgão central do SNHIS é o Ministério do Desenvolvimento Regional, sucessor do Ministério das Cidades, e seu agente operador é a Caixa Econômica Federal. Os programas desenvolvidos no âmbito do SNHIS são oriundos do Fundo de Amparo ao Trabalhador (FAT), do Fundo de Garantia por Tempo de Serviço (FGTS) e do Fundo Nacional de Habitação de Interesse Social (FNHIS), criado pela mesma Lei Federal nº 11.124/2005. Os recursos do FNHIS são aplicados de maneira descentralizada pelo Distrito Federal, Estados e Municípios.

Para aderir ao SNHIS e acessar recursos do FNHIS, Estados, Distrito Federal e Municípios devem constituir fundos habitacionais com dotações orçamentárias próprias, estruturar Conselhos de Habitação integrados por representantes do setor público e da sociedade civil e elaborar Planos Habitacionais de Interesse Social, entre outras obrigações. As transferências de recursos do FNHIS da União aos demais entes federativos condiciona-se ao oferecimento de contrapartidas, na forma de recursos, bens imóveis ou serviços vinculados aos empreendimentos realizados pelos programas no âmbito do SNHIS.

Nesse contexto, é relevante destacar que o art. 203, VII, do PDE de 2014 estabelece como uma das ações prioritárias da Política de Habitação Social sua integração ao SNHIS, possibilitando ao Município de São Paulo acessar verbas federais e estaduais e aprofundar a cooperação interfederativa com a União e o Estado de São Paulo.

Informação bibliográfica deste texto, conforme a NBR 6023:2018 da Associação Brasileira de Normas Técnicas (ABNT):

SOTTO, Debora. Comentários ao art. 167. In: BATISTELA, Marcos; BARBOSA, Maria Nazaré Lins; MARTINS, Ricardo Marcondes (coord.). *Comentários à Lei Orgânica do Município de São Paulo*: atualizada até a Emenda nº 42/2022. Belo Horizonte: Fórum, 2023. p. 417-420. ISBN 978-65-5518-497-6.

---

[617] HACHEM, Daniel Wunder. Cooperação econômica entre entes federativos, transferências voluntárias de recursos financeiros e a natureza jurídica dos convênios públicos. *A&C – Revista de Direito Administrativo & Constitucional*, Belo Horizonte, ano 13, n. 54, p. 101-120, out./dez. 2013.

Art. 168 A política municipal de habitação deverá prever a articulação e integração das ações do Poder Público e a participação popular das comunidades organizadas através de suas entidades representativas, bem como os instrumentos institucionais e financeiros para sua execução.

Parágrafo único – O plano plurianual do Município, as diretrizes orçamentárias e o orçamento anual darão prioridade ao atendimento das necessidades sociais na distribuição dos recursos públicos, destinando verbas especiais para programas de habitação para a população de baixa renda segundo avaliação socioeconômica realizada por órgão do Município.

DEBORA SOTTO

O art. 168 da LOM determina que a Política Municipal de Habitação contemple três elementos essenciais: em primeiro lugar, a articulação e integração das ações do Poder Público; em segundo lugar, a participação popular das comunidades organizadas por meio de suas entidades representativas; e, em terceiro lugar, os instrumentos institucionais e financeiros a serem manobrados para sua execução.

O parágrafo único do dispositivo determina, por sua vez, que as três leis orçamentárias – plano plurianual, diretrizes orçamentárias e orçamento anual – deem prioridade ao atendimento das necessidades sociais na distribuição dos recursos públicos, destinando verbas especiais para programas de habitação para a população de baixa renda.

De acordo com a diretriz da garantia do direito a cidades sustentáveis, firmada pelo art. 2º, I, do Estatuto da Cidade, a promoção da sadia qualidade de vida nas cidades depende da articulação e da integração das diferentes políticas pertinentes ao acesso à terra, moradia, ao saneamento ambiental, à infraestrutura urbana, ao transporte e aos serviços públicos, ao trabalho e ao lazer.

Nesse sentido, o art. 2º, II e X, da Lei Municipal nº 11.632/1994 preveem que a Política Municipal de Habitação deverá articular, compatibilizar e apoiar a atuação dos órgãos e entidades que desempenhem funções no campo da habitação de interesse social, bem como integrar os projetos habitacionais com os investimentos em saneamento e os demais serviços urbanos. Ainda, o art. 4º da mesma lei municipal prevê que cabe à SEHAB orientar a ação integrada dos órgãos públicos e da iniciativa privada, no sentido de estimular o encaminhamento de soluções habitacionais, bem como articular a Política Municipal de Habitação com as demais políticas dos governos estadual e federal.

O Plano Diretor de 2014, por sua vez, prescreve a articulação entre as ações e os programas de habitação com as ações e os programas de redução de riscos, drenagem urbana e defesa civil, estruturados em âmbito municipal, estadual e federal (art. 298, IX), bem como a articulação entre a urbanização e a regularização fundiária de assentamentos precários com os programas de saneamento ambiental integrado, por meio de perímetros de ação integrada (art. 292, XIII).

A participação popular na elaboração, na implementação, no controle e no monitoramento das políticas públicas, inclusive as políticas de desenvolvimento urbano e habitacional, é sobretudo um imperativo constitucional,[618] decorrente tanto do princípio democrático, previsto no art. 1º, *caput*, da Constituição da República, quanto do art. 37, §3º, também da Constituição Federal, que trata da participação do usuário na administração pública direta e indireta, nas formas eventualmente dispostas em lei. Mais ainda, o art. 29, XII, da Constituição de 1988 prevê como conteúdo obrigatório da LOM a cooperação das associações representativas no planejamento municipal.

O Estatuto da Cidade, a seu turno, traz a gestão democrática como a "dimensão política do direito à cidade",[619] diretriz da política urbana a ser implementada por meio da participação da população e de associações representativas dos vários segmentos da comunidade na formulação, na execução e no acompanhamento de planos, programas e projetos de desenvolvimento urbano (art. 2º, II). Para tanto, devem ser manobrados os instrumentos exemplificativamente elencados no art. 43 do Estatuto, a saber: órgãos colegiados de política urbana, nos níveis nacional, estadual e municipal (inciso I); debates, audiências e consultas públicas (inciso II); conferências sobre assuntos de interesse urbano, nos níveis nacional, estadual e municipal (inciso III); e iniciativa popular de projeto de lei e de planos, programas e projetos de desenvolvimento urbano (inciso IV).

A democratização e a transparência dos procedimentos e processos decisórios são objetivos centrais da política habitacional de São Paulo, conforme o art. 2º, IV, da Lei Municipal nº 11.632/1994. O PDE de 2014, por sua vez, traz como uma das diretrizes da política habitacional (art. 292, XVI) o fortalecimento e o aprimoramento dos canais de participação já instituídos, como o CMH, as Conferências Municipais de Habitação, convocadas pelo CMH conforme o art. 3º, IX, da Lei Municipal nº 13.425/2002, e os Conselhos Gestores de zonas especiais de interesse social (ZEIS).

Segundo o disposto no art. 44 do PDE de 2014, as ZEIS são porções do território destinadas, predominantemente, à moradia digna para a população da baixa renda, seja por meio da regularização fundiária de assentamentos precários, seja por meio da provisão de novas HIS (com renda de 1 a 6 salários mínimos) e de Mercado Popular (com renda de 6 a 10 salários mínimos). Assim, os Conselhos Gestores de ZEIS, conforme dispõe o art. 48 do PDE, são órgãos coletivos compostos por representantes dos moradores, do Executivo e da sociedade civil organizada, instituídos para participar da formulação e da implementação das intervenções a serem realizadas nas respectivas ZEIS.

Entre as instâncias participativas, há que se destacar também o Conselho Municipal de Política Urbana (CMPU). Tal como dispõe o art. 327 do Plano Diretor de 2014, o CMPU é um órgão coletivo e paritário, integrado por representantes do setor público, do setor privado e da sociedade civil, que tem por objetivo estudar e propor diretrizes

---

[618] DI PIETRO, Maria Sylvia Zanella. Participação Popular na Administração Pública. *Revista de Direito Administrativo (RDA)*, v. 191, p. 26-39, jan./mar. 1993.
[619] PRIST, Arthur Hirata; BUCCI, Maria Paula Dallari. Direito à Cidade e esfera pública: entre a participação política e a renovação jurídico-urbanística. *Cadernos Metrópole*. 2021, v. 23, n. 51, p. 629-650.

para a formulação e a implementação da Política Municipal de Desenvolvimento Urbano, bem como acompanhar e avaliar sua execução. Entre as diversas atribuições postas pelo art. 329 do PDE, incumbe ao CMPU promover a articulação entre os demais conselhos participativos setoriais do Município, entre estes o CMH.

É importante mencionar, por fim, que a gestão orçamentária participativa, desenvolvida por meio da realização de debates, audiências e consultas públicas conforme o art. 44 do Estatuto da Cidade, é condição obrigatória para a aprovação das leis orçamentárias pela Câmara Municipal e visa propiciar à sociedade civil os meios para participar da formulação do orçamento municipal como um todo, inclusive no que concerne à priorização do atendimento das necessidades sociais na distribuição dos recursos públicos e à destinação de verbas especiais aos programas habitacionais para população de baixa renda, prescritas pelo parágrafo único do art. 168, parágrafo único, da LOM.

No mesmo sentido, o art. 292, I, do PDE de 2014 determina que os programas, ações e investimentos, públicos e privados, na Habitação, devem priorizar a população de baixa renda. O texto do PDE, entretanto, não define expressamente o que considera ser "baixa renda". À vista do que dispõe o próprio Plano Diretor em seu art. 46, parágrafo único, I e II, pode-se considerar como "população de baixa renda" as famílias com renda mensal de zero a seis salários mínimos, pois essa é a faixa de renda a ser atendida por unidades e empreendimentos habitacionais de interesse social (HIS).

Todavia, a Lei Municipal nº 11.632/1994, em seu art. 10, §3º, I, determina que seja conferido atendimento habitacional prioritário a famílias com renda mensal de até cinco salários mínimos, autorizando, entretanto, a concessão de financiamentos para famílias com renda mensal de até dez salários mínimos, neste caso, para aquisição de unidades e empreendimento habitacionais de moradia popular (HMP). Por fim, é relevante mencionar que os parâmetros nacionais para enquadramento de famílias na situação de baixa renda para fins de inscrição no Cadastro Único para Programas Sociais do Governo Federal são a renda mensal por pessoa de até meio salário mínimo ou, alternativamente, renda mensal familiar total de até três salários mínimos, sendo, entretanto, admitida a inscrição de famílias com renda superior para vinculação a programas ou benefícios que utilizem o Cadastro Único em suas concessões.

Quanto aos instrumentos institucionais e financeiros da política municipal de habitação, remetemos o leitor aos comentários feitos ao art. 167 da LOM.

Informação bibliográfica deste texto, conforme a NBR 6023:2018 da Associação Brasileira de Normas Técnicas (ABNT):

SOTTO, Debora. Comentários ao art. 168. *In*: BATISTELA, Marcos; BARBOSA, Maria Nazaré Lins; MARTINS, Ricardo Marcondes (coord.). *Comentários à Lei Orgânica do Município de São Paulo*: atualizada até a Emenda nº 42/2022. Belo Horizonte: Fórum, 2023. p. 421-423. ISBN 978-65-5518-497-6.

Art. 169 A Lei Municipal estabelecerá os equipamentos mínimos necessários à implantação dos conjuntos habitacionais de interesse social.

DEBORA SOTTO

O art. 169 da LOM visa prevenir a construção de grandes conjuntos habitacionais monofuncionais em áreas periféricas, desprovidas de infraestrutura e serviços, observada na cidade de São Paulo sobretudo nas décadas de 1970 e 1980. Por seu isolamento, esses grandes conjuntos habitacionais acabaram por agravar a segregação socioespacial urbana,[620] restringindo seus residentes ao deslocamento moradia-trabalho e privando-os de aproveitar oportunidades em educação, saúde e lazer, ofertadas por equipamentos localizados quase sempre apenas nos bairros mais centrais.

Visando ampliar a inclusão urbana e fortalecer o direito à cidade, o art. 2º, V, do Estatuto da Cidade coloca a oferta de equipamentos urbanos e comunitários, transporte e serviços públicos adequados aos interesses e necessidades da população e às características locais como diretriz da política de desenvolvimento urbano. Adicionalmente, o art. 11, IV, da Lei Federal nº 11.124/2007 determina que as aplicações do FNHIS só sejam destinadas a programas habitacionais de interesse social que contemplem a implantação de saneamento básico, infraestrutura e equipamentos urbanos complementares.

Em âmbito municipal, importa destacar que o Plano Diretor de 2014 possui um capítulo especialmente dedicado à estruturação de um Sistema de Equipamentos Urbanos e Sociais, integrado pelos equipamentos de saúde, educação, esportes, cultura, assistência social, abastecimento e segurança alimentar. Entre os objetivos desse Sistema, elencados no art. 303 do PDE, inclui-se, no inciso III, o suprimento de todas as áreas habitacionais com os equipamentos necessários à satisfação das necessidades básicas de saúde, educação, lazer, esporte, cultura e assistência social de sua população. Ainda, no contexto da estruturação do Serviço de Moradia Social, destinado ao atendimento habitacional de grupos em situação de vulnerabilidade ou risco social, o art. 292, §2º, do PDE autoriza o Poder Público Municipal a subvencionar, total ou parcialmente, os custos decorrentes de implantação de equipamentos urbanos.

Informação bibliográfica deste texto, conforme a NBR 6023:2018 da Associação Brasileira de Normas Técnicas (ABNT):

SOTTO, Debora. Comentários ao art. 169-A. In: BATISTELA, Marcos; BARBOSA, Maria Nazaré Lins; MARTINS, Ricardo Marcondes (coord.). *Comentários à Lei Orgânica do Município de São Paulo*: atualizada até a Emenda nº 42/2022. Belo Horizonte: Fórum, 2023. p. 424. ISBN 978-65-5518-497-6.

---

[620] CYMBALISTA, Renato; TSUKUMO, Isadora Tami Lemos. Terra urbana para habitação social: alternativas à desapropriação na experiência brasileira. *In:* ALFONSIN, Betânia; FERNANDES, Edésio (org.). *Revisitando o Instituto da Desapropriação*. Belo Horizonte: Fórum, 2009. p. 87-89.

Art. 170 O Município, a fim de facilitar o acesso à habitação, apoiará a construção de moradias populares, realizada pelos próprios interessados, por cooperativas habitacionais e através de modalidades alternativas.

Parágrafo único – O Município apoiará o desenvolvimento de pesquisa de materiais e sistemas construtivos alternativos e de padronização de componentes, visando garantir o barateamento da construção.

DEBORA SOTTO

O art. 170 da LOM aborda a produção habitacional por autogestão. Segundo Bonduki e Rossetto, a autogestão permite "promover, com qualidade e baixo custo, a produção de habitação, além de estimular a organização popular, aspecto fundamental para enfrentar a questão social no Brasil urbano".[621]

A cidade de São Paulo teve uma experiência muito bem sucedida com a construção de moradias por mutirões autogeridos no governo da Prefeita Luiza Erundina, de 1989 a 1992. O programa logrou produzir cerca de 12 mil unidades para a população de baixa renda, com recursos oriundos do hoje extinto Fundo de Atendimento à População Moradora em Habitação Subnormal (FUNAPS).[622]

A Lei Municipal nº 11.632/1994, em seu art. 10, §3º, IV, contempla a autogestão, ao incluir o atendimento à população organizada por meio de cooperativas habitacionais ou quaisquer formas associativas entre as diretrizes gerais para a formulação de programas e projetos com recursos do FMH.

O art. 292, XV, do Plano Diretor de 2014, por sua vez, também incluiu o apoio à produção social da moradia por meio do incentivo às associações, cooperativas e demais entidades atuantes na produção social da moradia entre as diretrizes da política de habitação social do Município de São Paulo.

Nesse contexto, o Programa Pode Entrar, aprovado pela Resolução CMH nº 132/2019 e disciplinado pela Lei Municipal nº 17.638/2021, trata da provisão habitacional com participação de associações e cooperativas habitacionais sob duas modalidades: cogestão e autogestão.

Na modalidade de cogestão, prevista no art. 7º, §1º, II, da Lei Municipal nº 17.638/2021, as associações e cooperativas habitacionais, associadas à COHAB-SP, receberão recursos públicos para contratação de empresas previamente cadastradas junto ao Poder Público para produção total das unidades habitacionais vinculadas ao programa.

---

[621] BONDUKI, Nabil Georges; ROSSETTO, R. O. Plano Nacional de Habitação e os recursos para financiar a autogestão. Proposta: *Revista Trimestral de Debate da Fase*, v. 116, p. 33-38, 2008.

[622] PAULINO, Jorge. A questão da habitação no Brasil: a gênese dos mutirões autogestionários em São Paulo. *Revista Belas Artes*, v. 20, n. 1, p. 11, 2016.

Na modalidade de autogestão, contemplada no inciso III do citado dispositivo, a construção das unidades habitacionais será integralmente feita pelas associações e cooperativas habitacionais, representantes das famílias participantes em cada empreendimento, mediante assessoria técnica e repasse de recursos pelo Poder Público.

Para melhoria e barateamento das unidades habitacionais, a Lei Municipal nº 11.632/1994 autoriza, em seu art. 10, II, a utilização de recursos do FMH para propiciar a aquisição de materiais de construção e estimular a utilização de processos de construção alternativos.

O Plano Diretor de 2014, em seu art. 292, XIV, contempla como diretriz da política habitacional o incentivo à adoção de tecnologias socioambientais na produção de habitação de interesse social e na urbanização de assentamentos precários, em especial as relacionadas ao uso de energia solar, gás natural e ao manejo da água e dos resíduos sólidos e à agricultura urbana. Tal diretriz visa alcançar não só o barateamento das unidades habitacionais como também promover a economia de recursos naturais e a redução de impactos ambientais, propiciando, desse modo, maior sustentabilidade a ações de provisão habitacional, de acordo com o prescrito pelo Estatuto da Cidade em seu art. 2º, XVII.[623]

Nesse sentido, a Lei Municipal nº 17.638/2021, em seu art. 14, parágrafo único, determina que os projetos desenvolvidos no âmbito do Programa Pode Entrar indiquem os critérios de sustentabilidade observados, considerando, entre outros elementos, a inserção do empreendimento na cidade e qualidade urbana, a qualidade de projeto, a gestão da água, a eficiência energética e a conservação e reciclagem de recursos materiais.

Informação bibliográfica deste texto, conforme a NBR 6023:2018 da Associação Brasileira de Normas Técnicas (ABNT):

SOTTO, Debora. Comentários ao art. 170. In: BATISTELA, Marcos; BARBOSA, Maria Nazaré Lins; MARTINS, Ricardo Marcondes (coord.). *Comentários à Lei Orgânica do Município de São Paulo*: atualizada até a Emenda nº 42/2022. Belo Horizonte: Fórum, 2023. p. 425-426. ISBN 978-65-5518-497-6.

---

[623] Estatuto da Cidade. Art. 2º. A política urbana tem por objetivo ordenar o pleno desenvolvimento das funções sociais da cidade e da propriedade urbana, mediante as seguintes diretrizes gerais: (...) XVII – estímulo à utilização, nos parcelamentos do solo e nas edificações urbanas, de sistemas operacionais, padrões construtivos e aportes tecnológicos que objetivem a redução de impactos ambientais e a economia de recursos naturais (Incluído pela Lei nº 12.836/2013).

Art. 171 Considera-se para os efeitos desta lei, habitação coletiva precária, de aluguel, a edificação alugada no todo ou em parte, utilizada como moradia coletiva multifamiliar, com acesso aos cômodos habitados e instalações sanitárias comuns.

§1º – As habitações coletivas multifamiliares, com cadastro específico a ser instituído, serão submetidas a controle dos órgãos municipais, visando melhorar as condições de segurança e higiene dos imóveis.

§2º – As irregularidades, nos termos da legislação própria, cometidas por proprietários, sublocadores ou terceiros que tomem o lugar destes em imóveis alugados que se constituam em habitações coletivas precárias, acarretarão aos mesmos, além das sanções civis e criminais cabíveis, outras penalidades e providências administrativas previstas em lei.

DEBORA SOTTO

O art. 171 da LOM aborda especificamente os cortiços. Bastante combatidos pelo urbanismo higienista no início da formação da São Paulo moderna, ao final do século XIX,[624] os cortiços continuaram a fazer parte do cotidiano dos paulistanos, não só nas áreas centrais, onde predominam, mas também na periferia.

Como observa Nakano:[625]

> As moradias em cômodos e em cortiços podem ser vistas como um dos meios comumente utilizados pelas populações de baixa renda para acessar as moradias localizadas, geralmente, em áreas centrais das cidades que, apesar de bem localizadas, apresentam alternativas habitacionais que, de certo modo, cabem em baixos orçamentos familiares. Em geral, a ocupação desses cômodos e cortiços ocorre mediante o pagamento de aluguéis, nem sempre baratos, que pesam nos orçamentos daquelas pessoas que lutam diariamente para auferir rendimentos os quais, não raramente, são insuficientes para satisfazer suas necessidades básicas.

Até a edição da Lei Municipal nº 10.928/1991, a abordagem da Prefeitura para os cortiços reduzia-se à remoção da população encortiçada, com interdição e demolição das edificações. Com a aprovação da chamada "Lei Moura", inaugurou-se uma nova política, pautada pela "proposta de fixação da população encortiçada em seu local de moradia".[626]

---

[624] SAMPAIO, Maria Ruth Amaral de; PEREIRA, Paulo Cesar Xavier. Habitação em São Paulo. *Estudos Avançados*, v. 17, n. 48, p. 167-183, 2003.
[625] NAKANO, Anderson Kazuo. Desigualdades habitacionais no "repovoamento" do centro expandido do município de São Paulo. *Cad. Metrop.*, São Paulo, v. 20, n. 41, p. 65, jan./abr. 2018.
[626] SAMPAIO; PEREIRA. *Estudos Avançados*, p. 178.

Em linha com o que dispõe o art. 170 da LOM, a Lei Moura impõe a observância de parâmetros mínimos de habitabilidade pelas edificações encortiçadas, responsabilizando solidariamente o proprietário, locatário-sublocador ou qualquer responsável pela exploração do cortiço pelas suas condições habitacionais.

É importante observar que a regularização dos cortiços, assim como dos demais assentamentos urbanos informais, constitui uma diretriz da política habitacional do Município, conforme o art. 292, IV, do PDE de 2014. Parte significativa dos cortiços existentes na cidade de São Paulo está localizada em ZEIS 3, reservadas à provisão habitacional para a população de baixa renda, conforme o art. 45, III, do Plano Diretor. Assim, se demolidas as edificações em que estão instalados os cortiços, as moradias produzidas no terreno pelo Poder Público deverão ser destinadas prioritariamente à população moradora no antigo móvel, de acordo com o art. 52, §2º, do PDE.

Por fim, cumpre observar que a requalificação e a reabilitação dos cortiços localizados nos bairros centrais da cidade de São Paulo constituem uma das ações estratégicas programadas para o Projeto de Intervenção Urbana do Setor Central, correntemente em votação na Câmara Municipal de São Paulo na forma do Projeto de Lei nº 712/2020.

Informação bibliográfica deste texto, conforme a NBR 6023:2018 da Associação Brasileira de Normas Técnicas (ABNT):

SOTTO, Debora. Comentários ao art. 171. In: BATISTELA, Marcos; BARBOSA, Maria Nazaré Lins; MARTINS, Ricardo Marcondes (coord.). Comentários à Lei Orgânica do Município de São Paulo: atualizada até a Emenda nº 42/2022. Belo Horizonte: Fórum, 2023. p. 427-4228. ISBN 978-65-5518-497-6.

Capítulo IV
Do Transporte Urbano

Art. 172 Compete à Prefeitura planejar, organizar, implantar e executar, diretamente ou sob regime de concessão, permissão, ou outras formas de contratação, bem como regulamentar, controlar e fiscalizar o transporte público, no âmbito do Município.
Parágrafo único – Lei disporá sobre a organização e a prestação dos serviços de transportes públicos, que têm caráter essencial, respeitadas as interdependências com outros Municípios, o Estado e a União.

GILMAR PEREIRA MIRANDA

1 Transporte urbano

O transporte urbano é o objeto do Capítulo IV do Título V da LOMSP, compreendendo os arts. 172 a 179. Suas disposições disciplinam a forma pela qual o Município de São Paulo vai organizar sua posição quanto à regulação viária e a organização das diversas atividades atreladas ao transporte de bens e de passageiros.

"Transporte" corresponde ao deslocamento de pessoas ou coisas. Distingue-se do trânsito, definido como "a utilização das vias por pessoas, veículos e animais, isolados ou em grupos, conduzidos ou não, para fins de circulação, parada, estacionamento e operação de carga ou descarga" (art. 1º, §1º), ou do tráfego, que corresponde ao fluxo de pessoas, veículos e animais por vias.[627]

O transporte aqui disciplinado se qualifica como urbano por força de sua finalidade de propiciar o deslocamento de pessoas ou coisas entre pontos distintos da cidade, com ocupação humana e presença de edificações e infraestrutura para tanto. Não obstante, o transporte em áreas rurais para conexão a equipamentos públicos e áreas de interesse de tráfego não é afastado da competência municipal, por envolver o interesse local da população, desde que respeitados os limites municipais.

A disciplina do transporte possui sede no art. 22, XI, da Constituição da República, como matéria de competência legislativa privativa da União. Por seu turno, compete ao Município legislar sobre assuntos de interesse local e suplementar a legislação federal e a estadual no que couber (art. 30, I e II), bem como organizar

---

[627] Hely Lopes Meirelles, por seu turno, definia *tráfego* como "o deslocamento de pessoas ou coisas pelas vias de circulação em missão de transporte", incluindo o *transporte* como elemento abrangido pelo *tráfego* (*Direito Municipal Brasileiro*. 17. ed. São Paulo: Malheiros, 2013. p. 461-462). Contudo, tal conceituação não foi abarcada pelos diversos diplomas legais que disciplinam o trânsito e o transporte, como o Código de Trânsito Brasileiro ("engenharia de tráfego"), o Código Civil (art. 730) e a Lei das Ferrovias (Lei Federal nº 14.273/ 2021, art. 3º). Tal dicotomia pode ter sede na diferença existente na competência da União em legislar conforme definido pela atual Constituição da República (art. 22, XI) e a Constituição de 1967, e sua Emenda nº 1/1969 (art. 8º, XVII, "n", em ambos os textos).

e prestar o serviço público de interesse local de transporte coletivo, que recebe a qualificação constitucional de sua essencialidade (art. 30, V).

A disciplina federal era compreendida pelo Código Nacional de Trânsito (Lei nº 5.108/1966) e pelo Sistema Nacional de Transportes Urbanos (Lei nº 6.261/1975), este como parte integrante do Sistema Nacional de Viação (Lei nº 5.917/1973). A partir dessas disposições, os Estados, o Distrito Federal e os Municípios passavam a organizar seus serviços e autorizar a realização de operações de transporte, por meio dos diversos modais que se desenvolveram no período pré-Constituição de 1988.

Com o novel regime constitucional, que promoveu a maior autonomia municipal, resguardando-lhe elementos de autogestão, arrecadação de tributos, competências legislativas e possibilidade de escolha de seus representantes nos Poderes Executivo e Legislativo, foi fixada nova roupagem à estrutura normativa federal, quanto a seu caráter nacional, tornando inconciliáveis e não recepcionadas as normas federais que propunham alguma limitação de atuação municipal despida de qualquer previsão específica no Texto Maior.

Essa maior autonomia redundou em reflexos importantes no conjunto normativo nacional pátrio, como a ausência de disciplina específica sobre o transporte no atual Código de Trânsito Brasileiro (CTB) (Lei nº 9.503/1997)[628] e a remodelação de integração das relações entre os Entes da República no vigente Sistema Nacional de Viação (Leis nº 10.233/2001 e 12.379/2011). Finalmente, houve a elaboração da lei que disciplina a Política Nacional de Mobilidade Urbana, organizando o Sistema Nacional de Mobilidade Urbana em diversos conjuntos de transporte no território municipal (Lei nº 12.587/2012).

No ordenamento do Município de São Paulo, o transporte urbano é tratado por diversos diplomas legais, como as Leis nº 7.329/1969 (serviço de táxi), 10.154/1986 (transporte escolar), 11.368/1993 (transporte de produtos perigosos), 13.241/2001 (transporte coletivo público de passageiros), 14.491/2007 (motofrete), e 14.971/2009 (fretamento), complementadas por outras leis específicas e regulamentadas por inúmeros decretos e portarias.

2 Transporte público

O art. 172 dispõe sobre a competência da Prefeitura (*rectius* Poder Executivo Municipal) em "planejar, organizar, implantar e executar, diretamente ou sob regime de concessão, permissão ou outras forma de contratação", podendo, ainda, "regulamentar, controlar e fiscalizar o transporte público, no âmbito do Município".

De início, há de se observar a crítica topológica do dispositivo, que deveria constar como subsequente ao art. 173, por se identificar como uma de suas espécies do "sistema de transporte urbano", dialogando com o título adotado para o presente capítulo.

Uma segunda observação a ser feita, ao se disciplinar o transporte público, está a definir, a partir da estrutura de mobilidade urbana descrita no art. 173, que o objeto do art. 172 se trata do transporte público de passageiros (inciso I), não incluindo aqui os serviços de transporte público de carga existentes, como a coleta de lixo (art. 125, II),

---

[628] Remanescendo apenas aspectos pontuais como de fiscalização dos órgãos de trânsito, como a fiscalização do veículo de transporte de escolares, a disciplina mínima sobre a segurança de veículos destinados ao transporte ou a fixação de regras atinentes ao emplacamento na categoria de "aluguel".

o serviço de traslado de corpos voltado ao serviço funerário (art. 125, I) ou o serviço de transporte de pacientes do serviço de saúde municipal (art. 216).

O transporte será público (de passageiros) quando assim a natureza do serviço o classificar, por meio de organização do serviço público local, assumindo a Municipalidade sua titularidade, executando a atividade diretamente ou mediante ato negocial com empresa de sua administração indireta ou com particulares, estes escolhidos mediante procedimento licitatório próprio.

No que tange à escolha do particular para sua execução, estando a modelagem contratual adequada aos termos de uma concessão ou permissão, serão observados os comandos da Lei Federal nº 8.987/1995, que rege as concessões e permissões de serviços públicos, suplementada no que couber pela Lei Federal nº 14.133/2021, que versa sobre Licitações e Contratos Administrativos.[629] Eventualmente, quando presente alguma forma de patrocínio na prestação do serviço, poderá ser adotado o regime das PPP, da Lei Federal nº 11.079/2004.

De forma associada ao regime de concessões e permissões, admite-se a adoção do regime de autorização, apesar de sua característica ser melhor moldada ao transporte de interesse público ou privado, no qual o Poder Público outorga a qualquer interessado, atendidos os requisitos regulamentares, a possibilidade de operação no transporte urbano, assumindo, assim, os ônus de sua atividade. Por seu caráter precário, em meio urbano vem se mostrando um regime jurídico de pouca valia para fins de atendimento ao planejamento municipal de transporte e atendimento às demandas da população quanto à mobilidade urbana existente.[630]

As outras formas de contratação podem ser adotadas mediante a adoção na íntegra do regime jurídico comum dos Contratos Administrativos, estabelecido pela Lei Federal nº 14.133/2021, no qual o particular assume a posição de prestador de serviço ao Município, este respondendo pelos danos direta ou indiretamente que o prestador causar aos usuários do transporte, sem prejuízo de eventual recomposição posterior.

Independentemente do regime jurídico adotado, o Município deverá também se pautar pelas diretrizes estabelecidas pela Lei nº 12.587/2012, garantindo a acessibilidade universal, equidade no acesso, eficiência, eficácia e efetividade, gestão democrática, segurança, justa distribuição de benefícios e ônus, entre outros.

Além do transporte público de passageiros, são identificados e regulados pelo Município, na qualidade de transporte urbano, o transporte de interesse público de passageiros, no qual a Municipalidade confere autorização para sua exploração por particulares, sob total risco de sua execução, interferindo quanto a elementos essenciais do planejamento de mobilidade urbana, e o transporte privado de passageiros, cuja atuação estatal envolve a fiscalização quanto à regularidade de seus termos e segurança quanto aos usuários do serviço a ser prestado pelos interessados.

O serviço de transporte público pode ser coletivo, quando envolve a adoção de veículos de maior capacidade e roteirizados previamente, com escala de horário de

---

[629] Para os contratos firmados até 30 de março de 2023, ressalvada a hipótese de aplicação imediata da Lei Federal nº 14.133/2021, será aplicada supletivamente a Lei Federal nº 8.666/1993, por força dos arts. 190 e 191 daquela.

[630] O regime jurídico de autorização também se mostra frágil ante a autorização de medidas interventivas sobre a estrutura empresarial para manutenção da prestação de serviço público, conforme autoriza o art. 177 desta Lei Orgânica, calcada tal ação pela essencialidade constitucionalmente atribuída à atividade de transporte coletivo público de passageiros.

funcionamento e frequência e cobrança individualizada de passagem, ou então individual, situação na qual o acionamento do transporte é personalizado a uma pessoa ou pequeno grupo de pessoas, com viagem a ser realizada mediante pagamento correspondente ao deslocamento a ser realizado.

Outrossim, a organização do transporte público de passageiros demanda a edição de lei para sua organização e prestação pelo Poder Público Municipal (parágrafo único do art. 172), o qual recebe a qualificação de caráter essencial.

É importante destacar aqui que a Constituição da República, no art. 30, V, classifica como essencial o transporte coletivo (público) de passageiros. Não obsta, por seu turno, que a Lei Orgânica eleja o transporte público individual de passageiros como de caráter essencial. Todavia, qual seria esse transporte?

O transporte individual de passageiros no Município veio tradicionalmente recebendo o tratamento dado ao transporte com veículos dotados de taxímetro, sendo sua estrutura jurídica disposta pela Lei nº 7.329/1969. Dúvida pairava sobre sua qualificação, se serviço público ou de interesse público, sendo necessário, no primeiro caso, observar os parâmetros definidos no *caput* do art. 172 ora em análise (concessão ou permissão).

Tal situação fora estruturada nacionalmente pela Lei Federal nº 12.587/2012, cujo art. 12 o qualificou como serviço de utilidade pública, a partir da alteração promovida em 2013, sem, contudo, uma revisão dos parâmetros iniciais do art. 3º, §2º, III, do mesmo diploma.

Em que pese eventual invasão de competência da União sobre a competência originária dos Municípios e do Distrito Federal em organizar o serviço de táxi, que definirá sua característica como serviço público (aquele de titularidade do Município) ou de interesse público (no qual o Município estabelece regramento específico para fins de seu acesso e controle mais concentrado na sua exploração, por entender como vital à localidade), o que se percebe sobre a estrutura jurídica posta, recepcionada pela Constituição de 1988, é no sentido de sua caracterização como serviço de utilidade pública, competindo aos interessados, mediante procedimento restrito de acesso, a operação individualizada de cada veículo, sob risco econômico próprio, cabendo ao Poder Público local gerenciar o aumento ou não de frota particular vinculada ao serviço, conforme a mutação da demanda de transporte municipal dessa característica.

Destaca-se que a própria Lei Orgânica inclui o serviço de táxi como passível de regulamentação apartada por parte do Município, como descrito no art. 179, III.

Portanto, a matéria versada neste artigo envolve especificamente o transporte coletivo público de passageiros, sob o qual o Município vai desenvolver o planejamento, o gerenciamento e a delegação, mediante procedimento licitatório, da operação a empresas, cooperativas ou pessoas naturais, na forma do disposto na Lei nº 13.241/2001.

Em relação à interdependência com o transporte de titularidade do Estado e da União, assim como reiterado no art. 174 desta, sua estrutura teve como mote a integração do transporte da Metrópole.

Informação bibliográfica deste texto, conforme a NBR 6023:2018 da Associação Brasileira de Normas Técnicas (ABNT):

MIRANDA, Gilmar Pereira. Comentários ao art. 172. *In*: BATISTELA, Marcos; BARBOSA, Maria Nazaré Lins; MARTINS, Ricardo Marcondes (coord.). *Comentários à Lei Orgânica do Município de São Paulo*: atualizada até a Emenda nº 42/2022. Belo Horizonte: Fórum, 2023. p. 429-432. ISBN 978-65-5518-497-6.

Art. 173 O sistema de transporte urbano compreende:

I – o transporte público de passageiros;

II – as vias de circulação e sua sinalização;

III – a estrutura operacional;

IV – mecanismos de regulamentação;

V – o transporte de cargas;

VI – o transporte coletivo complementar.

GILMAR PEREIRA MIRANDA

1   Sistema Municipal de Viação

Como parte integrante do Sistema Nacional de Viação,[631] sendo parcela de gestão sob responsabilidade do Município de São Paulo, são considerados elementos do sistema de transporte urbano (i) o transporte público de passageiros, (ii) as vias de circulação e sua sinalização, (iii) a estrutura operacional, (iv) mecanismos de regulamentação, (v) o transporte de cargas e (vi) o transporte coletivo complementar.

Por compor parte do Sistema Nacional de Viação, o sistema de transporte urbano deve dotar a Cidade com infraestrutura viária adequada, garantir a operação racional e segura dos transportes de pessoas e bens e promover o desenvolvimento social e econômico e a integração local e regional.[632]

Outrossim, esse sistema local integra o Sistema Nacional de Mobilidade Urbana,[633] permitindo o deslocamento de pessoas e cargas, observadas as diretrizes de integração, prioridades dos modos de transporte, mitigação dos custos ambientais, incentivos ao desenvolvimento tecnológico e ao uso de energias renováveis e menos poluentes, priorização de projetos de transporte público coletivo estruturadores do território e indutores de desenvolvimento integrado.

2   Transporte público de passageiros

O transporte público de passageiros é um dos mais importantes elementos estruturantes do sistema de transporte urbano da Cidade de São Paulo. É composto pelo serviço de transporte coletivo público de passageiros, mediante a utilização de

---

[631] Anteriormente regulado pela Lei Federal nº 5.917/1973 e agora objeto das Leis Federais nº 10.233/2001 e 12.379/2011.

[632] *Vide* art. 4º da Lei Federal nº 10.233/2001.

[633] Ver Lei Federal nº 12.587/2012.

linhas fixas oficializadas pelo Município, operadas, atualmente, por particulares, após a conclusão de procedimento licitatório para fins de concessão ou permissão do serviço. Seu regime jurídico no Município é proposto pela Lei nº 13.241/2001, complementado pela Lei Federal nº 12.587/2012, que lança bases a serem consideradas para sua modelagem.

Sua missão é proporcionar o deslocamento da população no território municipal, ordenando o fluxo de pessoas pela cidade, mediante disponibilização de veículos de alta e média capacidade, como impulso a conter a disseminação de veículos particulares pela cidade, sendo seu acesso oneroso, por meio de tarifa, definida pelo Poder Público Municipal.

3 Vias de circulação e sua sinalização

As vias municipais são as ruas, alamedas, avenidas, estradas abertas para circulação de pedestres e veículos, integrantes do patrimônio público, na qualidade de bens de uso comum do povo. No Município de São Paulo, a exceção dos trechos rodoviários federais[634] e estaduais[635] que adentram o território municipal, todas as demais vias são integrantes do patrimônio municipal.

Os parâmetros de circulação de pedestres e veículos, bem como os padrões de sinalização viária, são fixados pelo CTB, cuja norma atribui aos municípios brasileiros (art. 24) as competências para fins de exercício do mister de autoridade local de trânsito, podendo definir as regras de circulação de determinada via, a fixação de limitações de acesso de determinado trecho viário para veículos específicos ou apenas a pedestres, como forma de exercício da engenharia de tráfego imprescindível ao melhor fluxo desses elementos. Também têm força complementar as normas expedidas pelo Conselho Nacional de Trânsito (CONTRAN).

4 Estrutura operacional

Entende-se como estrutura operacional necessária para a execução do transporte urbano da cidade de São Paulo aquela constituída por órgãos da Administração direta, entidades criadas para esse fim integrantes da Administração indireta, o pessoal de cada um desses órgãos e entidades e a rede de informações geradas pela operação do transporte urbano.

Tradicionalmente, o Poder Executivo dedica uma secretaria específica para tratar de assuntos voltados à mobilidade urbana, alterando sua denominação conforme a predominância dada ao elemento característico mais importante da mobilidade naquela determinada gestão. Também funcionam duas empresas estatais, sendo uma voltada

---

[634] São as rodovias Presidente Dutra, Fernão Dias e Régis Bittencourt. Parte do viário de acesso ao Aeroporto de Congonhas é de titularidade da União, mas com cooperação para atuação do Município para fins de sinalização, manutenção e fiscalização.

[635] São as rodovias Ayrton Senna, Bandeirantes, Anhanguera, Raposo Tavares, Imigrantes e Anchieta, o Rodoanel Mario Covas e diversas estradas em continuação a avenidas municipais que ligam bairros de São Paulo a outros municípios da Região Metropolitana de São Paulo. As marginais Tietê e Pinheiros são consideradas rodovias estaduais, com administração cedida ao Município de São Paulo para sinalização, manutenção e fiscalização.

diretamente ao gerenciamento de trânsito da cidade, a Companhia de Engenharia de Tráfego, e outra destinada à gestão do transporte coletivo público de passageiros, a São Paulo Transporte S/A. A secretaria é composta por servidores de carreira, além da participação de agentes públicos ocupantes de cargos em comissionamento, enquanto as empresas são compostas por quadros regidos pela CLT.

Por fim, a existência de um vasto conjunto de informações geradas pela mobilidade urbana, gestionadas pelas unidades anteriormente descritas, possibilitam o estudo constante para o aprimoramento do deslocamento diário da população no viário urbano, com uso de meios próprios ou por aqueles disponibilizados, seja por particulares autorizados pela Municipalidade ou então por aqueles integrantes do serviço público de transporte local.

5 Mecanismos de regulamentação

Mecanismos são ferramentas disponibilizadas ao Poder Público local para fins de salvaguardar a integridade da mobilidade urbana, com ações afirmativas e interventivas, disciplinando parte de sua estrutura, seja fixando regras de prestação do serviço de transporte coletivo, seja limitando o acesso de certas áreas da cidade por veículos em revezamento diário. Para tanto, dispõe o Poder Executivo de ferramentas previstas em lei (CTB, Plano Nacional de Mobilidade Urbana, Lei dos Táxis, Lei do Transporte Escolar, Lei do Fretamento, Lei do Transporte Coletivo Público de Passageiros, entre outras), com previsão de intervenções concretas e voltadas ao melhoramento das práticas voltadas a reafirmar a mobilidade urbana, como a edição de decretos, portarias, resoluções, fixação de sinalização viária, entre outras.

6 Transporte de carga

O transporte de carga tem sua importância em razão da proeminência de abastecimento de comércio e serviços pela cidade, e, além disso, promove a distribuição de encomendas para todas as pessoas, naturais ou jurídicas, residentes na cidade. Também se mostra vital o trato do transporte de carga considerando a posição estratégica da cidade de São Paulo e a existência de diversas rodovias que a ela se conectam, impactando o transporte em passagem sobre o tráfego local.

São ações aptas, calcadas no CTB, a restrição de circulação de veículos de cargas em determinadas regiões e horários e a fixação de regras para o transporte de cargas superdimensionadas, necessitando para tanto de um melhor planejamento para seu deslocamento, minorando o impacto no fluxo e na infraestrutura existente na cidade. Também são importantes as ações voltadas ao controle do transporte de produtos perigosos, os quais demandam uma fiscalização ambiental em razão do potencial risco por eventual avaria ou dano causado durante o trajeto à localidade envolvida. Outrossim, ante o crescente número de entregas de pequeno porte, com o acréscimo de motocicletas empregadas, o Município vem paulatinamente criando novas regras de ordenança sobre a atividade, para maior segurança à circulação viária, buscando diminuir índices de acidentes e efeitos danosos que podem recair às pessoas envolvidas nesse trabalho.

7 Transporte coletivo complementar

O transporte coletivo complementar acresce à modalidade de transporte coletivo público de passageiros, promovendo viagens com público restrito, previamente contratado, com pagamento correspondente ao período de transporte, sendo vedada a cobrança unitária da viagem. São tradicionalmente considerados o transporte por atividade de fretamento e o transporte de escolares, ambos com regulamentações próprias no Município, além, no último caso, de regras fixadas nacionalmente pelo CTB.

8 Outros elementos

A lista aqui não se esgota, porque existem outras regulações próprias a integrar o transporte urbano da cidade de São Paulo, com reconhecimento na própria Lei Orgânica e em outras sedes legais.

O primeiro exemplo a ser considerado pode ser o serviço de táxis, com previsão no art. 179, III, que compreende atividade distinta do transporte público (*vide* comentário ao art. 172), propondo-se a atender às demandas individuais de transporte.

O segundo exemplo pode ser tomado da Lei do Plano Nacional de Mobilidade Urbana, a qual, nos arts. 11-A e 11-B, trazem a regulamentação do transporte individual de passageiros com intermediação de plataformas digitais, atribuindo aos Municípios e ao Distrito Federal regras de fiscalização a serem lançadas sobre esse modal.

Como se observa, por mais que haja interesse em descrever todas as atividades integrantes do sistema de transporte urbano da cidade de São Paulo, tal medida se torna hercúlea pela inovação tecnológica que socorre à sociedade, com o passar dos anos, propiciando novas formas de deslocamento e a integração de outras formas para tanto (por exemplo, um plano voltado à mobilidade cicloviária), com os esforços e o reconhecimento da complexidade da vida social nesta grande metrópole. Portanto, o rol do art. 173 se mostra exemplificativo dos elementos integrantes do sistema de transporte urbano da cidade de São Paulo.

Informação bibliográfica deste texto, conforme a NBR 6023:2018 da Associação Brasileira de Normas Técnicas (ABNT):

MIRANDA, Gilmar Pereira. Comentários ao art. 173. *In*: BATISTELA, Marcos; BARBOSA, Maria Nazaré Lins; MARTINS, Ricardo Marcondes (coord.). *Comentários à Lei Orgânica do Município de São Paulo*: atualizada até a Emenda nº 42/2022. Belo Horizonte: Fórum, 2023. p. 433-436. ISBN 978-65-5518-497-6.

Art. 174 O sistema local de transporte deverá ser planejado, estruturado e operado de acordo com o Plano Diretor, respeitadas as interdependências com outros Municípios, o Estado e a União.

§1º – Lei disporá sobre a rede estrutural de transportes, que deverá ser apresentada pelo Poder Executivo, em conjunto com o Plano Diretor e periodicamente atualizada.

§2º – No planejamento e implantação do sistema de transportes urbanos de passageiros, incluídas as vias e a organização do tráfego, terão prioridade a circulação do pedestre e o transporte coletivo.

§3º – O Plano Diretor deverá prever tratamento urbanístico para vias e áreas contíguas à rede estrutural de transportes com o objetivo de garantir a segurança dos cidadãos e do patrimônio ambiental, paisagístico e arquitetônico da cidade.

GILMAR PEREIRA MIRANDA

1 Transporte urbano e o Plano Diretor

O transporte urbano, como elemento vital para deslocamento interno da população, em especial em uma cidade com dimensões espaciais relevantes, é imprescindível para a elaboração do Plano Diretor da cidade, a ser elaborado na forma prevista na Lei Federal nº 10.257/2001. Tal instrumento, de sede constitucional (arts. 182 e 183 da Constituição da República), é de suma importância para o desenvolvimento de políticas públicas de desenvolvimento e de expansão urbana no Município. A forma de estudo e fixação de prioridades do deslocamento municipal é ligada diretamente à caracterização das regiões urbanas integrantes do território municipal e auxiliam no conhecimento quanto ao movimento urbano que se desenvolve nos fluxos diários das pessoas, possibilitando sugestões de engenharia que possam aprimorar a qualidade desse fluxo, minorando os impactos à cidade e aos usuários da rede viária municipal.

Como elemento primordial, a rede estruturante do transporte urbano, compreendendo a infraestrutura de vias e obras de artes, os serviços de transporte disponibilizados, públicos ou particulares, devem todos ser objeto de estudo para o desenvolvimento e a atualização do Plano Diretor, sendo a ele integrado (§1º).

Ademais, o Plano Diretor deverá observar estudos específicos sobre as áreas contíguas aos eixos estruturantes de transporte urbano da cidade, de modo a não os sobrecarregar e melhor aproveitá-los, fixando-se regras de uso e ocupação próprias ou encargos ou condicionantes para implantação de novos empreendimentos, contando para isso com a rede já disponível (§3º).

2 Integração de redes de transporte

A posição geográfica da cidade de São Paulo e sua importância para o desenvolvimento de toda a região onde está localizada, sendo o centro da Região Metropolitana de mesmo nome, faz importar que as redes de transporte urbano sejam pensadas conjuntamente com as redes estaduais e federais.

Como resultado da conurbação urbana vivida pela cidade, durante o desenvolvimento econômico como polo industrial, comercial e de serviços, consolidando-se sua posição com a instalação da Região Metropolitana de São Paulo a partir da Lei Complementar Federal nº 14/1973, o meio urbano local passou a ter maior interface com os demais municípios vizinhos e outras regiões do Estado, sobretudo na conexão com o litoral.

A primazia do estudo e do planejamento metropolitano pelo Estado, recentemente reafirmada pela Lei Federal nº 13.089/2015 (Estatuto da Metrópole), não pode ser barrada pelo estudo do Plano Diretor local, compreendendo um trabalho sinérgico entre os diversos fatores de deslocamento humano e de bens. Importa destacar que a Constituição Estadual, de 5 de outubro de 1989, prevê, em seu art. 158, o planejamento do transporte coletivo de caráter regional "em conjunto com os municípios integrantes das respectivas entidades regionais", denotando a participação ativa do Município sobre o planejamento do transporte regional.

Todavia, os efeitos desses deslocamentos são sentidos pela cidade, e não pelo Estado, sendo, portanto, voz ativa na fixação de parâmetros de mobilidade pelo Município. Nesse sentido se dá a redação do art. 18 da Lei Federal nº 12.587/2012, ao atribuir aos Municípios e ao Distrito Federal as atribuições de planejar a mobilidade urbana, sendo o Estado e a União interlocutores importantes, mas partícipes, contribuindo com o desenvolvimento do plano local, de modo a manter a homogeneidade do deslocamento sobre a estrutura viária local, suportada pelo Município.

Outrossim, a importância da integração de redes de transporte entre Estado e Município é vital para o transporte de massas na cidade, em razão da existência de rede voltada ao modal de trilhos, seja por metrô, seja por trens, os quais acabam por proporcionar eixos de transporte estruturantes hábeis a promover o rápido deslocamento pela cidade.[636]

No mesmo sentido se dá o trato com a mobilidade de cunho federal, a qual está em sintonia com as conexões voltadas a outros grandes centros próximos, localizados em estados lindeiros. O fluxo externo do Estado de São Paulo, sendo relevante para a mobilidade urbana, deve ser tratado conjuntamente com os demais fluxos e meios de transporte disponíveis sustentados pelo Sistema Federal de Viação, não obstante a primazia legal conferida ao planejamento municipal em definir sua forma de intervenção local.

---

[636] Há de se pontuar que a Companhia do Metropolitano de São Paulo fora constituída pelo Município de São Paulo (*vide* Lei nº 6.988/1966); todavia, houve imperiosa decisão de transferência de controle acionário ao Estado de São Paulo, como forma de possibilitar os investimentos imprescindíveis à sua ampliação (Lei nº 8.830/1978).

3 Prioridade de circulação

A LOM estabelece premissas a serem observadas quanto ao planejamento do sistema de transportes urbanos (público) de passageiros pelo Poder Executivo, quais sejam, que a utilização de vias e a organização do tráfego deverão observar a prioridade de circulação de pedestres e de transporte coletivo.

Com efeito, o planejamento de transporte urbano focado no transporte coletivo público de passageiros deve propor soluções sobre o viário utilizado e de acesso a esse eixo para que haja maior destaque para o uso de ônibus e para os pedestres. Nesse caso, próximo aos principais eixos de transporte público, é imperioso que o uso de outros veículos, como automóveis e caminhões, seja desincentivado, justamente por conta de sua maior ocupação em volume e menor aproveitamento do espaço urbano destinado ao deslocamento da população. Ainda, quanto aos caminhões, por se destinarem ao transporte de mercadorias, estes precisam ter seu trajeto desviado para outros eixos de logística ou então com circulação restrita a horários específicos, sobretudo nos momentos de menor demanda por parte da população no seu deslocamento.

Como detalhe sobre o tema, é mister destacar a Lei nº 16.673/2017, que estabelece o "Estatuto do Pedestre no Município de São Paulo", a qual visa criar incentivo à abertura, manutenção e conservação de vias destinadas à mobilidade a pé.

Outro modal de importância, com previsão na Lei Nacional da Política Nacional de Mobilidade Urbana, é a bicicleta. Para tanto, o Município possui como marcos legais a Lei nº 16.388/2016, que institui programa destinado à instalação, operação e manutenção de rede de estações para disponibilização de bicicletas, e a Lei nº 16.547/2016, que incentiva o uso de bicicletas mediante ações voltadas à instalação de uma rede cicloviária. Em que pese não constar como prioridade, o modal da bicicleta serve como apoio local ao deslocamento de pessoas pela cidade, com capacidade de integração com a rede de transporte coletivo público de passageiros.

Informação bibliográfica deste texto, conforme a NBR 6023:2018 da Associação Brasileira de Normas Técnicas (ABNT):

MIRANDA, Gilmar Pereira. Comentários ao art. 174. In: BATISTELA, Marcos; BARBOSA, Maria Nazaré Lins; MARTINS, Ricardo Marcondes (coord.). *Comentários à Lei Orgânica do Município de São Paulo*: atualizada até a Emenda nº 42/2022. Belo Horizonte: Fórum, 2023. p. 437-439. ISBN 978-65-5518-497-6.

Art. 175 A regulamentação do transporte público de passageiros deverá contemplar:

I – o planejamento e o regime de operação;

II – o planejamento e a administração do trânsito;

III – normas para o registro das empresas operadoras;

IV – os direitos e os deveres dos usuários e das operadoras, considerando o conforto e a segurança dos usuários e operadores dos veículos;

V – normas relativas à fiscalização da prestação do serviço adequado de transporte e o trânsito estabelecendo penalidades para operadores e usuários;

VI – normas relativas ao pessoal das empresas operadoras, enfatizando os aspectos concernentes ao treinamento;

VII – normas relativas às características dos veículos;

VIII – padrão de operação do serviço de transportes, incluindo integração física, tarifária e operacional;

IX – padrão de segurança e manutenção do serviço;

X – as condições de intervenção e de desapropriação para regularizar deficiências na prestação dos serviços ou impedir-lhes a descontinuidade, cabendo nesses casos ao Executivo comunicar imediatamente à Câmara Municipal;

XI – a metodologia, as regras de tarifação e as formas de subsídios.

GILMAR PEREIRA MIRANDA

1 Regulamentação do transporte público de passageiros

O transporte público de passageiros, aqui entendido como o transporte coletivo público de passageiros, tem como principal ato normativo disciplinador a Lei nº 13.241/2001. O atual diploma veio substituir o regramento fixado pelas Leis nº 8.424/1976, que disciplinava a contratação da então Companhia Municipal de Transportes Coletivos (CMTC), e 11.037/1991, que fixou os parâmetros do Sistema Municipal de Transportes Urbanos do Município de São Paulo, possibilitando a participação conjunta de outras viações, privadas, no sistema de transporte coletivo da Cidade.

Com o fim da operação de transporte pela CMTC e sua transformação na São Paulo Transporte S/A (SPTrans), passando a partir de então a gerenciar o transporte coletivo na cidade, ocorreu a concentração da operação com parcerias privadas. Ademais, houve intensa necessidade de regulamentação de serviços complementares que vinham surgindo, desde o final dos anos 1980, até o ápice no final dos anos 1990, inicialmente como transporte sem autorização municipal e gradativamente sendo acrescido ao sistema de transporte local, urgindo por uma melhor sistematização, concluída apenas em 2001.

A lei em tela possui estrutura fixa, a ser desenvolvida pelo Poder Executivo na modelagem da delegação do serviço de transporte coletivo público de passageiros aos parceiros privados, além de prever que, por decreto, venha a trazer parâmetros complementares decorrentes da atualização da forma de organização do transporte coletivo, amoldando-se à realidade proposta como objeto de licitação (art. 11), além de outorgar poderes regulatórios ao Executivo sobre o setor (arts. 30 e 40).

2 Delegação do serviço

O planejamento do transporte coletivo público de passageiros é diretriz fundamental outorgada ao Poder Público local (art. 3º, I), prevendo a celebração de contrato com empresas, cooperativas e pessoas naturais, sendo para as primeiras aplicável exclusivamente o regime de concessão e, para as segundas e terceiras, a celebração de contratos de permissão, já observada a dualidade de regimes da Lei Federal nº 8.987/1995.

Diferencia-se, também, o tempo de relação jurídica havida com o Poder Público, com 15 anos[637] como prazo de vigência da concessão e 7 anos como prazo de vigência da permissão, sendo permitida apenas a esta a sua prorrogação, por até 3 anos. Havendo reversão de bens com elevados investimentos, o prazo de concessão poderá alcançar até 25 anos (art. 21).

A lei fixa como obrigações dos operadores, concessionários ou permissionários diversas ações para com o Poder Público, como o trato com escrituração contábil, o cumprimento de normas operacionais, o emprego de pessoal devidamente capacitado e habilitado (observadas as regras de Direito Privado para o regime de contratação), o emprego de veículos que atendam aos requisitos mínimos de operação aprovados e o emprego de atualizações e desenvolvimento tecnológico das instalações, equipamentos e sistemas de informação, para melhoria de qualidade do serviço e proteção ao meio ambiente (art. 9º).

As normas complementares à operação são alçadas em decretos específicos, lançados como modelagem da licitação a ser lançada, a cada momento, além da expedição de atos, tanto portarias da secretaria responsável como documentos técnicos publicados pela SPTrans.

São, finalmente, postas regras aptas à retomada do serviço pelo Poder Público, por inexecução ou por razões de interesse público, quando tratada a relação de permissão (art. 19), como regras de intervenção decorrentes da deficiência grave na prestação do serviço, apta para os modelos de concessão e permissão (arts. 23 a 26).

Informação bibliográfica deste texto, conforme a NBR 6023:2018 da Associação Brasileira de Normas Técnicas (ABNT):

MIRANDA, Gilmar Pereira. Comentários ao art. 175. *In*: BATISTELA, Marcos; BARBOSA, Maria Nazaré Lins; MARTINS, Ricardo Marcondes (coord.). *Comentários à Lei Orgânica do Município de São Paulo*: atualizada até a Emenda nº 42/2022. Belo Horizonte: Fórum, 2023. p. 440-441. ISBN 978-65-5518-497-6.

---

[637] Observada a deliberação na Ação Direta de Inconstitucionalidade nº 2252821-36.2018.8.26.0000 quanto à alteração de prazo para 20 anos pela Lei nº 16.211/2015.

Art. 176 Nos casos em que a operação direta do serviço estiver a cargo de particular, o operador, sem prejuízo de outras obrigações, deverá:

I – cumprir a legislação municipal;

II – vincular ao serviço os meios materiais e humanos utilizados na sua prestação, como veículos, garagens, oficinas, pessoal e outros, automaticamente com a simples assinatura do contrato, termo ou outro instrumento jurídico.

GILMAR PEREIRA MIRANDA

1 Operadores de transporte urbano e legislação municipal

O art. 176 tem como escopo submeter todo transportador que adere ao regime jurídico regulado pelo Município de São Paulo ao cumprimento da legislação municipal (inciso I) e a vinculação de seus veículos, meios materiais e humanos ao serviço (inciso II).

A obrigatoriedade de adesão à legislação municipal já decorreria naturalmente da estrutura constitucional, que vincula a liberdade de atuação nos termos da lei, bem como fixa a competência do Município em disciplinar matérias de interesse local ou complementar legislação federal e estadual (arts. 5º e 30 da Constituição Federal).

Ao se parametrizar as regras de exercício da atividade de transporte, influindo no transporte urbano municipal, outorgam-se regras próprias para possibilitar o acesso a qualquer transportador interessado (fretamento e escolar, por exemplo) e distribuir novas autorizações específicas, vedando a atividade àqueles não contemplados (táxi) ou impossibilitando a competição em um regime de privilégio territorial outorgado mediante o transcurso e a conclusão de procedimento licitatório próprio (transporte coletivo público de passageiros). Aderido às regras postas, o interessado passa a se submeter ao conjunto de normas expedidas diretamente pela lei ou demais atos infralegais do Poder Executivo, não se podendo negar sua observância, sob pena de incidência das sanções legalmente autorizadas, conforme o modal envolvido.

2 Operadores de transporte urbano e vinculação ao serviço

Detalhe interessante é a previsão na Lei Orgânica da vinculação de pessoal, material, veículos e infraestruturas destinadas ao transporte urbano. A depender da modalidade de transporte, o inciso II do art. 176 terá maior ou menor força.

Tratando-se de transporte coletivo público de passageiros, por sua essencialidade constitucionalmente prevista e pela existência de regras que autorizam a intervenção do Poder Público sobre a atuação das empresas delegadas que eventualmente deixem de atender a contento ao serviço público vinculado (*vide* inciso X do art. 175 desta LOM e Lei nº 13.241/2001), este inciso incide com maior força, outorgando ao Executivo poderes aptos a agir sobre o patrimônio e relações contratuais de operadores, de modo a manter a continuidade do serviço público, sem prejuízo da adoção de outras medidas para restabelecer a normalidade da relação jurídica abalada.

Por seu turno, quando se tratar de atividades de transporte urbano nas quais há menor vínculo à essencialidade, como os modais de táxi ou de transporte coletivo privado de passageiros, faltaria ao Poder Público Municipal interesse jurídico em promover a intervenção às atividades desenvolvidas pelos particulares em manter as operações, seja porque poderia suprir parte da demanda por linhas de transporte coletivo público de passageiros, seja porque pode possibilitar o ingresso de novos interessados (sorteio de novas vagas para táxis ou averiguar normas mais brandas para o credenciamento de transportadores fretados ou de escolar, nos limites legais e de segurança).

Essa diferença demonstra que a intervenção estará atrelada à previsão no inciso II deste artigo, sendo que sua utilização demandará o estudo prévio sobre o regime jurídico de essencialidade ou não e como o Poder Público pode promover a substituição do operador faltoso por um novo, com as qualificações mínimas necessárias para prosseguir com a atividade de transporte no ambiente urbano.

Informação bibliográfica deste texto, conforme a NBR 6023:2018 da Associação Brasileira de Normas Técnicas (ABNT):

MIRANDA, Gilmar Pereira. Comentários ao art. 176. *In*: BATISTELA, Marcos; BARBOSA, Maria Nazaré Lins; MARTINS, Ricardo Marcondes (coord.). *Comentários à Lei Orgânica do Município de São Paulo*: atualizada até a Emenda nº 42/2022. Belo Horizonte: Fórum, 2023. p. 442-443. ISBN 978-65-5518-497-6.

Art. 177 Ao operador direto não será admitida a ameaça de interrupção, nem a solução de continuidade ou deficiência grave na prestação do serviço público essencial de transporte coletivo urbano.

§1º – Para assegurar a continuidade do serviço ou para sanar deficiência grave na respectiva prestação, o Poder Público ou seu delegado poderá intervir na operação do serviço, assumindo-o total ou parcialmente, através do controle dos meios materiais e humanos vinculados ao mesmo, como veículos, oficinas, garagens, pessoal e outros.

§2º – Independentemente da previsão do §1º deste artigo, poderá ser desde logo rescindido o vínculo jurídico pelo qual o particular passou a operar o serviço.

GILMAR PEREIRA MIRANDA

1 Manutenção do serviço de transporte coletivo urbano

Indo além das regras do art. 176 da Lei Orgânica, dialogando com os incisos II e X do art. 175, têm-se aqui previsões específicas quanto a ações do operador de transporte coletivo urbano que pretendam interromper sua execução, descontinuar o serviço público ou prejudicar sua qualidade, a ponto de comprometer gravemente sua eficiência.

De início, é mister observar que a manutenção do serviço aqui disciplinado é o transporte coletivo público de passageiros, que tem essencialidade constitucionalmente reconhecida e contém regras próprias que autorizam a adoção de medidas administrativas para fins de sua continuidade.

São vedadas aos operadores que assumem a operação de transporte coletivo público de passageiros (i) a ameaça de interrupção, (ii) a solução de continuidade e (iii) a deficiência grave na prestação de serviço.

A ameaça de interrupção é a comunicação dada pelo operador delegado de que pretende parar a operação de transporte coletivo. Trata-se de forma anunciada de ocorrência de *lock out*, prática vedada pelo ordenamento jurídico.[638] Sua ameaça permite ao Poder Público a tomada de providências quanto à intervenção do serviço prestado, conforme parâmetros estabelecidos pela Lei nº 13.241/2001. Não se confunde com o direito de greve dos trabalhadores, como forma de pressão legítima para defesa de interesses trabalhistas da categoria, em negociação sindical ou como forma de reverter decisão interna que atinge negativamente as condições de trabalho.

A solução de continuidade é a interrupção do serviço, que pode ser total ou parcial (por exemplo, interrupção de linha oficial sem prévia autorização municipal).

---

[638] O art. 17 da Lei Federal nº 7.783/1989 proíbe o *lock out* como forma de prejudicar a negociação sindical.

O serviço público é, em regra, contínuo, porque atende a um interesse constante da população. Não será considerada solução a impossibilidade de utilização de transporte por ausência de pagamento de tarifa (por não ser prevista a gratuidade ou o benefício tarifário irrestritamente) ou, então, a suspensão da atividade em período de baixa demanda, como ocorre com a maioria das linhas durante a madrugada.[639]

Deficiência grave na prestação do serviço, por sua vez, tem como característica o não atendimento aos requisitos mínimos necessários para fins de aceitabilidade da disponibilização da atividade para a população. Coube à Lei nº 13.241/2001 trazer os elementos de configuração de deficiência grave para o transporte coletivo de passageiros em seu art. 23, como o descumprimento reiterado de cláusulas contratuais, vícios na relação trabalhista ou a redução de veículos sem prévia autorização por período superior a 48 horas.

2 Ferramentas para superação da crise

Presente quaisquer das situações descritas no *caput* do art. 177, a própria Lei Orgânica autoriza o Executivo a tomar providências, simultâneas ou não, quanto (i) à intervenção na operação (§1º) e (ii) à rescisão contratual (§2º).

A intervenção é a ação executiva de assunção da gestão de bens, pessoal, infraestrutura instalada e relações jurídicas contratuais necessárias para a continuidade da prestação de serviço. No âmbito do transporte coletivo público de passageiros, o art. 24 da Lei nº 13.241/2001 prevê que o ato de intervenção deve ser motivado, explicitando o tempo de intervenção, de no máximo 6 meses, prorrogado excepcionalmente por 60 dias, indicando as regras que orientarão a intervenção e a indicação do representante do Poder Público na intervenção.

Paralelamente à intervenção, pode o Poder Público promover novo procedimento destinado à contratação de operador para ocupar a posição do operador sob intervenção. Isso não se mostrará necessário somente se a Administração tiver elementos aptos a verificar que a intervenção poderá solucionar o problema surgido, possibilitando a retomada integral do serviço pelo operador, nos termos e nas condições inicialmente avançadas.

Eventualmente, a contratação de um novo operador pode não ser necessária, ainda mais em modelagens de delegação que envolvam a participação de diversos operadores com áreas de privilégio que oportunamente possam assumir as linhas lindeiras às suas áreas, observados os limites legais para sua expansão. Naquilo que não for possível suprir, faz-se necessário buscar novo parceiro na operação, mediante licitação.

Informação bibliográfica deste texto, conforme a NBR 6023:2018 da Associação Brasileira de Normas Técnicas (ABNT):

MIRANDA, Gilmar Pereira. Comentários ao art. 177. In: BATISTELA, Marcos; BARBOSA, Maria Nazaré Lins; MARTINS, Ricardo Marcondes (coord.). *Comentários à Lei Orgânica do Município de São Paulo*: atualizada até a Emenda nº 42/2022. Belo Horizonte: Fórum, 2023. p. 444-445. ISBN 978-65-5518-497-6.

---

[639] No caso específico da Cidade de São Paulo, é mantida uma rede noturna de transporte coletivo, visando atender aos principais eixos de transporte e a maioria dos bairros residenciais, além de programações de viagens em horários quase contínuos, em razão da demanda específica e da distância a ser percorrida pela população no território.

Art. 178 – As tarifas dos serviços públicos de transporte são de competência exclusiva do Município, e deverão ser fixadas pelo Executivo, de conformidade com o disposto no art. 7º, inciso III desta Lei.

Parágrafo único – Até 5 (cinco) dias úteis antes da entrada em vigor da tarifa, o Executivo enviará à Câmara Municipal as planilhas e outros elementos que lhe servirão de base, divulgando amplamente para a população os critérios observados. (Alterado pela Emenda nº 07/1991.)

GILMAR PEREIRA MIRANDA

1 Tarifas de transporte público coletivo de passageiros

A remuneração das operadoras de transporte coletivo público de passageiros que celebrem contrato, de concessão ou permissão, é realizada mediante tarifa, alinhada em uma política tarifária gerida pelo Poder Público Municipal, na qualidade de titular do serviço público (*vide* art. 175, parágrafo único, III, da Constituição da República).

Durante o trâmite do procedimento licitatório, são fixados os parâmetros de remuneração pela execução do serviço público de transporte coletivo, redundando em uma tarifa, denominada tarifa técnica ou tarifa de remuneração. Esse é o valor do serviço prestado, vinculado ao volume de passageiros que serão atendidos por aquela operadora.

Entretanto, por seu caráter eminentemente social, faculta-se ao Poder Público Municipal, como exercício da política tarifária local, estabelecer a tarifa pública, entendida como aquela a ser paga pelo usuário do serviço de transporte pela viagem a ser realizada. Essa tarifa deverá representar valor que redunde em seu caráter módico (art. 6º, §1º, Lei Federal nº 8.987/1995), de modo que seja acessível à população. Para tanto, o Poder Público poderá se valer de aportes, a título de subsídios (art. 17 da Lei Federal nº 8.987/1995 e arts. 9º e 10 da Lei Federal nº 12.587/2012).

O subsídio tem duas vertentes. A primeira está vinculada à concessão de benefícios tarifários estabelecidos em lei, seja heterogênea (definida por lei de outro Ente), seja homogênea (definida por lei do próprio Ente), podendo ser total ou parcial ao usuário, conforme suas condições. A depender da complexidade e do tamanho do sistema, tais encargos são repassados à tarifa de remuneração do operador, que acaba por corresponder ao valor da tarifa pública. Outras vezes, tal importe é suportado pelo Ente titular do serviço público, devendo, para tanto, prever anualmente recursos necessários para a cobertura da remuneração devida às operadoras contratadas.

A segunda vertente diz respeito ao valor final da tarifa pública a ser aprovado pelo Poder Público Municipal caso seja inferior ao valor a ser pago às operadoras, a título de tarifa de remuneração, como exercício da política tarifária necessária para fins de garantir a modicidade tarifária. Assim, a diferença entre o valor pago pelo usuário e o devido à operadora passa a ser de responsabilidade do Poder Público, com dotação orçamentária própria para seu custeio. Em sistemas complexos, com diversos contratos simultâneos (e, por consequência, diferentes tarifas de remuneração), sendo mantida a mesma tarifa pública por usuário, uma reserva de recursos mostra-se necessária, anualmente, para fins de cobertura do sistema de transporte.

Há de se destacar que a Lei nº 12.587/2012, em seu art. 23, III, autoriza a criação de tributos (sob modalidade de taxa) para fins de cobertura dos custos necessários ao subsídio destacado para manutenção do serviço de transporte coletivo público de passageiros, em razão da utilização da infraestrutura urbana, em desestímulo ao uso de determinados modos e serviços de mobilidade, como os meios individuais privados.

No âmbito municipal, o regime tarifário vigente é disciplinado pelos arts. 27 e seguintes da Lei nº 13.241/2001. Tal marco estabelece que a tarifa do serviço deverá suportar a remuneração dos operadores, as despesas de comercialização, o gerenciamento das receitas e pagamentos comuns ao sistema e a fiscalização e o planejamento operacional. Sendo a tarifa de remuneração aquela vinculada à remuneração do operador e a tarifa pública o valor a ser cobrado do usuário de transporte, a lei local traz uma nova conceituação de tarifa, como sendo a destinada à cobertura de diversos custos, que podem estar dentro do contrato firmado com operadoras ou serão aptas a remunerar outros serviços necessários à execução do serviço, a serem contratados pelo Poder Público, diretamente ou por meio da SPTrans.

2 Fixação da tarifa pública

Para fins de fixação da tarifa pública a ser aplicada no sistema de transporte coletivo público de passageiros do Município de São Paulo, a competência para esse ato é do Poder Executivo,[640] sendo dever do gestor municipal garantir a acessibilidade do serviço de transporte (art. 7º, III, da Lei Orgânica).

A única condicionante formal estabelecida pela Lei Orgânica é a obrigatoriedade de sua comunicação prévia à Câmara Municipal, acompanhada de planilhas e outros elementos utilizados para fundamentar a escolha do valor a ser publicado oportunamente, até 5 dias úteis[641] antes da publicação do ato de fixação. Nesse caso, competirá à Câmara promover a divulgação de todas as informações prestadas para a população (art. 178, parágrafo único).

A Câmara Municipal não dispõe de poder homologatório da tarifa pública estabelecida pelo Poder Executivo, por se tratar de matéria privativa deste (art. 120, Constituição do Estado de São Paulo).

Informação bibliográfica deste texto, conforme a NBR 6023:2018 da Associação Brasileira de Normas Técnicas (ABNT):

MIRANDA, Gilmar Pereira. Comentários ao art. 178. In: BATISTELA, Marcos; BARBOSA, Maria Nazaré Lins; MARTINS, Ricardo Marcondes (coord.). *Comentários à Lei Orgânica do Município de São Paulo*: atualizada até a Emenda nº 42/2022. Belo Horizonte: Fórum, 2023. p. 446-447. ISBN 978-65-5518-497-6.

---

[640] Nesse sentido é o art. 120 da Constituição Estadual de 1989, de observância obrigatória pelo Município, conforme art. 29, *caput*, da Constituição da República.

[641] A redação original estabelecia 5 dias corridos, sendo objeto da Emenda nº 07/1991 a contagem do prazo em dias úteis.

Art. 179 Ao Município compete organizar, promover, controlar e fiscalizar:

I – o trânsito no âmbito do seu território, inclusive impondo penalidades e cobrando multas ao infrator das normas sobre utilização do sistema viário, seus equipamentos e infraestruturas;

II – o transporte fretado, principalmente de escolares;

III – o serviço de táxis e lotações, fixando a respectiva tarifa;

IV – o serviço de transporte de cargas dentro do seu território, dispondo especialmente sobre descarga e transbordo de cargas de peso e periculosidade consideráveis, fixando em lei as condições para circulação das mesmas nas vias urbanas.

GILMAR PEREIRA MIRANDA

1 Organização e fiscalização do trânsito

Matéria de competência legislativa da União (art. 22, inciso XI, da Constituição Federal), o Código CTB atribui funções de organização e fiscalização do trânsito em áreas urbanas aos Municípios (art. 24 do CTB).[642]

Conforme preceitua o referido dispositivo federal, compete ao Município "planejar, projetar, regulamentar e operar o trânsito de veículos, de pedestres e de animais", visando à promoção do desenvolvimento da circulação, da segurança e das áreas de proteção de ciclistas (art. 24, II, CTB).

A ordenação do trânsito envolve a alocação de sinais de trânsito e a utilização de pinturas representativas, compreendendo o conjunto de sinalização vertical e horizontal, que podem ter caráter regulatório, indicativo, de advertência e turístico.

O acompanhamento e o aprimoramento do tráfego de veículos são imprescindíveis para estudos quanto às melhorias de qualidade de vida da cidade, envolvendo economia, meio ambiente, descanso e lazer.

O objeto da fiscalização de trânsito pelo órgão municipal competente (autoridade de trânsito) ocorre em vias terrestres, edificações de uso público e edificações privadas de uso coletivo (inciso IV), envolvendo as operações de circulação, estacionamento e parada de veículos, podendo, para tanto, aplicar as penalidades previstas no referido diploma, que envolvem a aplicação de advertência por escrito, multa (inciso VII) e suspensão do direito de dirigir[643] (inciso XXII).

---

[642] A legislação anterior, consagrada pelo Código Nacional de Trânsito (Lei Federal nº 5.108/1966), estabelecia a primazia da fiscalização pelo Estado, facultando-se a celebração de convênio de compartilhamento de funções junto aos Municípios, sendo a situação vigente à época da promulgação da Lei Orgânica e o fundamento de execução do inciso I do art. 179 transpassado do convênio para atribuição própria, fixada por lei nacional.

[643] A suspensão do direito de dirigir por ato da autoridade de trânsito municipal se dará apenas quando a penalidade prevista para a infração, de competência fiscalizatória do órgão local, imputar diretamente tal cominação, não

Os processos administrativos de infração de trânsito são iniciados pela lavratura de autos de infração, que estão sujeitos à concessão de prazo para defesa prévia para posterior deliberação da autoridade de trânsito para convolar em penalidade, ou não. Uma vez aplicada a penalidade, o interessado pode recorrer a uma das Juntas Administrativas de Recursos de Infrações (JARI), em primeira instância, e posteriormente ao Conselho Estadual de Trânsito (CETRAN), em segunda instância (arts. 280 a 290-A, CTB).

Os valores de multas arrecadados têm destinação parametrizada pelo art. 320 do CTB, sendo os elementos de aplicação dos recursos descritos por resolução emanada pelo CONTRAN. No Município de São Paulo, o tratamento dado aos recursos auferidos por multas de trânsito é sua alocação em fundo próprio, o Fundo Municipal de Desenvolvimento de Trânsito (FMDT), criado pela Lei nº 14.488/2007.

2 Organização e fiscalização do transporte fretado

O transporte em atividade de fretamento é regulamentado pela Lei nº 16.311/2015. Segundo suas disposições, os transportadores devem providenciar prévio cadastro no Município para circularem na cidade de São Paulo.

Como elemento característico da sua distinção do transporte coletivo público de passageiros, sua cobrança aos usuários é realizada individualmente, por período, ou coletivamente, por período ou evento, sendo vedada a cobrança individualizada de viagem.

O transporte se distingue em: eventual, realizado para fim determinado para um grupo de pessoas, em viagem única; e regular, realizado em rota previamente parametrizada pelo transportador, podendo ser negociado eventual ajuste de rota para atender determinada clientela.

O serviço é autorizado no Município mediante expedição de Termo de Autorização em favor da pessoa jurídica ou natural, sendo para cada veículo exigido um certificado de segurança. Excepcionalmente para os veículos que são objeto de viagens eventuais por transportadores sediados fora da cidade de São Paulo é emitido Termo de Autorização Simplificado, comprovando-se a regularidade do veículo perante outros órgãos fiscalizadores do transporte fretado, de âmbito estadual ou federal.

É facultado ao Poder Executivo limitar o acesso de veículos de transporte em atividade de fretamento em determinadas áreas de maior adensamento, ressalvada faculdade de autorização especial para transporte por evento.

3 Organização e fiscalização do transporte escolar

O transporte de escolares possui dupla fiscalização, sendo uma local, que autoriza a atividade de transporte, e outra estadual, calcada na legislação fixada pelo CTB, envolvendo fiscalização quanto às características do veículo e da condição de condutor habilitado.

---

mais sendo procedida a bifurcação do procedimento sancionatório, como ocorria antes da edição da Lei Federal nº 14.071/2020.

O transporte escolar é modalidade específica do transporte por fretamento, envolvendo especificamente a realização de viagens de estudantes de sua residência à escola e/ou vice-versa, mediante prévio ajuste, geralmente com contratos anuais (observado o período do ano letivo) e pagamentos mensais.

No âmbito municipal, sua regulamentação é baseada na Lei nº 10.154/1986, sendo prevista para sua autorização a expedição de um Certificado de Registro Municipal. Atualmente, é composto de dois documentos distintos, um vinculado à regularidade cadastral do condutor no Município de São Paulo e outro emitido em face do veículo. Tal distinção se fez necessária para possibilitar a fiscalização anual da regularidade de segurança do veículo, sem necessidade de repetição da documentação pessoal do condutor, que se renova à base da renovação da Carteira Nacional de Habilitação.

Uma vez autorizada a atividade no Município de São Paulo, compete ao interessado submeter o veículo à aprovação pelo Departamento Estadual de Trânsito de São Paulo (DETRAN-SP), que fiscalizará a condição de condutor escolar, com os cursos mínimos necessários, e a realização de vistorias semestrais sobre o veículo (*vide* arts. 136 a 139, CTB).

Trata-se, portanto, de fiscalização simultânea por parte de dois órgãos, sendo para as atribuições do órgão de trânsito estadual aquelas referentes à autorização de transporte de escolares e para o órgão municipal de transporte as condutas fixadas em regulamento próprio do Município.

4 Organização e fiscalização do serviço de táxis

O serviço de táxis é organizado pela Lei nº 7.329/1969, complementada pela Lei nº 10.308/1987. Trata-se de serviço de utilidade pública para o transporte individual de passageiros, sendo a viagem realizada por veículos previamente autorizados pela autoridade municipal de transporte e munidos de taxímetro, regularmente auferido, com cobrança vinculada a fatores de (i) início de viagem, (ii) distância percorrida e (iii) tempo de viagem.

O serviço é organizado mediante a fixação de número determinado de autorizações de veículos no Município de São Paulo, denominadas Alvará de Estacionamento. Os veículos são submetidos a vistoria anual e são autorizados a portar placas de aluguel.

Por seu turno, os condutores são cadastrados perante a autoridade de transporte, sendo a manutenção de sua condição comprovada conjuntamente à renovação de sua CNH.

Tratando-se de serviço de utilidade pública, regem dois importantes limitadores sobre a atividade de transporte, quais sejam: (i) a limitação do número de veículos e (ii) a fixação de tarifa pelo Poder Público.

A limitação do número de veículos está relacionada diretamente ao conjunto de vagas de estacionamento existentes no Município de São Paulo agrupadas em pontos, que podem ser privativos (somente taxistas previamente cadastrados) ou públicos (qualquer taxista autorizado no Município). Também são considerados os interesses de viagens por parte da população, de modo a evitar o sucateamento do serviço e sua canibalização, pelo barateamento desenfreado pela busca de novos passageiros.

O Poder Executivo pode autorizar a abertura de novas vagas, que serão distribuídas aos taxistas cadastrados mediante sorteio.

A fixação de tarifa serve para parametrizar o custo corrente do serviço prestado, de modo a corresponder às despesas cobertas minimamente pelas viagens a serem feitas mensalmente. Ademais, a fixação do preço é parâmetro apto a garantir a fiel lisura do taxímetro, de modo a proporcionar sua correta aferição e atestação de sua correspondência entre o valor indicado e o previsto pela norma local. Por se tratar de serviço de utilidade pública em transporte individual de passageiros, a publicação de novos valores tarifários não está sujeita ao procedimento constante do art. 178 desta Lei Orgânica.

5 Organização e fiscalização do transporte de cargas

O transporte de cargas também é objeto de organização e fiscalização pelo Município. A importância de sua intervenção decorre da necessidade de promover o ordenamento do fluxo urbano de entrega e distribuição de bens pelo território, de modo a possibilitar o escorreito abastecimento da cidade, sem prejudicar o volumoso tráfego de veículos que ocorre diariamente.

De forma geral, o art. 24 do CTB dedica parte das atribuições aos Municípios para fiscalização de veículos por excesso de peso, dimensões e lotação, com arrecadação das multas correspondentes. Corresponde à parte da fiscalização de trânsito de competência municipal.

Ademais, para auxiliar na organização da circulação diária, é facultado ao Município estabelecer regras de restrição de acesso a determinadas regiões, por determinados períodos, de modo a melhorar o aproveitamento do conjunto viário, minorando os impactos atinentes à presença de veículos de grande porte (como prevê o art. 23, I, da Lei Federal nº 12.587/2012).

Ainda, a depender do bem a ser transportado, a legislação local (Lei nº 11.368/1993), com base da proteção do meio ambiente urbano, autoriza a fiscalização específica quanto ao trânsito de mercadorias classificadas como perigosas, devendo o transportador, para tanto, demonstrar previamente a existência de plano de contingência ambiental para eventual sinistro durante o transporte da carga em vias municipais, para depois solicitar licença específica para seu deslocamento, indicando o trajeto desejado, para fins de acompanhamento e rápido atendimento, se necessário.

Quanto à regulamentação da atividade de transporte de carga, de modo geral, o Município dispõe de regras próprias para as atividades de motofrete, na forma da Lei nº 14.491/2007, com inscrição de empresas que disponibilizam tal serviço, de motociclistas devidamente habilitados para tanto e de motocicletas que atendam às regras fixadas pelo CONTRAN e pelo Município.

6 Organização e fiscalização de outros meios de transporte urbano

Em que pese os cinco incisos representarem importantes meios de transporte urbano na cidade de São Paulo, outros modais vêm se mostrando de grande impacto na mobilidade local e regional, necessitando, para tanto, de maior intervenção por parte do Poder Público local.

O primeiro modal a se dar destaque é o transporte individual privado de passageiros, realizado mediante arregimentação de motoristas autônomos que são ofertados para um público aberto de pessoas, cujo acionamento da viagem é realizada com a utilização de aparelhos telefônicos móveis, do tipo *smartphone*. Assim, empresas de tecnologia propiciam a realização de viagens a diversos usuários, realizando intermediação da atividade a ser desenvolvida pelo motorista, assumindo os custos de conexão entre ambos e do cálculo da viagem em realização e cobrando sobre o resultado da viagem uma comissão.

Ante seu impacto, como novidade no ramo do transporte urbano, em imediato embate com o serviço de táxis, e, em certa medida, com o serviço de transporte coletivo público de passageiros, houve a consolidação legislativa mediante alteração na Lei Federal nº 12.587/2012, com a inclusão dos arts. 11-A e 11-B, autorizando os Municípios e o Distrito Federal a fiscalizar e regulamentar a atividade, exigindo-se comprovação de condicionantes mínimas dos motoristas e veículos. Ademais, para o desenvolvimento da atividade, a mesma lei autoriza tais entes a promover a cobrança de valores pelo uso intensivo da infraestrutura disponibilizada, haja vista se detectar a ocorrência de atividade econômica sob infraestrutura pública disposta para uso regular (*vide* art. 23, sobretudo o inciso III).

Em sequência, outra atividade em voga é o compartilhamento de equipamentos de mobilidade, normalmente de propulsão humana ou elétrica, para uso do público em geral, como bicicletas e patinetes.

As regras de circulação desses equipamentos seguem os parâmetros fixados pelo Município, calcados na competência atribuída pelo CTB. Por seu turno, haja vista a titularidade desses equipamentos ser de pessoa distinta do usuário, sendo disponibilizado em viário público para utilização por outro usuário, é mister que haja intervenção sobre a forma de sua disposição, seja em docas, seja no passeio público, com regras para fins de se evitar a configuração de abandono e seu recolhimento por parte dos órgãos de fiscalização da zeladoria municipal.

Como se verifica, conforme há maior diversidade de meios de exploração de atividade econômica voltada a propor uma solução de transporte urbano na densidade viária da cidade de São Paulo, é mister que ocorra a adoção de regras aptas a ordenar seu exercício, de modo a minorar os conflitos entre os diversos modais e o tráfego de veículos e pessoas pela cidade, comprovando-se que o rol descrito no art. 179 da Lei Orgânica tem caráter enumerativo, e não taxativo, de objetos de intervenção do Poder Público local.

Informação bibliográfica deste texto, conforme a NBR 6023:2018 da Associação Brasileira de Normas Técnicas (ABNT):

MIRANDA, Gilmar Pereira. Comentários ao art. 179. In: BATISTELA, Marcos; BARBOSA, Maria Nazaré Lins; MARTINS, Ricardo Marcondes (coord.). *Comentários à Lei Orgânica do Município de São Paulo*: atualizada até a Emenda nº 42/2022. Belo Horizonte: Fórum, 2023. p. 448-452. ISBN 978-65-5518-497-6.

Capítulo V
Do Meio Ambiente

Art. 180 O Município, em cooperação com o Estado e a União, promoverá a preservação, conservação, defesa, recuperação e melhoria do meio ambiente.

ALEXANDRE LEVIN

Os arts. 180 a 190 compõem o capítulo sobre o Meio Ambiente da LOMSP e traçam regras sobre a política municipal de proteção ambiental.

Na esteira do que prevê a Constituição Federal, a LOMSP estabelece que o Município deve proteger o meio ambiente em regime de cooperação com o Estado e a União. Afinal, a competência para exercer o poder de polícia ambiental é comum a todas as pessoas políticas (art. 23, VI e VII, Constituição Federal). Todos os entes federativos têm o dever de garantir o meio ambiente ecologicamente equilibrado, que é bem de uso comum e essencial à qualidade de vida (art. 225, *caput*, Constituição Federal).

Com a finalidade de cumprir o desiderato constitucional, a Lei Federal nº 6.938/1981, que dispõe sobre a Política Nacional do Meio Ambiente (PNMA), criou o Sistema Nacional do Meio Ambiente (SISNAMA), que é constituído por órgãos e autarquias federais – Conselho Nacional do Meio Ambiente (CONAMA), Ministério do Meio Ambiente, Instituto Brasileiro do Meio Ambiente e dos Recursos Naturais Renováveis (IBAMA), Instituto Chico Mendes de Conservação da Biodiversidade (ICMBio) –, órgãos ou entidades estaduais – como a Companhia Ambiental do Estado de São Paulo (CETESB)[644] – e órgãos ou entidades municipais (Lei Federal nº 6.938/1981, art. 6º).

A Secretaria do Verde e do Meio Ambiente (SVMA) é o órgão local do SISNAMA no Município de São Paulo. A Lei Municipal nº 14.887/2009, que reorganiza a pasta, define como uma de suas competências o estabelecimento de critérios que visem à otimização da ação de defesa do meio ambiente no Município de São Paulo, em conjunto com os órgãos federal e estadual do SISNAMA (art. 2º, inc. III).

Informação bibliográfica deste texto, conforme a NBR 6023:2018 da Associação Brasileira de Normas Técnicas (ABNT):

LEVIN, Alexandre. Comentários ao art. 180. *In*: BATISTELA, Marcos; BARBOSA, Maria Nazaré Lins; MARTINS, Ricardo Marcondes (coord.). *Comentários à Lei Orgânica do Município de São Paulo*: atualizada até a Emenda nº 42/2022. Belo Horizonte: Fórum, 2023. p. 453. ISBN 978-65-5518-497-6.

---

[644] A criação da CETESB foi autorizada por meio Lei nº 118/1973 do Estado de São Paulo.

Art. 181 O Município, mediante lei, organizará, assegurada a participação da sociedade, sistema de administração da qualidade ambiental, proteção, controle e desenvolvimento do meio ambiente e uso adequado dos recursos naturais, para coordenar, fiscalizar e integrar as ações de órgãos e entidades da administração pública direta e indireta, no que respeita a:

I – formulação de política municipal de proteção ao meio ambiente;

II – planejamento e zoneamento ambientais;

III – estabelecimento de normas, critérios e padrões para a administração da qualidade ambiental;

IV – conscientização e educação ambiental e divulgação obrigatória de todas as informações disponíveis sobre o controle do meio ambiente;

V – definição, implantação e controle de espaços territoriais e seus componentes a serem especialmente protegidos, sendo a sua alteração e/ou supressão permitidos somente através de lei específica.

Parágrafo único – O Executivo deverá apresentar e prestar contas anualmente à Câmara Municipal de São Paulo e à população projeto contendo metas sobre a preservação, defesa, recuperação, conservação e melhoria do meio ambiente. (Incluído pela Emenda nº 13/1992.)

ALEXANDRE LEVIN

O dispositivo da LOMSP faz referência a uma série de instrumentos de política ambiental, muitos deles extraídos do rol de instrumentos da Política Nacional do Meio Ambiente (PNMA), indicado no art. 9º da Lei Federal nº 6.938/1981.

A formulação da política municipal de proteção ao meio ambiente deve contar com a colaboração do Conselho Municipal do Meio Ambiente e Desenvolvimento Sustentável (CADES) e tem como fundamento o conceito de desenvolvimento sustentável (Lei Municipal nº 14.887/2009, art. 31, I). Além disso, deve visar aos objetivos da PNMA, traçados pela Lei Federal nº 6.938/1981 (art. 4º). Uma das metas essenciais dessa política é a compatibilização do desenvolvimento econômico e social com a preservação da qualidade do meio ambiente e do equilíbrio ecológico, objetivo este delineado pelo Texto Constitucional (art. 170, VI, e art. 225, Constituição Federal).

Outro instrumento de política ambiental previsto na LOMSP é o zoneamento ambiental, que também é apontado como instrumento de política ambiental pela Lei nº 6.938/1981 (art. 9º, II). O zoneamento ecológico-econômico (ZEE) organiza o território sob o ponto de vista da preservação ambiental, distribuindo espacialmente os usos e atividades econômicas passíveis de instalação em cada uma das zonas, a depender do grau de preservação aplicável às diferentes áreas. Aponta-se, por exemplo, quais regiões do território municipal são destinadas à instalação de indústrias (zonas industriais) ou quais são as áreas de mananciais, nas quais nada se pode construir.[645] Na instância federal, o instrumento é regulado pelo Decreto nº 4.297/2002, que regulamenta o art. 9º, II, da Lei nº 6.938/1981 e estabelece critérios para o ZEE.

Por sua vez, a Lei Complementar nº 140/2011 prescreve que o Plano Diretor municipal deve ser elaborado em consonância com o que prescrevem os zoneamentos ambientais de âmbito federal e estadual (art. 9º, IX). O Plano Diretor municipal é o principal instrumento de política urbana (art. 182, §1º, Constituição Federal) e impõe o zoneamento local, a dividir o território em zonas de uso. Essa divisão deve levar em conta os zoneamentos ambientais impostos pela União e pelos Estados, sob pena de ineficácia desses documentos.[646]

Assim como faz a Lei Federal nº 6.938/1981 (art. 9º, I), a LOMSP faz referência ao estabelecimento de padrões de qualidade ambiental, que constituem parâmetros de qualidade dos componentes ambientais, como a água, o ar e o solo. Muitos desses padrões são fixados pelo CONAMA, a exemplo da Resolução CONAMA nº 491/2018, que dispõe sobre padrões de qualidade do ar, a fixar limites máximos de poluentes atmosféricos. Esses padrões estabelecidos nacionalmente devem ser respeitados, não obstante a possibilidade de fixar critérios locais, de acordo com a competência municipal.

Nesse sentido, o Decreto Municipal nº 60.581/2021 regulamenta o controle de ruídos na execução das obras de construção civil do Município de São Paulo[647] e a Lei Municipal nº 15.777/2013 dispõe sobre a emissão de ruídos sonoros provenientes de aparelhos de som instalados em veículos automotores estacionados.

Promover a educação ambiental em todos os níveis de ensino é dever do Poder Público imposto constitucionalmente (art. 225, VI, Constituição Federal). Em virtude dessa regra, foi editada no Município de São Paulo a Lei nº 15.967/2014, que dispõe sobre a Política Municipal de Educação Ambiental, a ser executada em conformidade com os objetivos da Política Nacional de Educação Ambiental (PNEA), instituída pela Lei Federal nº 9.795/1999.

---

[645] Afirma José Afonso da Silva que, na realidade, "todo zoneamento tem função ambiental, inclusive o Zoneamento Urbano. Em essência, identificam-se o Zoneamento Ambiental e o Urbano no fato de que são ambos zoneamentos de uso do solo. A diferença é apenas de enfoque, está apenas no fato de que o objetivo do Zoneamento Ambiental é primordialmente a proteção do meio ambiente, de sorte que o uso aí permitido será estritamente limitado. Ambos constituem, pois, disciplina de uso do solo particular" (SILVA, José Afonso da. *Direito ambiental constitucional*. 5. ed. São Paulo: Malheiros, 2004. p. 271-272).

[646] Não obstante, há leis municipais que criam zoneamentos ecológicos-econômicos (ZEE) de áreas específicas da cidade, como o ZEE da Área de Proteção Ambiental Municipal do *Capivari-Monos* (Lei Municipal nº 13.706/2004). O ZEE, denominado nessa lei municipal de Zoneamento Geoambiental, divide a APA Capivari-Monos nas seguintes zonas: (i) Zona de Regime Legal Específico (ZRLE); (ii) Zona de Vida Silvestre (ZVS); (iii) Zona de Conservação e Uso Sustentado dos Recursos Naturais (ZUS); (iv) Zona de Uso Agropecuário (ZUA); (v) Zona de Requalificação Urbana (ZRU); (vi) Zona Especial de Proteção e Recuperação do Patrimônio Socioambiental, Paisagístico e Cultural do Astroblema "Cratera de Colônia" (ZEPAC); (vii) Zona de Interesse Turístico, Histórico e Cultural (ZITHC).

[647] Decreto editado com fundamento na regra da Lei de Parcelamento, Uso e Ocupação do Solo do Município de São Paulo (LPUOS), que proíbe a emissão de ruídos com níveis superiores aos determinados pela legislação federal, estadual ou municipal, a prevalecer a mais restritiva (Lei Municipal nº 16.402/2016, art. 146). A fiscalização dos parâmetros de incomodidade e a aplicação das penalidades são reguladas pelo Decreto Municipal 57.443/2016 (art. 11 a 14-A).

Por fim, o dispositivo da LOMSP prevê a possibilidade de implantar espaços territoriais especialmente protegidos (art. 181, V), nos termos do que estabelece a Constituição Federal (art. 225, III) e de acordo com as regras gerais de criação de unidades de conservação previstas na Lei Federal nº 9.985/2000, que institui o Sistema Nacional de Unidades de Conservação da Natureza.[648] O texto do dispositivo da LOMSP atende à legislação que rege a matéria: as unidades de conservação (UC) podem ser criadas por lei ou por decreto, mas só podem ser alteradas ou suprimidas por lei (art. 225, III, Constituição Federal, e Lei Federal nº 9.985/2000, art. 22, §7º). A extinção dessas UCs, portanto, depende de aprovação pelo Legislativo, o que aumenta o grau de proteção dessas áreas.[649]

Informação bibliográfica deste texto, conforme a NBR 6023:2018 da Associação Brasileira de Normas Técnicas (ABNT):

LEVIN, Alexandre. Comentários ao art. 181. In: BATISTELA, Marcos; BARBOSA, Maria Nazaré Lins; MARTINS, Ricardo Marcondes (coord.). *Comentários à Lei Orgânica do Município de São Paulo*: atualizada até a Emenda nº 42/2022. Belo Horizonte: Fórum, 2023. p. 454-456. ISBN 978-65-5518-497-6.

---

[648] A criação pelo poder público de espaços territoriais especialmente protegidos, *como áreas de proteção ambiental, de relevante interesse ecológico e reservas extrativistas*, é instrumento da Política Nacional do Meio Ambiente (Lei Federal nº 6.938/1981, art. 9º, VI).

[649] Algumas unidades de conservação foram criadas no Município de São Paulo, a exemplo da Unidade de Conservação *Refúgio de Vida Silvestre Anhanguera* (Decreto Municipal nº 59.497/2020), da Unidade de Conservação Área de Proteção Ambiental Municipal Bororé-Colônia (Lei Municipal nº 14.162/2006) e da Área de Proteção Ambiental Municipal do Capivari-Monos (APA Capivari-Monos) (Lei Municipal nº 13.136/2001).

Art. 182 O Município coibirá qualquer tipo de atividade que implique em degradação ambiental e quaisquer outros prejuízos globais à vida, à qualidade de vida, ao meio ambiente:

I – controlando e fiscalizando a instalação, proteção, estocagem, transporte, comercialização e utilização de técnicas, métodos e substâncias que comportem risco efetivo ou potencial à qualidade de vida e ao meio ambiente;

II – registrando, acompanhando e fiscalizando as concessões e direitos de pesquisa e exploração de recursos naturais, renováveis ou não, no território do Município;

III – realizando periodicamente auditorias nos sistemas de controle de poluição, de riscos de acidentes das instalações e atividades de significativo potencial de degradação ambiental.

IV – apresentando Plano Diretor da limpeza urbana, mediante projeto de lei a ser aprovado pela Câmara Municipal de São Paulo. (Incluído pela Emenda nº 12/1991.)

Parágrafo único – O Executivo publicará anualmente no Diário Oficial do Município, até 60 (sessenta) dias após cada exercício, as realizações levadas a efeito, contidas no Plano Diretor. (Incluído pela Emenda nº 12/1991.)

ALEXANDRE LEVIN

Esse dispositivo da LOMSP dispõe sobre o exercício do poder de polícia ambiental pelo Município.

A competência para proteger o meio ambiente e combater a poluição em qualquer de suas formas é comum a todos os entes federativos (art. 23, VI, Constituição Federal). O Poder Público municipal tem o dever, portanto, de criar uma estrutura administrativa de controle e fiscalização de atividades potencialmente poluidoras.

Aplica-se à hipótese o princípio jurídico da prevenção,[650] segundo o qual o controle sobre atividades poluidoras deve ser prévio: reparar o meio ambiente degradado é bem mais difícil do que evitar que o dano aconteça. É por essa razão que o Texto Constitucional impõe ao Poder Público os deveres de exigir, na forma da lei, estudo

---

[650] O princípio da prevenção está expressamente previsto na lei federal que institui a Política Nacional de Resíduos Sólidos (Lei nº 12.305/2010, art. 6º, I). Explica Paulo de Bessa Antunes que a prevenção de danos "não significa – em absoluto – a eliminação de danos. A existência de danos ambientais originados por um empreendimento específico é avaliada em conjunto com os benefícios que são gerados pelo mencionado empreendimento e, a partir de uma análise balanceada de uns e outros, surge a opção política consubstanciada no deferimento ou indeferimento do licenciamento ambiental" (ANTUNES, Paulo de Bessa. *Direito Ambiental.* 17. ed. São Paulo: Atlas, 2015. p. 48).

prévio de impacto ambiental para a instalação de obra ou atividade potencialmente causadora de significativa degradação do meio ambiente (art. 225, §1º, IV, Constituição Federal), bem como controle da produção, da comercialização e do emprego de técnicas, métodos e substâncias que comportem risco para a vida, a qualidade de vida e o meio ambiente (art. 225, §1º, V, Constituição Federal).

Esse controle prévio é realizado por meio de um processo administrativo denominado licenciamento ambiental, que é regulado, na instância federal, pela Resolução CONAMA nº 237/1997.[651] Já o controle de atividades potencialmente causadoras de significativo impacto ao meio ambiente, como a duplicação de uma estrada ou a construção de um aeroporto, não é realizado apenas por meio do licenciamento ambiental. Exige-se mais: é necessário realizar um estudo prévio de impacto ambiental (EIA-RIMA), cuja produção é regulada, na instância federal, pela Resolução CONAMA nº 01/1986.

No mesmo sentido, a Lei Complementar nº 140/2011 atribui ao Município a competência para controlar a produção, a comercialização e o emprego de técnicas, métodos e substâncias que comportem risco para a vida, a qualidade de vida e o meio ambiente (art. 9º, XII) e para exercer o controle e fiscalizar as atividades e empreendimentos de âmbito local, mediante licença ou autorização ambiental (art. 9º, XIII). A construção de um edifício que dependa de corte de árvores existentes no terreno, por exemplo, depende de licença ambiental, assim como a instalação de uma indústria de produtos químicos ou a construção de uma estação de tratamento de esgoto. No processo de licenciamento, serão previstas medidas mitigadoras dos danos que tais atividades possam causar ao meio ambiente local.

O exercício da competência do Município de São Paulo para o licenciamento ambiental está regulado pela Resolução SVMA/CADES nº 207/2020, que prevê, em seu art. 1º, que a implantação, a ampliação ou a reforma de empreendimentos e atividades utilizadores de recursos ambientais, considerados efetiva ou potencialmente poluidores ou degradadores do meio ambiente e que ocasionem impactos ambientais locais, estão sujeitos a prévio licenciamento ambiental pela SVMA, sem prejuízo de outras licenças legalmente exigíveis. A mesma resolução estabelece que o EIA-RIMA será exigido para empreendimentos e atividades considerados efetiva ou potencialmente causadores de significativa degradação socioambiental (art. 2º, §1º). Além disso, outros instrumentos de prevenção de danos ambientais são previstos no ato normativo, como o Estudo de Viabilidade Ambiental (EVA), o Estudo Ambiental Simplificado (EAS) e o Memorial de Caracterização do Empreendimento (MCE) (art. 2º, *caput*).

Sobre a apresentação de Plano Diretor de limpeza urbana (LOMSP, art. 182, IV), vale lembrar que, no Município de São Paulo, foi aprovado o Plano de Gestão Integrada de Resíduos Sólidos (PGRIS) pelo Decreto Municipal nº 54.991/2014, cujas diretrizes fundamentais são a não geração, a redução, a reutilização, a reciclagem, o tratamento dos resíduos sólidos e a disposição final ambientalmente adequada dos rejeitos, em

---

[651] A Lei Complementar nº 140/2011 define o licenciamento ambiental como o procedimento administrativo destinado a licenciar atividades ou empreendimentos utilizadores de recursos ambientais, efetiva ou potencialmente poluidores ou capazes, sob qualquer forma, de causar degradação ambiental (art. 2º, I).

linha com o que prevê o art. 7º, II, da Lei Federal nº 12.305/2010, que institui a Política Nacional de Resíduos Sólidos.

Informação bibliográfica deste texto, conforme a NBR 6023:2018 da Associação Brasileira de Normas Técnicas (ABNT):

LEVIN, Alexandre. Comentários ao art. 182. In: BATISTELA, Marcos; BARBOSA, Maria Nazaré Lins; MARTINS, Ricardo Marcondes (coord.). *Comentários à Lei Orgânica do Município de São Paulo*: atualizada até a Emenda nº 42/2022. Belo Horizonte: Fórum, 2023. p. 457-459. ISBN 978-65-5518-497-6.

Art. 183 As pessoas jurídicas, públicas ou privadas, e as pessoas físicas são responsáveis, perante o Município, pelos danos causados ao meio ambiente, devendo o causador do dano promover a recuperação plena do meio ambiente degradado, sem prejuízo das demais responsabilidades decorrentes.

§1º – As condutas e atividades que degradem o meio ambiente sujeitarão os infratores, na forma da lei, a sanções administrativas, incluída a redução do nível de atividade e interdição, cumulados com multas diárias e progressivas em caso de continuidade da infração ou reincidência.

§2º – É vedada a concessão de qualquer tipo de incentivo, isenção ou anistia a quem tenha infringido normas e padrões de proteção ambiental, durante os 24 (vinte e quatro) meses seguintes à data da constatação de cada infringência.

§3º – As medidas mitigadoras dos impactos negativos, temporários ou permanentes, aprovadas ou exigidas pelos órgãos competentes, serão relacionadas na licença municipal, sendo que a sua não implementação, sem prejuízo de outras sanções, implicará na suspensão da atividade ou obra.

ALEXANDRE LEVIN

O dispositivo está fundamentado na norma constitucional que prevê que as condutas e atividades consideradas lesivas ao meio ambiente sujeitarão os infratores, pessoas físicas ou jurídicas, a sanções penais e administrativas, independentemente da obrigação de reparar os danos causados (art. 225, §3º, Constituição Federal).

Na instância federal, a responsabilização criminal por condutas e atividades lesivas ao meio ambiente está disciplinada pela Lei Federal nº 9.605/1998, que prescreve regras sobre o processo de responsabilização e define uma série de crimes contra o meio ambiente, atribuindo aos infratores penalidades restritivas de liberdade e de direitos. Esse diploma federal estabelece expressamente que as pessoas jurídicas serão responsabilizadas administrativa, civil e penalmente pelos atos lesivos ao meio ambiente, nos casos em que a infração seja cometida por decisão de seu representante legal ou contratual, ou de seu órgão colegiado, no interesse ou benefício da sua entidade (art. 3º). Por óbvio, a condenação da pessoa jurídica em processo criminal não pode resultar na aplicação da pena de prisão – não há como impor a penalidade de reclusão ou de detenção a uma ficção jurídica –, de modo que a lei federal prevê sanções que podem ser aplicadas isolada, cumulativa ou alternativamente às pessoas jurídicas: multa, pena restritiva de direitos e prestação de serviços à comunidade (Lei Federal nº 9.605/1998, art. 21).

Entretanto, a Lei nº 9.605/1998 não dispõe apenas sobre responsabilização criminal – prevê, também, normas gerais sobre responsabilidade administrativa, que devem ser observadas pelo órgão ambiental municipal quando da aplicação de sanções administrativas (arts. 70 a 76).

Outrossim, a responsabilização administrativa está disciplinada, de forma mais específica, em outra norma federal, qual seja, o Decreto nº 6.514/2008, que prevê infrações ao meio ambiente e as correspondentes sanções administrativas: advertência; multa simples e diária; apreensão de animais, produtos e subprodutos da fauna e flora e demais produtos e subprodutos objetos da infração, instrumentos, apetrechos, equipamentos ou veículos de qualquer natureza utilizados na infração; destruição ou inutilização do produto; embargo de obra ou atividade e suas respectivas áreas; suspensão parcial ou total das atividades, entre outras (art. 3º). Algumas dessas penalidades estão previstas expressamente na Lei Orgânica paulistana (art. 183, §1º).[652]

Os órgãos municipais que exercem o poder de polícia ambiental devem observar as normas gerais sobre responsabilização administrativa editadas pela legislação federal, por se tratar de competência legislativa concorrente (art. 24, VI, VII e VIII, Constituição Federal).

A LOMSP faz referência tanto à responsabilização administrativa por danos causados ao meio ambiente quanto à responsabilização civil, já que prevê, expressamente, na esteira da Constituição Federal (art. 225, §3º), que o causador do dano deve promover a recuperação plena do meio ambiente degradado, sem prejuízo das demais responsabilidades decorrentes (LOMSP, art. 183, *caput*). Vale lembrar que a responsabilidade civil por danos causados ao meio ambiente é objetiva, ou seja, independe de dolo e culpa do agente, nos termos do que prescreve a Lei da Política Nacional do Meio Ambiente (Lei Federal nº 6.938/1981, art. 14, §1º).[653]

No Município de São Paulo, o procedimento de fiscalização ambiental está disciplinado pelo Decreto Municipal nº 54.421/2013, que atribui à Secretaria Municipal do Verde e do Meio Ambiente seu exercício (art. 1º). É considerada infração ambiental toda ação ou omissão que viole as regras jurídicas de uso, gozo, promoção, proteção e recuperação do meio ambiente, contidas nas leis, nos regulamentos e nas normas federais, do Estado e do Município, bem como as exigências técnicas delas decorrentes, constantes das licenças ambientais (art. 7º).

O Decreto Municipal estabelece, de forma expressa, que as sanções devem ser aplicadas de acordo com o disposto no Decreto Federal nº 6.514/2008, que regulamenta a Lei Federal nº 9.605/1998, observando-se, quanto à penalidade de multa, o valor mínimo de R$50,00 e o máximo de R$50.000.000,00 (cinquenta milhões de reais) (art. 9º).

Uma das sanções administrativas previstas na legislação federal é referida no dispositivo da LOMSP que prescreve que a não implementação das medidas mitigadoras dos impactos ambientais negativos previstos na licença ambiental, sem prejuízo de outras sanções, implicará a suspensão da atividade ou obra (LOMSP, art. 183, §3º).

---

[652] Cabe aqui a advertência feita por Marcelo Abelha Rodrigues, no sentido de que "nada impede a existência de uma sanção administrativa sem que para aquele caso exista uma sanção civil ambiental. Para esta última é condição necessária a existência do dano. Para a primeira é necessária apenas a ligação da conduta ilícita à determinada pessoa" (RODRIGUES, Marcelo Abelha. *Elementos de direito ambiental*. 2. ed. São Paulo: Revista dos Tribunais, 2005. p. 276-277).

[653] O Superior Tribunal de Justiça consolidou entendimento no sentido de que a *responsabilidade por dano ambiental é objetiva, informada pela teoria do risco integral, sendo o nexo de causalidade o fator aglutinante que permite que o risco se integre na unidade do ato, sendo descabida a invocação, pela empresa responsável pelo dano ambiental, de excludentes de responsabilidade civil para afastar sua obrigação de indenizar* (STJ, Tese nº 10 da edição nº 30 do *Jurisprudência em Teses*).

Deveras, o Decreto Federal nº 6.514/2008 dispõe que construir, reformar, ampliar, instalar ou fazer funcionar estabelecimentos, atividades, obras ou serviços utilizadores de recursos ambientais, considerados efetiva ou potencialmente poluidores, em desacordo com a licença ambiental, sujeita os infratores à multa de R$500,00 a R$10.000.000,00 (dez milhões de reais).

Informação bibliográfica deste texto, conforme a NBR 6023:2018 da Associação Brasileira de Normas Técnicas (ABNT):

LEVIN, Alexandre. Comentários ao art. 183. *In*: BATISTELA, Marcos; BARBOSA, Maria Nazaré Lins; MARTINS, Ricardo Marcondes (coord.). *Comentários à Lei Orgânica do Município de São Paulo*: atualizada até a Emenda nº 42/2022. Belo Horizonte: Fórum, 2023. p. 460-462. ISBN 978-65-5518-497-6.

Art. 184 O Município fiscalizará em cooperação com o Estado e a União, a geração, o acondicionamento, o armazenamento, a utilização, a coleta, o trânsito, o tratamento e o destino final de material radioativo empregado em finalidades de cunho medicinal, de pesquisa e industrial no Município, bem como substâncias, produtos e resíduos em geral, prevenindo seus efeitos sobre a população.

ALEXANDRE LEVIN

Dispõe a LOMSP que o Poder Público municipal deve fiscalizar as atividades econômicas que envolvam o manuseio de material radioativo, a fim de prevenir os efeitos nocivos que essas substâncias podem causar à saúde pública.

Nesse diapasão, a Lei Municipal nº 13.478/2002, que regula o Sistema de Limpeza Urbana do Município de São Paulo, estabelece que à Autoridade Municipal de Limpeza Urbana (AMLURB) compete adotar todas as medidas necessárias ao atendimento do interesse público e ao desenvolvimento do serviço de limpeza urbana, sobretudo fiscalizar a geração, o acondicionamento, o armazenamento, a utilização, a coleta, o trânsito, o tratamento e o destino final de material radioativo empregado em finalidades de cunho medicinal, de pesquisa e industrial, bem como substâncias, produtos e resíduos em geral, prevenindo seus efeitos sobre a população (art. 199, XXIII).

O PDE do Município de São Paulo, na mesma direção, estabelece que os programas, ações e investimentos, públicos e privados, no Sistema de Infraestrutura devem ser orientados, entre outras diretrizes, pela proibição da deposição de material radioativo no subsolo e pela promoção de ações que visem preservar e descontaminar o subsolo (Lei nº 16.050/2014, art. 198, VII).

O cuidado com a disposição de resíduos radioativos é fundamental: o risco para a saúde pública ocasionado pelo tratamento inadequado desses materiais é enorme.[654]

Sobre a disposição de resíduos tóxicos em geral, vale mencionar o Decreto Municipal nº 42.319/2002, que dispõe sobre as diretrizes e os procedimentos relativos ao gerenciamento de áreas contaminadas no Município de São Paulo. Compete à Secretaria Municipal do Verde e do Meio Ambiente manter cadastro de áreas contaminadas e

---

[654] A Constituição Federal prevê que o transporte e a utilização de materiais radioativos no território nacional devem ser regulados por lei (art. 177, §3º). Em atendimento a esse dispositivo constitucional, foi editada a Lei nº 10.308/2001, que "dispõe sobre a seleção de locais, a construção, o licenciamento, a operação, a fiscalização, os custos, a indenização, a responsabilidade civil e as garantias referentes aos depósitos de rejeitos radioativos". O diploma federal garante, inclusive, compensação financeira aos Municípios que abriguem depósitos de rejeitos radioativos, sejam iniciais, intermediários ou finais (art. 34).

suspeitas de contaminação, a fim de evitar o parcelamento e a ocupação desses terrenos (art. 5º).

Informação bibliográfica deste texto, conforme a NBR 6023:2018 da Associação Brasileira de Normas Técnicas (ABNT):

LEVIN, Alexandre. Comentários ao art. 184. *In*: BATISTELA, Marcos; BARBOSA, Maria Nazaré Lins; MARTINS, Ricardo Marcondes (coord.). *Comentários à Lei Orgânica do Município de São Paulo*: atualizada até a Emenda nº 42/2022. Belo Horizonte: Fórum, 2023. p. 463-464. ISBN 978-65-5518-497-6.

Art. 185 Os Parques Municipais, o Parque do Povo, a Serra da Cantareira, o Pico do Jaraguá, a Mata do Carmo, as Represas Billings e Guarapiranga, a Área de Proteção Ambiental do Capivari-Monos, a Fazenda Santa Maria, outros mananciais, os rios Tietê e Pinheiros e suas margens, nos segmentos pertencentes a este Município, constituem espaços especialmente protegidos. (Alterado pela Emenda nº 24/2001.)

ALEXANDRE LEVIN

Algumas áreas de interesse ambiental localizadas no território paulistano mereceram atenção especial por parte da LOMSP. Busca-se preservar a fauna e a flora desses locais, a fim de evitar que a ocupação descontrolada cause danos irreversíveis aos respectivos biomas.

A caracterização dessas áreas como espaços especialmente protegidos não significa que nenhuma atividade seja neles permitida. O manejo desses espaços, na verdade, depende do que rezam as leis estaduais e municipais que criaram essas UCs e dos seus respectivos planos de manejo.[655]

O Parque Estadual Turístico da Cantareira, por exemplo, foi criado pela Lei Estadual nº 10.228/1968; o Pico de Jaraguá está situado no Parque Estadual do Jaraguá, também criado por lei estadual na década de 1960;[656] as represas Billings e Guarapiranga estão situadas em Áreas de Proteção e Recuperação dos Mananciais (APRM), também criadas por leis estaduais.[657] Assim, a gestão dessas localidades depende de legislação estadual específica, de modo que a referência a essas áreas na LOMSP não tem efeito prático direto.

Do mesmo modo, a referência à Área de Proteção Ambiental do Capivari-Monos (APA Capivari-Monos) pela LOMSP carece de efeitos práticos, já que a utilização de áreas localizadas na APA é regulada por normas municipais específicas, como a Lei nº 13.136/2001 e a Lei nº 13.706/2004; esta última estabelece o ZEE da APA.

Dessa forma, a menção às áreas pela LOMSP é apenas uma sinalização ao Poder Público municipal: deve a Administração tomar as medidas necessárias para que esses espaços sejam devidamente protegidos, mas a efetiva tutela ambiental fica a depender de leis e atos normativos específicos.

---

[655] É a Lei Federal nº 9.985/2000 que prevê as normas gerais para a criação, implantação e gestão das unidades de conservação, em todo o território nacional e por todos os entes federativos.

[656] Plano de Manejo do Parque Estadual do Jaraguá, localizado na Região Metropolitana de São Paulo. Disponível em: http://arquivos.ambiente.sp.gov.br/fundacaoflorestal/2012/01/PE_%20JARAGUA/Volume_Principal_completo.pdf. Acesso em: 22 maio 2022.

[657] A Lei Estadual nº 9.866/1997 estabelece diretrizes e normas para a proteção e recuperação das bacias hidrográficas dos mananciais de interesse regional do Estado de São Paulo. A APRM Guarapiranga foi criada e definida pela Lei Estadual nº 12.233/2006 e a APRM Billings, pela Lei Estadual nº 13.579/2009.

Vale lembrar que a Constituição Federal prevê dispositivo semelhante, que declara patrimônio nacional a Floresta Amazônica brasileira, a Mata Atlântica, a Serra do Mar, o Pantanal Mato-Grossense e a Zona Costeira e determina que sua utilização far-se-á, na forma da lei, dentro de condições que assegurem a preservação do meio ambiente, inclusive quanto ao uso dos recursos naturais. O preceito depende, também, para sua aplicação efetiva, da edição de leis específicas.[658]

Informação bibliográfica deste texto, conforme a NBR 6023:2018 da Associação Brasileira de Normas Técnicas (ABNT):

LEVIN, Alexandre. Comentários ao art. 185. *In*: BATISTELA, Marcos; BARBOSA, Maria Nazaré Lins; MARTINS, Ricardo Marcondes (coord.). *Comentários à Lei Orgânica do Município de São Paulo*: atualizada até a Emenda nº 42/2022. Belo Horizonte: Fórum, 2023. p. 465-466. ISBN 978-65-5518-497-6.

---

[658] Note-se que parcela importante das normas que regulam a utilização de áreas verdes no Brasil está contida na Lei nº 12.651/2012, conhecida por Código Florestal, que estabelece "normas gerais sobre a proteção da vegetação, áreas de Preservação Permanente e as áreas de Reserva Legal; a exploração florestal, o suprimento de matéria-prima florestal, o controle da origem dos produtos florestais e o controle e prevenção dos incêndios florestais, e prevê instrumentos econômicos e financeiros para o alcance de seus objetivos" (art. 1º).

Art. 186 O Município deverá recuperar e promover o aumento de áreas públicas para implantação, preservação e ampliação de áreas verdes, inclusive arborização frutífera e fomentadora da avifauna.

Parágrafo único – O Município adotará, como critério permanente na elaboração de novos projetos viários e na reestruturação dos já existentes, a necessidade do plantio e a conservação de árvores.

ALEXANDRE LEVIN

A ampliação de áreas verdes é diretriz do Sistema de Áreas Protegidas, Áreas Verdes e Espaços Livres (SAPAVEL), conforme expressamente previsto no Plano Diretor do Município de São Paulo (art. 27). De acordo com o PDE, o Poder Público deve adotar mecanismos de compensação ambiental para a aquisição de imóveis destinados à implantação de áreas verdes públicas e de ampliação das áreas permeáveis (Lei Municipal nº 16.050/2014, art. 268, XIII).

Aumentar o perímetro das áreas destinadas ao plantio de árvores contribui tanto para preservar a biota como evitar os danos ocasionados por enchentes, já que a expansão das áreas permeáveis colabora com o sistema de drenagem urbana. Além disso, são conhecidos os efeitos benéficos ao clima que decorrem do aumento da arborização – regiões da cidade menos arborizadas tendem a se transformar em ilhas de calor, o que prejudica o microclima local.

Um dos instrumentos utilizados pelo Município para garantir a preservação do meio ambiente natural é a criação de Zonas Especiais de Proteção Ambiental (ZEPAM). Trata-se de porções do território destinadas à preservação e à proteção do patrimônio ambiental, dotadas de arborização de relevância ambiental, vegetação significativa, alto índice de permeabilidade e existência de nascentes, incluindo parques urbanos existentes e planejados. Essas áreas prestam relevantes serviços ambientais, entre os quais a conservação da biodiversidade, o controle de processos erosivos e de inundação, a produção de água e a regulação microclimática (Lei Municipal nº 16.402/2016, art. 19). Criou-se, também, no âmbito local, o Programa Municipal de Arborização Urbana, destinado a desenvolver ações para implantar, gerir e conservar áreas verdes urbanas (Lei nº 14.186/2006 do Município de São Paulo). As ações desenvolvidas por meio desse programa devem observar critérios de distribuição de espaços públicos livres, tendo em vista a manutenção de recursos ambientais e a proteção de solos frágeis (Lei nº 14.186/2006, art. 7º).

Já o parágrafo único desse dispositivo da LOMSP faz referência aos processos de compensação ambiental, por meio dos quais empreendimentos são aprovados mediante uma contrapartida, que se dá, por exemplo, por meio do plantio de árvores. O Termo de Compromisso Ambiental (TCA) é o instrumento a ser firmado entre o órgão municipal integrante do SISNAMA – no caso do Município de São Paulo, a SVMA – e pessoas físicas ou jurídicas, que assumem a obrigação de prestar contrapartidas e compensações nos casos de: (i) autorização prévia para supressão de espécies arbóreas; (ii) intervenções em área de preservação permanente, com ou sem manejo arbóreo; (iii) licenciamento ambiental de empreendimentos com significativa emissão de gases de efeito estufa; e (iv) transferência do potencial construtivo sem previsão de doação de área, aplicada a imóveis grafados como ZEPAM localizados na Macrozona de Estruturação Urbana (Lei Municipal nº 16.050/2014, art. 154).[659]

Informação bibliográfica deste texto, conforme a NBR 6023:2018 da Associação Brasileira de Normas Técnicas (ABNT):

LEVIN, Alexandre. Comentários ao art. 186. In: BATISTELA, Marcos; BARBOSA, Maria Nazaré Lins; MARTINS, Ricardo Marcondes (coord.). *Comentários à Lei Orgânica do Município de São Paulo*: atualizada até a Emenda nº 42/2022. Belo Horizonte: Fórum, 2023. p. 467-468. ISBN 978-65-5518-497-6.

---

[659] O Decreto Municipal nº 53.889/2013 regulamenta o Termo de Compromisso Ambiental (TCA). Dispõe o ato normativo que "à Secretaria Municipal do Verde e do Meio Ambiente – SVMA competirá apreciar, com exclusividade, os pedidos de manejo de espécies arbóreas, palmeiras e coqueiros para fins de elaboração do Termo de Compromisso Ambiental – TCA" (art. 2º, parágrafo único).

Art. 187 O Poder Público estimulará a criação e manutenção de unidades privadas de conservação do meio ambiente em território do Município, na forma da lei.

ALEXANDRE LEVIN

O dispositivo da LOMSP faz referência às espécies de unidade de conservação criadas em áreas privadas. O tema é regulado em âmbito nacional pela Lei nº 9.985/2000, que institui o Sistema Nacional de Unidades da Conservação da Natureza (SNUC).

De acordo com o diploma federal, algumas espécies de UCs são de domínio público, como a Estação Ecológica (Lei nº 9.985/2000, art. 9º, §1º), a Reserva Biológica (art. 10, §1º) e o Parque Nacional (art. 11, §1º). As áreas particulares incluídas em seus limites devem ser desapropriadas.

Outras categorias de UCs podem ser criadas em áreas particulares, como o Monumento Natural (art. 12, §1º), o Refúgio de Vida Silvestre (art. 13, §1º) e a Reserva Particular do Patrimônio Natural (RPPN) (art. 21). Nesses casos, deve ser possível compatibilizar os objetivos da UC com a utilização da terra e dos recursos naturais do local pelos proprietários.

É o Decreto Municipal nº 50.912/2009 que dispõe sobre a criação e o reconhecimento de Reserva Particular do Patrimônio Natural (RPPN) no âmbito do Município de São Paulo. Cria, ainda, o ato normativo, o Programa Municipal de Apoio às Reservas Particulares do Patrimônio Ambiental. Claro que, como qualquer UC, a RPPN não pode prescindir de um plano de manejo, definido por lei federal como o documento técnico mediante o qual, com fundamento nos objetivos gerais de uma UC, se estabelece seu zoneamento e as normas que devem presidir o uso da área e o manejo dos recursos naturais, inclusive a implantação das estruturas físicas necessárias à gestão da unidade (Lei nº 9.985/2000, art. 2º, XVII). O proprietário da área destinada à preservação ambiental pode ser beneficiado com compensações financeiras, provenientes de empreendimentos licenciados pelo Município, para o custeio de atividades como a elaboração do plano de manejo, a recuperação dos recursos naturais da RPPN, a realização de pesquisas necessárias para o manejo da RPPN e o desenvolvimento de programas de pesquisa científica e visitação com objetivos turísticos, recreativos e educacionais (Decreto Municipal nº 50.912/2009, art. 22).[660]

Informação bibliográfica deste texto, conforme a NBR 6023:2018 da Associação Brasileira de Normas Técnicas (ABNT):

LEVIN, Alexandre. Comentários ao art. 187. In: BATISTELA, Marcos; BARBOSA, Maria Nazaré Lins; MARTINS, Ricardo Marcondes (coord.). *Comentários à Lei Orgânica do Município de São Paulo*: atualizada até a Emenda nº 42/2022. Belo Horizonte: Fórum, 2023. p. 469. ISBN 978-65-5518-497-6.

---

[660] Aplica-se, à hipótese, o princípio do protetor-recebedor (Lei Federal nº 12.305/2010, art. 6º, II). O proprietário recebe uma compensação pelos relevantes serviços ambientais prestados. Conforme explica Romeu Thomé, "a ideia nuclear do princípio é recompensar, economicamente, as iniciativas que contribuam, sob alguma forma, para a proteção do meio ambiente" (SILVA, Romeu Faria Thomé da. *Manual de direito ambiental*. 9. ed. Salvador: Juspodivm, 2019. p. 87).

Art. 188 O Município coibirá o tráfico de animais silvestres, exóticos e de seus subprodutos e sua manutenção em locais inadequados, bem como protegerá a fauna local e migratória do Município de São Paulo, nesta compreendidos todos os animais silvestres ou domésticos, nativos ou exóticos.

§1º – Ficam proibidos os eventos, espetáculos, atos públicos ou privados, que envolvam maus-tratos e crueldade de animais, assim como as práticas que possam ameaçar de extinção, no âmbito deste Município, as espécies da fauna local e migratória.

§2º – O Poder Público Municipal, em colaboração com entidades especializadas, executará ações permanentes de proteção e controle da natalidade animal, com a finalidade de erradicar as zoonoses.

ALEXANDRE LEVIN

Os crimes contra a fauna estão previstos na legislação federal; a Lei nº 9.605/1998 prevê como infração penal a venda ou a manutenção em cativeiros de espécimes de fauna silvestre, nativa ou em rota migratória, sem a devida permissão, licença ou autorização da autoridade ambiental competente (art. 29). A mesma conduta enseja a responsabilização administrativa do infrator, nos termos do Decreto Federal nº 6.514/2008 (art. 24, §3º).

Praticar ato de abuso, maus-tratos, ferir ou mutilar animais silvestres, domésticos ou domesticados, nativos ou exóticos também é previsto como infração administrativa (Decreto Federal nº 6.514/2008, art. 29) e crime ambiental (art. 32).

A LOMSP impõe ao Poder Público Municipal o dever de fiscalizar o cumprimento dessas normas, por meio de aparato administrativo especialmente criado para a função.

Eventos públicos ou privados que envolvam crueldade com os animais são proibidos pela LOMSP. A norma municipal está de acordo, nesse particular, com a jurisprudência do STF sobre o tema,[661] toda ela fundamentada no dispositivo da Constituição Federal que proíbe a submissão dos animais à crueldade (art. 225, §1º, VII, Constituição Federal).

Ações voltadas ao combate às zoonoses também devem ser levadas a cabo pela Administração Municipal; para tanto, conta o Município de São Paulo com a Divisão

---

[661] No julgamento da Adin nº 4.983-CE, o STF decidiu pela inconstitucionalidade de lei estadual que regulava a denominada *vaquejada* (Adin nº 4.983-CE, Pleno, Rel. Min. Marco Aurélio, j. 06.10.2016, DOU 27.04.2017). Já a *farra do boi* foi proibida pela Corte em 1997 (RE nº 153.531-SC, 2ª Turma, Rel. Min. Francisco Rezek, j. 03.06.1997, DOU 13.03.1998) e a prática da intitulada *rinha de galo* foi vedada, por sua vez, no julgamento da Adin nº 3776-RN (Tribunal Pleno, Rel. Min. Cezar Peluso, j. 14.06.2007, DOU 29.06.2007).

de Vigilância de Zoonoses, que integra a estrutura da Secretaria Municipal da Saúde (Decreto Municipal nº 59.685/2020, art. 32).

Informação bibliográfica deste texto, conforme a NBR 6023:2018 da Associação Brasileira de Normas Técnicas (ABNT):

LEVIN, Alexandre. Comentários ao art. 188. *In*: BATISTELA, Marcos; BARBOSA, Maria Nazaré Lins; MARTINS, Ricardo Marcondes (coord.). *Comentários à Lei Orgânica do Município de São Paulo*: atualizada até a Emenda nº 42/2022. Belo Horizonte: Fórum, 2023. p. 470-471. ISBN 978-65-5518-497-6.

Art. 189 O Município estimulará as associações e movimentos de proteção ao meio ambiente.

Parágrafo único – As entidades referidas neste artigo poderão, na forma da lei, solicitar aos órgãos municipais competentes a realização de testes ou o fornecimento de dados, desde que a solicitação esteja devidamente justificada.

ALEXANDRE LEVIN

A atuação conjunta da Administração com entidades do terceiro setor é estimulada pela legislação. Nesse particular, a LOMSP segue as normas federais que preveem essa espécie de cooperação.[662]

Por exemplo, a Lei nº 9.985/2000 prevê como uma das diretrizes do SNUC o apoio e a cooperação de organizações não governamentais, de organizações privadas e pessoas físicas para o desenvolvimento de estudos, pesquisas científicas, práticas de educação ambiental, atividades de lazer e de turismo ecológico, monitoramento, manutenção e outras atividades de gestão das unidades de conservação (art. 5º, IV). Ainda, prevê a lei federal a participação de organizações da sociedade civil nos conselhos das unidades de conservação (art. 15, §5º).

No mesmo sentido, a Lei nº 9.637/1998 prevê a qualificação de entidade de direito privado sem fins lucrativos como organização social, para o exercício de atividades de interesse coletivo, como a preservação do meio ambiente (art. 1º). Pode a Administração firmar contratos de gestão com essas entidades, por meio do qual são repassados recursos destinados à execução desses objetivos (art. 5º).

O Município de São Paulo também possui legislação que permite a qualificação de entidades sem fins lucrativos como organizações sociais, desde que exerçam atividades dirigidas às áreas de saúde, de educação, de cultura, de esportes, lazer e recreação, de assistência social, de meio ambiente e de promoção de investimentos, competitividade e desenvolvimento (Lei Municipal nº 14.132/2006, art. 1º).

Cite-se, ainda, o Decreto Municipal nº 57.575/2016, que dispõe sobre a aplicação, no âmbito do Município de São Paulo, da Lei Federal nº 13.019/2014, que estabelece o regime jurídico das parcerias do Poder Público com organizações da sociedade civil (MROSC). Essa norma municipal regula o chamamento público destinado a selecionar

---

[662] Édis Milaré ressalta que "a participação popular na construção de uma sociedade justa e igualitária e na manutenção da qualidade ambiental, como pressuposto à melhoria da qualidade de vida humana, ganha especial importância, em face da própria natureza difusa do objeto juridicamente tutelado, segundo o mandamento insculpido no art. 225 da Constituição Federal. Nesse sentido, o chamado princípio da participação comunitária, embora não seja exclusivo do Direito Ambiental, constitui a base legal de legitimação da atuação das associações ambientalistas, no resgate dos princípios constitucionais de cidadania e da dignidade da pessoa humana" (*Direito do ambiente*: doutrina, jurisprudência, glossário. 4. ed. São Paulo: Revista dos Tribunais, 2005. p. 261).

organizações da sociedade civil que firmem ajustes, em regime de mútua cooperação, para a consecução de finalidades de interesse público e recíproco (art. 1º), inclusive as relacionadas à proteção do meio ambiente (art. 23, §4º, e art. 24, §2º).

Incentivar entidades privadas sem fins lucrativos que tenham por objetivo a consecução de atividades de interesse coletivo, como a proteção do meio ambiente ecologicamente equilibrado, faz parte do rol de funções da chamada Administração Consensual.

O conceito de administração concertada, ou administração consensual, foi criado a partir do desenvolvimento de uma nova concepção do exercício da função administrativa pelo Estado. De acordo com a doutrina administrativista que se debruça sobre o tema, o processo que leva às decisões da Administração deixou de ser marcado pela unilateralidade e passou a ser caracterizado pelo consensualidade. O Poder Público não mais impõe sua vontade à sociedade, mas decide em conjunto com os diversos setores representativos que a compõe. A imperatividade estatal dá lugar à concertação de interesses públicos e privados.[663]

É nessa direção que segue o dispositivo da LOMSP: deve o Município realizar ajustes com entidades do terceiro setor que tenham por objetivo a proteção ao meio ambiente a estimular as ações dessas entidades. Claro que o eventual repasse de recursos, nesses casos, deve ser seguido de uma prestação de contas bem realizada, a fim de evitar desvios de montantes do erário.

Informação bibliográfica deste texto, conforme a NBR 6023:2018 da Associação Brasileira de Normas Técnicas (ABNT):

LEVIN, Alexandre. Comentários ao art. 189. *In*: BATISTELA, Marcos; BARBOSA, Maria Nazaré Lins; MARTINS, Ricardo Marcondes (coord.). *Comentários à Lei Orgânica do Município de São Paulo*: atualizada até a Emenda nº 42/2022. Belo Horizonte: Fórum, 2023. p. 472-473. ISBN 978-65-5518-497-6.

---

[663] Nas palavras de Fernando Dias Menezes de Almeida, um dos vetores da evolução do Direito Administrativo, na democracia, é "a substituição dos mecanismos de imposição unilateral – tradicionalmente ditos de 'império' – por mecanismos de consenso, ou seja, mecanismos que propiciem o acordo entre os sujeitos envolvidos na ação administrativa, tanto os governantes, como os governados, sobre as bases da ordem a que estarão submetidos, respeitando-se os limites da legalidade" (ALMEIDA, Fernando Dias Menezes de. Mecanismos de consenso no Direito Administrativo. *In:* ARAGÃO, Alexandre Santos de; MARQUES NETO, Floriano de Azevedo. *Direito administrativo e seus novos paradigmas*. Belo Horizonte: Fórum, 2012. p. 337).

Art. 190 As normas de proteção ambiental estabelecida nesta Lei, bem como as dela decorrentes, aplicam-se ao ambiente natural, construído e do trabalho.

ALEXANDRE LEVIN

O preceito adota a concepção doutrinária que divide o meio ambiente em diferentes aspectos: o meio ambiente natural, o meio artificial e o meio ambiente do trabalho.[664] Trata-se de aplicar as normas de proteção ambiental estabelecidas pela LOMSP a todos os espaços em que exista vida, já que o objetivo maior das leis ambientais é garantir a vida saudável em todos os seus âmbitos. O Direito Ambiental não se destina a proteger apenas o meio ambiente natural, mas também aquele construído pelo ser humano – afinal, a maior parte da população mundial vive em cidades, que constituem o meio ambiente urbano ou artificial.

O Estatuto da Cidade estabelece duas diretrizes de política urbana diretamente relacionadas ao tema. A primeira delas impõe que ao Poder Público cumpre evitar e corrigir as distorções do crescimento urbano e seus efeitos negativos sobre o meio ambiente (Lei nº 10.257/2001, art. 2º, IV) e a segunda estabelece que a atividade de organização do espaço urbano deve visar à proteção, preservação e recuperação do meio ambiente natural e construído, do patrimônio cultural, histórico, artístico, paisagístico e arqueológico (Lei nº 10.257/2001, art. 2º, XII).

Nota-se que a principal lei nacional sobre direito urbanístico impõe normas que visam à proteção tanto do meio ambiente natural quanto do meio ambiente artificial. Com efeito, não há como separar de modo estanque esses dois aspectos: o desrespeito às normas que protegem o meio ambiente natural prejudica a vida nas cidades, dada a interdependência entre os entornos.

Ainda sobre o tema, repare-se que os processos de implantação de empreendimentos ou atividades com efeitos potencialmente negativos sobre o meio ambiente devem contar com a realização de audiências públicas, quer se trate de atividade localizada na zona urbana, quer se trate de empreendimento situado em zona rural (Lei nº 10.257/2001, art. 2º, XIII). A regra do Estatuto da Cidade vai ao encontro da diretriz que impõe que sejam o meio ambiente natural e artificial indistinta e igualmente protegidos pela legislação ambiental.[665]

---

[664] Celso Antonio Pacheco Fiorillo adverte que a divisão do meio ambiente em diferentes aspectos "busca facilitar a identificação da atividade degradante e do bem imediatamente agredido. Nas palavras do autor, não se pode perder de vista que o direito ambiental tem como objeto maior tutelar a vida saudável, de modo que a classificação apenas identifica o aspecto do meio ambiente em que valores maiores foram aviltados" (*Curso de direito ambiental brasileiro*. 18. ed. São Paulo: Saraiva, 2018. p. 62).

[665] Vale lembrar, nesse sentido, que o intitulado Código Florestal também é aplicável às zonas urbanas (Lei nº 12.651/2012, art. 4º).

Já a proteção ao meio ambiente do trabalho está garantida pela Constituição Federal; de acordo com a Carta, os trabalhadores urbanos e rurais têm o direito à redução dos riscos inerentes ao trabalho, por meio de normas de saúde, higiene e segurança (art. 7º, XXIII, Constituição Federal). Ainda de acordo com o Texto Constitucional, ao sistema único de saúde compete colaborar na proteção do meio ambiente, nele compreendido o do trabalho (art. 200, VIII, Constituição Federal). Em suma, o meio ambiente do trabalho deve ser protegido, a fim de garantir a saúde dos trabalhadores urbanos ou rurais.

Informação bibliográfica deste texto, conforme a NBR 6023:2018 da Associação Brasileira de Normas Técnicas (ABNT):

LEVIN, Alexandre. Comentários ao art. 190. In: BATISTELA, Marcos; BARBOSA, Maria Nazaré Lins; MARTINS, Ricardo Marcondes (coord.). *Comentários à Lei Orgânica do Município de São Paulo*: atualizada até a Emenda nº 42/2022. Belo Horizonte: Fórum, 2023. p. 474-475. ISBN 978-65-5518-497-6.

Capítulo VI
Da Cultura e do patrimônio histórico e cultural

Art. 191 O Município de São Paulo garantirá a todos o exercício dos direitos culturais e o acesso às fontes de cultura, observado o princípio da descentralização, apoiando e incentivando a valorização e a difusão das manifestações culturais.

MAX BANDEIRA

Ao abrir o capítulo dedicado à cultura e ao patrimônio histórico e cultural, a Lei Orgânica consagra a todos a garantia do exercício de direitos culturais e o acesso às fontes de cultura, em disposição análoga ao art. 215 da Constituição Federal. Antes de se dedicar às medidas de proteção do patrimônio cultural, o legislador se concentrou no indivíduo, garantindo, de um lado, o exercício dos direitos culturais e o acesso às fontes de cultura e, de outro lado, a valorização e a difusão das manifestações culturais.

Direitos culturais são direitos humanos de segunda geração, nascidos da constatação de que o efetivo exercício das liberdades e da cidadania depende da oferta igualitária de condições materiais que permitam ao ser humano viver e se desenvolver com dignidade. De acordo com a Declaração do México, "a cultura constitui uma dimensão fundamental do processo de desenvolvimento", que "supõe a capacidade de cada indivíduo e de cada povo de informar-se e aprender a comunicar suas experiências".

Consagrado no Pacto Internacional de Direitos Econômicos, Sociais e Culturais, o direito à cultura, que já tinha previsão nos arts. 215 e 227 da Constituição Federal, foi recepcionado no direito brasileiro como direito fundamental, conforme a regra do art. 5º, §2º da Constituição Federal.

É competência comum da União, dos Estados, do Distrito Federal e dos Municípios proporcionar os meios de acesso à cultura, à educação, à ciência, à tecnologia, à pesquisa e à inovação (art. 23, V), assim como proteger os documentos, as obras e outros bens de valor histórico, artístico e cultural, os monumentos, as paisagens naturais notáveis e os sítios arqueológicos e impedir a evasão, a destruição e a descaracterização de obras de arte e de outros bens de valor histórico, artístico ou cultural (art. 23, III e IV). Para os Municípios, o constituinte houve por bem reforçar a competência material para a proteção do "patrimônio histórico-cultural local (art. 30, IX, Constituição Federal).

A edição de normas gerais a respeito da promoção e da proteção da cultura, contudo, cabe à União (art. 24, VII a IX, e §1º), em concorrência legislativa com os Estados, aos quais compete suplementar a legislação federal ou exercer a competência legislativa plena para atendimento de suas peculiaridades (art. 24, §§2º a 4º). Finalmente, aos Municípios cabe suplementar a legislação federal e a estadual no que couber (art. 30, II, Constituição Federal).

Ao demarcar as ações estatais tendentes a concretizar o direito à cultura, o constituinte se valeu de uma pluralidade de termos (como os verbos *apoiar, incentivar, proteger, promover* e os substantivos *defesa, valorização, produção, promoção, difusão*), cujos sentidos remontam a dois eixos: promoção da cultura e proteção da cultura. A promoção abrange o impulso à criação, a valorização, o incentivo, o apoio e a divulgação, compreendendo as "medidas que encorajem os indivíduos e grupos sociais a criar, produzir, difundir e distribuir suas próprias expressões culturais" (Convenção Sobre a Proteção e a Promoção da Diversidade das Expressões Culturais, 2005). Já a proteção compreende a preservação (conservação do estado do bem) e a defesa (salvaguarda contra riscos de destruição).

Os direitos culturais, ainda, desdobram-se em duas dimensões, compreendendo a participação na vida cultural, mediante a criação ou a reprodução de manifestações culturais, e a fruição da cultura, compreendendo os direitos ao conhecimento, à informação e à utilização do conteúdo de bens culturais – daí a menção no art. 191 da Lei Orgânica à garantia de acesso às fontes de cultura. Enquanto aqueles se aproximam de típicos direitos individuais, como ocorre com os direitos de autor, estes se amoldam ao conceito de direitos difusos, por terem caráter transindividual, de natureza indivisível, cujos titulares são pessoas indeterminadas, mas ligadas por circunstâncias de fato (art. 81, parágrafo único, I, da Lei Federal nº 8.078/1990).

Como direitos de segunda geração, os direitos culturais são direitos de igualdade. Têm por objetivo assegurar a todos condições para usufruir com paridade das liberdades. Cabe ao Estado garantir o pleno exercício dos direitos culturais, sem discriminações, favoritismos ou perseguições. Se de um lado a isonomia exige que os direitos culturais de participação e de fruição sejam assegurados aos vários grupos que compõem a sociedade brasileira, de outro lado implica a valorização das diferentes formas de manifestação da cultura nacional. A atuação estatal na tutela da cultura, portanto, não se encerra na tradicional tarefa de conservação de bens materiais, passando pela democratização do acesso às fontes de cultura e pela garantia do pluralismo cultural.

Os direitos de participação e fruição pressupõem a existência de condições reais de acesso à cultura, bem como o desenvolvimento da capacidade de percepção e compreensão das manifestações e bens culturais. A ingerência do Poder Público no campo cultural se justifica na exata medida do incentivo ao exercício dos direitos culturais e na constatação de que o abandono da cultura ao livre jogo das forças do mercado colocaria em risco a democratização do acesso e o pluralismo cultural. Não cabe ao Estado, contudo, extrapolar essas funções para definir ou impor padrões, tolher a liberdade de expressão ou a livre-iniciativa em matéria cultural. Não pode haver cultura imposta ou oficial. Embora essencial, o papel do Estado é modesto: uma vez adotadas as providências para favorecer o acesso de todos à cultura, o restante fica por conta do usuário da cultura, que deve ser livre para usar como quiser o que lhe é proposto.

A atuação estatal no incentivo à fruição dos direitos culturais foi bem estabelecida no julgamento da ADI nº 1950, de relatoria do Min. Eros Grau, em que se discutiu a constitucionalidade de lei estadual de São Paulo sobre meia-entrada, cujo objetivo, ao fim, é "garantir o exercício do direito à cultura" ou "antecipar o convívio das pessoas com os bens e valores culturais", sem que, naturalmente, haja patrulha ou imposição estatal de qualquer espécie ao artista, ao empresário e ao cidadão. Ao Estado não cabe definir ou impor padrões culturais, senão prover as condições necessárias para a participação dos cidadãos na cultura.

Diversas são as iniciativas municipais atualmente vigentes destinadas a incentivar a produção e a fruição cultural. No âmbito do incentivo, cabem referências ao Programa Municipal de Fomento ao Teatro (instituído pela Lei nº 13.279/2002), ao Programa para a Valorização de Iniciativas Culturais (Lei nº 13.540/2003), ao Programa Municipal de Fomento à Dança (Lei nº 14.071/2005), ao Programa de Fomento à Cultura da Periferia (Lei nº 16.496/2016), ao Programa Municipal de Fomento ao Circo (Lei nº 16.598/2016) e ao Prêmio Zé Renato de apoio à produção e desenvolvimento da atividade teatral (Lei nº 15.951/2014), entre outros.

A preservação e a conservação dos bens de valor cultural são objeto dos dispositivos seguintes do capítulo dedicado à cultura e ao patrimônio histórico e cultural da Lei Orgânica.

Informação bibliográfica deste texto, conforme a NBR 6023:2018 da Associação Brasileira de Normas Técnicas (ABNT):

BANDEIRA, Max. Comentários ao art. 191. *In*: BATISTELA, Marcos; BARBOSA, Maria Nazaré Lins; MARTINS, Ricardo Marcondes (coord.). *Comentários à Lei Orgânica do Município de São Paulo*: atualizada até a Emenda nº 42/2022. Belo Horizonte: Fórum, 2023. p. 476-478. ISBN 978-65-5518-497-6.

Art. 192 O Município adotará medidas de preservação das manifestações e dos bens de valor histórico, artístico e cultural, bem como das paisagens naturais e construídas, notáveis e dos sítios arqueológicos.

Parágrafo único – O disposto neste artigo abrange os bens de natureza material e imaterial, tomados individualmente, ou em conjunto, relacionados com a identidade, a ação e a memória dos diferentes grupos formadores da sociedade, incluídos:

I – as formas de expressão;

II – os modos de criar, fazer e viver;

III – as criações científicas, artísticas e tecnológicas;

IV – as obras, objetos, documentos, edificações e demais espaços destinados à manifestações culturais;

V – os conjuntos urbanos e sítios de valor histórico, paisagístico, artístico, arqueológico, paleontológico, ecológico, científico, turístico e arquitetônico;

VI – as conformações geomorfológicas, os vestígios e estruturas de arqueologia histórica, a toponímia, os edifícios e conjuntos arquitetônicos, as áreas verdes e os ajardinamentos, os monumentos e as obras escultóricas, outros equipamentos e mobiliários urbanos detentores de referência histórico-cultural.

MAX BANDEIRA

A noção de cultura adotada pelo legislador no art. 192 é ampla o suficiente para compreender bens materiais e bens incorpóreos relacionados com a identidade, a ação e a memória dos diferentes grupos formadores da sociedade, a exemplo das formas de expressão e dos modos de criar, fazer e viver. A preservação de tais bens e a correspondente defesa contra riscos de descaracterização ou de perecimento são típicas da atividade de proteção cultural.

Enquanto a proteção dos bens corpóreos se viabiliza, essencialmente, por meio do tombamento, a proteção e a conservação do patrimônio cultural imaterial paulistano se dá por meio do registro nos livros apropriados depositados no Conselho Municipal de Preservação do Patrimônio Histórico, Cultural e Ambiental da Cidade de São Paulo (Conpresp), conforme regulamentado pela Resolução nº 07/CONPRESP/2016. Os livros de registro atualmente compreendem quatro gêneros de patrimônio cultural imaterial: saberes, celebrações, formas de expressão e, por fim, sítios e espaços.

O processo de declaração de patrimônio cultural imaterial é administrativo e se desenvolve sob a assistência técnica do Departamento de Patrimônio Histórico da Secretaria Municipal de Cultura. Contudo, recentemente, iniciativas legislativas têm "declarado" como tal práticas culturais. Embora não se prestem a essa tarefa, privativa dos órgãos técnicos do Executivo, os diplomas legislativos são indicativos qualificados da relevância pública da matéria, aptos a induzir a ação dos órgãos competentes para instaurar o processo de registro de bens do patrimônio de natureza imaterial, nos termos do art. 5º da Lei nº 14.406/2007. Nessa hipótese, conforme entendimento firmado pelo STF no julgamento da ADI nº 5.670, o Poder Executivo, ainda que compelido a levar adiante procedimento tendente a registrar o patrimônio de natureza imaterial, não estaria vinculado à declaração de reconhecimento do valor do bem como patrimônio cultural feita pelo Poder Legislativo.

Informação bibliográfica deste texto, conforme a NBR 6023:2018 da Associação Brasileira de Normas Técnicas (ABNT):

BANDEIRA, Max. Comentários ao art. 192. *In*: BATISTELA, Marcos; BARBOSA, Maria Nazaré Lins; MARTINS, Ricardo Marcondes (coord.). *Comentários à Lei Orgânica do Município de São Paulo*: atualizada até a Emenda nº 42/2022. Belo Horizonte: Fórum, 2023. p. 479-480. ISBN 978-65-5518-497-6.

Art. 193 O Poder Público Municipal promoverá através dos órgãos competentes:

I – a criação, manutenção, conservação e abertura de: sistemas de teatros, bibliotecas, arquivos, museus, casas de cultura, centros de documentação, centros técnico-científicos, centros comunitários de novas tecnologias de difusão e bancos de dados, como instituições básicas, detentoras da ação permanente, na integração da coletividade com os bens culturais;

II – a proteção das manifestações religiosas, das culturas populares, indígenas e afro-brasileiras e as de outros grupos participantes do processo de formação da cultura nacional;

III – a integração de programas culturais com os demais municípios;

IV – programas populares de acesso a espetáculos artísticos-culturais e acervos das bibliotecas, museus, arquivos e congêneres;

V – promoção do aperfeiçoamento e valorização dos profissionais que atuam na área de cultura;

VI – a participação e gestão da comunidade nas pesquisas, identificação, proteção e promoção do patrimônio histórico e no processo cultural do Município.

VII – o Plano Programático de Cultura. (Acrescentado pela Emenda nº 42/2022.)

MAX BANDEIRA

O art. 193 delineia os eixos fundamentais de promoção da cultura "através dos órgãos competentes" (ou melhor, por meio dos órgãos competentes), abrangendo sistemas de teatros, bibliotecas, arquivos, museus, casas de cultura, centros de documentação, centros técnico-científicos, centros comunitários de novas tecnologias de difusão e bancos de dados. A cidade de São Paulo é dotada de diversos equipamentos culturais (bibliotecas, casas de cultura, centros culturais, espaços de cultura, museus, teatros, arquivos), que compõem o Sistema Municipal de Cultura, previsto no Decreto nº 57.484/2016.

O Sistema Municipal de Bibliotecas foi instituído pelo Decreto nº 46.434/2005, tendo como objetivo "desenvolver processos, serviços, iniciativas que atendam às necessidades de prover amplo acesso à informação, à leitura e à aquisição e produção de conhecimento, visando o estímulo da reflexão crítica e da criação cultural". As casas de cultura, criadas pela Lei nº 11.325/1992, têm por objetivo a coordenação, a promoção e o desenvolvimento de atividades, programas e iniciativas artísticas e culturais. Os museus são atualmente geridos pelo Departamento dos Museus Municipais, cujas atribuições são detalhadas no art. 24 do Decreto nº 58.207/2016, entre as quais se destaca a de estabelecer diretrizes e implantar o sistema municipal de museus, pendente de implantação. A instituição da Fundação Theatro Municipal de São Paulo, por sua vez, foi autorizada pela Lei nº 15.380/2011, que tem, entre suas finalidades, "promover, coordenar e executar atividades artísticas, incluídas a formação, a produção, a difusão e o aperfeiçoamento da música, da dança e da ópera". Por fim, as atribuições e os objetivos dos demais equipamentos culturais integrantes do sistema municipal de cultura são objeto de disposições do Decreto nº 58.207/2016.

A proteção das manifestações religiosas, das culturas populares, indígenas e afro-brasileiras e as de outros grupos participantes do processo de formação da cultura nacional, enunciada no art. 193, II, é atualmente viabilizada por meio do registro do patrimônio cultural imaterial paulistano, com registro nos livros apropriados e depositados no Conpresp.

Quanto ao disposto no art. 193, IV, o Município de São Paulo dispõe de uma programação cultural majoritariamente gratuita, que, de um lado, promove acesso a espetáculos artísticos-culturais e acervos das bibliotecas, museus, arquivos e congêneres e, de outro lado, valoriza profissionais que atuam na área de cultura. Além disso, são iniciativas municipais, por exemplo, a Virada Cultural, o Mês do *Hip-Hop* e o Carnaval de Rua, cuja extensa programação compreende espetáculos diversos, geograficamente descentralizados e gratuitos. Por sua vez, o aperfeiçoamento dos artistas, de que tratada o art. 193, V, da Lei Orgânica, tem sido incentivado, por exemplo, por meio de programas de residência artística no Polo Cultural Municipal e Criativo Vila Itororó, que tem funcionado como incubadora de projetos artísticos. Na formação artística, destaca-se também a atuação da Escola Municipal de Iniciação Artística, criada pela Lei nº 15.372/2011, atualmente em fase de expansão.

O Plano Programático da Cultura, incluído no art. 193, VII, pela recentíssima Emenda à Lei Orgânica nº 42/2022, por sua vez, consagra o planejamento da ação estatal na tutela da cultura, a par do Plano Municipal de Cultura de São Paulo, previsto no Decreto nº 57.484/2016. Planejamento é a atividade estatal que consiste na organização e na análise das informações pertinentes a um assunto, tendo em vista a sistematização de providências a serem realizadas considerando o alcance de objetivos preestabelecidos. A atividade de planejamento se exterioriza por meio dos "planos", mas não se confunde com a "planificação" – derivação do planejamento própria de estados totalitários.

O planejamento da ação estatal da cultura não se confunde com planejamento da cultura ou dirigismo cultural. Trata-se, antes, de um meio para alcançar a democracia cultural, o que, naturalmente, não é compatível com a regulação integral do contexto e da experiência cultural. Conforme previsto no art. 174 da Constituição Federal, "[o planejamento é] determinante para o setor público e [apenas] indicativo para o setor privado". Não é dado ao Poder Público valer-se do planejamento para neutralizar a liberdade de iniciativa, inclusive cultural, impondo diretrizes e ações à sociedade.

Em sentido oposto, o legislador municipal optou por atribuir à comunidade de cidadãos uma posição ativa no processo cultural, garantindo-lhe, no art. 193, VIII, a participação e a gestão nas pesquisas, identificação, proteção e promoção do patrimônio histórico e no processo cultural do Município. Conforme reconhecido na Declaração do México, "democracia cultural supõe a mais ampla participação do indivíduo e da sociedade no processo de criação de bens culturais, na tomada de decisões que concernem à vida cultural e na sua difusão e fruição". A cultura procede da sociedade e a ela deve retornar. Não pode ser privilégio de uma elite – seja em sua produção, seja em sua fruição. Daí o legislador ter se preocupado em outorgar aos cidadãos paulistanos a faculdade de participar do processo cultural e da identificação, proteção e promoção do patrimônio histórico.

Informação bibliográfica deste texto, conforme a NBR 6023:2018 da Associação Brasileira de Normas Técnicas (ABNT):

BANDEIRA, Max. Comentários ao art. 193. *In*: BATISTELA, Marcos; BARBOSA, Maria Nazaré Lins; MARTINS, Ricardo Marcondes (coord.). *Comentários à Lei Orgânica do Município de São Paulo*: atualizada até a Emenda nº 42/2022. Belo Horizonte: Fórum, 2023. p. 481-483. ISBN 978-65-5518-497-6.

Art. 194 O Poder Municipal providenciará, na forma da lei, a proteção do patrimônio histórico, cultural, paisagístico e arquitetônico, através de:

I – preservação dos bens imóveis, de valor histórico, sob a perspectiva de seu conjunto;

II – custódia dos documentos públicos;

III – sinalização das informações sobre a vida cultural e histórica da cidade;

IV – desapropriações;

V – identificação e inventário dos bens culturais e ambientais;

Parágrafo único – A lei disporá sobre sanções para os atos relativos à evasão, destruição e descaracterização de bens de interesses histórico, artístico, cultural, arquitetônico ou ambiental, exigindo a recuperação, restauração ou reposição do bem extraviado ou danificado.

MAX BANDEIRA

O art. 194 se ocupa da proteção do patrimônio histórico, cultural, paisagístico e arquitetônico. O tombamento é, por excelência, o instrumento de conservação e preservação dos bens corpóreos. Seu objetivo é impedir a modificação do estado físico de bens culturais. São análogos ao tombamento, por serem também destinados à preservação de bens corpóreos por razões de interesse público, os instrumentos destinados a proteger os monumentos arqueológicos e pré-históricos (Lei Federal nº 3.924/1961), das áreas de especial interesse turístico (Lei Federal nº 6.513/1977) e das estações ecológicas e áreas de proteção ambiental (Lei Federal nº 9.902/1981).

Com a ampliação do conceito de patrimônio cultural, ao lado desses surgem outros instrumentos, a exemplo dos inventários, dos registros, da vigilância, da desapropriação e de outros meios, conforme a cláusula aberta do art. 216, §1º, da Constituição Federal, e o art. 194 da Lei Orgânica. A regra contida no art. 1º, §1º, do Decreto-Lei nº 25/1937, segundo o qual apenas bens tombados integravam o então denominado "patrimônio histórico e artístico nacional", restou superada pela Constituição: de um lado, consagrou-se a ideia de que o tombamento não se presta a proteger qualquer tipo de objeto e, de outro lado, há situações em que a modificação da coisa é pressuposto para o exercício de direitos culturais ou é inerente à própria natureza do objeto, como se observa nos sítios arqueológicos, por exemplo.

No Município de São Paulo, compete ao Conpresp, criado pela Lei nº 10.032/1985, como órgão colegiado de assessoramento cultural ligado à estrutura da Secretaria Municipal de Cultura, a deliberação sobre o tombamento de bens móveis e imóveis. Cabe também ao Conpresp definir a área envoltória dos bens tombados e promover a preservação da paisagem, dos ambientes e dos espaços ecológicos importantes para a cidade, instituindo áreas de proteção ambiental, formular diretrizes que visem à preservação e à valorização dos bens culturais, comunicar o tombamento aos órgãos assemelhados nas outras instâncias de governo e aos cartórios de registro e fiscalizar o uso apropriado desses bens, arbitrando e aplicando as sanções previstas na forma da legislação em vigor. Quanto aos aspectos financeiros, cabe ao Conpresp pleitear benefícios aos proprietários de bens tombados e solicitar apoio a organizações de incentivo para obtenção de recursos e cooperação técnica, visando à revitalização do conjunto protegido.

O órgão técnico de apoio do Conpresp é o Departamento de Patrimônio Histórico da Secretaria Municipal de Cultura, ao qual compete fornecer subsídios técnicos necessários ao conselho, viabilizar e divulgar as decisões tomadas pelo conselho, encaminhar proposições e estudos atinentes à questão de preservação para deliberação, planejar e efetuar as medidas de proteção do patrimônio histórico.

Informação bibliográfica deste texto, conforme a NBR 6023:2018 da Associação Brasileira de Normas Técnicas (ABNT):

BANDEIRA, Max. Comentários ao art. 194. *In*: BATISTELA, Marcos; BARBOSA, Maria Nazaré Lins; MARTINS, Ricardo Marcondes (coord.). *Comentários à Lei Orgânica do Município de São Paulo*: atualizada até a Emenda nº 42/2022. Belo Horizonte: Fórum, 2023. p. 484-485. ISBN 978-65-5518-497-6.

Art. 195 O Município estimulará, na forma da lei, os empreendimentos privados que se voltem à criação artística, à preservação e restauração do patrimônio cultural e histórico.

MAX BANDEIRA

Nos arts. 195 e 196, o legislador esmiúça a faculdade de concessão de incentivos a empreendimentos privados outorgada ao Poder Público e a possibilidade de concessão de incentivos e isenções fiscais aos proprietários de bens culturais e ambientais.

Em concretização às diretrizes da Lei Orgânica e a par de programas já existentes em âmbito federal e estadual (Lei Rouanet e PROAC), foram adotados no município o Programa Municipal de Apoio a Projetos Culturais (Pro-Mac) (Lei nº 16.173/2015) e a isenção de IPTU aos imóveis em que se estabelecem teatros e espaços culturais (Lei nº 15.948/2013). Trata-se de medidas de caráter parafiscal, também chamadas de "gastos tributários": em vez de se consumar por meio de uma despesa pública, o gasto tributário efetiva-se por meio de alguma desoneração legal de tributo, acompanhada de renúncia de receita pública.

Os sistemas tributários, em regra, não possuem outro objetivo senão o de gerar recursos para a administração. No entanto, são permeados por situações que promovem isenções, anistias, presunções creditícias, reduções de alíquotas, deduções, abatimentos e diferimentos de obrigações de natureza tributária. Tais desonerações, em sentido amplo, podem servir para diversos fins, viabilizando, no final das contas, a execução de uma política pública, por meio da utilização de recursos que, de outro modo, seriam arrecadados aos cofres públicos.

A Lei nº 15.948/2014, definiu o Pro-Mac como "um incentivo fiscal para a realização de projetos culturais, a ser concedido a pessoa física ou jurídica domiciliada no Município". De acordo com o art. 6º da citada lei, o incentivo fiscal em questão se operacionaliza "por meio do recebimento, por parte do proponente de qualquer projeto cultural a ser realizado no Município, de certificados expedidos pelo Poder Público, correspondentes ao valor do incentivo autorizado pelo Poder Executivo". Enquanto para o proponente o Pro-Mac se assemelha a um incentivo, para o incentivador viabiliza o pagamento de um tributo por meio de certificados de incentivos.

Informação bibliográfica deste texto, conforme a NBR 6023:2018 da Associação Brasileira de Normas Técnicas (ABNT):

BANDEIRA, Max. Comentários ao art. 195. *In*: BATISTELA, Marcos; BARBOSA, Maria Nazaré Lins; MARTINS, Ricardo Marcondes (coord.). *Comentários à Lei Orgânica do Município de São Paulo*: atualizada até a Emenda nº 42/2022. Belo Horizonte: Fórum, 2023. p. 486. ISBN 978-65-5518-497-6.

Art. 196 O Município poderá conceder, na forma da lei, financiamento, incentivos e isenções fiscais aos proprietários de bens culturais e ambientais tombados ou sujeitos a outras formas legais de preservação que promovam o restauro e a conservação destes bens, de acordo com a orientação do órgão competente.
Parágrafo único – Aos proprietários de imóveis utilizados para objetivos culturais poderão ser concedidas isenções fiscais, enquanto mantiverem o exercício de suas finalidades.

MAX BANDEIRA

O art. 196 se ocupa de incentivos ou sanções positivas destinadas aos proprietários de bens culturais que promovam o restauro e a conservação desses bens e aos proprietários de imóveis utilizados para objetivos culturais. Trata-se de incentivos ou contrapartidas pelo sacrifício parcial do direito de propriedade, no caso dos imóveis tombados ou sujeitos a outras formas legais de preservação, ou pela utilização dos imóveis para objetivos culturais, valorizados pelo legislador.

Em vista do previsto no art. 196 da Lei Orgânica, a Lei nº 16.050/2014 (PDE) contemplou a possibilidade de transferência de potencial construtivo de imóveis, de acordo com a orientação do órgão competente, para viabilizar a preservação de bem de interesse histórico, paisagístico, ambiental, social ou cultural (art. 123, I, e §§2º e 3º). A transferência é condicionada às disposições previstas em lei, em especial ao atendimento às providências relativas à conservação do imóvel. A transferência de potencial construtivo se dá por meio da expedição da declaração de potencial construtivo passível de transferência e da certidão de transferência de potencial construtivo, condicionada à comprovação do estado de conservação do imóvel cedente, mediante manifestação do proprietário e anuência do órgão municipal de preservação.

Em concretização à faculdade prevista no parágrafo único, a Lei nº 16.173/2015 veicula isenção de IPTU aos imóveis em que se estabeleçam teatros e espaços culturais, cuja finalidade seja a realização de espetáculos de artes cênicas, e a Lei nº 13.712/2004 estabelece incentivos fiscais a cinemas que funcionem em imóveis cujo acesso seja por logradouro público ou em espaços semipúblicos de circulação em galerias, mediante contrapartidas socioculturais, com a finalidade de estimular a qualificação urbanística e a recuperação de áreas degradadas, ampliar o acesso à cultura e obras cinematográficas, estimular a produção, circulação, exibição e fruição de obras cinematográficas brasileiras e formar público para o cinema.

Informação bibliográfica deste texto, conforme a NBR 6023:2018 da Associação Brasileira de Normas Técnicas (ABNT):

BANDEIRA, Max. Comentários ao art. 196. *In*: BATISTELA, Marcos; BARBOSA, Maria Nazaré Lins; MARTINS, Ricardo Marcondes (coord.). *Comentários à Lei Orgânica do Município de São Paulo*: atualizada até a Emenda nº 42/2022. Belo Horizonte: Fórum, 2023. p. 487. ISBN 978-65-5518-497-6.

Art. 197 As obras públicas ou particulares que venham a ser realizadas nas áreas do centro histórico de São Paulo e em sítios arqueológicos, nas delimitações e localizações estabelecidas pelo Poder Público, serão obrigatoriamente submetidas ao acompanhamento e orientação de técnicos especializados do órgão competente.

MAX BANDEIRA

Nos arts. 197 a 199, a Lei Orgânica passa a tratar de uma miscelânia de regras aplicáveis a obras realizadas no centro histórico de São Paulo e em sítios arqueológicos e à cessão de espaços culturais e teatros, regras que poderiam constar de diplomas de menor rigidez.

O art. 197 veicula uma precaução que leva em conta o risco de dano irreversível a bens culturais ou sítios arqueológicos ainda não conhecidos ou, ainda, de prejuízo a bens culturais protegidos. Não obstante a importância da matéria, a lei ordinária poderia prever a (natural) necessidade de acompanhamento pelos órgãos técnicos competentes de obras no entorno desses bens.

Informação bibliográfica deste texto, conforme a NBR 6023:2018 da Associação Brasileira de Normas Técnicas (ABNT):

BANDEIRA, Max. Comentários ao art. 197. *In*: BATISTELA, Marcos; BARBOSA, Maria Nazaré Lins; MARTINS, Ricardo Marcondes (coord.). *Comentários à Lei Orgânica do Município de São Paulo*: atualizada até a Emenda nº 42/2022. Belo Horizonte: Fórum, 2023. p. 488. ISBN 978-65-5518-497-6.

Art. 198 Os espaços culturais e os teatros municipais poderão ser cedidos às manifestações artísticas e culturais amadoras.

MAX BANDEIRA

A utilização de bens públicos municipais por particulares já está suficientemente regulamentada no art. 114 da Lei Orgânica, não havendo especial razão para os dizeres constantes dos arts. 198 e 199.

A preocupação do legislador com a possibilidade de contemplar manifestações artísticas e culturais amadoras com a utilização de espaços culturais e os teatros municipais reverberou no art. 5º da Lei Municipal nº 13.279/2002, que admite que coletivos não personalizados ("núcleos artísticos") se responsabilizem pela fundamentação e execução de projetos, desde que constituam "uma base organizativa com caráter de continuidade".

Na prática, por serem dotados de base organizativa com caráter de continuidade, os núcleos artísticos assemelham-se a associação não casual (tampouco casuística) de pessoas com objetivo comum, que, quanto ao projeto proposto, responsabilizem-se por sua fundamentação e execução. Núcleos artísticos são entidades não eventuais pluripessoais (compostas por mais de um integrante) que prescindem de formalização para sua constituição, embora, naturalmente, devam preexistir ao tempo da participação de procedimento competitivo municipal.

No direito brasileiro, o tipo societário genérico mais próximo do núcleo artístico é a sociedade em comum, introduzida pelo Código Civil de 2002 entre as sociedades não personificadas, ao lado da sociedade em conta de participação. De acordo com o art. 986 daquele código, as regras da sociedade em comum aplicam-se enquanto não inscritos os atos constitutivos no registro de empresa (ou, inclusive, mesmo que eles nunca venham a ser levados a registro). Trata-se do reconhecimento pelo direito societário da possibilidade de haver sociedades não registradas que, contudo, também merecem proteção jurídica – em oposição ao anterior regime do Código Comercial de 1950, que classificava as sociedades não registradas como "sociedades irregulares". Ao conferir proteção jurídica a esses núcleos de negócios não registrados, o Código Civil reconheceu sua importância socioeconômica, aproximando-se do regramento do direito alemão (*Gründungsgesellschaft*), francês (*societé crée de fait*) e anglo-saxão (*de facto corporation*).

Esse foi também o propósito do legislador local ao destinar o Programa Municipal de Fomento ao Teatro a entidades não personalizadas (aqui chamadas de "núcleo artístico" e definidas no art. 5º da Lei Municipal nº 13.279/2002), geralmente associadas às manifestações artísticas e culturais amadoras referidas no art. 198 da Lei Orgânica.

Informação bibliográfica deste texto, conforme a NBR 6023:2018 da Associação Brasileira de Normas Técnicas (ABNT):

BANDEIRA, Max. Comentários ao art. 198. *In*: BATISTELA, Marcos; BARBOSA, Maria Nazaré Lins; MARTINS, Ricardo Marcondes (coord.). *Comentários à Lei Orgânica do Município de São Paulo*: atualizada até a Emenda nº 42/2022. Belo Horizonte: Fórum, 2023. p. 489. ISBN 978-65-5518-497-6.

Art. 199 A cessão de espaços culturais e teatros municipais a grupos profissionais se dará, na forma da lei, aos que estiverem legalmente regularizados, bem como o seu corpo de funcionários.

MAX BANDEIRA

Em oposição ao previsto no art. 198, este dispositivo exige que os grupos profissionais possam figurar como cessionários de espaços culturais e teatros, mas devem estar legalmente regularizados. O procedimento a ser adotado é o mesmo aplicável às demais formas de utilização de bens públicos municipais por particulares, amplamente regulamentadas no art. 114 da Lei Orgânica.

Informação bibliográfica deste texto, conforme a NBR 6023:2018 da Associação Brasileira de Normas Técnicas (ABNT):

BANDEIRA, Max. Comentários ao art. 199. *In*: BATISTELA, Marcos; BARBOSA, Maria Nazaré Lins; MARTINS, Ricardo Marcondes (coord.). *Comentários à Lei Orgânica do Município de São Paulo*: atualizada até a Emenda nº 42/2022. Belo Horizonte: Fórum, 2023. p. 490. ISBN 978-65-5518-497-6.

Título VI
Da Atividade Social do Município

Capítulo I
Da Educação

Art. 200 A educação ministrada com base nos princípios estabelecidos na Constituição da República, na Constituição Estadual e nesta Lei Orgânica, e inspirada nos sentimentos de igualdade, liberdade e solidariedade, será responsabilidade do Município de São Paulo, que a organizará como sistema destinado à universalização do ensino fundamental e da educação infantil.

§1º – O sistema municipal de ensino abrangerá os níveis fundamental e da educação infantil estabelecendo normas gerais de funcionamento para as escolas públicas municipais e particulares nestes níveis, no âmbito de sua competência.

§2º – Fica criado o Conselho Municipal de Educação, órgão normativo e deliberativo, com estrutura colegiada, composto por representantes do Poder Público, trabalhadores da educação e da comunidade, segundo lei que definirá igualmente suas atribuições.

I – Prestar assessoramento ao Executivo Municipal, no âmbito das questões relativas à educação, e sugerir medidas no que tange à organização e ao funcionamento da Rede Municipal de Ensino, inclusive no que respeita à instalação de novas unidades escolares;

II – Promover e realizar estudos sobre a organização do Ensino Municipal, adotando e propondo medidas que visem à sua expansão e ao seu aperfeiçoamento;

III – Elaborar o Plano Municipal de Educação;

IV – Exercer fiscalização sobre as atividades referentes à assistência social escolar, no que diz respeito às suas efetivas realizações, estimulando-as e proponha medidas tendentes ao aprimoramento dessas mesmas atividades;

V – Emitir parecer sobre os assuntos de ordem pedagógica e educativa que lhe sejam submetidos pela Administração Municipal, através do seu órgão próprio;

VI – Promover seminários e congressos de Professores para debates sobre assuntos pertinentes ao ensino, na área de atuação do Ensino Municipal;

VII – Promover correições, por meio de comissões especiais, em qualquer dos estabelecimentos de ensino mantidos pela Prefeitura, tendo em vista o fiel cumprimento da legislação escolar.

§3º – O Plano Municipal de Educação previsto no art. 241 da Constituição Estadual será elaborado pelo Executivo em conjunto com o Conselho Municipal de Educação, com consultas a: órgãos descentralizados de gestão do sistema municipal de ensino, comunidade educacional, organismos representativos de defesa de direitos de cidadania, em específico, da educação, de educadores e da criança e do adolescente e deverá considerar as necessidades das diferentes regiões do Município. (Alterado pela Emenda 24/2001.)

§4º - O Plano Municipal de Educação atenderá ao disposto na Lei Federal nº 9.394/96 e será complementado por um programa de educação inclusiva cujo custeio utilizará recursos que excedam ao mínimo estabelecido no artigo 212, §4º, da Constituição Federal. (Acrescentado pela Emenda nº 24/2001.)

§5º - A lei definirá as ações que integrarão o programa de educação inclusiva referido no parágrafo anterior. (Acrescentado pela Emenda nº 24/2001.)

TATIANA BATISTA

Entre os direitos sociais, a Constituição Federal elenca a educação, conforme dispõe o art. 6º.

Na norma constitucional, o art. 205 da Constituição Federal prioriza a enumeração dos princípios gerais da educação como direito dos cidadãos, definindo que observará a igualdade de condições para o acesso e a permanência na escola, bem como a liberdade de aprender, ensinar, pesquisar e divulgar o pensamento, a arte e o saber.

A Constituição Federal já havia antecipado a competência do ente federativo Municipal para manter, com a cooperação técnica e financeira da União e do Estado, programas de educação pré-escolar e de Ensino Fundamental (art. 30, VI, da Constituição Federal). Nesse diapasão, a LOMSP reafirmou as atribuições consagradas na Carta Federal.

A coexistência das instituições públicas e privadas encontra fundamento também no art. 206, III, da Constituição Federal, de onde se depreende que não se trata de serviço exclusivo do Estado, ou seja, há concorrência entre o serviço público e a iniciativa privada.

A Lei Municipal nº 10.429/1988 já havia criado o Conselho Municipal de Educação (CME) com as atribuições nos exatos termos que foram transpostos para o §2º do art. 200 da LOM.

A referida lei, ainda, estabelece a constituição do Conselho e a forma de condução dos conselheiros aos cargos. Quanto à Constituição, percebe-se que a Lei de 1988 previa a composição por nove membros, nomeados pelo Prefeito, para mandato de 6 anos, "dentre pessoas de notório saber e experiência em matéria de educação", ressalvando requisitos técnicos para 6 membros.

No aspecto na composição, entretanto, a LOM disciplinou de maneira diversa e não estabeleceu número mínimo, referindo-se apenas a "Colegiado", composto por representantes do Poder Público, trabalhadores da educação e da comunidade.

A forma de constituição do Conselho foi, então, tratada no Decreto nº 33.892/1993, que manteve nove membros, mas redistribuiu a representatividade, e manteve a exigência outrora prevista no art. 2º da Lei nº 10.429/1988, a saber:

"(...) pessoas de notório saber e experiência em matéria de educação, 6 dos quais deverão, necessariamente, ter experiência técnica ou docente nas seguintes áreas:

1 na área de Educação Infantil;

1 na área de Ensino de 1º Grau – Nível I;

1 na área de Ensino de 1º Grau – Nível II;

1 na área de Ensino Supletivo;

1 na área de Ensino Profissionalizante;

1 na área de Educação Especial".

Como se extrai do ordenamento, convivem as disposições da LOM, da Lei nº 10.429/1988 e do Decreto nº 33.892/1993. Ressalta-se que a prevalência é da LOM, tendo a Lei nº 10.429/1988 sido recepcionada nos termos em que não conflita com a LOM, estando vigente nos aspectos de omissão da lei hierarquicamente superior. O atual PME encontra-se na Lei nº 16.271/2015, com vigência de 10 anos, ou seja, até 2025.

O Plano Municipal de Educação estabelece 13 metas e 14 diretrizes que orientam a Prefeitura no planejamento da Secretaria Municipal de Educação.

Uma das metas estabelecidas no Plano Municipal é a ampliação do atendimento de crianças de 0 a 3 anos. O Plano Nacional de Educação estabelece que deveriam ser ofertadas vagas correspondentes a 50% da quantidade de crianças entre 0 a 3 anos até 2024. O Plano Municipal da cidade de São Paulo propõe o atendimento de 75% das crianças de 0 a 3 anos e 11 meses.

A respeito da problemática das vagas em creche, é importante destacar que o Município sofreu acirrada judicialização em busca da garantia das vagas, que chegou a gerar uma segunda fila de espera: a fila dos cumprimentos judiciais. Assim, existia a fila administrativa e a fila de cumprimento judiciais, que atrasava o atendimento de quem aguardava a disponibilização da vaga apenas por cumprimento dos requisitos administrativos.

O ponto crucial da situação enfrentada pelo Município foi uma condenação em Ação Civil Pública (nº 0150735-64.2008.8.26.0002), que conduziu a uma conciliação em segundo grau de jurisdição, na qual a Administração Pública se comprometeu à criação de 85.500 novas matrículas em creches, para crianças de 0 a 3 anos, entre 31 de dezembro de 2016 e 31 de dezembro de 2020.

A conciliação inédita na educação envolveu diversos atores da sociedade, com a intermediação do TJSP, visando à ampliação das vagas e à constituição de um comitê de monitoramento da política pública, a fim de que se garantisse também a qualidade das vagas que estavam sendo disponibilizadas.

A Municipalidade, semestralmente, apresentou perante o Tribunal de Justiça a evolução de sua política, em reuniões nas quais os dados e as informações eram compartilhados e questionados por representantes da sociedade civil. Ao final de 2020, a Municipalidade pôde, enfim, publicar que a fila de espera por uma vaga em creche na cidade de São Paulo estava no fim.

Atualmente, a Coordenadoria responsável pela Demanda Escolar emprega esforços para que o fantasma da falta de vagas em creche não volte a assombrar a sociedade paulistana. Trimestralmente, vem sendo possível publicar que a fila permanece zerada. Recentemente questionada, a Coordenadoria informou que o prazo para atendimento de um cadastro não ultrapassa 30 dias.

Por óbvio, os desafios não cessaram, apenas se alteraram. Sendo atendida a necessidade básica do cidadão, a Secretaria preocupa-se atualmente com a melhoria do serviço, a qualificação dos profissionais que atendem as crianças, tanto na rede direta quanto na rede indireta, e o aperfeiçoamento dos sistemas de monitoramento e prestação de contas das Organizações que mantêm parcerias com a Secretaria Municipal de Educação.

Em comentário conjunto dos §§4º e 5º, é importante destacar os aspectos da política educacional inclusiva adotada pelo Município de São Paulo.

O Plano Municipal de Educação, aprovado pela Lei nº 16.271/2015 e que traça as diretrizes da atual Política Municipal da Educação, foi regulamentado, no que tange à Política Paulistana de Educação Especial, na Perspectiva da Educação Inclusiva, pelo Decreto nº 57.379/2016. O "objetivo da política municipal é assegurar o acesso, a permanência, a participação plena e a aprendizagem de crianças, adolescentes, jovens e adultos com deficiência, transtornos globais do desenvolvimento (TGD) e altas habilidades nas unidades educacionais e espaços educativos da Secretaria Municipal de Educação".

Nessa linha, há a previsão do Atendimento Educacional Especializado (art. 5º, Decreto nº 57.379/2016), que se constitui no conjunto de atividades e recursos pedagógicos e de acessibilidade organizados institucionalmente, prestado em caráter complementar ou suplementar às atividades escolares.

Entre os diversos serviços de educação especial oferecidos pela rede municipal destacam-se os Centros de Formação e Acompanhamento à Inclusão (CEFAI). Entre os serviços de apoio, merece destaque o Auxiliar de Vida Escolar (AVE), que é o "profissional com formação em nível médio, contratado por empresa conveniada com a Secretaria Municipal de Educação, para oferecer suporte intensivo aos educandos e educandas com deficiência e TGD que não tenham autonomia para as atividades de alimentação, higiene e locomoção" (art. 21, Decreto nº 57.379/2016).

A política dos AVEs é tão bem aceita pela população que se observa a judicialização de pretensões das famílias a ter auxiliares exclusivos para seus filhos ou para obter a transferência de escolas estaduais que não tenham a política para escolas municipais, quando concorrentes no atendimento.

Em que pese na redação do Decreto constar "empresa conveniada", vale dizer que, atualmente, o programa é executado por meio de termo de colaboração, com amparo legal na Lei nº 13.019/2014. Há credenciamento para possibilitar o cadastro de entidades e organizações da Sociedade Civil, sem fins lucrativos, interessadas em formalizar parceria dessa natureza com a Secretaria. A respeito, vale verificar a Instrução Normativa SME nº 14/2021.

O programa vem sendo desenvolvido pela SDPM, organização habilitada a desenvolver as atividades descritas no programa, devidamente credenciada.

Além dos AVEs, a política inclusiva conta com núcleos de atendimento multidisciplinar dos alunos, que são os CEFAIs, responsáveis por desenvolver ações de formação e projetos, produzir materiais, orientar e supervisionar as Salas de Apoio e Acompanhamento à Inclusão (SAAI), além de disponibilizar equipamentos específicos para alunos com necessidades educacionais especiais. A eficiência e a respeitabilidade dos CEFAIs foram inúmeras vezes reconhecidas no Poder Judiciário, quando os Juízos se depararam com a documentação de acompanhamento elaborada por esses centros regionalizados.

O problema enfrentado nas ações judiciais dessa natureza diz respeito à ótica sob a qual se analisam e deliberam os pedidos dos familiares. Muitas vezes há pedidos de acompanhamento por professor especializado em sala de aula que são realizados com fundamento em laudos médicos, quando a Secretaria defende que a definição de professor acompanhante dependeria de manifestação técnica de pedagogos.

Informação bibliográfica deste texto, conforme a NBR 6023:2018 da Associação Brasileira de Normas Técnicas (ABNT):

BATISTA, Tatiana. Comentários ao art. 200. In: BATISTELA, Marcos; BARBOSA, Maria Nazaré Lins; MARTINS, Ricardo Marcondes (coord.). *Comentários à Lei Orgânica do Município de São Paulo*: atualizada até a Emenda nº 42/2022. Belo Horizonte: Fórum, 2023. p. 491-495. ISBN 978-65-5518-497-6.

Art. 201 Na organização e manutenção do seu sistema de ensino, o Município atenderá ao disposto no art. 211 e parágrafos da Constituição da República e garantirá gratuidade e padrão de qualidade de ensino.

§1º – A educação infantil, integrada ao sistema de ensino, respeitará as características próprias dessa faixa etária, garantindo um processo contínuo de educação básica.

§2º – A orientação pedagógica da educação infantil assegurará o desenvolvimento psicomotor, sociocultural e as condições de garantir a alfabetização.

§3º – A carga horária mínima a ser oferecida no sistema municipal de ensino é de 4 (quatro) horas diárias em 5 (cinco) dias da semana.

§4º – O ensino fundamental, atendida a demanda, terá extensão de carga horária até se atingir a jornada de tempo integral, em caráter optativo pelos pais ou responsáveis, a ser alcançada pelo aumento progressivo da atualmente verificada na rede pública municipal.

§5º – O atendimento da higiene, saúde, proteção e assistência às crianças será garantido, assim como a sua guarda durante o horário escolar.

§6º – É dever do Município, através da rede própria, com a cooperação do Estado, o provimento em todo o território municipal de vagas, em número suficiente para atender à demanda quantitativa e qualitativa do ensino fundamental obrigatório e progressivamente à da educação infantil.

§7º – O disposto no §6º não acarretará a transferência automática dos alunos da rede estadual para a rede municipal.

§8º – Compete ao Município recensear os educandos do ensino fundamental, fazer-lhes a chamada e zelar, junto aos pais e responsáveis, pela frequência à escola.

§9º – A atuação do Município dará prioridade ao ensino fundamental e de educação infantil.

TATIANA BATISTA

A gratuidade também está prevista no art. 206, IV da Constituição Federal (*vide* comentário §6º).

Entre as metas do Plano Nacional de Educação, destaca-se a de número 6, que é "oferecer educação em tempo integral em, no mínimo, 50% (cinquenta por cento) das escolas públicas, de forma a atender, pelo menos, 25% (vinte e cinco por cento) dos(as) alunos(as) da educação básica".

O monitoramento nacional da meta pode ser conferido no *site* do Instituto Nacional de Estudos e Pesquisas (Inep);[666] o resultado para o indicador 6A, qual seja, percentual de alunos da educação básica pública que pertencem ao público-alvo da ETI e que estão em jornada de tempo integral, em 2020, era 13,5%. O Estado de São Paulo está ligeiramente acima, com 16,4%. Quanto ao indicador 6B, "percentual de escolas públicas da educação básica que possuem, pelo menos, 25% dos alunos do público-alvo da ETI em jornada de tempo integral", cuja meta para 2024 seria 50%, estava, em 2020, na razão de 20,5%.

É interessante trazer à tona o recente movimento legislativo que levou as Casas de todas as esferas federativas a editar leis contra a pobreza menstrual. Tanto na esfera federal quanto estadual e municipal, leis com o cunho programático para a distribuição de absorventes íntimos nas escolas públicas proliferaram no país.

Em 10 de março de 2022, foram derrubados os vetos à Lei que criou o Programa de Proteção e Promoção da Saúde Menstrual (Lei nº 14.214). Note-se que a lei tinha o objetivo de combater a precariedade representada pela falta de acesso ou ausência de recursos para a aquisição de produtos de higiene e demais itens necessários ao período da menstruação.

O Presidente vetou trechos do Projeto de Lei sob o fundamento da falta de previsão de fontes de custeio e incompatibilidade com a autonomia dos estabelecimentos de ensino.

O texto incorporado à Lei com a recente votação prevê a "oferta gratuita de absorventes higiênicos femininos e outros cuidados básicos de saúde menstrual" e as destinatárias/beneficiárias. A lista de beneficiadas são: estudantes de baixa renda matriculadas em escolas da rede pública de ensino; mulheres em situação de rua ou em situação de vulnerabilidade social extrema; mulheres apreendidas e presidiárias, recolhidas em unidades do sistema penal; e mulheres internadas em unidades para cumprimento de medida socioeducativa (art. 3º).

No município de São Paulo não foi diferente e, em 12 de julho de 2021, foi sancionada a Lei nº 17.574, que determinou o oferecimento, nas unidades educacionais, de itens de higiene que contenham absorventes íntimos descartáveis. A lei municipal desafiou a Ação Direta de Inconstitucionalidade movida pelo Diretório Estadual do Partido Socialismo e Liberdade (PSOL), autuada sob o nº 2179353-34.2021.8.26.000, com o objetivo de se atribuir interpretação conforme à Constituição do Estado de São Paulo para promover a leitura mais inclusiva da lei e abranger também as pessoas transmasculinas afetadas pela pobreza menstrual.

Nesse sentido, a intenção era considerar beneficiários do programa de distribuição de absorventes todo e qualquer estudante que esteja ou possa vir a estar suscetível à pobreza menstrual.

Em 11 de maio de 2022, o TJSP, por seu Órgão Especial, exarou acórdão atribuindo interpretação conforme dos dispositivos da Lei Municipal, nos seguintes termos, que se pede vênia para transcrever:

---

[666] Disponível em: https://inepdata.inep.gov.br/analytics/saw.dll?Dashboard&PortalPath=%2Fshared%2FIntegra%C3%A7%C3%A3o%20-%20PNE%2FMeta%2006%2FPaineis%2FPNE%20-%20Meta%2006&Page=Indicador%206A. Acesso em: 23 jan. 2023.

"O tema é sensível e envolve valores constitucionais de importância maior. É tempo de a coletividade atentar para a insuficiência de critérios morfológicos para afirmação da identidade de gênero, considerada a dignidade da pessoa humana. Descabe potencializar o inaceitável estranhamento relativo a situações divergentes do padrão imposto pela sociedade para marginalizar cidadãos, negando-lhes o exercício de direitos fundamentais. A tutela estatal deve levar em conta a complexidade ínsita à psique humana, presente a pluralidade dos aspectos genésicos conformadores da consciência. É inaceitável, no Estado Democrático de Direito, inviabilizar a alguém a escolha do caminho a ser percorrido, obstando-lhe o protagonismo, pleno e feliz, da própria jornada. A dignidade da pessoa humana, princípio desprezado em tempo tão estranhos, deve prevalecer para assentar-se o direito do ser humano de buscar a integridade e apresentar-se à sociedade como de fato se enxerga (ADI nº 4.275/DF, Rel. Min. Marco Aurélio, Min. Redator Edson Fachin, j. 01.03.2018). Do que foi dito resulta, pelo princípio da interpretação conforme a Constituição, à luz e ótica da Constituição Estadual e da Constituição Federal, como única interpretação possível dos preceitos infraconstitucionais impugnados da Lei nº 17.574, de 12 de julho de 2021, do município de São Paulo, como sejam, arts. 1º, caput e §1º; §3º e 4º, a fim de compatibilizá-los com a Lei Fundamental, a de que também se aplicam em toda sua extensão aos transgêneros (transmasculinos), beneficiários do programa de cuidados com as estudantes nas escolas da Rede Municipal de Ensino de São Paulo".

O Plano Municipal de Educação contempla 13 metas, entre as quais destacamos: (i) universalizar, até 2016, a Educação Infantil para crianças de 4 e 5 anos de idade e assegurar, durante a vigência do Plano, atendimento para 75% das crianças de 0 a 3 anos e 11 meses ou 100% da demanda registrada, o que for maior; (ii) universalizar o Ensino Fundamental de 9 anos público e gratuito com qualidade socialmente referenciada para a demanda de 6 a 14 anos e garantir que pelo menos 95% dos educandos concluam essa etapa na idade recomendada, até o último ano de vigência deste Plano.

Quanto à primeira meta, em julho de 2015 o então Prefeito Fernando Haddad anunciou[667] que a partir de 2016 seria universalizada, em São Paulo, a matrícula de crianças da pré-escola.

Nesse sentido, durante a pandemia, ao mesmo tempo que a Secretaria Municipal de Educação tentava atender a dinâmica do ensino remoto para os alunos de sua rede, preocupava-se com o possível efeito da migração de grande quantidade de alunos da rede privada para a pública como consequência da crise econômica. Assim, entre as medidas de retorno às aulas, foi previsto o programa Mais Educação Infantil, "consistente na concessão de benefício mensal pago individualmente por criança de 4 e 5 anos, diretamente a instituições de ensino previamente credenciadas" (art. 6º da Lei nº 17.437/2020).

Após aprovação e sanção da lei, o Diretório Estadual do PSOL ingressou com a Ação Direta de Inconstitucionalidade, que recebeu o nº 2196035-98.2020.8.26.0000 no TJSP, questionando os art. 6º a 11 e 17 a 26 da Lei nº 17.437/2020.

A ação foi julgada procedente, em parte, para declarar a inconstitucionalidade do §3º do art. 7º da Lei nº 17.437/2020 do Município de São Paulo, por infringência

---

[667] Disponível em: www.capital.sp.gov.br/noticia/haddad-garante-universalizacao-da-pre-escola-a. Acesso em: 23 jan. 2023.

ao art. 237, *caput*, da Constituição Estadual, c.c. art. 213, I e II, e §1º da Constituição Federal e conferindo-se interpretação conforme a Constituição Federal aos arts. 10 e 11, da mesma norma, de modo a estabelecer que qualquer forma de desligamento dos alunos do programa Mais Educação Infantil" deve preservar, na íntegra, o direito ao acesso e à permanência na escola, nos termos do art. 206, I, da Constituição Federal.

Dessa forma, apenas a parte que possibilita o credenciamento de entidades sem fins lucrativos para oferecimento da vaga permanece válida e eficaz.

Outro ponto a ser ressaltado no tocante à oferta de vagas para atender à demanda é o georreferenciamento a partir do domicílio indicado pelo responsável do aluno. Com efeito, as vagas são disponibilizadas observando-se distância não superior a 1,5 quilômetro. Vagas com distâncias maiores, ao menos para crianças maiores, acarretava a disponibilização do Transporte Escolar Gratuito (TEG).

As políticas de ampliação do TEG para atender aos beneficiários das creches visou ampliar a oferta de vagas e agilizar o atendimento da demanda, sobretudo nas regiões em que já se observava a pulverização da demanda.

O desafio atualmente é ampliar o atendimento do ensino integral.

Não há transferência automática dos alunos, mas Município e Estado compartilham o sistema EOL, que consiste em uma ferramenta para cadastramento das crianças com interesse em vaga nas escolas da rede pública, bem como para cadastramento das vagas disponíveis, de modo que possibilite o correto direcionamento da criança e posterior acompanhamento da vida escolar dos alunos da rede pública.

Existem demandas de representantes legais que postulam a transferência de alunos de uma escola para outra específica, sob o argumento de ser mais próxima, ou por existirem recursos especiais, ou por algum outro fator de conveniência. No entanto, o Poder Judiciário, de modo geral, não vem reconhecendo o direito à escolha de escola específica. A Administração é obrigada a disponibilizar a vaga, mas não na escola específica indicada pelos representantes legais.

Algumas decisões excepcionais podem ser encontradas, mas associadas a peculiaridades do caso concreto.

A priorização pode ser observada no próprio Plano Municipal de Educação, ao estabelecer as metas.

Informação bibliográfica deste texto, conforme a NBR 6023:2018 da Associação Brasileira de Normas Técnicas (ABNT):

BATISTA, Tatiana. Comentários ao art. 201. *In*: BATISTELA, Marcos; BARBOSA, Maria Nazaré Lins; MARTINS, Ricardo Marcondes (coord.). *Comentários à Lei Orgânica do Município de São Paulo*: atualizada até a Emenda nº 42/2022. Belo Horizonte: Fórum, 2023. p. 496-499. ISBN 978-65-5518-497-6.

Art. 202 Fica o Município obrigado a definir a proposta educacional, respeitando o disposto na Lei de Diretrizes e Bases da Educação e legislação aplicável.

§1º – O Município responsabilizar-se-á pela integração dos recursos financeiros dos diversos programas em funcionamento e pela implantação da política educacional.

§2º – O Município responsabilizar-se-á pela definição de normas quanto à autorização de funcionamento, fiscalização, supervisão, direção, coordenação pedagógica, orientação educacional e assistência psicológica escolar, das instituições de educação integrantes do sistema de ensino no Município.

§3º – O Município deverá apresentar as metas anuais de sua rede escolar em relação à universalização do ensino fundamental e da educação infantil.

TATIANA BATISTA

São Paulo desenvolveu o Currículo da Cidade, que se tornou referência para muitos municípios.

No aspecto jurídico, o dispositivo legal merece atenção quanto à competência estabelecida na Lei Orgânica para fixação de normas quanto à autorização de funcionamento, fiscalização, supervisão, direção e coordenação pedagógica das instituições de educação, que se estendem às escolas privadas.

Assim, para além das atribuições de prover as vagas, a Secretaria Municipal de Educação, por meio de suas Diretorias Regionais, autoriza previamente o funcionamento e supervisiona as unidades particulares de Educação Infantil.

Atualmente, os procedimentos para obtenção da autorização de funcionamento das instituições privadas de Educação Infantil encontram-se na Instrução Normativa SME nº 9/2019.

Os aspectos analisados e acompanhados pelas autoridades municipais são o cumprimento da legislação educacional, a elaboração, a execução e a avaliação do Projeto Pedagógico e Regimento Escolar; a qualidade dos espaços físicos, instalações, equipamentos e materiais e, por fim, a regularidade e a atualização dos registros de documentação e arquivo.

No tocante à apresentação de metas anuais de sua rede escolar em relação à universalização do Ensino Fundamental e da Educação Infantil, o PME (Lei nº 16271/2015) deu o seguinte tratamento: o cumprimento de metas serão objeto de monitoramento contínuo e de avaliações periódicas pela Secretaria Municipal de Educação, pela Comissão Permanente de Educação, Cultura e Esportes da Câmara Municipal de São Paulo, pelo CME e pelo Fórum Municipal de Educação.

Há, ainda, a previsão de publicação dos estudos após 4 anos de vigência da Lei.

Informação bibliográfica deste texto, conforme a NBR 6023:2018 da Associação Brasileira de Normas Técnicas (ABNT):

BATISTA, Tatiana. Comentários ao art. 202. *In*: BATISTELA, Marcos; BARBOSA, Maria Nazaré Lins; MARTINS, Ricardo Marcondes (coord.). *Comentários à Lei Orgânica do Município de São Paulo*: atualizada até a Emenda nº 42/2022. Belo Horizonte: Fórum, 2023. p. 500-501. ISBN 978-65-5518-497-6.

Art. 203 É dever do Município garantir:

I – educação igualitária, desenvolvendo o espírito crítico em relação a estereótipos sexuais, raciais e sociais das aulas, cursos, livros didáticos, manuais escolares e literatura;

II – educação infantil para o desenvolvimento integral da criança até seis anos de idade, em seus aspectos físico, psicológico, intelectual e social;

III – ensino fundamental gratuito a partir de 7 (sete) anos de idade, ou para os que a ele não tiveram acesso na idade própria;

IV – educação inclusiva que garanta as pré-condições de aprendizagem e acesso aos serviços educacionais, a reinserção no processo de ensino de crianças e jovens em risco social, o analfabetismo digital, a educação profissionalizante e a provisão de condições para que o processo educativo utilize meios de difusão, educação e comunicação;

V – a matrícula no ensino fundamental, a partir dos 6 (seis) anos de idade, desde que plenamente atendida a demanda a partir de 7 (sete) anos de idade.

Parágrafo único – Para atendimento das metas de ensino fundamental e da educação infantil, o Município diligenciará para que seja estimulada a cooperação técnica e financeira com o Estado e a União, conforme estabelece o art. 30, inciso VI, da Constituição da República. (Alterado pela Emenda nº 24/2001.)

TATIANA BATISTA

A respeito da obrigação imposta ao Poder Público, vale destacar a recentíssima decisão do Colendo STF, proferida em sede de recurso extraordinário (RE nº 1008166), com repercussão geral reconhecida (Tema nº 548), fixada nos seguintes termos: (i) a educação básica, em todas as suas fases – Educação Infantil, Ensino Fundamental e Ensino Médio –, constitui direito fundamental de todas as crianças e jovens, assegurado por normas constitucionais de eficácia plena e aplicabilidade direta e imediata; (ii) a Educação Infantil compreende creche, de 0 a 3 anos, e a pré-escola, de 4 a 5 anos. Sua oferta pelo Poder Público pode ser exigida individualmente, como no caso examinado neste processo; (iii) O Poder Público tem o dever jurídico de dar efetividade integral às normas constitucionais sobre acesso à educação básica.

O recurso foi originado pelo Município de Criciúma, que arguia a impossibilidade de interferência na definição do Gasto Público pelo Poder Judiciário, em decorrências as normas orçamentárias.

Embora os ministros concordem quanto ao direito das crianças e adolescentes e à obrigação imposta ao Poder Público, são interessantes as tentativas de compatibilização das demais regras na fixação do tema. O Ministro Relator Luiz Fux, por exemplo, impôs o dever de matricular a criança de 0 a 5 anos de idade, em creche ou pré-escola, desde que haja a comprovação de pedido administrativo prévio não atendido em prazo razoável e incapacidade financeira do requerente de arcar com o custo.

Pretendia-se, portanto, condicionar ao atendimento em prazo razoável e à incapacidade financeira do requerente.

O Ministro André Mendonça preocupou-se com a compatibilização com o Plano Nacional de Educação (PNE), impondo a obrigação de cumprir: "a) de forma imediata, para todas as crianças a partir de 4 anos; b) de forma gradual, de acordo com o Plano Nacional de Educação – PNE, garantindo-se a oferta de vagas equivalentes à, no mínimo, 50% da demanda até 2024, para as crianças de até 3 anos". No entanto, "se constatada a não aplicação do percentual mínimo orçamentário em educação, bem como o descumprimento de qualquer outra obrigação constitucional ou legal relacionada à política pública educacional pelo ente, a obrigatoriedade de universalização do atendimento à educação infantil passa a ser imediata".

O Ministro Edson Fachin, por sua vez, propôs a seguinte tese: "É direito subjetivo e simultaneamente dever do Estado o atendimento em pré-escolas e creches às crianças de 0 a 5 anos", no que foi acompanhado pelo Ministro Dias Toffoli.

Como se observa, a obrigação de prover as vagas em creche foi fixada pelo STF, de forma que a Administração Municipal deve se atentar para a priorização na alocação dos gastos públicos.

Informação bibliográfica deste texto, conforme a NBR 6023:2018 da Associação Brasileira de Normas Técnicas (ABNT):

BATISTA, Tatiana. Comentários ao art. 203. *In*: BATISTELA, Marcos; BARBOSA, Maria Nazaré Lins; MARTINS, Ricardo Marcondes (coord.). *Comentários à Lei Orgânica do Município de São Paulo*: atualizada até a Emenda nº 42/2022. Belo Horizonte: Fórum, 2023. p. 502-503. ISBN 978-65-5518-497-6.

Art. 204 O Município garantirá a educação visando ao pleno desenvolvimento da pessoa, preparo para o exercício consciente da cidadania e para o trabalho, sendo-lhe assegurado:

I – igualdade de condições de acesso e permanência;

II – o direito de organização e de representação estudantil no âmbito do Município, a ser definido no Regimento Comum das Escolas.

Parágrafo único – A lei definirá o percentual máximo de servidores da área de educação municipal que poderão ser comissionados em outros órgãos da administração pública.

TATIANA BATISTA

O Município de São Paulo observa os critérios de igualdade de condições e permanência, como se extrai das Portarias editadas regularmente pela Secretaria Municipal da Educação para disciplinar as matrículas na rede de ensino.

Paralelamente, merece destaque o Programa Grêmios Estudantis nas escolas municipais, instituído pelo Decreto nº 58.840/2019. O objetivo do programa foi incentivar a participação dos estudantes no cotidiano da unidade escolar, bem como o exercício da cidadania e o engajamento democrático. Nesse sentido, foi estabelecido como diretriz do programa "consolidar a implementação de política estimuladora da participação dos estudantes no cotidiano da escola, compromissada com as políticas de construção da escola pública, popular, democrática e de qualidade para todos na cidade de São Paulo".

O Decreto traz, ainda, as regras de criação dos Grêmios em cada unidade escolar. Convoca-se uma Assembleia Geral dos estudantes que deliberará sobre o nome do Grêmio, o estatuto, o formato e membros da Comissão Eleitoral, datas do processo eleitoral da Diretoria do Grêmio e a escolha do orientador.

Informação bibliográfica deste texto, conforme a NBR 6023:2018 da Associação Brasileira de Normas Técnicas (ABNT):

BATISTA, Tatiana. Comentários ao art. 204. *In*: BATISTELA, Marcos; BARBOSA, Maria Nazaré Lins; MARTINS, Ricardo Marcondes (coord.). *Comentários à Lei Orgânica do Município de São Paulo*: atualizada até a Emenda nº 42/2022. Belo Horizonte: Fórum, 2023. p. 504. ISBN 978-65-5518-497-6.

Art. 205 O Município proverá o ensino fundamental noturno, regular e adequado às condições de vida do aluno que trabalha, inclusive para aqueles que a ele não tiveram acesso na idade própria.

TATIANA BATISTA

A Secretaria Municipal de Educação da cidade de São Paulo tem uma modalidade de educação básica destinada a jovens e adultos acima de 15 anos que não tiveram acesso ou não concluíram o Ensino Fundamental. Trata-se da chamada Educação de Jovens e Adultos, conhecida como EJA. O programa disponibilizado pela Secretaria Municipal de Educação visa ao atendimento de estudantes com necessidades diversificadas.

No tocante ao cumprimento do dispositivo da Lei Orgânica, é importante ressaltar o EJA Modular, que atende ao seu público em 3 horas-aula diárias obrigatórias para os estudantes, em respeito aos que se encontram inseridos no mercado de trabalho. As duas horas-aulas restantes são de enriquecimento curricular, por meio de projetos, recuperação de aprendizagens e qualificação profissional, uma vez que as 3 horas-aula perfazem o mínimo de 75% exigido pela Lei de Diretrizes e Bases (LDB). A lógica é usar as 2 horas-aula para compensar eventuais ausências ao longo do ano letivo, visto que a primeira aula é a mais difícil de contar com a presença do aluno que trabalha.

O Centro Integrado de Educação de Jovens e Adultos (CIEJA) é uma unidade educacional que atende jovens e adultos em três períodos. Os cursos são estruturados em módulos com duração de um ano cada, com duzentos dias letivos, sendo que os encontros diários são de 2 horas e 15 minutos ou 3 horas-aula.

Além disso, há as formas de atendimento do Centro Municipal de Capacitação e Treinamento, o MOVA-SP e o EJA Regular.

Informação bibliográfica deste texto, conforme a NBR 6023:2018 da Associação Brasileira de Normas Técnicas (ABNT):

BATISTA, Tatiana. Comentários ao art. 205. *In*: BATISTELA, Marcos; BARBOSA, Maria Nazaré Lins; MARTINS, Ricardo Marcondes (coord.). *Comentários à Lei Orgânica do Município de São Paulo*: atualizada até a Emenda nº 42/2022. Belo Horizonte: Fórum, 2023. p. 505. ISBN 978-65-5518-497-6.

Art. 206 O atendimento especializado às pessoas com deficiência dar-se-á na rede regular de ensino e em escolas especiais públicas, sendo-lhes garantido o acesso a todos os benefícios conferidos à clientela do sistema municipal de ensino e provendo sua efetiva integração social. (Alterado pela Emenda nº 29/2007.)

§1º – O atendimento às pessoas com deficiência poderá ser efetuado suplementarmente, mediante convênios e outras modalidades de colaboração com instituições sem fins lucrativos, sob supervisão dos órgãos públicos responsáveis, que objetivem a qualidade de ensino, a preparação para o trabalho e a plena integração da pessoa deficiente, nos termos da lei. (Alterado pela Emenda nº 29/2007.)

§2º – Deverão ser garantidas às pessoas com deficiência as eliminações de barreiras arquitetônicas dos edifícios escolares já existentes e a adoção de medidas semelhantes quando da construção de novos. (Alterado pela Emenda nº 29/2007.)

TATIANA BATISTA

Na linha da proposta da Lei Orgânica, a municipalidade já vinha adotando o Atendimento Educacional Especializado (AEE), que consiste no conjunto de atividades, recursos de acessibilidade e pedagógicos, organizados institucionalmente e prestados de forma complementar ou suplementar à escolarização. São serviços de apoio especializado para a promoção e a integração dos estudantes alvo nas classes comuns.

Entre as funções desse atendimento, a Resolução CNE/CEB nº 04/2009 destaca a identificação e a eliminação de barreiras no processo de aprendizagem, visando à plena participação dos estudantes. O atendimento ocorre em sala de recursos multifuncionais, no contraturno escolar, podendo ser na própria unidade escolar ou em organização parceira. O atendimento AEE é disciplinado atualmente pela Portaria nº 1185/2016 – SME e a Instrução Normativa SME nº 34/2020 institui normas para a celebração de termos de colaboração com organizações da sociedade civil que mantém serviços de educação especial.

Na esteira do que contempla o §1º do art. 206 da LOMSP, existem parcerias formalizadas para atendimentos especiais, como ocorre com a Associação de Pais e Amigos do Excepcional (APAE), para o atendimento em Centros de Atendimento Educacional Especializado (CAEE).

A título de curiosidade, o CME possui a Deliberação CME nº 05/2010, que fixa normas para credenciamento de instituições privadas sem fins lucrativos, especializadas e com atuação exclusiva em educação especial, interessadas em estabelecer convênio com a SME, que foram incorporadas pela Secretaria por meio da Instrução Normativa SME nº 37/2020.

Observa-se também uma preocupação em se assegurar à pessoa com deficiência o direito aos recursos de tecnologia assistiva, consistentes em elementos que permitem compensar uma ou mais limitações funcionais motoras, sensoriais ou mentais da pessoa com deficiência, com o objetivo de permitir superar as barreiras da comunicação e da mobilidade. Nesses termos, preconiza o art. 74 da Lei nº 13.146/2015: "É garantido à pessoa com deficiência acesso a produtos, recursos, estratégias, práticas, processos, métodos e serviços de tecnologia assistiva que maximizem sua autonomia, mobilidade pessoal e qualidade de vida".

Todavia, é importante que se qualifique o professor, para que tenha a especialização adequada para o atendimento e integração desses educandos nas classes comuns.

Informação bibliográfica deste texto, conforme a NBR 6023:2018 da Associação Brasileira de Normas Técnicas (ABNT):

BATISTA, Tatiana. Comentários ao art. 206. *In*: BATISTELA, Marcos; BARBOSA, Maria Nazaré Lins; MARTINS, Ricardo Marcondes (coord.). *Comentários à Lei Orgânica do Município de São Paulo*: atualizada até a Emenda nº 42/2022. Belo Horizonte: Fórum, 2023. p. 506-507. ISBN 978-65-5518-497-6.

Art. 207 O Município permitirá o uso pela comunidade do prédio escolar e de suas instalações, durante os fins de semana, férias escolares e feriados, na forma da lei.

§1º – É vedada a cessão de prédios escolares e suas instalações para funcionamento do ensino privado de qualquer natureza.

§2º – Toda área contígua às unidades de ensino do Município, pertencente à Prefeitura do Município de São Paulo, será preservada para a construção de quadra poliesportiva, creche, centros de educação e cultura, bibliotecas e outros equipamento os sociais públicos, como postos de saúde. (Alterado pela Emenda nº 24/2001.)

TATIANA BATISTA

O dispositivo prevê a possibilidade de uso pela comunidade do prédio escolar e suas instalações, como forma de democratização do espaço público. Note-se que, em muitas regiões da cidade, a escola é o único equipamento público que pode proporcionar algum lazer à população.

Assim, sucessivos governos municipais investiram na construção dos Centros Educacionais Unificados (CEUs), que contam com equipamentos de educação, cultura e esporte. A utilização dos equipamentos CEUs pela comunidade é premissa adotada na concepção de criação desses equipamentos.

O equipamento público consolidou-se com gestão democrática, verificando-se a participação de representantes da comunidade nos Conselhos Gestores dos CEUs.

A Lei nº 14.662/2008 dispõe sobre a criação dos Conselhos Gestores dos CEUs, "um colegiado com funções consultivas e deliberativas, com atuação voltada para a defesa dos interesses das crianças, adolescentes e da população do entorno"[668] dos Centros, composto por representantes do governo municipal e da comunidade do entorno, conforme disposto no art. 4º da Lei:

> O Conselho Gestor do CEU será paritário e composto pelos seguintes membros e respectivos suplentes:
>
> I – 6 (seis) representantes de equipamentos públicos integrantes do CEU, sendo: 1 (um) Gestor do CEU, 1 (um) diretor do Centro de Educação Infantil, 1 (um) diretor de Escola Municipal de Ensino Infantil, 1 (um) diretor de Escola Municipal de Ensino Fundamental, 2 (dois) membros do núcleo de esporte e lazer, de ação cultural e educacional;
>
> II – 3 (três) representantes de outros equipamentos sociais do entorno;
>
> III – 6 (seis) representantes eleitos pelos professores e demais trabalhadores dos equipamentos públicos integrantes do CEU;

---

[668] Art. 2º da Lei nº 14.662/2008.

IV – 15 (quinze) representantes eleitos pelos alunos, pais e representantes da comunidade do entorno do CEU.

§1º Poderão participar das reuniões do Conselho Gestor do CEU, com direito a voz e não a voto, outros representantes da administração municipal, de entidades, associações e movimentos populares organizados e outros membros da comunidade.

Considerando a temática de utilização das escolas, entre as diversas atribuições conferidas ao Conselho Gestor, destaque-se o inciso V do art. 3º da Lei nº 14.662/2008:

V – definir assuntos relativos à organização e ao funcionamento dos CEUs, ao atendimento, ao acompanhamento da demanda e à utilização do espaço físico, de acordo com as orientações fixadas pela Administração Municipal.

Atualmente, o Decreto nº 57.478/2016 regulamenta a Lei nº 14.662/2008 e aprova o Regimento Padrão dos Centros Educacionais Unificados. Do regramento, merece destaque o art. 33:

Art. 33. O CEU conta com as seguintes instâncias de participação democrática:
I – Conselho Gestor;
II – Assembleias:
Geral;
Setorial;
Infantil;
Juvenil;
III – Associação de Pais, Mestres e Servidores, Usuários e Amigos do CEU – APMSUAC;
IV – Grêmio Juvenil do CEU.

Como se observa, são equipamentos que contemplam as diretrizes fixadas na LOMSP, seja pela democratização das decisões ou pelo uso dos espaços públicos pela comunidade do entorno.

A cidade contava com 46 CEUs distribuídos por diversas regiões da cidade. Em 2020, foram entregues mais 12 CEUs, que foram submetidos a um modelo diferente de administração, mas preservando a participação de representantes da sociedade do entorno nas definições das atividades.

Por fim, em 2022 foi homologada a concorrência para a primeira PPP na área da Educação na cidade de São Paulo, com a finalidade de construção de cinco novos CEUs em regiões predeterminadas da cidade e respectiva operação e manutenção dos equipamentos pelo prazo de 25 anos.

Informação bibliográfica deste texto, conforme a NBR 6023:2018 da Associação Brasileira de Normas Técnicas (ABNT):

BATISTA, Tatiana. Comentários ao art. 207. *In*: BATISTELA, Marcos; BARBOSA, Maria Nazaré Lins; MARTINS, Ricardo Marcondes (coord.). *Comentários à Lei Orgânica do Município de São Paulo*: atualizada até a Emenda nº 42/2022. Belo Horizonte: Fórum, 2023. p. 508-509. ISBN 978-65-5518-497-6.

Art. 208 O Município aplicará, anualmente, no mínimo 31% (trinta e um por cento) da receita resultante de impostos, compreendida a proveniente de transferências, na manutenção e desenvolvimento do ensino fundamental, da educação infantil e inclusiva.

§1º – O Município desenvolverá planos e diligenciará para o recebimento e aplicação dos recursos adicionais, provenientes da contribuição social do salário-educação de que trata o art. 212, §5º, da Constituição da República, assim como de outros recursos, conforme o art. 211, §1º, da Constituição da República.

§2º – A lei definirá as despesas que se caracterizam como de manutenção e desenvolvimento do processo de ensino aprendizagem, bem como da educação infantil e inclusiva.

§3º – A eventual assistência financeira do Município às instituições de ensino filantrópicas, comunitárias ou confessionais, não poderá incidir sobre a aplicação mínima prevista no *caput* deste artigo. (Alterado pela Emenda nº 24/2001, que também revogou os §§4º e 5º.)

TATIANA BATISTA

A Constituição Federal, no art. 212, estabeleceu o mínimo anual a ser investido em educação, conforme segue:

> Art. 212. A União aplicará, anualmente, nunca menos de dezoito, e os Estados, o Distrito Federal e os Municípios vinte e cinco por cento, no mínimo, da receita resultante de impostos, compreendida a proveniente de transferências, na manutenção e desenvolvimento do ensino.

A LDB (Lei nº 9.394/1996) regula os gastos com manutenção e desenvolvimento do Ensino. No art. 70, conceitua-se como despesa de Manutenção e Desenvolvimento do Ensino aquela realizada para garantir os objetivos básicos das instituições educacionais de todos os níveis, seja o Infantil, o Fundamental, o Médio ou o Superior. Dessa maneira, caberá ao Município aplicar 25% dos impostos na Educação Infantil e no Ensino Fundamental.

O Tribunal de Contas do Estado de São Paulo vem acolhendo de maneira pacífica a inclusão da remuneração da merendeira na despesa mínima educacional, não obstante a vedação da LDB de inclusão de programas suplementares de alimentação (art. 71, IV).

Existe alguma discussão acerca da aplicação de recursos com alimentação em creches, uma vez que o art. 29 da LDB estabelece que a Educação Infantil visa também ao "desenvolvimento físico da criança de até 6 anos", mas não está previsto como gasto no art. 70.

Quanto às despesas com inativos, ao contrário do que dispunha a Lei nº 7.348/1985, que permitia a despesa com inativos, a Lei nº 9.394/1996 silenciou e não revogou expressamente a normativa anterior, de modo que muitos entes continuavam a lançar como despesas para fins de gasto mínimo.

Atualmente, vale destacar a decisão do STF:

> No art. 212 da Constituição da República se exige que os Estados apliquem, no mínimo, vinte e cinco por cento (25%) de sua receita resultante de impostos em manutenção e desenvolvimento do ensino. Na Lei de Diretrizes e Bases da Educação Nacional se considera, para efeitos de gastos com manutenção e desenvolvimento do ensino, a remuneração paga aos profissionais da educação que não estejam em desvio de função ou exercendo atividade que não contribua diretamente para o ensino. Impossibilidade de se incluir o pagamento de proventos de inativos no conceito de gastos com manutenção e desenvolvimento do ensino, sob pena de descumprimento do art. 212 da Constituição da República. (ACO nº 2.799 AgR, rel. min. Cármen Lúcia, j. 03.04.2020, P, DJe de 23.04.2020.)

Ainda a respeito das despesas enquadráveis na Lei nº 9.394/1996, o Ministério da Educação e Cultura (MEC) esclarece o que vem disposto nos incisos II e III do artigo: compra de equipamentos voltados às necessidades do sistema educacional e manutenção dos equipamentos existentes, ampliação, reforma, construção ou conclusão de escolas e outras instalações físicas de uso exclusivo do sistema de ensino, conservação das instalações físicas do sistema de ensino (limpeza, vigilância, higienização etc.) e despesas com o uso de quaisquer bens utilizados no sistema de ensino. Inclui-se, ainda, a aquisição de material didático-escolar, sendo ele material coletivo e individual dos alunos.

Todavia, a Lei também previu expressamente que não se computava na Manutenção e Desenvolvimento do Ensino (MDE) a subvenção a instituições assistenciais, desportivas e culturais, sejam públicas ou privadas. A aplicação em MDE só comporta subvenções a escolas comunitárias, confessionais ou filantrópicas, gêneros alimentícios e equipamentos utilizados no serviço de merenda escolar, programas escolares de assistência médico-odontológica, farmacêutica e psicológica, ensino a distância.

A LOM vai além e estabelece a vinculação de mais 6%, aplicados nas ações voltadas à política inclusiva.

Com efeito, a Lei Municipal nº 13.245/2001 disciplinou as despesas que podem ser consideradas para os fins da Lei Orgânica, conforme se extrai do art. 3º:

> Art. 3º – Serão consideradas como despesas relativas à educação inclusive para fins do disposto do §5º do artigo 200 da Lei Orgânica do Município:
>
> I – programas voltados à educação de jovens e adultos que não tiveram acesso ou continuidade de estudos no ensino fundamental e médio na idade própria;
>
> II – programas de reinserção educacional da criança e adolescente em situação de risco pessoal ou social;
>
> III – programas especiais para educação de crianças e adolescentes com deficiência;

IV – programas voltados para a educação profissionalizante visando o desenvolvimento de aptidões para a vida produtiva;

V – programas que fortaleçam a inclusão de crianças e adolescentes na ação educacional do município;

VI – custos de produção e transmissão de programas de educação promovidos ou patrocinados pelo Poder Público Municipal, veiculados em emissoras de rádio e televisão;

VII – implantação e manutenção de centros integrados de educação e cultura, implantação e manutenção de telecentros ou serviços para acesso a tecnologias de informação e comunicação, em específico, às redes municipais e mundiais de conhecimento; bem como implantação e manutenção de bibliotecas públicas que estejam formalmente consideradas como parte da educação inclusiva, implantação e manutenção de clubes-escola que estejam formalmente considerados como parte da educação inclusiva em apoio à rede municipal de ensino".(Redação dada pela Lei nº 15.963/2014)

VIII – provisão de alimentação em creches, escolas de educação infantil, ensino fundamental e supletivo.

IX – parcela crescente anualmente e o total a partir do exercício de 2018, conforme o Anexo II, da despesa decorrente da insuficiência financeira do Regime Próprio de Previdência Social dos servidores públicos do Município de São Paulo relativa aos inativos da Educação, considerando-se a proporção entre os proventos pagos aos inativos da Educação e o total dos proventos pagos no referido Regime;(Incluído pela Lei nº 15.963/2014)

X – despesas com proteção escolar, realizadas pela Secretaria Municipal de Segurança Urbana". (Incluído pela Lei nº 15.963/2014)

Os recursos do salário-educação são repartidos em cotas, sendo os destinatários a União, os Estados, o Distrito Federal e os municípios. A forma de distribuição da contribuição social vem estabelecida no §6º do art. 212 da Constituição Federal, que deve observar a proporcionalidade ao número de alunos matriculados na educação básica, nas respectivas redes públicas.

A Lei Federal nº 10.832/2003 estabelece que 90% do valor arrecadado é distribuído da seguinte maneira: um terço é a cota federal e dois terços, a cota estadual e municipal. A cota estadual e municipal é distribuída de maneira proporcional ao número de alunos matriculados no Ensino Fundamental nas respectivas redes de ensino.

Em 2021, o município de São Paulo recebeu R$15.587.953,44 oriundos do salário-educação, conforme dados publicados no Portal da Transparência[669] (Lei Municipal nº 13.245/2001, conforme comentários ao *caput*).

Informação bibliográfica deste texto, conforme a NBR 6023:2018 da Associação Brasileira de Normas Técnicas (ABNT):

BATISTA, Tatiana. Comentários ao art. 208. In: BATISTELA, Marcos; BARBOSA, Maria Nazaré Lins; MARTINS, Ricardo Marcondes (coord.). *Comentários à Lei Orgânica do Município de São Paulo*: atualizada até a Emenda nº 42/2022. Belo Horizonte: Fórum, 2023. p. 510-512. ISBN 978-65-5518-497-6.

---

[669] Disponível em: http://transparencia.prefeitura.sp.gov.br/receitas-despesas. Acesso em: 23 jan. 2023.

Art. 209 O Município apresentará em audiência pública, no Legislativo, até 30 (trinta) dias após o encerramento de cada trimestre, relatório detalhado contendo informações completas sobre receitas arrecadadas, transferências e recursos recebidos e destinados à educação nesse período, bem como a prestação de contas das verbas utilizadas discriminadas por programa. (Alterado pela Emenda nº 42/2022.)

TATIANA BATISTA

O Município apresenta regularmente, perante o Tribunal de Contas do Município de São Paulo, relatório detalhado sobre as receitas e os recursos destinados à Educação. A prestação de contas é importante na fiscalização do cumprimento do gasto mínimo constitucional com educação consistente em 25% das receitas arrecadadas. A presente Lei Orgânica ainda estabelece o acréscimo de 6% para ser destinado para gastos com educação especial.

A redação alterada previa apenas a apresentação do relatório a cada semestre. A Emenda previu a realização de audiência pública e reduziu a periodicidade para trimestral. A vantagem das alterações são possibilitar maior participação popular no acompanhamento do emprego dos recursos na Educação e, de certa forma, tentar evitar que a execução se acumule para o final do ano, correndo-se o risco de despesas não planejadas.

Ora, se por um lado o acompanhamento em periodicidade menor auxilia a verificação do cumprimento ou não da obrigação constitucional, com tempo hábil para que o gestor se ajuste e otimize seus investimentos, por outro não se pode esquecer que o orçamento é uma peça fictícia e é a efetiva entrada da receita que orienta a liberação das cotas orçamentárias.

Para melhor explicação do assunto, é importante ter em mente que o orçamento aprovado anualmente é uma estimativa do quanto a Administração Pública pretende arrecadar, por meio das mais diversas fontes e como os valores serão investidos, aplicados e empregados.

Ao longo do ano, há um rigoroso acompanhamento dos valores efetivamente realizados e, assim, a Secretaria responsável libera cotas para gastos das demais Secretarias e ordenadores de despesas.

Não é raro que haja descompasso em alguns momentos do exercício financeiro entre o estimado e o realizado, ensejando contingenciamento de recursos por parte da Fazenda Municipal. Ocorre também o contrário e, em alguns anos, verifica-se o excesso de arrecadação.

O excesso de arrecadação pode conduzir a uma situação complicada para o Gestor Público responsável pelo gasto de recursos vinculados (Saúde e Educação), pois impõe automaticamente uma pressão orçamentária para emprego dos recursos mínimos.

Como se observa, a variabilidade da peça orçamentária recomenda o acompanhamento com periodicidade adequada, a fim de possibilitar as correções no planejamento para que as obrigações dos gestores sejam cumpridas, mas com eficiência do gasto público.

Informação bibliográfica deste texto, conforme a NBR 6023:2018 da Associação Brasileira de Normas Técnicas (ABNT):

BATISTA, Tatiana. Comentários ao art. 209. *In*: BATISTELA, Marcos; BARBOSA, Maria Nazaré Lins; MARTINS, Ricardo Marcondes (coord.). *Comentários à Lei Orgânica do Município de São Paulo*: atualizada até a Emenda nº 42/2022. Belo Horizonte: Fórum, 2023. p. 513-514. ISBN 978-65-5518-497-6.

Art. 210 A lei do Estatuto do Magistério disciplinará as atividades dos profissionais do ensino.

TATIANA BATISTA

O art. 206, V, da Constituição Federal conta com previsão semelhante. Atualmente, a Lei nº 14.660/2007 consolidou o Estatuto dos Profissionais da Educação no município de São Paulo e normatiza as áreas de atuação (art. 11), as jornadas de trabalho (art. 12 e seguintes), remuneração (art. 20 e seguintes), evolução funcional, enquadramentos etc.

Recente Lei Municipal (nº 17.722/2021) foi editada com a finalidade de tentar reduzir a rotatividade dos professores nas escolas em regiões mais afastadas, consideradas de difícil acesso. Assim, foi instituída a Gratificação por Local de Trabalho aos profissionais de Educação que tenham exercício em unidades de difícil lotação, "visando à diminuição do absenteísmo e valorizar o tempo de permanência na unidade".

Informação bibliográfica deste texto, conforme a NBR 6023:2018 da Associação Brasileira de Normas Técnicas (ABNT):

BATISTA, Tatiana. Comentários ao art. 210. *In*: BATISTELA, Marcos; BARBOSA, Maria Nazaré Lins; MARTINS, Ricardo Marcondes (coord.). *Comentários à Lei Orgânica do Município de São Paulo*: atualizada até a Emenda nº 42/2022. Belo Horizonte: Fórum, 2023. p. 515. ISBN 978-65-5518-497-6.

Art. 211 Nas unidades escolares do sistema municipal de ensino será assegurada a gestão democrática, na forma da lei.

TATIANA BATISTA

Reporta-se aos comentários dos arts. 204 e 207 da presente Lei.

Capítulo II
Da Saúde

Art. 212 A saúde é direito de todos, assegurado pelo Poder Público.

FABIO PAULO REIS DE SANTANA

São pouquíssimos os países do mundo que oferecem um sistema de saúde universal e totalmente gratuito; com mais de 100 milhões de habitantes, somente o Brasil.

A Constituição de 1988 criou um dos maiores sistemas públicos de saúde do mundo, com vistas a garantir, entre outras ações, a assistência terapêutica integral do indivíduo, inclusive com o fornecimento de medicamentos e vacinas.

O Sistema Único de Saúde (SUS) prevê o atendimento desde a atenção básica até os procedimentos de alta complexidade, como transplantes de órgãos, atendimento a pacientes com câncer, cirurgias em geral, tratamentos odontológicos, entre outros serviços.

Para se ter noção da dimensão, a rede de assistência do Município de São Paulo é composta de 1.011 serviços e estabelecimentos de saúde,[670] distribuídos pelos seguintes equipamentos:[671] Ambulatório de Especialidades (AMB ESPEC), Assistência Médica Ambulatorial (AMA), Assistência Médica Ambulatorial de Especialidades (AMA E), Centro de Atenção Psicossocial Álcool e Drogas (CAPS AD), Centro de Atenção Psicossocial Adulto (CAPS ADULTO), Centro de Atenção Psicossocial Infantojuvenil (CAPS IJ), Centro de Convivência e Cooperativa (CECCO), Centro de Especialidades Odontológicas (CEO), Centro Especializado em Reabilitação (CER), Centro de Referência em Saúde do Trabalhador (CRST), Centro de Testagem e Aconselhamento em DST/AIDS (CTA DST/AIDS), Hospital Municipal (HM), Núcleo Integrado de Reabilitação (NIR), Núcleo Integrado de Saúde Auditiva (NISA), Pronto Atendimento (PA), Pronto-Socorro Municipal (PSM), Serviço de Atendimento Especializado em DST/AIDS (SAE DST/AIDS), Unidade Básica de Saúde (UBS), Unidade de Pronto Atendimento (UPA) e Unidade de Referência à Saúde do Idoso (URSI).

Conforme dados obtidos por meio do sítio eletrônico da Secretaria Municipal de Saúde,[672] foi realizado, somente em 2019, um total de 27.253.366 consultas

---

[670] Disponível em: www.prefeitura.sp.gov.br/cidade/secretarias/upload/saude/arquivos/ceinfo/info_assistenciais/EstabServicosdaSMSporCRS_Marco2022.pdf. Acesso em: 22 maio 2022.

[671] Disponível em: www.prefeitura.sp.gov.br/cidade/secretarias/upload/saude/arquivos/organizacao/Unid_Munic_Saude_Zona.pdf. Acesso em: 22 maio 2022.

[672] Disponível em: www.prefeitura.sp.gov.br/cidade/secretarias/upload/saude/arquivos/infassistenciais/Consultas_Medicas_outras_CRS_STS.pdf. Acesso em: 22 maio 2022.

médicas, 398.236 primeiras consultas odontológicas e 56.963.962 procedimentos com finalidade diagnóstica[673] em serviços e estabelecimentos sob gestão municipal, seja em equipamentos próprios, seja por meio de instituições privadas contratadas.

O número de leitos de UTI à disposição do SUS, sob gestão municipal e estadual, representou, em 2019, o percentual de 48,9% do total de leitos de UTI disponíveis em toda a cidade, sendo 5.540 leitos sob gestão municipal.[674]

Portanto, o SUS é um colosso e que, mesmo com todas as suas imperfeições, é uma realidade em nosso país da qual temos muito que nos orgulhar.

Informação bibliográfica deste texto, conforme a NBR 6023:2018 da Associação Brasileira de Normas Técnicas (ABNT):

SANTANA, Fabio Paulo Reis de. Comentários ao art. 212. *In*: BATISTELA, Marcos; BARBOSA, Maria Nazaré Lins; MARTINS, Ricardo Marcondes (coord.). *Comentários à Lei Orgânica do Município de São Paulo*: atualizada até a Emenda nº 42/2022. Belo Horizonte: Fórum, 2023. p. 517-518. ISBN 978-65-5518-497-6.

---

[673] Disponível em: www.prefeitura.sp.gov.br/cidade/secretarias/upload/saude/arquivos/infassistenciais/Apoio_Diagnostico.pdf. Acesso em: 22 maio 2022.
[674] Disponível em: www.prefeitura.sp.gov.br/cidade/secretarias/upload/saude/arquivos/infassistenciais/Leitos.pdf. Acesso em: 22 maio 2022.

Art. 213 O Município, com participação da comunidade, garantirá o direito à saúde, mediante:

I – políticas que visem ao bem-estar físico, mental e social do indivíduo e da coletividade, a redução e a busca da eliminação do risco de doenças e outros agravos, abrangendo o ambiente natural, os locais públicos e de trabalho;

II – acesso universal e igualitário às ações e serviços de saúde, em todos os níveis de complexidade;

III – atendimento integral do indivíduo, abrangendo a promoção, preservação e recuperação da saúde.

FABIO PAULO REIS DE SANTANA

A LOM, nos arts. 212 e 213, reproduziu, basicamente, a previsão contida nos arts. 196 e 198 da Constituição da República, ao garantir a saúde como direito fundamental de todos, a ser tutelado pelo Estado, por meio de políticas que visem ao bem-estar do indivíduo e da coletividade, à redução de risco de doenças e de outros agravos, ao acesso universal e igualitário às ações e serviços de saúde e ao atendimento integral do indivíduo, abrangendo a promoção, a proteção e sua recuperação.

A universalidade impõe a garantia de acesso à saúde pública a todas as pessoas, independentemente de sexo, raça, crença religiosa, ocupação ou quaisquer outras características pessoais ou sociais.

O cumprimento da regra da igualdade nas ações e serviços de saúde exige atenção não apenas à igualdade formal, mas também à igualdade material, tratando desigualmente os desiguais, o que justifica, por exemplo, o aporte de mais investimento público em áreas de maior carência.

A integralidade do atendimento aponta para a necessidade de se atender o indivíduo como um todo, de modo que a proteção deve considerar a promoção da saúde, a prevenção de doenças e outros agravos, o tratamento e a reabilitação.

Expedida pelo Ministério da Saúde, a Portaria de Consolidação nº 01/2017, que consolida as normas sobre os direitos e deveres dos usuários da saúde, a organização e o funcionamento do SUS, dispõe, no parágrafo único do art. 5º, que é direito da pessoa, na rede de serviços de saúde, ter atendimento humanizado, acolhedor, livre de qualquer discriminação, restrição ou negação, em virtude de idade, raça, cor, etnia, religião, orientação sexual, identidade de gênero, condições econômicas ou sociais, estado de saúde, de anomalia, patologia ou deficiência.

O art. 198 da Carta Magna estabelece que as ações e os serviços de saúde pública serão prestados por uma rede regionalizada e hierarquizada, constituindo-se em um sistema único, organizado segundo as diretrizes da descentralização, com direção única em cada esfera de governo (I), do atendimento integral, com prioridade para as atividades preventivas, sem prejuízo dos serviços assistenciais (II) e da participação da comunidade (III).

Na esteira do art. 198, III, da Constituição Federal, o art. 213, *caput*, da LOM garante a participação da comunidade na atuação do Município no âmbito das políticas de saúde, como se verifica, por exemplo, da composição do Conselho Municipal de Saúde (CMS), atualmente definida pelo Decreto Municipal nº 53.990/2013, que prevê a participação de representantes dos usuários, dos trabalhadores da saúde, do Poder Público, de instituições de ensino superior e dos prestadores e fornecedores de insumos de saúde.

Cabe destacar que as disposições em matéria de direito sanitário devem ser interpretadas à luz do regramento nacional acerca do Sistema Único de Saúde, qual seja, a Lei nº 8.080/1990, também conhecida como Lei Orgânica da Saúde, que, no art. 2º, §2º, estabelece que o dever do Estado não exclui o das pessoas, da família, das empresas e da sociedade.

O art. 213, II, da LOM estatui que o Município garantirá o direito à saúde mediante o acesso universal e igualitário às ações e serviços de saúde em todos os níveis de complexidade. Porém, sobre esse ponto, a Lei Orgânica da Saúde, regulamentada pelo Decreto nº 7.508/2011, estabelece a forma de articulação entre os entes federativos que compõem o sistema único, com vistas ao atendimento integral do indivíduo, criando, por exemplo, no art. 14-A, as Comissões Intergestores Bipartite e Tripartite, com objetivos, entre outros, de decidir, consensualmente, sobre aspectos operacionais, financeiros e administrativos da gestão compartilhada do SUS e definir diretrizes a respeito da organização das redes de ações e serviços de saúde, no tocante à integração dos entes federados.

Essa articulação no âmbito do SUS vem reforçada pelos arts. 16, 17 e 18 da Lei Orgânica da Saúde, que disciplinam a repartição de competências entre os entes federativos, em que, por exemplo, a assistência de alta complexidade restou excluída do rol de competências dos municípios, previsto no art. 18 da Lei, sendo tratada apenas nos arts. 16, III, "a", e 17, IX, que versam, respectivamente, sobre a competência da União e dos Estados.

Ademais, o STF, por ocasião do julgamento do Tema nº 793, tendo como *leading case* o Recurso Extraordinário nº 855.178, fixou tese no sentido de que, embora, em razão da competência comum, os entes da federação sejam solidariamente responsáveis nas demandas prestacionais na área da saúde, compete à autoridade judicial direcionar o cumprimento conforme as regras de repartição de competências e determinar o ressarcimento a quem suportou o ônus financeiro.

Informação bibliográfica deste texto, conforme a NBR 6023:2018 da Associação Brasileira de Normas Técnicas (ABNT):

SANTANA, Fabio Paulo Reis de. Comentários ao art. 213. *In*: BATISTELA, Marcos; BARBOSA, Maria Nazaré Lins; MARTINS, Ricardo Marcondes (coord.). *Comentários à Lei Orgânica do Município de São Paulo*: atualizada até a Emenda nº 42/2022. Belo Horizonte: Fórum, 2023. p. 519-520. ISBN 978-65-5518-497-6.

Art. 214 O conjunto de ações e serviços de saúde de abrangência municipal, integram a rede regionalizada e hierarquizada do sistema único de saúde, nos termos do disposto no art. 198 da Constituição da República.

§1º – A direção do sistema único de saúde será exercida no âmbito do Município pelo órgão municipal competente.

§2º – O sistema único de saúde, no âmbito do Município, será financiado com recursos do Município, do Estado, da União, da seguridade social e de outras fontes que constituem um fundo específico regulado por lei municipal.

§3º – É vedada a destinação de recursos públicos municipais para auxílio, incentivos fiscais ou subvenções às instituições privadas com fins lucrativos.

§4º – É vedada a nomeação ou designação, para cargo ou função de chefia ou assessoramento na área de saúde, em qualquer nível, da pessoa que participe na direção, gerência ou administração de entidade ou instituição que mantenha contrato com o sistema único de saúde ou seja por ele creditada.

§5º – Para atendimento de necessidades coletivas, urgentes e transitórias, decorrentes de situação de perigo iminente, de calamidade pública ou de ocorrência de epidemias, o Poder Público poderá requisitar bens e serviços, de pessoas naturais e jurídicas, sendo-lhes asseguradas justa indenização.

FABIO PAULO REIS DE SANTANA

Minudenciando o disposto no art. 198, I, da Constituição Federal, que prevê a descentralização do SUS, com direção única em cada esfera de governo, o art. 214, §1º, da LOM estabelece que a direção única será exercida pelo órgão municipal competente, que, na esteira do art. 9º, III, da Lei Orgânica da Saúde, traduz-se na Secretaria Municipal de Saúde (SMS).

Em linha com a previsão contida no art. 198, §1º, da Carta Magna, o art. 214, §2º, da LOM estabelece que o SUS será financiado com recursos do Município, do Estado, da União, da seguridade social e de outras fontes de receita, que constituem um fundo específico regulado por lei municipal.

Cabe destacar que a criação de um Fundo Municipal de Saúde é obrigatória para que haja o recebimento de repasses do Fundo Nacional de Saúde (FNS), conforme preconiza o art. 4º, I, da Lei nº 8.142/1990.

O Fundo Municipal de Saúde (antigo FUMDES, atual FMS), criado pela já revogada Lei Municipal nº 10.830/1990, é atualmente regido pela Lei Municipal nº 13.563/2003, que preconiza, no art. 2º, que o FMS tem como objetivo criar condições financeiras e de gerenciamento de recursos destinados ao desenvolvimento de ações e serviços de saúde, executados e coordenados pela SMS, para implantação, consolidação e manutenção do SUS.

As receitas do Fundo constituem receita orçamentária municipal, sendo contabilizadas em rubrica específica, com vistas ao cômputo dos valores mínimos de aplicação na saúde, previstos no §2º, III, do art. 198 da Constituição da República, que foi acrescido pela Emenda Constitucional nº 29/2000.

Atualmente, consoante o disposto no art. 77, III, do Ato das Disposições Constitucionais Transitórias (ADCT), esse valor mínimo corresponde a 15% do somatório das receitas pertencentes ao municípios, instituídas pelos arts. 156, 158 e 159, I, "b" e §3º da Constituição Federal, quais sejam: (i) o produto da arrecadação dos impostos municipais (IPTU, ITBI e ISSQN); (ii) as receitas tributárias pertencentes aos municípios (IR retido na fonte sobre os rendimentos pagos pelas pessoas jurídicas de direito público municipais; 50% do Imposto Territorial Rural (ITR), podendo ser a totalidade, quando cobrado pelo próprio município; 50% do IPVA sobre veículos licenciados em seus territórios; e o montante recebido pelo município referente a 25% do ICMS sobre serviços de transporte interestadual e intermunicipal e de comunicação); e (iii) as parcelas recebidas da União, por meio do Fundo de Participação dos Municípios, e dos Estados relativas a percentual do Imposto sobre Produtos Industrializados (IPI).

Além dos recursos provenientes das receitas citadas (conforme inciso I), também constituem receitas do Fundo Municipal de Saúde, nos termos do art. 5º, da Lei Municipal nº 13.563/2003, regulamentada pelo Decreto Municipal nº 44.031/2003: recursos transferidos pela União, Estado e outros municípios, destinados às ações e serviços de saúde (inciso II); recursos provenientes de transferências e doações de instituições públicas e privadas, nacionais, estrangeiras e internacionais (inciso III); recursos de outras fontes para o financiamento do SUS em nível municipal, recebidos a título de reembolso, de valores correspondentes ao sistema de assistência médica suplementar (inciso IV); contribuições, donativos e legados de pessoas físicas e jurídicas, de direito público ou privado, nacionais, estrangeiras e internacionais (inciso V); auxílios, subvenções, transferências e participações em convênios e ajustes (inciso VI); produto de arrecadação de multas, correção monetária e juros por infrações ao Código Sanitário (inciso VII); taxas de fiscalização sanitária e outras específicas que o Município venha a criar no âmbito da saúde (inciso VIII); receitas de eventos realizados com finalidade específica de auferir recursos para os serviços de saúde (inciso IX); receitas auferidas de aplicações financeiras de seus recursos (inciso X); recursos provenientes de operações de crédito contraídas com a finalidade de atender a área da saúde (inciso XI); e outras receitas (inciso XII).

Nos termos do art. 6º da Lei, os recursos do Fundo serão destinados, entre outras despesas: ao financiamento total ou parcial de planos, programas e projetos de saúde desenvolvidos pela SMS, direta ou indiretamente (inciso I); ao pagamento de vencimentos, salários, gratificações, remuneração de serviços e encargos de pessoal e de recursos humanos da SMS, bem como ao pagamento de gratificações de servidores de outras secretarias, outros municípios e outras esferas de governo, pertencentes à administração direta ou indireta, que desempenhem suas funções na SMS e atuem no SUS, com a finalidade de compatibilizar o quadro de recursos humanos de atenção à saúde (inciso II); ao pagamento pela prestação de serviços complementares de saúde firmados com entidades de direito público ou privado, para a execução dos planos, programas e projetos de saúde (inciso III); à aquisição de material permanente e de consumo e de outros insumos necessários para o desenvolvimento dos planos, programas e projetos de saúde (inciso IV); à construção, reforma, ampliação, aquisição ou locação de imóveis para adequação da rede física de prestação das ações e serviços de saúde (inciso V); ao desenvolvimento e aperfeiçoamento dos instrumentos de gestão, planejamento, administração e controle das ações e serviços de saúde (inciso VI); ao desenvolvimento de recursos humanos em saúde (inciso VII); à concessão de auxílios e subvenções para o desenvolvimento da atenção à saúde (inciso VIII); ao atendimento de despesas, de caráter urgente e inadiável, necessárias à execução das ações e serviços específicos de saúde (inciso IX); e à amortização e aos encargos de empréstimos contraídos no âmbito da saúde (inciso X).

Compete ao CMS a fiscalização e o acompanhamento da gestão do FMS, mediante relatório contábil e financeiro anual ou por meio de relatórios parciais, caso especificamente solicitados, nos termos do art. 3º do Decreto Municipal nº 44.031/2003.

Reiterando a redação do art. 199, §2º, da Constituição Federal, o art. 214, §3º, da LOM veda a destinação de recursos públicos municipais para auxílio, incentivos fiscais ou subvenções às instituições privadas com fins lucrativos.

O §4º do art. 214 da LOM, por sua vez, prevê medida salutar de governança e que busca impedir eventual conflito de interesses, ao proibir a nomeação ou designação para cargo ou função de chefia ou assessoramento na área da saúde, em qualquer nível, de pessoa que participe de direção, gerência ou administração de instituição que mantenha contrato com o SUS ou seja por este creditada.

Como decorrência do instituto da requisição administrativa, previsto no art. 5º, XXV, da Constituição Federal, a LOM, no §5º do art. 214, admite a requisição de bens e serviços, sendo-lhes assegurada justa indenização, para atendimento de necessidades coletivas, urgentes e transitórias, decorrentes de situação de perigo iminente, calamidade pública ou ocorrência de epidemias.

Informação bibliográfica deste texto, conforme a NBR 6023:2018 da Associação Brasileira de Normas Técnicas (ABNT):

SANTANA, Fabio Paulo Reis de. Comentários ao art. 214. *In*: BATISTELA, Marcos; BARBOSA, Maria Nazaré Lins; MARTINS, Ricardo Marcondes (coord.). *Comentários à Lei Orgânica do Município de São Paulo*: atualizada até a Emenda nº 42/2022. Belo Horizonte: Fórum, 2023. p. 521-523. ISBN 978-65-5518-497-6.

Art. 215 As ações e serviços de saúde são de relevância pública, cabendo ao Município dispor sobre sua regulamentação, fiscalização e controle.

§1º – As ações e serviços de saúde serão executadas preferencialmente de forma direta pelo poder público e supletivamente através de terceiros, assegurando o estabelecido no art. 199, da Constituição da República.

§2º – É vedado cobrar do usuário pela prestação das ações e dos serviços no âmbito do sistema único de saúde.

§3º – A assistência à saúde é livre à iniciativa privada, vedada a participação direta e indireta de empresas ou capitais estrangeiros, nos termos do art. 199 da Constituição da República.

§4º – As instituições privadas, ao participarem do sistema único de saúde, ficam sujeitas às suas diretrizes gerais.

FABIO PAULO REIS DE SANTANA

Em consonância com a previsão contida no art. 197 da Constituição da República Federativa do Brasil, o *caput* e o §1º do art. 215 da LOM estabelecem que as ações e os serviços de saúde são atividades de relevância pública, podendo ser executadas tanto pelo Poder Público, preferencialmente, quanto por terceiros, supletivamente, cabendo ao Município dispor sobre sua regulamentação, fiscalização e controle.

Nas lições de Maurício Zockun e Fernanda Ghiuro Valentini Fritoli, "o desempenho desta atividade por particulares não está integralmente disciplinado pelo Direito Privado; o regime de sua prestação sofre grande influxo de norma de Direito Público, que largamente derrogam as normas de Direito Privado".[675]

A atividade de assistência à saúde é livre à iniciativa privada, como preconiza tanto o *caput* do art. 199 da Constituição Federal quanto o §3º do art. 215 da LOM, porém são disciplinadas, fiscalizadas e controladas pelo Poder Público, em razão de sua relevância pública.

Cabe destacar, no entanto, três situações jurídicas atinentes ao desempenho das atividades de saúde: (i) quando o Município as realiza diretamente; (ii) quando o Município recorre à iniciativa privada, de maneira complementar, no âmbito do SUS; e (iii) quando as atividades são realizadas diretamente pela iniciativa privada, de forma suplementar ao SUS.

Assim, quando o Poder Público executa as ações e os serviços de saúde diretamente, por meio de sua própria estrutura, está-se diante da prestação de serviço público.

---

[675] ZOCKUN, Maurício; FRITOLI, Fernanda Ghiuro Valentini. A prestação do serviço de saúde pelo Estado. *Revista do Advogado*, São Paulo, ano XL, n. 146, p. 105-108, jun. 2020.

No entanto, pode acontecer de o ente federativo carecer das condições necessárias para o atendimento de sua população, levando-o a contratar com instituições particulares, que passam, portanto, a atender a demanda no âmbito do SUS. Nesse caso, o terceiro também participa do SUS, atuando de forma complementar, nos termos do art. 4º, §2º, da Lei nº 8.080/1990, ficando sujeito às diretrizes gerais do SUS, como prevê o §4º, do art. 215, da LOM.

O art. 199, §1º, da Constituição Federal estabelece que terão preferência na contratação, mediante contrato de direito público ou convênio, com o Poder Público para atuação de forma complementar as entidades filantrópicas e as sem fins lucrativos.

Por fim, quando a iniciativa privada realiza os serviços de saúde diretamente para seus usuários, atua de forma suplementar, sujeitando-se à regulação, à normatização, ao controle e à fiscalização da Agência Nacional de Saúde Suplementar (ANS), conforme disposto no art. 1º da Lei nº 9.961/2000.

Espelhando o regramento constitucional insculpido no art. 199, §3º, da CRFB, o art. 215, §3º, da LOM, veda a participação direta e indireta de empresas ou capitais estrangeiros, nos termos da lei.

A redação originária do art. 23 da Lei nº 8.080/1990 vedava a participação direta ou indireta de empresas ou de capitais estrangeiros na assistência à saúde, salvo nos casos de: (i) doações de organismos internacionais vinculados à Organização das Nações Unidas (ONU), de entidade de cooperação técnica e de financiamento e empréstimos, e (ii) serviços de saúde mantidos, sem finalidade lucrativa, por empresas, para atendimento de seus empregados e dependentes, sem qualquer ônus para a seguridade social.

Todavia, o referido artigo recebeu nova redação conferida pela Lei nº 13.097/2015, passando a permitir a participação direta e indireta de capital estrangeiro, além das hipóteses anteriormente descritas, também nos casos de pessoas jurídicas destinadas à instalação, operacionalização ou exploração de (i) hospital geral, inclusive filantrópico, hospital especializado, policlínica, clínica geral e clínica especializada, bem como (ii) de ações e pesquisas de planejamento familiar, incluindo demais casos previstos em legislação específica.

O §2º do art. 215 da LOM impede a cobrança do usuário pela prestação das ações e dos serviços no âmbito do SUS.

Como visto, o financiamento do SUS é realizado por meio recursos do Município, do Estado, da União, da seguridade social e de outras fontes discriminadas no art. 5º da Lei Municipal nº 13.563/2003 c/c art. 214, §2º, da LOM.

Todavia, vale lembrar que o art. 43 da Lei Orgânica da Saúde assegura a gratuidade das ações e dos serviços de saúde nos serviços públicos contratados, ressalvando-se as cláusulas dos contratos ou convênios estabelecidos com as entidades privadas.

Informação bibliográfica deste texto, conforme a NBR 6023:2018 da Associação Brasileira de Normas Técnicas (ABNT):

SANTANA, Fabio Paulo Reis de. Comentários ao art. 215. In: BATISTELA, Marcos; BARBOSA, Maria Nazaré Lins; MARTINS, Ricardo Marcondes (coord.). Comentários à Lei Orgânica do Município de São Paulo: atualizada até a Emenda nº 42/2022. Belo Horizonte: Fórum, 2023. p. 524-525. ISBN 978-65-5518-497-6.

Art. 216 Compete ao Município, através do sistema único de saúde, nos termos da lei, além de outras atribuições:

I – a assistência integral à saúde, utilizando-se do método epidemiológico para o estabelecimento de prioridades, instituição de distritos sanitários, alocação de recursos e orientação programática;

II – a identificação e o controle dos fatores determinantes e condicionantes da saúde individual e coletiva, mediante especialmente ações referentes à vigilância sanitária e epidemiológica, saúde do trabalhador, do idoso, da mulher, da criança e do adolescente, das pessoas com deficiência, saúde mental, odontológica e zoonoses; (Alterado pela Emenda nº 29/2007.)

III – permitir aos usuários o acesso às informações de interesse da saúde, e divulgar, obrigatoriamente, qualquer dado que coloque em risco a saúde individual ou coletiva;

IV – participar da fiscalização e inspeção de alimentos, compreendido inclusive o controle de seu teor nutricional, bem como bebidas e água para o consumo humano;

V – participar da fiscalização e controle da produção, armazenamento, transporte, guarda e utilização de substâncias e produtos psicoativos, tóxicos e teratogênicos, bem como de outros medicamentos, equipamentos imunobiológicos, hemoderivados e insumos;

VI – assegurar à mulher a assistência integral à saúde, pré-natal, no parto e pós-parto, bem como nos termos da lei federal, o direito de evitar e interromper a gravidez, sem prejuízo para a saúde, garantindo o atendimento na rede pública municipal de saúde;

VII – resguardar o direito à autorregulação da fertilidade com livre decisão do homem, da mulher ou do casal, tanto para exercer a procriação como para evitá-la, provendo meios educacionais, científicos e assistenciais para assegurá-lo, vedada qualquer forma coercitiva ou de indução por parte de instituições públicas ou privadas;

VIII – participar, no âmbito de sua atuação, do Sistema Nacional de Sangue, componentes e derivados;

IX – fomentar, coordenar e executar programas de atendimento emergencial;

X – criar e manter serviços e programas de prevenção e orientação contra entorpecentes, alcoolismo e drogas afins;

XI – coordenar os serviços de saúde mental abrangidos pelo sistema único de saúde, desenvolvendo inclusive ações preventivas e extra-hospitalares e implantando emergências psiquiátricas, responsáveis pelas internações psiquiátricas, junto às emergências gerais do Município;

XII – fiscalizar e garantir o respeito aos direitos de cidadania do doente mental, bem como vedar o uso de celas-fortes e outros procedimentos violentos e desumanos, proibindo internações compulsórias, exceto aquelas previstas em lei;

XIII – facilitar, nos termos da lei, a remoção de órgãos, tecidos e substâncias humanas para fins de transplante.

Parágrafo único – O serviço de atendimento médico do Município poderá oferecer ao usuário, quando possível, formas de tratamento de assistência alternativa, reconhecidas.

● ●

FABIO PAULO REIS DE SANTANA

O art. 216 da LOM fixa atribuições ao Município no âmbito do SUS, estipulando, entre outras, nos termos da lei: assistência integral à saúde, utilizando-se do método epidemiológico para o estabelecimento de prioridades, instituição de distritos sanitários, alocação de recursos e orientação programática (inciso I); identificação e controle dos fatores determinantes e condicionantes da saúde individual e coletiva, mediante, sobretudo, ações referentes à vigilância sanitária e epidemiológica, saúde do trabalhador, do idoso, da mulher, da criança e do adolescente, das pessoas com deficiência, saúde mental, odontológica e zoonoses (inciso II); permitir aos usuários o acesso às informações de interesse da saúde e divulgar, obrigatoriamente, qualquer dado que coloque em risco a saúde individual ou coletiva (inciso III); participar da fiscalização e inspeção de alimentos, compreendido, inclusive, o controle de seu teor nutricional, bem como bebidas e água para o consumo humano (inciso IV); participar da fiscalização e do controle da produção, armazenamento, transporte, guarda e utilização de substâncias e produtos psicoativos, tóxicos e teratogênicos, bem como de outros medicamentos, equipamentos imunobiológicos, hemoderivados e insumos (inciso V); assegurar à mulher assistência integral à saúde, pré-natal, no parto e pós-parto, bem como, nos termos da lei federal, o direito de evitar e interromper a gravidez, sem prejuízo para a saúde, garantindo o atendimento na rede pública municipal de saúde (inciso VI); resguardar o direito à autorregulação da fertilidade com livre decisão do homem, da mulher ou do casal, tanto para exercer a procriação como para evitá-la, provendo meios educacionais, científicos e assistenciais para assegurá-lo, vedada qualquer forma coercitiva ou de indução por parte de instituições públicas ou privadas (inciso VII); participar, no âmbito de sua atuação, do Sistema Nacional de Sangue, componentes e derivados (inciso VIII); incentivar, coordenar e executar programas de atendimento emergencial (inciso IX); criar e manter serviços e programas de prevenção e orientação contra entorpecentes, alcoolismo e drogas afins (inciso X); coordenar os serviços de saúde mental abrangidos pelo SUS, desenvolvendo, inclusive, ações preventivas e extra-hospitalares e implantando emergências psiquiátricas, responsáveis pelas internações psiquiátricas, junto às emergências gerais do Município (inciso XI); fiscalizar e garantir o respeito aos direitos de cidadania do doente mental, bem como vedar o uso de celas-fortes e outros procedimentos violentos e desumanos, proibindo internações compulsórias, exceto aquelas previstas em lei (inciso XII); e facilitar, nos termos da lei, a remoção de órgão, tecidos e substâncias humanas para fins de transplante (inciso XIII).

Como se verifica, a LOM traz um rol exemplificativo de atribuições para o Município, reproduzindo, em alguns casos, o disposto no §4º do art. 199 e nos incisos do art. 200, ambos da LOM, correlaciona-se com o art. 199, §4º, da Constituição Federal; (ii) o inciso V do art. 216 da LOM espelha a previsão contida nos incisos I e VII do art. 200 da Constituição Federal; (iii) o inciso II do art. 216 da LOM foi alterado pela Emenda à Lei Orgânica nº 29/2007, para inserir no seu texto as ações no âmbito da vigilância sanitária e epidemiológica e da saúde do trabalhador, em linha com o teor do inciso II do art. 200 da Constituição Federal; (iv) e o inciso IV do art. 216 da LOM remete à disposição contida no inciso VI do art. 200 da Constituição Federal.

Assim, o rol exemplificativo do art. 216, *caput*, da LOM não obsta a imputação de outras atribuições ao Município, como as competências previstas no art. 18 da Lei Orgânica da Saúde, com vistas, sobretudo, à garantia do mínimo existencial.[676]

Cabe destacar que, nos termos do art. 6º, I, da Lei Orgânica da Saúde estão incluídas no campo de atuação do SUS, entre outras, a execução de ações de vigilância sanitária, de vigilância epidemiológica, de saúde do trabalhador e de assistência terapêutica integral, inclusive farmacêutica.

Por assistência terapêutica integral, considera-se a oferta de procedimentos terapêuticos e a dispensa de medicamentos e produtos de interesse para a saúde, conforme o protocolo clínico para a doença ou, na falta deste, a dispensa será realizada com base nas relações de medicamentos instituídas pelos gestores do SUS, conforme prevê os arts. 19-M e 19-P da Lei nº 8.080/1990.

A despeito de o Ministério da Saúde divulgar a Relação Nacional de Medicamentos (RENAME), que padroniza os fármacos fornecidos no âmbito do SUS, o Município de São Paulo mantém atualizada a Relação Municipal de Medicamentos (REMUME),[677] que contém lista específica e complementar de medicamentos para dispensa nas suas unidades de saúde, com base no permissivo contido no art. 27 do Decreto nº 7.508/2011 e na competência para legislar sobre assuntos de interesse local,[678] prevista no art. 30, I, da Constituição Federal.

Da mesma forma, o Ministério da Saúde publica, a cada 2 anos, a Relação Nacional de Ações e Serviços de Saúde (RENASES), que compreende todas as ações e serviços que o SUS oferece ao usuário para atendimento da integralidade da assistência à saúde, como prevê o art. 21 do Decreto.

Pode ocorrer, no entanto, que o usuário requeira perante o Município medicamento não fornecido pelo SUS.[679] Nesse cenário, o STJ, por ocasião do julgamento do Tema nº 106, tendo como *leading case* o Recurso Especial nº 1.657.156, definiu os critérios para a concessão judicial de medicamentos não incorporados em atos normativos

---

[676] FRITOLI, Fernanda Ghiuro Valentini; SANTANA, Fabio Paulo Reis de. *O papel dos municípios na garantia do mínimo existencial em tempos de Covid-19*. In: CAMMAROSANO, Márcio; DAL POZZO, Augusto Neves. As implicações da Covid-19 no Direito Administrativo. São Paulo: Revista dos Tribunais, 2020.

[677] Disponível em: www.prefeitura.sp.gov.br/cidade/secretarias/saude/assist_farmaceutica/index.php?p=218750. Acesso em: 22 maio 2022.

[678] SANTANA, Fabio Paulo Reis de. *No conflito interfederativo surgido na pandemia, deve prevalecer o interesse local*. Disponível em: www.conjur.com.br/2020-jun-01/fabio-santana-conflito-interfederativo-surgido-pandemia. Acesso em: 22 maio 2022.

[679] SANTANA, Fabio Paulo Reis de. O dever de racionalidade nas decisões acerca do fornecimento de remédio fora do SUS. *Conjur*, 7 abr. 2020. Disponível em: www.conjur.com.br/2020-abr-07/opiniao-decisoes-fornecimento-medicamentos. Acesso em: 22 maio 2022.

do SUS, exigindo a presença cumulativa da: (i) comprovação, por meio de laudo médico fundamentado e circunstanciado expedido por médico que assiste o paciente, da imprescindibilidade ou necessidade do medicamento, assim como da ineficácia, para o tratamento da moléstia, dos fármacos fornecidos pelo SUS; (ii) incapacidade financeira de arcar com o custo do medicamento prescrito; e (iii) existência de registro do medicamento na ANVISA, observados os usos autorizados pela Agência.

Pode acontecer também de o usuário pleitear o fornecimento de medicamentos experimentais ou sem registro na ANVISA. Nessa situação, o STF, no julgamento do Tema nº 500, figurando como *leading case* o Recurso Extraordinário nº 657.718, fixou tese no sentido de que: (i) o Estado não pode ser obrigado a fornecer medicamentos experimentais; (ii) a ausência de registro na ANVISA impede, como regra, o fornecimento de medicamento por decisão judicial; (iii) é possível, excepcionalmente, a concessão judicial de medicamento sem registro sanitário, em caso de mora irrazoável da ANVISA em apreciar o pedido (prazo superior ao previsto na Lei nº 13.411/2016), quando preenchidos três requisitos: a existência de pedido de registro do medicamento no Brasil (salvo no caso de medicamentos órfãos para doenças raras e ultrarraras), a existência de registro do medicamento em renomadas agências de regulação no exterior e a inexistência de substituto terapêutico com registro no Brasil; e (iv) as ações que demandem fornecimento de medicamentos sem registro na ANVISA deverão necessariamente ser propostas em face da União.

O próprio STF, no entanto, veio posteriormente relativizar seu posicionamento, por ocasião do julgamento do Tema nº 1.161, tendo como *leading case* o Recurso Extraordinário nº 1.165.959, assentando o entendimento de que cabe ao Estado fornecer, em termos excepcionais, medicamento que, embora não possua registro na ANVISA, tem sua importação autorizada pela agência de vigilância sanitária, desde que comprovada (i) a incapacidade econômica do paciente, (ii) a imprescindibilidade clínica do tratamento e (iii) a impossibilidade de substituição por outro similar constante das listas oficiais de dispensação de medicamentos e dos protocolos de intervenção terapêutica do SUS.

Informação bibliográfica deste texto, conforme a NBR 6023:2018 da Associação Brasileira de Normas Técnicas (ABNT):

SANTANA, Fabio Paulo Reis de. Comentários ao art. 216. *In*: BATISTELA, Marcos; BARBOSA, Maria Nazaré Lins; MARTINS, Ricardo Marcondes (coord.). *Comentários à Lei Orgânica do Município de São Paulo*: atualizada até a Emenda nº 42/2022. Belo Horizonte: Fórum, 2023. p. 526-529. ISBN 978-65-5518-497-6.

Art. 217 O sistema único de saúde do Município de São Paulo promoverá, na forma da lei, a Conferência Anual de Saúde e audiências públicas periódicas, como mecanismos de controle social de sua gestão.

FABIO PAULO REIS DE SANTANA

Adiante, o art. 217 da LOM preconiza que o Município de São Paulo promoverá, na forma da lei, audiências públicas periódicas e a Conferência Anual de Saúde, como mecanismos de controle social de sua gestão.

As conferências municipais de saúde e as audiências públicas se afiguram espaços democráticos de debates coletivos, com vistas à discussão de propostas para a melhoria da política pública de saúde.

Conforme informações extraídas do Diário Oficial do Município de São Paulo do dia 17 de agosto de 2021, o CMS, por meio da Resolução nº 07/2021 – CMS/SP,[680] resolveu adiar a 21ª Conferência Municipal de Saúde, relativa ao ano de 2021, de modo que a última conferência realizada, qual seja, a 20ª Conferência Municipal de Saúde de São Paulo, sob o tema "Democracia e Saúde", ocorreu entre os dias 22 e 24 de março de 2019, no Centro de Convenções do Anhembi.[681]

Informação bibliográfica deste texto, conforme a NBR 6023:2018 da Associação Brasileira de Normas Técnicas (ABNT):

SANTANA, Fabio Paulo Reis de. Comentários ao art. 217. *In*: BATISTELA, Marcos; BARBOSA, Maria Nazaré Lins; MARTINS, Ricardo Marcondes (coord.). *Comentários à Lei Orgânica do Município de São Paulo*: atualizada até a Emenda nº 42/2022. Belo Horizonte: Fórum, 2023. p. 530. ISBN 978-65-5518-497-6.

---

[680] Disponível em: www.docidadesp.imprensaoficial.com.br/NavegaEdicao.aspx?ClipID=275d463f6e4b43eb805c9e5a80d0b1ca&PalavraChave=desafios%20da%20sa%C3%BAde%20na%20pandemia. Acesso em: 22 maio 2022.

[681] A informação acerca das últimas conferências se encontra disponível em: www.prefeitura.sp.gov.br/cidade/secretarias/saude/conselho_municipal/index.php?p=279298 (acesso em: 22 maio 2022).O relatório final da 20ª Conferência Municipal de Saúde de São Paulo se encontra disponível em: www.prefeitura.sp.gov.br/cidade/secretarias/upload/Relat%C3%B3rio%20Final%20da%2020%C2%AA%20Confer%C3%AAncia%20Municipal%20de%20Sa%C3%BAde.pdf (acesso em: 22 maio 2022).

Art. 218 Fica criado o Conselho Municipal de Saúde, órgão normativo e deliberativo, com estrutura colegiada, composto por representantes do Poder Público, trabalhadores da saúde e usuários que, dentre outras atribuições deverá promover os mecanismos necessários à implementação da política de saúde nas unidades prestadoras de assistência, na forma da lei.

FABIO PAULO REIS DE SANTANA

Por sua vez, o art. 218 da LOM cria o Conselho Municipal de Saúde, com a característica de órgão normativo e deliberativo, contendo estrutura colegiada, cuja composição se dá por meio de representantes do Poder Público, dos trabalhadores da saúde e dos usuários e, entre outras atribuições, deverá promover os mecanismos necessários à implementação da política de saúde nas unidades prestadores de assistência, na forma da lei.

Como concretização da regra da participação da comunidade, prevista no art. 198, III, da Constituição Federal e no art. 213, *caput*, da LOM, foi criado o Conselho Municipal de Saúde, disciplinado pela Lei Municipal nº 12.546/1998 e regulamentado pelo Decreto Municipal nº 53.990/2013, com vistas a atuar na formulação de estratégias e no controle da execução da política de saúde no âmbito municipal, inclusive nos aspectos econômicos e financeiros, cujas decisões são homologadas pelo Secretário Municipal de Saúde, por delegação do Prefeito, como prevê o art. 2º da Lei.

Nos termos do art. 3º do Decreto, compete ao Conselho: deliberar sobre estratégias e fazer cumprir a Política Municipal de Saúde, inclusive nos seus aspectos econômicos e financeiros (inciso I); deliberar, analisar e controlar, no nível municipal, o funcionamento do SUS (inciso II); avaliar e acompanhar o Plano Municipal de Saúde (inciso III); acompanhar e fiscalizar o Fundo Municipal de Saúde, no que se refere à aplicação dos recursos (inciso IV); promover a articulação com os setores da SMS para garantir a atenção integral à saúde (inciso V); apoiar a ação dos Conselhos Gestores de Unidades de Saúde, criados pela Lei Municipal nº 13.325/2002, para atuação, colegiada e deliberativa, nas unidades do SUS do Município de São Paulo (inciso VI); estabelecer instruções e diretrizes gerais para a formação dos Conselhos Gestores das Unidades de Saúde (inciso VII); aprovar diretrizes e critérios para incorporação ou exclusão de serviços privados ou de pessoas físicas do SUS (inciso VIII); apreciar a movimentação de recursos financeiros do SUS no âmbito municipal, bem como pronunciar-se conclusivamente sobre os relatórios de gestão do referido Sistema, apresentados pela SMS (inciso IX); verificar e analisar as informações de caráter técnico-administrativo, econômico-financeiro, orçamentário e operacional, sob responsabilidade direta ou delegada da SMS, incluindo a gestão de pessoal, contratos de gestão, convênios e outros instrumentos congêneres que digam respeito ao SUS (inciso X); elaborar propostas, aprovar e examinar quaisquer outros assuntos de sua área de competência (inciso XI).

O Conselho Municipal de Saúde, consoante determina o art. 4º do Decreto, tem composição quadripartite, contendo 32 membros e respectivos suplentes, sendo: 16 representantes dos usuários, 8 representantes dos trabalhadores da saúde, 6 representantes de instituições governamentais e de ensino superior e 2 representantes de prestadores e de fornecedores de insumos de saúde.

Os representantes titulares e suplentes são designados por ato do Prefeito e suas funções não são remuneradas, sendo seu exercício considerado serviço público relevante, nos termos dos §§2º e 4º do art. 4º do Decreto.

Como se vê, a disciplina do direito à saúde é muito complexa, pois demanda o conhecimento da LOM à luz das normas da Constituição Federal, da legislação do SUS e da jurisprudência dos tribunais superiores.

Informação bibliográfica deste texto, conforme a NBR 6023:2018 da Associação Brasileira de Normas Técnicas (ABNT):

SANTANA, Fabio Paulo Reis de. Comentários ao art. 218. *In*: BATISTELA, Marcos; BARBOSA, Maria Nazaré Lins; MARTINS, Ricardo Marcondes (coord.). *Comentários à Lei Orgânica do Município de São Paulo*: atualizada até a Emenda nº 42/2022. Belo Horizonte: Fórum, 2023. p.531-532. ISBN 978-65-5518-497-6.

Capítulo III
Da Segurança do Trabalho e Saúde do Trabalhador

Art. 219 O Município, coordenando sua ação com a União, o Estado e as entidades representativas dos trabalhadores, desenvolverá ações visando à promoção, proteção, recuperação e reabilitação da saúde dos trabalhadores submetidos aos riscos e agravos advindos das condições de trabalho, através de:

I – controle das condições de segurança, redução e eliminação das nocividades do trabalho, promovendo condições dignas e seguras de trabalho;

II – vigilância sanitária e epidemiológica;

III – assistência às vítimas de acidentes do trabalho e portadores de doenças profissionais e do trabalho.

§1º – É garantido aos trabalhadores o direito de acompanhar, através de suas representações sindicais e de locais de trabalho, as ações de controle e avaliação dos ambientes e das condições de segurança de trabalho.

§2º – Em condições de risco grave ou iminente no local de trabalho, será lícito ao empregado interromper suas atividades, sem prejuízo de quaisquer direitos, até eliminação do risco.

§3º – As licenças para construir, os autos de conclusão e as licenças para instalação e funcionamento somente serão expedidos mediante prévia comprovação de que foram atendidas as exigências legais específicas, a cada caso, relativas à segurança, integridade e saúde dos trabalhadores e usuários.

§4º – O auto de vistoria de segurança deverá ser renovado periodicamente, para verificação de obediência ao disposto no parágrafo anterior.

DEBORA SOTTO

A saúde do trabalhador é um direito fundamental que exige do empregador e do Poder Público, por um lado, a abstenção de práticas prejudiciais à saúde do trabalhador e, por outro, a adoção de medidas destinadas à sua efetivação.[682] As ações de saúde do trabalhador integram o SUS e são de competência comum da União, dos Estados, do Distrito Federal e dos Municípios (art. 200, II, Constituição Federal). São ações de promoção da saúde, distintas, portanto, das ações de inspeção do trabalho, de competência exclusiva da União Federal. Compreendem, assim, a execução

---

[682] SILVA, José Antônio Ribeiro de Oliveira. A saúde do trabalhador como um direito humano. *Revista do Tribunal Regional do Trabalho da 15ª Região*, n. 31, p. 135, jul./dez. 2007.

de prestações positivas pelo Poder Público voltadas à concretização do direito constitucional dos trabalhadores à redução dos riscos inerentes ao trabalho, por meio de normas de saúde, higiene e segurança (art. 7º, XXII, Constituição Federal).

Em harmonia com o disposto na Constituição Federal de 1988, o art. 219, *caput*, da LOM trata do desenvolvimento de ações municipais visando à promoção, proteção, recuperação e reabilitação da saúde dos trabalhadores submetidos aos riscos e agravos advindos das condições de trabalho, em coordenação com a União, o Estado de São Paulo e as entidades representativas dos trabalhadores.

Segundo os incisos I a III do artigo em referência, a promoção da saúde do trabalhador compreende três elementos essenciais. Primeiramente, a promoção de condições dignas e seguras de trabalho, por meio do controle das condições de segurança, redução e eliminação das nocividades do trabalho; em segundo lugar, a promoção de ações de vigilância sanitária e epidemiológica voltadas à saúde do trabalhador; por fim, a assistência às vítimas de acidentes de trabalho e portadores de doenças laborais.

Tais disposições coadunam-se perfeitamente com as previsões da Lei Federal nº 8.080/1990, lei de caráter nacional que regulamenta as ações e os serviços de saúde no país. O §3º do art. 6º da Lei nº 8.080/1990 define a saúde do trabalhador como o conjunto de atividades voltadas à promoção e à proteção da saúde dos trabalhadores, por meio de ações de vigilância sanitária e epidemiológica, bem como à recuperação e reabilitação da saúde dos trabalhadores submetidos aos riscos e agravos advindos das condições de trabalho.

A Lei nº 8.080/1990 dispõe expressamente que incumbe aos Municípios não só elaborar normas técnicas e estabelecer padrões de qualidade para promoção da saúde do trabalhador em âmbito local (art. 15, VI) como também executar serviços de saúde do trabalhador, por meio da direção municipal do SUS (art. 18). Os princípios, diretrizes, objetivos, estratégias e responsabilidades da Política Nacional da Saúde do Trabalhador e da Trabalhadora são detalhados por meio da Portaria do Ministério da Saúde nº 1.823/2012.

Nesse contexto, o Código Sanitário do Município de São Paulo, aprovado pela Lei Municipal nº 13.725/2004, contém dispositivos expressamente dedicados à promoção da saúde dos trabalhadores. Assim, o Código Sanitário Municipal estabelece obrigações aos empregadores (art. 37), estipula princípios e diretrizes para o desempenho de ações de vigilância em saúde do trabalhador pelas autoridades sanitárias municipais (art. 38) e indica níveis de prioridade para a indicação de medidas para correção de irregularidades nos ambientes de trabalho (art. 39).

O Código Sanitário Municipal também estabelece que as atividades laborais envolvidas no processo de produção (arts. 40 a 41) e os fatores ambientais de risco (art. 42) devem obedecer a critérios estabelecidos em normas técnicas. Exige, adicionalmente, que a organização do trabalho se adéque às condições psicofisiológicas dos trabalhadores, tendo em vista possíveis repercussões negativas sobre a saúde (art. 43). Por fim, prevê que, na ausência de norma técnica federal ou estadual, o órgão competente do Sistema de Vigilância em Saúde Municipal deverá atuar supletivamente, elaborando instrumentos normativos relacionados aos aspectos da organização do trabalho e ergonômicos que possam opor riscos à saúde dos trabalhadores (art. 43, parágrafo único).

A manutenção de condição de trabalho que ofereça risco à saúde do trabalhador é uma infração sanitária municipal, punível com advertência, prestação de serviços à comunidade, interdição parcial ou total de estabelecimento, máquina, setor, local ou estabelecimento e/ou multa (art. 129, VII). Também constitui infração sanitária, punível com as mesmas sanções, exceto a sanção de advertência, a conduta de fabricar, operar, comercializar máquinas ou equipamentos que ofereçam risco à saúde do trabalhador (art. 129, X).

Nesse sentido, o art. 219, §2º, da LOM declara que é lícito ao empregado interromper suas atividades, sem prejuízo de quaisquer direitos, até a eliminação de risco grave ou iminente no local de trabalho. Para concretização dessa garantia, o Código Sanitário Municipal previu, em seu art. 38, V, que as autoridades sanitárias municipais deverão assegurar ao trabalhador em condições de risco grave ou iminente no local de trabalho a interrupção de suas atividades, sem prejuízo de quaisquer direitos, até a eliminação do risco.

Tal previsão nada mais é que uma decorrência direta do direito constitucional do trabalhador à redução dos riscos inerentes ao trabalho, contemplado no art. 7º, XXII. Não há que se cogitar violação de competência privativa da União para legislar sobre o direito do trabalho (art. 22, I, Constituição Federal), pois o bem jurídico tutelado pelo dispositivo em questão é a saúde do trabalhador, matéria de competência comum da União, Estados e Municípios (art. 23, II, Constituição Federal).

O §1º art. 219 da LOM garante aos trabalhadores o direito de acompanhar as ações de controle e avaliação dos ambientes e das condições de segurança de trabalho, seja por meio de seus sindicatos, seja por meio de suas representações de locais de trabalho, as chamadas Comissões Internas de Prevenção de Acidentes (CIPA), reguladas, por sua vez, pelo art. 163 e seguintes da Consolidação das Leis do Trabalho (CTL) e pela Norma Regulamentadora nº 5 do Ministério do Trabalho.

O §3º do art. 219 da LOM condiciona a expedição das licenças para construir, dos autos de conclusão e das licenças para instalação e funcionamento à prévia comprovação de que foram atendidas as exigências legais específicas pertinentes à segurança, integridade e saúde dos trabalhadores e usuários. Adicionalmente, o §4º do art. 219 determina a renovação periódica do auto de vistoria de segurança, mediante a verificação de que persistem as condições legais e regulamentares de segurança, integridade e saúde.

Ambos os dispositivos se referem especificamente ao licenciamento de edificações e atividades, que é, por sua vez, regulamentado pela legislação urbanística, em especial o Código de Obras e Edificações, a Lei de Parcelamento, Uso e Ocupação do Solo e demais leis municipais específicas. O Código Sanitário Municipal, a seu turno, ocupa-se das condições de funcionamento dos estabelecimentos industriais, comerciais e prestação de serviços de interesse da saúde, impondo a estes o cumprimento de requisitos adicionais além dos estritamente urbanísticos.

Informação bibliográfica deste texto, conforme a NBR 6023:2018 da Associação Brasileira de Normas Técnicas (ABNT):

SOTTO, Debora. Comentários ao art. 219. *In*: BATISTELA, Marcos; BARBOSA, Maria Nazaré Lins; MARTINS, Ricardo Marcondes (coord.). *Comentários à Lei Orgânica do Município de São Paulo*: atualizada até a Emenda nº 42/2022. Belo Horizonte: Fórum, 2023. p. 533-535. ISBN 978-65-5518-497-6.

Art. 220 O Município assegurará a participação de representantes dos trabalhadores nas decisões em todos os níveis em que a segurança do trabalho e a saúde do trabalhador sejam objeto de discussão e deliberação.

DEBORA SOTTO

Na mesma linha do previsto no art. 219, §1º, da LOM, o art. 220 da LOM exige do Município a participação de representantes dos trabalhadores nas decisões pertinentes à segurança do trabalho e à saúde do trabalhador, em todos os níveis.

Há, no caso, perfeita consonância da LOM com o disposto na Portaria MS nº 1823/2012, cujo art. 9º, V, inclui entre as estratégias da Política Nacional da Saúde do Trabalhador e da Trabalhadora o estímulo à participação da comunidade, dos trabalhadores e ao controle social, inclusive nas instâncias oficiais de representação social do SUS e em âmbito municipal.

Trata-se, em suma, da previsão do chamado princípio do controle social, o qual insere os trabalhadores como protagonistas do Sistema de Vigilância em Saúde do Trabalhador "enquanto sujeitos formuladores e monitores das políticas públicas e de suas ações decorrentes".[683]

Informação bibliográfica deste texto, conforme a NBR 6023:2018 da Associação Brasileira de Normas Técnicas (ABNT):

SOTTO, Debora. Comentários ao art. 220. *In*: BATISTELA, Marcos; BARBOSA, Maria Nazaré Lins; MARTINS, Ricardo Marcondes (coord.). *Comentários à Lei Orgânica do Município de São Paulo*: atualizada até a Emenda nº 42/2022. Belo Horizonte: Fórum, 2023. p. 536. ISBN 978-65-5518-497-6.

---

[683] VASCONCELLOS, L. C. F. de; OLIVEIRA, M. H. B. de. Direitos Humanos e Saúde no Trabalho. *Saúde e Direitos Humanos*, ano 4, n. 4, p. 129, 2007.

Capítulo IV
Da Promoção e Assistência Social

Art. 221 A assistência social, política de seguridade social, que afiança proteção social como direito de cidadania de acordo com os artigos 203 e 204 da Constituição Federal, regulamentados pela Lei Federal 8.742/93, deve ser garantida pelo município cabendo-lhe:

I – estabelecer a assistência social no município como política de direitos de proteção social a ser gerida e operada através de: comando único com ação descentralizada nas regiões administrativas do município; reconhecimento do Conselho Municipal da Assistência Social e do Fundo Municipal de Assistência Social dentre outras formas participativas; subordinação a Plano Municipal de Assistência Social aprovado pelo Conselho Municipal; integração e adequação das ações estaduais e federais no campo da assistência social no âmbito da cidade; articulação intersetorial com as demais políticas sociais, urbanas, culturais e de desenvolvimento econômico do município; manutenção da primazia da responsabilidade pública face às organizações sem fins lucrativos;

II – garantir políticas de proteção social não contributivas através de benefícios, serviços, programas e projetos que assegurem a todos os cidadãos mínimos de cidadania, além dos obtidos pela via do trabalho, mantendo sistema de vigilância das exclusões sociais e dos riscos sociais de pessoas e segmentos fragilizados e sem acesso a bens e serviços produzidos pela sociedade;

III – regulamentar e prover recursos para manter o sistema não contributivo de transferência de renda através de benefícios a quem dele necessitar, tais como:

a) para complementação de renda pessoal e familiar;

b) apoio à família com crianças e adolescentes em risco pessoal e social;

c) complementação a programas e projetos sociais dirigidos a adolescentes, jovens, desempregados, população em situação de abandono e desabrigo;

d) benefícios em caráter eventual para situações de emergência como: decorrentes de calamidades públicas, morte familiar (auxílio-funeral) e necessidades circunstanciais consideradas de risco pessoal e social;

e) auxílio-natalidade para famílias mono e multinucleares em situação de risco;

IV – manter diretamente ou através de relação conveniada de parceria rede qualificada de serviços socioassistenciais para acolhida, convívio e desenvolvimento de capacidades de autonomia aos diversos segmentos sociais, atendendo o direito à equidade e ao acesso em igualdade às políticas e serviços municipais;

V – manter programas e projetos integrados e complementares a outras áreas de ação municipal para qualificar e incentivar processos de inclusão social;

VI – estabelecer relação conveniada, transparente e participativa com organizações sem fins lucrativos, assegurando padrão de qualidade no atendimento e garantia do caráter público na ação;

VII – manter sistema de informações da política de assistência social da cidade, publicizando e subsidiando a ação do Conselho Municipal, as Conferências Municipais, a rede socioassistencial. Compor tal sistema com: indicadores sobre a realidade social da cidade, índices de desigualdade, risco, vulnerabilidade e exclusão social; avaliação da efetividade e eficácia da ação desenvolvida; cadastro informatizado da rede socioassistencial da cidade com acesso pela rede mundial de computadores. (Alterado pela Emenda nº 24/2001.)

NICOLLE CHISTIEN MESQUITA MARQUES MEGDA

A assistência social compõe a seguridade social e deve ser prestada, independentemente de contribuição, aos brasileiros natos, naturalizados e aos estrangeiros residentes no país (art. 203, Constituição Federal).

A necessidade de descentralização das ações governamentais é uma diretriz na área da assistência social (art. 204, Constituição Federal, e art. 5º, I, da Lei Federal nº 8.742/1983). As outras diretrizes são a participação da população (art. 204, Constituição Federal, e art. 5º, II, da Lei Federal nº 8.742/1983) e a primazia manutenção da primazia da responsabilidade pública na condução da política de assistência social em cada esfera de governo (art. 5º, III, da Lei Federal nº 8.742/1983).

A instituição e o funcionamento do Conselho Municipal da Assistência Social, do Fundo Municipal de Assistência Social e do Plano Municipal de Assistência Social é condição para os repasses aos Municípios dos recursos previstos na Lei Federal nº 8.742/1983 (art. 30).

A assistência social atua essencialmente com dois tipos de proteção a proteção social básica e a proteção social especial (art. 6º-A da Lei Federal nº 8.742/1983).

A proteção social básica está prevista no inciso III do artigo, tem como objetivo prevenir situações de vulnerabilidade e risco social, cuida dos sujeitos e das famílias que possuem algumas condições básicas garantidas, mas precisam de apoio, orientações e acompanhamento em razão de uma vulnerabilidade, como de fragilidade da renda ou no convívio social.

Quando a situação de vulnerabilidade é agravada com a violação de direitos, situação de risco, perda de vínculos afetivos ou de total exclusão social, é necessária a proteção social especial, que está prevista no inciso IV do artigo.

O dever contido no inciso VII pode ser cumprido por meio do Cadastro Único para Programas Sociais do Governo Federal (CadÚnico). O cadastro das famílias é realizado pelos Municípios.

O CadÚnico foi instituído pelo art. 6º-F da Lei Federal nº 8.742/1983, é definido pelo art. 2º do Decreto Federal nº 11.016/2022 como "instrumento de coleta, processamento, sistematização e disseminação de informações, com a finalidade de realizar a identificação e a caracterização socioeconômica das famílias de baixa renda que residem no território nacional".[684]

Os dados do cadastro são sigilosos, porém é possível que órgãos ou entidades tenham acesso aos dados para a finalidade de formulação e gestão de políticas públicas. O CadÚnico, também, é utilizado para a elaboração de relatórios por municípios que estão disponíveis publicamente em *site* vinculado ao Ministério da Cidadania.

Informação bibliográfica deste texto, conforme a NBR 6023:2018 da Associação Brasileira de Normas Técnicas (ABNT):

MEGDA, Nicolle Chistien Mesquita Marques. Comentários ao art. 221. *In*: BATISTELA, Marcos; BARBOSA, Maria Nazaré Lins; MARTINS, Ricardo Marcondes (coord.). *Comentários à Lei Orgânica do Município de São Paulo*: atualizada até a Emenda nº 42/2022. Belo Horizonte: Fórum, 2023. p. 537-539. ISBN 978-65-5518-497-6.

---

[684] BRASIL. Decreto Federal nº 11.016/2022, regulamenta o Cadastro Único para Programas Sociais do Governo Federal, instituído pelo art. 6º-F da Lei nº 8.742, de 7 de dezembro de 1993. Brasília, 2022. Disponível em: www.planalto.gov.br/ccivil_03/_Ato2019-2022/2022/Decreto/D11016.htm#art15. Acesso em: 16 maio 2021.

Art. 222 O Município poderá prestar, de forma subsidiária e conforme previsto em lei, assistência jurídica à população de baixa renda, podendo celebrar convênios com essa finalidade.

MARCOS BATISTELA

A Lei Orgânica dispõe, no capítulo dedicado à promoção e assistência social, da possibilidade de prestação de assistência jurídica à população de baixa renda.

É longa a tradição da Advocacia em prestar assistência aos necessitados, seja como atuação *pro bono* ou posteriormente, sob o regime da Lei Federal nº 1.060/1950, a qual, paradoxalmente, dispunha que a assistência aos necessitados era incumbência dos poderes públicos federal e estadual, competindo à Ordem dos Advogados do Brasil (OAB) a indicação de advogado nos Estados em que não houvesse assistência judiciária organizada; nos municípios em que não houvesse subseção da Ordem dos Advogados, cabia diretamente ao juiz a nomeação de advogado para patrocinar a causa do necessitado.

A Constituição de 1988 elevou a "assistência jurídica integral e gratuita aos que comprovarem insuficiência de recursos" à condição de direito fundamental (art. 5º, XXIV), atribuindo à União e aos Estados a competência para legislar concorrentemente sobre "assistência jurídica e Defensoria Pública" (art. 24, XIII). Além disso, em seu art. 134, determinou a organização da Defensoria Pública como instituição permanente, essencial à função jurisdicional do Estado, incumbida da prestação do direito fundamental inscrito no seu art. 5º, XXIV, que teve seu regime jurídico fortalecido por uma série de emendas constitucionais posteriores. Lei complementar deve organizar a Defensoria Pública da União e do Distrito Federal e dos Territórios e prescrever normas gerais para sua organização nos Estados (art. 134, §1º).

A Constituição de 1988, portanto, exclui a assistência judiciária ou jurídica da competência legislativa dos Municípios, os quais, caso pretendam atuar nesse âmbito, devem observar as disposições da legislação nacional (normas gerais) e do Estado (normas suplementares). Não obstante, a LOMSP, seguramente influenciada pela intensidade dos conflitos urbanos nas duas décadas que antecederam a sua promulgação, sobretudo os decorrentes da falta de moradia adequada e das ocupações de terrenos ocasionados pelo crescimento explosivo da cidade, trouxe dispositivo autorizando expressamente a prestação de assistência jurídica à população de baixa renda como parte integrante do projeto de assistência social municipal.

A assistência jurídica prevista pela Lei Orgânica, além de facultativa, é subsidiária, não se propondo o Município a substituir, concorrer ou exonerar o Estado e a União de suas obrigações constitucionais, inclusive financeiras e orçamentárias, em relação a esse serviço público fundamental, pois a repartição de competências da Constituição é diretamente relacionada à repartição das rendas das pessoas jurídicas de direito público, de modo que a omissão de uma delas corresponde a um ônus financeiro desproporcional a uma outra. Do ponto de vista do Município, a utilização de recursos próprios não pode prejudicar, todavia, a prestação dos serviços públicos de sua competência constitucional privativa.

A Lei Orgânica permite, igualmente, a prestação da assistência jurídica por meio de convênios celebrados com essa finalidade. Convênios, na acepção do dispositivo orgânico, são quaisquer ajustes em que não existem interesses contrapostos. Esses convênios, conforme já anotado, devem seguir as determinações da legislação de direito material, nacional e estadual.

Em seu art. 224, I, a Lei Orgânica prevê que o Município, de maneira coordenada com o Estado, procurará desenvolver programas buscando garantir assistência jurídica à mulher vítima de violência e, em seu art. 225, prevê ainda a prestação de assistência jurídica às mulheres vítimas de violência; no inciso V do mencionado artigo, a Lei procurará assegurar aos idosos atendimento e orientação jurídica no que toca a seus direitos.

A Lei Municipal nº 11.300/1992 dispõe sobre a criação do Serviço de Apoio Jurídico à População Necessitada. O fundamento para a edição dessa lei foi a competência comum dos entes públicos para promover a integração social dos setores desfavorecidos, combatendo as causas da pobreza e os fatores de marginalização, conforme o art. 23, X, da Constituição, bem como a insuficiência dos esforços do Estado para atendimento desse encargo social. O STF, no julgamento da Arguição de Preceito Fundamental nº 279,[685] considerou válida legislação local referente à prestação de assistência jurídica gratuita à população carente como serviço público municipal de interesse local com fundamento no referido inciso do art. 23 da Constituição, não obstante ressaltar não ser permitida a instituição de defensoria pública municipal.

A implantação do serviço pela Administração Municipal não prosperou pela falta de competência legal dos procuradores do Município para defender os direitos individuais dos munícipes em juízo, os quais, em não raras ocasiões, conflitam com os interesses do Poder Público. Contribuíram para esse resultado, ainda, a recorrente falta de meios materiais da antiga Secretaria de Negócios Jurídicos e da Procuradoria-Geral do Município, bem como a posterior criação da Defensoria Pública do Estado de São Paulo, instituição especializada na promoção dos direitos das pessoas carentes, cujos membros têm dedicação integral a esse fim.[686]

Informação bibliográfica deste texto, conforme a NBR 6023:2018 da Associação Brasileira de Normas Técnicas (ABNT):

BATISTELA, Marcos. Comentários ao art. 222. In: BATISTELA, Marcos; BARBOSA, Maria Nazaré Lins; MARTINS, Ricardo Marcondes (coord.). Comentários à Lei Orgânica do Município de São Paulo: atualizada até a Emenda nº 42/2022. Belo Horizonte: Fórum, 2023. p. 540-541. ISBN 978-65-5518-497-6.

---

[685] BRASIL. STF. Arguição de Descumprimento de Preceito Fundamento 279/SP. Lei nº 735/1983 e Lei Complementar nº 106/1999 do Município de Diadema. Assistência Judiciária Gratuita à População Carente. Improcedência. Requerente: Procurador-Geral da República. Interessados: Prefeito do Município de Diadema e Câmara Municipal de Diadema. Relatora: Min. Cármen Lúcia, 03.11.2021. DJe 14.02.2022 – Ata nº 22/2022. DJe nº 27, divulgado em 11.02.2022.

[686] SÃO PAULO (Município). Procuradoria-Geral do Município. Ementa nº 11.339. Parecer de 25.08.2008. Liliana de Almeida F. da S. Marçal. Processo administrativo nº 2007-0.323.636-5.

Art. 223 O Município garantira à população de baixa renda, na forma da lei, a gratuidade do sepultamento e dos meios e procedimentos a ele necessários.

O artigo estabelece a gratuidade do sepultamento e dos meios e procedimentos a ele necessários à população de baixa renda.

NICOLLE CHISTIEN MESQUITA MARQUES MEGDA

A Constituição Federal, no seu art. 30, V, prevê que competem aos Municípios a organização e a prestação, direta ou sob o regime de concessão ou permissão, dos serviços públicos de interesse local.

O serviço funerário é de competência municipal, conforme ensina Hely Lopes Meirelles:

> O serviço funerário é de competência municipal, por dizer respeito a atividades de precípuo interesse local – quais sejam: a confecção de caixões, a organização de velório, o transporte de cadáveres e a administração de cemitérios (...) Convém advertir que a competência municipal não adentra a parte de saúde pública e de normas para autópsia, exumação de cadáveres, prazo para sepultamento e outros aspectos de atribuição estadual e até mesmo federal.[687]

A jurisprudência do STF vai no mesmo sentido. Em razão disso, o inciso V do art. 13 da Constituição Estadual do Rio de Janeiro, que tinha redação semelhante ao art. 233 da LOMSP, foi julgado inconstitucional na ADI nº 1.221-5/RJ.[688]

Informação bibliográfica deste texto, conforme a NBR 6023:2018 da Associação Brasileira de Normas Técnicas (ABNT):

MEGDA, Nicolle Chistien Mesquita Marques. Comentários ao art. 223. In: BATISTELA, Marcos; BARBOSA, Maria Nazaré Lins; MARTINS, Ricardo Marcondes (coord.). *Comentários à Lei Orgânica do Município de São Paulo*: atualizada até a Emenda nº 42/2022. Belo Horizonte: Fórum, 2023. p. 542. ISBN 978-65-5518-497-6.

---

[687] MEIRELLES, Hely Lopes. *Direito Municipal Brasileiro*. 17. ed. 2. tir. atual. por Adilson Abreu Dallari. São Paulo: Malheiros, 2014. p. 472-473.
[688] BRASIL. STF. Ação Direta de Inconstitucionalidade nº 1.221-5/RJ. Min. Carlos Velloso. Brasília, 0910.2003. Disponível em: https://jurisprudencia.stf.jus.br/pages/search/sjur13972/false. Acesso em: 15 maio 2022.

Art. 224 O Município, de forma coordenada com o Estado, procurará desenvolver programas de combate e prevenção à violência contra a mulher buscando garantir:

I – assistência social, médica, psicológica e jurídica às mulheres vítimas de violência;

II – a criação e manutenção de abrigos para as mulheres e crianças vítimas de violência doméstica.

SIMONE ANDRÉA BARCELOS COUTINHO

A violência contra a mulher é produto de uma construção histórica, daí a necessidade de examinar o lugar a ela conferido na cultura ocidental.

Na Grécia antiga, as mulheres não tinham direitos, não recebiam educação formal, eram proibidas de aparecer em público sozinhas, sendo confinadas em suas próprias casas em um aposento particular ("gineceu"). Os homens, por sua vez, gozavam de todos os direitos civis e políticos e detinham poder absoluto sobre as mulheres.[689]

No direito romano, principal fonte do direito continental europeu, a mulher era posse do marido e não tinha terra nem patrimônio, nem direitos sobre seus próprios filhos.[690]

Da Antiguidade até meados do século XIX, a pessoa da mulher careceu de qualquer proteção em face de pais e maridos. As Ordenações do Reino de Portugal de 1786 prescreviam pena de morte à mulher adúltera. O Código Civil francês de 1804, ou Código Napoleão, consolida a sujeição das mulheres aos maridos. Na redação original do Código Civil brasileiro de 1916, a mulher casada figurava entre os relativamente incapazes; o marido era o chefe da sociedade conjugal e administrador do patrimônio comum.

O princípio da igualdade foi pela primeira vez enunciado na Constituição da República dos Estados Unidos do Brasil de 1934, coibindo expressamente a discriminação de sexo (art. 113, 1). Isso não levou, todavia, ao questionamento das normas legais que discriminavam a mulher. Somente com a Lei nº 4.162/1962, o Estatuto da Mulher casada, foram suprimidas a exigência de autorização do marido para a esposa trabalhar e a incapacidade relativa da mulher casada. O direito ao divórcio só viria em 1977, após décadas de oposição da Igreja Católica e de setores conservadores.

Ainda durante a ditadura militar, foi promulgada, no Brasil, a Lei nº 5.473/1968, que proibiu a distinção de sexo na admissão ao serviço público. Entretanto, a discriminação persistiria ainda por muito tempo.

---

[689] PINAFI, Tânia. Violência contra a mulher: políticas públicas e medidas protetivas na contemporaneidade. *Revista Eletrônica do Arquivo do Estado*, n. 21, abr./maio 2007. Disponível em: www.historica.arquivoestado.sp.gov.br/materias/anteriores/edicao21/materia03. Acesso em: 5 nov. 2022.

[690] ALVES, José Carlos Moreira. *Direito Romano*. Rio de Janeiro: Forense, 1983. p. 116.

No Brasil, a luta pelos direitos das mulheres intensificou-se na década de 1970, apesar do regime político autoritário de então, que via com desconfiança os movimentos feministas, por entendê-los política e moralmente perigosos. Em 1975, a ONU declarou os próximos dez anos como a década da mulher. No Brasil, Terezinha Zerbini lançou o Movimento Feminino pela Anistia, que desempenhou papel relevante na luta pela anistia, ocorrida em 1979.[691]

Na década de 1980, intensifica-se a luta contra a violência de gênero. O Decreto nº 23.769/1985, do então Governador do Estado de São Paulo Franco Montoro, criou a primeira delegacia da mulher do Brasil. Também em 1985, a Lei nº 7.353 criou o Conselho Nacional dos Direitos da Mulher, responsável pela Carta das Mulheres para os Constituintes.

A Constituição de 1988 proibiu a discriminação baseada no sexo (art. 3º, IV), declarou a igualdade entre homens e mulheres, "nos termos desta Constituição" (art. 5º, I), e a igualdade de direitos e deveres entre homens e mulheres na sociedade conjugal (art. 226, §5º). Essas disposições fulminaram expressamente todas as normas infraconstitucionais que discriminavam a mulher.

O §8º do art. 226 da Constituição determina que o Estado assegure a assistência à família na pessoa de cada um dos que a integram e crie mecanismos para coibir a violência intrafamiliar. Atenta a esse imperativo, a Lei Orgânica gizou os deveres do Município de São Paulo, neles atuando de forma coordenada com o Estado.

Em 1992, foi criada a primeira Casa Abrigo para mulheres vítimas de violência. A provisão de assistência social, médica, psicológica e jurídica às mulheres vítimas de violência é objeto de farta legislação local.

Legislação do Município de São Paulo correlata

Decreto nº 32.335/1992 – Cria, na condição de projetos-piloto, a Casa Eliane de Grammont e a Casa Abrigo Helenira Rezende de Souza Nazareth, e dá outras providências.

Decreto nº 44.149/2003 – Cria a Casa Brasilândia – Centro de Atendimento à Mulher.

Decreto nº 48.495/2007 – Institui o Programa de Enfrentamento à Violência Doméstica e Familiar contra a Mulher.

Lei nº 15.137/2010 – Autoriza a celebração de consórcio com municípios do Estado de São Paulo, objetivando o atendimento às mulheres vítimas de violência, na forma que especifica.

Decreto nº 55.089/2014 – Institui o Projeto Guardiã Maria da Penha.

Lei nº 16.165/2015 – Institui a ação Ronda Maria da Penha no âmbito da Guarda Civil Metropolitana de São Paulo e dá outras providências.

Lei nº 16.684/2017 – Dispõe sobre a obrigatoriedade de afixação, no âmbito do Município de São Paulo, de avisos com o número do Disque Denúncia da Violência Contra a Mulher (Disque 180).

---

[691] PINTO, Céli Regina Jardim. Dossiê Feminismo, História e Poder. *Revista de Sociologia e Política*, v. 18, n. 36, p. 15-23, jun. 2010. Disponível em: www.scielo.br/j/rsocp/a/GW9TMRsYgQNzxNjZNcSBf5r/?lang=pt&format=pdf. Acesso em: 11 nov. 2022.

Lei nº 16.732/2017 – Institui o Programa Tempo de Despertar, que dispõe sobre a reflexão, conscientização e responsabilização dos autores de violência doméstica e grupos reflexivos de homens, e dá outras providências.

Lei nº 16.823/2018 – Institui o Projeto de Prevenção da Violência Doméstica com a Estratégia de Saúde da Família.

Lei nº 17.320/2020 – Dispõe sobre concessão de auxílio-aluguel às mulheres vítimas de violência doméstica, no Município de São Paulo e dá outras providências.

Lei nº 17.450/2020 – Institui multa administrativa ao agressor das vítimas de violência doméstica e familiar.

Lei nº 17.560/2021 – Dispõe sobre a implantação do acompanhamento psicológico para mulheres vítimas de violência no Município e dá outras providências.

Lei nº 17.699/2021 – Determina a inclusão de serviços de proteção à mulher vítima de violência nos *sites* da Prefeitura do Município e da Câmara Municipal de São Paulo e dá outras providências.

Lei nº 17.803/2022 – Dispõe sobre a responsabilidade de os condomínios residenciais do Município de São Paulo comunicarem ocorrências de violência doméstica e familiar contra mulheres, crianças, adolescentes, idosos e pessoas com deficiência.

Lei nº 17.840/2022 – Dispõe sobre a obrigatoriedade da fixação de placas informativas do serviço Disk Denúncia 180 nos sanitários femininos de bares, restaurantes, boates, casas de espetáculos e congêneres, no âmbito do Município de São Paulo.

Informação bibliográfica deste texto, conforme a NBR 6023:2018 da Associação Brasileira de Normas Técnicas (ABNT):

COUTINHO, Simone Andréa Barcelos. Comentários ao art. 224. In: BATISTELA, Marcos; BARBOSA, Maria Nazaré Lins; MARTINS, Ricardo Marcondes (coord.). *Comentários à Lei Orgânica do Município de São Paulo*: atualizada até a Emenda nº 42/2022. Belo Horizonte: Fórum, 2023. p. 543-545. ISBN 978-65-5518-497-6.

Art. 225 O Município procurará assegurar a integração dos idosos na comunidade, defendendo sua dignidade e seu bem-estar, na forma da lei, especialmente quanto:

I – ao acesso a todos os equipamentos, serviços e programas culturais, educacionais, esportivos, recreativos, bem como a reserva de áreas em conjuntos habitacionais destinados à convivência e lazer;

II – a assistência médica geral e geriátrica;

III – a gratuidade do transporte coletivo urbano, para os maiores de 65 (sessenta e cinco) anos, e aposentados de baixa renda, vedada a criação de qualquer tipo de dificuldade ou embaraço ao beneficiário;

IV – a criação de núcleos de convivência para idosos;

V – o atendimento e orientação jurídica, no que se refere a seus direitos.

SIMONE ANDRÉA BARCELOS COUTINHO

A visão social e política acerca da idade avançada, ou senioridade, tem variado através do tempo e de cada contexto cultural e econômico. Em certas sociedades antigas, como a romana, a chinesa e a hebraica, os anciãos eram valorizados como fontes de sabedoria e transmissão oral do conhecimento, além de serem vistos como os mais aptos ao exercício do poder.

Com o passar do tempo, sobretudo após a Revolução Industrial, iniciada no século XVIII, acentuou-se a desvalorização da pessoa idosa, vista como menos apta à produção de bens materiais, ao trabalho pesado e em longas jornadas.

Além disso, a sociedade ocidental associa beleza a juventude e rejeita o processo de envelhecimento. Essa fixação contribui para o "etarismo", também chamado de "ageísmo", "idadismo" ou preconceito etário, consistente na discriminação em razão da idade.[692]

A Organização Mundial da Saúde (OMS) estima que 15,7% da população mundial maior de 60 anos seja vítima de alguma forma de abuso. O número de casos tende a aumentar, devido ao envelhecimento da população de vários países.

No Brasil, já nos anos 1980 os aposentados se organizavam em Associações de Aposentados e Pensionistas e em Federações de Aposentados, cuja mobilização junto à Assembleia Nacional Constituinte levou à inclusão do art. 230 da Constituição Federal:

---

[692] DALL'ARA, João. A busca excessiva pela juventude eterna é prejudicial para toda a sociedade. *Jornal da USP*, jul. 2022. Disponível em: https://jornal.usp.br/atualidades/a-busca-excessiva-pela-juventude-eterna-e-prejudicial-para-toda-sociedade. Acesso em: 12 nov. 2022.

Art. 230. A família, a sociedade e o Estado têm o dever de amparar as pessoas idosas, assegurando sua participação na comunidade, defendendo sua dignidade e bem-estar e garantindo-lhes o direito à vida.

§1º Os programas de amparo aos idosos serão executados preferencialmente em seus lares.

O artigo da Lei Orgânica em comento fixa as diretrizes da atuação do Município de São Paulo em harmonia com o regramento constitucional.

1 Legislação federal correlata

Lei nº 8.842/2004 – Dispõe sobre a política nacional do idoso, cria o Conselho Nacional do Idoso e dá outras providências

Lei nº 10.741/2003 – Dispõe sobre o Estatuto da Pessoa Idosa e dá outras providências.

2 Legislação do Município de São Paulo correlata

Lei nº 10.973/1991 – Dispõe sobre o livre ingresso de sexagenários nos eventos promovidos pela Prefeitura do Município de São Paulo.

Decreto nº 35.177/1995 – Oficializa o Programa de Atendimento à Terceira Idade – (PATI); aprova Política Municipal de Atendimento à Terceira Idade e dá outras providências.

Lei nº 12.270/1996 – Cria o Abrigo para Idosos do Município de São Paulo e dá outras providências.

Lei nº 12.325/1997 – Dispõe sobre a meia-entrada para os aposentados nos cinemas, teatros, espetáculos e eventos esportivos.

Lei nº 13.642/2003 – Dispõe sobre notificação dos casos de violência contra o idoso e dá outras providências.

Lei nº 14.725/2008 – Institui, no âmbito do Município de São Paulo, o Programa de Vacinação Domiciliar de Idosos e dá outras providências.

Lei nº 15.912/2013 – Dispõe sobre a isenção de pagamento da tarifa nas linhas urbanas de ônibus às pessoas com idade igual ou maior que sessenta anos, no âmbito do Município de São Paulo, e dá outras providências.

Lei nº 16.061/2014 – Institui o Programa Cuidador de Idosos no âmbito do Município de São Paulo e dá outras providências.

Lei nº 17.803/2022 – Dispõe sobre a responsabilidade dos condomínios residenciais do Município de São Paulo de comunicar ocorrências de violência doméstica e familiar contra mulheres, crianças, adolescentes, idosos e pessoas com deficiência.

Informação bibliográfica deste texto, conforme a NBR 6023:2018 da Associação Brasileira de Normas Técnicas (ABNT):

COUTINHO, Simone Andréa Barcelos. Comentários ao art. 225. In: BATISTELA, Marcos; BARBOSA, Maria Nazaré Lins; MARTINS, Ricardo Marcondes (coord.). *Comentários à Lei Orgânica do Município de São Paulo*: atualizada até a Emenda nº 42/2022. Belo Horizonte: Fórum, 2023. p. 546-547. ISBN 978-65-5518-497-6.

Art. 226 O Município buscará garantir à pessoa com deficiência sua inserção na vida social e econômica, através de programas que visem o desenvolvimento de suas potencialidades, em especial: (Redação dada pela Emenda nº 29/2007.)

I – a assistência, desde o nascimento, através da estimulação precoce, da educação gratuita e especializada, inclusive profissionalizante, sem limite de idade;

II – o acesso a equipamentos, serviços e programas culturais, educacionais, esportivos e recreativos;

III – a assistência médica especializada, bem como o direito à prevenção, habilitação e reabilitação, através de métodos e equipamentos necessários;

IV – a formação de recursos humanos especializados no tratamento e assistência das pessoas com deficiência; (Redação dada pela Emenda nº 29/2007.)

V – o direito à informação e à comunicação, considerando-se as adaptações necessárias.

HELOISA TOOP SENA REBOUÇAS

A determinação do art. 226, presente na LOM desde sua origem (1990), recebeu nova redação conferida pela Emenda nº 29/2007, que também alterou outros dispositivos relacionados à garantia das condições de igualdade para o exercício dos direitos e das liberdades fundamentais, ajustando os textos originais à nova terminologia de "pessoa com deficiência" (em vez de "portadora de deficiência"), nos termos da Convenção Internacional sobre os Direitos das Pessoas com Deficiência e seu Protocolo Facultativo, assinados em Nova York/2007, após a 61ª sessão da Assembleia Geral da ONU, sendo a base da superveniente Lei Brasileira de Inclusão da Pessoa com Deficiência – Lei Federal nº 13.146/2015 (Lei Brasileira da Inclusão [LBI] ou Estatuto da Pessoa com Deficiência).[693]

A ratificação da citada Convenção pelo Congresso Nacional, segundo procedimento previsto no §3º do art. 5º da Constituição da República Federativa do Brasil, conferiu-lhe natureza equivalente à de Emenda Constitucional, alçando a respectiva política à mesma condição e, por consequência, reforçando sua observância e implementação obrigatórias por todos os entes federados, por meio do exercício das competências regulatórias próprias, de maneira harmônica e equilibrada.

Em síntese, cabe observar que, em conformidade com o quadro geral de distribuição das competências constitucionais, incumbe à União fixar as normas gerais de conteúdo uniforme segundo as quais os Estados e Municípios podem legislar no âmbito

---

[693] Ratificados pelo Congresso Nacional pelo Decreto Legislativo nº 186/2008, promulgados pelo Decreto nº 6.949/2009. Disponível em: www.planalto.gov.br/ccivil_03/_ato2007-2010/2009/decreto/d6949.htm. Acesso em: 23 jan. 2023.

de suas atribuições, de maneira complementar ou suplementar, para o atendimento dos correspondentes interesses e peculiaridades locais.

Sob o propósito de proteger e assegurar o exercício pleno e equitativo dos direitos humanos e liberdades fundamentais, o art. 9º da Convenção estabelece competir aos "Estados partes" tomar as medidas de sua alçada para: "(...) *assegurar às pessoas com deficiência o acesso, em igualdade de oportunidades com as demais pessoas, ao meio físico, ao transporte, à informação e comunicação, inclusive aos sistemas e tecnologias da informação e comunicação, bem como a outros serviços e instalações abertos ao público ou de uso público, tanto na zona urbana como na rural. Essas medidas, que incluirão a identificação e a eliminação de obstáculos e barreiras à acessibilidade, serão aplicadas, entre outros, a: a) Edifícios, rodovias, meios de transporte e outras instalações internas e externas, inclusive escolas, residências, instalações médicas e local de trabalho; b) Informações, comunicações e outros serviços, inclusive serviços eletrônicos e serviços de emergência*".

Um aspecto a ser observado nas alterações promovidas pela Emenda nº 29/2007 aos dispositivos da LOM é a compatibilização das normas preexistentes à evolução conceitual superveniente, segundo a qual o termo "pessoa com deficiência" passou a articular, além das circunstâncias pessoais relativas a "impedimentos de longo prazo de natureza física, mental, intelectual ou sensorial" – entendidas como características atinentes à diversidade humana –, o reconhecimento de que a deficiência resulta da interação entre as pessoas e as circunstâncias (físicas, econômicas, sociais e ambientais), que impõem barreiras ou obstáculos que obstruem ou limitam o exercício dos direitos fundamentais e a plena e efetiva participação na sociedade, em igualdade de condições.

A evolução do enfoque pessoal da deficiência para o de sua dimensão socioambiental impõe a consequente diretriz do enfrentamento da questão também sob os dois ângulos inerentes, ou seja, tanto pelo desenvolvimento das potencialidades da pessoa quanto pelo desenvolvimento das medidas de superação das mencionadas barreiras, em consonância com o que estabelecem as alíneas do item 2 do referido art. 9º da Convenção.[694]

Apesar de o *caput* do art. 226 aparentemente só fazer menção expressa à busca da garantia da inclusão por meio do desenvolvimento das potencialidades da pessoa com deficiência, é de se verificar que os programas municipais a seguir exemplificados pelos seus incisos já abordam o aspecto do enfrentamento das medidas apropriadas à superação das barreiras de qualquer ordem.

Com efeito, os incisos I e III exemplificam programas voltados ao cumprimento da primeira diretriz da inclusão, consistentes na promoção do desenvolvimento das potencialidades da pessoa por meio da assistência social, desde o nascimento, sem limite de idade, da educação, da assistência médica especializada, abrangendo o direito à prevenção, à habilitação e à reabilitação, no âmbito do atendimento de sua competência constitucional (com base no art. 30, VI, da Constituição Federal, e 7º, VI, da LOM).

Os dispositivos dos incisos II, IV e V, por sua vez, exemplificam programas referentes à superação de barreiras, seja no que tange à busca da garantia ao acesso a

---

[694] "Essas medidas, que incluirão a identificação e a eliminação de obstáculos e barreiras à acessibilidade, serão aplicadas, entre outros, a: a) Edifícios, rodovias, meios de transporte e outras instalações internas e externas, inclusive escolas, residências, instalações médicas e local de trabalho; b) Informações, comunicações e outros serviços, inclusive serviços eletrônicos e serviços de emergência."

equipamentos, serviços e programas culturais, educacionais, esportivos e recreativos, seja quanto à formação de recursos humanos especializados no tratamento e na assistência das pessoas com deficiência, bem como ao direito à informação e à comunicação, considerando-se as adaptações necessárias aos fins visados.

Como mencionado anteriormente, a realização dos programas preconizados pelos incisos do art. 226 da LOM se efetiva pelo exercício das competências constitucionais atribuídas ao Município, entre as quais se destacam a de legislar sobre assuntos de interesse local e suplementar a legislação federal e a estadual pertinentes ao tema, sobretudo pela elaboração de legislação voltada à promoção dos aludidos programas de assistência, educação e saúde, assim como os referentes às adequações urbanísticas, arquitetônicas, edilícias e comunicacionais que garantam às pessoas, indistintamente, a acessibilidade aos equipamentos, à informação e à comunicação inerente à plena participação na vida social e na gestão democrática da cidade.

A Política Municipal de Assistência Social, regulada pela Lei nº 13.153/2001, antes mesmo da incorporação ao ordenamento pátrio da Convenção Internacional sobre os Direitos das Pessoas com Deficiência, já consignava, nos dispositivos de seu art. 4º, §3º, o objetivo de "produzir condições para alcance de padrões sociais básicos e a garantia de mínimos sociais como direitos de cidadania da população", incluindo a pessoa com deficiência na condição dos "segmentos fragilizados", que requerem maiores atenções, no sentido da promoção da respectiva equalização de condições para participação nos programas.

Também exemplifica a concretização local dos princípios inclusivos a Política Municipal de Educação, por meio do Plano Municipal de Educação aprovado pela Lei nº 16.271/2015, que contempla, entre suas diretrizes (art. 2º, XIV), a do "desenvolvimento de políticas educacionais voltadas à superação da exclusão, (...) considerando o respeito às diferenças e desigualdades entre os educandos", além de diversas metas e estratégias voltadas à garantia da acessibilidade às pessoas com deficiência.

A título de ilustração, a Meta 3 do PME determina o incentivo à qualidade da educação básica em todas as etapas e modalidades, em especial, pela estratégia "3.11", voltada à garantia de espaços acessíveis em cada unidade educacional. As Metas 7 e 8 visam à universalização do atendimento escolar para toda a população, desde o ensino básico até o de 15 a 17 anos, inclusive pela estratégia "7.1", de demandar do Estado e da União, em regime de colaboração, o redimensionamento da oferta de Ensino Médio de modo a atender a toda a demanda, de acordo com as necessidades específicas e considerando as adaptações necessárias, tanto nos aspectos técnico-pedagógicos quanto nos de adequação física de equipamentos e espaços especializados, para o atendimento inclusivo de educandos com deficiência, sendo expressamente vedada sua exclusão do ensino regular.

Também merecem destaque, como exemplos de legislação local que concretizam princípios de acessibilidade e inclusão, as leis municipais que regulam o meio ambiente urbano e os espaços construídos da cidade, sobretudo o PDE (em associação aos demais instrumentos do sistema de planejamento municipal, como o Plano Plurianual [PPA], a LDO e a LOA, que viabilizam o acesso aos recursos orçamentários para a execução das correspondentes políticas públicas inclusivas), e o Código de Obras, que estabelece as regras a serem observadas no projeto, no licenciamento, na execução, na manutenção e na utilização de obras, edificações e equipamentos, dentro dos limites do imóvel.

O atual PDE, aprovado pela Lei nº 16.050/2014, consiste, por definição, no "(...) *instrumento básico da Política de Desenvolvimento Urbano do Município de São Paulo, determinante para todos os agentes públicos e privados que atuam em seu território*" (art. 1º, §3º), estatuindo, entre os princípios que o regem:

- a função social da cidade (inciso I e §1º, compreendendo o atendimento das necessidades dos cidadãos quanto ao acesso universal aos direitos sociais e ao desenvolvimento socioeconômico e ambiental);
- a equidade e a inclusão social e territorial (inciso IV e §3º, compreendendo a garantia da justiça social a partir da redução das vulnerabilidades urbanas e das desigualdades sociais entre grupos populacionais e entre os distritos e bairros do Município);
- o direito à cidade (inciso V e §5º, compreendendo o processo de universalização do acesso aos benefícios e às comodidades da vida urbana por parte de todos os cidadãos, pela oferta e uso dos serviços, equipamentos e infraestruturas públicas); e
- a gestão democrática (inciso VII e §7º, compreendendo a garantia da participação de representantes dos diferentes segmentos da população nos processos de planejamento e gestão da cidade, de realização de investimentos públicos e na elaboração, implementação e avaliação de planos, programas e projetos de desenvolvimento urbano).

Normas voltadas à garantia da acessibilidade permeiam todo o PDE no intuito de garantir um desenvolvimento urbano sustentável, equilibrado e inclusivo, desde as iniciais estratégias de ordenamento territorial (como nos seguintes dispositivos: art. 8º, I; art. 14, II; art. 15, I e VI; e art. 22, IX), perpassando os objetivos e diretrizes da legislação de parcelamento, uso e ocupação do solo (art. 22, II, VI), de ordenamento e gestão da paisagem (art. 88, III) até a definição de ações de qualificação urbanística (art. 181, V, b), de diretrizes para investimentos públicos e privados no sistema de infraestrutura (art. 198, I) e do sistema de mobilidade urbana, com previsão de ações estratégicas, sob a diretriz básica da acessibilidade universal para todas as intervenções a ele relacionadas (art. 229, VI; art. 232 e art. 234, parágrafo único).

Ainda no tocante à rede de equipamentos e aos sistemas de mobilidade urbana, os dispositivos dos arts. 303, 346, IX, e 350, III, do PDE enumeram objetivos que devem ser contemplados nos demais instrumentos do sistema de planejamento em nível local, como os Planos Regionais das Subprefeituras e os Planos de Bairro, visando à propositura de ações de acessibilidade universal nos espaços públicos de suas circunscrições, além de diretrizes para a implantação de mobiliário urbano, padrões de piso e de equipamentos de infraestrutura, acessibilidade e mobilidade dos pedestres com necessidades especiais.

A política de habitação social regulada pelo PDE reconhece o direito à moradia digna como direito social e estabelece a diretriz da adoção de cota de unidades habitacionais destinadas ao atendimento exclusivamente para setores vulneráveis da população, entre os quais menciona expressamente os das pessoas com deficiência e idosas (arts. 291 e 292, XVIII).

A nova redação conferida pela LBI (Lei nº 13.146/2015) ao art. 41 do Estatuto da Cidade (Lei nº 10.257/2001), notadamente o dispositivo do §3º por ela acrescido, passou a determinar que os Planos Diretores contemplem a elaboração de um "Plano de Rotas Acessíveis" visando à garantia da acessibilidade da pessoa com deficiência ou com mobilidade reduzida a todas as rotas e vias existentes, por meio da implantação ou reforma de passeios públicos, de modo a promover a integração entre órgãos públicos e locais de prestação de serviços de saúde, educação, assistência social, esporte, cultura, correio e telégrafos, bancos, entre outros, sempre que possível, de maneira integrada com os sistemas de transporte coletivo de passageiros, o que poderá ser providenciado no contexto da revisão intermediária do PDE, determinada pelo dispositivo de seu art. 4º.

A respeito da revisão referida do PDE, é de se reconhecer o aprimoramento dos procedimentos participativos digitais e dos respectivos recursos assistivos disponibilizados (como intérpretes de libras, legendas, audiodescrições de imagens, tutoriais sobre formas de acesso aos documentos e demais adaptações necessárias à acessibilidade), que resultou do esforço conjunto da Secretaria Municipal da Pessoa com Deficiência com as demais unidades competentes da Administração, inclusive em função da Ação Civil Pública proposta pela Defensoria do Estado de São Paulo (Processo digital nº 1022650-93.2022.8.26.0053, 16ª Vara da Fazenda Pública), em prol da garantia do direito de participação de pessoas com deficiência e pessoas idosas nos respectivos procedimentos.

No tocante ao Código de Obras e Edificações do Município (COE), aprovado pela Lei nº 16.642/2017, também se constata a orientação pelos princípios da acessibilidade universal e inclusão, desde a adoção das definições específicas (art. 3º, incisos I, II e III) até a regulação dos documentos de controle da atividade edilícia (art. 12.§2º, III), inclusive mediante o condicionamento da regularização e requalificação de edificações existentes à adaptação às condições de segurança e acessibilidade estabelecidas, vedado o retrocesso ou redução das condições já observadas (art. 36, i; art. 39, art. 40; art. 41; art. 78).

Sob o prisma da atuação fiscalizatória e punitiva do Município no controle da atividade edilícia, cabe observar que são considerados infratores e passíveis de responsabilização, além do proprietário ou possuidor do imóvel, o responsável técnico pela obra, na figura do profissional habilitado que subscreve em conjunto os requerimentos e/ou acompanha sua execução, vinculando-se pela declaração de responsabilidade pelo atendimento às regras legais e normas técnicas pertinentes, com a respectiva anotação ou registro perante o competente conselho de fiscalização profissional (arts. 11, 94 e 109).

Informação bibliográfica deste texto, conforme a NBR 6023:2018 da Associação Brasileira de Normas Técnicas (ABNT):

REBOUÇAS, Heloisa Toop Sena. Comentários ao art. 226. In: BATISTELA, Marcos; BARBOSA, Maria Nazaré Lins; MARTINS, Ricardo Marcondes (coord.). *Comentários à Lei Orgânica do Município de São Paulo*: atualizada até a Emenda nº 42/2022. Belo Horizonte: Fórum, 2023. p. 548-552. ISBN 978-65-5518-497-6.

Art. 227 O Município deverá garantir aos idosos e pessoas com deficiência o acesso a logradouros e a edifícios públicos e particulares de frequência aberta ao público, com a eliminação de barreiras arquitetônicas, garantindo-lhes a livre circulação, bem como a adoção de medidas semelhantes, quando da aprovação de novas plantas de construção e a adaptação ou eliminação dessas barreiras em veículos coletivos. (Redação dada pela Emenda nº 29/2007.)

HELOISA TOOP SENA REBOUÇAS

O dispositivo do art. 227 também teve sua redação original adequada à terminologia da Convenção Internacional sobre os Direitos das Pessoas com Deficiência pela Emenda nº 29/2007 já comentada, estando compatível com a LBI, cujo art. 3º abrange expressamente o idoso na definição de pessoa com mobilidade reduzida, além de considerá-lo "especialmente vulnerável" no caso de se tratar de pessoa idosa com deficiência.

Considerando o enfoque específico da norma em comento, voltado à garantia da livre circulação e ao acesso a logradouros e a edifícios públicos e particulares, com a eliminação progressiva de barreiras arquitetônicas, importa observar que o Município de São Paulo dispõe de legislação e de rede própria de atendimento que articulam programas e ações nas áreas de direitos humanos, assistência, educação, saúde, cultura e lazer, sob ambos os prismas da questão.

O Estatuto da Pessoa Idosa, aprovado pela Lei Federal nº 10.741/2003 (com a redação dada pela Lei nº 14.423/2022), regula especificamente os direitos assegurados às pessoas idosas, definidas como aquelas com idade igual ou superior a 60 anos, determinando medidas inclusivas, como a criação de oportunidades de acesso à educação, mediante as adequações necessárias, inclusive quanto às técnicas de comunicação e suas novas tecnologias (art. 21, §1º), descontos em ingressos e acesso preferencial em eventos artísticos, culturais, esportivos e de lazer (art. 23), prioridade na aquisição de imóvel para moradia própria nos programas habitacionais públicos ou subsidiados com recursos públicos, que devem promover a eliminação de barreiras arquitetônicas e urbanísticas, para garantia de acessibilidade (art. 38, III), devendo ser observado que, em relação à gratuidade dos transportes coletivos públicos, a linha de corte para o benefício foi estipulada pelo art. 39 em 65 anos, ressalvada a possibilidade de a legislação local dispor sobre condições para o exercício da gratuidade compreendendo a faixa etária entre 60 e 65 anos (§3º).

No âmbito do Município de São Paulo, tais normas gerais se encontram formalizadas em diversos diplomas, como na Lei nº 13.834/2004, que instituiu a Política Municipal do Idoso com foco no objetivo de gerar condições para a proteção e a promoção da autonomia, da integração e da participação efetiva na sociedade, sob os princípios da universalização dos direitos sociais e da igualdade no acesso ao atendimento, entre outros (art. 4º, V e VI).

Nas áreas da assistência social e da saúde, preconiza-se o desenvolvimento de ações voltadas para o atendimento das necessidades básicas do idoso, com garantia de universalidade do acesso aos respectivos serviços, com a participação da família, da sociedade e de entidades governamentais e não governamentais, buscando a manutenção do idoso em seu lar, evitando-se o asilamento. Na área da educação, são previstos programas de alfabetização e acesso continuado ao saber.

Na área de habitação e urbanismo, determina-se a inclusão nos programas de assistência, de alternativas de adaptação e de melhoria das condições de moradia do idoso, levando em consideração seu estado físico e medidas de garantia de independência de locomoção, além do estabelecimento de critérios de garantia do acesso do idoso à habitação popular e diminuição de barreiras arquitetônicas e urbanas.

Outras leis municipais dão cumprimento a aspectos diversos das políticas expostas, como exemplificado a seguir.

A Lei nº 16.337/2015 instituiu, no âmbito do Sistema de Transporte Coletivo de Passageiros do Município, o serviço de atendimento especial – "Serviço Atende" –, destinado a transportar gratuitamente pessoas que não possuem condições de mobilidade e acessibilidade autônoma aos meios de transportes convencionais ou que possuam grandes restrições ao acesso e uso de equipamentos e mobiliários urbanos.

A Lei nº 16.383/2016 estabeleceu a regulamentação local do dispositivo do art. 39 do Estatuto do Idoso já comentado, mantendo a gratuidade dos transportes coletivos públicos municipais na mesma faixa etária (a partir de 65 anos), limitando-se a estender a obrigatoriedade da reserva de assentos prevista no §2º da norma à pessoa com idade igual ou superior a 60 anos.

A Lei nº 16.673/2017 instituiu o Estatuto do Pedestre no Município, voltado à efetivação dos direitos relacionados à "mobilidade ativa", que consiste nas formas de locomoção que utilizam a energia do próprio corpo na sua realização, abrangidos, entre outros, os que transitam em cadeira de rodas, motorizada ou não, com o objetivo de desenvolver ações para a melhoria da infraestrutura que lhes dá suporte, inclusive no que toca à supressão de obstáculos de qualquer natureza, em prol da segurança, mobilidade, acessibilidade e conforto, com proteção especial às crianças, pessoas com deficiência ou mobilidade reduzida e idosas.

Os dispositivos dos arts. 226 e 227 da LOM são consentâneos com os princípios e diretrizes de matriz constitucional que orientam e informam a Política de Inclusão da Pessoa com Deficiência, notadamente no que se refere ao exercício das atribuições de competência do Município, voltadas ao acolhimento e tratamento isonômico a todos que afluem a seu território, por meio de programas de desenvolvimento de potencialidades e de superação de barreiras que operam em favor do bem-estar comum, do respeito à diversidade e à dignidade humanas e da evolução da sociedade.

Informação bibliográfica deste texto, conforme a NBR 6023:2018 da Associação Brasileira de Normas Técnicas (ABNT):

REBOUÇAS, Heloisa Toop Sena. Comentários ao art. 227. *In*: BATISTELA, Marcos; BARBOSA, Maria Nazaré Lins; MARTINS, Ricardo Marcondes (coord.). *Comentários à Lei Orgânica do Município de São Paulo*: atualizada até a Emenda nº 42/2022. Belo Horizonte: Fórum, 2023. p. 553-554. ISBN 978-65-5518-497-6.

Art. 228 O Município poderá conceder, na forma da lei, incentivos às empresas que adaptarem seus equipamentos para trabalhadores com deficiência. (Alterado pela Emenda nº 29/2007.)

ISABELA TEIXEIRA BESSA DA ROCHA

A Convenção dos Direitos da Pessoa com Deficiência (Decreto Federal nº 6.949/2009) assim conceitua, em seu art. 1º, pessoas com deficiência: "*são aquelas que têm impedimentos de natureza física, mental, intelectual ou sensorial, os quais, em interações com diversas barreiras, podem obstruir sua participação plena e efetiva na sociedade com as demais pessoas*".

Nessa linha, a Lei Federal nº 13.146/2015 – Estatuto da Pessoa com Deficiência – também conceitua a pessoa com deficiência em seu art. 2º: "*aquela que tem impedimento de longo prazo de natureza física, mental, intelectual ou sensorial, o qual, em interação com uma ou mais barreiras, pode obstruir sua participação plena e efetiva na sociedade em igualdade de condições com as demais pessoas*".

O Estatuto enumera, ainda, as diversas barreiras que uma pessoa com deficiência pode enfrentar, podendo estar presentes em empresas, em especial as arquitetônicas, de comunicação, atitudinais e tecnológicas (art. 3º, IV).

Já desde a Constituição de 1988 existem previsões visando à proteção de pessoas com deficiência. Entre os direitos constitucionais dos trabalhadores, por exemplo, consta a proibição de qualquer discriminação quanto ao salário e à admissão do trabalhador com deficiência (art. 7º, XXXI), sendo competência comum dos entes federados cuidar da saúde, assistência e proteção das pessoas com deficiência (art. 23, II).

No âmbito da competência constitucional legislativa, os Municípios podem legislar sobre a proteção e a integração social das pessoas com deficiência (art. 24, XIV), assim como sobre os tributos de sua competência e incentivos fiscais (arts. 145 e 156).

A LOMSP, por seu turno, tem outros artigos que trazem a temática de proteção nessa seara, a saber, arts. 99, 206, 226, 227, 231, 232 e 233, todos com redação dada pela Emenda nº 29/2007.

Em relação ao art. 228 em comento, parece-nos que a vontade do legislador foi possibilitar a instituição, por meio de lei específica, de incentivo fiscal a empresas que adaptem sua estrutura física ("equipamentos"), na linha da eliminação de barreiras, reduzindo ou eliminando o ônus tributário, visando ao incentivo à adoção de práticas de acessibilidade.

No âmbito dessa Municipalidade, foi criado o Selo de Acessibilidade Arquitetônica, o qual indica que a edificação é adequada ao uso por pessoas com deficiência e é concedido pela Comissão Permanente de Acessibilidade (CPA), vinculada à Secretaria Municipal da Pessoa com Deficiência (SMPED), conforme estabelecido nos Decretos nº 45.552/2004 e 58.031/2017 e na Lei nº 15.576/2012.

Além desse, foi também criado o Selo de Acessibilidade Digital, que certifica sítios e portais eletrônicos que cumprem com critérios de acessibilidade estabelecidos nacional e internacionalmente, com base na Lei Federal nº 13.146/2015 e Decreto Municipal nº 49.063/2007.

Inobstante não haver legislação dispondo sobre incentivo fiscal para empresas, nos termos do art. 228 da LOMSP, diversas outras normas "incentivam" tais ações, como os selos supracitados.

Nesse sentido, cumpre registrar que o Poder Público dispõe de vários mecanismos para incentivar condutas dos particulares. Nessa esteira, com efeito, as empresas não são obrigadas a ter um programa de acessibilidade, mas, ao contarem com um, este pode lhes conferir ativo intangível ("selo"), demonstrando sua responsabilidade social com pautas caras à agenda governamental, servindo como uma espécie de "empurrão" para a adoção de tal "comportamento".

Os economistas comportamentais Richard Thaler e Cass Sunstein trouxeram à baila o conceito de "empurrão" em seu livro *Nudge*, apresentando, em apertadíssima síntese, as percepções das ciências comportamentais sobre a denominada "arquitetura da escolha" para fins de elaboração de políticas públicas com o objetivo de incentivar as decisões dos cidadãos em vários aspectos.[695]

Diante das descobertas das ciências comportamentais, entre elas a Psicologia e a Economia Comportamental, os autores propõem a aplicação de tais conhecimentos na atividade regulatória do Estado, criando contextos que influenciem as decisões das pessoas, conforme seus próprios interesses.

A responsabilidade social das empresas (RSE) também se tornou um conceito bem conhecido ao longo dos últimos anos. Nesse passo, segundo Tineke Lambooy, organizações internacionais se movimentaram para promover princípios e as empresas adotaram declarações e programas de RSE, tendo-se observado os esforços de ONGs, empresas e governos em várias partes do mundo.[696]

Esse parece ser o caso dos Selos de Acessibilidade Arquitetônica e Digital, que indiretamente estão atendendo ao art. 228 da LOMSP, na forma de incentivo, em que pese não mediante lei de incentivo fiscal.

Por derradeiro, nada obsta que o legislador municipal conceda no futuro, mediante lei específica, incentivos fiscais às empresas que adaptarem sua estrutura física ("equipamentos") para pessoas com deficiência.

Informação bibliográfica deste texto, conforme a NBR 6023:2018 da Associação Brasileira de Normas Técnicas (ABNT):

ROCHA, Isabela Teixeira Bessa da. Comentários ao art. 228. In: BATISTELA, Marcos; BARBOSA, Maria Nazaré Lins; MARTINS, Ricardo Marcondes (coord.). *Comentários à Lei Orgânica do Município de São Paulo*: atualizada até a Emenda nº 42/2022. Belo Horizonte: Fórum, 2023. p. 555-556. ISBN 978-65-5518-497-6.

---

[695] THALER, Richard; SUNSTEIN, Cass R. *Nudge*: Improving Decisions About Health, Wealth, and Happiness. London/UK: Penguin Books, 2009.
[696] LAMBOOY, Tineke. Legal Aspects of Corporate Social Responsibility. *Utretch Journal of International and European Law*, v. 30, n. 8, 2014. Disponível em: https://doaj.org/article/9ee7045a17b74f3e9f7bc4f5340364f8. Acesso em: 9 ago. 2017.

Art. 229 O Município promoverá programas de atenção integral à criança, ao adolescente e ao jovem, mediante políticas específicas, admitida a participação de entidades não governamentais.

§1º – O Município estimulará, apoiará e, no que couber, fiscalizará as entidades e associações comunitárias que mantenham programas dedicados às crianças, aos adolescentes, aos jovens, aos idosos e às pessoas com deficiência.

§2º – O Município garantirá o acesso à escola ao trabalhador adolescente e jovem.

§3º – O Município deverá desenvolver programas de prevenção ao consumo de drogas em geral e entorpecentes, e atendimento especializado à criança, ao adolescente e ao jovem dependente. (Alterado pelas Emendas nº 29/2007 e 37/2013)

NICOLLE CHISTIEN MESQUITA MARQUES MEGDA

O art. 229 da LOMSP visa à proteção das crianças, adolescentes e jovens. A norma estabelece o dever, do Poder Público Municipal, de implementar as políticas públicas de proteção, atribuindo a esse grupo de pessoas direitos subjetivos, com conteúdo econômico- social.

A Lei Federal nº 8.069/1990 (Estatuto da Criança e do Adolescente), no seu art. 2º, estabelece que as crianças são as pessoas até 12 anos de idade incompletos, enquanto os adolescentes seriam aquelas entre 12 e 18 anos de idade. A norma não traz a definição sobre quem são considerados jovens. A definição de jovem pode ser encontrada na Lei Federal nº 12.852/2013 (Estatuto da Juventude), segundo a qual jovens são as pessoas com idade entre 15 e 29 anos (art. 1º, §1º).

A partir das definições legais citadas, verifica-se que dos 15 aos 18 anos a pessoa pode ser considerada adolescente e jovem. Contudo, nesses casos, o Estatuto do Jovem é aplicado de modo excepcional, quando não conflitar com as normas de proteção integral para os adolescentes previstas no Estatuto da Criança e do Adolescente (art. 1º, §2º, da Lei Federal nº 12.852/2013).

Apesar de o *caput* do art. 229 ter por objetivo a proteção da criança, do adolescente e do jovem, o §1º do artigo inclui o dever do Município e estimular, apoiar e fiscalizar as entidades e associações comunitárias que mantenham programas dedicados aos idosos e às pessoas com deficiência, além das dedicadas às crianças, aos adolescentes e aos jovens.

Os parágrafos de um artigo devem ter correlação com o *caput*, guardando uma ordem lógica. A necessidade do nexo está estabelecido no art. 11, II, "c" da Lei Complementar nº 95/1998, que dispõe sobre a elaboração, a redação, a alteração e a consolidação das leis. A Lei Complementar expressamente prevê que os parágrafos de um artigo devem apresentar os aspectos complementares à norma enunciada no *caput* do artigo e as exceções à regra por este estabelecida.

O dever previsto no §1º no que tange às entidades e associações comunitárias que mantenham programas dedicados aos idosos e às pessoas com deficiência deveriam constar nos artigos da LOMSP dedicados a cuidar dessas pessoas, quais sejam, os art. 225 e 226, respectivamente.

O §2º do art. 229 cria para o Município de São Paulo o dever de garantir o acesso à escola ao trabalhador adolescente e jovem. Da leitura do parágrafo, verifica-se que não há menção expressa ao dever do Município de garantir o acesso à escola às crianças, apesar de o artigo, também, versar sobre a proteção às crianças.

A obrigação do Município de assegurar o ensino às crianças decorre do texto constitucional, que, ao regulamentar o sistema de ensino, impõe que cabe aos Municípios a atuação prioritária no Ensino Fundamental e na Educação Infantil (art. 211, §2º, Constituição Federal). Nesse diapasão, em uma interpretação da LOMSP à luz da Constituição Federal, constata-se que a Lei Orgânica, no §2º do art. 229, teve o objetivo de ampliar o dever municipal com a educação, de modo a assegurar a universalização do ensino no território da cidade de São Paulo.

Por fim, o §3º cuida do dever do Município de desenvolver programas de prevenção ao consumo de drogas e entorpecentes e atendimento especializado à criança, ao adolescente e ao jovem dependente. As drogas, de acordo com o art. 1º, parágrafo único, da Lei Federal nº 11.343/2006, são "as substâncias ou os produtos capazes de causar dependência, assim especificados em lei ou relacionados em listas atualizadas periodicamente pelo Poder Executivo da União".[697]

Assim, não poderia o Município de São Paulo deixar prever esse dever, lembrando-se, conforme o art. 227, §3º, VII, da Constituição Federal, da proteção especial à criança, ao adolescente e ao jovem, abrangendo a criação de programas de prevenção e atendimento do dependente de entorpecentes e drogas afins, direcionando a esses programas o atendimento especializado de crianças, adolescentes e jovens.

Informação bibliográfica deste texto, conforme a NBR 6023:2018 da Associação Brasileira de Normas Técnicas (ABNT):

MEGDA, Nicolle Chistien Mesquita Marques. Comentários ao art. 229. *In*: BATISTELA, Marcos; BARBOSA, Maria Nazaré Lins; MARTINS, Ricardo Marcondes (coord.). *Comentários à Lei Orgânica do Município de São Paulo*: atualizada até a Emenda nº 42/2022. Belo Horizonte: Fórum, 2023. p. 557-558. ISBN 978-65-5518-497-6.

---

[697] BRASIL. Lei Federal nº 11.343/2006. "Institui o Sistema Nacional de Políticas Públicas sobre Drogas – Sisnad; prescreve medidas para prevenção do uso indevido, atenção e reinserção social de usuários e dependentes de drogas; estabelece normas para repressão à produção não autorizada e ao tráfico ilícito de drogas; define crimes e dá outras providências". Brasília, 2022. Disponível em: www.planalto.gov.br/ccivil_03/_ato2004-2006/2006/lei/l11343.htm. Acesso em: 13 maio 2022.

Art. 229-A O Poder Público Municipal assegurará, em absoluta prioridade, programas que garantam à criança, ao adolescente e ao jovem o direito à vida, à saúde, à alimentação, à educação, ao lazer, à profissionalização, à cultura, à dignidade, ao respeito, à liberdade e à convivência familiar e comunitária, colocando-os a salvo de toda forma de negligência, discriminação, exploração, violência, crueldade e opressão. (Acrescentado pela Emenda nº 37/2013.)

NICOLLE CHISTIEN MESQUITA MARQUES MEGDA

O art. 229-A, incluído pela Emenda nº 37/2013, reafirma para o ente público municipal o compromisso estabelecido no art. 227, *caput*, da Constituição Federal, que tem redação dada pela Emenda Constitucional nº 65/2010. O texto constitucional declara que "é dever da família, da sociedade e do Estado assegurar, à criança e ao adolescente, com absoluta prioridade, o direito à vida, à saúde, à alimentação, à educação, ao lazer, à profissionalização, à cultura, à dignidade, ao respeito, à liberdade e à convivência familiar e comunitária, além de colocá-los a salvo de toda forma de negligência, discriminação, exploração, violência, crueldade e opressão".[698]

O município não pode se eximir da obrigação estabelecida no texto constitucional no de proteger a criança, o adolescente e o jovem. Nesse sentido, é a jurisprudência do STF, conforme o seguinte trecho do RE nº 482.611:[699]

> É preciso assinalar, neste ponto, por relevante, que a proteção aos direitos da criança e do adolescente (CF, art. 227, caput) – qualifica-se como um dos direitos sociais mais expressivos, subsumindo-se à noção dos direitos de segunda geração (RTJ 164/158-161), cujo adimplemento impõe ao poder público a satisfação de um dever de prestação positiva, consistente num *facere* (...). (...) o STF, considerada a dimensão política da jurisdição constitucional outorgada a esta Corte, não pode demitir-se do gravíssimo encargo de tornar efetivos os direitos econômicos, sociais e culturais, que se identificam – enquanto direitos de segunda geração – com as liberdades positivas, reais ou concretas (RTJ 164/158-161, rel. min. Celso de Mello). É que, se assim não for, restarão comprometidas a integridade e a eficácia da própria Constituição, por efeito de violação negativa do estatuto constitucional motivada por inaceitável inércia governamental no adimplemento de prestações positivas impostas ao poder público, consoante já advertiu, em tema de inconstitucionalidade por omissão, por mais de uma vez (RTJ nº 175/1212-1213, rel. min. Celso de

---

[698] BRASIL. Constituição (1988). Constituição da República Federativa do Brasil de 1988. Brasília, 2020: Presidente da República. Disponível em: www.planalto.gov.br/ccivil_03/constituicao/constituicao.htm. Acesso em: 13 maio 2022.

[699] STF. *A Constituição e o Supremo*. 4. ed. Brasília: Secretaria da Documentação, 2011. Disponível em: www.stf.jus.br/arquivo/cms/publicacaoLegislacaoAnotada/anexo/Completo.pdf. Acesso em: 23 jan. 2023.

Mello), o STF (...). Tratando-se de típico direito de prestação positiva, que se subsume ao conceito de liberdade real ou concreta, a proteção à criança e ao adolescente – que compreende todas as prerrogativas, individuais ou coletivas, referidas na Constituição da República (notadamente em seu art. 227) – tem por fundamento regra constitucional cuja densidade normativa não permite que, em torno da efetiva realização de tal comando, o poder público, especialmente o Município, disponha de um amplo espaço de discricionariedade que lhe enseje maior grau de liberdade de conformação, e de cujo exercício possa resultar, paradoxalmente, com base em simples alegação de mera conveniência e/ou oportunidade, a nulificação mesma dessa prerrogativa essencial, tal como já advertiu o STF (...). *Tenho para mim, desse modo, presente tal contexto, que os Municípios (à semelhança das demais entidades políticas) não poderão demitir-se do mandato constitucional, juridicamente vinculante, que lhes foi outorgado pelo art. 227, caput, da Constituição, e que representa fator de limitação da discricionariedade político-administrativa do poder público, cujas opções, tratando-se de proteção à criança e ao adolescente, não podem ser exercidas de modo a comprometer, com apoio em juízo de simples conveniência ou de mera oportunidade, a eficácia desse direito básico de índole social.* (...) O caráter programático da regra inscrita no art. 227 da Carta Política – que tem por destinatários todos os entes políticos que compõem, no plano institucional, a organização federativa do Estado brasileiro – impõe o reconhecimento de que as normas constitucionais veiculadoras de um programa de ação revestem-se de eficácia jurídica e dispõem de caráter cogente. (...) Impende destacar, neste ponto, por oportuno, ante a inquestionável procedência de suas observações, a decisão proferida pela eminente min. Cármen Lúcia (AI nº 583.136/SC), em tudo aplicável, por identidade de situação, ao caso em análise. (RE 482.611, rel. min. Celso de Mello, j. 23.03.2010, dec. monocrática, DJE de 07.04.2010.) (grifo nosso)

Os deveres expressos no art. 229-A da LOMSP relacionam-se com o princípio da proteção integral à infância e à juventude e respeito à condição peculiar de pessoa em desenvolvimento.

Afirmam Cury, Garrido e Marçura que o princípio da proteção integral coloca a criança, o adolescente e o jovem "como titulares de direitos comuns a toda e qualquer pessoa, bem como de direitos especiais decorrentes da condição peculiar de pessoas em processo de desenvolvimento".[700]

Sobre o princípio, o Ministro do Supremo Federal Celso Antônio de Mello, no julgamento da ADI nº 2.096,[701] destaca:

A adoção da doutrina da proteção integral representa a mais profunda transformação promovida pela Convenção dos Direitos sobre a Criança de 1989. Além de estender à população infantojuvenil, sem quaisquer distinções, todas as garantias decorrentes da Declaração Universal dos Direitos Humanos e dos demais Pactos Internacionais de Direitos da Pessoa Humana, amplia ainda mais o espectro protetivo inerente ao Sistema Global de Proteção às liberdades essenciais da pessoa humana, assegurando às

---

[700] CURY, Munir; PAULA, Paulo Afonso Garrido de; MARÇURA, Jurandir Norberto. *Estatuto da criança e do adolescente anotado*. 3. ed. rev. atual. São Paulo: Revista dos Tribunais, 2002. p. 21.

[701] Brasil. STF. Ação Direta de Inconstitucionalidade 2.096/DF. Rel. Min. Celso de Mello, Brasília, 13.10.2020. Disponível em: https://redir.stf.jus.br/paginadorpub/paginador.jsp?docTP=TP&docID=754212134. Acesso em: 15 maio 2022.

crianças e aos adolescentes uma proteção qualificada que, projetando-se para além da tutela estritamente judicial dos seus interesses, abrange a integralidade de sua dimensão existencial, compreendendo o desenvolvimento pleno de suas relações familiares, sociais, comunitárias, educacionais, recreativas, materiais e também espirituais".

Assim, temos que a redação dada pela emenda à LOMSP nº 37/2013 reconhece, por meio da lei orgânica, uma obrigação constitucional.

Informação bibliográfica deste texto, conforme a NBR 6023:2018 da Associação Brasileira de Normas Técnicas (ABNT):

MEGDA, Nicolle Chistien Mesquita Marques. Comentários ao art. 229-A. *In*: BATISTELA, Marcos; BARBOSA, Maria Nazaré Lins; MARTINS, Ricardo Marcondes (coord.). *Comentários à Lei Orgânica do Município de São Paulo*: atualizada até a Emenda nº 42/2022. Belo Horizonte: Fórum, 2023. p. 559-561. ISBN 978-65-5518-497-6.

Art. 229-B Lei estabelecerá o Plano Municipal da Criança e do Adolescente, e o Plano da Política Municipal da Juventude, com duração decenal, visando à ação articulada e integrada entre os órgãos do Poder Público para a elaboração e execução das Políticas Públicas e estabelecendo cronograma de investimentos, prioridades e programas a serem implementados. (Acrescentado pela Emenda nº 37/2013.)

NICOLLE CHISTIEN MESQUITA MARQUES MEGDA

O art. 229-B, incluído pela Emenda nº 37/2013, é uma norma de eficácia limitada ou reduzida, não tendo aplicabilidade direta e imediata, visto que necessita da sua complementação por meio da elaboração de uma norma pelo legislador.

Com relação aos jovens, a Constituição Federal, no art. 227, §8º, estabelece que o Governo Federal deve criar o Estatuto da Juventude e o plano nacional de juventude, com duração decenal.

Por sua vez, a Lei Federal nº 12.852/2013 (Estatuto da Juventude) atribui aos Municípios a obrigação de criar os respetivos planos municipais de juventude, em conformidade com o Planos Nacional e o Plano Estadual (art. 43, II).

Não há norma semelhante para os casos das crianças e adolescente na constituição; porém, tal fato não afasta a necessidade da criação um plano municipal, em razão do princípio da proteção integral das criança e dos adolescentes.

Informação bibliográfica deste texto, conforme a NBR 6023:2018 da Associação Brasileira de Normas Técnicas (ABNT):

MEGDA, Nicolle Chistien Mesquita Marques. Comentários ao art. 229-B. *In*: BATISTELA, Marcos; BARBOSA, Maria Nazaré Lins; MARTINS, Ricardo Marcondes (coord.). *Comentários à Lei Orgânica do Município de São Paulo*: atualizada até a Emenda nº 42/2022. Belo Horizonte: Fórum, 2023. p. 562. ISBN 978-65-5518-497-6.

Capítulo V
Do Esporte, Lazer e Recreação

Art. 230 É dever do Município apoiar e incentivar, com base nos fundamentos da educação física, o esporte, a recreação, o lazer, a expressão corporal, como formas de educação e promoção social e como prática sociocultural e de preservação da saúde física e mental do cidadão.

ROBERTO ANGOTTI JÚNIOR

O art. 236 e, de modo geral, todo o Capítulo V do Título VI da LOMSP cuida do esporte e do lazer como atividades sociais, impondo ao Município o dever de apoiar e incentivar sua prática.

Trata-se de disposições alinhadas com o reconhecimento do esporte e do lazer como direitos humanos fundamentais.[702] Com efeito, a Declaração Universal dos Direitos Humanos (DUDH) trata, em seu art. 22, do grupo de direitos econômicos, sociais e culturais, sendo tais direitos reafirmados por meio do Pacto Internacional de Direitos Econômicos, Sociais e Culturais (PIDESC), ratificado pelo Brasil em 24 de janeiro de 1992 e promulgado por intermédio do Decreto nº 591/1992.

O art. 7º do PIDESC, no contexto dos direitos a condições de trabalho justas e razoáveis, assim dispõe:

> Art. 7º Os Estados Partes do presente Pacto reconhecem o direito de toda pessoa de gozar de condições de trabalho justas e favoráveis, que assegurem especialmente: (...) d) O descanso, o lazer, a limitação razoável das horas de trabalho e férias periódicas remuneradas, assim como a remuneração dos feriados.

Assim, descanso e lazer são considerados direitos humanos fundamentais de cunho social, sendo imposta aos Estados signatários a obrigação de não só resguardá-los contra eventuais abusos, mas promover sua efetivação por meio de políticas públicas adequadas. Não por outro motivo a Lei Pelé (Lei nº 9615/1998) dispõe que os direitos e garantias ali estabelecidos e decorrentes dos princípios constitucionais do esporte não excluem outros oriundos de tratados e acordos internacionais firmados pela República Federativa do Brasil (§3º).

---

[702] ROSÁRIO, Maria do. *O esporte e o lazer à luz dos direitos humanos*. Disponível em: www.dhnet.org.br/dados/textos/edh/br/rosario_espor.html. Acesso em: 17 maio 2022.

Na mesma linha, o art. 6º da Constituição Federal trata o lazer como direito social fundamental, dispondo no §3º do art. 217 que "o Poder Público incentivará o lazer, como forma de promoção social".

No que se refere ao "Desporto", a Carta Magna consagra-lhe toda a seção III do Capítulo III (Da Educação, da Cultura e do Desporto) do Título VII (Da Ordem Social). Nesse sentido, o art. 217 estabelece que é dever do Estado incentivar práticas desportivas formais e não formais como direito de cada um. Segundo a já referida Lei Pelé, (i) a prática desportiva formal é regulada por normas nacionais e internacionais e pelas regras de prática desportiva de cada modalidade, aceitas pelas respectivas entidades nacionais de administração do desporto, e (ii) a prática desportiva não formal é caracterizada pela liberdade lúdica de seus praticantes, sendo ambas as modalidades acolhidas e incentivadas pela Constituição Federal e pela LOMSP (art. 1º).

A Lei Pelé, no art. 3º, também reconhece e acolhe as diferentes manifestações da prática desportiva:

(i) o desporto educacional, praticado nos sistemas de ensino e em formas assistemáticas de educação, evitando-se a seletividade e a hipercompetitividade de seus praticantes, com a finalidade de alcançar o desenvolvimento integral do indivíduo e a sua formação para o exercício da cidadania e a prática do lazer;

(ii) o desporto de participação, de modo voluntário, compreendendo as modalidades desportivas praticadas com a finalidade de contribuir para a integração dos praticantes na plenitude da vida social, na promoção da saúde e educação e na preservação do meio ambiente;

(iii) o desporto de rendimento, praticado segundo normas gerais desta Lei e regras de prática desportiva, nacionais e internacionais, com a finalidade de obter resultados e integrar pessoas e comunidades do País e estas com as de outras nações;

(iv) desporto de formação, caracterizado pelo fomento e aquisição inicial dos conhecimentos desportivos que garantam competência técnica na intervenção desportiva, com o objetivo de promover o aperfeiçoamento qualitativo e quantitativo da prática desportiva em termos recreativos, competitivos ou de alta competição.

Merece recorte, ainda, o texto do art. 231 da LOMSP na parte que dispõe que o incentivo ao esporte e ao lazer se dará com base nos fundamentos da educação física e da expressão corporal, como formas de educação e promoção social e como prática sociocultural. Tal redação encontra-se alinhada com a mudança de referenciais teóricos suportada pela Educação Física no século XX, reconhecendo seu caráter eminentemente cultural, em detrimento ao ultrapassado modelo biológico-mecanicista.[703]

Informação bibliográfica deste texto, conforme a NBR 6023:2018 da Associação Brasileira de Normas Técnicas (ABNT):

ANGOTTI JÚNIOR, Roberto. Comentários ao art. 230. *In*: BATISTELA, Marcos; BARBOSA, Maria Nazaré Lins; MARTINS, Ricardo Marcondes (coord.). *Comentários à Lei Orgânica do Município de São Paulo*: atualizada até a Emenda nº 42/2022. Belo Horizonte: Fórum, 2023. p. 563-564. ISBN 978-65-5518-497-6.

---

[703] NEIRA, Marcos Garcia. *O currículo cultural da Educação Física: pressupostos, princípios e orientações didáticas*. Disponível em: https://revistas.pucsp.br/curriculum/article/view/27374. Acesso em: 13 maio 2022.

Art. 231 As unidades esportivas do Município deverão estar voltadas ao atendimento esportivo, cultural, da recreação e do lazer da população, destinando atendimento específico às crianças, aos adolescentes, aos idosos e às pessoas com deficiência.[704] (Alterado pela Emenda nº 29/2007.)

ROBERTO ANGOTTI JÚNIOR

O dispositivo traz a ideia de ampla destinação das unidades esportivas municipais, abrangendo igualmente cultura, recreação e lazer, enfatizando, novamente, o aspecto lúdico conferido à prática esportiva pelo legislador.

Além disso, prevê o atendimento específico pelas unidades esportivas do Município aos chamados "sujeitos especiais de direitos", como crianças, idosos e pessoas com deficiência, em conformidade com os arts. 225 e 226 da própria Lei Orgânica, bem como com o Estatuto da Criança e do Adolescente (Lei nº 8.069/1990), Estatuto do Idoso (Lei nº 10.741/2003) e Estatuto da Pessoa com Deficiência (Lei nº 13.146/2015).

Com efeito, o ECA traz, em seu art. 4º (ao lado do direito à vida, à saúde, à alimentação, à educação, à profissionalização, à cultura, à dignidade, ao respeito, à liberdade e à convivência familiar e comunitária), o lazer e o esporte como direitos fundamentais da criança e do adolescente, bem como a imposição para que o Poder Público atue de modo prioritário na sua efetivação. Também no art. 59 do ECA há expressa referência ao direito ao lazer, associado a programações culturais e esportivas voltadas para a infância e a juventude.

De maneira muito semelhante, o Estatuto do Idoso estabelece, em seu art. 3º, a obrigação da família, da comunidade, da sociedade e do Poder Público de assegurar ao idoso, com absoluta prioridade, a efetivação do direito ao esporte e ao lazer, ao lado de outros direitos igualmente fundamentais.

Já o art. 42 da LBI estabelece que a pessoa com deficiência tem direito à cultura, ao esporte, ao turismo e ao lazer em igualdade de oportunidades com as demais pessoas.

Informação bibliográfica deste texto, conforme a NBR 6023:2018 da Associação Brasileira de Normas Técnicas (ABNT):

ANGOTTI JÚNIOR, Roberto. Comentários ao art. 231. *In*: BATISTELA, Marcos; BARBOSA, Maria Nazaré Lins; MARTINS, Ricardo Marcondes (coord.). *Comentários à Lei Orgânica do Município de São Paulo*: atualizada até a Emenda nº 42/2022. Belo Horizonte: Fórum, 2023. p. 565. ISBN 978-65-5518-497-6.

---

[704] A Emenda nº 29/2007 alterou uma série de dispositivos da LOMSP, dando nova redação, entre outros, aos arts. 231, 232 e ao inciso IV do art. 233 da norma para atualizar a terminologia relativa às pessoas com deficiência, antes inadequadamente nominadas "portadores de deficiência".

Art. 232 O Município, na forma da lei, promoverá programas esportivos destinados às pessoas com deficiência, cedendo equipamentos fixos em horários que lhes permitam vencer as dificuldades do meio, principalmente nas unidades esportivas, conforme critérios definidos em lei. (Alterado pela Emenda nº 29/2007.)

ROBERTO ANGOTTI JÚNIOR

Na mesma linha do anterior, o dispositivo em questão prevê a cessão e a consequente adaptação de equipamentos esportivos em horários específicos às pessoas com deficiência, encontrando-se em conformidade com o chamado "modelo social" como modo de abordagem para o tema "deficiência".

Com efeito, a Lei nº 13.146/2015 considera pessoa com deficiência "aquela que tem impedimento de longo prazo de natureza física, mental, intelectual ou sensorial, o qual, em interação com uma ou mais barreiras, pode obstruir sua participação plena e efetiva na sociedade em igualdade de condições com as demais pessoas".

Nota-se, portanto, do conceito legal, que não mais se atribui única e exclusivamente à pessoa a limitação, mas, ao revés, acolhe-se a ideia de que tais restrições se dão em razão das interações com barreiras físicas ou sociais que impedem a plena participação de tais sujeitos de direitos.

Trata-se de uma evolução do modelo médico da deficiência,[705] que coloca na pessoa que possui uma lesão, doença ou limitação física a causa primeira das desigualdades e desvantagens vivenciadas por elas próprias, ignorando o papel da sociedade em sua opressão e marginalização. A evolução do modelo médico para o modelo social pressupõe a transferência do foco da incapacidade física ou mental dos indivíduos para a incapacidade da sociedade de prever e se ajustar à diversidade de condições de seus integrantes. A questão deixa de ser um problema individual para ser encarado como problema social.

Em suma, urge que a sociedade adéque-se à diversidade de condições físicas de seus cidadãos.

Informação bibliográfica deste texto, conforme a NBR 6023:2018 da Associação Brasileira de Normas Técnicas (ABNT):

ANGOTTI JÚNIOR, Roberto. Comentários ao art. 232. In: BATISTELA, Marcos; BARBOSA, Maria Nazaré Lins; MARTINS, Ricardo Marcondes (coord.). *Comentários à Lei Orgânica do Município de São Paulo*: atualizada até a Emenda nº 42/2022. Belo Horizonte: Fórum, 2023. p. 566. ISBN 978-65-5518-497-6.

---

[705] BAMPI, Luciana Neves da Silva; GUILHEM, Dirce; ALVES, Elioenai Dornelles. Modelo social: uma nova abordagem para o tema deficiência. *Rev. Latino-Americana de Enfermagem*, v. 18, n. 4, jul./ago. 2010. Disponível em: www.scielo.br/j/rlae/a/yBG83q48WG6KDHmFXXsgVkR/?format=pdf&lang=pt. Acesso em: 18 maio 2022.

Art. 233 O Município destinará recursos orçamentários para incentivar:
I – o esporte formação, o esporte participação, o lazer comunitário, e, na forma da lei, o esporte de alto rendimento;
II – a prática da educação física como premissa educacional;
III – a criação e manutenção de espaços próprios e equipamentos condizentes às práticas esportivas, recreativas e de lazer da população;
IV – a adequação dos locais já existentes e previsão de medidas necessárias quando da construção de novos espaços, tendo em vista a prática dos esportes, da recreação e do lazer por parte das pessoas com deficiência, idosos e gestantes, de maneira integrada aos demais cidadãos. (Alterado pela Emenda nº 29/2007.)

ROBERTO ANGOTTI JÚNIOR

O art. 233, em consonância com o art. 217 da Constituição Federal, prevê a intervenção do Estado por meio da atividade de incentivo tanto das práticas desportivas formais como não formais. Na mesma linha do citado dispositivo, prevê também que a destinação de recursos públicos priorizará o desporto educacional e recreativo e, de modo geral, o lazer, remetendo à lei ordinária a previsão de incentivo ao desporto de alto rendimento.

A Lei nº 15.928/2013 prevê a concessão de incentivos fiscais para o incentivo ao esporte no Município de São Paulo, permitindo que físicas e jurídicas, contribuintes da Cidade de São Paulo dos impostos como o IPTU e o ISS destinem uma parte do tributo devido para incentivar projetos esportivos na cidade aprovados pela Secretaria Municipal de Esportes, Lazer e Recreação (SEME).

Em consonância com as disposições da LOMSP, o art. 1º do referido diploma prevê que os incentivos e benefícios concedidos pela lei têm por finalidade ampliar e democratizar o acesso à prática esportiva, individual ou coletiva, na Cidade de São Paulo, estimular e promover a revelação de atletas locais, proteger a memória das expressões esportivas da Cidade de São Paulo, estimular a requalificação urbanística por meio da recuperação ou instalação de equipamentos para a prática esportiva e incentivar a adoção de clubes desportivos da comunidade.

Já o inciso II do art. 233 da LOMSP dispõe, por sua vez, que a destinação de recursos se dará também para a prática da educação física como premissa educacional. Nesse sentido, o art. 26, §3º, da Lei de Diretrizes e Bases da Educação Nacional (Lei nº 9.394/1996) dispõe que a Educação Física, integrada à proposta pedagógica da escola, é componente curricular obrigatório da educação básica, sendo sua prática facultativa apenas a grupos específicos de alunos.[706]

---

[706] Art. 26, §3º: A educação física, integrada à proposta pedagógica da escola, é componente curricular obrigatório da educação básica, sendo sua prática facultativa ao aluno: I – que cumpra jornada de trabalho igual ou superior

Os incisos III e IV do art. 233 desta LOMSP preveem, ainda, a criação e a manutenção de espaços próprios e equipamentos condizentes às práticas esportivas, recreativas e de lazer da população e, na mesma linha do art. 232 da LOMSP, a adequação dos locais já existentes e medidas necessárias quando da construção de novos espaços, com vistas à integração das pessoas com deficiência, idosos e gestantes.

Informação bibliográfica deste texto, conforme a NBR 6023:2018 da Associação Brasileira de Normas Técnicas (ABNT):

ANGOTTI JÚNIOR, Roberto. Comentários ao art. 233. *In*: BATISTELA, Marcos; BARBOSA, Maria Nazaré Lins; MARTINS, Ricardo Marcondes (coord.). *Comentários à Lei Orgânica do Município de São Paulo*: atualizada até a Emenda nº 42/2022. Belo Horizonte: Fórum, 2023. p. 567-568. ISBN 978-65-5518-497-6.

---

a seis horas; II – maior de trinta anos de idade; III – que estiver prestando serviço militar inicial ou que, em situação similar, estiver obrigado à prática da educação física; IV – amparado pelo Decreto-Lei nº 1.044, de 21 de outubro de 1969; V – (VETADO); VI – que tenha prole.

Art. 234 O Executivo, através do órgão competente, elaborará, divulgará e desenvolverá, até o mês de fevereiro de cada ano, programa técnico-pedagógico e calendário de eventos de atividades esportivas competitivas, recreativas e de lazer do órgão e de suas unidades educacionais.

ROBERTO ANGOTTI JÚNIOR

A Lei nº 14.485/2007 consolida a legislação municipal referente a datas comemorativas, eventos e feriados do Município de São Paulo, dispondo que o Executivo organizará e publicará, em cada ano, o Calendário de Eventos da Cidade de São Paulo, do qual constarão todos os acontecimentos e eventos culturais, artísticos, esportivos, festivais, de lazer e datas comemorativas, instituídos por leis ou decretos municipais, além daqueles já tradicionalmente realizados no Município (art. 2º).

Informação bibliográfica deste texto, conforme a NBR 6023:2018 da Associação Brasileira de Normas Técnicas (ABNT):

ANGOTTI JÚNIOR, Roberto. Comentários ao art. 234. *In*: BATISTELA, Marcos; BARBOSA, Maria Nazaré Lins; MARTINS, Ricardo Marcondes (coord.). *Comentários à Lei Orgânica do Município de São Paulo*: atualizada até a Emenda nº 42/2022. Belo Horizonte: Fórum, 2023. p. 569. ISBN 978-65-5518-497-6.

Art. 235 O Poder Municipal, objetivando a integração social, manterá e regulamentará, na forma da lei, a existência dos clubes desportivos municipais, com a finalidade primordial de promover o desenvolvimento das atividades comunitárias no campo desportivo, da recreação e do lazer, em áreas de propriedade municipal. Parágrafo único – Para fazer jus a quaisquer benefícios do Poder Público, bem como aos incentivos fiscais da legislação pertinente, os clubes desportivos municipais deverão observar condições a serem estabelecidas por lei.

ROBERTO ANGOTTI JÚNIOR

A Lei nº 13.718/2004 dispõe sobre a organização dos Clubes Desportivos Municipais, passando a denominá-los "Clubes da Comunidade", com o objetivo de desenvolver, no âmbito do Município de São Paulo, o "Programa Municipal de Desenvolvimento do Esporte Comunitário", em parceria com entidades comunitárias que promovam, predominantemente, atividades no campo esportivo, recreativo e de lazer.

Os Clubes da Comunidade são considerados pessoa jurídica de direito privado, assumindo a forma de sociedade civil, sem fins lucrativos, ficando sua existência legal condicionada ao registro dos atos constitutivos no órgão de Registro Civil competente.

A Lei nº 10.255/1986, que cria a Secretaria Municipal de Esportes Lazer e Recreação, dispõe que compete à Divisão de Unidades Autônomas (i) iniciar e conduzir a formação dos Clubes Desportivos Municipais, orientando quanto à documentação necessária e à sua organização, (ii) supervisionar e orientar as atividades esportivas, sociais e culturais nos Clubes Desportivos Municipais, inaugurados e em funcionamento, e (iii) orientar a programação para o funcionamento dos Clubes Desportivos Municipais, de acordo com suas características próprias, meio ambiente e necessidades da comunidade (art. 10).

Informação bibliográfica deste texto, conforme a NBR 6023:2018 da Associação Brasileira de Normas Técnicas (ABNT):

ANGOTTI JÚNIOR, Roberto. Comentários ao art. 235. *In*: BATISTELA, Marcos; BARBOSA, Maria Nazaré Lins; MARTINS, Ricardo Marcondes (coord.). *Comentários à Lei Orgânica do Município de São Paulo*: atualizada até a Emenda nº 42/2022. Belo Horizonte: Fórum, 2023. p. 570. ISBN 978-65-5518-497-6.

Art. 236 Lei definirá a preservação, utilização pela comunidade e os critérios de mudança de destinação de áreas municipais ocupadas por equipamentos esportivos de recreação e lazer, bem como a criação de novas.

ROBERTO ANGOTTI JÚNIOR

Podemos aqui vislumbrar o viés urbanístico do direito ao desporto e ao lazer. Segundo a Lei nº 16.050/2014 (PDE), a função social da cidade é um dos princípios que regem a Política de Desenvolvimento Urbano e o Plano Diretor Estratégico, entendida como o atendimento das necessidades dos cidadãos quanto à qualidade de vida, à justiça social, ao acesso universal aos direitos sociais e ao desenvolvimento socioeconômico e ambiental, incluindo o direito à terra urbana, à moradia digna, ao saneamento ambiental, à infraestrutura urbana, ao transporte, aos serviços públicos, ao trabalho, ao sossego e ao lazer (art. 5º, I, §1º).

Já o art. 26 do PDE, que trata da rede de estruturação local, dispõe sobre a garantia, em todos os distritos, no horizonte temporal previsto naquela lei, da implantação da rede básica de equipamentos e de serviços públicos de caráter local nas áreas de educação, saúde, cultura, esporte, lazer, segurança, áreas verdes e atendimento ao cidadão, dimensionados para atender à totalidade da população residente.

Sobre a gestão das áreas urbanas destinadas ao esporte e ao lazer, a Lei nº 10.255/1986, que cria a Secretaria Municipal de Esportes Lazer e Recreação, estabelece como suas atribuições: (i) administrar as praças de esportes, as unidades educacionais, desportivas, balneários, minibalneários e demais unidades integrantes de sua estrutura; (ii) supervisionar, administrar e fiscalizar os centros desportivos municipais e demais áreas municipais destinadas à prática desportiva; (iii) organizar e manter o cadastro de áreas disponíveis localizadas no Município de São Paulo e que interessem à implantação de novas unidades desportivas e educacionais; e (iv) administrar os estádios, preservando o acervo que lhes é próprio (art. 2º).

O Decreto nº 40.780/2001 estabelece que o uso de áreas dos equipamentos esportivos administrados pela Secretaria Municipal de Esportes, Lazer e Recreação poderá ser deferido a terceiros, mediante o pagamento de preço público, desde que a cessão não prejudique a programação normal da unidade e não envolva atividade comercial. Em casos excepcionais, o uso para atividades comerciais pode ser autorizado pelo titular da pasta, desde que o evento a ser promovido revista-se de caráter desportivo, cívico, cultural, artístico, religioso ou turístico (art. 1º).

Informação bibliográfica deste texto, conforme a NBR 6023:2018 da Associação Brasileira de Normas Técnicas (ABNT):

ANGOTTI JÚNIOR, Roberto. Comentários ao art. 236. *In*: BATISTELA, Marcos; BARBOSA, Maria Nazaré Lins; MARTINS, Ricardo Marcondes (coord.). *Comentários à Lei Orgânica do Município de São Paulo*: atualizada até a Emenda nº 42/2022. Belo Horizonte: Fórum, 2023. p. 571. ISBN 978-65-5518-497-6.

Capítulo VI
Da Defesa Dos Direitos Humanos

Art. 237 É dever do Município de São Paulo apoiar e incentivar a defesa e a promoção dos Direitos Humanos, na forma das normas constitucionais, tratados e convenções internacionais. (Capítulo VI e arts. 237 e 238 acrescentados pela Emenda nº 21/2001.)

IZAIAS JOSÉ DE SANTANA

Na clássica definição de Norberto Bobbio,[707] o século XX foi a era dos direitos, período no qual se proliferaram as declarações, os pactos, as convenções e os tratados internacionais de direitos humanos. Nessa mesma "era", assistimos ao fenômeno da internalização dos direitos como normas constitucionais; em nossa Constituição de 1988, os arts. 5º a 15 e 193 a 232.

A Constituição Brasileira de 1988, nos §§2º e 3º do artigo, incorpora ao ordenamento jurídico brasileiro os direitos "decorrentes do regime e dos princípios por ela adotados ou tratados internacionais em que a República Federativa do Brasil seja parte".

Em consonância com o regime constitucional de proteção ampla aos direitos humanos, o art. 237 da LOMSP, fruto da Emenda nº 21/2001, acolhe no ordenamento municipal todas as normas sobre direitos humanos e impõe aos órgãos municipais e à sociedade civil o dever de "apoiar e incentivar a defesa e a promoção".

O desafio deste século, alerta Bobbio, é a efetivação dos direitos humanos. Tirá-los do papel, dar-lhes concretude ou transformar a realidade ao nosso redor. Esse caminho ainda é longo. Longo e acidentado, no caso brasileiro.

O caminhar da cidadania no Brasil, ou o processo de efetivação dos direitos fundamentais, recebeu do historiador José Murilo de Carvalho[708] um extraordinário relato apontando o nosso passado absolutista e escravocrata, bem como a economia de monocultura e latifundiária como impeditivo da criação de um ambiente para efetivação de direitos. A Proclamação da Independência inicia a implementação apenas de direitos políticos, mas para uma parcela insignificante da população: "os letrados e com renda". Os trabalhadores brasileiros só começam a ter ideia de algum direto social com a vinda dos migrantes, em especial para São Paulo, com sua organização sindical e o surgimento de movimentos anarquistas.

---

[707] BOBBIO, Norberto. *A Era dos Direitos*. Trad. de Carlos Nelson Coutinho. Rio de Janeiro: Campus, 2004. p. 44.
[708] CARVALHO, José Murilo. *A Cidadania no Brasil*: o longo caminho. Rio de Janeiro: Civilização Brasileira, 2007.

A vitória de Getulio Vargas põe em marcha a efetivação de direitos sociais com a criação do Ministério do Trabalho, a outorga da legislação trabalhista (CLT) e a criação de institutos de previdência e assistência, mas em um período de negação de direitos políticos, os quais ganham fôlego entre 1945 e 1964 para novamente serem violados solenemente a partir de 1964 com: cassação de direitos políticos; aposentadorias compulsórias; intervenção em sindicatos; fechamento da UNE; inquéritos policiais militares políticos; fim da eleição direta para Presidente entre 1960 e 1989; dissolução dos partidos políticos; fechamento do Congresso Nacional; Exército assumindo função de polícia DOI-CODI; fim do *habeas corpus*; censura; e fim da inviolabilidade do domicílio.

O período de 1964 à 1982 foi de violação e negação pelo próprio Estado dos direitos humanos. O saldo da ditadura civil-miliar foi: 4.841 cidadãos com perda de direitos políticos; 513 agentes políticos cassados; 3.783 servidores expurgados do serviço público; 1.313 militares contrários ao regime expulsos das Forças Armadas; 536 intervenções em entidades da sociedade civil; e cerca de 434 mortos ou desaparecidos.

Passados mais de 30 anos da mudança de regime, ainda vivemos no Brasil um verdadeiro paradoxo, pois o Estado é efetivamente o mais importante promotor de direitos, notadamente com a universalização da educação, da saúde e da cobertura assistencial, obtidos a partir da década de 1990, mas, ao mesmo tempo, perpetuam-se casos de violações de direitos humanos.

Há diversas explicações para tamanha resistência à efetivação dos direitos humanos. A insuficiência do direito como instrumento funcional dirigente da sociedade, a partir de textos – folhas de papel – para transformar a realidade, é o diagnóstico de J. J. Gomes Canotilho,[709] acompanhado entre nós por Luís Roberto Barroso.[710]

Os constitucionalistas José Henrique Meirelles Teixeira e José Afonso da Silva influenciaram gerações com suas clássicas definições de normas sem eficácia imediata e aplicabilidade diferida, só superadas após a Constituição de 1988, com a proclamação de seu art. 5º, §1º: "aplicação imediata às normas definidoras de direitos e garantias fundamentais". Mas os obstáculos não são superados facilmente.

A inevitável influência ideológica do intérprete e aplicador dos textos é outro obstáculo. Bobbio nos alerta que "os termos avaliativos são interpretados de modo diverso conforme a ideologia assumida pelo intérprete" e que só é possível a positivação por "fórmula genérica que oculta e não resolve a contradição", mas a conserva com a mesma generalidade que dificulta a aplicação.

Os direitos sociais têm sua implementação historicamente resistida em nome dos direitos de liberdade. As sociedades reais são "livres na medida em que menos justas e mais justas na medida em que menos livres". O antagonismo entre direitos universais e atemporais e sua inevitável historicidade, submetendo as condições de dado momento, são condicionantes da efetivação dos direitos fundamentais.

---

[709] CANOTILHO, José Joaquim Gomes. *Constituição Dirigente e vinculação do legislador*. Coimbra: Coimbra Editora, 2001.
[710] BARROSO, Luís Roberto. *A nova interpretação constitucional, ponderação, direitos fundamentais e relações privadas*. Rio de Janeiro: Renovar, 2003.

Por fim, a plena efetivação dos direitos fundamentais a cargo do Estado, os ditos prestacionais, reclamam a formulação de políticas públicas e a consequente previsão orçamentária para sua implementação.

Informação bibliográfica deste texto, conforme a NBR 6023:2018 da Associação Brasileira de Normas Técnicas (ABNT):

SANTANA, Izaias José de. Comentários ao art. 237. In: BATISTELA, Marcos; BARBOSA, Maria Nazaré Lins; MARTINS, Ricardo Marcondes (coord.). *Comentários à Lei Orgânica do Município de São Paulo*: atualizada até a Emenda nº 42/2022. Belo Horizonte: Fórum, 2023. p. 572-574. ISBN 978-65-5518-497-6.

Art. 238 Fica criada a Comissão Municipal de Direitos Humanos, órgão normativo, deliberativo e fiscalizador, com estrutura colegiada, composto por representantes do poder público e da sociedade civil, que deverá definir, apoiar e promover os mecanismos necessários à implementação da política de direitos humanos na cidade de São Paulo, segundo lei que definirá suas atribuições e composição. (Capítulo VI e arts. 237 e 238 acrescentados pela Emenda nº 21/2001.)

IZAIAS JOSÉ DE SANTANA

Os obstáculos para a implementação dos direitos humanos justificam a criação de um órgão da Sociedade Civil para as tarefas expressas no art. 238 da LOM, a saber: (i) a ampliação da proteção legal; (ii) o monitoramento das violações dos direitos de defesa; (iii) o monitoramento da efetivação dos direitos prestacionais universais; (iv) o monitoramento para efetivação dos direitos prestacionais individuais.

A Emenda institui o Conselho Municipal de Direitos Humanos, a ser criado por lei, para definir, apoiar e promover os mecanismos de implementação, o que efetivamente se concretizou com a edição da Lei Municipal nº 13.292/2002, tendo o Decreto nº 42.380/2002 aprovado seu Regimento Interno, alterado pelo Decreto nº 47.425/2006.

Em seu art. 2º, é definida a finalidade da comissão para "a promoção e a defesa dos direitos humanos, mediante ações preventivas, corretivas, reparadoras e, dentro de sua competência, sancionadoras das condutas e situações que lhes são contrárias".

O art. 4º da lei criadora incumbe a uma série de atividades, desde a função de observatório social de violações aos direitos humanos e a função normativa e de representação de vítimas junto aos órgãos das diversas esferas governamentais.

A Comissão Municipal de Direitos Humanos é integrada por representantes de diversas secretarias, de entidades públicas e da sociedade civil que atuam na área. As atividades da Comissão devem ser complementares e não concorrentes com as funções da Secretaria Municipal de Direitos Humanos criada posteriormente.

Por fim, vale destacar um desafio da Secretaria e da Comissão, que é o monitoramento efetivo de uma importante política de direitos humanos: enfrentamento à desigualdade racial.

Entre 1994 e 2020, o Município de São Paulo editou mais de vinte leis sobre a temática racial. Várias delas são de valorização da cultura, combate à discriminação e homenagens a personalidades e fatos históricos. Merecem destaque, por cuidarem de políticas públicas de promoção de igualdade, no atendimento dos serviços públicos ou intervenção no domínio econômico, as seguintes: (i) Lei nº 12.353/1997, que obriga a presença de negros nas peças publicitárias patrocinadas pelo Município; (ii) Leis nº 12.352/1997 e 14.482/2007, que tratam da saúde da população negra; (iii) Lei nº 14.280/207, dia do turismo ético afro-brasileiro; (4) Lei nº 16.335/2015, programa municipal do afro-empreendedor.

A estruturação municipal da política de combate à desigualdade racial inicia-se pela aprovação da Lei nº 13.791/2004, que cria o Programa Municipal de Combate ao Racismo e Programa de Ações Afirmativas. No entanto, somente 9 anos após foi aprovada a Lei nº 15.939/2013, que institui o sistema de cotas raciais nos cargos efetivos e comissionados. Ainda em 2013, é aprovada a Lei nº 15.764, que cria a Secretaria Municipal de Promoção da Igualdade Racial, cujas funções, pelo Decreto nº 58.079/2018, são absorvidas pela Secretaria Municipal de Direitos Humanos e Cidadania, criada pelo Decreto nº 53.685/2013. O Município de São Paulo pretende atuar na promoção da igualdade racial por intermédio da implementação de seu plano institucionalizado pelo decreto nº 58.526/2018, tarefa que exigirá atuação conjunta e muito esforço da Comissão, da Secretaria e de toda a sociedade.

Informação bibliográfica deste texto, conforme a NBR 6023:2018 da Associação Brasileira de Normas Técnicas (ABNT):

SANTANA, Izaias José de. Comentários ao art. 238. *In*: BATISTELA, Marcos; BARBOSA, Maria Nazaré Lins; MARTINS, Ricardo Marcondes (coord.). *Comentários à Lei Orgânica do Município de São Paulo*: atualizada até a Emenda nº 42/2022. Belo Horizonte: Fórum, 2023. p. 575-576. ISBN 978-65-5518-497-6.

Disposições Gerais e Transitórias

Art. 1º O Prefeito, o Vice-Prefeito e os Vereadores prestarão o compromisso de manter, defender e cumprir esta Lei, no ato e data de sua promulgação.

CLAUDIO MENDONÇA BRAGA

1 Comentário geral às disposições gerais e transitórias

A LOMSP estabeleceu, em texto apartado de seu corpo principal e, assim, com numeração de artigos própria, as disposições gerais e transitórias. Dessa maneira, utilizou-se técnica legislativa distinta da utilizada pela Constituição da República Federativa do Brasil, que apresentou as Disposições Constitucionais Gerais no corpo principal de seu texto e o Ato das Disposições Constitucionais Transitórias de maneira apartada, com numeração de artigos própria.

No caso em exame, as disposições gerais se diferenciam das normas dos diferentes títulos da LOM por não se adaptarem a nenhum de seus títulos, contendo natureza residual, ou por dizerem respeito à lei orgânica como um todo.[711] De qualquer forma, são disposições de natureza permanente, diferenciando-se, assim, das disposições transitórias.

Todavia, as disposições transitórias têm o caráter de promover a transição de um regime jurídico para outro, tratando-se de normas efêmeras, que se destinam a se extinguir por si mesmas, pelo simples cumprimento de seu conteúdo.[712]

Embora as Disposições Gerais e Transitórias da LOMSP constem de texto separado, com numeração de artigos própria, são consideradas parte integrante dessa lei orgânica, inclusive pelo fato de que suas disposições só podem ser alteradas pelo procedimento rígido estabelecido em suas disposições permanentes.[713]

Dessa forma, a LOMSP, em suas Disposições Gerais e Transitórias, apresenta tanto disposições permanentes como disposições transitórias, devendo, assim, cada um de seus artigos ser analisado com base nessa distinção de natureza jurídica.

---

[711] Cf. DELGADO, José Luiz. *Disposições Constitucionais Gerais e Disposições Constitucionais Transitórias*. 2019. Dissertação (Mestrado) – Centro de Ciências Jurídicas da Universidade Federal de Pernambuco, Recife, 2019, p. 15.

[712] Cf. DELGADO. *Disposições Constitucionais Gerais e Disposições Constitucionais Transitórias*, p. 38-39.

[713] Cf. DANTAS, Ivo. Das disposições constitucionais transitórias: uma redução teórica. *Revista de Informação Legislativa*, Brasília, v. 32, n. 126, p. 142, 1995.

2 Comentário específico ao art. 1º das Disposições Gerais e Transitórias

Esse artigo apresenta uma disposição transitória, que já se exauriu. O dispositivo previa a necessidade de a Prefeita, o Vice-Prefeito e os vereadores, com mandato na data da sua promulgação, prestarem compromisso à LOMSP.

Para os vereadores eleitos nas legislaturas subsequentes, aplica-se a disposição contida no art. 15, que prevê que, no primeiro ano de cada legislatura, no dia 1º de janeiro, sob a presidência do Vereador mais idoso entre os presentes, os vereadores prestarão compromisso e tomarão posse.

Em relação ao Prefeito e ao Vice-Prefeito, nos mandatos subsequentes à promulgação da LOMSP, aplica-se o art. 58, que prevê que os detentores desses cargos tomarão posse e assumirão o exercício na sessão solene de instalação da Câmara Municipal, no dia 1º de janeiro do ano subsequente à eleição, e prestarão compromisso de cumprir e fazer cumprir a Constituição da República, a Constituição Estadual, a LOM e a legislação em vigor, defendendo a justiça social, a paz e a igualdade de tratamento a todos os cidadãos.

Informação bibliográfica deste texto, conforme a NBR 6023:2018 da Associação Brasileira de Normas Técnicas (ABNT):

BRAGA, Claudio Mendonça. Comentários ao art. 1º. *In*: BATISTELA, Marcos; BARBOSA, Maria Nazaré Lins; MARTINS, Ricardo Marcondes (coord.). *Comentários à Lei Orgânica do Município de São Paulo*: atualizada até a Emenda nº 42/2022. Belo Horizonte: Fórum, 2023. p. 577-578. ISBN 978-65-5518-497-6.

Art. 2º Nos 10 primeiros anos da promulgação desta Lei Orgânica, o Poder Executivo Municipal desenvolverá esforços com a mobilização de todos os setores organizados da sociedade e com a aplicação de, pelo menos 50% (cinquenta por cento) dos recursos a que se refere o art. 208 desta Lei Orgânica, para eliminar o analfabetismo e universalizar o ensino municipal.

CLAUDIO MENDONÇA BRAGA

Esse artigo apresenta uma disposição transitória, aplicável nos 10 primeiros anos da promulgação da LOM, de aplicar 50% dos recursos a que se refere o art. 208 para erradicar o analfabetismo e universalizar o ensino municipal.

O art. 208 da LOMSP estabelece, atualmente, o percentual mínimo de 31% da receita resultante de impostos, compreendida a proveniente de transferências, na manutenção e no desenvolvimento do Ensino Fundamental, da Educação Infantil e inclusiva.

Na disposição tanto do art. 208 quanto do art. 2º das Disposições Gerais e Transitórias, a LOMSP procurou aprofundar a disposição contida no art. 212 da Constituição da República Federativa do Brasil, que estabeleceu para os Municípios a obrigatoriedade da aplicação de, no mínimo, 25% da receita resultante de impostos, compreendida a proveniente de transferências, na manutenção e no desenvolvimento do ensino.

Dessa maneira, o artigo ora comentado procurou estabelecer um esforço concentrado para buscar a erradicação do analfabetismo e da universalização do ensino municipal, com base na ideia de progressividade dos direitos fundamentais.

Informação bibliográfica deste texto, conforme a NBR 6023:2018 da Associação Brasileira de Normas Técnicas (ABNT):

BRAGA, Claudio Mendonça. Comentários ao art. 2º. *In*: BATISTELA, Marcos; BARBOSA, Maria Nazaré Lins; MARTINS, Ricardo Marcondes (coord.). *Comentários à Lei Orgânica do Município de São Paulo*: atualizada até a Emenda nº 42/2022. Belo Horizonte: Fórum, 2023. p. 579. ISBN 978-65-5518-497-6.

Art. 3º O cadastro de terras públicas municipais deverá ser atualizado e publicado a cada ano, a contar da data da promulgação desta Lei Orgânica.

CLAUDIO MENDONÇA BRAGA

Esse artigo apresenta uma disposição permanente, uma vez que traz a obrigação do Município de publicar anualmente o cadastro de terras públicas municipais, bem como manter esse cadastro atualizado.

Essa disposição se coaduna com princípios consagrados pela LOMSP, em especial o da publicidade e o da transparência, previstos no art. 81.

Art. 4º O Poder Executivo fará um levantamento das concessões administrativas e permissões de uso de imóveis públicos municipais em vigência, até a data da promulgação desta Lei.

Parágrafo único – O referido levantamento deverá ser concluído no prazo máximo de 12 (doze) meses após a promulgação da Lei Orgânica.

CLAUDIO MENDONÇA BRAGA

O presente artigo se trata de disposição transitória, consistente na obrigação do Poder Público de fazer o levantamento das concessões administrativas e permissões de uso de imóveis públicos municipais em vigência, até a data da promulgação da Lei Orgânica.

Essa disposição se coaduna com princípios consagrados pela LOMSP, em especial o da publicidade e o da transparência, previstos no art. 81.

De modo permanente, o §8º do art. 114 da Lei Orgânica estabelece que o Prefeito deverá encaminhar anualmente à Câmara Municipal relatório contendo a identificação dos bens municipais objeto de concessão de uso, de permissão de uso e de locação social, em cada exercício, assim como sua destinação e o beneficiário.

Informação bibliográfica deste texto, conforme a NBR 6023:2018 da Associação Brasileira de Normas Técnicas (ABNT):

BRAGA, Claudio Mendonça. Comentários ao art. 4º. *In*: BATISTELA, Marcos; BARBOSA, Maria Nazaré Lins; MARTINS, Ricardo Marcondes (coord.). *Comentários à Lei Orgânica do Município de São Paulo*: atualizada até a Emenda nº 42/2022. Belo Horizonte: Fórum, 2023. p. 581. ISBN 978-65-5518-497-6.

Art. 5º O Executivo disporá de um prazo máximo de 10 (dez) meses para submeter ao Legislativo um novo Plano Diretor do Município.

GIANFRANCESCO GENOSO

Observadas as disposições da LOMSP,[714] de acordo com o art. 5º das Disposições Gerais e Transitórias (artigo em comento), o [Poder] Executivo deveria submeter ao [Poder] Legislativo um novo Plano Diretor do Município no prazo fixado, isto é, 10 meses.

A Lei Orgânica em referência buscava, entre outros, dar concretude ao art. 182 e parágrafos da recém-promulgada Constituição Federal (1988), que previa a necessidade de aprovação de Plano Diretor obrigatório para cidades com mais de 20 mil habitantes.[715]

Isso porque, de acordo com a mesma Carta Magna, compete ao Município legislar sobre interesse local (art. 30, I), este definido como "predominância do interesse do Município sobre o interesse da união ou do Estado", até mesmo porque "não há interesse municipal que o não seja reflexamente da União e do Estado-membro, como também não há interesse regional ou nacional que não ressoe nos municípios".[716]

À época estava em vigor, no Município de São Paulo, a Lei nº 10.676/1988, que contava com 44 artigos e tratava a temática de maneira sintética (precedido pela Lei nº 7.688/1971).

---

[714] Sobre o Plano Diretor, a Lei Orgânica em comento dispõe que: (i) sua elaboração deve contar com a participação de Conselhos de representantes eleitos ou designados com o intuito de assegurar a adequada participação de todos os cidadãos (art. 8º c.c arts. 9º, I, 55, I, e 150, §2º); (ii) cabe à Câmara, com sanção do Prefeito, dispor sobre a matéria (art. 13, XIV); (iii) sua discussão e votação só poderá ser efetuada com a presença da maioria absoluta dos membros da Câmara (art. 40, *caput*) e sua aprovação e alterações dependem do voto favorável de três quintos dos membros desse órgão (art., §4º, II); (iv) durante a tramitação do projeto de lei, pelo menos duas audiências públicas deverão, obrigatoriamente, ser convocadas (art. 41, I); a legislação atinente poderá ser alterada uma vez por ano (art. 46); (v) o programa de metas de gestão a ser apresentado pelo Prefeito eleito ou reeleito, até 90 dias após a posse, deverá conter ações estratégicas e diretrizes que o observem (art. 69-A e §4º); (vi) cabe ao Prefeito o propor à Câmara Municipal (art. 70, X); (vii) a realização de obras e serviços municipais, inclusive o sistema local de transporte público, deverá ser adequado às suas diretrizes (art. 124 c.c arts. 156 e 174); (viii) deverá ser objeto do plano plurianual, das diretrizes orçamentárias e dos orçamentos anuais (art. 137); (ix) sua elaboração e atualização obrigatória, nos termos da Constituição Federal, integram o processo de planejamento municipal no que diz respeito à política de desenvolvimento urbano e função social da propriedade (art. 144 c.c arts. 150, 151 e 155).

[715] E aqui vale a lembrança de que somente em 2001, por meio da Lei nº 10.251 (Estatuto da Cidade), regulamentou-se uma série de instrumentos urbanísticos e fixaram-se diretrizes gerais para a política de desenvolvimento urbano (MUKAI, Toshio. *O Estatuto da Cidade: anotações à Lei 10.257 de 10 de julho de 2001*. São Paulo: Saraiva, 2001. Introdução).

[716] AGUIAR, Joaquim Castro. *Direito da Cidade*. Rio de Janeiro: Renovar, 1996. p. 29.

Assim, não só pela previsão constitucional, mas pela própria ideologia neoliberal dos anos 1990,[717] difundiu-se a ideia de que urgia a necessidade de se rever o Plano Diretor, razão do exíguo prazo concedido ao Poder Executivo para apresentar um novo texto ao Poder Legislativo.

Sobre o Plano Diretor que deveria ser apresentado, o urbanista Flávio Villaça rememora que, cumprindo o prazo de 10 meses fixado na Lei orgânica, o Executivo paulistano entregou à Câmara Municipal, em 5 de fevereiro de 1991, a proposta que fora antecedida de ampla divulgação e acrescenta:

> O projeto de Lei do Plano Diretor foi publicado no Diário do Município em 16 de março de 1991. Encontrou logo a oposição de diversos setores do empresariado e grupos a eles ligados. Seguiram-se então vários meses de negociação entre a Secretaria Municipal de Planejamento e elementos daqueles setores que, por representarem doze entidades de classe, são conhecidos como o Grupo dos 12. Depois de inúmeras reuniões, ficaram claras as divergências fundamentais: todas na esfera imobiliária como fixação do coeficiente de aproveitamento igual a um para toda a cidade, uma concepção de zoneamento baseada na capacidade da infraestrutura urbana, as Zonas especiais de Interesse Social e a regularização fundiária de favelas ocupando bens de uso comum do povo.
>
> (…)
>
> O legislativo avocou então a si os debates sobre o projeto de lei. Seguiu-se então nova série de debates, desta vez na Câmara, conduzidos por vereadores e coma presença de alguns deles, além de vários representantes de entidades de classe, do Grupo dos 12 e de alguns movimentos populares. O processo se esgotou aí e a proposta jamais foi encaminhada ao plenário.[718]

O mesmo autor afirma que, de modo geral, alguns planos elaborados no início da década de 1990 trouxeram acirrada polêmica sobre o uso e a ocupação do solo, acabando, por mais das vezes, sem aprovação ou "esterilizados", quando aprovados.

Ao comparar os dois textos citados de Flávio Villaça (o artigo "Uma contribuição para a história do planejamento urbano no Brasil" e o livro *As ilusões do Plano Diretor*), Sarah Feldman constata que, apesar de complementares, revelam movimentos diversos em um curto espaço de tempo e conclui que o último assume o importante papel de catalisador de diversas questões, como a relação entre o Plano Diretor e o poder político, o que em si renderia outro texto.[719]

---

[717] "Trazido pela ideologia neoliberal, o chamado Planejamento Estratégico desenvolveu-se no início dos anos 90, tendo se expandido razoavelmente – pelo menos no campo da retórica – na América Latina, principalmente pela influência de um grupo de ditos urbanistas catalães que se empenharam bastante na difusão da experiência de renovação por que passou a cidade de Barcelona, por ocasião das Olimpíadas de 1992. Coerentemente com o ideário neoliberal, esse planejamento parte da ideia de concorrência ou competição entre as cidades – a competitividade urbana – no mundo globalizado e informatizado. Diz que é necessário vender as cidades e para isso, evidentemente, necessita da propaganda, do marketing, da iniciativa privada e da visão empresarial. A ideologia neoliberal rapidamente passou a difundir a ideia de que esse era o planejamento moderno. O Plano Diretor de São Paulo, na verdade, não adota a visão do Planejamento Estratégico, usando essa expressão apenas como modismo e uma forma de vestir a roupagem de moderno" (VILLAÇA, Flávio. *As ilusões do Plano Diretor*. São Paulo, 2005. Edição do autor).

[718] VILLAÇA, Flávio. Uma contribuição para a história do planejamento urbano no Brasil. In: DEAK, Csaba; SCHIFFER, Sueli (orgs.). *O processo de urbanização no Brasil*. São Paulo: Editora da Universidade de São Paulo, 1999. p. 234.

[719] FELDMAN, Sarah. Plano Diretor e Poder Político. In: VILLAÇA, Flávio. *As ilusões do plano diretor*, ago. 2005. Disponível em: www.revistas.usp.br/posfau/article/download/43479/47101/0. Acesso em: 1º fev. 2023.

Ainda quanto ao aspecto histórico, apesar do prazo fixado no artigo em análise, o novo Plano Diretor Estratégico – Lei nº 13.430/2002 (que não corresponde ao texto da década de 1990) – só foi promulgado em 13 de setembro de 2002 e ampliou consideravelmente o tratamento da matéria em seus mais de trezentos artigos, sendo revogado pelo "novo" Plano Diretor Estratégico do Município de São Paulo – Lei nº 16.050/2014.

Inobstante o prazo previsto no art. 5º ter sido observado, conclui-se que, com entraves, alguns de viés políticos e/ou ideológicos ou atinentes ao próprio processo legislativo, o "novo plano diretor" demorou mais de uma década para ser aprovado e mais doze anos para ser substituído por outro, embora a legislação possa ser revista uma vez por ano (art. 46 da LOM).

A expressão "a cidade é um organismo vivo", há muito empregada em matéria urbanística, revela aquilo que de certa forma a lei orgânica, a par de outros instrumentos legislativos, visa assegurar, isto é, que de tempos em tempos os instrumentos, as diretrizes e a política urbana globalmente considerada sejam revistos para se adequar e, se possível, antever as necessidades sociais.

Informação bibliográfica deste texto, conforme a NBR 6023:2018 da Associação Brasileira de Normas Técnicas (ABNT):

GENOSO, Gianfrancesco. Comentários ao art. 5º. *In*: BATISTELA, Marcos; BARBOSA, Maria Nazaré Lins; MARTINS, Ricardo Marcondes (coord.). *Comentários à Lei Orgânica do Município de São Paulo*: atualizada até a Emenda nº 42/2022. Belo Horizonte: Fórum, 2023. p. 582-584. ISBN 978-65-5518-497-6.

Art. 6º A Câmara Municipal criará no prazo de 15 (quinze) dias da data da promulgação desta Lei, uma Comissão Especial para proceder a revisão do seu Regimento Interno, observando, na composição da Comissão, a proporcionalidade de representação partidária.

VICTOR TEIXEIRA DE ALBUQUERQUE

A norma estipula que a Câmara Municipal deverá, dentro do prazo de 15 dias, a contar da promulgação da Lei Orgânica, revisar seu Regimento Interno. A necessidade de readequação do regramento de funcionamento do Poder Legislativo local se deve ao fato de haver uma relação de verticalidade entre a Lei Orgânica e o Regimento Interno, bem como a sobreposição de uma série de temas, sobretudo na parte em que os diplomas tratam do processo legislativo.

Por existir divergência doutrinária sobre a natureza constitucional das leis orgânicas produzidas pelos Municípios, ante sua vinculação a dois tipos de documentos constitucionais (Constituições Federal e Estadual), não é possível afirmar que as disposições normativas constantes do Regimento Interno e que se contraponham materialmente à Lei Orgânica passariam por um processo de não recepção, e não propriamente de revogação.

O art. 6º não foi utilizado na prática, pois a Câmara Municipal de São Paulo optou por promulgar um novo Regimento Interno em abril de 1991.

Informação bibliográfica deste texto, conforme a NBR 6023:2018 da Associação Brasileira de Normas Técnicas (ABNT):

ALBUQUERQUE, Victor Teixeira de. Comentários ao art. 6º. In: BATISTELA, Marcos; BARBOSA, Maria Nazaré Lins; MARTINS, Ricardo Marcondes (coord.). *Comentários à Lei Orgânica do Município de São Paulo*: atualizada até a Emenda nº 42/2022. Belo Horizonte: Fórum, 2023. p. 585. ISBN 978-65-5518-497-6.

Art. 7º O Poder Municipal procederá a revisão e consolidação da legislação existente e à elaboração de novos diplomas legais decorrentes desta Lei Orgânica no prazo de até 24 (vinte e quatro) meses a contar da data de sua promulgação.

§1º – Serão criadas Comissões Especiais para as finalidades previstas no "caput", deste artigo, no prazo de 60 (sessenta) dias.

§2º – No desenvolvimento de seus trabalhos as Comissões realizarão audiências públicas.

VICTOR TEIXEIRA DE ALBUQUERQUE

O art. 7º das Disposições Gerais e Transitórias estipula um prazo para que o Poder Municipal (Executivo e Legislativo) consolide a legislação vigente até então, bem como crie as normas que deverão ser promulgadas por imposição da própria Lei Orgânica.

A norma busca endereçar dois tipos de problemas com os quais a doutrina e a legislação têm intensificado recentemente os debates, que seria o da "consolidação legislativa" e o da "omissão legislativa".

Apesar do "constituinte" ao Poder Municipal, a revisão da legislação então vigente visava garantir, do ponto de vista prático, que as normas não expressamente revogadas fossem retiradas do ordenamento jurídico. A preocupação está intimamente associada à ideia de segurança jurídica e da necessidade de o destinatário das normas efetivamente conhecer as regras aplicáveis a cada atividade jurídica.

A proposta periódica da legislação tem sido defendida em estudos sobre a legislação em setores regulados, com o objetivo de garantir que os interessados saibam exatamente quais disposições regulam as atividades por ele desempenhadas e, assim, possam agir de maneira segura. O risco imposto pela insegurança jurídica normalmente pode implicar a exclusão de determinados setores de agentes que não conheçam a regulação específica (assimetria de informações) ou mesmo o aumento dos custos de transação.

A consolidação legislativa, por sua vez, busca conferir tratamento harmônico às normas relativas a um determinado tema. Adotando a exploração constante do art. 13, 1§º, da Lei Complementar nº 95/1988, sua prática consiste na "na integração de todas as leis pertinentes a determinada matéria num único diploma legal, revogando-se formalmente as leis incorporadas à consolidação, sem modificação do alcance nem interrupção da força normativa dos dispositivos consolidados".

A técnica legislativa busca garantir a sistematicidade do ordenamento jurídico sob uma perspectiva sobretudo pragmática e a consequente redução de litigiosos envolvendo dúvidas sobre a aplicação da lei no tempo. A tentativa de implantar as consolidações acabou não produzindo os resultados desejados, pois tanto no plano federal, em que encontra expressa regulação na Lei Complementar nº 95/1999, como no âmbito municipal, não foi incorporada pelos respectivos poderes Executivo e Legislativo.

No âmbito do Município de São Paulo, a Consolidação das Leis Tributárias tem sido constantemente atualizada pelo Poder Executivo, estando seu último exemplar presente no Anexo do Decreto Municipal nº 61.810/2022.

Informação bibliográfica deste texto, conforme a NBR 6023:2018 da Associação Brasileira de Normas Técnicas (ABNT):

ALBUQUERQUE, Victor Teixeira de. Comentários ao art. 7º. In: BATISTELA, Marcos; BARBOSA, Maria Nazaré Lins; MARTINS, Ricardo Marcondes (coord.). *Comentários à Lei Orgânica do Município de São Paulo*: atualizada até a Emenda nº 42/2022. Belo Horizonte: Fórum, 2023. p. 586-587. ISBN 978-65-5518-497-6.

Art. 8º O mandato da Mesa da Câmara Municipal, previsto no art. 26 desta Lei, passará a viger para a sessão legislativa a se iniciar em 1º de janeiro de 1991.

VICTOR TEIXEIRA DE ALBUQUERQUE

A norma é autoexplicativa e define o termo inicial do mandado da Mesa da Câmara Municipal eleita no momento da promulgação da Lei Orgânica.

Informação bibliográfica deste texto, conforme a NBR 6023:2018 da Associação Brasileira de Normas Técnicas (ABNT):

ALBUQUERQUE, Victor Teixeira de. Comentários ao art. 8º. In: BATISTELA, Marcos; BARBOSA, Maria Nazaré Lins; MARTINS, Ricardo Marcondes (coord.). *Comentários à Lei Orgânica do Município de São Paulo*: atualizada até a Emenda nº 42/2022. Belo Horizonte: Fórum, 2023. p. 588. ISBN 978-65-5518-497-6.

Art. 9º O Município deverá promover a implantação gradativa da jornada de 2 (dois) turnos nas Escolas Municipais, priorizando inicialmente setores da população de baixa renda.

LUIZ PAULO DOS SANTOS DINIZ

1 Direito social à educação

O art. 6º da Constituição da República inclui a educação no rol de direitos sociais. Diferentemente de outros direitos sociais, como moradia, transporte e alimentação, que receberam tratamento bastante conciso, o constituinte conferiu relativa densidade normativa ao direito social à educação ao dedicar-lhe os arts. 205 a 214. Desse modo, no art. 208, §1º, da Constituição, foi dado o caráter de direito público subjetivo ao acesso ao ensino obrigatório, o que tem servido de fundamento para a intervenção judicial na tutela de tal direito.[720] Reforçando a natureza cogente desse direito social, a Constituição estabelece no art. 208, §2º, que o não oferecimento do ensino obrigatório pelo Poder Público ou sua oferta irregular importam responsabilidade da autoridade competente. A norma da Lei Orgânica representa um avanço na concretização do direito social à educação e cria para o Município a obrigação de implantar gradativamente a jornada em dois turnos nas escolas municipais. Cabe observar que, nos termos do art. 11, V, da Lei de Diretrizes e Bases da Educação Nacional (Lei Federal nº 9.394/1996), compete ao Município oferecer a Educação Infantil em creches e pré-escolas e, com prioridade, o Ensino Fundamental.

2 Implantação gradativa

Os direitos sociais têm um custo especialmente oneroso para o orçamento público. Embora também exista um custo associado à proteção dos direitos civis e políticos, o fato é que os direitos sociais exigem prestações positivas do Estado, e não meras abstenções como no caso dos direitos civis e políticos, residindo aí a sua "especial onerosidade". Assim, diante da impossibilidade de prover de modo imediato a jornada

---

[720] Cf. ARE nº 639337 AgR, relatado pelo Ministro Celso de Mello, que observou que "embora inquestionável que resida, primariamente, nos Poderes Legislativo e Executivo, a prerrogativa de formular e executar políticas públicas, revela-se possível, no entanto, ao Poder Judiciário, ainda que em bases excepcionais, determinar, especialmente nas hipóteses de políticas públicas definidas pela própria Constituição, sejam estas implementadas, sempre que os órgãos estatais competentes, por descumprirem os encargos político-jurídicos que sobre eles incidem em caráter impositivo, vierem a comprometer, com a sua omissão, a eficácia e a integridade de direitos sociais e culturais impregnados de estatura constitucional" (BRASIL. STF. Agravo Regimental no Recurso Extraordinário com Agravo nº 639.337/SP. Agravante: Município de São Paulo S/A – BANESPA. Agravado: Ministério Público do Estado de São Paulo. Relatora: Min. Celso de Mello, 23.08.2011. Disponível em: https://redir.stf.jus.br/paginadorpub/paginador.jsp?docTP=AC&docID=627428. Acesso em: 15 out. 2022).

de dois turnos nas escolas municipais por força de limitações orçamentárias, a norma prevê a implantação gradativa da política pública. A ideia de implantação gradativa vem ao encontro da noção de "progressiva realização" consagrada no Pacto Internacional sobre Direitos Econômicos, Sociais e Culturais. De acordo com o Comentário Geral nº 003/1990, proferido pelo Comitê dos Direitos Econômicos, Sociais e Culturais da ONU, "o conceito de progressiva realização constitui um reconhecimento do fato de que a plena realização de direitos econômicos, sociais e culturais não é possível de ser alcançada num curto espaço de tempo".[721] Todavia, o mencionado Comitê faz questão de enfatizar que a progressividade não pode ser invocada para esvaziar o conteúdo das obrigações assumidas pelos Estados signatários do Pacto. Observa o organismo da ONU que "a expressão deve ser lida à luz do objetivo global, a verdadeira razão de ser do Pacto que é estabelecer obrigações claras para os Estados Partes no que diz respeito à plena realização dos direitos em questão. Assim, impõe uma obrigação de agir tão rápida e efetivamente quanto possível em direção àquela meta". A fim que os direitos sociais previstos na Constituição e nos tratados internacionais não se transformem em promessas vazias, cabe ao legislador ordinário detalhar metas, prazos e estratégias que concretizem os direitos sociais por meio de políticas públicas adequadas. Dessa maneira, o Plano Municipal de Educação, instituído pela Lei Municipal nº 16.271/2015, prevê "oferecer educação integral em tempo integral em, no mínimo, 50% (cinquenta por cento) das escolas públicas, de forma a atender, pelo menos, 25% (vinte e cinco por cento) dos educandos da Educação Básica até o final da vigência deste Plano", conforme estabelecido na Meta 9. O Plano tem prazo de vigência até 2025. Para alcançar tal meta, enumera seis estratégias, entre as quais podem ser mencionadas as que preconizam que: "a extensão do tempo de permanência dos educandos deve estar em consonância com o Projeto Político Pedagógico de cada unidade educacional, orientando-se pelos princípios democráticos e participativos, bem como mediante a disponibilidade nas unidades educacionais de espaço arquitetônico e mobiliário adequado para atendimento em tempo integral" (Estratégia 9.2) e "promover a relação das escolas com instituições culturais, equipamentos públicos de Cultura (CEU, bibliotecas, teatros, museus, Casas de Cultura), bem como a movimentos culturais e Pontos de Cultura, a fim de garantir a oferta regular de atividades culturais para a livre fruição dos educandos e de iniciação às linguagens artísticas dentro e fora dos espaços escolares, assegurando ainda que as escolas se tornem polos de criação e difusão cultural" (Estratégia 9.4).[722]

3 Jornada de dois turnos nas escolas municipais

O dispositivo fala em jornada de dois turnos. Contudo, a legislação posterior à promulgação da Lei Orgânica preferiu usar a expressão educação em tempo integral. Assim, o art. 31, III, da Lei de Diretrizes e Bases da Educação Nacional (Lei Federal

---

[721] ORGANIZAÇÃO DAS NAÇÕES UNIDAS (ONU). Comentário Geral nº 3: Artigo 2º, Número 1 (A Natureza das Obrigações dos Estados Partes). Disponível em: http://acnudh.org/wp-content/uploads/2011/06/Compilation-of-HR-instruments-and-general-comments-2009-PDHJTimor-Leste-portugues.pdf. Acesso em: 15 out. 2022.

[722] SÃO PAULO (Município). Plano Municipal de Educação (PME). Lei Municipal nº 16.271/2015. São Paulo: SME, 2015. Disponível em: http://legislacao.prefeitura.sp.gov.br/leis/lei-16271-de-17-de-setembro-de-2015. Acesso em: 15 out. 2022.

nº 9.394/1996) dispõe que na Educação Infantil o atendimento à criança será de, no mínimo, 4 horas diárias para o turno parcial e de 7 horas para a jornada integral. Por sua vez, o art. 34, §2º, do mesmo diploma estabelece que o Ensino Fundamental será ministrado progressivamente em tempo integral, a critério dos sistemas de ensino. Como a própria Lei de Diretrizes e Bases da Educação Nacional deixa subentendido ao tratar da Educação Infantil, para ser considerada educação em tempo integral, o tempo mínimo de permanência dos estudantes no estabelecimento de ensino deve corresponder a pelo menos 7 horas diárias. Esse parâmetro foi seguido pelo Plano Municipal de Educação, que fixou como uma de suas estratégias "promover, com o apoio da União e do Estado de São Paulo, a oferta de Educação Básica pública em tempo integral, por meio de atividades de acompanhamento pedagógico e multidisciplinares, inclusive culturais e esportivas, de forma que o tempo de permanência dos educandos na escola, ou sob sua responsabilidade, passe a ser igual ou superior a 7 (sete) horas diárias" (Estratégia 9.1).[723]

4 Priorização inicial de setores da população de baixa renda

A norma estipula, ainda, medida de equidade com o objetivo de mitigar as desigualdades existentes na educação brasileira. De fato, as oportunidades de ensino se encontram distribuídas de maneira bastante desigual no Brasil, de modo geral, e no município de São Paulo, em particular. Diante de tal quadro, a diretriz de priorização da população de baixa renda constitui medida salutar, na medida em que aponta para o atendimento daqueles que mais dependem do Poder Público para obter acesso a serviços educacionais. Contudo, cabe salientar que a educação é pautada pelo princípio da universalidade, conforme previsto no art. 211, §4º, da Constituição Federal. Em outras palavras, embora a população de baixa renda seja merecedora de atenção especial na prestação de tal serviço e deva ser priorizada no processo de progressiva universalização, a educação em tempo integral deve ser assegurada a todos.

Informação bibliográfica deste texto, conforme a NBR 6023:2018 da Associação Brasileira de Normas Técnicas (ABNT):

DINIZ, Luiz Paulo dos Santos. Comentários ao art. 9º. *In*: BATISTELA, Marcos; BARBOSA, Maria Nazaré Lins; MARTINS, Ricardo Marcondes (coord.). *Comentários à Lei Orgânica do Município de São Paulo*: atualizada até a Emenda nº 42/2022. Belo Horizonte: Fórum, 2023. p. 589-591. ISBN 978-65-5518-497-6.

---

[723] Disponível em: http://legislacao.prefeitura.sp.gov.br/leis/lei-16271-de-17-de-setembro-de-2015. Acesso em: 15 out. 2022.

Art. 10 A composição da Câmara Municipal prevista no art. 12 desta Lei vigorará para a legislatura a se iniciar em 1º de janeiro de 1993.

SIMONE ANDRÉA BARCELOS COUTINHO

A composição da Câmara Municipal evoluiu com o crescimento da cidade.

Com o fim do Estado Novo e a promulgação da Constituição de 1946, foram convocadas eleições, inclusive para Vereador, realizadas em 1947. Os 45 vereadores eleitos tomaram posse em 1º de janeiro de 1948, dando início à 1ª Legislatura.

O Golpe Militar de 1964 deu ensejo à Constituição da República Federativa do Brasil de 24 de janeiro de 1967, amplamente alterada pela Emenda Constitucional nº l/1969, que reduziu o número de vereadores para 21.

Na década de 1980, após a anistia, com o processo de abertura e a liberação do pluripartidarismo, as eleições para Governador dos Estados voltaram a ser diretas.

Em 1982, a Emenda Constitucional nº 22 convocou eleições diretas para Prefeito, Vice-Prefeito e vereadores, a serem realizadas ao mesmo tempo e em todo o país. Essa Emenda possibilitou, ainda, que nos municípios com mais de 1 milhão de habitantes, como São Paulo, o número de vereadores fosse ampliado para 33.

Em 5 de outubro de 1988, a promulgação da Constituição da República Federativa do Brasil elevou o Município à categoria de ente federativo: "Art. 1º. A República Federativa do Brasil, formada pela união indissolúvel dos Estados e Municípios e do Distrito Federal, constitui-se em Estado democrático de direito e tem como fundamentos (...)".

Na sua redação original, anterior à EC nº 58/2009, o art. 29, IV, c, da Constituição previa que o número de vereadores, proporcional à população, seria de no mínimo 44 e no máximo 55 nos Municípios com mais de 5 milhões de habitantes. Destarte, o número de vereadores da Câmara de São Paulo foi novamente ampliado, passando, na 10ª Legislatura, a 53.

O art. 29 da Constituição da República determina que os Municípios devam ser regidos por Lei Orgânica. Por essa razão, a Câmara Municipal de São Paulo foi convertida em Assembleia Municipal Constituinte e, em 4 de abril de 1990, promulgou a LOMSP hoje vigente. A Lei Orgânica normatiza e estrutura os poderes Executivo e Legislativo municipais, confere-lhes competências e rege as atividades administrativas da cidade de São Paulo.

Desde a 11ª Legislatura (1º de janeiro de 1993 a 31 de dezembro de 1996), a Câmara Municipal passou a ter 55 vereadores, limite máximo estabelecido pela Constituição Federal. Os vereadores são eleitos pelo voto popular, em pleitos realizados a cada 4 anos. Não há limite para a reeleição.

Informação bibliográfica deste texto, conforme a NBR 6023:2018 da Associação Brasileira de Normas Técnicas (ABNT):

COUTINHO, Simone Andréa Barcelos. Comentários ao art. 10. *In*: BATISTELA, Marcos; BARBOSA, Maria Nazaré Lins; MARTINS, Ricardo Marcondes (coord.). *Comentários à Lei Orgânica do Município de São Paulo*: atualizada até a Emenda nº 42/2022. Belo Horizonte: Fórum, 2023. p. 592-593. ISBN 978-65-5518-497-6.

Art. 11 As empresas já instaladas no Município e que desenvolvem atividades de grande impacto ambiental terão que apresentar no prazo de 6 (seis) meses a partir da promulgação desta Lei, plano de recuperação do meio ambiente degradado, ficando sujeitas às sanções estabelecidas em lei.

RICARDO MARCONDES MARTINS

Toda atividade humana polui o meio ambiente em alguma medida. Há um limite abaixo do qual a poluição é lícita e acima do qual é ilícita. Quando a atividade do administrado for potencialmente causadora de poluição ilícita, ou seja, estiver possivelmente próxima do referido limite legal, impõe-se, para sua realização, a obtenção de uma licença ambiental e, pois, a instauração de um processo de licenciamento ambiental.[724] Nas últimas décadas, o tema do processo e licenciamento ambiental foi sensivelmente revisto. Se, antigamente, a solução jurídica era tão somente binária – deferimento da licença, se a atividade estivesse abaixo do limite; indeferimento da licença, se a atividade estivesse acima do limite –, passou-se a admitir uma resposta intermediária. Há situações em que, apesar de a atividade estar acima do limite permitido, é possível obter a licença ambiental e, pois, a liberação da atividade, mediante compensação ambiental.[725] Em regra, a compensação ambiental, quando possível, deve ser estabelecida antes da realização do dano ambiental, em processo de licenciamento. Assim, apenas a título de exemplo, se no passado só era cabível permitir ou não permitir derrubar uma árvore, tornou-se possível, no presente, a depender das circunstâncias fáticas e jurídicas, permitir a derrubada desde que se compense o impacto, assumindo-se, por exemplo, a obrigação de realizar plantio de outras árvores e de acompanhar seu desenvolvimento.

O art. 11 das Disposições Gerais Transitórias (DGT) da LOMSP, muito anterior a esses avanços, não disciplina a compensação para o licenciamento ambiental. O dispositivo pressupôs a existência, quando da promulgação da Lei Orgânica, de empresas instaladas no Município que estivessem poluindo acima do limite legalmente admissível. Em outras palavras, o dispositivo disciplina a poluição ilícita que estivesse sendo realizada quando da promulgação da Lei Orgânica por empresas instaladas no

---

[724] Sobre o tema: MARTINS, Ricardo Marcondes. *Estudos de direito administrativo neoconstitucional*. São Paulo: Malheiros, 2015. p. 232 e seguintes.

[725] A admissibilidade da compensação ambiental deu-se muito após a promulgação da Constituição Federal e da LOM. Reconhece a doutrina que ela surgiu com o art. 36 da Lei nº 9.985/2000, considerado constitucional pelo STF no julgamento da ADI nº 3.378/DF, Rel. Min. Carlos Britto, j. em 09.04.2008, DJe-112 Divulg. 19.06.2008, Public. 20.06.2008. Sobre o tema: BECHARA, Erika. *Licenciamento e compensação ambiental na Lei do sistema nacional das unidades de conservação* (SNUC). São Paulo: Atlas, 2009; RODRIGUES, Marcelo Abelha. *Direito ambiental*. 6. ed. São Paulo: Saraiva, 2019. p 730 e seguintes. Além da compensação em pecúnia, porém, admite-se, hoje, cada vez mais frequentemente, a compensação *in natura*.

território do Município de São Paulo. Deveriam essas empresas apresentar à Prefeitura, no prazo de 6 meses da promulgação da Lei Orgânica, um plano de recuperação do meio ambiente degradado. Quer dizer: o art. 11 disciplina não a "compensação ambiental" propriamente dita, mas a regularização de uma degradação ambiental realizada.

Suponha-se que o direito não admita o impacto "Y" no meio ambiente. Teoricamente, admite-se, hoje, que o administrado efetue a atividade "X" que cause o impacto "Y" desde que compense esse impacto mediante as providências "Z". Caso ele se comprometa a realizar "Z", poderá realizar a atividade "X" e, pois, causar o impacto "Y". Essa é a compensação ambiental hoje admitida. O que o art. 11 disciplina é outra situação. O administrado já realizou uma atividade que causa um impacto que não seria possível realizar sem compensação (realizou o impacto "Y") – ou até mesmo que não seria admissível sequer com compensação (realizou o impacto "Y + n"), situação mais grave ainda. Quer dizer, o administrado já realizou a atividade "X", causadora do impacto não permitido ao meio ambiente ("Y" ou "Y + n"). Diante do mal já causado, *quid juris*? Sancionar a empresa com a imposição de uma multa não é uma solução suficiente, pois o meio ambiente continuará degradado. A solução é impor a recuperação ambiental.

Impõem-se três observações. Primeira: a norma do art. 11, ora comentado, não afasta a imposição das sanções legalmente devidas em decorrência da poluição ilícita. O Poder Executivo municipal deve impor as sanções legalmente previstas, ainda que a empresa apresente, no prazo estabelecido, o plano de recuperação do meio ambiente. O dispositivo é autoaplicável em relação ao dever de apresentação do plano, mas não é autoaplicável em relação às sanções cabíveis. Por evidente, não é de se admitir que as empresas poluidoras que não apresentaram o plano de recuperação sofram as mesmas consequências jurídicas que as empresas que não cumpriram o referido dever. Impõe-se, portanto, um dever ao legislador municipal: prever sanções pelo descumprimento do dever de apresentar o plano, além das sanções já previstas em decorrência da respectiva degradação. Esquematicamente, suponhamos que a degradação importe na imposição da sanção "A". Deve o legislador municipal prever que, caso não apresentado o plano, além da sanção "A" seja devida a sanção "B". Assim, a empresa que apresentar o plano deve ser sancionada em "A"; a empresa que não o apresentar deve ser sancionada em "A" e "B". Em ambos os casos, porém, a sanção "A" é devida. Não se trata, pois, de compensação, mas de recuperação: a compensação afasta a sanção; a recuperação pressupõe a imposição da sanção.

Segunda: promulgada a Lei Orgânica em 4 de abril de 1990, o prazo terminou em 4 de julho de 1990. Por óbvio, a apresentação do plano deve ser admitida mesmo depois desse prazo. Não é razoável supor que, passado o prazo, descabe a apresentação do plano de recuperação, devendo o ambiente permanecer degradado. Incumbe ao Poder Público municipal exigir a apresentação do plano de todas as empresas que não o apresentaram. Assim, é possível supor que a norma extraída do art. 11 das DGT da LOMSP não tenha se exaurido totalmente. Hoje, o destinatário principal da norma é o Poder Público municipal, que deve, em relação às empresas que não apresentaram o plano ou não o executaram, adotar as medidas administrativas para constrangê-las a cumprir seu dever.

Terceira: a Constituição Federal atribuiu, no art. 23, III, VI e VII, competência comum a todas as entidades federativas para proteger o meio ambiente. Logo, em

1990, tinha o Município competência para exigir o plano de regularização de todas as empresas instaladas em seu território causadoras de significativo impacto ambiental. Posteriormente, com fundamento no parágrafo único do art. 23 da Constituição Federal, foi editada a Lei Complementar Federal nº 140/2011, disciplinando o exercício cooperativo dessa competência comum e atribuindo à União competência para certos licenciamentos (art. 7º, XIV), aos Estados para outros (art. 8º, XIV) e aos Municípios para outros (art. 9º, XIV). Essa lei complementar buscou estabelecer a unicidade da atuação (art. 13). Compete ao órgão encarregado do licenciamento lavrar o respectivo auto de infração e instaurar processo para apuração da infração ambiental, nos termos do *caput* do art. 17. Nos termos do §2º do art. 17, se a competência for da União ou do Estado e o Município tiver ciência da degradação, deverá adotar as medidas necessárias para evitá-la, cessá-la, mitigá-la e comunicar imediatamente o órgão competente para que adote as providências cabíveis. Por conseguinte, hoje, há que se diferenciar: se a atividade for de sua competência, cabe ao Município de São Paulo exigir o plano de recuperação do meio ambiente; se for de competência estadual ou federal, deve adotar as providências necessárias para proteger o meio ambiente e provocar o ente competente, União ou o Estado, para que exija o plano.[726] Na omissão da entidade federativa competente, o Município pode invocar a competência supletiva prevista no §3º do art. 14 e exercer a fiscalização nos termos do §3º do art. 17.[727]

Informação bibliográfica deste texto, conforme a NBR 6023:2018 da Associação Brasileira de Normas Técnicas (ABNT):

MARTINS, Ricardo Marcondes. Comentários ao art. 11. *In*: BATISTELA, Marcos; BARBOSA, Maria Nazaré Lins; MARTINS, Ricardo Marcondes (coord.). *Comentários à Lei Orgânica do Município de São Paulo*: atualizada até a Emenda nº 42/2022. Belo Horizonte: Fórum, 2023. p. 594-596. ISBN 978-65-5518-497-6.

---

[726] Pedro Niebuhr defende que se o órgão competente para o licenciamento lavrar o auto de infração, este prevalece sobre o auto lavrado pela entidade incompetente. Se a atividade não tiver sido licenciada, qualquer entidade pode lavrar o auto de infração e, havendo duplicidade de autos, prevalece o auto de quem teria competência para licenciar a atividade (*Processo administrativo ambiental*. 3. ed. Belo Horizonte: Fórum, 2021. p. 297).
[727] Cf. FARIAS, Talden. *Licenciamento ambiental*: aspectos teóricos e práticos. 6. ed. Belo Horizonte: Fórum, 2017. p. 144.

Art. 12 A revisão da presente Lei será feita 3 (três) meses após o término da revisão da Constituição da República prevista no art. 3º das suas Disposições Transitórias.

RICARDO MARCONDES MARTINS

Esse dispositivo está logicamente vinculado ao art. 3º do Ato das Disposições Transitórias da Constituição Federal. Nossa Constituição é rígida: prevê um procedimento mais complexo para sua alteração do que o processo previsto para alterar as leis. Parte da doutrina divide a reforma constitucional, como gênero, abrangente do procedimento de emenda constitucional e do procedimento de revisão constitucional.[728] Apesar de essa classificação estar consagrada, prefere-se alterar a terminologia. A alteração formal de uma Constituição rígida dá-se por dois processos: processo de reforma, por meio do qual são promulgas emendas de reforma constitucional, e revisão, por meio da qual são promulgadas emendas de revisão constitucional. O processo de reforma está disciplinado no art. 60 da Constituição Federal: exige aprovação da emenda, em dois turnos, em cada Casa do Congresso, por três quintos dos votos dos respectivos membros. O processo de revisão está disciplinado no art. 3º das Disposições Transitórias da Constituição Federal e exige aprovação da emenda em sessão unicameral, em único turno, pelo voto da maioria absoluta dos membros do Congresso Nacional.

A diferença entre ambos não se restringe ao procedimento. Apesar de diuturnamente descumprido, entre os limites implícitos à reforma constitucional por emenda destaca-se a imposição de que a reforma seja pontual ou tópica.[729] Ao revés, é ínsita ao procedimento de revisão a admissibilidade de alteração de vários dispositivos da Constituição. A revisão constitucional, em regra, atenta contra o postulado da estabilidade da Constituição.[730] Por isso, é excepcional no modelo do constitucionalismo. Houve, porém, uma explicação racional para sua admissibilidade no ADCT da Constituição da República. O Constituinte admitiu que o povo, por meio de um plebiscito, previsto no art. 2º do ADCT, alterasse a forma de governo e o sistema de governo previstos no texto originário, de república para monarquia e de presidencialismo para parlamentarismo. Caso restassem aprovadas ambas ou uma das alterações, seria necessário rever todo o texto constitucional para adaptá-lo ou à nova forma de governo, ou ao novo

---

[728] Por todos: MEIRELLES TEIXEIRA, José Horácio. *Curso de direito constitucional*. Rio de Janeiro: Forense Universitária, 1991. p. 131-132; SILVA, José Afonso. *Curso de direito constitucional positivo*. 42. ed. São Paulo: Malheiros, 2019. p. 64; CALCINI, Fábio Pallaretti. *Limites ao poder de reforma constitucional*: o embate entre as gerações. Campinas: Millenium, 2009. p. 53-56.

[729] Cf. AYRES BRITTO, Carlos. A Constituição e o monitoramento de suas emendas. In: MODESTO, Paulo; MENDONÇA, Oscar (coord.). *Direito do Estado*: novos rumos. São Paulo: Max Limonad, 2001. p. 45-67 (em especial p. 54-55). Tomo I; MARTINS, Ricardo Marcondes. *Regulação administrativa à luz da Constituição Federal*. São Paulo: Malheiros, 2011. p. 78.

[730] Sobre esse postulado: MARTINS. *Regulação administrativa à luz da Constituição Federal*, p. 71 e seguintes.

sistema de governo, ou a ambos. Ocorre que no plebiscito, realizado em 21 de abril de 1993 – e não como inicialmente previsto em 7 de setembro de 1993, por força da Emenda Constitucional nº 02/1992 –, a maior parte do povo deliberou por manter a república e o presidencialismo.

Parte da doutrina, corretamente, entendia que, como não houve alteração da forma e do sistema de governo, a revisão perdera o objeto, sendo descabido realizá-la.[731] Haveria, portanto, um limite temporal e um limite material para a revisão constitucional: deveria ser realizada na data prevista, a qual foi alterada pela Emenda nº 02/1992, e só se realizaria se houvesse alteração da forma ou do sistema de governo inicialmente previstos. Prevaleceu na doutrina, contudo, outro entendimento. Para a maior parte da doutrina, a realização do processo de revisão constitucional foi admitida pelo Constituinte originário, independentemente do resultado do plebiscito, mesmo se mantida a república e o presidencialismo. Porém, esse processo estaria submetido aos limites materiais e circunstanciais previstos no art. 60 da Constituição, bem como ao resultado do referido plebiscito.[732] Em cumprimento a esse entendimento, no dia 1º de março de 1994 foi promulgada a Emenda Constitucional de Revisão nº 1 e, no dia 7 de junho de 1994, foram promulgadas as Emendas Constitucionais de Revisão nº 2 a 6. No âmbito federal, foram, então, editadas seis emendas de revisão.

Dito isso, é possível realizar a exegese do art. 12 das DGT da LOMSP. Caso fossem alterados a forma e o sistema de governo, no plebiscito previsto no art. 2º do ADCT da Constituição Federal, seria necessário revisar não apenas a Constituição Federal, mas também as Constituições Estaduais e as Leis Orgânicas. Por isso, coerentemente, o editor da Lei Orgânica paulistana previu a realização do processo de revisão. Estabeleceu um limite temporal bastante adequado: o processo deveria ser realizado 3 meses após o término da revisão da Constituição da República. O processo de revisão federal terminou em 7 de junho de 1994; logo, o processo de revisão municipal deveria ser realizado até 7 de setembro de 1994.

Adotado o entendimento que vingou no âmbito federal – de que a revisão seria possível mesmo diante da não alteração da forma e do sistema de governo inicialmente previstos –, nada impediria que a Câmara Municipal, na função de Assembleia Constituinte Revisora, efetuasse a revisão prevista no art. 11 ora comentado.[733] A Câmara Municipal, porém, não realizou a revisão. Após a Emenda nº 17, promulgada em 15 de junho de 1994, a Emenda nº 18, subsequente, foi promulgada em 4 de maio de 1995. O processo de revisão, estabelecido no art. 11 das DGT, não se realizou e a norma perdeu sua eficácia. Como o entendimento correto era o que não prevalecera no âmbito federal – se não fossem alterados a forma e o sistema de governo, não haveria qualquer

---

[731] Foi o entendimento defendido por Geraldo Ataliba (Revisão constitucional. *Revista de Direito Público (RDP)*, São Paulo, ano 23, n. 95, p. 33-41, jul./set. 1990).

[732] Por todos: MENDES, Gilmar Ferreira. Os limites da revisão constitucional. *Cadernos de direito constitucional e internacional*, São Paulo, v. 5, n. 21, p. 69-91, out./dez. 1997. No mesmo sentido foi a resposta à consulta formulada pelo então Presidente do Senado Federal, Senado Humberto Lucena, dada por José Saulo Pereira Ramos (Revisão constitucional: inteligência do art. 3º do Ato das Disposições Constitucionais Transitórias. *Revista dos Tribunais*, São Paulo, n. 698, p. 39-57, dez. 1993).

[733] Em relação à possibilidade de revisão da Constituição Estadual, por todos: COELHO, Inocêncio Mártires. Revisão constitucional no âmbito estadual: legitimidade. *Revista de Direito Tributário*, São Paulo, n. 20, p. 69-79, jul./set. 1997.

sentido em realizar a revisão[734] –, agiu corretamente a Câmara Municipal de São Paulo. Independentemente disso, não realizada a revisão nos 3 meses seguintes ao término da revisão da Constituição Federal, e passados mais de 28 anos, é absolutamente fora de dúvida que a norma extraída do art. 11 das DGT da LOSMP exauriu-se. Não realizada a revisão no momento oportuno, tornou-se inadmissível sua realização posteriormente. Hoje, portanto, a Lei Orgânica só pode ser alterada por emenda decorrente de processo de reforma, disciplinado no art. 36 do texto permanente.

Informação bibliográfica deste texto, conforme a NBR 6023:2018 da Associação Brasileira de Normas Técnicas (ABNT):

MARTINS, Ricardo Marcondes. Comentários ao art. 12. In: BATISTELA, Marcos; BARBOSA, Maria Nazaré Lins; MARTINS, Ricardo Marcondes (coord.). *Comentários à Lei Orgânica do Município de São Paulo*: atualizada até a Emenda nº 42/2022. Belo Horizonte: Fórum, 2023. p. 597-599. ISBN 978-65-5518-497-6.

---

[734] Entendimento magistralmente defendido por Geraldo Ataliba. Revisão constitucional. *Revista de Direito Público (RDP)*, São Paulo, ano 23, n. 95, p. 33-41, jul./set. 1990.

Art. 13 O percentual da receita resultante de impostos destinados à manutenção e desenvolvimento do ensino será elevado anualmente de forma gradual, a partir do limite mínimo fixado para o Município no art. 212 da Constituição da República, até atingir, no prazo de 3 (três) anos, o estabelecido no art. 208 desta Lei.

BIANKA ZLOCCOWICK BORNER DE OLIVEIRA

A Constituição Federal de 1988 estabeleceu, em seu art. 212, o percentual mínimo de aplicação de 25% das receitas de impostos, inclusive proveniente de transferências, em despesas de manutenção do desenvolvimento da educação.

O percentual mínimo de 25% previsto no art. 212 da Constituição Federal tem sua regulamentação por norma geral nacional, na LDB da Educação Nacional, Lei Federal nº 9.394/1996. Em seus arts. 70 e 71, a LDB elenca as despesas que podem ser consideradas para o cálculo do percentual na manutenção e no desenvolvimento do ensino e aquelas que não podem ser computadas.

Por sua vez, a LOMSP, no art. 208, elevou o percentual mínimo nacional, para determinar a aplicação adicional de 6% em programa de educação inclusiva. Disso resulta a previsão de aplicação mínima, no Município de São Paulo, de 31% da receita resultante de impostos e transferências, para a manutenção e o desenvolvimento do Ensino Fundamental, da Educação Infantil e inclusiva.

Para cumprir tal desiderato, a norma prevista no art. 13 das DGT determinou a elevação gradual do percentual mínimo nacional, na proporção anual de 2% por 3 anos seguidos, até atingir o percentual de 31% previsto no art. 208 da LOMSP.

Diante disso, o Plano Plurianual de investimentos no Município de São Paulo para o triênio 1990-1992 (Lei Municipal nº 10.813/1989) previu o aumento de despesas em educação, que foi gradualmente elevado por meio das leis orçamentárias municipais (Lei nº 10.920/1990, 11.151/1991, 11.337/1992) até atingir o percentual mínimo previsto na LOMSP.

Vale ressaltar que, no que tange ao percentual adicional, coube à Lei Municipal nº 13.245/2001 definir as despesas que poderão ser consideradas no seu cômputo, nos termos dos arts. 200, §5º, e 208, §2º, da LOMSP.

É importante destacar que o atual Plano Municipal de Educação em vigor, instituído pela Lei Municipal nº 16.271/2015,[735] prevê como Meta 1 a ampliação do investimento público em educação, aplicando no mínimo 33% da receita resultante

---

[735] O Plano Municipal de Educação (PME) é um planejamento construído de forma participativa, com ampla colaboração e debate com a sociedade. O atual PME, instituído pela Lei Municipal nº 16.271/2015, estabelece 13 metas e 14 diretrizes que devem orientar a Prefeitura no planejamento da Educação na capital paulista durante sua vigência, desde 2015 até 2025.

de impostos, compreendida a proveniente de transferências, em manutenção e desenvolvimento do ensino e em educação inclusiva.

Para tanto, indica estratégias, como: a incorporação de recursos provenientes da previsão do financiamento da Educação determinado na Meta 20 do PNE para implementar o Custo Aluno Qualidade no Município de São Paulo (CAQ); a destinação à manutenção e o desenvolvimento do ensino a parcela da participação no resultado ou da compensação financeira pela exploração de petróleo e gás natural e outros recursos, com a finalidade de cumprimento da meta prevista no inciso VI do *caput* do art. 214 da Constituição Federal; o fortalecimento dos mecanismos e instrumentos que assegurem a transparência e o controle social na utilização dos recursos públicos aplicados em educação; ampliação e autonomia na utilização dos recursos descentralizados repassados para as escolas; a criação de programas específicos de manutenção predial e pequenas reformas e para o desenvolvimento de atividades pedagógicas; bem como a complementação de recursos financeiros, por meio de regime de colaboração com o Estado de São Paulo e a União.

Informação bibliográfica deste texto, conforme a NBR 6023:2018 da Associação Brasileira de Normas Técnicas (ABNT):

OLIVEIRA, Bianka Zloccowick Borner de. Comentários ao art. 13. *In*: BATISTELA, Marcos; BARBOSA, Maria Nazaré Lins; MARTINS, Ricardo Marcondes (coord.). *Comentários à Lei Orgânica do Município de São Paulo*: atualizada até a Emenda nº 42/2022. Belo Horizonte: Fórum, 2023. p. 600-601. ISBN 978-65-5518-497-6.

Art. 14 O Município procurará celebrar convênio com o Estado objetivando criar a Assessoria de Assistências Militares junto ao Prefeito e à Presidência da Câmara Municipal.

BIANKA ZLOCCOWICK BORNER DE OLIVEIRA

Com fulcro nesse dispositivo, o Município de São Paulo e o Estado de São Paulo vêm firmando convênios para a conjugação de esforços a fim de empregar integrantes da Polícia Militar do Estado de São Paulo na ampliação da segurança do Gabinete do Prefeito e da Câmara Municipal de São Paulo.[736,737]

A Assessoria Policial Militar da Prefeitura de São Paulo e da Câmara Municipal de São Paulo está prevista no art. 28, VII, do Decreto nº 62.103/2016 e no Anexo a que se refere o art. 1º do Decreto nº 62.912/2017, ambos do Estado de São Paulo.

No Município de São Paulo, a Lei Municipal nº 13.858/2004 criou a Gratificação por Assistência Militar, a ser mensalmente paga aos integrantes da Polícia Militar do Estado de São Paulo que prestam serviços na Assessoria Policial Militar (Assistência Militar) do Gabinete do Prefeito.

Por sua vez, a Lei Municipal nº 14.977/2009 criou a Gratificação por Desempenho de Atividade Delegada, nos termos especificados nessa lei, a ser mensalmente paga aos integrantes da Polícia Militar e da Polícia Civil que exercem atividade municipal delegada ao Estado de São Paulo por força de convênio celebrado com o Município de São Paulo.

No âmbito do Gabinete do Prefeito, as competências da Assessoria Policial-Militar estavam regulamentadas no Decreto Municipal nº 58.121/2018, revogado pelo Decreto Municipal nº 58.131/2018.[738] Entre elas, constavam: organizar e dirigir os serviços de segurança pessoal do Prefeito, de seu cônjuge e filhos, da residência do Prefeito, de autoridades e/ou dignitários em visita oficial à Cidade, por requisição do Prefeito, e do ex-Prefeito.[739] Além disso, caberia à Assessoria Policial Militar do Prefeito manter canal

---

[736] Convém citar, por exemplo, o Convênio GSSP/ATP nº 37/2021(CMSP), Convênio GSSP/ATP nº 79/2022 (CMSP), entre outros.

[737] É importante mencionar que o Estado de São Paulo e o Município de São Paulo também firmaram convênios para emprego de policiais militares em outras finalidades de interesse mútuo, como é o caso do Programa de Combate ao comércio ambulante irregular ou ilegal e ao comércio irregular de artistas de rua em regiões específicas do Município, por meio do Convênio GSSP/ATP nº 238/2021; e o Programa de Atuação Operacional em Atendimento Pré-Hospitalar no Serviço de Atendimento Móvel de Urgência (SAMU 192), por meio do Convênio GSSP/ATP nº 221/2010.

[738] Com a revogação do Decreto nº 58.121/2018 por meio do Decreto nº 58.131/2018, não há, atualmente, decreto regulamentador da Assessoria Policial Militar do Prefeito em vigor no Município de São Paulo.

[739] De acordo com o Decreto nº 58.121/2018, a segurança do ex-Prefeito se daria pelo período de 1 ano, a partir do término do exercício da função de Prefeito, desde que esse término não decorra de cassação do mandato, aplicando-se essa disposição somente a partir do próximo Prefeito eleito.

técnico entre a Prefeitura e o Comando Geral da Polícia Militar do Estado de São Paulo; representar o Prefeito, quando determinado, em atos e solenidades cívico-militares; supervisionar as atividades de prevenção e combate a incêndios e à proteção da vida humana; administrar os recursos financeiros destinados à segurança do Prefeito; e exercer outras atividades compatíveis com as suas finalidades.

No caso da Câmara Municipal de São Paulo, a Assessoria Policial Militar está disciplinada pela Lei Municipal nº 13.638/2003, que lhe atribui as seguintes competências: cuidar da segurança das dependências da Câmara Municipal e da integridade física de todos os parlamentares e servidores; prestar apoio policial militar a todas as atividades da Câmara, por meio de policiamento ostensivo nas portarias, rondas internas e operações que envolvam o transporte de valores; coordenar as ações de segurança em sessões plenárias e manifestações promovidas em dependências e imediações da Câmara; diligenciar para que sejam cumpridas todas as normas de segurança contra acidentes e incêndios, vistoriando diariamente todas as dependências e acessos da Câmara; cuidar da preservação do patrimônio da Câmara, inclusive com o controle de entrada e saída de materiais de suas dependências; promover a capacitação de servidores encarregados de compor brigada contra incêndios; prestar segurança pessoal ao Presidente da Câmara; planejar anualmente suas atividades, com respectivo plano de metas, e emitir relatório anual de atividades desenvolvidas e metas alcançadas; dar cumprimento a outras atribuições atinentes à sua área de competência, que lhe venham a ser determinadas pela Mesa.

Informação bibliográfica deste texto, conforme a NBR 6023:2018 da Associação Brasileira de Normas Técnicas (ABNT):

OLIVEIRA, Bianka Zloccowick Borner de. Comentários ao art. 14. *In*: BATISTELA, Marcos; BARBOSA, Maria Nazaré Lins; MARTINS, Ricardo Marcondes (coord.). *Comentários à Lei Orgânica do Município de São Paulo*: atualizada até a Emenda nº 42/2022. Belo Horizonte: Fórum, 2023. p. 602-603. ISBN 978-65-5518-497-6.

Art. 15 O Município organizará um sistema integrado de defesa civil para prestar socorro e assistência à população na iminência, ou após ocorrência de eventos desastrosos, no atendimento das necessidades materiais imediatas da população, bem como para atuar na recuperação de áreas atingidas pelos mesmos, definindo em lei a sua organização, formas de mobilização, competência e atribuições.

BIANKA ZLOCCOWICK BORNER DE OLIVEIRA

A Constituição Federal atribui à União a competência para planejar e promover a defesa permanente contra as calamidades públicas, especialmente as secas e as inundações (art. 21, XVIII), e outorga-lhe competência privativa para legislar sobre defesa civil (art. 22, inciso XXVIII).

Por sua vez, na esfera estadual, o art. 144, §5º, da Constituição Federal dispõe que incumbe aos corpos de bombeiros a execução de atividades de defesa civil, competência esta reproduzida no art. 142 da Constituição do Estado de São Paulo.

Embora não exista previsão constitucional expressa para atuação dos Municípios na defesa civil, a experiência prática no enfrentamento de calamidades públicas demonstrou a interligação dos desastres naturais com as políticas de ordenamento territorial, desenvolvimento urbano, saúde, meio ambiente, entre outros temas que se inserem essencialmente na competência local dos Municípios (art. 30, Constituição Federal).[740]

Nessa linha, a Lei Federal nº 12.608/2012, que instituiu a Política Nacional de Proteção e Defesa Civil (PNPDEC), estabelece a atuação articulada entre a União, os Estados, o Distrito Federal e os Municípios para redução de desastres e apoio às comunidades atingidas.

Conforme disposto na legislação federal, a PNPDEC deve integrar-se às políticas de ordenamento territorial, desenvolvimento urbano, saúde, meio ambiente, mudanças climáticas, gestão de recursos hídricos, geologia, infraestrutura, educação, ciência e tecnologia e às demais políticas setoriais, tendo em vista a promoção do desenvolvimento sustentável.

Nesse sentido, a Lei Federal nº 12.608/2012 elenca diversas competências específicas para os Municípios, entre as quais: (i) executar a política e coordenar as ações do sistema nacional em âmbito local, em articulação com a União e os Estados; (ii) incorporar as ações de proteção e defesa civil no planejamento municipal; (iii) identificar e mapear as áreas de risco de desastres, promover a fiscalização das áreas de

---

[740] *Vide* Exposição de Motivos da Medida Provisória nº 547/2011, convertida na Lei Federal nº 12.608/2012 (EMI MJ/MMA/MI/MCidades nº 03/2011). Disponível em: www.planalto.gov.br/ccivil_03/_ato2011-2014/2011/Mpv/547.htm. Acesso em: 16 out. 2022.

risco de desastre e vedar novas ocupações nessas áreas; (iv) declarar situação de emergência e estado de calamidade pública; (v) vistoriar edificações e áreas de risco e promover, quando for o caso, a intervenção preventiva e a evacuação da população das áreas de alto risco ou das edificações vulneráveis; (vi) organizar e administrar abrigos provisórios para assistência à população em situação de desastre, em condições adequadas de higiene e segurança; (vii) manter a população informada sobre áreas de risco e ocorrência de eventos extremos, bem como sobre protocolos de prevenção e alerta e sobre as ações emergenciais em circunstâncias de desastres; (viii) mobilizar e capacitar os radioamadores para atuação na ocorrência de desastre; (ix) realizar regularmente exercícios simulados, conforme Plano de Contingência de Proteção e Defesa Civil; (x) promover a coleta, a distribuição e o controle de suprimentos em situações de desastre; (xi) proceder à avaliação de danos e prejuízos das áreas atingidas por desastres; (xii) manter a União e o Estado informados sobre a ocorrência de desastres e as atividades de proteção civil no Município; (xiii) estimular a participação de entidades privadas, associações de voluntários, clubes de serviços, organizações não governamentais e associações de classe e comunitárias nas ações de defesa civil e promover o treinamento de associações de voluntários para atuação conjunta com as comunidades apoiadas; e, por fim, (xiv) prover solução de moradia temporária às famílias atingidas por desastres.

No âmbito do Município de São Paulo, a defesa civil é realizada por intermédio da Secretaria Municipal de Segurança Urbana (SMSU), na qual foi estabelecida a Coordenação Municipal de Defesa Civil (COMDEC), conforme Decreto Municipal nº 58.199/2018.

Assim, nos termos do Decreto Municipal, com o apoio das Inspetorias Ambientais e Canil e da Guarda Civil Metropolitana (CGM), a COMDEC tem a atribuição de executar a PNPDEC no Município de São Paulo, exercendo todas as competências descritas na a Lei Federal nº 12.608/2012, em articulação com a União e o Estado de São Paulo.

Informação bibliográfica deste texto, conforme a NBR 6023:2018 da Associação Brasileira de Normas Técnicas (ABNT):

OLIVEIRA, Bianka Zloccowick Borner de. Comentários ao art. 15. *In*: BATISTELA, Marcos; BARBOSA, Maria Nazaré Lins; MARTINS, Ricardo Marcondes (coord.). *Comentários à Lei Orgânica do Município de São Paulo*: atualizada até a Emenda nº 42/2022. Belo Horizonte: Fórum, 2023. p. 604-605. ISBN 978-65-5518-497-6.

Art. 15-A O Município organizará um Sistema Integrado de Segurança Urbana para prestar pronto atendimento, primário e preventivo à população.

Parágrafo único – O órgão básico de execução do Sistema será a Guarda Civil, definindo o Município através de lei, a organização, competência e atribuições do Sistema.

(Acrescentado pela Emenda nº 23/2001.)

BIANKA ZLOCCOWICK BORNER DE OLIVEIRA

À luz da Constituição Federal, a segurança pública é um direito fundamental (art. 5º, *caput*) e dever do Estado, exercido por meio das instituições de polícia indicadas no art. 144 do texto constitucional.

Conforme a estrutura estabelecida pela Constituição Federal, a segurança ostensiva é de exercício exclusivo dos órgãos de polícia federais e estaduais indicados no art. 144, que constitui rol taxativo, nos termos da jurisprudência do STF.[741]

Não obstante, de acordo com o disposto no art. 144, §8º, da Constituição Federal, os Municípios poderão constituir guardas municipais destinadas à proteção de seus bens, serviços e instalações, na forma da lei.

No Município de São Paulo, a segurança municipal é realizada por intermédio da SMSU, cujas atribuições estão previstas no Decreto Municipal nº 58.199/2018.

O principal órgão de execução do sistema de segurança pública municipal é a GCM, criado pela Lei Municipal nº 10.115/1986, que tem, além das atribuições de proteção e a vigilância dos bens, serviços e instalações municipais, a de colaboração na segurança pública, mediante convênio com a Polícia Estadual.

O Decreto Municipal nº 58.199/2018 regulamenta as competências da GCM na seguinte conformidade: (i) zelar pelos bens, equipamentos e prédios públicos do Município; (ii) prevenir e inibir, pela presença e vigilância, bem como coibir infrações penais ou administrativas e atos infracionais que atentem contra os bens, serviços e instalações municipais; atuar, preventiva e permanentemente, no território do Município, para a proteção sistêmica da população que utiliza os bens, serviços e instalações municipais; (iii) colaborar, de maneira integrada com os órgãos de segurança pública, em ações conjuntas que contribuam com a paz social; (iv) colaborar com a pacificação de conflitos que seus integrantes presenciarem, atentando para o respeito aos direitos fundamentais das pessoas; (v) apoiar a fiscalização do trânsito, mediante convênio celebrado com órgão de trânsito municipal; (vi) proteger o patrimônio ecológico, histórico, cultural, arquitetônico e ambiental do Município, inclusive adotando medidas educativas

---

[741] STF, ADI nº 2575/PR, rel. Min. Dias Toffoli, 24.06.2020. Informativo nº 983.

e preventivas; (vii) cooperar com os demais órgãos de defesa civil em suas atividades; (viii) interagir com a sociedade civil para discussão de soluções de problemas e projetos locais voltados à melhoria das condições de segurança das comunidades; (ix) estabelecer parcerias com os órgãos estaduais e da União ou de Municípios vizinhos, com vistas ao desenvolvimento de ações preventivas integradas; (x) articular-se com os órgãos municipais de políticas sociais, visando à adoção de ações interdisciplinares de segurança no Município; (xi) integrar-se com os demais órgãos de poder de polícia administrativa, visando contribuir para a normatização e a fiscalização das posturas e ordenamento urbano municipal; (xii) garantir o atendimento de ocorrências emergenciais ou prestá-lo direta e imediatamente quando deparar-se com elas; (xiii) encaminhar ao delegado de polícia, diante de flagrante delito, o autor da infração, preservando o local do crime, quando possível e sempre que necessário; (xiv) contribuir para o estudo de impacto na segurança local, conforme Plano Diretor municipal, por ocasião da construção de empreendimentos de grande porte; (xv) desenvolver ações de prevenção primária à violência, isoladamente ou em conjunto com os demais órgãos da própria Municipalidade, de outros municípios ou das esferas estadual e federal; (xvi) auxiliar na segurança de grandes eventos e na proteção de autoridades e dignatários; (xvii) atuar, mediante ações preventivas, na segurança escolar, zelando pelo entorno e participando de ações educativas com o corpo discente e docente das unidades de ensino municipal, de modo a colaborar com a implantação da cultura de paz na comunidade local.

Entre as finalidades da SMSU elencadas no Decreto, é possível perceber o foco em ações de segurança urbana de prevenção e solução pacífica de conflitos, assim como na expansão, no uso compartilhado e na otimização dos sistemas públicos e privados de monitoramento no âmbito do Município de São Paulo, com integração dos órgãos de segurança municipais, estaduais e federais.

Nesse sentido, o Decreto Municipal dispõe sobre o sistema de informação de comunicação da GCM e da SMSU, operado pela Central de Telecomunicações e de Videomonitoramento (CETEL), sobre o Centro de Controle Integrado 24 Horas da Cidade de São Paulo (CCOI), além dos sistemas de comunicações integrados com os órgãos públicos municipais, estaduais e federais que compõem o sistema de segurança pública.

Para além dos sistemas ordinários de segurança pública administrados pela SMSU, vale citar iniciativas como o Projeto City Câmeras, previsto no Decreto Municipal nº 57.708/2017 e implementado pela Portaria SMSU nº 40/2017, que visa reunir a captação de imagens de vigilância privada na cidade de São Paulo em uma plataforma única, visando inibir a ação de criminosos e aumentar a sensação de segurança, o bem-estar da população e contribuir com a zeladoria da cidade.

Na mesma linha segue o Compstat Paulistano, programa da SMSU criado em 2019 pela Portaria SMSU nº 01/2019, por meio do qual as unidades dos níveis operacional, tático e estratégico da GCM observam a demanda por policiamento, considerando sua incidência no espaço urbano, temporal e sazonal, tanto em âmbito geral do município quanto da respectiva abrangência territorial.

Outro importante projeto consiste no Programa Guardiã Maria da Penha, criado por meio do Decreto Municipal nº 55.089/2014, em uma parceria entre SMSU, Grupo de Atuação Especial de Enfrentamento à Violência Doméstica (GEVID), Ministério

Público e Coordenação de Políticas para Mulheres, da Secretaria Municipal de Direitos Humanos, a fim de prever proteção às mulheres vítimas de violência doméstica. O programa atua de maneira preventiva e repressiva: na primeira linha, realiza visitas e rondas dos agentes de segurança urbana, a partir da rotina da mulher atendida e das características específicas demandadas por esse tipo de crime; na segunda linha, conta com o Dispositivo de Socorro Imediato, instalado no celular, que permite o acionamento imediato da GCM para que a viatura mais próxima seja direcionada ao local da ocorrência, a fim de impedir que as mulheres sejam vitimadas pela violência doméstica.

Por fim, é importante salientar que, atualmente, está em construção um Projeto de Lei que instituirá o Plano de Segurança Urbana Municipal (PSUM), instrumento para implantação, no Município de São Paulo, do Sistema Único de Segurança Pública (SUSP) e da Política Nacional de Segurança Pública e Defesa Social (PNPSDS), visando à coordenação e à integração das políticas públicas de segurança promovidas por órgãos municipais, estaduais e federais.

O Projeto de Lei, que norteará as políticas públicas em segurança urbana nos próximos 10 anos, está em construção pela SMSU desde 2020, já tendo ouvido especialistas e realizado consulta pública.[742]

Informação bibliográfica deste texto, conforme a NBR 6023:2018 da Associação Brasileira de Normas Técnicas (ABNT):

OLIVEIRA, Bianka Zloccowick Borner de. Comentários ao art. 15-A. *In*: BATISTELA, Marcos; BARBOSA, Maria Nazaré Lins; MARTINS, Ricardo Marcondes (coord.). *Comentários à Lei Orgânica do Município de São Paulo*: atualizada até a Emenda nº 42/2022. Belo Horizonte: Fórum, 2023. p. 606-608. ISBN 978-65-5518-497-6.

---

[742] O PSUM do Município de São Paulo permaneceu em consulta pública virtual entre os dias 7 de junho de 2022 e 8 de julho de 2022 no portal Participe+ da Prefeitura de São Paulo (disponível em: https://participemais.prefeitura.sp.gov.br/legislation/processes/208; acesso em: 16 out. 2022). Conforme informação no sítio eletrônico da SMSU, o projeto recebeu mais trezentas contribuições durante a consulta e seguirá para aprovação do Prefeito e, posteriormente, para votação na Câmara Municipal. Disponível em: www.prefeitura.sp.gov.br/cidade/secretarias/seguranca_urbana/noticias/index.php?p=330306. Acesso em: 16 out. 2022.

Art. 16 A municipalidade promoverá convênios com o Governo do Estado de São Paulo no sentido de fiscalizar produtos e serviços ligados à vigilância sanitária, controle de qualidade e prevenção de danos ao consumidor conforme disposto no art. 165 desta Lei.

BIANKA ZLOCCOWICK BORNER DE OLIVEIRA

Conforme dispõe o art. 196 da Constituição Federal, a saúde é direito de todos e dever do Estado, de competência comum dos entes federativos, garantido mediante políticas de promoção, proteção e recuperação de acesso universal e igualitário.

Nos termos do art. 200 da Constituição Federal, as ações de Vigilância Sanitária estão inseridas nas atribuições do sistema único de saúde (SUS), fazendo parte de um conjunto de atividades de Vigilância em Saúde, juntamente com ações de Vigilância Epidemiológica, Vigilância em Saúde Ambiental e Vigilância em Saúde do Trabalhador. Tais atividades compõem um campo integrado e indissociável de práticas, fundado no conhecimento interdisciplinar e na ação intersetorial, desenvolvidos por meio de equipes multiprofissionais, com a ampla e solidária participação da sociedade, por intermédio de suas organizações, entidades e movimentos.

De acordo com a LOM (Lei Federal nº 8.080/2004), a Vigilância Sanitária abrange o conjunto de ações capazes de eliminar, diminuir ou prevenir riscos à saúde e de intervir nos problemas sanitários decorrentes do meio ambiente, inclusive o do trabalho, da produção e da circulação de bens e da prestação de serviços de interesse da saúde. Essas atividades serão exercidas em articulação e integração com outros setores, entre os quais os de saneamento básico, energia, planejamento urbano, obras públicas, agricultura e meio ambiente.

Por sua vez, os arts. 15 e 18 do Código de Saúde no Estado de São Paulo (Lei Complementar nº 791/1995) atribuem à direção municipal do SUS a competência para executar as ações de vigilância sanitária e colaborar com a União e os Estados na execução da vigilância sanitária de portos, aeroportos e fronteiras.

No âmbito do Município de São Paulo, a Lei Municipal nº 13.725/2004, regulamentada pelo Decreto Municipal nº 50.079/2008, instituiu o Código Sanitário municipal, que rege as ações de vigilância sanitária na esfera municipal.

De acordo com as disposições normativas municipais, à direção municipal do SUS, em articulação com os sistemas Estadual e Federal, compete: (i) elaborar normas, códigos e orientações, observadas as normas gerais de competência da União e do Estado, no que diz respeito às questões das vigilâncias sanitária, ambiental, epidemiológica e em saúde do trabalhador, conforme o disposto no art. 30, I, da Constituição Federal;

(ii) formulação da política de recursos humanos para a área da saúde, devendo ser mantido serviço de capacitação permanente dos profissionais; (iii) organizar serviços de captação de reclamações e denúncias, divulgando periodicamente as estatísticas por tipo de estabelecimento, motivo da denúncia e providências adotadas em cada caso, preservando o sigilo quanto à identificação do denunciante; (iv) coletar, analisar e divulgar dados estatísticos de interesse para as atividades de saúde pública por meio dos órgãos de vigilância em saúde, de informação e, ainda, de auditoria e avaliação da Secretaria Municipal da Saúde; (v) organizar o Subsistema de Informações de Vigilância em Saúde, articulados com os respectivos Sistemas Estadual e Federal; (vi) manter fluxo adequado de informações aos órgãos estadual e federal competentes, de acordo com a legislação em vigor.

Ademais, de acordo com a Lei Municipal nº 13.725/2004, estão sujeitos à vigilância sanitária todo e qualquer prédio público ou privado, instalação destinada à criação de animais, biotérios, sistemas de abastecimento de água, esgotamentos sanitários, sistemas de geração, transporte, tratamento e destinação de resíduos sólidos, estabelecimentos industriais, comerciais e de prestação de serviços relacionados a produtos e substâncias de interesse da saúde, assim considerados: os alimentos, águas minerais e de fontes, bebidas, aditivos, medicamentos, drogas, insumos farmacêuticos, correlatos, cosméticos, perfumes, produtos de higiene, saneantes, domissanitários, agrotóxicos, materiais de revestimento e embalagens ou outros produtos que possam trazer riscos à saúde.

Nessa esteira, as autoridades sanitárias, observados os preceitos constitucionais, terão livre acesso a todos os locais sujeitos à legislação sanitária, a qualquer dia e hora, sendo as empresas obrigadas, por seus dirigentes ou prepostos, a prestar os esclarecimentos necessários ao desempenho de suas atribuições legais e a exibir, quando exigido, quaisquer documentos que digam respeito ao fiel cumprimento das normas de prevenção à saúde.

As ações de vigilância sanitária incluem a avaliação e o controle de riscos, a normatização, a fiscalização e o controle das condições sanitárias e técnicas relacionadas a importação, exportação, extração, produção, manipulação, beneficiamento, acondicionamento, transporte, armazenamento, distribuição, dispensação, esterilização, embalagem e reembalagem, aplicação, comercialização e uso, bem como publicidade e propaganda referentes aos produtos e substâncias de interesse da saúde.

Para o exercício das atividades de vigilância sanitária, dispõe a norma municipal que a autoridade sanitária, investida nas suas funções fiscalizadoras, é competente para fazer cumprir as leis e os regulamentos sanitários, expedindo termos, autos de infração e de imposição de penalidades, referentes à prevenção e ao controle de tudo quanto possa comprometer a saúde.

As infrações sanitárias, sem prejuízo das sanções de natureza civil ou penal cabíveis, serão punidas, alternativa ou cumulativamente, com penalidades de: advertência; prestação de serviços à comunidade; multa; apreensão de produtos, equipamentos, utensílios e recipientes; apreensão de animais, interdição de produtos, equipamentos, utensílios e recipientes; inutilização de produtos, equipamentos, utensílios e recipientes; suspensão de venda do produto; suspensão de fabricação do produto; interdição parcial ou total do estabelecimento, seções, dependências e veículos; proibição de propaganda; cancelamento de autorização para funcionamento de empresa; cancelamento do cadastro do estabelecimento e do veículo; ou intervenção.

Informação bibliográfica deste texto, conforme a NBR 6023:2018 da Associação Brasileira de Normas Técnicas (ABNT):

OLIVEIRA, Bianka Zloccowick Borner de. Comentários ao art. 16. *In*: BATISTELA, Marcos; BARBOSA, Maria Nazaré Lins; MARTINS, Ricardo Marcondes (coord.). *Comentários à Lei Orgânica do Município de São Paulo*: atualizada até a Emenda nº 42/2022. Belo Horizonte: Fórum, 2023. p. 609-611. ISBN 978-65-5518-497-6.

Art. 17 O Município manterá caráter educativo, artístico, informativo e cultural, serviço de radiodifusão sonora e de sons e imagens, em regime fundacional, que venha a ser concedida ao Município pela União, com a participação do poder público e da sociedade em sua gestão e controle, na forma da lei.

LUIZ PAULO DOS SANTOS DINIZ

1 Obrigação de manter serviço de radiodifusão sonora e de sons e imagens

A redação do dispositivo não é das melhores e destoa da ordem natural da linguagem cotidiana. Ao que tudo indica, o objetivo do legislador foi dispor que "o Município manterá serviço de radiodifusão sonora e de sons e imagens de caráter educativo, artístico, informativo e cultural, em regime fundacional, que venha a ser concedido ao Município pela União, com a participação do poder público e da sociedade em sua gestão e controle, na forma da lei". Uma questão que inevitavelmente surge é: o Município tem obrigação de manter serviço de radiodifusão sonora e de sons e imagens? A resposta só pode ser sim. A norma cria para a Administração Pública o dever de manter tal serviço público.[743] O legislador poderia ter simplesmente autorizado ou facultado a constituição do referido serviço, como o fez em outros dispositivos da Lei Orgânica (cf. art. 37, §§11 e 13, das suas DGT), mas se valeu de uma fórmula peremptória e dispôs, para além de que qualquer dúvida, que o Município manterá tal serviço. Evidentemente, a instituição de um serviço municipal de radiodifusão não depende unicamente de decisão do Município, pois se trata de serviço público de competência da União, por força do art. 21, XII, "a", da Constituição da República. O próprio dispositivo reconhece essa circunstância ao falar em serviço de radiodifusão que, eventualmente, venha a ser concedida ao Município pela União. De igual modo, o dispositivo não previu sanção para o caso de inobservância da obrigação por ele instituída. Apesar de ser forçoso reconhecer que tais dificuldades podem minar a aplicabilidade da norma, está claro que não há margem para apreciação discricionária quanto a manter ou não o serviço de serviço de radiodifusão sonora e de sons e imagens. O Município tem o dever de adotar as medidas legislativas e administrativas necessárias tendentes à constituição desse serviço, ainda que sua constituição efetiva

---

[743] Cf. GRAU, Eros Roberto. *A Ordem Econômica na Constituição de 1988*. 14. ed. São Paulo: Malheiros, 2010. p. 138-139: "Não há dúvida, portanto, quanto a este ponto: no Brasil, na vigência da Constituição de 1988, a atividade de radiodifusão sonora e de sons e imagens é serviço público. Essa atividade é prestada mediante delegação do Poder Público, ademais estando sujeita a regime jurídico especial, demarcado pela própria Constituição. As relações estabelecidas entre o delegante e o delegado são de direito público – o que satisfaz plenamente inclusive a doutrina que faz residir no regime jurídico o critério, formal, da identificação do serviço público. Sendo assim, sobre ela incide o princípio da continuidade do serviço público".

dependa de ato de outorga do Poder Executivo Federal e do Congresso Nacional, na forma do art. 223, *caput* e §3º, da Constituição da República. Subsiste para o Município o dever de ao menos envidar esforços para conseguir atingir esse fim, valendo-se dos meios ao seu alcance.

2 Caráter educativo, artístico, informativo e cultural

Reforçando a obrigatoriedade da constituição de um serviço municipal de radiodifusão sonora e de sons e imagens, o dispositivo vai além e chega a detalhar o caráter da programação da(s) futura(s) emissora(s). Nesse sentido, deverá(ão) ter caráter educativo, artístico, informativo e cultural. Vale frisar que o art. 221, I, da Constituição da República estabelece que a produção e a programação das emissoras de rádio e televisão atenderão ao princípio da "preferência a finalidades educativas, artísticas, culturais e informativas", preferência esta que deve ser observada por todas as emissoras do país independentemente da sua natureza (pública, privada ou estatal).[744] A norma municipal aprofunda a mera preferência por tais finalidades e determina que a programação da(s) futura(s) emissora(s) municipal(is) deve ter "caráter educativo, artístico, informativo e cultural". Entendemos que a norma municipal representa um *plus* em relação à norma constitucional. Enquanto esta admite implicitamente a existência de programação que não atenda a tais finalidades, a norma municipal determina que a programação do sistema municipal de radiodifusão deverá voltar-se integralmente a elas. A programação da(s) futura(s) emissora(s) municipal(is) em sua totalidade deve ter "caráter educativo, artístico, informativo e cultural".

3 Regime fundacional

A norma estabelece que deverá ser adotado o "regime fundacional" para a entidade mantenedora da(s) futura(s) emissora(s) de rádio e televisão municipal(is). Trata-se de opção política do legislador municipal, que poderia ter simplesmente silenciado sobre a questão ou ter optado por uma empresa pública ou sociedade de economia mista. De qualquer modo, o tema das fundações públicas tem sido objeto de vários equívocos que têm origem no Decreto-Lei Federal nº 200/1967, que definiu impropriamente as fundações públicas como pessoas jurídicas de direito privado com o objetivo indisfarçável de fazê-las escapar dos controles a que se acham sujeitos os entes e órgãos públicos.[745] Na verdade, as fundações públicas são verdadeiras

---

[744] Sobre o tema, cf. CAMARGO, Ricardo Antônio Lucas. Comunicação social na ordem econômica constitucional. *Revista Brasileira de Estudos Políticos*, v. 57, p. 252, 2013. "As estratégias para a captação de audiência e, pois, aumentar as possibilidades lucrativas, vêm a sofrer a limitação posta no artigo 221 da Constituição Federal, que não só aponta para as finalidades a serem perseguidas pelas empresas voltadas à exploração dos meios de comunicação social eletrônicos como também para vedações que não se podem confundir com a censura, já que passíveis inclusive de reconstituição perante o Poder Judiciário".

[745] Cf. BANDEIRA DE MELLO, Celso Antônio. *Curso de Direito Administrativo*. 26. ed. São Paulo: Malheiros, 2009. p. 183-184: "O que se passou, entretanto, no Direito brasileiro é que foram criadas inúmeras pessoas designadas como 'fundações', com atribuições nitidamente públicas, e que, sob este aspecto, em nada se distinguiam das autarquias. O regime delas estaria inevitavelmente atrelando-as às limitações e controles próprios das pessoas de Direito Público. Entretanto, *foram batizadas de pessoas de Direito Privado apenas para se evadirem destes controles moralizadores* ou, então, para permitir que seus agentes acumulassem cargos e empregos, o que lhes seria vedado se fossem reconhecidas como pessoas de Direito Público" (grifos nossos).

autarquias dotadas de personalidade jurídica de direito público, aplicando-se-lhes o mesmo regime jurídico, em especial no que se refere a servidores públicos e licitações e contratos. Desse modo, conclui-se que o regime fundacional referido no dispositivo é, com efeito, o das autarquias.

4 Gestão e controle da fundação

A norma prevê ainda a participação da sociedade civil na gestão e no controle da fundação mantenedora do serviço público municipal de radiodifusão sonora e de sons e imagens. No art. 223, *caput*, da Constituição da República, está previsto o princípio da complementaridade dos sistemas privado, público e estatal.[746] Considerando-se conjuntamente o caráter da programação e a forma de gestão e controle da instituição mantenedora, entendemos que a(s) futura(s) emissora(s) municipal(is) deve(m) integrar o sistema público de comunicação social, e não o estatal. Sua finalidade transcende a mera divulgação de atos dos poderes estatais. A(s) futura(s) emissora(s) municipal(is) deve(m) constituir um espaço público de discussão de temas socialmente relevantes que são costumeiramente ignorados pelo sistema privado de rádio e televisão. BBC (Reino Unido), DW (Alemanha), RTP (Portugal) e várias outras surgem como exemplos bem-sucedidos de emissoras públicas de qualidade. A Constituição e a Lei Orgânica parecem apontar para esse caminho mesmo diante da virulenta oposição da mídia hegemônica e simpática ao neoliberalismo no Brasil a quaisquer tentativas de construção de alternativas ao sistema privado de comunicação social.

Informação bibliográfica deste texto, conforme a NBR 6023:2018 da Associação Brasileira de Normas Técnicas (ABNT):

DINIZ, Luiz Paulo dos Santos. Comentários ao art. 17. *In*: BATISTELA, Marcos; BARBOSA, Maria Nazaré Lins; MARTINS, Ricardo Marcondes (coord.). *Comentários à Lei Orgânica do Município de São Paulo*: atualizada até a Emenda nº 42/2022. Belo Horizonte: Fórum, 2023. p. 612-614. ISBN 978-65-5518-497-6.

---

[746] Cf. ARANHA, Márcio Iorio. Comentários ao Art. 223 da Constituição do Brasil. *In*: CANOTILHO, J. J. Gomes; MENDES, Gilmar Ferreira; SARLET, Ingo Wolfgang; STRECK, Lenio Luiz (org.). *Comentários à Constituição do Brasil*. 2. ed. Coimbra: Almedina, 2018. p. 2.170: Na medida em que o art. 223 se dirige à prestação indireta via concessão, permissão e autorização, excluída a delegação direta por lei a empresa estatal da União, a complementaridade comporta duas frentes de interpretação: a) a exigência de complementaridade significa uma ordem constitucional à gestão adequada do espectro de radiofrequência destinado à radiodifusão, que preserve a convivência dos três sistemas, assim entendida uma distribuição qualificada pela veiculação dos sistemas público e estatal nos limites de preservação da utilidade econômica da exploração privada, ou seja, mediante planejamento prévio que viabilize, mediante reserva de espaço espectral, a convivência dos três sistemas, cuja adjetivação *complementar* remete à utilidade geral do serviço de radiodifusão sob o enfoque dos usuários, que deverão ter ao seu alcance as utilidades complementares do serviço de radiodifusão em suas dimensões de exploração econômica, de prestação pública participativa e de prestação pública estatal; b) a exigência de complementaridade significa a preservação de espaço de programação para convivência razoável dos três sistemas, mediante reserva, na grade de emissoras privadas de radiodifusão pública, de conteúdo de representação da sociedade civil ou acadêmica – de interesse público de *caráter público* – e de representação da burocracia governamental dos três poderes – de interesse público de *caráter estatal*.

Art. 18 A criação de novos leitos psiquiátricos dar-se-á preferencialmente, na rede pública de serviços, através da implementação de unidades psiquiátricas de pequeno porte em hospitais gerais, substituindo-se gradativamente os manicômios por uma rede de atendimento à saúde mental.

SIMONE ANDRÉA BARCELOS COUTINHO

Essa regra demonstra a atenção da Assembleia Municipal Constituinte à luta antimanicomial, movimento que coincidiu com a redemocratização do Brasil.

Pode-se considerar o psiquiatra Franco Basaglia como precursor de tratamentos com a reinserção dos pacientes na comunidade, opostos à reclusão dos doentes em manicômios, sujeitos a vigilância ininterrupta, choques elétricos e camisas de força.

Os resultados positivos alcançados por Basaglia levaram a Organização Mundial de Saúde (OMS) a recomendar sua abordagem a partir de 1973.

No Brasil, o auge dos manicômios coincidiu com a ditadura militar, entre os anos de 1970 e 1980. Estima-se que, àquela época, ocorriam em média 600 mil internações por ano no país. O regime de exceção valeu-se dos manicômios, como o Hospital Colônia de Barbacena, para internar à força presos políticos e opositores do regime. Para os hospícios, também eram levados à força indivíduos sadios, mas que se desviavam das regras sociais dominantes, como homossexuais, prostitutas e até mesmo meninas vítimas de estupros.

Em 1978, na Divisão Nacional de Saúde Mental (Dinsam), órgão vinculado ao Ministério da Saúde, profissionais denunciaram as condições desumanas dos manicômios brasileiros e a total falta de critérios para as internações. Em 1979, foi criado o Movimento dos Trabalhadores em Saúde Mental (MTSM).

Em 1987, em Bauru (SP), aconteceu o 1º Congresso Nacional de Trabalhadores da Saúde Mental, evento considerado o marco da Luta Antimanicomial no Brasil. Esse movimento, como consta da Carta de Bauru, marca uma ruptura com a exclusão e a violência institucionalizadas praticadas nos manicômios contra os doentes mentais, as quais desrespeitam os direitos mínimos da pessoa humana, e reconhece o manicômio como um dos mecanismos de opressão, gerenciado por um Estado que produz a loucura e a violência contra grupos sociais como negros, homossexuais e mulheres. A Carta de Bauru critica o que chama de "mercantilização da doença" e defende uma reforma sanitária democrática e popular.

A nível federal, somente em 2001 foi promulgada a Lei nº 10.216, que estabelece a Política Nacional de Saúde Mental, também conhecida como Lei Paulo Delgado. A Lei extinguiu o modelo de internação compulsória e de manicômios, substituído pelo tratamento em liberdade, que envolve a reinserção social com a participação da família e a internação por curto período somente se as demais terapias forem ineficazes.

A lei consagra novas estruturas de tratamento às pessoas com transtornos mentais e àquelas que faziam uso de álcool e outras drogas; entre elas, estão os Centros de Atenção Psicossocial (CAPS). No lugar do isolamento preconizado pelo modelo manicomial, os CAPS – em conjunto com outras unidades de apoio, como as Residências Terapêuticas e Centros de Convivência – priorizam o tratamento territorializado, de base comunitária, que não privasse do convívio social e familiar aqueles que acessassem os serviços de saúde mental no SUS.

Informação bibliográfica deste texto, conforme a NBR 6023:2018 da Associação Brasileira de Normas Técnicas (ABNT):

COUTINHO, Simone Andréa Barcelos. Comentários ao art. 18. *In*: BATISTELA, Marcos; BARBOSA, Maria Nazaré Lins; MARTINS, Ricardo Marcondes (coord.). *Comentários à Lei Orgânica do Município de São Paulo*: atualizada até a Emenda nº 42/2022. Belo Horizonte: Fórum, 2023. p. 615-616. ISBN 978-65-5518-497-6.

Art. 19 Aos Procuradores do Instituto de Previdência Municipal, desde que com ingresso mediante concurso público, ficam assegurados os mesmos direitos e deveres, garantias e prerrogativas, proibições e impedimentos, atividade correcional, vencimentos e disposições atinentes à carreira de Procurador do Município.

MARCOS BATISTELA

O IPREM foi a denominação assumida, após a Lei nº 9.157/1980, pela antiga autarquia denominada Montepio Municipal, criada em 1909.

O art. 19 da LOM estendeu expressamente aos Procuradores do IPREM nomeados por concurso público o mesmo regime jurídico dos Procuradores do Município, inclusive os aspectos relacionados à remuneração. Quando dessa disposição, já era habitual que os concursos fossem comuns para os dois cargos.

A Lei nº 13.552/2003 dispôs sobre a transferência dos cargos ocupados de Procurador do IPREM, mediante opção dos respectivos titulares, para o Quadro da Procuradoria-Geral do Município, com a denominação alterada para Procurador do Município; foram extintos os cargos vagos. Posteriormente, a Lei nº 14.669/2008 atribuiu à Procuradoria-Geral do Município a representação judicial do IPREM (cf. comentário ao art. 87).

Informação bibliográfica deste texto, conforme a NBR 6023:2018 da Associação Brasileira de Normas Técnicas (ABNT):

BATISTELA, Marcos. Comentários ao art. 19. *In*: BATISTELA, Marcos; BARBOSA, Maria Nazaré Lins; MARTINS, Ricardo Marcondes (coord.). *Comentários à Lei Orgânica do Município de São Paulo*: atualizada até a Emenda nº 42/2022. Belo Horizonte: Fórum, 2023. p. 617. ISBN 978-65-5518-497-6.

Art. 20 A lei que declarar a extinção do cargo de carreira estabelecerá concomitantemente correlação com cargo equivalente para efeito de estipulação dos vencimentos e demais vantagens do servidor em disponibilidade.
Parágrafo único – Aplica-se a este artigo o disposto no art. 40, §4º, da Constituição da República.

VICTOR TEIXEIRA DE ALBUQUERQUE

A disponibilidade corresponde à situação na qual o servidor público, em função da extinção do cargo público ou da declaração de sua desnecessidade, passa a não mais desempenhar as suas funções.[747]

A extinção do cargo público, quando ocupado, deve ocorrer mediante determinação legislativa (art. 84, VI, "b", Constituição Federal). Embora a Constituição Federal assegure estabilidade aos servidores públicos que tenham sido aprovados em estágio probatório, não impede que o Poder Público extinga cargos quando julgar que a medida atende ao interesse público e que sejam respeitadas as regras constitucionais.

O instituto da disponibilidade, portanto, busca conciliar a necessidade de se preservar a possibilidade de a Administração readequar sua estrutura, que deve ser funcional e direcionada ao atendimento das necessidades coletivas, com os interesses jurídicos subjacentes à própria estabilidade.

A declaração de disponibilidade pressupõe a (i) extinção do cargo público e a (ii) declaração de sua desnecessidade.

A extinção do cargo, conforme exposto, será realizada por lei, salvo se estiver vago, hipótese em que a própria Constituição autoriza o uso do decreto autônomo.

A declaração da desnecessidade do cargo, por sua vez, consiste na manifestação do Chefe do Poder de que a manutenção não atende a uma necessidade estatal. De acordo com José dos Santos Carvalho Filho,[748] trata-se de "atividade de caráter tipicamente administrativo, que se situa no âmbito discricionário da Administração, a esta cabendo estabelecer o juízo de conveniência e oportunidade sobre a valoração da desnecessidade". Como espécie de ato discricionário, sujeita-se a controle judicial, em caso de ilegalidade ou vício de finalidade, por exemplo.

Quanto à forma a ser observada na declaração de desnecessidade, o STF possui entendimento de que o ato administrativo deve ser precedido de lei. Em uma das oportunidades em que teve a oportunidade de se manifestar sobre o assunto, a Corte assentou que "a declaração de desnecessidade de um cargo implica – ainda que indiretamente – a sua extinção. Assim, é imprescindível o prévio amparo legal".[749]

---

[747] Art. 41, §3º, Constituição Federal: Extinto o cargo ou declarada a sua desnecessidade, o servidor estável ficará em disponibilidade, com remuneração proporcional ao tempo de serviço, até seu adequado aproveitamento em outro cargo.

[748] CARVALHO FILHO, José dos Santos. *Manual de Direito Administrativo*. 33. ed. São Paulo: Atlas, 2019. E-book.

[749] RE nº 240.735 AgR, rel. Min. Eros Grau, j. 28.03.2006, 2ª T, *DJ* de 05.05.2006.

Havendo autorização legal, caberá ao Chefe do Poder Executivo, por meio de decreto regulamentar, promover o ato.[750]

Embora a norma se refira a "cargos", a disponibilidade também se aplica aos agentes ocupantes de "empregos públicos" que gozem da garantia constitucional da estabilidade. De acordo com o Plenário do STF, "a garantia constitucional da disponibilidade remunerada decorre da estabilidade no serviço público, que é assegurada, não apenas aos ocupantes de cargos, mas também aos de empregos públicos, já que o art. 41 da C.F. se refere genericamente a servidores".[751]

Entendemos que a norma ora comentada foi tacitamente revogada pela Emenda Constitucional nº 19/1998, pois, ao contrário do que constava em sua versão original,[752] o art. 41, §3º, agora define a remuneração do agente público posto em disponibilidade.

É preciso frisar, ainda, que, embora o legislador tenha declarado o cargo a ser utilizado como parâmetro para o cálculo dos vencimentos do servidor posto em disponibilidade, isso não impede o aproveitamento deste em outro cargo de remuneração e atribuições equivalentes.

O art. 20 ora comentado trata exclusivamente da contrapartida recebida pelo agente público no período da disponibilidade e direciona a ação do Poder Legislativo municipal, que, no tempo de vigor da norma, deveria ter a preocupação de indicar a base sobre a qual será calculada a contrapartida do agente público. Essa circunstância, naturalmente, não retira do gestor público a atribuição de definir a posição em que será aproveitado o agente público posto em disponibilidade, desde que, mais uma vez, o cargo tenha atribuições e remuneração equivalente ao então extinto.

O parágrafo único, por fim, faz menção ao então vigente art. 40, §4º, da Constituição Federal, responsável por assegurar aos inativos paridade e integralidade de seus proventos.[753] A natureza jurídica da contrapartida recebida pelo agente público, quando em disponibilidade, é controversa. Embora a Constituição Federal assegure o recebimento de "remuneração proporcional", concordo com o professor José dos Santos Carvalho Filho, que atribui a natureza de "proventos" à contrapartida recebida no período de estabilidade provisória, pois efetivamente não se destina a retribuir diretamente o agente público pelo desempenho efetivo de suas atribuições.[754]

Do mesmo modo que o *caput*, o parágrafo único foi revogado tacitamente pela nova redação do art. 41, §3º, da Constituição Federal.

Informação bibliográfica deste texto, conforme a NBR 6023:2018 da Associação Brasileira de Normas Técnicas (ABNT):

ALBUQUERQUE, Victor Teixeira de. Comentários ao art. 20. *In*: BATISTELA, Marcos; BARBOSA, Maria Nazaré Lins; MARTINS, Ricardo Marcondes (coord.). *Comentários à Lei Orgânica do Município de São Paulo*: atualizada até a Emenda nº 42/2022. Belo Horizonte: Fórum, 2023. p. 618-619. ISBN 978-65-5518-497-6.

---

[750] MS nº 21.225, rel. Min. Marco Aurélio, j. 17.06.1993, P, *DJ* de 31.03.2000; RE nº 194.082, rel. Min. Menezes Direito, j. 22.04.2008, 1ª T, *DJE* de 30.05.2008.
[751] MS 21236, Relator(a): Sydney Sanches, Tribunal Pleno, julgado em 20.04.1995, DJ 25.08.1995.
[752] Art. 41, §3º Extinto o cargo ou declarada sua desnecessidade, o servidor estável ficará em disponibilidade remunerada, até seu adequado aproveitamento em outro cargo.
[753] Art. 40, §4º Os proventos da aposentadoria serão revistos, na mesma proporção e na mesma data, sempre que se modificar a remuneração dos servidores em atividade, sendo também estendidos aos inativos quaisquer benefícios ou vantagens posteriormente concedidos aos servidores em atividade, inclusive quando decorrentes da transformação ou reclassificação do cargo ou função em que se deu a aposentadoria, na forma da lei.
[754] CARVALHO FILHO. *Manual de Direito Administrativo*, 2019.

Art. 21 As 3 (três) primeiras vagas que vierem a ocorrer no Tribunal de Contas do Município a partir da promulgação da presente Lei Orgânica serão preenchidas por indicação da Câmara Municipal.

VICTOR TEIXEIRA DE ALBUQUERQUE

A norma disciplina a forma como se dará o provimento do cargo de Conselheiro de Tribunal de Contas, após a promulgação da Lei Orgânica.

A Constituição Federal estabelece, no art. 75, o dever de os Tribunais de Contas dos Estados e dos Municípios guardar simetria com a forma de organização, composição e fiscalização do TCU.[755]

Essa circunstância levou o STF a, analisando lei do Estado de Pernambuco que trata da forma de composição da respectiva Corte de Contas, declarar a interpretação conforme dispositivo local, para que fique preservada a proporcionalidade entre o número de indicados pelos Poderes Executivo e Legislativo.[756]

Os TCMs não se confundem, contudo, com os órgãos de fiscalização implantados por Municípios específicos na ordem constitucional anterior, quando havia autorização para tanto. Os exemplos mais notáveis são os TCMs do Rio de Janeiro e de São Paulo.

O dever de exata simetria não se aplica ao TCM, como já decidido pelo STF, cabendo a cada ente federativo definir a estrutura dos órgãos se fiscalização. Nas palavras da Corte, "o incremento de novo órgão na esfera da competência municipal, sem que se demonstre real necessidade de sua criação, compromete os gastos públicos

---

[755] Art. 75. As normas estabelecidas nesta seção aplicam-se, no que couber, à organização, composição e fiscalização dos Tribunais de Contas dos Estados e do Distrito Federal, bem como dos Tribunais e Conselhos de Contas dos Municípios.
Parágrafo único. As Constituições estaduais disporão sobre os Tribunais de Contas respectivos, que serão integrados por sete Conselheiros.

[756] Lei do Estado de Pernambuco que prevê que a escolha de membros indicados para o Tribunal de Contas do Estado será feita do seguinte modo: as três primeiras pela Assembleia Legislativa e as três seguintes pelo governador. A aplicação pura e simples do critério cronológico permite que vagas ocupadas originalmente por membros indicados pela Assembleia Legislativa sejam posteriormente ocupadas por membros indicados pelo governador, ferindo assim o entendimento desta Corte, exposto na Súmula 653, de que nos tribunais de contas estaduais que contém 7 membros, a seguinte proporção deverá ser respeitada: 4/7 indicados pela Assembleia Legislativa e 3/7 indicados pelo governador. A determinação acerca de qual dos poderes tem competência para fazer a escolha dos membros dos tribunais de contas estaduais deve preceder à escolha da clientela sobre a qual recairá a nomeação. A aplicação irrestrita do inciso II do art. 1º da lei atacada é anacrônica e postega a transição do antigo regime de composição dos tribunais de contas para o novo regime estabelecido pela CF/1988. Ação direta julgada parcialmente procedente para: (1) emprestar interpretação conforme ao inciso II do art. 1º da Lei 11.192/1994 do Estado de Pernambuco, para entender que a expressão "as três últimas vagas" somente se refere às vagas pertencentes à cota do governador, ou seja, às vagas que originalmente foram preenchidas por indicação do governador; (2) declarar a inconstitucionalidade do art. 2º da mesma lei (ADI nº 3.688, rel. Min. Joaquim Barbosa, j. 11.06.2007, P, *DJ* de 24.08.2007).

de acordo com a Lei de Responsabilidade Fiscal e atenta contra a eficiência da Administração Pública".[757]

Informação bibliográfica deste texto, conforme a NBR 6023:2018 da Associação Brasileira de Normas Técnicas (ABNT):

ALBUQUERQUE, Victor Teixeira de. Comentários ao art. 21. In: BATISTELA, Marcos; BARBOSA, Maria Nazaré Lins; MARTINS, Ricardo Marcondes (coord.). *Comentários à Lei Orgânica do Município de São Paulo*: atualizada até a Emenda nº 42/2022. Belo Horizonte: Fórum, 2023. p. 620-621. ISBN 978-65-5518-497-6.

---

[757] Ementa: Arguição de descumprimento de preceito fundamental por omissão. Organização e regulamentação do ministério público no Tribunal de Contas do Município de São Paulo. Arts. 73, 75 e 130 da Constituição da República. Inaplicabilidade do princípio da simetria para os Tribunais de Contas do Município. Autonomia municipal. Pacto federativo. Excepcionalidade do Tribunal de Contas do Município de São Paulo. Omissão legislativa não reconhecida. Arguição julgada improcedente. 1. O Tribunal de Contas do Município de São Paulo é órgão autônomo e independente, com atuação circunscrita à esfera municipal, composto por servidores municipais, com a função de auxiliar a Câmara Municipal no controle externo da fiscalização financeira e orçamentária do respectivo Município. 2. O preceito veiculado pelo art. 75 da Constituição da República aplica-se, no que couber, à organização, composição e fiscalização dos Tribunais de Contas dos Estados e do Distrito Federal e dos Tribunais e Conselhos de Contas dos Municípios, excetuando-se ao princípio da simetria os Tribunais de Contas do Município. Precedentes. 3. O incremento de novo órgão na esfera da competência municipal, sem que se demonstre real necessidade de sua criação, compromete os gastos públicos de acordo com a Lei de Responsabilidade Fiscal e atenta contra a eficiência da Administração Pública. 4. Arguição de descumprimento de preceito fundamental julgada improcedente por não estar configurada omissão legislativa na criação de Ministério Público especial no Tribunal de Contas do Município de São Paulo (ADPF nº 272, Relator(a): Cármen Lúcia, Tribunal Pleno, julgado em 25.03.2021, processo eletrônico DJe-068, divulg 09.04.2021, public 12.04.2021).

Art. 22 O disposto no art. 97 não terá efeito retroativo para os fins de pagamento da sexta parte, relativamente aos períodos excedentes de 20 (vinte) anos de efetivo exercício, já completados por aqueles que tenham ou venham a ter assegurado o direito à sua percepção.

VICTOR TEIXEIRA DE ALBUQUERQUE

O art. 97 da Lei Orgânica, como já comentado no espaço reservado ao assunto, trata dos adicionais por tempo de serviço concedidos aos servidores públicos a cada 5 (quinquênio) anos e a cada 20 (sexta parte) anos de efetivo exercício.

O art. 22 tem a sua origem atrelada ao fato de o Estatuto dos Servidores Públicos Civis do Município de São Paulo, em sua versão original, já conceder ao servidor público o direito a uma gratificação equivalente à sexta parte dos vencimentos. O período aquisitivo, contudo, era de 25 anos, ou seja, superior ao previsto no art. 97 da Lei Orgânica:

> Art. 115 – O funcionário que completar 25 (vinte e cinco) anos de efetivo exercício no serviço público municipal perceberá importância equivalente à sexta parte do seu vencimento.

Com o início da vigência da Lei Orgânica, os agentes públicos que já haviam incorporado ao seu patrimônio jurídico o direito à sexta parte pelas regras então vigentes, bem como os que já haviam prestado serviços por 20 anos, continuaram ou passaram, respectivamente, a receber o benefício.

A nova regra considerou que, independentemente do período de prestação de serviço pretérito, o tempo de serviço público a ser considerado para a concessão da sexta parte ficaria limitado a 20 anos, ainda que o agente estivesse em exercício por período superior.

Por exemplo, caso o servidor estivesse em exercício por 30 anos no serviço público, no momento da promulgação da Lei Orgânica, ele permaneceria recebendo o adicional de sexta parte, concedido com base no Estatuto dos Servidores Públicos, mas o período de 10 anos, não utilizado como período aquisitivo do adicional, não seria considerado após o início da vigência da norma para a concessão de novo benefício.

Informação bibliográfica deste texto, conforme a NBR 6023:2018 da Associação Brasileira de Normas Técnicas (ABNT):

ALBUQUERQUE, Victor Teixeira de. Comentários ao art. 22. *In*: BATISTELA, Marcos; BARBOSA, Maria Nazaré Lins; MARTINS, Ricardo Marcondes (coord.). *Comentários à Lei Orgânica do Município de São Paulo*: atualizada até a Emenda nº 42/2022. Belo Horizonte: Fórum, 2023. p. 622. ISBN 978-65-5518-497-6.

Art. 23 Ficam mantidas todas as concessões administrativas e concessões de direito real de uso, formalizadas até 02 de janeiro de 2003, mesmo que sem concorrência pública, desde que o concessionário venha utilizando a área para os fins previstos no ato de concessão ou atividades ligadas às suas finalidades estatutárias e atenda aos §§2º e 3º do art. 114 desta lei. (Incluído pela Emenda nº 26/2005.)

§1º – Justificado o interesse público ou social, o Executivo poderá prorrogar as concessões de que trata este artigo, mediante autorização legislativa e retribuição pecuniária ou contrapartida obrigacional, salvo as destinadas às instituições de utilidade pública, assistência social sem fins lucrativos e atividades compreendidas no art. 114, §3º desta lei. (Incluído pela Emenda nº 26/2005.)

§2º – Havendo interesse público ou social, devidamente justificado, as concessões administrativas e de direito real de uso, já autorizadas e não formalizadas, deverão ser revistas e submetidas pelo Executivo à nova apreciação do Legislativo. (Incluído pela Emenda nº 26/2005.)

VICTOR TEIXEIRA DE ALBUQUERQUE

Os requisitos necessários para as concessões administrativas e de direito real de uso já foram abordados na análise do art. 114 desta Lei Orgânica. O *caput* do art. 23 das Disposição Transitória convalida as concessões formalizadas até 2 de janeiro de 2003, autorizando que os contratos que se encontravam em vigor fossem concluídos no prazo fixado nos respectivos instrumentos jurídicos.

Já o §1º trata da prorrogação dessas concessões que foram celebradas sem prévia concorrência pública. Para que isso ocorra, a norma impõe que haja prévia autorização legislativa e seja fixada contrapartida obrigacional, sendo a contrapartida dispensada na hipótese de a concessionária ser instituição de utilidade pública ou de assistência social.

É de se observar que a regra não determina que a contrapartida seja necessariamente pecuniária, podendo as partes fixar outra modalidade de contraprestação, a ser fornecida pela entidade beneficiada com a concessão.

Por fim, o §2º autoriza que o Poder Executivo, caso considere que há motivos supervenientes e aptos a justificar a adoção de uma nova postura, reconsidere sua decisão de celebrar o contrato de concessão ou mesmo rever seus termos. O ato de revisão deverá ser precedido de prévia autorização legislativo e a manifestação do Poder Executivo adequadamente motivada, respeitados os contratos já celebrados.

Informação bibliográfica deste texto, conforme a NBR 6023:2018 da Associação Brasileira de Normas Técnicas (ABNT):

ALBUQUERQUE, Victor Teixeira de. Comentários ao art. 23. *In*: BATISTELA, Marcos; BARBOSA, Maria Nazaré Lins; MARTINS, Ricardo Marcondes (coord.). *Comentários à Lei Orgânica do Município de São Paulo*: atualizada até a Emenda nº 42/2022. Belo Horizonte: Fórum, 2023. p. 623. ISBN 978-65-5518-497-6.

Art. 24 A licitação poderá ser dispensada por lei, quando a venda tiver por objeto áreas públicas já utilizadas pelo particular mediante contrato de concessão ou termo de permissão de uso, formalizado até 02 de janeiro de 2003, pelo valor da avaliação do terreno e das benfeitorias realizadas pelo concessionário, a ser efetivada pelo órgão competente da Secretaria dos Negócios Jurídicos. (Redação dada pela Emenda nº 37/2013.)

§1º – No caso de concessão administrativa ou de direito real de uso, será descontada, da avaliação das benfeitorias realizadas pelo concessionário, o valor proporcional ao tempo restante até o termo final do contrato. (Incluído pela Emenda nº 26/2005.)

§2º – A aquisição do imóvel, na forma prevista no "caput" deste artigo, dependerá da expressa manifestação do interessado, no prazo improrrogável de 360 (trezentos e sessenta) dias da data da promulgação deste dispositivo. (Incluído pela Emenda nº 26/2005.)

§3º – O valor da alienação poderá, a critério do Executivo, ser parcelado em até 6 (seis) anos, em parcelas trimestrais, sempre corrigidas pelo IPCA – Índice de Preços ao Consumidor Amplo, ou outro índice oficial que venha a substituí-lo. (Incluído pela Emenda nº 26/2005.)

§4º – A transferência do domínio dar-se-á somente após o integral pagamento do valor da alienação, considerando-se rescindido de pleno direito o ajuste, dispensada qualquer notificação ou aviso, com o não-pagamento de qualquer das parcelas no prazo de 60 (sessenta) dias do vencimento. (Incluído pela Emenda nº 26/2005.)

§5º – Do produto da alienação dos bens a que se refere o "caput" deste artigo, 50% (cinquenta por cento) será depositado em Fundo Municipal destinado ao gerenciamento e gestão do patrimônio imobiliário do Município. (Incluído pela Emenda nº 26/2005.)

VICTOR TEIXEIRA DE ALBUQUERQUE

A norma autoriza que o Poder Legislativo estipule hipótese de dispensa de licitação para a alienação de bem imóvel público já utilizado por particular por meio de concessão ou termo de permissão de uso, bem como fixa os parâmetros para sua avaliação, que deve considerar as benfeitorias eventualmente realizadas pelo parceiro privado.

A norma não alcança as situações em que a ocupação do bem se dá de maneira irregular. Sem adentrar propriamente nas divergências doutrinárias que há sobre o assunto e sobre os impactos que princípio da função social da propriedade produz sobre os bens públicos,[758] para essas situações a jurisprudência do STJ[759] fixou o entendimento de que "a ocupação indevida de bem público configura mera detenção, de natureza precária", sendo "insuscetível de retenção ou indenização por acessões e benfeitorias".

Além disso, a legislação dos entes subnacionais, de acordo com a jurisprudência do STF, pode estabelecer hipóteses de dispensa de licitação para a alienação de bens imóveis, por se tratar de atribuição inerente e indispensável ao exercício do poder de autoadministração, associado à própria forma federativa de estado.[760]

Como aspectos específicos da norma a serem destacados está a: (i) fixação de prazo para que o particular manifeste interessem adquirir o bem. Não se trata de direito potestativo, mas de simples declaração de intenção por parte do particular; (ii) necessidade de se descontar do valor de avaliação as benfeitorias eventualmente realizadas pelo detentor da posse; (iii) destinação de parte do resultado das alienações a fundo municipal.

Informação bibliográfica deste texto, conforme a NBR 6023:2018 da Associação Brasileira de Normas Técnicas (ABNT):

ALBUQUERQUE, Victor Teixeira de. Comentários ao art. 24. *In*: BATISTELA, Marcos; BARBOSA, Maria Nazaré Lins; MARTINS, Ricardo Marcondes (coord.). *Comentários à Lei Orgânica do Município de São Paulo*: atualizada até a Emenda nº 42/2022. Belo Horizonte: Fórum, 2023. p. 624-625. ISBN 978-65-5518-497-6.

---

[758] Cf. MARQUES NETO, Floriano de Azevedo. *Função Social e Exploração Econômica* – o Regime Jurídico das Utilidades Públicas. 1. ed. Belo Horizonte: Fórum, 2014.
[759] Súmula nº 619.
[760] Ementa: Constitucional. Licitação. Contratação administrativa. Lei nº 8.666, de 21.06.93. I. – Interpretação conforme dada ao art. 17, I, "b" (doação de bem imóvel), e art. 17, II, "b" (permuta de bem móvel), para esclarecer que a vedação tem aplicação no âmbito da União Federal, apenas. Idêntico entendimento em relação ao art. 17, I, "c" e §1º do art. 17. Vencido o Relator, nesta parte. II. – Cautelar deferida, em parte (ADI nº 927 MC, Relator(a): Carlos Velloso, Tribunal Pleno, julgado em 03.11.1993, DJ 11.11.1994 PP-30635 ement vol-01766-01 PP-00039).

Art. 25 Fica dispensada de autorização legislativa e de licitação, até 31 de dezembro de 2016, a doação de bens imóveis para fins de interesse habitacional, desde que devidamente justificado o interesse público, a outro órgão ou entidade da Administração Pública ou fundo financeiro por ela constituído, de qualquer esfera de governo, devendo, em todos os casos, ser realizada avaliação prévia e constar da escritura de doação os encargos do donatário, o prazo para seu cumprimento e cláusulas de reversão e de indenização. (Incluído pela Emenda à Lei Orgânica nº 38/2015.)

VICTOR TEIXEIRA DE ALBUQUERQUE

A norma trata de hipótese de dispensa de autorização legislativa e de licitação de alienação de bens imóveis (*vide* comentários ao art. 24, das DGT).

Informação bibliográfica deste texto, conforme a NBR 6023:2018 da Associação Brasileira de Normas Técnicas (ABNT):

ALBUQUERQUE, Victor Teixeira de. Comentários ao art. 25. *In*: BATISTELA, Marcos; BARBOSA, Maria Nazaré Lins; MARTINS, Ricardo Marcondes (coord.). *Comentários à Lei Orgânica do Município de São Paulo*: atualizada até a Emenda nº 42/2022. Belo Horizonte: Fórum, 2023. p. 626. ISBN 978-65-5518-497-6.

Art. 26 Até que entre em vigor lei municipal, aprovada com voto favorável da maioria absoluta dos membros da Câmara, que discipline os benefícios do RPPS, os servidores serão aposentados nos termos dos seguintes dispositivos da Emenda à Constituição Federal nº 103, de 12 de novembro de 2019: (Incluído pela Emenda à Lei Orgânica nº 41/2021, que entra em vigor 120 dias após sua promulgação.)

I – §1º, incisos II e III do §2º, §3º e §4º do art. 10; ou (Incluído pela Emenda à Lei Orgânica nº 41/2021, que entra em vigor 120 dias após sua promulgação.)

II – *caput* do art. 22. (Incluído pela Emenda à Lei Orgânica nº 41/2021, que entra em vigor 120 dias após sua promulgação.)

VICTOR TEIXEIRA DE ALBUQUERQUE

A norma foi inserida nas DGT no contexto de aprovação da Emenda à Lei Orgânica nº 41/2021, que tratou da reforma da previdência dos servidores vinculados ao Regime Próprio de Previdência Social, no Município de São Paulo.

A regra estendeu especificamente as regras previstas em dispositivos da Emenda Constitucional nº 103/2019 aos servidores locais, que tratam dos requisitos para: (i) aposentadoria voluntária; (ii) aposentadoria por incapacidade permanente para o trabalho; (iii) aposentadoria compulsória; (iv) aposentadoria especial (professores, servidores públicos sujeitos a fatores de risco e servidores públicos portadores de necessidades especiais.[761]

---

[761] Art. 10. Até que entre em vigor lei federal que discipline os benefícios do regime próprio de previdência social dos servidores da União, aplica-se o disposto neste artigo. §1º Os servidores públicos federais serão aposentados: I – voluntariamente, observados, cumulativamente, os seguintes requisitos: a) 62 (sessenta e dois) anos de idade, se mulher, e 65 (sessenta e cinco) anos de idade, se homem; e b) 25 (vinte e cinco) anos de contribuição, desde que cumprido o tempo mínimo de 10 (dez) anos de efetivo exercício no serviço público e de 5 (cinco) anos no cargo efetivo em que for concedida a aposentadoria; II – por incapacidade permanente para o trabalho, no cargo em que estiverem investidos, quando insuscetíveis de readaptação, hipótese em que será obrigatória a realização de avaliações periódicas para verificação da continuidade das condições que ensejaram a concessão da aposentadoria; ou III – compulsoriamente, na forma do disposto no inciso II do §1º do art. 40 da Constituição Federal. §2º Os servidores públicos federais com direito a idade mínima ou tempo de contribuição distintos da regra geral para concessão de aposentadoria na forma dos §§4º-B, 4º-C e 5º do art. 40 da Constituição Federal poderão aposentar-se, observados os seguintes requisitos:
(…)
II – o servidor público federal cujas atividades sejam exercidas com efetiva exposição a agentes químicos, físicos e biológicos prejudiciais à saúde, ou associação desses agentes, vedada a caracterização por categoria profissional ou ocupação, aos 60 (sessenta) anos de idade, com 25 (vinte e cinco) anos de efetiva exposição e contribuição, 10 (dez) anos de efetivo exercício de serviço público e 5 (cinco) anos no cargo efetivo em que for concedida a aposentadoria; III – o titular do cargo federal de professor, aos 60 (sessenta) anos de idade, se homem, aos 57 (cinquenta e sete) anos, se mulher, com 25 (vinte e cinco) anos de contribuição exclusivamente em efetivo exercício das funções de magistério na educação infantil e no ensino fundamental e médio, 10 (dez) anos de efetivo exercício de serviço público e 5 (cinco) anos no cargo efetivo em que for concedida a aposentadoria, para ambos os sexos. §3º A aposentadoria a que se refere o §4º-C do art. 40 da Constituição Federal observará adicionalmente as condições e os requisitos estabelecidos para o Regime Geral de Previdência Social, naquilo

Informação bibliográfica deste texto, conforme a NBR 6023:2018 da Associação Brasileira de Normas Técnicas (ABNT):

ALBUQUERQUE, Victor Teixeira de. Comentários ao art. 26. *In*: BATISTELA, Marcos; BARBOSA, Maria Nazaré Lins; MARTINS, Ricardo Marcondes (coord.). *Comentários à Lei Orgânica do Município de São Paulo*: atualizada até a Emenda nº 42/2022. Belo Horizonte: Fórum, 2023. p. 627-628. ISBN 978-65-5518-497-6.

---

em que não conflitarem com as regras específicas aplicáveis ao regime próprio de previdência social da União, vedada a conversão de tempo especial em comum. §4º Os proventos das aposentadorias concedidas nos termos do disposto neste artigo serão apurados na forma da lei. Art. 22. Até que lei discipline o §4º-A do art. 40 e o inciso I do §1º do art. 201 da Constituição Federal, a aposentadoria da pessoa com deficiência segurada do Regime Geral de Previdência Social ou do servidor público federal com deficiência vinculado a regime próprio de previdência social, desde que cumpridos, no caso do servidor, o tempo mínimo de 10 (dez) anos de efetivo exercício no serviço público e de 5 (cinco) anos no cargo efetivo em que for concedida a aposentadoria, será concedida na forma da Lei Complementar nº 142, de 8 de maio de 2013, inclusive quanto aos critérios de cálculo dos benefícios.

Art. 27 A pensão por morte concedida a dependente do servidor público municipal falecido a partir da data de vigência desta Emenda à Lei Orgânica será equivalente a uma cota familiar de: (Incluído pela Emenda nº 41/2021.)

I – 100% (cem por cento) do valor da aposentadoria recebida pelo servidor ou daquela a que teria direito se fosse aposentado por incapacidade permanente na data do óbito, quando o valor da aposentadoria for de no máximo 3 (três) salários mínimos; (Incluído pela Emenda nº 41/2021.)

II – 50% (cinquenta por cento) do valor da aposentadoria recebida pelo servidor ou daquela a que teria direito se fosse aposentado por incapacidade permanente na data do óbito, quando o valor da aposentadoria for superior a 3 (três) salários-mínimos. (Incluído pela Emenda nº 41/2021.)

§1º – A cota prevista no inciso II será acrescida de cotas de 10 (dez) pontos percentuais por dependente, até o máximo de 100% (cem por cento).

§2º – As cotas acrescidas por dependente cessarão com a perda dessa qualidade e não serão reversíveis aos demais dependentes, preservado o valor de 100% (cem por cento) da pensão por morte quando o número de dependentes remanescente for igual ou superior a 5 (cinco). (Incluído pela Emenda nº 41/2021.)

§3º – Na hipótese de existir dependente inválido ou com deficiência intelectual, mental ou grave, o valor da pensão por morte de que trata o inciso II do caput será equivalente a: (Incluído pela Emenda nº 41/2021.)

I – 100% (cem por cento) da aposentadoria recebida pelo servidor ou daquela a que teria direito se fosse aposentado por incapacidade permanente na data do óbito, até o limite máximo de benefícios do Regime Geral de Previdência Social; e

II – uma cota familiar de 50% (cinquenta por cento) acrescida de cotas de 10 (dez) pontos percentuais por dependente, até o máximo de 100% (cem por cento), para o valor que supere o limite máximo de benefícios do Regime Geral de Previdência Social.

(Incluído pela Emenda nº 41/2021.)

§4º – Quando não houver mais dependente inválido ou com deficiência intelectual, mental ou grave, o valor da pensão será calculado na forma do disposto no caput e nos §§1º e 2º. (Incluído pela Emenda nº 41/2021.)

§5º – O tempo de duração da pensão por morte e das cotas individuais por dependente até a perda dessa qualidade, o rol de dependentes e sua qualificação e as condições necessárias para enquadramento serão aqueles estabelecidos na Lei nº 8.213, de 24 de julho de 1991. (Incluído pela Emenda nº 41/2021.)

§6º – Para o dependente inválido ou com deficiência intelectual, mental ou grave, sua condição pode ser reconhecida previamente ao óbito do segurado, por meio de avaliação biopsicossocial realizada por equipe multiprofissional e interdisciplinar, observada revisão periódica na forma da legislação. (Incluído pela Emenda nº 41/2021.)

§7º – Equiparam-se a filho, para fins de recebimento da pensão por morte, exclusivamente o enteado e o menor tutelado, desde que comprovada a dependência econômica. (Incluído pela Emenda nº 41/2021.)

§8º – Na concessão de pensão por morte a dependente do servidor público municipal segurado do RPPS falecido a partir da data de vigência desta Emenda à Lei Orgânica, será obedecido o disposto neste artigo, até que entre em vigor a lei municipal prevista no §8º do art. 23 da EC 103, de 2019. (Incluído pela Emenda nº 41/2021.)

• •

RAFAEL ALVES DE MENEZES

O art. 27 das DGT da LOMSP estabelece a sistemática de cálculo da pensão por morte a ser concedida a dependente do servidor público municipal falecido a partir da data de vigência Emenda à Lei Orgânica nº 41/2021,[762] de acordo com um percentual a ser recebido conforme o valor da aposentadoria que fazia jus ao instituidor da pensão ou o valor a que teria direito e também levando em consideração o número de dependentes.

Impende frisar, de início, que as normas estabelecidas nesse artigo para a concessão de pensão por morte a dependente do servidor público municipal segurado do RPPS falecido terão aplicação até que entre em vigor a lei municipal prevista no §8º do art. 23 da Emenda Constitucional nº 103/2019, que estabelece a aplicação das regras anteriores até que sejam promovidas as alterações na legislação interna relacionada ao respectivo regime próprio de previdência social.

É relevante citar também que se a data do óbito ocorrer antes da vigência da Emenda à Lei Orgânica nº 41/21, haverá a aplicação das regras anteriores, ainda que tenha sido requerido durante sua vigência. Tal entendimento já foi consagrado pelo STF:

> (…) o segurado adquiriu o direito de se aposentar, mas permaneceu trabalhando sem se aposentar. Os cálculos foram feitos levando em conta a data, não da aquisição do direito, mas a data em que houve o exercício do direito – data superveniente. E essa data acabou sendo considerada por prejudicial. A pergunta que se faz é se ele pode exercer o direito de se aposentar, calculando esse direito, inclusive os proventos, na data anterior, ou seja, na data em que ele veio a adquirir o direito. *Reafirmo que o direito que se adquire pode ser exercido nos termos e com a configuração da data da aquisição, quando se implementaram os respectivos requisitos. Trata-se, todavia, de um direito potestativo – ou seja, um direito formativo gerador –, a significar que não gera, desde logo, um dever de satisfazer a prestação por parte do sujeito passivo.* (…). *Todavia, em se tratando de direito já incorporado ao patrimônio jurídico, a*

---

[762] O art. 4º dessa Emenda estabelece que ela entrará em vigor 120 dias após sua promulgação.

falta de exercício não acarreta, por si só, a sua perda, (...) a não ser quando a lei fixa um prazo para o exercício do direito, que não é o caso. O direito assim adquirido pode, portanto, ser exercido a qualquer tempo, ressalvada a decadência (grifos nossos).[763]

Quanto ao valor a ser recebido, no caso de o valor da aposentadoria ser de no máximo três salários mínimos, o valor da pensão por morte será de 100% do valor da aposentadoria recebida pelo servidor ou daquela a que teria direito se fosse aposentado por incapacidade permanente na data do óbito.

Na hipótese de o valor da aposentadoria ser superior a três salários mínimos, será equivalente a 50% do valor da aposentadoria recebida pelo servidor ou daquela a que teria direito se fosse aposentado por incapacidade permanente na data do óbito. Nesse caso, a cota de 50% será acrescida de cotas de dez pontos percentuais por cada dependente que o instituidor da pensão possuir, até o máximo de 100%.

As cotas acrescidas por dependente cessarão com a perda dessa qualidade e não serão reversíveis aos demais dependentes, porém deverá ser preservado o valor de 100% da pensão por morte quando o número de dependentes remanescente for igual ou superior a cinco.

Estabeleceu-se também que, na hipótese de existir dependente inválido ou com deficiência intelectual, mental ou grave, o valor da pensão por morte, no caso de o valor da aposentadoria ser superior a três salários mínimos, será calculado de acordo com a seguinte sistemática:

(i) 100% da aposentadoria recebida pelo servidor ou daquela a que teria direito se fosse aposentado por incapacidade permanente na data do óbito, até o limite máximo de benefícios do RGPS;[764]

(ii) Uma cota familiar de 50% acrescida de cotas de dez pontos percentuais por dependente, até o máximo de 100%, para o valor que supere o limite máximo de benefícios do RGPS.

Se o dependente inválido ou com deficiência intelectual, mental ou grave vier a não mais existir, o valor da pensão deverá ser calculado na forma anteriormente comentada nos parágrafos anteriores, o que indica que o benefício deverá ser recalculado a fim de adequar a situação a que atualmente passou a subsistir.

Vale dizer que o dependente inválido ou com deficiência intelectual, mental ou grave poderá ter sua condição reconhecida previamente ao óbito do segurado, por meio de avaliação biopsicossocial realizada por equipe multiprofissional e interdisciplinar, observada revisão periódica na forma da legislação.

Houve, ainda, a delegação à Lei nº 8.213/1991 (Lei dos Planos de Benefícios do Regime Geral da Previdência Social), para fins de regulação do tempo de duração da pensão por morte e das cotas individuais por dependente até a perda dessa qualidade, o rol de dependentes e sua qualificação e as condições necessárias para enquadramento dos requisitos do benefício.

---

[763] STF, RE nº 630.501, Rel. Min. Ricardo Lewandowski, red. p/ o ac. min. Marco Aurélio, voto do Min. Teori Zavascki, j. 21.02.2013, DJe 166 de 26.08.2013, Tema nº 334.

[764] Conforme estabelecido pela Portaria Interministerial MTP/ME nº 12/2022, o teto do INSS passou de R$6.433,57 (vigente para 2021) para R$7.087,22, em 2022.

Por fim, a Emenda à Lei Orgânica nº 41/2021 também estabelece algumas regras adicionais à concessão da pensão por morte, como a equiparação a filho, para fins de recebimento da pensão por morte, exclusivamente de enteado e menor tutelado, desde que comprovada a dependência econômica.

Ou seja, para fins de recebimento de pensão por morte, o enteado e o menor tutelado podem ser equiparados a filhos, porém será necessário comprovar a dependência econômica, requisito que não é necessário para os filhos, conforme o art. 2º, §1º, da Lei Municipal nº 15.080/2009, que estabelece que, para estes, a dependência econômica será presumida.

Informação bibliográfica deste texto, conforme a NBR 6023:2018 da Associação Brasileira de Normas Técnicas (ABNT):

MENEZES, Rafael Alves de. Comentários ao art. 27. In: BATISTELA, Marcos; BARBOSA, Maria Nazaré Lins; MARTINS, Ricardo Marcondes (coord.). *Comentários à Lei Orgânica do Município de São Paulo*: atualizada até a Emenda nº 42/2022. Belo Horizonte: Fórum, 2023. p. 629-632. ISBN 978-65-5518-497-6.

Art. 28 Até que entre em vigor lei municipal que disponha a respeito do cálculo e do reajustamento dos benefícios de que tratam os arts. 26 e 27 desta Emenda à Lei Orgânica, será aplicado o disposto no art. 26 da Emenda à Constituição Federal nº 103, de 2019. (Incluído pela Emenda nº 41/2021.)

Parágrafo único. Sem prejuízo do disposto no caput, o cálculo dos benefícios deverá considerar todas as parcelas dos salários de contribuição e das remunerações adotados como base para contribuições ao RPPS. (Incluído pela Emenda nº 41/2021.)

RAFAEL ALVES DE MENEZES

O *caput* do art. 28 estabelece que o cálculo e o reajustamento dos benefícios de aposentadoria e pensão por morte observarão o art. 26 da Emenda à Constituição Federal nº 103/2019, até que entre em vigor uma lei municipal que disponha sobre essas temáticas.

O art. 26 da EC nº 103/2009 dispõe que será utilizada a média aritmética simples dos salários de contribuição e das remunerações adotados como base para contribuições a regime próprio de previdência social e ao RGPS, ou como base para contribuições decorrentes das atividades militares de que tratam os arts. 42 e 142 da Constituição Federal, atualizados monetariamente, correspondentes a 100% do período contributivo desde a competência de julho de 1994 ou o início da contribuição, se posterior àquela competência.

O parágrafo único do artigo em comento encerra essa previsão transitória dispondo que o cálculo dos benefícios deverá considerar todas as parcelas dos salários de contribuição e das remunerações adotados como base para contribuições ao RPPS.

Informação bibliográfica deste texto, conforme a NBR 6023:2018 da Associação Brasileira de Normas Técnicas (ABNT):

MENEZES, Rafael Alves de. Comentários ao art. 28. *In*: BATISTELA, Marcos; BARBOSA, Maria Nazaré Lins; MARTINS, Ricardo Marcondes (coord.). *Comentários à Lei Orgânica do Município de São Paulo*: atualizada até a Emenda nº 42/2022. Belo Horizonte: Fórum, 2023. p. 633. ISBN 978-65-5518-497-6.

Art. 29 Assegurado o direito de opção pelas regras previstas no art. 26, o servidor que tiver ingressado em cargo efetivo no Município, antes da data de vigência desta Emenda à Lei Orgânica, poderá aposentar-se nos termos dos seguintes dispositivos da Emenda à Constituição Federal nº 103, de 2019: (Incluído pela Emenda nº 41/2021.)

I – *caput* e §§1º a 8º do art. 4º; (Incluído pela Emenda nº 41/2021.)

II – *caput* e §§1º a 3º do art. 20; ou (Incluído pela Emenda nº 41/2021.)

III – *caput* e §§1º a 3º do art. 21. (Incluído pela Emenda nº 41/2021.)

§1º – Os proventos das aposentadorias concedidas nos termos deste artigo corresponderão: (Incluído pela Emenda nº 41/2021.)

I – à totalidade da remuneração do servidor público no cargo efetivo em que se der a aposentadoria, observado o disposto no §8º do art. 4º da Emenda à Constituição Federal nº 103, de 2019, no caso de servidor que tenha ingressado no serviço público em cargo efetivo até 31 de dezembro de 2003 e que não tenha feito a opção de que trata o §16 do art. 40 da Constituição Federal, nas seguintes hipóteses: (Incluído pela Emenda nº 41/2021.)

a) inciso I do *caput* deste artigo, desde que observado o disposto no inciso I do §6º do art. 4º da Emenda à Constituição Federal nº 103, de 2019; e (Incluído pela Emenda nº 41/2021.)

b) inciso II do caput deste artigo; (Incluído pela Emenda nº 41/2021.)

II – ao valor apurado na forma do art. 26 da Emenda à Constituição Federal nº 103, de 2019, nas seguintes hipóteses: (Incluído pela Emenda nº 41/2021.)

a) inciso I do caput deste artigo, se não observado o disposto no inciso I do §6º do art. 4º da Emenda à Constituição Federal nº 103, de 2019; (Incluído pela Emenda nº 41/2021.)

b) inciso II do caput deste artigo no caso de servidor que tenha ingressado no serviço público em cargo efetivo após 31 de dezembro de 2003 ou que tenha feito a opção de que trata o §16 do art. 40 da Constituição Federal; e (Incluído pela Emenda nº 41/2021.)

c) inciso III do caput deste artigo. (Incluído pela Emenda nº 41/2021.)

§2º – Os proventos de que trata este artigo serão reajustados: (Incluído pela Emenda nº 41/2021.)

I – de acordo com o disposto no art. 7º da Emenda à Constituição Federal nº 41, de 2003, se calculados nos termos do inciso I do §1º deste artigo; e (Incluído pela Emenda nº 41/2021.)

II – nos termos estabelecidos para o Regime Geral de Previdência Social – RGPS, se calculados na forma prevista no inciso II do §1º deste artigo, aplicado o reajuste à totalidade dos benefícios previdenciários. (Incluído pela Emenda nº 41/2021.)

§3º – O previsto no §2º aplica-se inclusive às aposentadorias e pensões sem direito à paridade constitucional, instituídas no âmbito do Regime Próprio de Previdência

Social do Município de São Paulo até a data da promulgação desta Emenda à Lei Orgânica do Município. (Incluído pela Emenda nº 41/2021.)

§4º – Para fins de aplicação do inciso IV do art. 20 da Emenda à Constituição Federal nº 103, de 2019, considerar-se-á como período adicional de contribuição aquele correspondente ao tempo que, na data de entrada em vigor desta Emenda à Lei Orgânica do Município, faltaria para o servidor atingir o tempo mínimo de contribuição referido no inciso II do referido artigo. (Incluído pela Emenda nº 41/2021.)

§5º – Para a condição de transição prevista no inciso II do caput deste artigo, admite-se ao servidor, para aposentar-se, idade mínima resultante da redução, relativamente aos limites do art. 20, inciso I, da Emenda à Constituição Federal nº 103, de 2019, de 1 (um) ano de idade para cada ano de contribuição que exceder aos 30 (trinta) anos de contribuição, se mulher, e 35 (trinta e cinco) anos de contribuição, se homem. (Incluído pela Emenda nº 41/2021.)

● ●

ARTHUR PINEL BERBERT DA SILVA

Os arts. 26 a 35 das disposições transitórias da LOMSP veiculam, em sua maioria, regras de transição quanto aos benefícios concedidos pelo regime próprio de previdência social do Município de São Paulo. As referidas regras de transição foram incluídas pela Emenda nº 41/2021, que, apesar de ter sido promulgada em 19 de novembro de 2021, passou a viger apenas em 19 de março de 2022.[765]

A propósito, é importante dizer que a referida emenda à LOMSP teve o intuito de adaptar as disposições do sistema previdenciário municipal ao novo regramento constitucional sobre a previdência dos servidores públicos. O tratamento constitucional da matéria, vale destacar, foi alterado de maneira substancial pela Emenda Constitucional nº 103/2019, que trouxe (i) regras mais rigorosas sobre a concessão de benefícios previdenciários, na tentativa de desacelerar o ritmo de crescimento das despesas previdenciárias, e (ii) maior autonomia para Estados e Municípios na organização de seus regimes próprios de previdência social.

As regras de transição, vale destacar, servem para proteger os servidores públicos que já participam do sistema previdenciário e que, por isso, possuem legítimas expectativas de proteção social. Outra finalidade das regras de transição, agora sob a perspectiva da sociologia política, é atenuar a resistência dos servidores à alteração do sistema previdenciário, que, de fato, de tempos em tempos, necessita de algum tipo de atualização – diante da inevitável mudança demográfica da sociedade.

A regra de transição mais importante, sob essas duas perspectivas, está no art. 29 das disposições transitórias da LOMSP, que, em seu *caput*, assegura as seguintes opções

---

[765] Segundo o art. 4º, a EC nº 41/2021 entrou em vigor 120 dias após sua publicação, que, por sua vez, ocorreu em 19 de novembro de 2021. Dessa forma, considerando esse prazo, a referida emenda à LOMSP passou a viger a partir de 19 de março de 2022.

de aposentadoria ao ocupante de cargo público efetivo que tenha ingressado no serviço público municipal até 18 de março de 2022:[766]

Tipo de aposentadoria	Fundamento(s) normativo(s)
Aposentadoria voluntária	(i) no art. 4º da EC nº 103/2019 (ii) no art. 10, §1º, I, da EC nº 103/2019 (iii) no art. 20 da EC nº 103/2019
Aposentadoria voluntária para professores	(i) no art. 4º, §4º, da EC nº 103/2019 (ii) no art. 10, §2º, III, da EC nº 103/2019 (iii) no art. 20, §1º, da EC nº 103/2019
Aposentadoria voluntária para servidores que tenham atuado com efetiva exposição a substâncias nocivas à saúde	(i) no art.10, §2º, I, da EC nº 103/2019 (ii) no art. 21 da EC nº 103/2019
Aposentadoria voluntária de servidores com deficiência	Art. 22, *caput*, da EC nº 103/2019 e Lei Complementar nº 142/2013
Aposentadoria por incapacidade permanente para o trabalho	Art. 10, §1º, II, da EC nº 103/2019
Aposentadoria compulsória	Art. 10, §1º, III, da EC nº 103/2019

Diante do objetivo deste breve comentário à LOMSP, não convém detalhar os dispositivos responsáveis por regulamentar os requisitos mínimos para cada tipo de aposentadoria. O fundamental é compreender que, diante da intensa reforma do regime previdenciário dos servidores públicos – promovida pela EC nº 103/2019 –, o Município de São Paulo estabeleceu, para seus próprios servidores, regime de transição bastante generoso, com proteção das expectativas e valorização da autonomia do servidor, que poderá optar, no caso da aposentadoria voluntária, por qualquer das alternativas normativas em que se enquadrar.

O §1º, por sua vez, trata da forma de cálculo dos proventos das aposentadorias que serão concedidas com fundamento no *caput* do art. 29. Em linhas gerais, duas são as maneiras de calcular os proventos de aposentadoria: (i) pela integralidade, que corresponde, após a Emenda Constitucional nº 41/2003, ao total da remuneração relativa ao cargo efetivo em que se der a aposentadoria; e (ii) pela média aritmética das remunerações do servidor ao longo de sua carreira, que considera todo o período contributivo a partir de julho de 1994 – mês de lançamento de nossa atual moeda, o real.

Segundo a regra da integralidade, o servidor receberá, após sua aposentadoria, proventos equivalentes à remuneração do cargo efetivo que ocupava à época da aposentação. É importante ter em mente que, pela regra da integralidade, o servidor não terá direito a receber, depois de aposentado, valor idêntico à sua última remuneração na atividade. O que a lei prevê é o recebimento, como proventos de aposentadoria, de quantia equivalente à remuneração de seu último cargo efetivo, desconsiderada qualquer verba de natureza transitória – e para a qual não tenha havido contribuição

---

[766] Último dia antes do início da vigência da Emenda nº 41/2021 à LOMSP, como explicado na nota anterior.

previdenciária. A definição das verbas que serão consideradas ou não para fins de cálculo dos proventos de aposentadoria está no art. 4º, §8º, da EC nº 103/2019.[767]

Já pela outra forma de cálculo dos proventos, pela média aritmética, o que ocorre é a aferição da média simples de todas as remunerações do servidor para as quais houve contribuição previdenciária. O marco temporal para consideração das contribuições – julho de 1994 – se justifica pela mudança de nosso padrão monetário – transição do cruzeiro real para o real – e pela elevada inflação do período anterior.

Segundo o §1º, a integralidade valerá para os proventos decorrentes de aposentadoria voluntária dos servidores que (i) ingressaram no serviço público até 31 de dezembro de 2003, (ii) não tenham optado pelo regime de previdência complementar, (iii) tenham preenchido os requisitos mínimos de idade previstos nos arts. 4º, §6º, I, e 20, *caput*, da EC nº 103/2019 e (iv) não estejam se aposentando sob o regime especial das atividades exercidas sob exposição de substâncias nocivas à saúde. A propósito, o limite temporal citado corresponde à data de publicação da Emenda Constitucional nº 41/2021, que cuidou de mudanças estruturais significativas nos regimes próprios de previdência social – inclusive, com o fim da integralidade para os servidores públicos que ingressarem após sua vigência. Para esses servidores que ingressaram no serviço público após a publicação da EC nº 41/2003 ou para aqueles que tiverem optado pelo regime de previdência complementar, os proventos de aposentadoria serão calculados segundo a média simples de todas as remunerações que o servidor recebeu ao longo de sua carreira.

O reajuste dos benefícios previdenciários é o tema do §2º do art. 29. Aqui, são duas as possíveis regras: (i) a paridade; e (ii) a aplicação de índice oficial de variação de preços, modelo utilizado pelo RGPS.[768]

A paridade consiste no reajuste dos proventos na mesma medida – e na mesma data – em que forem reajustadas as remunerações dos servidores da ativa. Assim, se um aumento remuneratório é concedido para os servidores de certa carreira, da mesma forma devem ser reajustados os proventos dos servidores já aposentados dessa mesma carreira.

A outra maneira de reajustar os proventos de aposentadoria, que é a seguida pelo RGPS, é a partir da aplicação, periódica e regular, de índice oficial de variação de preços. A vantagem de se adotar essa regra de reajuste está na previsibilidade que gera para o sistema previdenciário, que consegue antecipar, de modo mais ou menos preciso, o ritmo de crescimento das despesas com aposentadorias e pensões.

Nota-se que o §2º trouxe uma correlação entre os regimes de cálculo e os regimes de reajuste dos proventos de aposentadoria. Segundo o referido dispositivo, serão reajustados segundo a regra da paridade os benefícios calculados pela regra da integralidade (inciso I). Os proventos calculados pela média aritmética simples (inciso II),

---

[767] Artigo 4º, §8º, EC nº 103/2019: Considera-se remuneração do servidor público no cargo efetivo, para fins de cálculo dos proventos de aposentadoria com fundamento no disposto no inciso I do §6º ou no inciso I do §2º do art. 20, o valor constituído pelo subsídio, pelo vencimento e pelas vantagens pecuniárias permanentes do cargo, estabelecidos em lei, acrescidos dos adicionais de caráter individual e das vantagens pessoais permanentes, observados os seguintes critérios: (...)

[768] O RGPS tem reajustado seus benefícios a partir do Índice Nacional de Preços ao Consumidor (INPC), que é calculado mês a mês pelo Instituto Brasileiro de Geografia e Estatística (IBGE).

por sua vez, seguirão a regra do RGPS, que reajusta seus benefícios, como dito, pela aplicação de índice oficial de variação de preços.

O §3º do art. 29, por sua vez, estabelece que o reajuste segundo a regra da paridade valerá para todos os benefícios concedidos até a promulgação da Emenda nº 41/2021 à LOMSP – ou seja, até 18 de novembro de 2022 –,[769] desde que tenham sido calculados segundo a regra da integralidade.

Como dito anteriormente, quando do comentário ao "*caput*" deste artigo, uma das opções de aposentadoria voluntária do servidor está prevista no art. 20 da EC nº 103/2019, que estabelece, entre seus requisitos, certo período adicional de contribuição. Esse período adicional, segundo o §4º do art. 29, para os servidores municipais, corresponderá ao tempo que faltaria, quando da vigência da Emenda nº 41/2021, para o preenchimento do requisito de período mínimo de contribuição – 30 anos, se mulher, e 35 anos, se homem.

Em outras palavras, deverá contribuir por período extra o servidor que quiser se aposentar segundo as regras do art. 20 da EC nº 103/2019, mas que não tiver preenchido, quando da vigência da Emenda nº 41/2021, o tempo mínimo de contribuição. O período adicional de contribuição, nesse caso, equivalerá ao tempo que restava para o servidor alcançar o patamar mínimo de contribuição acima referido – 30 anos, se mulher, e 35 anos, se homem.

A título de exemplo, imagine-se a situação de uma servidora que, quando da vigência da Emenda nº 41/2021, tenha contribuído por 28 anos – e tenha preenchido todos os demais requisitos previstos no art. 20 da EC nº 103/2019. Nessa hipótese, a servidora deverá adicionar período de contribuição equivalente a 2 anos, que é o tempo que lhe faltava para alcançar o período mínimo de contribuição (30 anos).

Já a regra do §5º vai na direção oposta. Enquanto o §4º exige período de contribuição adicional para quem não cumprir o tempo mínimo de contribuição, o §5º permite a redução da idade mínima para aposentadoria voluntária, na mesma proporção do que tiver contribuído além do tempo mínimo exigido pelo art. 20 da EC nº 103/2019.

Também de modo exemplificativo, uma servidora que tiver 32 anos de tempo de contribuição, diante dessa autorização legislativa, poderá aposentar-se voluntariamente com a redução da idade mínima em 2 anos, que foi o período que contribuiu para além do tempo mínimo exigido (30 anos).

Informação bibliográfica deste texto, conforme a NBR 6023:2018 da Associação Brasileira de Normas Técnicas (ABNT):

SILVA, Arthur Pinel Berbert da. Comentários ao art. 29. *In*: BATISTELA, Marcos; BARBOSA, Maria Nazaré Lins; MARTINS, Ricardo Marcondes (coord.). *Comentários à Lei Orgânica do Município de São Paulo*: atualizada até a Emenda nº 42/2022. Belo Horizonte: Fórum, 2023. p. 634-638. ISBN 978-65-5518-497-6.

---

[769] Último dia antes da promulgação da Emenda nº 41/2021 à LOMSP. É importante ter em mente que a promulgação pode ocorrer antes da vigência, na hipótese de o ato normativo prever período de *vacatio legis*, justamente como ocorreu nesse caso. Em alguns dispositivos, a Emenda nº 41 faz referência à promulgação como marco para alguma transição; em outros, refere-se à vigência, datas distintas na presente situação.

Art. 30 A concessão de aposentadoria ao servidor municipal amparado no RPPS e de pensão por morte aos respectivos dependentes será assegurada, a qualquer tempo, desde que tenham sido cumpridos os requisitos para obtenção destes benefícios antes da data de vigência desta Emenda à Lei Orgânica, observados os critérios da legislação vigente na data em que foram atendidos os requisitos para a concessão da aposentadoria ou da pensão por morte. (Incluído pela Emenda nº 41/2021.)

§1º – Os proventos de aposentadoria a serem concedidos ao servidor a que se refere o *caput* e as pensões por morte devidas aos seus dependentes serão calculados e reajustados de acordo com a legislação em vigor à época em que foram atendidos os requisitos nela estabelecidos para a concessão destes benefícios. (Incluído pela Emenda nº 41/2021.)

§2º – É assegurado o direito ao recebimento do benefício de aposentadoria mais favorável ao servidor municipal, desde que tenham sido implementados todos os requisitos para sua concessão, ou de pensão aos seus dependentes, calculada com base na aposentadoria voluntária que seria devida se estivesse aposentado à data do óbito. (Incluído pela Emenda nº 41/2021.)

ARTHUR PINEL BERBERT DA SILVA

O art. 30 das disposições transitórias da LOMSP cuida da concretização, no campo previdenciário, do princípio *"tempus regit actum"*. Segundo o referido princípio, os benefícios previdenciários serão regidos pelo regramento jurídico vigente à época de sua aquisição. A regra no direito previdenciário, portanto, é irretroatividade da legislação posterior, que não atingirá as situações jurídicas já consolidadas.

Nesse sentido, por exemplo, está o enunciado de súmula nº 340 do STJ, que tem a seguinte redação: "[a] lei aplicável à concessão de pensão previdenciária por morte é aquela vigente na data do óbito do segurado".

Dessa maneira, os elementos de um benefício previdenciário, como a forma de cálculo, a regra de reajuste e o tempo de duração, serão definidos segundo a legislação vigente à época do preenchimento dos requisitos para sua aquisição, ainda que seja outro o momento da efetiva concessão. As alterações posteriores da legislação não alcançarão os benefícios já incorporados ao patrimônio jurídico dos segurados.

Essa ideia vale igualmente para o §1º do art. 30, que também concretiza o princípio *"tempus regit actum"* – com a respectiva proteção das situações jurídicas já consolidadas.

Todavia, aqui vale uma observação adicional. Como explicado anteriormente, o art. 29, §§2º e 3º, determina que o regime da paridade – uma das regras possíveis de reajuste dos benefícios previdenciários – será imposto a todos os proventos e pensões que forem calculados segundo a integralidade, inclusive aqueles já concedidos até a promulgação da Emenda nº 41/2021 à LOMSP – e para os quais a paridade não tenha sido determinada originalmente. A nosso ver, essa disposição é incompatível com nossa ordem constitucional, que, como dito, protege as situações jurídicas consolidadas, como é o caso dos benefícios previdenciários já concedidos.

O §2º do art. 30 estabelece regra que protege o servidor que, diante de seu histórico funcional e contributivo, adquira o direito à aposentadoria por mais de uma das alternativas previstas nessas disposições transitórias.

Como demonstrado antes, a depender da situação de cada servidor – e de suas escolhas funcionais –, mais de uma possibilidade se abre para a aposentadoria voluntária (art. 29, *caput*, das disposições transitórias da LOMSP). Na hipótese de o servidor se enquadrar em mais de uma regra, é-lhe garantido o direito de se aposentar segundo o regramento mais favorável.

No entanto, o referido dispositivo deve ser interpretado de modo a prestigiar a autonomia do servidor – ou de seus dependentes –, a quem caberá decidir, desde que bem informado acerca de suas opções e consequências, sobre o regramento ao qual quer se submeter. Assim, no caso de aquisição de benefício previdenciário por mais de uma hipótese normativa, não cabe à autoridade previdenciária deliberar, sozinha, sobre o melhor benefício para servidor; a decisão, nesse caso, é do próprio servidor – ou de seus dependentes –, cabendo à Administração, nessas situações, apenas informar sobre as consequências de cada alternativa posta à disposição dos futuros beneficiários.

Informação bibliográfica deste texto, conforme a NBR 6023:2018 da Associação Brasileira de Normas Técnicas (ABNT):

SILVA, Arthur Pinel Berbert da. Comentários ao art. 30. *In*: BATISTELA, Marcos; BARBOSA, Maria Nazaré Lins; MARTINS, Ricardo Marcondes (coord.). *Comentários à Lei Orgânica do Município de São Paulo*: atualizada até a Emenda nº 42/2022. Belo Horizonte: Fórum, 2023. p. 639-640. ISBN 978-65-5518-497-6.

Art. 31 Até que entre em vigor a lei municipal de que trata o §19 do art. 40 da Constituição Federal, fará jus a um abono de permanência equivalente ao valor da sua contribuição previdenciária ao RPPS, até completar a idade para aposentadoria compulsória, o servidor municipal amparado no RPPS que optar por permanecer em atividade e que tenha cumprido, ou cumprir, os requisitos para aposentadoria voluntária estabelecidos nos seguintes dispositivos: (Incluído pela Emenda nº 41/2021.)

I – alínea "a" do inciso III do §1º do art. 40 da Constituição Federal, na redação da Emenda à Constituição Federal nº 41, de 2003, antes da data de vigência desta Emenda à Lei Orgânica; (Incluído pela Emenda nº 41/2021.)

II – art. 2º, §1º do art. 3º ou art. 6º da Emenda à Constituição Federal nº 41, de 2003, ou art. 3º da Emenda à Constituição Federal nº 47, de 2005, antes da data de vigência desta Emenda à Lei Orgânica; (Incluído pela Emenda nº 41/2021.)

III – arts. 4º, 10, 20, 21 e 22 da Emenda à Constituição Federal nº 103, de 2019. (Incluído pela Emenda nº 41/2021.)

ARTHUR PINEL BERBERT DA SILVA

É importante considerar que a aposentadoria de um servidor, na perspectiva da Administração, representa a perda de um posto de trabalho e o incremento de uma despesa previdenciária. Além disso, quanto mais cedo um servidor se aposenta, por mais tempo o benefício previdenciário deve ser pago – ao menos em tese. Portanto, não é interessante para a Administração que o servidor se aposente precocemente, diante da perda que significa para o serviço público e do custo que gera para o sistema previdenciário.

É nesse contexto que surge o abono de permanência, tema tratado no art. 31 das disposições transitórias da LOMSP. O abono de permanência, vale dizer, é o incentivo financeiro concedido aos servidores públicos que, apesar de já terem adquirido o direito à aposentadoria, continuam em atividade. Como a Administração não pode impedir que o servidor se aposente – e ainda bem que é assim –, optou-se pela previsão de uma "recompensa" ao servidor que decidir manter-se em atividade.

Sobre o art. 31, duas observações são relevantes. A primeira diz respeito ao modo de pagamento do abono de permanência. Não se trata de isenção da contribuição previdenciária, mas de pagamento de incentivo financeiro. Assim, a contribuição previdenciária continua a ser descontada da remuneração do servidor, que, ao mesmo tempo, passa a receber o abono de permanência, na mesma quantia de sua contribuição previdenciária. Essa distinção é importante para algumas finalidades práticas, como para o cálculo do imposto de renda devido pelo servidor, que seria impactado na hipótese de não pagamento da contribuição previdenciária.

A segunda observação se refere à abrangência do abono de permanência. Como se nota dos incisos do art. 31, o referido incentivo será devido a todos os servidores que permaneçam em atividade, apesar de já terem adquirido seu direito à aposentadoria voluntária – inclusive nos casos de aposentadoria especial (art. 21 da EC nº 103/2019).

Por fim, vale destacar que ainda não foi editada a lei exigida pelo art. 40, §19, da Constituição Federal. Segundo o referido dispositivo constitucional, a lei municipal poderá estabelecer critérios específicos para a concessão do abono de permanência. No caso do Município de São Paulo, na falta da referida lei, o abono de permanência está regulamentado pelo art. 8º do Decreto nº 61.150/2022.[770]

Informação bibliográfica deste texto, conforme a NBR 6023:2018 da Associação Brasileira de Normas Técnicas (ABNT):

SILVA, Arthur Pinel Berbert da. Comentários ao art. 31. In: BATISTELA, Marcos; BARBOSA, Maria Nazaré Lins; MARTINS, Ricardo Marcondes (coord.). *Comentários à Lei Orgânica do Município de São Paulo*: atualizada até a Emenda nº 42/2022. Belo Horizonte: Fórum, 2023. p. 641-642. ISBN 978-65-5518-497-6.

---

[770] Art. 8º Até a entrada em vigor da lei municipal que estabeleça os critérios para a concessão de abono de permanência, nos termos do §19 do artigo 40 da Constituição Federal, o servidor referido no artigo 7º deste decreto que optar por permanecer em atividade fará jus a um abono de permanência equivalente ao valor da sua contribuição previdenciária, até completar a idade para aposentadoria compulsória, desde que tenha cumprido os requisitos para aposentadoria voluntária até o início da vigência da Emenda nº 41 à LOMSP, com base nas seguintes regras:
I – cumprido tempo mínimo de 10 (dez) anos de efetivo exercício no serviço público e cinco anos no cargo efetivo em que se dará a aposentadoria, tendo pelo menos 60 (sessenta) anos de idade e 35 (trinta e cinco) de contribuição, se homem, e 55 (cinquenta e cinco) anos de idade e 30 (trinta) de contribuição, se mulher, conforme previsto na alínea "a" do inciso III do §1º do artigo 40 da Constituição Federal, na redação vigente até a data de entrada em vigor da Emenda Constitucional nº 103, de 2019;
II – atendido aos critérios das regras de transição de que trata o artigo 2º ou o artigo 6º da Emenda Constitucional nº 41, de 2003;
III – já se encontrava recebendo o abono de permanência por ocasião do início da vigência da Emenda Constitucional nº 41, de 2003; ou
IV – atendido aos critérios das regras de transição de que trata o artigo 3º da Emenda Constitucional nº 47, de 2005.

Art. 32 Até que entre em vigor lei que altere a base de incidência da contribuição previdenciária de que trata o caput do art. 5º da Lei nº 13.973, de 12 de maio de 2005, a alíquota de contribuição devida pelo Município de São Paulo, inclusive de suas Autarquias e de suas Fundações, para o custeio do RPPS, será acrescida de seis pontos percentuais, se a atividade exercida pelo servidor ensejar concessão de aposentadoria especial de que tratam os §§4º-C e 5º do art. 40 da Constituição Federal. (Incluído pela Emenda nº 41/2021.)

ARTHUR PINEL BERBERT DA SILVA

O custeio do regime próprio de previdência social é feito, em linhas gerais, pela contribuição dos segurados e beneficiários – servidores ativos, aposentados e pensionistas – e pela contribuição do ente responsável pelo regime – contribuição patronal. Até existem outras fontes de financiamento do sistema previdenciário dos servidores, como investimentos financeiros e a compensação financeira com o RGPS. Todavia, são as contribuições as principais fontes de custeio.

Segundo a legislação vigente (art. 5º da Lei Municipal nº 13.973/2005 e art. 2º da Lei Federal nº 9.717/1998), a contribuição patronal corresponde ao dobro da contribuição do servidor ativo – que, em regra, é de 14% sobre sua remuneração. Logo, a contribuição do Município tem sido, também em regra, de 28%.

No entanto, segundo o art. 32 das disposições transitórias da LOMSP, a contribuição patronal será acrescida de seis pontos percentuais nos casos dos servidores que exercerem alguma atividade especial. A propósito, segundo a Constituição Federal (art. 40), especiais são as atividades: (i) exercidas com efetiva exposição a agentes químicos, físicos e biológicos prejudiciais à saúde (§4º-C); ou (ii) exercidas nas funções de magistério na Educação Infantil e no Ensino Fundamental e Médio (§5º).

Portanto, em relação aos servidores que exercerem alguma dessas atividades, a contribuição do Município será de 34%, e não de 28%. Trata-se de relevante medida para a manutenção do equilíbrio atuarial do regime previdenciário, já que para essas atividades são reservadas regras mais brandas de aposentadoria.

Informação bibliográfica deste texto, conforme a NBR 6023:2018 da Associação Brasileira de Normas Técnicas (ABNT):

SILVA, Arthur Pinel Berbert da. Comentários ao art. 32. *In*: BATISTELA, Marcos; BARBOSA, Maria Nazaré Lins; MARTINS, Ricardo Marcondes (coord.). *Comentários à Lei Orgânica do Município de São Paulo*: atualizada até a Emenda nº 42/2022. Belo Horizonte: Fórum, 2023. p. XX-XX. ISBN 978-65-5518-497-6.

Art. 33 Até que entre em vigor lei que altere a base de incidência da contribuição previdenciária de que trata o caput do art. 2º da Lei nº 13.973, de 2005, havendo déficit previdenciário no RPPS, a alíquota de contribuição devida pelos aposentados e pensionistas de quaisquer dos Poderes do Município de São Paulo, incluídas suas entidades autárquicas e suas Fundações, incidirá sobre o valor da parcela dos proventos de aposentadoria e de pensões que supere o limite do salário mínimo nacional. (Incluído pela Emenda nº 41/2021.)

ARTHUR PINEL BERBERT DA SILVA

Inicialmente, vale dizer que a contribuição previdenciária de servidores aposentados e pensionistas foi instituída pela Emenda Constitucional nº 41/2003. Antes, o custeio do sistema de previdência dos servidores não contava com essa fonte. Tal inovação, após ser questionada por entidades corporativas,[771] teve sua constitucionalidade confirmada pelo STF, que entendeu ser o regime de previdência um sistema solidário, que pode contar com a participação de todos os segurados e beneficiários no respectivo financiamento.

As principais fontes de custeio do regime próprio de previdência social são as contribuições – a patronal e a dos servidores ativos, aposentados, pensionistas. A contribuição dos servidores ativos, aposentados e pensionistas é calculada a partir de uma alíquota de 14%; a do Município, em regra, é o dobro da contribuição do servidor – 28%, portanto. No caso dos aposentados e pensionistas, a alíquota de 14% incide apenas sobre a parcela da remuneração que ultrapassar o limite máximo para os benefícios do RGPS. Essa "margem de imunidade", para o exercício de 2022, é de R$7.087,22.[772] A alíquota de 14%, portanto, incidirá apenas sobre a faixa do benefício que ultrapassar esse patamar.

Todavia, segundo o art. 33 das disposições transitórias – com respaldo no art. 149, §1º-A, da Constituição Federal – se e enquanto houver déficit no regime próprio de previdência do Município, a "margem de imunidade" dos aposentados e pensionistas poderá ser reduzida para um salário mínimo. Assim, em vez de verem a alíquota de 14% recair sobre a parcela de sua remuneração que exceder ao limite estabelecido para os benefícios do RGPS, aposentados e pensionistas terão que contribuir sobre a remuneração que ultrapassar um salário mínimo – que, para o exercício de 2023, está fixado em R$1.302,00, quantia muito inferior ao "teto" do RGPS.

Informação bibliográfica deste texto, conforme a NBR 6023:2018 da Associação Brasileira de Normas Técnicas (ABNT):

SILVA, Arthur Pinel Berbert da. Comentários ao art. 33. In: BATISTELA, Marcos; BARBOSA, Maria Nazaré Lins; MARTINS, Ricardo Marcondes (coord.). *Comentários à Lei Orgânica do Município de São Paulo*: atualizada até a Emenda nº 42/2022. Belo Horizonte: Fórum, 2023. p. 643-644. ISBN 978-65-5518-497-6.

---

[771] ADIs nº 3105 e 3128.
[772] Portaria Interministerial MTP/ME nº 12/2022.

Art. 34 Por meio de lei, o Município poderá instituir contribuição extraordinária dos servidores públicos ativos, dos aposentados e dos pensionistas, para custeio do RPPS, nos termos dos §§1º-B e 1º-C do art. 149 da Constituição Federal, observado o disposto no inciso X do §22 do art. 40 da Constituição Federal. (Incluído pela Emenda nº 41/2021.)

Parágrafo único. Na hipótese de déficit atuarial no RPPS, o Município poderá instituir, por meio de Decreto, contribuição extraordinária devida pelo Município de São Paulo, inclusive Poder Legislativo, de suas Autarquias e de suas Fundações, até o limite de duas vezes a alíquota vigente para a contribuição patronal ordinária. (Incluído pela Emenda nº 41/2021.)

ARTHUR PINEL BERBERT DA SILVA

O art. 34 das disposições transitórias, acompanhando a Constituição Federal (art. 149, §§1º-B e 1º-C), criou mais uma alternativa para o financiamento dos regimes próprios de previdência. Todavia, não se trata de mecanismo ordinário de custeio, mas extraordinário, que só deve ser utilizado em cenários de grave ou persistente déficit previdenciário.

A previsão de uma contribuição extraordinária representa, na verdade, repartição mais equânime da responsabilidade pela superação do déficit previdenciário, que antes recaía somente sobre o ente federativo instituidor do regime próprio – e, de maneira indireta, sobre a sociedade em geral. Agora, se necessário for, servidores ativos, aposentados e inativos também serão convocados para o enfrentamento de eventual cenário deficitário, com aumento da contribuição regular – na hipótese do art. 33 – ou com a instituição da contribuição extraordinária.

No entanto, por significar redução direta da renda disponível dos beneficiários e segurados, a contribuição extraordinária só pode ser instituída depois de demonstrada a insuficiência do aumento da contribuição regular dos aposentados e pensionistas (art. 149, §1º-B, Constituição Federal). Além disso, outras medidas de superação do déficit atuarial deverão ser tomadas em conjunto com a instituição da contribuição extraordinária, não podendo ser esta a única maneira de se buscar o saneamento do regime próprio de previdência social (art. 149, §1º-C, Constituição Federal). Essa disposição visa tornar mais efetiva a tentativa de equacionamento do sistema previdenciário e impedir que o peso do déficit atuarial recaia de modo excessivo sobre os segurados e beneficiários.

A contribuição previdenciária extraordinária, por se tratar de tributo, deve ser instituída por lei. Por sua vez, a contribuição patronal extraordinária, que não é tributo, pode ser instituída por meio de decreto (art. 34, parágrafo único, das disposições transitórias).

Vale dizer, ainda, que cabe à lei complementar nacional a fixação das diretrizes para apuração da base de cálculo e definição das alíquotas das contribuições extraordinárias (art. 40, §22, X, Constituição Federal).

Por fim, é importante destacar que a constitucionalidade da contribuição previdenciária extraordinária ainda será apreciada pelo STF,[773] quando do julgamento – já iniciado – das ações diretas ajuizadas em face da EC nº 103/2019.

Informação bibliográfica deste texto, conforme a NBR 6023:2018 da Associação Brasileira de Normas Técnicas (ABNT):

SILVA, Arthur Pinel Berbert da. Comentários ao art. 34. *In*: BATISTELA, Marcos; BARBOSA, Maria Nazaré Lins; MARTINS, Ricardo Marcondes (coord.). *Comentários à Lei Orgânica do Município de São Paulo*: atualizada até a Emenda nº 42/2022. Belo Horizonte: Fórum, 2023. p. 645-646. ISBN 978-65-5518-497-6.

---

[773] Diversas ações diretas de constitucionalidade foram apresentadas em face da EC nº 103/2019 – questionando, inclusive, a criação da contribuição previdenciária. Até o fechamento deste comentário, o STF não havia encerrado o julgamento. Por ora, o voto do relator, Ministro Luís Roberto Barroso, foi pela constitucionalidade da contribuição extraordinária, por entender compatível com as cláusulas imutáveis da Constituição Federal.

Art. 35 Nos termos do inciso II do art. 36 da Emenda à Constituição Federal nº 103, de 2019, fica referendada integralmente: (Incluído pela Emenda nº 41/2021.)

I – a alteração promovida pelo art. 1º da Emenda à Constituição Federal nº 103, de 2019, no art. 149 da Constituição Federal; e (Incluído pela Emenda nº 41/2021.)

II – a alínea "a" do inciso I e os incisos III e IV do art. 35 da Emenda à Constituição Federal nº 103, de 2019. (Incluído pela Emenda nº 41/2021.)

ARTHUR PINEL BERBERT DA SILVA

Quando do comentário ao art. 29 das disposições transitórias da LOMSP, ao contextualizar a Emenda nº 41/2021, foi dito que a reforma nacional da previdência (EC nº 103/2019) teve como uma de suas diretrizes o aumento da autonomia dos Estados e Municípios na organização de seus regimes próprios de previdência social. Essa maior autonomia está refletida na própria vigência das alterações constitucionais, que, para Estados e Municípios, depende de lei específica que as ratifiquem no âmbito de cada ente federativo.

No âmbito do Município de São Paulo, essa ratificação se deu pela Emenda nº 41/2021, que, a partir de sua vigência, em 19 de março de 2022, acrescentou o art. 35 às disposições transitórias da LOMSP. A propósito, são estas as alterações constitucionais ratificadas pelo Município: (i) mudanças em relação às contribuições previdenciárias (art. 149, Constituição Federal), como as que permitiram a instituição da contribuição extraordinária e a redução da "margem de imunidade" para os aposentados e pensionistas; (ii) revogação do dispositivo constitucional que autorizava menor contribuição previdenciária de aposentados e pensionistas portadores de doenças incapacitantes (antigo §21 do art. 40 da Constituição Federal); e revogação de algumas das regras transitórias das Emendas Constitucionais nº 41/2003 (arts. 2º, 6º e 6º-A) e 47/2005 (art. 3º), cujo detalhamento é desnecessário neste breve comentário.

Informação bibliográfica deste texto, conforme a NBR 6023:2018 da Associação Brasileira de Normas Técnicas (ABNT):

SILVA, Arthur Pinel Berbert da. Comentários ao art. 35. *In*: BATISTELA, Marcos; BARBOSA, Maria Nazaré Lins; MARTINS, Ricardo Marcondes (coord.). *Comentários à Lei Orgânica do Município de São Paulo*: atualizada até a Emenda nº 42/2022. Belo Horizonte: Fórum, 2023. p. 647. ISBN 978-65-5518-497-6.

Art. 36 Até que entre em vigor lei que equacione o déficit financeiro e atuarial de que trata o §1º do art. 9º da Emenda à Constituição Federal nº 103, de 2019, o RPPS do Município de São Paulo fica reorganizado e financiado, mediante a segregação em dois planos de custeio, sendo um fundo de repartição simples e outro de capitalização.

§1º – Os fundos de natureza previdenciária referidos no caput são incomunicáveis, dotados, cada um deles, de natureza pública, identidade físico-contábil individual, com destinação específica para o pagamento dos benefícios previdenciários correspondentes, não havendo qualquer hipótese de solidariedade, subsidiariedade ou supletividade entre eles.

§2º – Os recursos, bens e haveres, que compuserem os fundos de natureza previdenciária, sob gestão do Instituto de Previdência Municipal de São Paulo – IPREM, estarão afetados ao domínio do Município de São Paulo, e, em nenhuma hipótese, poderão ser confundidos com o patrimônio da Entidade Gestora.

§3º – Os fundos de natureza previdenciária não poderão ser objeto de penhora, arresto ou sequestro, sendo nula de pleno direito a constituição de qualquer ônus sobre eles.

§4º – Fica criado o Fundo Financeiro – FUNFIN, que detém a responsabilidade de gerir os recursos a este vinculados, para o custeio dos benefícios previdenciários aos segurados vinculados ao RPPS, e seus dependentes, que, cumulativamente:

I – tenham sido admitidos como servidores efetivos no Município de São Paulo até 27 de dezembro de 2018;

II – tenham nascido após 31 de dezembro de 1953; e

III – que não tenham aderido à previdência complementar.

§5º – O FUNFIN é financiado, por Repartição Simples, pelas contribuições a serem pagas pela Administração Municipal Direta, Autarquias, Fundações, pela Câmara Municipal e pelo Tribunal de Contas do Município, e pelos respectivos servidores ativos, aposentados e pensionistas, sem objetivo de acumulação de recursos, sendo o seu Plano de Custeio e de Benefícios calculados atuarialmente.

§6º – As insuficiências financeiras do FUNFIN serão de responsabilidade dos Poderes Executivo e Legislativo, rateados proporcionalmente na razão do custo dos beneficiários originados de cada Poder e de cada órgão/entidade da Administração Direta, Autárquica e Fundacional.

§7º – O FUNFIN tem como fontes de financiamento:

I – contribuições a cargo da Administração Direta, Autarquias, Fundações, Tribunal de Contas do Município de São Paulo – TCM/SP e da Câmara Municipal de São Paulo – CMSP;

II – contribuições dos servidores ativos, dos aposentados e dos pensionistas;

III – aportes recebidos conforme o §6º deste artigo, para cobertura de insuficiências financeiras;

IV – doações, subvenções e legados;

V – receitas decorrentes de aplicações financeiras e receitas patrimoniais;

VI – valores recebidos a título de compensação financeira, em razão do disposto no §9º, do art. 201, da Constituição Federal;

VII – demais dotações previstas no orçamento municipal.

§8º – Fica criado o Fundo Previdenciário – FUNPREV, que detém a responsabilidade de gerir os recursos a este vinculados, para o custeio dos benefícios previdenciários aos segurados vinculados ao RPPS, e seus dependentes, que:

I – tenham sido admitidos como servidores efetivos no Município de São Paulo depois de 27 de dezembro de 2018;

II – tenham nascido até 31 de dezembro de 1953; ou

III – que tenham aderido à previdência complementar independentemente da idade e data de admissão como servidores efetivos no Município de São Paulo.

§9º – O FUNPREV é financiado pelo regime de capitalização, pelas contribuições a serem pagas pela Administração Direta, Autarquias, Fundações, TCM/SP, CMSP e respectivos servidores ativos, aposentados e pensionistas, e tem o objetivo de acumulação dos recursos necessários e suficientes para o custeio do correspondente plano de benefícios, calculado atuarialmente.

§10 – As eventuais insuficiências financeiras do FUNPREV serão de responsabilidade dos Poderes Executivo e Legislativo, rateados proporcionalmente na razão dos beneficiários originados de cada Poder e de cada órgão da Administração Direta e entidade da Administração Indireta.

§11 – O FUNPREV tem como fontes de financiamento:

I – contribuições a cargo da Administração Direta, Autarquias, Fundações, do TCM/SP e da CMSP, bem como aportes para cobertura de déficit atuarial ou financeiro;

II – contribuições dos servidores ativos, dos aposentados e dos pensionistas;

III – doações, subvenções e legados;

IV – receitas decorrentes de aplicações financeiras e receitas patrimoniais;

V – valores recebidos a título de compensação financeira, em razão do disposto no §9º, do art. 201, da Constituição Federal;

VI – resultado das aplicações e investimentos realizados com os respectivos recursos;

VII – ativos imobiliários e seus rendimentos, como aluguéis e outros rendimentos derivados dos bens a ele vinculados, inclusive os decorrentes de alienações;

VIII – produto decorrente de receitas de privatizações, alienações de ações preferenciais e ordinárias que o Município de São Paulo, suas Autarquias e Fundações possuam no capital de empresas e quaisquer outros ativos que tenham sido destinados ao fundo previdenciário;

IX – recursos provenientes de contratos, convênios ou quaisquer outros acordos, incluindo antecipações, firmados com a União ou outros organismos, inclusive internacionais;

X – recebíveis, direitos a crédito, direitos a título, concessões, direitos de uso de solo, que lhe tenham sido destinados;

XI – participações em fundos ou receitas de que seja titular o Município de São Paulo e lhe tenham sido destinados;

XII – recursos advindos da amortização de financiamentos imobiliários eventualmente realizados pelo IPREM;

XIII – demais bens e recursos eventuais que lhes forem destinados e incorporados, inclusive nos termos do §14 deste artigo; e,

XIV – demais dotações previstas no orçamento municipal.

§12 – As aplicações e investimentos efetuados com os recursos dos fundos de finalidade previdenciária submeter-se-ão aos princípios da segurança, rentabilidade, liquidez e economicidade, em observância à legislação normativa geral que dispõe sobre as aplicações dos recursos dos RPPS, em conformidade com as diretrizes estabelecidas na Política de Investimento.

§13 – O Plano de Custeio do RPPS será estabelecido com base em avaliação atuarial anual, composto das fontes de recursos previstas nos §§7º e 11 deste artigo, ou em lei específica, nas hipóteses de eventuais planos de equacionamento de déficits atuariais.

§14 – As despesas administrativas do IPREM, enquanto não criada Taxa de Administração a cargo do RPPS, serão de responsabilidade do Tesouro Municipal, em cada competência de ocorrência, observada a proporcionalidade das despesas entre os Poderes Executivo e Legislativo.

§15 – É vedada a instituição de alíquotas de contribuição previdenciária diferenciadas dos servidores públicos ativos, dos aposentados e dos pensionistas, para custeio do RPPS, em razão de segregação de planos de custeio na forma deste artigo. (Incluído pela Emenda nº 41/2021.)

• •

LUIS FELIPE VIDAL ARELLANO

O art. 36 das DGT da LOM, introduzido no âmbito da reforma do regime próprio de previdência dos servidores públicos do Município de São Paulo (RPPS), em sequência à aprovação, em nível federal, da Emenda Constitucional nº 103/2019, visou estabelecer para o RPPS a chamada "segregação de massas".

O art. 40 da Constituição Federal, conforme redação existente desde a Emenda Constitucional nº 20/1998 e reforçada pela citada EC nº 103/2019, estabelece que os regimes próprios de previdência dos servidores públicos devem atender a critério contributivo e solidário, "observados critérios que preservem o equilíbrio financeiro e atuarial". A definição jurídica de "equilíbrio financeiro e atuarial" para os regimes em funcionamento ficou relegada à lei complementar federal, pelo art. 40, §22, da Constituição, estabelecendo, porém, o art. 9º da EC nº 103/2019 que, até a entrada em vigor da referida lei complementar "[o] equilíbrio financeiro e atuarial do regime próprio de previdência social deverá ser comprovado por meio de garantia da equivalência, a valor presente, entre o fluxo das receitas estimadas e das despesas projetadas, apuradas atuarialmente, que, juntamente com bens, direitos e ativos vinculados, comparados às obrigações assumidas, evidenciem a solvência e a liquidez do plano de benefícios".

Antes mesmo da EC nº 103/2019, a Portaria nº 464/2018, do Ministério da Fazenda, com amparo na Lei nº 9.717/1998, já estabelecia a obrigatoriedade de avaliação atuarial periódica do RPPS, indicando-se plano de custeio compatível com seu equilíbrio financeiro e atuarial, o qual poderia considerar como alternativas de equacionamento de eventual déficit atuarial o estabelecimento de alíquota de contribuição suplementar, aportes extraordinários do patrocinador ou a segregação de massas, isolada ou combinadamente.

No caso do RPPS de São Paulo, após estudos técnicos realizados pelas equipes técnicas da Prefeitura de São Paulo e do Instituto de Previdência Municipal e contando também com especialistas e consultores externos, chegou-se à conclusão de que a redução do elevado déficit atuarial existente no RPPS na virada da década de 2010 para 2020 apenas seria possível mediante a combinação das alternativas autorizadas na legislação, o que levou, entre 2018 e 2021, à aprovação da Lei nº 17.020/2018 – que criou a previdência complementar no âmbito da Prefeitura de São Paulo e modificou as alíquotas da contribuição previdenciária patronal e do servidor – e da Emenda à LOM nº 41/2021 – que introduziu na LOM os artigos aqui comentados.

Por meio da segregação de massas, o RPPS foi cindido em dois fundos: o FUNFIN e o FUNPREV, sendo, respectivamente, um de fundo deficitário, tendente à extinção, e outro de fundo permanentemente equilibrado. Os participantes e beneficiários do regime foram, então, segregados em cada um dos fundos mediante critérios técnicos e objetivos.

Embora ambos os fundos financiem plano previdenciário do tipo benefício definido, sendo a Prefeitura Municipal, em ambos os casos, responsável pela cobertura de eventuais insuficiências financeiras, o FUNPREV não é um fundo de repartição simples, no qual os servidores ativos pagam, com suas contribuições, os benefícios de aposentadoria e as pensões da geração anterior, mas um fundo capitalizado, no qual as contribuições da geração atual (próprias e patronais) são acumuladas para pagamento das suas próprias aposentadorias no futuro.

Informação bibliográfica deste texto, conforme a NBR 6023:2018 da Associação Brasileira de Normas Técnicas (ABNT):

ARELLANO, Luis Felipe Vidal. Comentários ao art. 36. In: BATISTELA, Marcos; BARBOSA, Maria Nazaré Lins; MARTINS, Ricardo Marcondes (coord.). *Comentários à Lei Orgânica do Município de São Paulo*: atualizada até a Emenda nº 42/2022. Belo Horizonte: Fórum, 2023. p. 648-651. ISBN 978-65-5518-497-6.

Art. 37 O Município destinará patrimônio imobiliário e direitos ao FUNPREV, até o montante total que corresponda ao passivo atuarial do FUNFIN.

§1º – Fica o Poder Executivo autorizado a promover a transferência de imóveis dominicais e de uso especial, além de outros bens e direitos patrimoniais ao FUNPREV, inclusive mediante a entrega do bem sem alienação da propriedade, para exploração de sua utilidade econômica por meio de direito de uso, usufruto ou superfície, incluído o espaço aéreo e subterrâneo, para fins de cobertura do passivo citado no caput deste artigo, devendo entregar à Câmara Municipal de São Paulo, para fins de controle, a relação dos bens e direitos transferidos e de todos os dados envolvendo a operação, no prazo de 30 (trinta) dias.

§2º – No caso de transferência de bens de uso especial que não possam ser desafetados, enquanto perdurar esta situação, estes bens não poderão ser alienados pelo IPREM após transferência pelo Poder Executivo, podendo apenas ser utilizados para fins de geração de renda.

§3º – No caso de transferência de bens dominicais, ficam o IPREM e o FUNPREV autorizados a promover a alienação dos bens imóveis recebidos.

§4º – A vinculação de bens e direitos ao FUNPREV, nos termos deste artigo, depende da aceitação pelo IPREM do patrimônio transferido e far-se-á em caráter incondicional após a respectiva formalização, vedada ao Município qualquer reivindicação ou reversão posterior do ato de cessão, exceto a anulação por ilegalidade.

§5º – Após a efetiva transferência e contabilização de cada lote de ativos no patrimônio do FUNPREV, o IPREM procederá à transferência dos servidores, aposentados ou pensionistas mais idosos do FUNFIN para o FUNPREV até o montante do custo atuarial dos transferidos igualar o superávit atuarial obtido com o aporte de ativos, garantindo um índice de cobertura de pelo menos 1,02 (um inteiro e dois centésimos).

§6º – Fica o IPREM obrigado a contratar instituição, inclusive financeira, mediante chamamento público, para a estruturação e administração de fundos de investimento adequados, segundo a legislação vigente, objetivando a geração de renda ou monetização dos bens e direitos de que trata este artigo.

§7º – As cotas dos fundos de investimentos estruturados com a finalidade de monetização dos bens e direitos do RPPS poderão ser integralizadas mediante a transferência direta da titularidade destes bens e direitos ao respectivo fundo.

§8º – As despesas decorrentes da estruturação dos fundos de investimentos, de que trata este artigo, poderão ser custeadas pelo Tesouro do Município ou por recursos da Taxa de Administração do IPREM, facultado o ressarcimento futuro pelos próprios fundos de investimentos.

§9º – O IPREM, conjuntamente com o Comitê de Investimento, encaminhará relatórios trimestrais ao Conselho Deliberativo sobre o desempenho dos fundos de que trata este artigo.

§10 – Os imóveis de uso especial aportados ao FUNPREV nos termos do §2º serão transferidos para Fundo Especial de Natureza Pública, administrado pelo IPREM, podendo este contratar instituição especializada para a gestão do patrimônio recebido, aplicando-se, no que couber, o disposto nos §§8º e 9º deste artigo.

§11 – Fica autorizada a Prefeitura do Município de São Paulo, por meio de seus órgãos, a locar os imóveis, para seu uso, que tenham sido objeto de transferência para o FUNPREV e objeto de monetização por intermédio do Fundo Especial de que trata o §10 deste artigo.

§12 – O valor mensal das contrapartidas de que trata o §11, que poderá incluir pagamento por serviços de manutenção predial, deverá ser baseado em percentual do valor de avaliação dos respectivos imóveis no ano de início da locação, nos termos de regulamento do Poder Executivo, devendo ser atualizado periodicamente ou sempre que for feita reforma ou ampliação do imóvel.

§13 – A Prefeitura do Município de São Paulo fica autorizada a oferecer como garantia dos contratos de locação e serviços de que tratam os §§11 e 12 deste artigo seus créditos de ICMS – Imposto de Circulação de Mercadorias e Serviços, perante a Secretaria de Fazenda do Governo do Estado de São Paulo e do FPM – Fundo de Participação dos Municípios, perante a Secretaria do Tesouro Nacional.

§14 – A contrapartida de que trata o §11 poderá ser paga antecipadamente, podendo o contrato ser realizado com prazo renovável de até 10 (dez) anos.

§15 – Fica aportado para o RPPS o produto da arrecadação do imposto da União sobre renda e proventos de qualquer natureza, incidente na fonte, sobre rendimentos pagos, a qualquer título, por eles, suas Autarquias e pelas Fundações que instituírem e mantiverem e que vier a ser recebido desde a data da promulgação desta Emenda à Lei Orgânica até 31 de dezembro de 2055.

§16 – Sempre que constatado em laudo superávit atuarial no FUNPREV e déficit atuarial no FUNFIN, o IPREM procederá, atendida a legislação vigente, à transferência dos servidores, aposentados ou pensionistas mais idosos do FUNFIN para o FUNPREV até o montante do custo atuarial dos transferidos igualar o superávit atuarial observado.

§17 – O Comitê de Investimento de que trata o §9º deste artigo observará os demais normativos aplicáveis à matéria, inclusive os emanados do ente regulador federal. (Incluído pela Emenda nº 41/2021.)

- - -

LUIS FELIPE VIDAL ARELLANO

O art. 37 das DGT da LOM estabelece as condições para a realização da chamada "transferência de vidas" entre o FUNFIN e o FUNPREV, criados nos termos do art. 36, sempre que, mediante aporte de bens no FUNPREV, nele se verifique superávit atuarial que permita cobrir a transferência da responsabilidade a esse fundo pelo pagamento dos benefícios de aposentadorias e pensões de conjunto de beneficiários selecionados outrora pertencentes ao FUNFIN. O objetivo dessa operação de "transferência de vidas" é, ao longo do tempo, reduzir o déficit atuarial do FUNFIN, aproveitando a liquidez existente do FUNPREV e reduzindo os custos de transição da reforma previdenciária municipal sobre o orçamento público.

O art. 37 aprofunda ainda o estabelecimento de regime especial para os bens imóveis transferidos ao FUNPREV a título de aporte extraordinário, permitindo a criação de dois tipos distintos de fundos, conforme a natureza do bem imóvel transferido: fundo de investimentos convencionais, para aproveitamento dos imóveis dominicais recebidos, e fundo especial, para aproveitamento dos imóveis de uso especial recebidos. No caso destes últimos, fica a Administração Pública autorizada a locá-los a longo prazo por preço compatível com o valor do bem, sendo ainda possível, se necessário, a securitização das receitas futuras de tais aluguéis.

Finalmente, no §15, o art. 37 estabelece aporte extraordinário da Prefeitura de São Paulo ao RPPS, via FUNPREV, das receitas futuras de imposto de renda retido na fonte pelos poderes, órgãos e entidades da administração indireta autárquica municipal, aporte que, ao gerar superávit atuarial no respectivo fundo, permitiu a alocação de servidores já aposentados e pensionistas no FUNPREV desde a originação da segregação de massas na Prefeitura de São Paulo.

Informação bibliográfica deste texto, conforme a NBR 6023:2018 da Associação Brasileira de Normas Técnicas (ABNT):

ARELLANO, Luis Felipe Vidal. Comentários ao art. 37. In: BATISTELA, Marcos; BARBOSA, Maria Nazaré Lins; MARTINS, Ricardo Marcondes (coord.). *Comentários à Lei Orgânica do Município de São Paulo*: atualizada até a Emenda nº 42/2022. Belo Horizonte: Fórum, 2023. p. 652-654. ISBN 978-65-5518-497-6.

Art. 38 Até que entre em vigor lei que altere o regime de previdência complementar do Município de São Paulo de que trata a Lei nº 17.020, de 27 de dezembro de 2018, os servidores municipais participantes do RPPS que tenham ingressado no serviço público em data anterior a 27 de dezembro de 2018 poderão, mediante prévia e expressa opção, aderir ao regime de previdência complementar, observado o disposto neste artigo.

§1º – Os servidores que fizerem a adesão de que trata o caput deste artigo que estiverem no FUNFIN serão imediatamente transferidos para o FUNPREV, cabendo ao Município efetuar o aporte financeiro ou de bens e direitos que cubram o custo atuarial de cada servidor transferido ao FUNPREV, no prazo máximo de até 35 (trinta e cinco) anos.

§2º – Caso o FUNPREV esteja com superávit atuarial, o Município fica dispensado de efetuar aporte financeiro ou de bens e direitos de que trata o §1º deste artigo.

§3º – O FUNPREV transferirá ao Regime de Previdência Complementar – RPC, de que trata a Lei nº 17.020, de 2018, em benefício dos participantes de que trata o caput deste artigo, no momento da aposentadoria do servidor ou do pedido de pensão por morte no RPPS do Município de São Paulo, montante correspondente ao valor de 7,5% (sete vírgula cinco por cento) sobre as bases de cálculo de contribuições mensais que excederam o limite máximo estabelecido para os benefícios do RGPS, desde a sua entrada em exercício no município até a adesão ao RPC, de acordo com os seguintes parâmetros:

I – atualização pelo Índice de Preços ao Consumidor Amplo (IPCA) até a data da adesão ao RPC; e,

II – atualização mensal, após a adesão ao RPC e até a data da transferência de que trata o *caput*, pela variação observada para o índice de mercado IMA-Geral, divulgado pela Associação Brasileira das Entidades dos Mercados Financeiro e de Capitais – Anbima ou pela respectiva meta atuarial do FUNPREV nos períodos para os quais não tenha havido divulgação do IMA-Geral.

§4º – A adesão ao regime de previdência complementar de que trata este artigo deverá ter início até 90 (noventa) dias após a promulgação desta Emenda à Lei Orgânica, ficando disponível aos servidores pelo prazo de 2 (dois) anos.

(Arts. 26 a 38 acrescentados pela Emenda nº 41/2021, que entrará em vigor 120 dias após sua promulgação.)

LUIS FELIPE VIDAL ARELLANO

O art. 38 das DGT da LOM visou autorizar a migração de servidores ingressantes no serviço público municipal anteriormente à entrada em vigor da Lei Municipal nº 17.020/2018 ao regime de previdência complementar (RPC) estabelecido naquela lei.

O servidor integrante do regime de previdência complementar tem limitado seu direito ao recebimento de benefícios de aposentadoria e pensão pelo Instituto de Previdência Municipal ao teto dos benefícios pagos pelo Instituto Nacional do Serviço Social (INSS). Em contrapartida, os recursos acumulados pelo servidor são segregados dos recursos utilizados para pagamento das aposentadorias da geração atual de aposentados e pensionistas, sendo investidos para a futura aposentadoria do próprio servidor, formando montante que futuramente poderá ser sacado pelo interessado de uma única vez ou mediante plano de benefícios a ser por ele escolhido.

O art. 38 permitiu à lei abrir ou reabrir o prazo de migração entre regimes, estabelecendo que, até a aprovação da referida lei, o prazo ficaria aberto por 2 anos. Devido à modificação, no curso do processo legislativo, do prazo de *vacatio legis* da Emenda nº 41/2021, discutiu-se, quando da aprovação da Emenda, se o termo inicial do prazo de migração seria 90 dias a partir da promulgação da Emenda, como constou do §4º do art. 38, ou 120 dias da sua promulgação, prazo de *vacatio*, pacificando-se no âmbito da Administração Municipal, finalmente, o prazo de 120 dias para o termo inicial dos pedidos de opção.

Vale ainda observar que o art. 38, em atenção aos interesses dos servidores com maior tempo de contribuição ao RPPS e visando estimular os pedidos de migração para o RPC, que terminam por reduzir o déficit atuarial do regime próprio, criou um "prêmio de migração" equivalente a 7,5% sobre as bases de cálculo de contribuições mensais que excederam o limite máximo estabelecido para os benefícios do RGPS, desde a entrada em exercício no município do respectivo servidor até sua adesão ao RPC, atualizados pela aplicação do IPCA/IBGE, até o momento da opção de migração, e pelo IMA/Anbima, até o momento do pagamento.

A escolha do IMA/Anbima para a remuneração dos recursos poupados pelos servidores até o momento da opção de migração justifica-se por se tratar de índice que aproxima o custo de oportunidade do servidor, considerando-se uma aplicação financeira de risco moderado e prazo longo, compatível, portanto, com investimentos destinados à aposentadoria.

Informação bibliográfica deste texto, conforme a NBR 6023:2018 da Associação Brasileira de Normas Técnicas (ABNT):

ARELLANO, Luis Felipe Vidal. Comentários ao art. 38. *In*: BATISTELA, Marcos; BARBOSA, Maria Nazaré Lins; MARTINS, Ricardo Marcondes (coord.). *Comentários à Lei Orgânica do Município de São Paulo*: atualizada até a Emenda nº 42/2022. Belo Horizonte: Fórum, 2023. p. 655-656. ISBN 978-65-5518-497-6.

SOBRE OS AUTORES

Alexandre Besser, Procurador do Município de São Paulo, Bacharel (2011) e Mestre em Direito do Estado (2016) pela Faculdade de Direito da Universidade de São Paulo (USP).

Alexandre Levin, Doutor e Mestre em Direito do Estado pela PUC-SP. Procurador do Município de São Paulo. Assessor Jurídico da Secretaria Municipal de Urbanismo e Licenciamento (SMUL).

Ana Helena Pacheco Savoia, Procuradora Legislativa da Câmara Municipal de São Paulo, Bacharel em Direito pela Faculdade de Direito da Universidade de São Paulo (USP) e Mestre (LL.M.) em Direito Comercial pela Universidade de Cambridge.

Ana Paula Sabadin dos Santos Talaveira Medina, Procuradora Legislativa da Câmara Municipal de São Paulo. Graduada em Direito pela Universidade de São Paulo (USP). Especialista em Direito Empresarial pelo CEU-IICS Escola de Direito.

Anna Carolina Torres Aguilar Cortez, Procuradora Legislativa na Câmara Municipal de São Paulo. Graduada em Direito pela Pontifícia Universidade Católica de São Paulo (PUC-SP) (1998). Especialista em Novos Temas de Direito Civil e Direito do Consumidor pela Escola Paulista da Magistratura (EPM) (2002). LL.M. em Direito dos Contratos pelo INSPER (2011).

Antonio Ricardo Surita dos Santos, Procurador do Município de São Paulo. Doutor em Filosofia do Direito pela Pontifícia Universidade Católica de São Paulo (PUCSP). Mestre em Direitos Fundamentais e Especialista em Direito Civil e Processo Civil pela Universidade Metodista de Piracicaba (UNIMEP). Pós-graduado (extensões) em Direito Constitucional pela PUC-SP e em Direito Previdenciário pela Escola Paulista de Direito (EPD). Foi Procurador da Fundação da Seguridade Social dos Servidores Públicos do Município de Sorocaba (FUNSERV) e do Município de Alumínio (SP) e Diretor da Procuradoria Judicial do Município de Valinhos (SP).

Artur de Albuquerque Torres, Procurador do Município de São Paulo.

Arthur Pinel Berbert da Silva, Bacharel em Direito pela Universidade Federal Fluminense (UFF) (2013). Já atuou como procurador do Município de Niterói (2017 e 2018), assessor jurídico no RioPrevidência (2016 e 2017) e residente jurídico na Procuradoria-Geral do Estado do Rio de Janeiro (2015 e 2016). Atualmente, é Procurador do Município de São Paulo (desde 2018) e advogado.

Bianka Zloccowick Borner de Oliveira, advogada, Procuradora do Município de São Paulo, graduada em Direito pela Faculdade de Direito da Universidade Federal de Pernambuco (UFPE), especialista em Direito Tributário pela FGV São Paulo (GV Law) e mestranda em Direito Constitucional pela Universidade de Coimbra.

Breno Gandelman, Graduado em Direito pela Faculdade de Direito do Largo da Universidade de São Paulo (USP) (1990). Especialista em Saúde Mental: Teoria Psicanalítica pela Faculdade de Saúde Pública da Universidade de São Paulo. Exerce a função de Secretário-Geral Parlamentar.

Bruno Damasceno Ferreira Santos, Mestre em Gestão e Políticas Públicas pela EAESP/FGV. Especialista em Direito Econômico pela FGV/SP e em Direito Tributário pelo Juspodivm. Procurador do Município de São Paulo e advogado.

Camila Morais Cajaiba Garcez Marins, Procuradora Legislativa da Câmara Municipal de São Paulo e advogada em São Paulo.

Camilo Sousa Fonseca, Procurador do Município de São Paulo. Mestre em Sociologia pela Universidade Federal de Minas Gerais (UFMG).

Carlos Eduardo de Araujo, Procurador Legislativo da Câmara Municipal de São Paulo desde 2010, tendo ingressado mediante concurso público de provas e títulos. Especialista em Direito Administrativo pela Pontifícia Universidade Católica de São Paulo (PUC-SP) e Mestre em Direito Político e Econômico pela Universidade Presbiteriana Mackenzie.

Carlos Figueiredo Mourão, Mestre em Direito do Estado pela Pontifícia Universidade Católica de São Paulo (PUC-SP). Coordenou o Centro de Estudos Jurídicos da Procuradoria-Geral do Município de São Paulo. Procurador do Município de São Paulo desde 1990. Foi Presidente da Associação dos Procuradores do Município de São Paulo. Também exerceu a presidência da Associação Nacional de Procuradores Municipais. Conselheiro Estadual da OAB/SP.

Cíntia Laís Corrêa Brosso, Procuradora Legislativa da Câmara Municipal de São Paulo – Setor Jurídico-Administrativo. Graduada em Direito pela Faculdade de Direito de São Bernardo do Campo (FDSBC) (2011). Especialista em Direito e Processo Tributário pela Escola Paulista de Direito.

Cintia Talarico da Cruz Carrer, Procuradora Legislativa da Câmara Municipal de São Paulo; pós-graduada em Processo Civil, Direito Civil e Direito Municipal e mestranda em Direito Médico.

Clarissa Dertonio de Sousa Pacheco, Procuradora do Município de São Paulo desde 2006, com atuação nos setores contencioso (Departamento Judicial) e consultivo (Secretaria Municipal das Subprefeituras). Procuradora Federal de 2004 a 2006. Assessora da Secretaria dos Negócios Jurídicos do Município de Itatiba entre 2001 e 2004. Bacharel em Direito pela Faculdade de Direito da Universidade de São Paulo (USP). Mestre em Direito do Estado pela Universidade de São Paulo. Pós-graduanda em Direito Processual Civil pelo IBMEC.

Claudio Mendonça Braga, Doutor e Mestre em Direito do Estado (USP). Advogado, Procurador do Município de São Paulo, professor e psicanalista.

Cristiano de Arruda Barbirato, Procurador do Município de São Paulo e atual coordenador jurídico da Secretaria Municipal de Gestão.

Danielle Piacentini Stivanin, Procuradora Legislativa da Câmara Municipal de São Paulo, Pós-Graduada em Processo do Trabalho e Direito do Trabalho.

Debora Sotto, Procuradora do Município de São Paulo desde 2003. Doutora em Direito Urbanístico pela Pontifícia Universidade Católica de São Paulo (PUC-SP) (2015), com pós-doutorados pelo Departamento de Saúde Ambiental da Faculdade de Saúde Pública da Universidade de São Paulo (2017-2018) e pelo Centro de Síntese USP Cidades Globais do Instituto de Estudos Avançados da Universidade de São Paulo (2019-2021).

Érica Correa Bartalini de Araujo, Procuradora Legislativa da Câmara Municipal de São Paulo desde 2008, tendo ingressado mediante concurso público de provas e títulos, exercendo, desde agosto de 2015, a função de Supervisora do Setor Jurídico-Administrativo da Procuradoria. Especialista em Direito Civil pela Faculdade Autônoma de Direito de São Paulo (FADISP).

Fabio Paulo Reis de Santana, Procurador do Município de São Paulo. Doutorando em direito administrativo pela Pontifícia Universidade Católica de São Paulo (PUC-SP). Membro da Comissão Nacional de Estudos Constitucionais da OAB.

Flavia Gil Nisenbaum Becker, Mestre em Direito Processual Civil pela Universidade de São Paulo (USP) (2017). Especialista em Direito Processual Civil pela Escola Paulista da Magistratura (2012). Bacharel em Direito pela Universidade de São Paulo (2007). Procuradora do Município de São Paulo.

Gianfrancesco Genoso, advogado, Bacharel em Direito pela Faculdade Paulista de Direito da Pontifícia Universidade Católica de São Paulo (PUC-SP). Especialista em Direito Processual Civil pela PUC-SP. Mestre em Direito de Estado (Direito Administrativo) pela Universidade de São Paulo (USP). Doutorando em Direito de Estado (Direito Administrativo) pela Universidade de São Paulo (USP). Procurador do Município de São Paulo. Ex-professor da Escola Superior de Gestão e Contas Públicas de São Paulo do Tribunal de Contas do Município de São Paulo. Cofundador da Faculdade de Direito Autônoma de São Paulo (FADISP), da qual foi vice-diretor. Ex-professor de Direito Processual Civil da Faculdade Paulista de Direito da PUC-SP.

Gilmar Pereira Miranda, Procurador do Município de São Paulo. Especialista em Direito Público, Direito Municipal, Direito Eleitoral e Gestão e Direito do Trânsito. Atuou como advogado da Empresa Municipal de Desenvolvimento de Campinas (EMDEC), do Desenvolvimento Rodoviário S/A (DERSA) e da Companhia Docas de São Sebastião.

Guilherme Bueno de Camargo, atualmente ocupando o cargo de Secretário da Fazenda do Município de São Paulo, é Procurador do Município de São Paulo, graduado em Administração Pública pela EAESP/FGV e em Direito pela Universidade de São Paulo (USP). É Mestre e Doutor em Direito Econômico e Financeiro pela USP e *Fellow* do Hubert. H. Humphrey Fellowship (Fulbright – Vanderbilt University). Possui 30 anos de experiência no Setor Público, tendo já ocupado os cargos de Secretário Adjunto da Segurança Pública e Secretário Adjunto de Educação, ambos do Estado de São Paulo, além de ter sido Procurador-Geral do Município de São Paulo.

Heloisa Toop Sena Rebouças, graduada pela Faculdade de Direito da Universidade de São Paulo (USP), Procuradora do Município de São Paulo e Assessora Jurídica na Secretaria Municipal de Urbanismo e Licenciamento.

Isabela Teixeira Bessa da Rocha, Procuradora do Município de São Paulo. Chefe da Assessoria Jurídica da Secretaria Municipal de Direitos Humanos (SMDHC). Ex-advogada da União (Consultoria Jurídica da Controladoria-Geral da União – CGU). Ex-assessora de desembargadores no TRE/SP e TRT/RJ. Especialista em Advocacia Pública, Direito Público e Psicologia Jurídica. Possui extensão em *Compliance* e Mediação Extrajudicial.

Izaias José de Santana, Procurador Municipal, Doutor em Direito do Estado pela Universidade de São Paulo (USP), Professor na UNIVAP e Prefeito de Jacareí (2017-2024).

Jose Antonio Apparecido Junior, Procurador do Município de São Paulo, Doutor em Direito do Estado pela Universidade de São Paulo (USP), Vice-Presidente da Comissão de Direito Urbanístico da OAB/SP e Coordenador Adjunto do Núcleo Cidade e Regulação do Laboratório de Cidades INSPER/ArqFuturo.

José Fernando Ferreira Brega, advogado, Procurador do Município de São Paulo, com graduação, mestrado e doutorado na Universidade de São Paulo (USP). Atualmente lotado na Assessoria Jurídico-Consultiva da Procuradoria-Geral do Município. Já exerceu as funções de Chefe de Gabinete da Secretaria Municipal de Desenvolvimento Urbano, Assessor Jurídico nas Secretarias Municipais de Negócios Jurídicos e de Desenvolvimento Urbano, membro do Conselho Municipal do Patrimônio Histórico (Conpresp), membro da Câmara Técnica de Legislação Urbanística, membro da Comissão de Proteção da Paisagem Urbana e membro do Conselho Municipal de Política Urbana. Professor no Curso de Especialização "Planejamento e Gestão de Cidades", do Programa de Educação Continuada da Escola Politécnica da Universidade de São Paulo. Membro do Centro de Estudos de Direito Administrativo, Ambiental e Urbanístico (CEDAU).

Josias Barcelos Júnior, Procurador do Município de São Paulo. Graduado pela Universidade Federal de Ouro Preto (UFOP) e pós-graduado em Direito Público e em Gestão Pública. Ex-Procurador do Município de Ouro Preto. Ex-professor de Direito na UFOP.

Juliana de Melo Trindade Silva, Procuradora Legislativa. Pós-Graduada em Processo Civil pela Escola Superior da Magistratura. Mestranda em Direito Médico pela Universidade Santo Amaro (Unisa).

Juliana Tongu Reinhold, Procuradora Legislativa da Câmara Municipal de São Paulo e supervisora do Setor de Elaboração Legislativa.

Karen Lima Vieira, doutoranda e Mestre pelo Programa de Estudos Pós-Graduados em Ciências Sociais pela Pontifícia Universidade Católica de São Paulo (PUC-SP). É Procuradora Legislativa na Câmara Municipal de São Paulo, onde ocupou cargos de Secretária-Geral Parlamentar, Secretária-Geral Parlamentar Adjunta e Supervisora de Elaboração Legislativa na Procuradoria.

Laura Mendes Amando de Barros, Mestre e Doutora em Direito do Estado pela Universidade de São Paulo (USP). Especialista em Direito Público pela Escola da Paulista da Magistratura, em Processo Civil pela Pontifícia Universidade Católica de São Paulo (PUC-SP) e em Autoridades Locais e o Estado pela ENA-Paris. Ex-Controladora-Geral do Município de São Paulo. Professora do Instituto Ensino e Pesquisa (Insper).

Leo Vinicius Pires de Lima, advogado, Procurador do Município de São Paulo, Diretor do Departamento de Desapropriações, ex-Diretor do Departamento Patrimonial, Ex-membro do Conselho da Procuradoria-Geral do Município, Especialista em Direito Administrativo, Urbanístico, Direito Médico e contratual, palestrante e professor regular (Direito Urbanístico e Direito Municipal) do Centro de Estudos Jurídicos da Procuradoria do Município de São Paulo, professor do Curso Preparatório para Concursos Públicos – Procuradoria em Foco, professor de Direito Municipal, Administrativo e Processual Civil da Escola Paulista de Direito (EPD), professor de Direito Administrativo – Curso Dogma – da Universidade Norte do Paraná (Unopar).

Lilian Vargas Pereira Poças, graduada em Direito pela Universidade de São Paulo (USP) e especialista em Processo Civil pela Escola Paulista de Magistratura. Procuradora Legislativa da Câmara Municipal de São Paulo, onde exerce a função de Supervisora do Setor do Processo Legislativo desde 2019.

Lucas Reis Verderosi, Procurador do Município de São Paulo. Mestre e doutorando em Direito Constitucional pela Universidade de São Paulo (USP).

Luciana de Fátima da Silva, advogada, especialista em Direito Municipal e em Gestão Pública Legislativa, Procuradora da Câmara Municipal de São Paulo.

Luciana Russo, Procuradora do Município de São Paulo. Bacharel em História pela Universidade de São Paulo (USP). Bacharel em Direito e Mestre em Direito Processual pela USP. Mestranda em Direito Administrativo (Universidade do Minho, Portugal).

Luis Felipe Vidal Arellano, Doutor em Direito Econômico e Financeiro pela Universidade de São Paulo (USP). Mestre em Direito pela Faculdade de Direito da Universidade de São Paulo. Especialista em Análise Econômica pela Fundação Instituto de Pesquisas Econômicas (FIPE/USP). MBA em Gestão Avançada de Finanças Públicas pela Fundação Dom Cabral (FDC). Bacharel em Direito (USP) e em Ciências Contábeis (Senac-SP). Atualmente, é Procurador do Município de São Paulo, onde exerce a função de Secretário de Fazenda Adjunto do Município de São Paulo. Foi Subsecretário do Tesouro Municipal na Secretaria de Finanças e Desenvolvimento Econômico do Município de São Paulo, Diretor do Departamento de Defesa dos Capitais e Haveres do Município de São Paulo, Auditor Fiscal de Tributos Municipais (AFTM) de carreira e já atuou, entre 2012 e 2013, como Assessor Econômico no Gabinete do Secretário Municipal de Finanças.

Luiz Augusto Módolo de Paula, escritor e Procurador do Município de São Paulo. Bacharel em Direito pela Universidade de São Paulo (USP), Mestre e Doutor em Direito Internacional pela Faculdade de Direito da USP. É autor de *A Saga de Theodore Roosevelt* (Lisbon International Press, 2020), entre outros livros.

Luiz Paulo dos Santos Diniz, Bacharel em Direito pela Universidade Federal do Rio Grande do Norte (UFRN) e mestrando em Direito Urbanístico na Pontifícia Universidade Católica de São Paulo (PUC-SP). Foi Assessor Jurídico da Presidência do Tribunal de Contas do Estado do Rio Grande do Norte e Analista Legislativo da Assembleia Legislativa do Estado do Rio Grande do Norte. Atualmente, é Procurador do Município de São Paulo e Chefe da Assessoria Técnica e Jurídica da Secretaria Municipal de Urbanismo e Licenciamento.

Marcos Batistela, Procurador do Município de São Paulo e Mestre em Direito do Estado pela Pontifícia Universidade Católica de São Paulo (PUC-SP). Presidente da Associação dos Procuradores do Município de São Paulo (2019-2023).

Marcos Roberto Franco, graduado em Direito pela Instituição Toledo de Ensino – Bauru (SP) em 1993. Mestre e Doutor em Direito do Estado pela Universidade de São Paulo (USP). Desde formado, vem exercendo a advocacia com ênfase no Direito Público. Além de lecionar em cursos de preparação para concursos públicos na área jurídica, foi advogado da Fundação Estadual (Funap). É Procurador do Município de São Paulo desde 2000 e, desde 2010, exerce suas atividades como Assessor Jurídico na Secretaria do Governo Municipal. Já ocupou diversos cargos na Administração Pública, entre os quais o de Chefe de Gabinete da Segurança Urbana da cidade de São Paulo e Chefe da Assessoria Jurídica da Secretaria de Negócios Jurídicos da Capital. Entre as diversas atribuições do cargo atual, ocupa-se, em especial, com os processos de licitações, contratações e convênios da Secretaria de Governo, do Gabinete do Prefeito.

Mauricio Morais Tonin, advogado, palestrante, professor e Procurador do Município de São Paulo. Bacharel em Direito pela USP Universidade de São Paulo, Mestre e Doutor em Direito Processual Civil pela mesma instituição. Autor de livros e artigos jurídicos.

Max Bandeira, Bacharel em Direito pela Universidade Federal da Bahia (UFBA) e Mestre em Filosofia e Teoria Geral do Direito pela Universidade de São Paulo (USP). Procurador do Município de São Paulo desde 2014, atualmente lotado na Secretaria de Educação. Foi chefe da Assessoria Técnico Legislativa do Gabinete do Prefeito e chefe da Assessoria Jurídica da Secretaria de Desestatização e Parceiras. Foi professor de Filosofia do Direito, Direito Civil, Empresarial e Econômico na Faculdade Autônoma de Direito (FADISP) e em cursos preparatórios.

Nathaly Campitelli Roque, Procuradora do Município de São Paulo. Mestre e Doutora em Direito pela Pontifícia Universidade Católica de São Paulo (PUC-SP). Possui pós-doutorados perante as Universidades Clássica de Lisboa e de Coimbra (Portugal). Professora do curso de Direito da PUC-SP em nível de graduação e pós-graduação *lato* e *stricto sensu*.

Nelson Seiji Matsuzawa, Procurador do Município de São Paulo. Graduado em Direito pela Faculdade de Direito da Universidade de São Paulo (USP) e em Administração Pública pela Escola de Administração de Empresas de São Paulo, da Fundação Getúlio Vargas (EAESP/FGV) e mestrando em Direito Financeiro na Faculdade de Direito da USP. Ex-Auditor Fiscal de Previdência Social (atual Auditor Fiscal da Receita Federal do Brasil), ex-Procurador Federal e ex-advogado da União.

Nicolle Chistien Mesquita Marques Megda, pós-graduada em Direito Tributário. Advogada desde 2010 e Procuradora do Município desde 2014.

Otavio Henrique Simão e Cucinelli, Graduado e Mestre em Direito do Estado pela Faculdade de Direito da Universidade de São Paulo (USP). Pós-graduação *lato sensu* em Direito Econômico pelo Centro Universitário Salesiano de São Paulo (UNISAL). Pós-graduado *lato sensu* em Direito Processual Civil pela Faculdade Autônoma de Direito (FADISP). Procurador do Município de São Paulo desde 2011. Procurador Chefe da Subprocuradoria de Tributos Mobiliários – Taxas e Multas da Procuradoria de Feitos Embargados, Departamento Fiscal, da Procuradoria-Geral do Município, Secretaria Municipal dos Negócios Jurídicos, de 2012 a 2013. Foi Assessor Jurídico da Secretaria Municipal de Licenciamento de 2014 a 2017. Diretor de Divisão Técnica da Corregedoria-Geral do Município de São Paulo, órgão integrante da Controladoria-Geral do Município de São Paulo desde 2017. Advogado e parecerista. Professor da Escola Superior de Direito Público Municipal, vinculada ao Centro de Estudos Jurídicos da Procuradoria-Geral do Município de São Paulo (PGM/CEJUR). Professor da Escola Superior de Advocacia da Ordem dos Advogados do Brasil – Seção São Paulo (ESA/OAB-SP).

Pedro de Moraes Perri Alvarez, Procurador do Município e Mestre em Direito Processual pela Universidade de São Paulo (USP).

Pedro Pinheiro Orduña, Advogado, Bacharel em Direito pela Universidade Federal do Rio de Janeiro (UFRJ), especialista em PPPs e Concessões pela Fundação Escola de Sociologia e Política de São Paulo (FESPSP), Procurador do Município de São Paulo. Foi advogado do Banco Nacional do Desenvolvimento Econômico e Social (BNDES).

Rafael Alves de Menezes, Procurador do Município de São Paulo. Exerceu a função de Assessor Jurídico e Chefe da Assessoria Jurídica na Secretaria de Infraestrutura Urbana e Obras de São Paulo. Graduado em Direito pela Universidade Federal da Paraíba (UFPB) e pós-graduado em Direito Administrativo.

Rafael Augusto Galvani Fraga Moreira, graduado em Direito pela Pontifícia Universidade Católica de São Paulo (PUC-SP), foi Procurador do Município de Campinas e, atualmente, Procurador do Município de São Paulo, onde já ocupou os cargos de Chefe de Assessoria Jurídica da Secretaria do Verde e Meio Ambiente e Coordenador Jurídico da Secretaria Municipal de Saúde.

Rafael Medeiros Martins, graduado em Direito pela Universidade Católica de Santos (UNISANTOS), especialista em Direito Administrativo pela Pontifícia Universidade Católica de São Paulo (PUC-SP), mestrando em Direito Administrativo na PUC-SP, Procurador do Município de São João da Boa Vista (2006-2007), Delegado de Polícia do Estado de São Paulo (2007), Procurador do Município de Guarulhos (2008), advogado da Autarquia Federal Conselho Regional de Enfermagem de São Paulo (2008-2017), Procurador do Município de São Paulo (2017 até a atualidade).

Raimundo Batista, Procurador Legislativo, ex-Secretário Geral Administrativo, no exercício da função de Secretário Geral Parlamentar Adjunto da Câmara Municipal de São Paulo, especialista em Direito Administrativo Econômico pela Universidade Mackenzie, especialista em Direito Previdenciário pela Unisal e Mestre em Direito Político e Econômico pela Universidade Presbiteriana Mackenzie.

Renato Pinheiro Ferreira, Bacharel em Direito pela Universidade de São Paulo (USP). Mestre em Políticas Públicas pela Universidade Federal do ABC (UFABC). Especialista em Gestão Pública pela Universidade Tecnológica Federal do Paraná (UFTPR) e em Direito do Trabalho pela Grupo Educacional Uninter. Foi assistente técnico administrativo do Ministério da Fazenda, técnico do Ministério Público da União, Auditor-Fiscal Tributário Municipal da Secretaria de Finanças do Município de São Paulo, Agente Fiscal de Rendas do Estado de São Paulo e, atualmente, exerce o cargo de Procurador do Município de São Paulo, lotado no Departamento de Defesa do Meio Ambiente e do Patrimônio da Procuradoria-Geral do Município de São Paulo.

Renato Takashi Igarashi, Procurador Legislativo da Câmara Municipal de São Paulo. Bacharel em Direito pela Faculdade de Direito da Universidade de São Paulo (USP), especialista em Direito Municipal pela Escola Paulista de Direito e em Direito Digital e *Compliance* pelo Instituto Damásio de Direito da Faculdade Ibemec (SP).

Ricardo Bucker Silva, advogado e Procurador do Município de São Paulo. Possui graduação em Direito pela Universidade Presbiteriana Mackenzie (2011). Conselheiro Suplente no Conselho da Procuradoria-Geral do Município de São Paulo (2019-2021). Atuou em políticas públicas no Departamento Judicial de 2014 a 2018. Atuou na Unidade de Urbanismo do Departamento de Proteção ao Meio Ambiente e Patrimônio (DEMAP) de 2019 a 2021. Atualmente na Unidade de Proteção ao Meio Ambiente no DEMAP.

Ricardo Marcondes Martins, Doutor em Direito Administrativo pela Pontifícia Universidade Católica de São Paulo (PUC-SP), Professor de Direito Administrativo da PUC-SP, Procurador do Município de São Paulo.

Ricardo Teixeira da Silva, Procurador Legislativo da Câmara Municipal de São Paulo. Especialista em Administração Pública pela Escola Superior do TCM-SP. Mestre em Ciência Política pela Universidade de São Paulo (USP). Doutorando em Direito do Estado pela USP.

Roberto Angotti Júnior, Procurador do Município de São Paulo. Coordenador-Geral do Centro de Estudos Jurídicos da PGM/SP. Professor com experiência universitária e em cursos preparatórios para concursos. Mestre em Filosofia e Teoria Geral do Direito pela Universidade de São Paulo (USP). Especialista em Direito Público pela Escola Paulista da Magistratura. Graduado em Ciências Jurídicas e Sociais pela Universidade Santa Cecília e em Ciências Econômicas e Comerciais pela Universidade Católica de Santos (UNISANTOS).

Rodrigo Bracet Miragaya, Mestre e Doutor em Direito do Estado pela Universidade de São Paulo (USP). Pesquisador visitante na Vrije Universiteit Amsterdam (VU).

Rodrigo Bordalo, advogado, Mestre e Doutor em Direito do Estado pela Pontifícia Universidade Católica de São Paulo (PUC-SP). Professor de Pós-Graduação da Universidade Presbiteriana Mackenzie, do Damásio Educacional, do Centro Preparatório Jurídico (CPJUR), entre outras instituições. Procurador do Município de São Paulo. Autor das obras *Direito Administrativo*, *Servidores Públicos*, entre outros livros.

Rogério Augusto Boger Feitosa, advogado; Bacharel em direito Pela Pontifícia Universidade Católica do Rio de Janeiro (PUC-Rio); Procurador do Município de São Paulo. Foi Procurador do Estado de São Paulo.

Simone Andréa Barcelos Coutinho, Bacharel em Direito pela Universidade de São Paulo (USP) (1991). Possui pós-graduação *lato sensu* em Direito Constitucional pelo IDP-Brasília (2014). Procuradora do Município de São Paulo. Autora de *Direitos da Filha e Direitos Fundamentais da Mulher* (Juruá, 2004) e de artigos em revistas especializadas.

Simone Fernandes Mattar, advogada. Mestre em Direito Urbanístico pela Pontifícia Universidade de São Paulo (PUC-SP). Especialista em Direito Público pela Escola Superior do Ministério Público. Bacharel em Direito pela Universidade de São Paulo (USP). Procuradora do Município de São Paulo. Membro da Comissão de Estudos de Uso e Ocupação do Solo do Município de São Paulo (CEUSO) no biênio 2003/2004; membro da Câmara Técnica de Legislação Urbanística (CTLU) do Município de São Paulo de 2005 a 2007; membro do Conselho Municipal de Política Urbana do Município de São Paulo (CMPU) de 2005 a 2012; membro da Comissão de Meio Ambiente da OAB/SP de 2019 a 2021.

Tatiana Batista, graduada na Universidade Mackenzie e pós-graduada no programa Master em Gestão Pública pelo Instituto de Ensino e Pesquisa (Insper). Procuradora do Município de São Paulo há 16 anos, sendo o consultivo a área de atuação mais frequente. Atualmente, desempenho as funções na Assessoria Técnico-Legislativa da Casa Civil.

Victor Teixeira de Albuquerque, Procurador do Município de São Paulo.

Esta obra foi composta em fonte Palatino Linotype, corpo 10
e impressa em papel Offset 63g (miolo) e Supremo 300g (capa)
pela Gráfica Formato, em Belo Horizonte/MG.